吕思勉全集

隋唐五代史 上

7

前　言

《隋唐五代史》是吕思勉先生的中國斷代史系列著作的第四部。前此的《兩晉南北朝史》於一九四七年八月脫稿，故是書的撰寫，大概始於一九四七年八月之後。先生自言此書是他寫得最慢的一部書。按先生與開明書店的約定，《隋唐五代史》原由開明印行出版，故撰稿期間，部分寫成的章節，分批寄給開明書店的王伯祥先生，開明書店也按原先之約定，給吕先生預支了稿酬。至一九五三年五月，離《隋唐五代史》完稿尚有數月，先生已獲知此書即使寫完也不可能出版。先生任教的華東師範大學歷史系，便與先生商量，雇人將書稿抄錄一份，以供同人教學參考之用。是時，開明書店仍按月預支稿酬，王伯祥先生也致信吕先生，力勸他“一意完成此斷代諸史”。① 大約至一九五三年的下半年，《隋唐五代史》最終完稿。

一九五七年的下半年，《隋唐五代史》列入中華書局上海編輯所的出版計畫。十月四日，出版社編輯來先生住所，囑咐吕先生校稿。十月八日深夜，先生肺氣腫與心臟病併發，九日病逝。尚未校完的《隋唐五代史》於一九五九年九月由中華書局上海編輯所初版發行。初版《隋唐五代史》有出版前言一篇，删去了原稿第一章“總論”部分，共計十四章，部分章節標題做了調整，内容也有較多的删改。八十年代初，《隋唐五代史》由楊寬、吕翼仁先生做過一次整理校訂，作爲上海古籍出版社“吕思勉史學論著”之一種，於一九八三年八月影印出版（删去初版前言，增刊楊寬執筆的“吕思勉史學論著”前言和總論一篇）。

《隋唐五代史》在大陸、港臺曾有多種翻印、重印本：② 如香港太平書局版（一九五九年九月出版），臺北九思出版社“九思叢書”（一九七七年十二月出

---

① 《王伯祥日記》第二十五卷，國家圖書館出版社二〇一一年八月出版，第二九八—二九九頁。

② 有關《隋唐五代史》的再版、翻印的情况，詳見《吕思勉全集》之《吕思勉先生編年事輯》附錄二《吕思勉先生著述繫年》的記録。

版，未刊總論，删去中華書局版前言）；又收入上海古籍出版社"呂思勉文集"
（二〇〇五年十一月出版）、北京聯合出版公司"民國大師文庫"（二〇一四年
一月出版）等。也曾改名爲《大師的國學課十一：中國斷代史・隋唐五代卷》，
收入江西教育出版社"瞭若指掌叢書"（二〇一三年二月出版）。

　　一九八三年十月，呂先生的女兒呂翼仁將《隋唐五代史》手稿捐贈給常州
市博物館收藏，先生遺稿中尚存《隋唐五代史》上册抄件一部。此次將《隋唐
五代史》收入《呂思勉全集》重印，我們按先生遺稿中存留的《隋唐五代史》上
册抄件，將删節内容補全，先生的習慣用詞、行文遣句、概念術語等，也都按抄
件恢復。但呂翼仁先生捐贈常州博物館的手稿，迄今尚未能找到，故下册未
能按手稿校對、補全，除數處明顯爲編輯改筆而恢復外，其他只訂正了誤植和
錯字。

　　呂先生計畫中的中國斷代史系列，原還有《宋遼金元史》和《明清史》兩
部，因晚年體衰多病，這兩部斷代史雖已做了史料的摘録，可惜未能完稿，實
爲史學界的一大遺憾。

李永圻　張耕華
二〇一四年七月

目　録

第一章　總　論

　　論史者率以漢、唐並稱，其實非也，隋、唐、五代，與後漢至南北朝極相似，其於先漢，則了無似處，何以言之？

　　先漢雖威加四夷，然夷狄之入居中國者絕鮮，後漢則南單于、烏丸、鮮卑、氐、羌，紛紛入居塞內或附塞之地，卒成五胡亂華之禍。而唐代亦然，沙陀入據中原，猶晉世之胡、羯也。蕃、渾、党項，紛紜西北，卒自立爲西夏，猶晉世之氐、羌也。而契丹雄據東北，與南宋相終始，亦與晉、南北朝之拓跋魏極相似，一矣。漢有黃巾之起，而州郡據地自專，終裂而爲三國，唐有黃巢之起，而長安之號令，不出國門，終裂而爲五代十國，二矣。不特此也，漢世儒者，言井田，言限民名田，法家則欲行均輸，筦鹽鐵，初猶相爭，《鹽鐵論》賢良文學與御史大夫之爭是也。至新莽遂合爲一，田爲王田，兼行五均、六筦是也。功雖不成，其欲一匡天下，措斯民於袵席之安，其意則皎然也。而自魏、晉以來，人競趨於釋、老，絕不求矯正社會，而惟務抑壓其本性，以求與之相安。本性終不可誣也，則並斯世而厭棄之，而求歸於寂滅，爲釋、老者雖力自辯白，然以常識論之，豈不昭昭如此耶？常人論事，固無深遠之識，亦鮮偏蔽而去實際太遠之病，順世外道之所由立也。夫舉一世而欲歸諸寂滅，是教社會以自殺也。教社會以自殺，終非社會所能聽從，故至唐而闢佛之論漸盛，至宋而攘斥佛、老之理學興焉。然宋儒之所主張者，則以古代社會之組織爲天經地義，而強人以順從古代之倫紀而已；人心之不能無慊於古道，猶其不能無慊於今日之社會也。而宋儒於此，亦惟使人強抑其所欲求，以期削足而適屨，此與言佛、老者不求改革社會，而惟務抑壓人之本性者，又何以異？此又其若相反而實相類者也。世運豈真循環耶？非也。世無不變之事，亦無驟變之物，因緣相類者，其所成就，亦不得不相類，理也。然則自後漢至於南北朝，與夫隋、唐、五代之世，其因緣之相類者，又何在也？

　　人性莫非社會所陶甄，今世社會學家言：人類已往之社會，大變有四：曰原始共產社會，曰奴隸社會，曰封建社會，曰資本主義社會。原始共產之世，遐哉尚已，吾儕今日，僅得就古先哲人追懷慨慕之辭，想像其大略而已。我族肇基之地，蓋在江、河下游？故炎、黃交戰及堯、舜所都之涿鹿，實在彭城，《世本》。與今稱爲馬來，古稱爲越人者密邇。其爭鬥蓋甚烈？吾族俘彼之民，則以之爲奴隸，故彼族斷髮文身之飾，在吾族則爲髡、黥之刑，本族有大罪者，儕之異族。苗民之所以見稱爲酷虐者以此。古所謂刑者，必以兵刃虧人體至於不可復屬，此其始皆用諸戰陳，施諸異族者也。苗民之作五刑，蓋以施諸異族者，迆及本族也。黃帝，書稱其清問下民，亦侯之門仁義存耳，其所恃以自養者，恐亦無以異於三苗也。此吾國之奴隸社會也。江、河下游，古多沮澤，水利饒而水患亦深，共工、鯀、禹，仍世以治水爲務，共工與鯀皆蒙惡名，而禹獨擅美譽，非其治水之術，果有以大異於前人也。自夏以後，吾族蓋稍西遷？夏代都邑，皆在河、洛。西遷而水災澹焉，則以爲神禹之功云爾。出沮澤之地，入蒼莽之區，不務力耕，惟求遠迹，則於所征服之民，但使輸稅賦而止，夏后氏之貢法是也。貢之名，乃取諸異部族者，與取諸本部族之稅賦大異，夏后氏之貢，實以稅而蒙貢名，蓋初施諸來服之異部族，後雖入居其部，征服者與所征服者，已合爲一，而其法仍未變也。至此，則向恃奴隸之耕作以爲養者，一變而衣食於農奴之租稅矣。此吾國之封建社會也。自夏至於西周，此局蓋未大變？故尚論者多以三代並稱焉。孔子稱殷因於夏，周因於殷，禮所損益可知，必有所據。禮即法，惟俗相類，故禮相類，惟社會之組織相類，故俗相類也。東周以降，種殖、製造之技蓋日精，通工易事之風亦益盛，則斯民之生計漸舒，戶口日增，墾拓日廣，道途日闢，風尚日同，則可以興大師，則可以造利兵，則可以遠征，則可以久駐。所征服之國能供億也。吳入郢能久留者，以郢故都會也。生事之演進，無一非軍事、政事之先驅，而統一之業，與資本之昌駢進矣。然以吾國疆域之廣，水陸程途之修阻，風同道一，固非一蹴可幾，地方豪右及政府所命官吏之桀驁者，蓋罔不乘隙思逞，一旦中樞失馭，則紛然並起而圖割據矣，此州郡藩鎮之禍所由來也，瘠土之民，睨沃土之富厚而思攘奪之，勢也。吾國東南臨海，大軍不能飛越，西南則山嶺崎嶇，處其間者不能合大羣，亦無由成爲强寇，惟漠南北之地，既瘠苦足資鍛練，又平夷有利驅馳，每爲侵掠者所根據，而河、湟、青海之間，亦其次也。爭戰必資物力，瘠土之民，固非沃土之民之敵，漢、唐盛時，所以能威棱遠憺者以此，然自來操政治之權者，多荒淫而無遠慮，睹異族之臣服，則苟利一時之休息，而不暇維萬世之安，而官吏、豪民，又利其可供賦役，恣虐使也，如後漢之苦役降羌，晉世并州多以匈奴爲佃客，且掠賣胡羯爲奴婢是也。則使之入居塞內；而風塵有警，又驅其人以爲兵；於是太阿倒持矣，此五胡及沙陀、契丹、党項之禍所由來也。孔子所謂大同，即古共產之世也，其和親康樂無論矣。封建之世，黷武之族，雖坐役殖産之民以自活,然其所誅求者,亦稅賦力役而已,於所征服之族社會固有之組織,未嘗加以破壞也。以力脅奪,所得究屬有限,而歷時稍久,且將受所征服之族之感化而漸進於文明,故封建之世,社會之規制,尚未至於大壞,猶之人體,雖有寄生之蟲,猶未至於甚病,故孔子稱爲小康也。至資本主義既昌,則昔時之分職,悉成爲獲利之彰,盡墮壞於無形之中,社會遂變而爲無組織,而民之生其間者苦矣。東周以降,仁人志士,日怵目劇心,而思有以移易天下,蓋由於此。然斯時之社會,其體段則既大矣,其情狀則既隱曲而難明矣,而生其間者,利害又相齟齬而不可合,凡所措置,所收之效,悉出於豫期之外,而事變之來,又多不可捉摸,則安得不視社會爲無可控制,不能以人力改造,其惟務抑壓一己,以求與之相安,亦固其所。故新室與東漢之間,實爲古今一大界。魏、晉以後之釋、老,宋、明兩代之理學,實改造社會之義既湮,人類再求所以自處,而再敗績焉者也。此又其所以若相反而實相類也。讀隋、唐、五代之史者,其義當於此求之。

中國之史,非徒中國一國之史也,東方諸國之盛衰興替,蓋靡不苞焉,即世界大局之變動,亦皆息息相關,真知史事之因果者,必不以斯言爲河漢也。此其故何哉?世界各民族,因其所處之境不同,而其開化遂有遲早之異,後起諸族,必資先進之族之牖啟,故先進之國之動息,恒爲世界大波浪之源泉焉。先進之國,在東方爲中國,在西方則在地中海四圍,此二文明者,與接爲搆,遂成今日之世界。其與接爲搆也,一由海而一由陸。泛海者自中國經印度洋以入波斯灣,遵陸者則由蒙古經西域以入東歐。泛海之道,賈客由之,雖物質文明,因之互相灌注,初無與於國家民族之盛衰興替。遵陸之道,則東方之民族,自茲而西侵,西方之民族,亦自茲而東略,往往引起軒然大波焉。東西民族之動息,亦各有其時,月氏、匈奴,皆自東徂西者也,鐵勒、突厥、回紇、沙陀、黠戞斯,則自西徂東者也。黠戞斯雖滅回紇,而未能移居其地,西方東略之力,至斯而頓,而東方之遼、金、元、清繼起焉。遼之起,由其久居塞上,漸染中國之文明,金、元、清則中國之文明,先東北行而啟發句驪,更折西北行以啟發渤海,然後下啟金源,伏流再發爲滿洲,餘波又衍及蒙古者也。其波瀾亦可謂壯闊矣。五胡亂華之後,隋、唐旋即盛強,而沙陀入據之後,則中國一阨於契丹,再阨於女真,三阨於蒙古,四阨於滿洲,爲北族所弱者幾千年,則以鐵勒、突厥等,皆自西來,至東方而其力已衰,而遼、金、元、清則故東方之族類也。東西民族動息之交替,實在唐世,讀隋、唐、五代史者,於此義亦不可不知。

第二章　隋室興亡

第一節　文帝内治

隋文帝何如主也？曰：賢主也。綜帝生平，惟用刑失之嚴酷；其勤政愛民，則實出天性，儉德尤古今所無，故其時國計之富亦冠絕古今焉。其於四夷，則志在攘斥之以安民，而不欲致其朝貢以誇功德。既非如漢文、景之苟安詒患，亦非如漢武帝、唐太宗之勞民逞欲。雖無赫赫之功，求其志，實交鄰待敵之正道也。

帝平陳之明年，江南復亂，徧今浙東西、皖南、閩、贛之地，遣楊素討平之。事見《素傳》。又《陸知命傳》：晉王廣時鎮江都，召令諷諭反者，知命說下十七城，得其渠帥三百餘人，亦可見亂事蔓延之廣也。江都，隋郡，今江蘇江都縣。《通鑑》述致亂之原曰："自東晉以來，刑法疏緩，世族陵駕寒門。平陳之後，牧民者盡更變之。蘇威復作《五教》，使民無長幼悉誦之。士民嗟怨。民間復譌言隋欲盡徙之入關，遠近驚駭。"蓋南北隔絕既久，民情不免猜疑，喪其利權者，乃從而鼓動之也。此等變亂，究非民欲，故不旋踵而冰消瓦解矣。

偃武修文之治，文帝蓋深有意焉。《本紀》：開皇三年正月，禁長刀大稍。九年平陳之後，詔禁衛九重之餘，鎮守四方之外，戎旅軍器，皆宜停罷。武力之子，俱可學文。人間甲仗，悉皆除毀。十年五月，詔曰："魏末喪亂，寓縣瓜分。兵士軍人，權置坊府。南征北伐，居處無定。家無完堵，地罕苞桑。恒爲流寓之人，竟無鄉里之號。朕甚愍之。凡是軍人，可悉屬州縣，墾田籍帳，一與民同。軍府統領，宜依舊式。罷山東、河南及北方緣邊之地新置軍府。"十五年二月，收天下兵器。敢有私造者斬之。關中緣邊，不在其例。十八年正月，詔曰："吳、越之人，往承敝俗，所在之處，私造大船，因相聚結，致有侵害。其江南諸州，人間有船長三丈已上，悉括入官。"此承久亂之後，不得不然，固不得訾其欲弱天下之民，以保一家之業也。《煬帝紀》：大業五年正月，制民間鐵叉搭鉤穳刃之類，皆禁絶之。猶沿此策。

楊氏先世，久居武川，當亦漸於胡俗。然南北朝末，世運已更，雖宇文氏猶思變革，而況於帝乎？帝在受禪之先，即令已前賜姓，皆復其舊。既受禪，又易周氏官儀，依漢、魏之舊。皆見《本紀》。時詔議服色。攝太常卿裴正奏言："後魏已來，制度咸闕。天興之歲，草創繕修。所造車服，多參胡制。周氏因襲，將爲故事。大象承統，咸取用之。興輦衣冠，甚多迂怪。周宣帝變胡服，見《兩晉南北朝史》第十五章第一節，據此，則仍非純乎漢儀也。今皇隋革命，憲章前代。其魏、周輦輅不合制者，已勑有司，盡令除廢。然衣冠禮器，尚且兼行。既越典章，須革其謬。"《禮儀志》。開皇二年，顏之推上言："今太常雅樂，並用胡聲。請馮梁國舊章，考尋古典。"高祖不從，曰："梁樂亡國之音，奈何遣我用邪？"俄而鄭譯奏請修正。於是詔太常卿牛弘、國子祭酒辛彦之、國子博士何妥等議正樂。九年，平陳，獲宋、齊舊器，詔於太常置清商署以管之。牛弘奏曰："前克荆州，得梁家雅曲。今平蔣州，隋平陳置於石頭城。又得陳氏正樂。請修緝之，以備雅樂。其後魏洛陽之曲，《魏史》云：太武平赫連昌所得，更無明證。後周所用，皆是新造，雜有邊裔之聲。戎音亂華，皆不可用。請悉停之。"制曰："制禮作樂，聖人之事。功成化洽，方可議之，宇內初平，我則未暇。"晉王廣又表請，帝乃許之。十四年三月，樂定。詔並令施用，見行者皆停之。《音樂志》。凡此帝皆滌除羶穢之事也。

帝之大德，實在勤政。《本紀》言其"每旦聽朝，日昃忘倦。乘輿四出，路逢上表者，則駐馬親自臨問。或潛遣行人，採聽風俗。吏治得失，人間疾苦，無不留意。嘗遇關中飢，遣左右視百姓所食。有得豆屑雜糠而奏之者，上流涕，以示羣臣，深自咎責，爲之撤膳，不御酒肉者，殆將一朞。此真已饑已溺之懷，不可及也。及東拜泰山，關中户口，就食洛陽者，道路相屬。開皇十四年八月，關中大旱，人飢。上率户口就食洛陽。十五年正月，以歲旱，祠泰山以謝愆咎。上勑斥堠：不得輒有驅遣。男女參厠於仗衛之間。逢扶老攜幼者，輒引馬避之，慰免而去。至艱險之處，見負擔者，遽令左右扶助之"。帝非違道干譽之流，其如是，蓋誠出於至誠惻恒之意也。《舊唐書·太宗紀》：上謂房玄齡、蕭瑀曰："隋文帝何等主？"對曰："克己復禮，勤勞思政，每一坐朝，或至日昃。五品已上，引之論事。宿衛之人，傳飱而食。雖非性體仁明，亦勵精之主也。"貞觀四年。帝之勤政，固時人所共喻矣。

其儉德尤爲絶人。《本紀》言其居處服玩，務在節儉。《食貨志》云：六宮咸服澣濯之衣。乘輿供御，有故敝者，隨令補用，皆不改作。非享燕，所食不過一肉而已。開皇十五年，相州刺史豆盧通相州，今河南安陽縣。貢綾文布，命焚之於朝堂。《紀》言帝令行禁止，上下化之。開皇、仁壽之間，丈夫不衣綾綺，無金玉之飾，常服率多布帛，裝帶不過銅鐵骨角而已。雖曰齊之以刑，究亦由其能以身先之也。

帝初受禪，即以官牛五千頭分賜貧人。又弛山澤之禁。開皇三年，入新官，見下。初令軍人以二十一成丁。減十二番，每歲爲二十日役。減調絹一疋爲二丈。罷酒坊。通鹽池、鹽井，與百姓共之。陳平，以江表初定，給復十年。自餘諸州，並免當年租賦。十年，又以宇內無事，益寬徭賦。百姓年五十者，輸庸停防。十二年，有司上言庫藏皆滿，更闢左藏之院，構屋以受之。下詔曰：寧積於人，無藏府庫。河北、河東今年田租，三分減一，兵減半，功調全免。十七年，戶口滋盛，中外倉庫，無不盈滿。遂停此年正賦，以賜黎元。皆見《食貨志》。皆帝寬恤民力之事也。

取民之寡如此，而其用度，則百官祿賜及賞功臣，皆出於豐厚。《食貨志》。將士戰歿，必加優賞。仍令使者，就加勞問。《本紀》。平陳之役，親御朱雀門勞還師，因行慶賞。自門外夾道列布帛之積，達於南郊，以次頒給。所費三百餘萬段焉。《食貨志》。《文獻通考·國用考》曰：“古今稱國計之富者莫如隋，然考之史傳，則未見其有以爲富國之術也。夫既非苛斂以取財，且時有征役以糜財，而賞賜復不吝財，則宜用度之空匱也，而殷富如此。然後知大《易》所謂節以制度，不傷財，不害民，《孟子》所謂賢君必恭儉禮下，取於民有制者，信利國之良規，而非迂闊之談也。”案前興國計，端資賦役，而賦役之本，則在人丁。《食貨志》云：隋初山東尚承齊俗，避役惰游者十六七。四方疲人，或詐老詐小，規免租賦。高祖令州縣大索貌閱。戶口不實者，正長遠配。又開相糾之科。大功已下，兼令析籍，各爲戶頭，以防容隱。於是計帳進四十四萬三千丁，新附一百六十四萬一千五百口。高熲又以人間課輸，雖有定分，年常徵納，除注恒多。長吏肆情，文帳出沒，復無定簿，難以推校，乃爲輸籍之樣。請徧下諸州，每年正月五日，縣令巡人，各隨便近，五黨三黨，共爲一團，依樣定戶上下。帝從之。自是姦無所容矣。《通鑑》言帝受禪之初，民戶不滿四百萬，末年踰八百九十萬，獨冀州已一百萬戶，見仁壽四年。胡三省《注》曰：“此以開皇初元戶口之數比較仁壽末、大業初之數而言之也。周之平齊，得戶三百三萬，而隋受周禪，戶不滿四百萬，則周氏初有關中，西併巴蜀，南兼江漢，見戶不滿百萬也。陳氏之亡，戶六十萬。大約隋氏混一天下，見戶不及五百萬。及其盛也，蓋幾倍之。”案《食貨志》言大索貌閱之事，實在平陳之先，則混一時，戶必不止五百萬矣。可見其所增之多。又諸州調物，紀綱廢弛之世，或不盡歸中樞，而此時則《食貨志》言：河南自潼關，河北自蒲阪，達於京師者，相屬於路，晝夜不絕者數月。則當時國計之裕，亦未必盡由節流。然非節流固終如漏巵，鈎較愈勤，則其爲繭絲愈甚耳。此則帝之躬履儉素，不能不謂其大有造於國計民生也。《蘇威傳》：文帝受禪，威兼民部尚書。初威父綽在西魏，以國用不足，爲徵稅之法，頗稱爲重。既而歎曰："今所爲者，正如張弓，非平世法也。後之君子，誰能弛乎？"威聞其言，每以爲己任。至是奏減賦役，務從輕典。上悉從之。則雖務絶隱漏，以防姦欺，而其取之之法，則未嘗不從寬矣。百姓足，君孰與不足。此其所以能收富庶之效歟。

隋世國計之富，觀其積貯而可知。《舊唐書・馬周傳》：周於貞觀六年上疏曰："隋家貯洛口倉在今河南鞏縣東南。而李密因之，東都積布帛而世充據之，西京府庫，亦爲國家之用，至今未盡。"又《食貨志》：貞觀二年，戴胄上言："開皇立制，天下之人，節級輸粟，多爲社倉，終於文皇，得無饑饉。"此即長孫平所立義倉之法，見《隋書・食貨志》。《志》云：自是諸州儲峙委積。觀於胄言，而知其不誣矣。此與清室盛時，徒誇庫藏銀兩之多者何如哉？宜乎言國計之富者，必以隋稱首也。

《隋書・楊尚希傳》：尚希上表曰："竊見當今郡縣，倍多於古。或地無百里，數縣並置。或戶不滿千，二郡分領。具寮以衆，資費日多。吏卒又倍，租調歲減。清幹良才，百分無二，動須數萬，如何可覓？請存要去閒，并小爲大。"帝覽而嘉之，遂罷天下諸郡。此事在開皇三年，亦後漢世祖併官省職之意也。

開皇二年六月，詔高熲等創新都。十二月，名之曰大興城。今長安。明年三月，入居焉。蓋以舊城彫殘日久，屢爲戰場。當時宮室，事近權宜，營新都詔中語，見《紀》。不足以立制度。未可議其侈也。及十三年二月，於岐州營仁壽宮；岐州，今陝西鳳翔縣。仁壽宮，在麟遊縣西。十八年十二月，又自京師至仁壽宮，置行宮十有二所；則雖欲不謂爲侈而不可得矣。仁壽宮之立，楊素監營焉。《食貨志》謂其夷山堙谷，役使嚴急，丁夫多死。疲敝顛仆者，推填阬坎，覆以土石，因而築爲平地。死者以萬數。宮成，帝行幸焉。時方暑月，死人相次於道，素乃一切焚除之。事亦見《素傳》。真視民如草芥矣。《志》又云：帝頗知其事，甚不悅。及入新宮遊觀，乃喜，又謂素爲忠。此所謂之其所親愛而辟焉者也。然帝爲恭儉之主，不容以一眚掩大德也。

帝之失德，在於任刑。《刑法志》言：帝性猜忌，素不悅學。既任智而獲大位，因以文法自矜，明察臨下。恒令左右覘視內外，有小過失，則加以重罪。

又患令史臧汙，私使人以錢帛遺之，得犯立斬。每於殿廷打人，一日之中，或至數四。嘗怒問事揮楚不甚，即命斬之。開皇十年，因高熲等諫，令殿內去杖。欲有決罰，各付所由。後楚州行參軍李君才上言帝寵高熲過甚。上大怒，命杖之，而殿內無杖，遂以馬鞭笞殺之。自是殿內復置杖。十七年，又以所在官人，不相敬憚，多自寬縱，事難克舉。諸有殿失，雖備科條，或據律乃輕，論情則重。諸司屬官，若有愆犯，聽於律外捶酌決杖。《志》稱於是上下相驅，迭行捶楚，以殘暴爲幹能，以守法爲懦弱焉。楚州，今江蘇淮安縣。其立法之酷，至於盜邊糧一升已上皆死，家口沒官。因有司奏合川倉粟少七千石而起。此事《志》在十六年，《紀》在十五年十二月，蓋法實定於十五年，而合川之獄，至十六年始竟，《志》述獄事訖乃及之也。合川，隋縣，在今青海西寧市西北。又嘗命盜一錢已上皆棄市。《志》又云。後又定制，行署取一錢已上，聞見不告言者坐至死。有數人劫執事而謂之曰：“吾豈求財者邪？但爲枉人來耳。而爲我奏至尊：自古已來，體國正法，未有盜一錢而死也。而不爲我以聞，吾更來，而屬無類矣。”帝聞之，爲停盜取一錢棄市之法。案此或諷諫者之飾辭，不必實有其事也。仁壽中，用法益峻。帝既喜怒不恒，不復依准科律，《刑法志》。而其時用事之臣如楊素等，又務爲深文以中其意，民尚安所措手足乎？

《本紀》云：帝好爲小數，不達大體。故忠臣義士，莫得盡心竭辭。其草創元勳及有功諸將，誅夷罪退，罕有存者。案帝之猜忌，誠難爲諱，然諸功臣之見罪廢，則亦各有其由，不盡可爲帝咎也。帝所委任，以高熲爲最久，熲自帝受禪，即爲左僕射，至開皇十九年乃免。以其子娶房陵王女，遂疑而廢之。見第三節。熲之免也，以王世積得罪，有司奏熲與交通而起。熲必不能共世積謀叛，情事灼然。蓋帝既有疑於房陵，不欲其更居樞要，乃借此去之耳，《熲傳》謂帝欲成其罪是也。其後熲國令上熲陰事，謂其子表仁謂熲：司馬仲達初託疾不朝，遂有天下，公今遇此，焉知非福？則適觸帝忌，而熲遂因之除名矣。蘇威見廢，以何妥奏其與吏部尚書盧愷、吏部侍郎薛道衡共爲朋黨，知名之士，坐威得罪者百餘人。如房恭懿即其一，見《循吏傳》。據《愷傳》，謗議之興，實由周氏以降，選無清濁，愷與道衡甄別士流之故。門第用人，自今日觀之，誠爲陋習，然在當時，則風氣如此，爲此者或轉意在澄清也。蘇威雖有學識，頗傷迂闊，其才實不如李德林。強民誦五教，即其迂闊之一端。威奏置鄉正聽訟，而德林非之，亦可見二人之優劣。尉遲迥之叛，高祖欲易梁士彥等，德林止之，此事實隋成敗關鍵。見《兩晉南北朝史》第十五章第一節。而《德林傳》云：位望稍高，頗傷自任。爭名之徒，更相譖毀，所以運屬興王，功參佐命，十餘年間，竟不徙級。此真所謂朋黨，而帝顧不能察，無亦自矜智數，轉爲智數所誤乎？然諸臣固有不能辭其咎者。帝之欲引高熲入府也，遣族子惠喻意。即觀德王雄，後更名。熲欣然曰：“縱令公事不成，熲亦不辭赤族。”惠又謂李德林。德林亦甚喜，答云：“若曲加提獎，必以死奉公。”其行險徼幸之情如見矣。蘇威以高熲屢言其賢召至，及聞禪代之議，遁歸田里。熲請追之。帝曰：“此不欲與吾事，且置之，明知其禪代既成，一召即至也。"此等首鼠兩端之士，而可推誠相信乎？然此猶不過熱中取巧而已，若其苟患失之，則更有無所不至者。推戴帝就天下者，鄭譯、劉昉、盧賁，皆不久即廢。鄭譯之爲人，蓋無甚大志，其罪止於臧貨狼籍而已，故僅免官而未被禍，後且復起。劉昉更傾險。開皇六年，以與梁士彥、宇文忻謀反誅。然受禪之初，已與盧賁等謀出高熲、蘇威而代之矣。當時歸罪於賁，賁坐除名。後起爲刺史，復坐除名。從幸洛陽，詔復本官。上欲復與一州，以對詔失旨，又自叙功績有怨言，遂廢於家。賁之廢也，皇太子言："此輩並有佐命之功，雖性行輕險，誠不可棄。"帝曰："我抑屈之，全其命也。微劉昉、鄭譯及賁、柳裘、皇甫績等，柳裘、皇甫績，皆受禪未幾，即出爲刺史。則我不至此。然此等皆反覆子也。當周宣帝時，以無賴得幸，及帝大漸，顏之儀等請以宗王輔政，此輩行詐，顧命於我，我將爲治，又欲亂之。"此言不能謂爲無理。見爲治即欲亂之，此歷代開國功臣，所以鮮克有終也。梁士彥、宇文忻、王誼、元諧、賀若弼、王世積，皆帝故等夷，功名實多出帝上。雖有舊恩，本非心腹；其中且有睠念先朝者；夫安得而不疑？王誼、元諧、王世積，皆以有反謀誅，然其罪狀皆莫須有。誼、諧皆與文帝同學，此等舊恩，自不足恃。世積嘗密謂高熲曰："吾輩俱周之臣子，社稷淪滅，其若之何？"則其人本非歸心於帝者。賀若弼當尉遲迴起兵時鎮壽陽，帝恐其懷二心，令長孫平馳驛往代之，弼果不從。平麾壯士執之，送於京師。則尤顯與帝爲敵。然其人亦無大志，不過覷楊素爲僕射而不平，故在帝世，亦僅以怨望下獄除名也。周世舊將，又有李徹。《傳》云：與高熲善，熲得罪，因被疏忌，出怨言。上聞，召入臥內，賜宴，遇鴆。壽陽，今安徽壽縣。虞慶則、史萬歲，似無足深忌，而亦受禍者？則慶則以任用較久，萬歲亦以交結房陵見疑，所謂會逢其適耳。觀德王雄以親賢典兵馬，尚以得衆見忌，況其他乎？慶則無甚軍功。雖曾降突厥，實因長孫晟成事耳，事見下節。然自開皇四年，即爲僕射，至十七年乃獲罪。《觀德王雄傳》云：高祖受禪，除左衞將軍。俄遷右衞大將軍。參與朝政，雄時貴寵，冠絕一時，與高熲、虞慶則、蘇威稱爲四貴，則慶則膺任寄頗隆，歷時亦久，故帝又忌之也。雄在周封邘國公，畢王賢謀作難，雄時爲別駕，知其謀，以告，亦開國時心膂之臣。然雄寬容下士，朝野傾屬，高祖惡其得衆，陰忌之，不欲其典兵馬，乃册爲司空，實奪其權也。雄乃閉門不通賓客，故獲免於禍。《史萬歲傳》云：開皇末，突厥達頭可汗犯塞，上命漢王諒與萬歲出馬邑道破之。楊素害其功，譖云："突厥來降，初不爲寇來，於塞上畜牧耳。"遂寢其功。萬歲數抗表陳狀。上未之悟。會廢皇太子，窮東宮黨與，上問萬歲所在，萬歲實在朝堂，素見上方怒，因曰："萬歲謁東宮矣。"上謂爲信然，令召萬歲，時所將士卒在朝稱冤者數百人。萬歲謂之曰："吾今日爲汝等極言於上，事當決矣。"既見上，言將士有功，爲朝廷所抑，辭氣憤厲。上大怒，令左右撾殺之。此純是武人寡慮，邂逅致禍耳。馬邑，今山西朔縣。自季漢以來，君臣之間，後義先利，不奪不饜也久矣。人居風氣之中，恒苦難於自拔，亦不足深咎於帝也。

第二節　文帝外攘

隋初外患，莫如突厥。文帝之於突厥也，勤兵力甚少，而收安攘之效極宏，雖突厥内亂，有以啓之，然帝與其賢臣長孫晟運籌帷幄之功，不可没也。

突厥强盛，始於木杆，至佗鉢，因周、齊之争相交結而益驕，已見《兩晉南北朝史》第十六章第九節。木杆捨其子大邏便而立佗鉢。佗鉢以攝圖爲爾伏可汗，統其東方。攝圖，木杆兄乙息記可汗之子，見《兩晉南北朝史》第十六章第一節。又以其弟褥但可汗子爲步離可汗，居西方。佗鉢病，謂其子菴羅避大邏便。攝圖不可。菴羅立，又以國讓攝圖，是爲伊利俱盧設莫何始波羅可汗，一號沙鉢略。《隋書·突厥傳》。案下文，攝圖致書文帝，自稱伊利俱盧設莫何始波羅可汗，而文帝報書，稱爲伊利俱盧設莫何沙鉢略可汗，則沙鉢略即始波羅異譯耳。治都斤山。後染干南徙，居度斤舊鎮，《通鑑》胡三省《注》曰：“蓋即都斤山。”案文帝討突厥詔，斥其遷徙漠南，偷存碞刻，則此山當在漠南。菴羅降居獨樂水，今圖拉河。稱第二可汗。而以大邏便爲阿波可汗，還領所部。高祖受禪，待突厥甚薄。討突厥詔謂“節之以禮，不爲虚費”，蓋謂減其贈遺也。高寶寧作亂，沙鉢略遂與合軍。沙鉢略妻周趙王招女曰千金公主，招，文帝子。每懷復隋之志，日夜言之於沙鉢略。由是悉衆爲寇。武威，今甘肅武威縣。天水，今甘肅天水縣。安定，今甘肅涇川縣。金城，今甘肅皋蘭縣。上郡，今陝西鄜縣。弘化，今甘肅慶陽縣。延安，今陝西膚施縣。六畜咸盡。於是下詔，命諸將出塞擊之。時開皇三年八月也。初周臣長孫晟，副宇文神慶送千金公主於突厥。攝圖愛之，命諸子弟貴人，皆相親友。其弟處羅侯，號突利設，爲攝圖所忌，密託心腹，陰與晟盟。晟與之遊獵，因察山川形勢，部落强弱，皆盡知之。開皇元年，晟上書，言：“諸夏雖安，戎場尚梗。興師致討，未是其時；棄於度外，又復侵擾；故宜密運籌策，漸以攘之。請通使玷厥，達頭可汗名。説合阿波，使攝圖迴兵，自防右地。又引處羅侯，連奚、霫，則攝圖分衆，還備左方。首尾猜嫌，腹心離阻。十數年後，乘釁討之，必可一舉而空其國矣。”上省表大悦，因召與語。晟復口陳形勢，手畫山川，寫其虚實，皆如指掌。上深嗟異，皆納用焉。遣太僕元暉詣玷厥，賜以狼頭纛。晟齎幣使奚、霫、契丹等，遣爲鄉導，至處羅所，誘令内附。至是，沙鉢略率阿波、貪汗二可汗等來拒戰。《隋書·高昌傳》：“北有赤石山。山北七十里，有貪汗山。夏有積雪。此山之北，鐵勒界也。”貪汗可汗，當在是處。阿波至涼州，與寶榮定戰。晟爲偏將，使説之。阿波因留塞上，使人隨晟入朝。攝圖與衛王爽遇。戰於白道，敗走。爽，高祖異母弟。事見《爽》及《李徹傳》。至磧，聞阿波懷貳，乃掩北牙，盡獲其衆，而殺其母。阿波還無所歸，西奔玷厥，乞師東擊攝圖。復得故地，收散卒與攝圖相攻。貪汗可汗素睦於阿波，沙鉢略奪其衆而廢之，貪汗亡奔達頭。沙鉢略從弟地勤察，別統部落，與沙鉢略有隙，復以衆叛歸阿波。連兵不已。各遣使詣闕，請和求援。上皆不許。千金公主自請改姓，乞爲帝女，乃許之。四年，遣長孫晟副虞慶則往使。賜公主姓楊氏，改封大義公主。《突厥傳》及《虞慶則傳》，皆言沙鉢略初不肯拜受詔書，晟説諭之乃肯。《晟傳》載其説辭曰："突厥與隋，俱是大國天子，可汗不起，安敢違意？但可賀敦爲帝女，則可汗是大隋女壻。奈何無禮，不敬婦公乎？"攝圖乃笑，謂其達官曰："須拜婦公，我從之耳。"則突厥是時實未肯稱臣。《突厥傳》又云：慶則又遣稱臣。沙鉢略謂其屬曰："何名爲臣？"報曰："隋國稱臣，猶此稱奴耳。"沙鉢略曰："得作大隋天子奴，虞僕射之力也。"蓋誇飾之辭，非其實也。然沙鉢略既爲達頭所困，又東畏契丹，乃遣使告急，請將部落度漠南，寄居白道川內。爲白道地方之川也。許之。詔晉王廣以兵援之。給以衣食，賜以車服、鼓吹。沙鉢略因西擊阿波，破擒之。《突厥傳》下文又云：處羅侯立，以雍虞閭爲葉護，遣使上表言狀，上賜之鼓吹幡旗。處羅侯以隋所賜旗鼓西征阿波。敵人以爲隋兵所助，多來降附，遂生擒阿波。既而上書請阿波生死之命云云。《長孫晟傳》云：遣晟持節拜處羅侯爲莫何可汗，以雍虞閭爲葉護可汗。處羅侯因晟奏曰：阿波爲天所滅，與五六千騎在山谷間。伏聽詔旨，當取之以獻。二説乖違，晟傳蓋是。處羅侯奏辭云阿波爲天所滅，固不云爲身所禽。蓋攝圖禽之，而置之山谷之間也。而阿拔國部落乘虛掠其妻子。阿拔，鐵勒部落，見《長孫晟傳》。官軍爲擊阿拔，敗之。所獲悉與沙鉢略。沙鉢略大喜。乃立約，以磧爲界。上表言："大隋皇帝，真皇帝也，豈敢阻兵恃險，偷竊名號？今便屈膝稽顙，永爲藩附。"蓋至是而突厥真稱臣矣。高祖下詔言："昔雖與和，猶是二國，今作君臣，便爲一體。已勅有司，肅告郊廟。宜普頒天下，咸使知聞。"可見前此未嘗稱臣也。《虞慶則傳》言長孫晟説諭攝圖，攝圖及弟葉護此即攝圖死後繼立之葉護處羅侯也，見下。皆拜受詔，稱臣朝貢，永爲藩附，蓋即指此，所謂終言之也。

　　開皇七年，攝圖死。弟葉護處羅侯立。以攝圖子雍虞閭爲葉護。葉護蓋突厥儲君之位，故與可汗俱拜受詔書。其位受諸兄者，還以兄之子爲之。回紇懷仁可汗使其太子入援，亦稱葉護。隋遣長孫晟拜處羅侯爲莫何可汗。以雍虞閭爲葉護可汗。八年，處羅侯又西征，中流矢而卒。其衆奉雍虞閭爲主，是爲頡伽施多那都藍可汗，歲遣使朝貢。平陳之後，上以陳叔寶屏風賜大義公主。主心恒不平，因書屏風爲詩叙陳亡以自寄。上聞而惡之。公主復與西面突厥泥利可汗相結。上恐其爲變，將圖之。十三年，流人楊欽，亡入突厥，詐言彭城公劉昶，共宇文氏女謀欲反隋，遣其來密告公主。據《長孫晟傳》。昶在周世尚主，蓋謂其夫妻共謀反隋也。《突厥傳》云："謬云與宇文氏謀反，令大義公主發兵擾邊。"一似昶與周之宗室謀反隋者，不如晟傳之明確。周宗室盡遭誅戮，見《兩晉南北朝史》第十五章第一節，此時恐無能謀反者也。或《突厥傳》亦作宇文氏女，而奪女字。雍閭信之，乃不修職貢。遣長孫晟出使，微觀察焉。公主見晟，言辭不遜。又使所私胡人安遂迦共欽計議，扇惑雍閭。晟至京師，具以狀奏。又遣晟往索欽。雍閭欲勿與，謬曰："檢校客內，無此色人。"晟乃貨其達官，知欽所在，夜掩獲之。以示雍閭。因發公主私事。《突厥傳》云：主與所從胡私通，因發其事，下詔廢黜之，恐都藍不從，遣牛弘將美妓四人以啗之。從胡當即安遂迦，長孫晟發其與公主私事，文帝乃使牛弘齎詔往廢主也。雍閭遂執迦等，並以付晟。《突厥傳》云：都藍執欽以聞，蓋並欽、迦執付晟。上大喜，仍遣入藩，蒞殺大義公主。雍閭又表請婚，僉議將許之。晟又奏曰："臣觀雍閭，反覆無信。特共玷厥有隙，所以依倚國家。縱與為婚，終當必叛。若得尚公主，承藉威靈，玷厥、染干，必又受其徵發。强而復反，後恐難圖。且染干者，處羅侯之子也。素有誠款，於今兩代。臣前與相見，亦乞通婚。不如許之，招令南徙。兵少力弱，易可撫馴。使敵雍閭，以為邊捍。"上曰："善。"又遣慰諭染干，許尚公主。《突厥傳》云：時沙鉢略子曰染干，號突利可汗，居北方，遣使求婚。上令裴矩謂之曰："當殺大義公主者方許婚。"突厥以為然，復譖之。都藍因發怒，遂殺公主於帳。案晟與處羅侯、染干皆稔，謂染干為處羅侯子，當不致誤。突厥以為然，似當作突利以為然，義乃可通。然殺大義非突利所能為，要之何益？《裴矩傳》云：公主與從胡私通，長孫晟先發其事，矩請出使說都藍顯戮宇文氏。上從之，竟如其言。竊疑晟發公主私事後，都藍業已替之，猶未忍殺而又求婚，隋乃以殺大義邀之，裴矩殺主許婚之語，乃告都藍，非告突利，《突厥傳》此處，文有奪誤也。十七年，染干遣五百騎隨晟來逆女。以宗女封安義公主妻之。晟說染干率衆南徙，居度斤舊鎮。十九年，染干因晟奏雍閭作反具，欲打大同城。城在今固陽、包頭境。詔發六總管分道出塞討之。雍閭大懼，復共達頭同盟，合力掩襲染干，大戰於長城下。染干敗績，以五騎與晟逼夜南走。至旦，收得數百騎，謀往投玷厥。晟知其貳，密遣從者入伏遠鎮，未詳。令其舉烽。染干謂追兵已逼，乃投誠。晟將染干馳驛入朝。帝大喜，以為意利彌豆啟人可汗。據《長孫晟傳》。《突厥傳》彌作珍，未知孰是。啟人，他處或作啟民，乃唐人避諱改字也。遣晟領五萬人於朔州築大利城以處之。朔州，即馬邑郡。大利故城，在今綏遠清水河縣境。安義公主死，復妻以義成公主。晟又奏"染干部落，雖在長城之內，猶被雍閭抄略，請徙五原，今綏遠。以河為固。於夏、勝兩州之間，夏州，今陝西橫山縣。勝州，在今綏遠包頭境。東西至河，南北四百里，掘為橫塹，令處其間。"上並從之。《趙仲卿傳》云：督役築金河、定襄二城以居啟民，當在此時。二十年，都藍為其下所殺。達頭自立為步迦可汗。其國大亂。遣史萬歲出朔州，晉王廣出靈州今寧夏靈武縣。擊之。達頭遁去。仁壽元年，代州總管韓弘敗於恒安。代州，今山西代縣。恒安鎮，即後魏之平城，唐於其地置雲州。隋雲州

即後魏之盛樂也。詔楊素率啓民北征。長孫晟爲受降使者送染干，教染干分遣使
者，往北方招懷鐵勒等部。三年，鐵勒十餘部背達頭來降。達頭奔吐谷渾。
啓民遂有其衆。蓋都藍之亡，漠北之地，一時歸於達頭，至是又因鐵勒之叛而
失之也。鐵勒之地，見《兩晉南北朝史》第十六章第九節。《隋書》本傳云：“自
突厥有國，東西征討，皆資其衆，以制北方。”故鐵勒一叛，而突厥驟形削弱矣。

突厥而外，爲中國患者，莫如高麗。蓋自慕容氏入中原，而東北空虛，遼
東之地，遂爲所據；遼西初入百濟，其後牟大喪敗，遷居南韓，則亦爲所控制
矣。見《兩晉南北朝史》第十六章第一節。隋初，東北部落：大者曰奚、契丹，曰靺鞨。
《奚傳》云：自突厥稱藩之後，亦遣使入朝。蓋與突厥之關係深，與高麗之關係
淺。《契丹傳》云：當後魏時，爲高麗所侵，部落萬餘口求內附，止於白貔河。當
作白狼河，今大凌河也。參看《兩晉南北朝史》第十六章第十節。其後爲突厥所逼，又以萬家
寄於高麗。開皇四年，率諸莫賀弗來謁。五年，悉其衆款塞。高祖納之，聽居
其故地。亦見《本紀》。故地，當即白狼河。其後別部出伏等背高麗，率衆來附，安置
於渴奚那頡之北。未詳。開皇末，其別部四千餘家背突厥來降。上方與突厥和
好，悉令給糧還本，勅突厥撫納之。固辭不去。部落漸衆，遂北徙逐水草。當
遼西正北二百里，依託紇臣水而居。今英金河。突厥沙鉢略可汗遣吐屯潘垤統
之。契丹之地，實近高麗，其於突厥，不過羈縻而已。靺鞨：《隋書·傳》云，凡
有七種：其一號粟末部，與高麗相接。其二曰伯咄部，《唐書》作汨咄。在粟末之
北。其三曰安車骨部，在伯咄東北。其四曰拂涅部，在伯咄東。其五曰號室
部，在拂涅東。其六曰黑水部，在安車骨西北。其七曰白水部，當作白山，傳下文亦
作白山。在粟末東南。《魏書》言勿吉國有速末水，當即此所謂粟末。餘部在南
北朝時，蓋未嘗通於中國，故史不之及，開皇初相率來獻，史乃從而記之也。
靺鞨當遼東、西塞外，遼東、西爲高麗侵踞，靺鞨自亦折而入之矣。南北朝、隋、唐
間，契丹、靺鞨，恒爲高麗所驅率。觀文帝賜高麗璽書，有“驅逼靺鞨，固禁契丹”之語可知。煬帝大業
八年詔云：“乃兼契丹之黨，虔劉海戍，習靺鞨之服，侵軼遼西。”《舊唐書·韋雲起傳》：契丹入抄營州，
詔雲起護突厥兵往討。入其界，使突厥詐云向柳城郡，欲共高麗交易，契丹不備，乃襲之。此事正在煬
帝時。又《張儉傳》：遷營州都督。營州部與契丹、奚、霫、靺鞨諸蕃切畛。高麗引衆入侵，儉率兵破之。
此事在太宗征遼之前，可見此等情勢，至唐初未變也。又《韋挺傳》：永徽中，將軍辛文陵率兵招慰高
麗，行至吐護真水，高麗掩其不備，襲擊敗之。吐護真水，即托紇臣水，又可見高麗留居遼西者之衆也。
柳城，在今朝陽縣境。唐營州都督府置於此。

高麗王湯，當南北朝之末，已見《兩晉南北朝史》第十六章第一節。《隋
書·高麗傳》云：高祖受禪，湯遣使詣闕。開皇初，頻有使入朝。及平陳之後，
湯大懼，治兵積穀，爲守拒之策。十七年，上賜湯璽書，責其“驅逼靺鞨，固禁

契丹"。又言"陳叔寶之亡，人神胥悦，聞王歎恨，獨致悲傷"。案高麗之於北朝，不過懾於勢，不敢不從，於南朝則心悦誠服，説亦見《兩晉南北朝史》。湯是時，豈仍抱此等見解邪？抑知遼東爲中國所必取，逆計陳平則用兵次第將及，故爲固圉之計也？《傳》又云：湯得書皇恐，將奉表陳謝，會病卒，子元嗣立。高祖使拜爲上開府儀同三司，襲爵遼東郡公。元奉表謝恩，並賀祥瑞，因請封王。高祖優册爲王。明年，元率靺鞨之衆萬餘騎寇遼西，營州總管韋沖擊走之。高祖聞而大怒，命漢王諒爲元帥，總水陸討之，下詔黜其爵位。時餽運不繼，六軍乏食；師出臨渝關，_{胡三省曰：在柳城西四百八十里。}復遇疾疫；王師不振。及次遼水，元亦皇懼，遣使謝罪。上表稱遼東糞土臣元云云。上於是罷兵，待之如初。元亦歲遣朝貢。高麗是時，雖非誠服，亦未必敢更挑邊釁。蓋靺鞨等欲爲侵盗，非元所能抑止。云其躬率之以爲寇，恐非歸罪之辭，即係傳聞之誤。然册書甫出，侵軼旋來，則膺懲之師，勢自不容已矣。《高麗傳》云：都於平壤城，復有國内城、_{在今臨江縣帽兒山西南。白鳥庫吉云：即丸都義譯。}漢城，並其都會之所，其國中呼爲三京。此高麗心腹之地。實在鴨緑江、漢江之間。兵鋒非及此者，不足以言懲艾。然毌丘儉、慕容皝之師，皆自遼東而出，此時乃遠自燕、齊，則雖鞭之長，不及馬腹矣。此隋、唐東征之所以難於見功也。漢王諒之兵，《本紀》云三十萬。遇疾疫，死者十八九。《張奫傳》：奫是役爲行軍總管，諸軍多物故，奫衆獨全。《周羅睺傳》：是役爲水軍總管，自東萊泛海趨平壤，_{東萊，今山東掖縣。}遭風，船多漂没，無功而還。則水陸兩軍，皆所失甚大。是役也，高潁實爲諒長史，非無謀者，而其喪敗如此，事勢固有以限之也。因其謝罪而捨之，可謂知難而退矣。_{《百濟傳》：平陳之歲，有一戰船，漂至海東耽牟羅國。其船得還。經於百濟，其王餘昌，資送之甚厚。並遣使奉表賀平陳。高祖下詔云："往復至難，若逢風浪，便至傷損，自今已後，不須年別入貢，朕亦不遣使往。"此等事，並可見高祖之不勤遠略。《陸知命傳》：知命在高祖時，曾詣朝堂，請使高麗。蓋亦知帝重用兵，東北邊患又急，故欲以口舌收折衝之效也。耽牟羅，朝鮮金于霖《韓國小史》曰："即唐龍朔初入朝之儋羅，今之濟州島也。"}

　　西方戎落，吐渾爲大。其王夸吕，周時即數爲邊寇，已見《兩晉南北朝史》第十六章第七節。夸吕，《隋書》作吕夸。開皇初，侵弘州。_{未詳。}高祖以弘州地曠人梗，因而廢之。然又遣元諧擊破之。其名王十七人、公侯十三人據_{《元諧傳》。《吐谷渾傳》作名王十三人，疑有奪字。}各率部落而降。上以其高寧王移兹哀，素得衆心，拜爲大將軍，封河南王，以統降衆。六年卒，令其弟樹歸襲。夸吕在位歲久，屢因喜怒，廢殺太子。後其太子可博汗，懼其廢辱，謀執吕夸而降，請兵於邊吏，上不許。太子謀洩，爲其父所殺。立少子嵬王訶。是歲，嵬王訶懼誅，復謀率部落歸國，遺使詣闕，請兵迎接。上不可。乃止。八年，其名王拓跋木彌請以千餘家歸化。上曰："渾賊悁狂，妻子懷怖，叛夫背父，不可收納，然其本意，正自避死，若今遺拒，又復不仁。更有意信，但宜慰撫，任其自拔，不須出兵馬應接。其妹夫及甥欲來，亦任其意，不勞勸誘也。"十一年，吕夸卒，子伏立。十六年，以光化公主妻之。明年，其國大亂。國人殺伏，立其弟伏允。使陳廢立之事，且請依俗尚主。上從之。自是朝貢歲至。

　　川、康、甘、青間諸部族，《隋書》總稱爲党項羌。云：高祖爲丞相時，中原多故，因此大爲寇掠。梁睿既平王謙，請因旋師討之，高祖不許。開皇四年、五年、六年，皆有衆内附。見本傳及《紀》。十六年，寇會州，今四川茂縣。發隴西兵討破之，又相率請降。其白狼國，亦於元年獻方物。見《紀》。女國：見《兩晉南北朝史》第十六章第八節。《傳》云：開皇六年，遺使朝貢。《北史·本紀》事在四年，《隋書·本紀》無之。要之必曾一通使命，此或今後藏地方通於上國之始也。參看第二章第四節，及《兩晉南北朝史》第十六章第八節。

　　開皇十年江南之亂，史萬歲以行軍總管從楊素擊之。其《傳》云："率衆二千，自東陽别道而進，今浙江金華縣。蹦嶺越海，攻陷溪洞，不可勝數。前後七百餘戰，轉鬥千餘里。"素時出會稽今浙江紹興縣。至泉州，今福建閩侯縣。萬歲蓋自浙東入閩與之會也。其今粤地，王勇雖因馮寶之妻迎韋洸而敗績，見《兩晉南北朝史》第十五章第三節。然未幾，勇將王仲宣即復叛。仲宣，《隋書·韋洸傳》稱爲番禺夷，《慕容三藏傳》稱爲嶺南酋長，《裴矩傳》稱爲俚帥，蓋南夷酋豪不服隋者。時以韋洸爲行軍總管，慕容三藏爲副討之。洸中流矢卒，據《三藏傳》。《洸傳》云：洸所綏集二十四州。拜廣州總管。歲餘，番禺夷王仲宣聚衆爲亂，以兵圍洸，洸勒兵拒之，中流矢而卒，一似洸迄未離廣州者。《裴矩傳》：矩定嶺南遷報，上大悦，顧謂高熲、楊素曰："韋洸將二萬兵，不能早度嶺，朕每患其兵少，裴矩以三千敝卒，徑至南康。有臣若此，朕亦何憂？"可見仲宣亂時，洸實在嶺北也。先是裴矩奉詔巡撫嶺南，未行而江南亂，吳、越道閉，上難遺矩行。矩請速進，上許之。行至南康，今江西贛縣。得兵數千人。時仲宣逼廣州，遺將周師舉圍東衡州。今廣東曲江縣。矩與大將鹿愿赴之，斬師舉。進兵自南海援廣州，仲宣懼而潰散。矩所綏集二十餘州，承制署其渠帥爲刺史、縣令。《矩傳》。《列女·譙國夫人傳》云：仲宣反，首領皆應之，圍韋洸於州城。夫人遺孫暄救洸。暄與逆黨陳佛智友善，遲留不進。夫人怒，遺使執暄，繫於州獄。又遺孫盎出討佛智，斬之。進兵至南海，與鹿愿軍會，共敗仲宣。夫人親被甲，乘介馬，張錦傘，領彀騎衛裴矩巡撫諸州。嶺表遂定。高祖異之，拜盎高州刺史。高州，梁置，治高梁，在今廣東陽江縣西。唐徙治良德，在今廣東茂名縣東北。仍敕出暄，拜羅州刺史。羅州，亦梁置，治石龍，在今廣東化縣東北。追贈馮寶爲廣州總管譙國公，册夫人爲譙國夫人。開幕府，置長史以下官屬，給印章，聽發部落六州兵馬。若有機急，便宜行事。時番州總管趙訥貪虐，隋改廣州曰番州。諸俚、僚多有亡叛，夫人遣長史上封事，論安撫之宜，並言訥罪狀。上遣推訥，得其臧賄，竟致於法。降勅委夫人招慰亡叛。夫人親載詔書，自稱使者，歷十餘州，宣述上意，諭諸俚、僚，所至皆降。十七年二月，桂州人李光仕起事，以王世積爲行軍總管，與周法尚討平之。桂州，今廣西桂林縣。世積兵遇瘴未能進，戰功實皆出法尚，見《法尚傳》。七月，李代賢又反，虞慶則討平之。亦見《紀》。《慶則傳》作李賢。蓋其人名世賢，避諱者或易字，或省字。上以嶺南夷僚，數爲邊患，徵汴州刺史令狐熙，汴州，今河南開封縣。拜爲桂州總管，許以便宜從事，刺史以下官，得承制補授。熙至部，大弘恩信，溪洞渠帥，相率歸附。先是州縣生梗，長吏多不得之官，寄政於總管府，熙悉遣之。爲建城邑，開設學校。有寧猛力者，在陳已據南海，高祖因而撫之，即拜安州刺史。令狐熙奏改爲欽州，今廣東欽縣。然驕倨未嘗參謁。熙手書諭之，申以交友之分。其母有疾疢，熙復遺以藥物。猛力感之，詣府請謁，不敢爲非。時高祖又命何稠召募討李光仕，稠亦踰嶺，分遣馮暄等討賊，承制署首領爲州縣官而還。寧猛力率衆迎軍，請身入朝。稠以其疾篤，放還，與約詣京師相見。猛力臨終，戒其子長真：葬訖上路。長真如言入朝。《唐書·諸夷蕃將傳》：仁壽初，馮盎爲宋康令，宋康，宋縣，當在今四川境。潮、成等五州僚叛，潮州，今廣東潮陽縣。成州，後改封州，今廣東封川縣。盎馳至京師請討之。文帝詔楊素與論形勢。即詔盎發江嶺兵擊平之。文帝之於嶺外，始終憑藉恩信，撫其酋豪，使爲己用，以是不甚煩兵力，而克奏平定之功也。

今雲、貴之地，史萬歲於開皇二十年平之。《梁睿傳》云：劍南平，睿威振西川，夷僚歸附，惟南寧酋帥爨震，恃遠不賓。南寧，蜀建寧郡，晉寧州治，在今雲南曲靖縣西。睿上疏曰："南寧州，漢世牂柯之地，近代已來，分置興古、雲南、建寧、朱提四郡。漢牂柯郡，治且蘭，今貴州平越縣。興古，晉郡，在今貴州普安縣西。雲南，晉郡，在今雲南祥雲縣南。朱提，漢縣，後漢末改郡，在今四川宜賓縣西南。戶口殷衆，金寶富饒。二河有駿馬、明珠，益、寧出鹽井、犀角。晉太始七年，以益州曠遠，分置寧州。至僞梁，南寧州刺史徐文盛，被湘東徵赴荊州，土民爨瓚，遂竊據一方，國家遙授刺史。其子震，相承至今。臣禮多虧，貢賦不入。每年奉獻，不過數十匹馬。其處去益，路止一千。朱提北境，即與戎州接界。戎州，梁置，今四川宜賓縣。如聞彼人，苦其苛政，思被皇風。幸因平蜀士衆，即請略定南寧。"又請曰："其地沃壤，多是漢人。與交、廣相接，路乃非遥。漢代開此，本爲討越。伐陳之日，復是一機。

以此商量，決謂須取。"高祖深納之。然以天下初定，恐民心不安，故未之許。後竟遣史萬歲討平之，並因睿之策也。案《唐書·南蠻傳》言：爨瓚死，子震、翫分統其衆，隋開皇初，遣使朝貢，命韋世沖以兵戍之，置恭州，今四川珙縣。協州、在珙縣西南。昆州，在今雲南昆明縣西。則爨氏初未嘗不賓服，特後稍怠耳。《隋書·史萬歲傳》云："南寧夷爨翫來降，拜昆州刺史，既而復叛，遂以萬歲爲行軍總管擊之。入自蜻蛉川，在今雲南姚安縣南。經弄棟，漢縣，在姚安北。次小勃弄、大勃弄，二城名，在今祥雲縣東。唐於此置勃弄縣。至於南中。賊前後屯據要害，萬歲皆擊破之。度西洱河，即洱海，古葉榆水。入渠濫川。在今雲南昆陽縣東南，東北流入滇池。行千餘里，破其三十餘部。諸夷大懼，遣使請降。萬歲馳奏，請將翫入朝，詔許之。翫陰有二心，不欲詣闕，賂萬歲以金寶。萬歲於是捨翫而還。蜀王時在益州，知其受賂，遣使將索之。萬歲聞，悉以所得金寶，沈之於江。索無所獲。明年，爨翫復反。蜀王奏萬歲受賂縱賊，上令窮治其事。事皆驗。"上數之。萬歲曰："臣留爨翫者，恐其州有變，留以鎮撫。臣還至瀘水，詔書方到，由是不將入朝，實不受賂。"上大怒，顧有司曰："明日將斬之。"萬歲懼而服罪。高熲、元旻等救之。上意少解，於是除名爲民。案萬歲受賂，恐實係蜀王誣之。高祖決獄，但憑喜怒，不暇致詳，故萬歲不克自申耳。高祖非貪南方利入者，其平南寧，蓋實以其地多漢人，且道通交、廣，足資控扼也。

　　交趾之地，開皇十年江南亂時，即有李春者，自稱大都督。見《紀》。仁壽二年，復有李佛子者，《劉方傳》稱爲俚人。令狐熙奉詔令其入朝，佛子請至仲冬上道，熙從之，已而叛。有人詣闕訟熙受佛子賂，上固疑之。及是，大怒，使鎖熙詣闕。熙性素剛，行至永州，憂憤發病卒。永州，今湖南零陵縣。而遣劉方討平之。遂授方驩州道行軍總管，驩州，在今越南北境。經略林邑。方至煬帝大業元年四月，乃擊破之。入其都，獲其廟主金人，汙其宮室，刻石紀功而還。士卒脚腫，死者十四五。方亦遇患道卒。林邑之役，《傳》謂由天下無事，羣臣言其多奇寶而起。此不似高祖所爲，必傳者之過也。

第三節　煬帝奪宗

　　隋高祖五男：曰房陵王勇，曰晉王廣，曰秦王俊，曰蜀王秀，初封越王。曰漢王諒，皆文獻皇后獨孤氏所生。帝懲周代諸侯微弱，受禪之歲，即立勇爲太子，封諸子爲王。又立行臺尚書省，以諸王爲令，入牧雍州，出爲諸州總管，遇征伐則爲行軍元帥，其期望之甚厚。參看《隋書·于義》、《元巖傳》。高祖受禪之歲，即以廣爲并州總管，秀爲益州總管。開皇元年正月，置河北道行臺尚書省於并州，以廣爲令。河南道於洛州，以俊爲令。西南道於益州，以秀爲令。三年十月，廢河南道行臺省，以俊爲秦州總管。六年十月，置山南道行臺尚書省於襄州，以俊爲令。伐陳之役，俊爲河南道行軍元帥，屯漢口，爲上流諸軍節度。陳平，拜揚州總管，鎮廣陵。歲餘，轉并州。廣以六年十月，徵拜雍州牧，伐陳，爲行軍元帥，陳平，復拜并州總管，江南亂，徙揚州，十六年，乃歸藩。秀爲西南道行臺，歲餘而罷，十二年，復出鎮蜀。諒十二年牧雍州，十七年爲并州總管。韋世康以十五年十月爲荆州總管。傳言時天下惟置四大總管，并、揚、益並親王臨統，惟荆州委於世康，時論以爲美，可見其任之重也。并州治太原，益州治成都，洛州治洛陽，秦州治天水，襄州治襄陽，荆州治江陵，皆今縣。廣陵，後改爲江都，見第一節。然諸子皆不令。俊以奢侈，違犯制度，開皇十七年七月，徵還京師，免官，以王就第。二十年六月，薨於秦邸。是歲十月，太子又廢。

　　太子勇之廢，史家歸咎於獨孤后。云：后性妒忌。後宮莫敢進御。見諸王及朝士有妾孕者，必勸上斥之。此即因其讒高熲之説而附會，見下。勇性率意任情，多内寵。昭訓雲氏尤嬖。妃元氏無寵，嘗遇心疾，二日而薨。后意有他故，甚責望勇。晉王知之，彌自矯飾。後來朝，臨還揚州，入内辭后，泣言東宮欲加屠陷。后忿然。王知后意移，始構奪宗之計，引張衡定策，遣宇文述交楊素弟約，令喻旨於素。衡爲河北行臺曹郎，并、揚二州掾。宇文述平陳有功，王鎮揚州，奏爲壽州刺史。壽州，今安徽壽縣。素揣知后意，又從而讒構之。而太子遂廢。《勇傳》言其將廢，高祖在仁壽宮，見第一節。知其不安，使素觀之。素還，言勇怨望，恐有他變。乃於玄武門達至德門，玄武門，隋大興宮城西北門。至德門，在宮城東北隅。量置候人，以伺動靜。東宮宿衞，侍官已上名籍，悉令屬諸衞府。晉王又令段達私於東宮幸臣姬威，達脅威告東宮非法。九月，車駕至自仁壽宮，翼日御殿，謂侍臣曰："我新還京師，應開懷歡樂，不知何意，翻邑然愁苦？"吏部尚書牛弘對曰："由臣等不稱職，故至尊憂勞。"高祖既數聞讒譖，疑朝臣皆具委，故有斯問，冀聞太子之愆，弘爲此對，大乖本旨。因作色謂東宮官屬曰："仁壽宮去此不遠，而令我每還京師，嚴備仗衞，如入敵國，豈非爾輩欲壞我家國邪？"又述勇罪狀曰："新婦初亡，我深疑使馬嗣明藥殺。我曾責之，便懟曰：會殺元孝矩，妃父。此欲害我而遷怒耳。"又云："我恒畏其加害，如防大敵。"高祖之所疑可知。《傳》述勇見疏之由曰：某歲冬至，百官朝勇，勇張樂受賀。高祖下詔，言皇太子雖居上嗣，義兼臣子，而諸方岳牧，正冬朝賀；任土作貢，別上東宮；事非典則，宜悉停斷。自此恩寵始衰，漸生疑阻。時令選宗衞侍官入上臺宿衞。高熲奏稱："若盡取强者，恐東宮宿衞太劣。"高祖作色曰："我有時行動，宿衞須得雄毅，太子毓德東宮，左右何須强武？此極敝法，甚非我意。我熟見前代，公不須仍踵舊風。"蓋疑熲男尚勇女，形於此言，以防之也。《通鑑》：開皇二十年，賀若弼復坐事下獄,既而釋之。他日,上謂侍臣:"弼語高熲:皇太子於己,出口入耳,無所不盡,公終久何必不得弼力?何脈脈邪?"亦可見高祖於熲等,疑忌之深也。然則高祖之疑勇久矣,此楊素之讒所由得入也。苟爲後義而先利,不奪不饜,季漢已來,置君之如弈棋舊矣,熟見前代,安能釋然?此亦無足深怪。《郭衍傳》言:晉王有奪宗之謀,託衍心腹,遣宇文述以情告之。衍從王出鎮揚州,與平江南之亂。授蔣州刺史,遷洪州總管。蔣州,見第一節。洪州,今江西南昌縣。衍大喜,曰:若所謀事果,自可爲皇太子。如其不諧,亦須據淮海,復梁、陳之舊。副君酒客,其如我何?王因召衍,陰共計議。衍詐稱桂州俚反,桂州,見上節。王奏衍引兵討之,由是大修甲仗,陰養士卒。此等陰謀,亦狃於前代之積習也。近己而俗相類,則往車雖覆,而成轍易循。《房彥謙傳》曰:平陳之後,論者咸云將致太平。彥謙私謂所親曰:"主上性多忌克,不納諫争。太子卑弱,諸王擅威。在朝惟行苛酷之政,未施弘大之體。天下雖安,方憂危亂。"房、魏總史事,其父皆得佳傳,《困學紀聞·考史》。昔人久有疑辭,斯言或出附會,然太子卑弱,諸王擅權,自是當時情事,勇又安能無疑?《文獻后傳》云:高祖與后相得,誓無異生之子。《廢太子傳》:上嘗從容謂羣臣:"朕旁無姬侍,五子同母,可謂真兄弟也。豈若前代,多諸内寵,孽子忿争,爲亡國之道邪?"鮮卑之俗,賤妾媵而不諱妬忌,見《兩晉南北朝史》第十七章第一節。后固虜姓,高祖亦漸北俗;又性本嚴正,非溺情嬖幸者流;是以"後宮寵幸,不過數人。"高祖告裴肅語,見《肅傳》。至於五子同母,不過事出偶然,非真絶無嬪御也。《后傳》言:后使宦官伺上,政有所失,隨則匡諫。又云:每與上言及政事,往往意合。然其惡房陵,乃如其謂晉王:"每思東宮,意無正適,至尊千秋萬歲之後,遣汝等兄弟,向阿雲兒前,再拜問訊,此是幾許大苦痛邪?"其愛晉王,則如其告楊素,謂:"每聞至尊及我遣内使到,必迎於境首。言及違離,未嘗不泣。又其新婦,亦大可憐,我使婢去,常與之同寝共食。"仍是瑣瑣婦人之見耳。《勇傳》言其"遣人伺覘東宮,纖芥事皆聞奏,因加媒孽。"度亦不過如是,豈真能使高祖因之而行廢立哉?史所傳獨孤后事,其説多誣。《后妃傳》言:尉遲迥女孫有美色,上於仁壽宮見而悦之,因此得幸,后伺上聽朝,陰殺之。上由是大怒,單騎從苑中出,不由徑路,入山谷間二十餘里。高熲、楊素等追及,扣馬固諫。上太息曰:"吾貴爲天子,而不得自由。"熲曰:"陛下豈以一婦人而輕天下?"上意少解。駐馬良久,中夜始還。后俟上於閣内。上至,后流涕拜謝。熲、素等和解之。上置酒極歡。后自此意頗衰折。初后以高熲父之家客,甚親禮之,至是,聞熲謂己爲一婦人,銜恨。又以熲夫人死,其妾生男,益不善之,漸加譖毁。上亦每事惟后言是用。后見諸王及朝士有妾孕者,必勸上斥之。時皇太子多内寵。妃元氏暴薨,后意太子愛妾雲氏害之。由是諷上黜高熲,竟廢太子,立晉王;皆后力也。讒高熲事亦見《熲傳》:又云:熲從漢王征遼東,上以漢王年少,專委軍於熲。熲以任寄隆重,每懷至公,無自疑之意,諒所言多不用,甚銜之。及還,泣言於后曰:"兒幸免高熲所殺。"上聞之,彌不平。夫天子即在離宮,豈能單騎獨出? 諸王朝士有妾孕者,可盡斥乎? 幸免爲高熲所殺,此何等語? 亦豈可以欺后,而況於高祖哉? 秦王之獲罪也,楊素言其過不應至此。高祖曰:"若如公意,何不別制天子兒律?"其廢太子,又言"我雖德慚堯、舜,終不以萬姓付不肖子。"其言未嘗不廓然大公,然而不免於禍者? 太子卑弱,諸王擅威,實乃自啓亂源,而其所以致此,則衆建親戚,以爲屏藩之一念誤之,其源濁,其流必不可澄也。然則欲爲久安長治之謀,惟有克舉選賢與能之實,高祖之召亂,非以其公心,以其未能真公耳。

勇既廢,十一月,遂立晉王爲太子。蜀王秀,《傳》言其意甚不平。太子陰令楊素,求其罪而譖之。仁壽二年,徵還京師,令素等推治之。太子陰作偶人,書上及漢王姓字,縛手釘心,埋之華山下。又作檄文,言逆臣賊子,專弄威柄,自陳甲兵之盛,云欲指期問罪,置秀集中。於是廢爲庶人,幽之內侍省。案《傳》又言秀之至,上曰:"頃者秦王糜費財物,我以父道訓之,今秀盡害生民,當以君道繩之。"秀亦未嘗不奢侈違制,事見本傳及《元巖傳》,惟較之虐民,則糜財之罪爲輕耳。又曰:"當斬秀於市,以謝百姓。"獄之具也,連坐者百餘人,此庸有網羅。然《酷吏傳》言:秀得罪,趙仲卿奉詔往益州窮按,秀賓客經過之處,仲卿必深文致法。州縣長吏,坐者大半,則徒黨肆虐,州縣承風者實多,盡害生民,必在所不免矣。《秀傳》又言:秀有膽氣,多武藝,甚爲朝臣所憚。《源師傳》言:秀違法度,以師爲益州總管司馬。俄而秀被徵,將謝病不行。師垂涕勸之,乃從徵。《獨孤楷傳》言:秀猶豫未發,朝廷恐其生變,拜楷益州總管,馳傳代之。秀果有異志。楷諷諭久之,乃就路。楷察其有悔色,因勒兵爲備。秀去四十餘里,將反襲楷,密令左右覘楷,知不可犯而止,則秀亦非無異謀。煬帝構秀,雖出私意,然使終處蜀可乎? 此亦見封建之必召亂也。

仁壽四年七月,文帝崩。《后妃傳》言:陳宣帝女,陳滅配掖廷,後選入宮爲嬪,《傳》云:遺詔拜爲宣華夫人。《楊素傳》稱爲陳貴人,見下。有寵。高祖寢疾仁壽宮,夫人與太子同侍疾。平旦出更衣,爲太子所逼,上聞之恚,使兵部尚書柳述、黃門侍郎元巖召勇,隋有兩元巖:一爲蜀王秀長史,《隋書》有傳。此元巖爲華陽王楷妃之父,僅附見《列女·妃傳》中,楷文帝孫,封爲華陽王,事在開皇十年,見《紀》。述、巖爲勅,以示左僕射楊素。素白太子,太子使張衡入寢殿,俄而上崩。其夜,太子烝於陳氏。嗣位之後,出居仙都宮,尋召入,歲餘而終。帝深悼之,爲製神傷賦。又有蔡氏,丹陽人。陳滅,以選入宮爲世婦,容儀婉嬺,上甚悦之。以文獻皇后故,希得進幸。及后崩,漸見寵遇。拜爲貴人。上寢疾,加號容華夫人。崩後,亦爲煬帝所烝。丹陽,梁、陳郡,隋滅陳,廢,大業時復置,今江蘇江寧縣。《廢太子》及《柳述傳》略同。《楊素傳》則云:上不豫,素與柳述、元巖等入閤侍疾。皇太子慮上有不諱，須豫防擬，手自爲書，封出問素，素録出事狀以報，宮人誤送上所，上覽而大恚。所寵陳貴人，又言太子無禮。上遂發怒，欲召勇，太子謀之於素。素矯詔，追東宮兵士帖上臺宿衞。門禁出入，並取宇文述、郭衍節度。又令張衡侍疾。煬帝立爲太子，述爲左衞將軍。衍爲左監門率，轉左宗衞率。衡拜右庶子，仍領給事黃門侍郎。上以此日崩。由是頗有異議。案《陳氏傳》又言：晉王在藩，陰有奪宗之計，規爲内助，每致禮焉，進金蛇、金駝等物以取媚，廢立之際，頗有力焉。則陳氏之於煬帝，既已交結於平時，安能自固於臨事？《后妃傳》言煬帝烝於宣華，在高祖崩後。《房陵傳》則謂姦亂宮闈，事聞於高祖，高祖乃遣追勇，説亦不讎。煬帝素善矯飾，聚麀之行，豈必謀諸造次之間？豫慮後事，何等機密，何至宮人誤送帝所？高祖威令夙行，尚能觀覽事狀，則是神明未衰，更易廢興，事非輕小，豈得一無防備，但一張衡，即能弒逆？《衡傳》言衡爲煬帝所殺，臨死大言曰：“我爲人作何等事，而望久活？”監刑者塞耳，促令殺之。亦惡煬帝者之辭，不足信也。故知此等説皆不足信也。柳述尚高祖女蘭陵公主。《傳》言上於諸壻中，特所寵敬。述怙寵驕豪，無所降屈。楊素時稱貴幸，朝臣莫不矕憚，述每陵侮之。俄素亦被疏忌，不知省務，述任寄愈重。及是，素與皇太子協議，便矯詔執述、巖，持以屬吏焉。竊疑述與楊素，本以爭權相害，高祖彌留之際，實有擁翼房陵之謀，而爲素所敗也。

高祖崩後，祕不發喪。僞爲勅書，賜故太子勇死，追封爲房陵王，不爲立嗣。勇有十男，長曰長寧王儼，煬帝踐極，儼常從行，卒於道，實鴆之也。諸弟分徙嶺外，仍勅在所皆殺焉。《通鑑》繫大業三年。柳述坐除名，與公主離絶，徙於龍川。隋郡，今廣東惠陽縣。數年，復徙寧越，隋郡，即欽州。遇瘴癘而死。元巖除名徙南海。隋郡，即番州，見上節。後會赦歸長安，有人譖巖逃歸，收殺之。

漢王諒，以開皇十七年，出爲并州總管。自山以東，至於滄海，南拒黃河，五十二州盡隸焉。特許以便宜，不拘律令。十八年，起遼東之役，十九年突厥犯塞，皆以爲行軍元帥。蓋秦王雖敗，高祖委任宗支之心，初未嘗減也。太子讒廢，諒陰有異圖。諷高祖云：突厥方强，太原即爲重鎮，宜修武備。高祖從之。於是繕治器械，招傭亡命，左右私人，殆將數萬。王頍者，僧辯之子也，爲諒諮議參軍；蕭摩訶者，陳氏舊將；並爲諒所親善。蜀王廢，諒愈不自安。高祖崩，徵之不赴，遂發兵反。煬帝遣楊素討之。諒窮蹙降，以幽死。子顥禁錮。宇文化及弒逆之際遇害。王頍自殺。蕭摩訶被擒而死。煬帝徙諒黨數十萬家。《五行志》。大業三年，勅并州逆黨，已流配而逃亡者，所獲之處，即宜斬決。五年，大赦天下，開皇已來流配者，悉放還鄉，而晉陽逆黨，仍不在其例。皆見《紀》。亦酷矣。

第四節　煬帝荒淫

左氏曰：儉德之共，侈惡之大。伊古以來，人君之以驕淫敗者多矣，然其人或本無知識，墮於惡而不自知，若乃明知其惡而故爲之，而又悍然不顧縱恣無極，則未有若隋煬帝之甚也。

帝於即位之歲，十一月，幸東都，即命於伊、洛營建東京。明年二月，命楊素、楊達、宇文愷主其事。愷時爲將作大匠，《傳》言其揣帝心在宏侈，制度窮極壯麗。然《食貨志》言：帝昔居藩翰，親平江左，兼以梁、陳曲折，以就規摹。則其規制，又有出自帝意者也。《志》又言楊素爲營作大監，每月役丁二百萬人。徙洛州郭內人民，洛州見上節。及天下諸州富商大賈數萬家以實之。又於皂澗在今河南新安縣東。營顯仁宫。苑囿連接，北至新安，今河南新安縣。西至澠池，今河南澠池縣。周圍數百里。課天下諸州，各貢草木、花果、奇禽、異獸。役使促迫，僵斃者十四五。每月載死丁，東至成皋，今河南汜水縣。北至河陽，今中原孟縣。車相屬於道。亦見《本紀》。亦可謂酷矣。

大業元年三月，發河南諸郡男女百餘萬開通濟渠。自西苑在今洛陽縣西。引穀、洛水達於河。自板渚在今汜水縣東北。引河通於淮。《本紀》。《食貨志》云：河畔築御道，樹以柳。使往江南採木，造龍舟、鳳艒、黃龍、赤艦、樓船等數萬艘。《本紀》。《食貨志》：所造者又有簑舫。又云：採大木，引至東都。所經州縣，遞送往返，首尾相屬不絕者千里。八月，御龍舟幸江都。見第一節。文武官五品已上給樓船，九品已上給黃簑。舳艫相接，二百餘里。《本紀》。亦見《食貨志》。《志》又云：募諸水工，謂之殿脚，衣錦行縢，執青絲纜挽船。所經州縣，並令供頓、獻食。豐辦者加官爵，闕乏者罪至死。二年三月，發江都。先是太府少卿何稠、丞雲定興盛修儀仗。於是課州縣送羽毛。百姓求捕之，網羅被水陸。禽獸有堪氅毦之用者，殆無遺類。《本紀》。《食貨志》云：課天下州縣，凡骨角、齒牙、皮革、毛羽，可飾器用，堪爲氅毦者，皆責焉。徵發倉卒，朝命夕辦。百姓求捕，網罟徧野，水陸禽獸殆盡，猶不能給，而買於豪富蓄積之家，其價騰踴。是歲，翟雉尾一直十緜，白鷺鮮半之。至是而成。四月，上自伊闕隋縣，今洛陽縣南。陳法駕，備千乘萬騎，入於東京。三年四月，北巡狩。五月，發河北十餘郡丁男鑿太行山，達於并州，以通馳道。六月，次榆林。隋郡，即勝州，見第二節。突厥啓民可汗來朝。七月，上於郡城東御大帳，其下備儀衛，建旌旗，宴啓民及其部落三千五百人。奏百戲之樂。賜啓民及部落各有差。發丁男百餘萬築長城，西距榆林，東至紫河，清水河支流。一旬而罷，死者十五六。八月，發榆林。啓民飾廬清道，以候乘輿。帝幸其帳，宴賜極厚，皇后亦幸義成公主帳。次太原，詔營晉陽宮。在太原。九月，至東都。
四年正月，詔發河北諸郡男女百餘萬開永濟渠，引沁水南達於河，北通涿郡。
今河北涿縣。三月，幸五原，見第二節。因出塞巡長城。四月，以離石之汾源、臨
泉，離石，今山西離石縣。汾源，改靜樂，今山西靜樂縣。臨泉，在今山西興縣西北。雁門之秀容
雁門，即代州，見第二節。秀容，今山西忻縣。爲樓煩郡。治靜樂。起汾陽宮。在靜樂。七
月，發丁男二十餘萬築長城，自榆林谷而東。榆林谷，《通鑑》作榆谷。《注》云：當在榆林
西。八月，親祠恒岳。河北道郡守畢集。五年正月，改東京爲東都，自東都還
京師。三月，西巡河右。四月，大獵於隴西。隋郡，今甘肅隴西縣。出臨津關，臨津，
前涼縣，在今甘肅臨夏縣西北。關當在縣境，爲黃河濟渡處。渡黃河至西平，隋郡，今碾伯縣。
陳兵講武。五月，大獵於拔延山。在西寧東南。長圍周互二千里。渠浩亹。今大
通河。御馬度而橋壞。斬朝散大夫黃亘及督役者九人。遣兵征吐谷渾。見下節。
六月，經大斗拔谷，在今甘肅山丹縣南。山路險隘，魚貫而出，風霰晦冥，與從官相
失，士卒凍死者大半。次張掖，今甘肅張掖縣。高昌王麴伯雅來朝。伊吾吐屯設
等獻西域數千里之地。參看下節。上大悅。置西海、《地理志》云：置在古伏俟城，即吐谷
渾國都。案在青海西。河源、《地理志》云：置在古赤水城。案在青海南。鄯善、《地理志》云：置在
鄯善城，即古樓蘭城也。案在羅布泊南。且末《地理志》云：置在古且末城。案在車爾成河上。四
郡。御觀風行殿。宇文愷所造。《傳》云：上容侍衛者數百人，離合爲之，下施輪軸，推移倏忽，有
若神功。戎狄見之，莫不驚駭。盛陳文物。奏九部樂。設魚龍曼延。宴高昌王、吐屯
設於殿上，以寵異之。外族陪列者，三十餘國。九月，入長安。十一月，幸東
都。六年三月，幸江都宮。七年三月，自江都御龍舟，入通濟渠，遂幸涿郡。
征高麗，敗還。見下節。八年九月，乃至東都。九年三月，復征高麗，幸遼東，以
楊玄感反而還。見下節。九月，次上谷。隋郡，今河北易縣。以供費不給，免太僕虞
荷等官。閏月，幸博陵。周定州，隋改爲博陵郡，今河北定縣。高祖嘗爲定州總管，故帝幸焉。
改爲高陽郡。十年，復征高麗。三月，行幸涿郡。四月，次北平。隋郡，今河北盧龍縣。
七月，次懷遠鎮。屬遼西。高麗遣使請降。八月，班師。見下節。十月，至東都，
還京師。十二月，如東都。十一年正月，突厥等國遣使朝貢。大會各族，設魚
龍曼延之樂，頒賜各有差。五月，幸太原。避暑汾陽宮。八月，巡北塞。突厥
始畢可汗謀襲乘輿，義成公主遣使告變，車駕馳幸雁門，即代州，見上節。爲所圍。
九月，乃解。見下節。十月，至東都。十二年七月，幸江都宮。奉信郎崔民象
諫，上大怒，先解其頤，乃斬之。次氾水，今河南氾水縣。奉信郎王愛仁請還西京，
上怒，斬之而行。自此不復能北歸矣。《紀》云：帝性多詭譎。所幸之處，不欲
人知，每之一所，輒數道置頓，四海珍羞殊味，水陸畢備焉。求市者無遠不至。

郡縣官人，競爲獻食。豐厚者進擢，疏儉者獲罪。姦吏侵漁，内外虛竭。頭會箕斂，人不聊生。《食貨志》言：從幸宫掖，常十萬人，所有供須，皆仰州縣。流連之樂，荒亡之行，可謂曠古無倫矣。

《音樂志》云："始齊武平中，有魚龍爛漫等奇怪異端，百有餘物，名爲百戲。周時，鄭譯有寵於宣帝，奏徵齊散樂，並會京師。開皇初，並放遣之。及大業二年，突厥染干來朝，煬帝欲誇之，總追四方散樂，大集東都。自是皆於太常教習。每歲正月，萬國來朝，留至十五日，於端門外建國門内，綿亙八里，列爲戲場。百官起棚夾道路，從昏達旦，以縱觀之，至晦而罷。伎人皆衣錦繡繒采。其歌舞者多爲婦人服。鳴環佩，飾以花毦者，殆三萬人。初課京兆、河南製此衣服，兩京繒錦，爲之中虛。三年，駕幸榆林，啓民朝於行宫，帝又設以示之。六年，諸夷大獻方物。突厥啓民已下，皆國主親來朝賀。乃於天津街盛陳百戲。海内奇技，無不總萃。崇侈器玩，盛飾衣服，皆用珠翠、金銀、錦罽、絺繡，其營費鉅億萬。關西以安德王雄總之，東都以齊王暕總之。金、石、匏、革之聲，聞數十里外。彈絃、擪管已上，一萬八千人。大列炬火，光燭天地。百戲之盛，振古無比。自此每年以爲常焉。"《本紀》獨於此年及十一年書之，蓋其尤盛者也。又云："自漢至梁、陳，樂工大數，不相踰越。及周並齊，隋並陳，各得其樂工，多爲編户。至大業六年，帝乃大括魏、齊、周、陳樂人子弟，悉配太常，亦見《本紀》。並於關中爲坊置之，其數益多前代。"又云："帝頗玩淫曲。裴蘊揣知帝情，奏括周、齊、梁、陳樂工子弟，及人間善聲調者，凡三百餘人，並付大樂。其哀管新聲，淫絃巧奏，皆出鄴城之下高齊之舊曲云。"《蘊傳》謂是後異技淫聲，咸萃樂府，皆置博士弟子，遞相教傳，增益樂人至三萬餘。此啓之康娛以自縱也。大業四年九月，徵天下鷹師，悉集東京，至者萬餘人，此羿之淫游以伏田也。亡國之行，可謂兼之矣。《食貨志》云："遐方珍膳，必供庖厨；翔禽毛羽，用爲玩飾；買以供官，千倍其價。"因修儀仗而課毛羽，事已見前。大業初調狐皮，郡縣大獵，事見《孝義·華秋傳》。甚者，十二年，於景華宫在東都。徵螢火，夜出遊山放之，光徧巖谷。肆意徵求如此，勞民豈有涯哉？《循吏傳》言：斯時官吏，善於侵漁，彊於剥割，絕億兆之命，遂一人之求者，謂之奉公，即時升擢。其或顧名節，存綱紀，抑敓攘之心，從百姓之欲者，謂之附下，旋及誅夷。不及十年，海内鼎沸，豈不宜哉？

帝之荒縱，適與高祖之恭儉相反，而其猜忌，則相類而又過之。《本紀》云：於時軍國多務，日不暇給。帝方驕怠，惡聞政事。冤屈不治，奏請罕決。所至惟與後宫，留連沈湎，惟日不足。又猜忌臣下，無所專任。朝臣有不合意者，必構其罪而族滅之。其餘事君盡禮，謇謇匪躬，無罪無辜，橫受夷戮者，不可勝紀。案帝所任者：虞世基，內史侍郎，專典機密。蘇威，納言。宇文述，帝即位，拜左翊衛大將軍，參與朝政。裴矩，黃門侍郎。裴蘊，御史大夫。時人稱爲五貴。《蘇威傳》。蘇威在舊臣中，已爲無氣節者，宇文化及弒逆，威受其官，化及敗，歸於李密。密敗，又歸王世充。唐太宗平東都，威請謁見，稱老病不能拜起。太宗遣人數之曰：“公隋朝宰輔，政亂不能匡救。見李密、王充，皆拜伏舞蹈。今既老病，無勞相見也。”尋歸長安。至朝堂請見，又不許。太宗此舉，固爲驕盈無禮，然威之爲人，則亦可見矣。猶以不能每事曲順，除名爲民。事在大業十二年五月。虞世基徒唯諾取容。宇文述更貪鄙工於附會。裴矩雖清廉，兼善籌策，然帝之事外，非爲安攘之計，徒勞民以逞欲，而矩乃逢迎其惡，棄民於沙塞之外，衡以儒家之義，善戰者服上刑不啻矣。參看下節。裴蘊務於聚斂，且肆刑誅，罪更不容於死。《蘊傳》：“遷民部侍郎。於時猶承高祖和平之後，禁網疏闊，戶口多漏。或年及成丁，猶詐爲小；未至於老，已免租賦。蘊歷爲刺史，素知其情。因是條奏，皆令貌閱。若一人不實，則官司解職，鄉正里長，皆遠流配。又許民相告。若糾得一丁者，令被糾之家，代輸賦役，是歲大業五年也，諸郡計帳，進丁二十四萬三千，新附口六十四萬一千五百。”案前史所載戶口，皆非生齒之數，而爲賦役之籍。故戶口少者，不必爲彫敝之徵；而戶口多者，轉足見誅求之烈。隋初國計之富，實由丁口之增，已見第一節。此時丁口更增，足見誅求益烈矣。《傳》又云：“擢授御史大夫，與裴矩、虞世基參掌機密。蘊善候伺人主微意，若欲罪者，則曲法順情，斷成其罪，所欲宥者，則附從輕典，因而釋之。是後大小之獄，皆以付蘊。憲部、大理，莫敢與奪，必稟承進止，然後決斷。”《蘊傳》云：蘊欲重己權勢，令虞世基奏罷司隸刺史已下官屬，增置御史百餘人。於是引致姦黠，共爲朋黨。郡縣有不附者陰中之。於時軍國多務，興師動眾，京都留守，及與諸蕃互市，皆令御史監之。賓客附隸，徧於郡國，侵擾百姓，帝弗之知也。多所疑者必偏有所信。釋法度而任耳目，安得不爲狡黠者所欺乎？高熲、賀若弼，以房陵舊黨見疑。熲，煬帝即位，拜爲太常。以議召周、齊樂人，遇啓民過厚，坐謗訕，與弼及宇文弨同誅。此特一時觸發而已，其本意不在此也。裴肅當高祖時，上書請封廢太子及蜀王，帝嗣位，不得調者久之。後執政者以嶺表荒遐，遂希旨授永平郡丞。帝忌房陵之人如此。永平，今廣西藤縣。元冑以與蜀王交通獲罪。房陵之廢，冑實與其謀。然蜀王獲罪，冑又坐與交通除名。煬帝即位，不得調，有怨言，爲人所告，坐死。滕、衛嗣王，咸遭徙逐。蔡王亦幾不免。高帝母弟滕穆王瓚，以非高祖代周，不得其死。子綸，煬帝即位，人告其呪詛，除名徙始安，復徙珠崖。諸弟散徙邊郡。衛昭王爽，高祖異母弟，以養於高祖之母，顧見親愛。嘗爲雍州牧，并、涼二州總管。征突厥爲元帥，已見第二節。子集，煬帝時，亦以人告其呪詛，除名徙遭郡。蔡王智積，高祖弟整之子，整從周武帝平齊戰死。高祖受禪，追封蔡王，諡曰景，以智積襲焉。景王與高祖不睦；其太妃尉氏，又與獨孤皇后不相諧；以是智積常懷危懼，謹慎自守，獲免於禍。大業十二年，從駕幸江都。臨終，謂所親曰：“吾今日始知得保首領沒於地矣。”時人哀之。始安郡，即桂州。珠崖，今廣東儋縣。李敏徒天元女夫，猶且累及宗族。李穆第十子渾，宇文述妹夫。使兄子善衡賊殺穆適孫筠，以述助襲穆封。已而斬許述之賂。述訴其與從子敏等有異謀,敏妻,周天元女,帝姊子也。帝誅渾、敏,並及其宗族三十二人。自餘無少長,皆徙嶺外。**此以親而見忌者也。**宇文弻以言語獲罪,蓋由在周、隋之世,皆有軍功;歷職顯要,聲望甚重。虞孝仁、韋福嗣,則以其父有功名。孝仁,慶則子。或告其圖謀不軌誅。福嗣,世康子。《傳》云:從衞玄與楊玄感戰,軍敗,爲所擒,令作文檄,辭甚不遜,尋背玄感還東都。帝衞之不已,車裂於高陽。《李密傳》云:玄感獲福嗣,委以腹心。每設籌劃,皆持兩端。後使作檄文,固辭不肯。密揣知其情,請玄感斬以謝衆。又世康少子福獎,亦與玄感戰歿。則福嗣之死,其爲失刑明矣。**此以勢而見忌者也。楊素、張衡,曾與篡奪之計,其不能見信固宜。**素卒於大業二年。《傳》云:素雖有建立之策,及平楊諒功,然特爲帝所猜忌。寢疾之日,每令名醫診候,賜以上藥,然密問醫人,恒恐不死。素不肯服藥,亦不將慎。每語弟約曰:"我豈須臾活邪?"其勢亦危矣。蓋以其死之早,故得幸免也。衡,大業八年,以妄告其怨望謗訕,賜死。**薛道衡徒文士,而以藩邸舊嫌,白首就戮。**《道衡傳》:高祖時,以黨蘇威,配防嶺表。煬帝時在揚州,陰令人諷道衡從揚州路,將縶留之。道衡不樂王府,出江陵道而去。煬帝由是銜之。帝卽位,道衡上高祖文皇帝頌,帝不悅。顧謂蘇威曰:"此魚藻之義也。"拜司隸大夫,將置之罪。道衡不悟。會議新令,久不能決,道衡謂朝士曰:"使高熲不死,令決當久行。"人有奏之。帝怒曰:"汝憶高熲邪?"付執法者勘之。及奏,帝令自盡。裴蘊傳曰:道衡以忤意獲譴,蘊知帝惡之,乃奏曰:"道衡有無君之心。論其罪名,似如隱昧,原其情意,深爲悖逆。"帝曰:"然。我少時與此人相隨行役,輕我童稚,共高熲、賀若弼等外擅威權,自知罪當誅罔。及我卽位,懷不自安,賴天下無事,未得反耳。公論其逆,妙體本心。"於是誅道衡。其意,蓋仍出於修怨也。**以萬乘之主,而修睚眦之怨,爲之下者,尚何以自安乎?庾質以諫如東都,死獄中。耿詢諫征遼東,帝命左右斬之,以何稠苦諫僅免。張虔威,并州舊吏,又事帝於東宮,以諫巡幸亦見疏。所爲若此,安得不政刑弛紊,賄貨公行,莫敢正言,道路以目哉?**《本紀》。

第五節　煬帝事四夷

煬帝之事四夷,始於西域,導之者裴矩也。《矩傳》云:時西域諸蕃,多至張掖見上節。與中國交市,帝令矩掌其事。矩知帝方勤遠略,諸商胡至者,誘令言其國俗、山川險易,撰《西域圖記》三卷,入朝奏之。其序曰:"突厥、吐渾,分領羌、胡,爲其擁遏,故朝貢不通。諸蕃旣從,渾、厥可滅。混一戎夏,其在兹乎?"序又言:"自漢通西域,雖大宛以來,略知戶數,而諸國山川,未有名目;姓氏、風土、服章、物產,全無纂錄,兼幷誅討,互有興亡。或地是故邦,改從今號;或人非舊類,因襲昔名。兼復部民交錯,封疆移改;戎狄音殊,事難窮驗。此書所記,凡四十四國。依其本國服飾儀形,王及庶人,各顯容止,卽丹青模寫,仍別造地圖,窮其要害。"其書當有可觀,不能以其意在長逢,以人廢言也。帝引矩親問。矩又盛言胡中多諸寶物,吐谷渾易可幷吞。帝由是甘心焉。復令矩往張掖,引致西蕃。至者十餘國。帝有事於恒岳,咸來助祭。將巡河右復令矩往敦煌。

矩使說麴伯雅、吐屯設等，啗以厚利，導使入朝。參看上節。竟破吐谷渾，拓地數千里。並遣兵戍之。每歲委輸，鉅億萬計。見下。帝至東都，矩風帝令都下大戲。見上節。又令“三市店肆，皆設幄帳，盛列酒食，遣掌蕃率蠻夷與民貿易，所至之處，悉令邀延就坐，醉飽而散。”《隋書·矩傳》云：“蠻夷嗟歎，謂中國為神仙”，此乃誇飾之辭，能來為商賈者，其愚必不至此。《舊唐書·矩傳》云“夷人有識者咸私哂其矯飾”，蓋得其實。帝遣薛世雄城伊吾，今新疆哈密縣。令矩共往經略。《矩傳》云：矩諷諭西域諸國曰：“天子為蕃人交易懸遠，所以城伊吾耳。”咸以為然，不復來競。《世雄傳》云：與突厥啟民可汗連兵擊伊吾。師次玉門，啟民背約，兵不至。世雄孤軍度磧。伊吾初謂隋軍不能至，皆不設備，聞世雄兵已度磧，大懼請降。蓋初亦欲用兵，逮後突厥之兵不來，若伊吾之民堅拒，則其勢殊可危，止其來競，實矩說諭之功也。玉門，隋縣，在今縣東。矩又請反間射匱，令潛攻處羅。後處羅為射匱所迫，竟隨使入朝。見下。從巡塞北，幸啟民帳。時高麗遣使通於突厥。啟民不敢隱，引之見帝。矩請面詔其使，放還本國，令速朝覲。不然者，當率突厥誅之。帝納焉。高元不用命，始建征遼之策。《酷吏·元弘嗣傳》云：大業初，煬帝潛有取遼東之意，遣弘嗣往東萊海口監造船，則征遼之意，實不始於是時，謀亦非出於矩。特矩畫為策，有以速其行耳。東萊見第二節。矩於外交，不可謂無才，然時邊方無釁，勤遠略徒以勞民；煬帝之縱侈，矩寧不之知，顧又長逢其惡；其罪實不可恕也。

　　《西域傳》云：“煬帝時，遣侍御史韋節、司隸從事杜行滿使於西蕃諸國，復令裴矩於武威、見第二節。張掖間往來以引致之。其有君長者，四十四國。此即據裴矩《西域圖記》序以為言。序云：“二漢相踵，西域為傳，戶民數十，即稱國王，徒有名號，乃乖其實。今者所編，皆餘千戶。其山居之屬，非有國名，及部落小者，亦多不載。”則其所載，實尚不全也。大業中，相率來朝者，三十餘國，帝因置西域校尉以應接之。尋屬中國大亂，朝貢遂絕，事多亡失。今所存錄者，二十國焉。”蓋謂高昌、康、安、石、焉耆、龜茲、疏勒、于闐、鏺汗、吐火羅、挹怛、米、史、曹、何、烏那曷、穆、波斯、漕，及統於安之畢國也。在安西百餘里。諸國緣起及釋地，均已見《秦漢史》及《兩晉南北朝史》。其中惟高昌王為漢人，深有慕化之志。高昌在拓跋魏時，屢求內徙，見《兩晉南北朝史》第十六章第八節。煬帝大業五年，其王麴伯雅來朝，因從擊高麗還，尚宗女華容公主。至八年乃歸蕃，下令國中解辮削衽。《傳》云：“雖有此令，取悅中華，竟畏鐵勒，不敢改也。”案伯雅此舉，自出慕化之誠。當時中國已亂，不必取悅；而鐵勒無強部，亦不足畏也。吐火羅與挹怛雜居，兄弟同妻，蓋嘗為挹怛所據？《挹怛傳》云：先時國亂，突厥遣通設字詰強領其國，通設，蓋謂能自通於可汗之設？其人名詰強。則又隸屬於突厥矣。此外皆昭武諸姓及西域舊國。其來也，亦以市易之利而已。

　　吐谷渾主伏允，煬帝即位，遣其子順來朝。時鐵勒犯塞，復請降，帝遣裴矩諷令擊渾以自效。鐵勒許諾，勒兵襲渾，大敗之。伏允東走，保西平境。帝復令觀王雄出澆河，隋郡，今青海貴德縣。宇文述出西平以掩之。述追之急，伏允南遁山谷間。據《吐谷渾傳》。《宇文述傳》：襲渾者爲契弊歌稜。渾遣使請降求救。帝令述屯兵西平之臨羌城，撫納降附，渾見述擁強兵，不敢降，西遁，述乃追擊之。契弊歌稜，見下。臨羌城，在今西寧西。其故地皆空。《吐谷渾傳》。《傳》又云：自西平臨羌城以西，且末以東，祁連以南，雪山以北，東西四千里，南北二千里，皆爲隋有。置郡縣鎮戍，發天下輕罪徙居之。案此即指西海、河源、鄯善、且末四郡，見上節。鄯善、且末，蓋高昌、伊吾所獻，西海、河源，則吐谷渾之地也。時大業四年七月也。明年三月，帝西巡。伏允保覆袁川。在今青海東北境。帝命分兵屯駐，四面圍之。伏允以數十騎遁去。遣將追捕，皆爲所殺。《本紀》。伏允率二千騎客於党項。帝立順爲主，送出玉門，令統餘衆，以其大寶王尼洛周爲輔。至西平，其部下殺洛周。順不果入而還。大業末，伏允復其故地，屢寇河右，郡縣不能禦焉。《劉權傳》：煬帝命權置河源郡積石鎮。大開屯田，留鎮西境。在邊五載，諸羌懷附。吐谷渾餘燼遠遁，道路無壅。河源等四郡之設，《本紀》在大業五年六月，則伏允之復其故地，當在十年後矣。

西羌種類，《隋書》所載，又有附國及嘉良夷。附國在蜀郡西北二千餘里，其東爲嘉良夷。大業初，於益州置蜀郡。《傳》又云：嘉良有水，闊六七十丈，附國有水，闊百餘丈，並南流，用皮爲舟而濟，蓋今雅礱江、金沙江也。附國有王，嘉良夷惟種姓自相率領。其人皆壘石爲礎而居，高至十餘丈，下至五六丈。俗好復讎。妻其羣母及嫂。兒弟死，父兄亦納其妻。皆羌俗也。附國南有薄緣夷，風俗亦同。西有女國。《隋書》之女國，即新舊《唐書》之東女，中實包含二國：一在于闐之南，即見於《大唐西域記》，其本名爲蘇伐剌拏瞿呾羅者。《隋書》云"將鹽向天竺興販"，《舊唐書》云"文字同於天竺"，《新唐書》云"風俗大抵與天竺同"。皆此國也。此國惟隋開皇六年或曾一來，已見第二節。一即此所謂女國。《唐書》謂其東接茂州，東南接雅州，王居康延川，中有弱水南流者。《舊書》云：隋大業中，蜀王遣使招之，拒而不受，蓋指此國。唐天寶前數來，後入於吐蕃，貞元中乃復至，事見後。《隋書》及新舊《唐書》，皆合二國爲一，實大誤也。茂州，今四川茂縣。雅州，今雅安縣。其東北連山縣亘數千里，接於党項，往往有羌。並在深山窮谷，無大君長。風俗略同党項。或役屬吐谷渾，或附附國。大業中來朝貢，緣西南邊置諸道總管以遙管之。

煬帝東征之舉，始於大業七年。是年，帝如涿郡。明年正月，大軍集，分爲左右，各十二軍，命總集於平壤。又有滄海道軍，徑造平壤。《本紀》云：總百十三萬三千八百人，號二百萬，餽運者倍之，終四十日，引師乃盡，旌旗亘千里，近古出師之盛，未之有也。三月，車駕渡遼，營於遼東，分道出師，各頓兵於其城下。七月，宇文述等九軍敗績於薩水，遂班師。《高麗傳》云：帝勅諸將：高麗若降，即宜撫納，不得縱兵。城將陷，賊輒言請降，諸將不敢赴機，先令馳奏，比報至，賊守禦亦備。如此者再三，帝終不悟，遂至師老食盡焉。《于仲文傳》云：至鴨淥水，高麗將乙支文德詐降，來入其營。仲文先奉密旨：若遇高元及文德，必擒之。至是將執之。尚書右丞劉士龍爲撫慰使，固止之，遂舍。尋悔，遣人紿文德曰：更有言議，可復來也。文德不從，遂濟。仲文選騎渡水追之，文德燒柵而遁。時宇文述以糧盡欲還。仲文議以精銳追文德，述固止之。仲文怒。初帝以仲文有計畫，命諸軍諮稟節度。述等不得已，從之。東至薩水，述等以兵餒退歸，師遂敗績。帝以屬吏，諸將皆委罪於仲文。帝大怒，釋諸將，獨繫仲文。仲文憂恚發病，困篤方出之。卒於家，時年六十八。宇文述與仲文並除名，劉士龍見殺，見《紀》。《宇文述傳》云：述與九軍至鴨淥水，糧盡，議欲班師。諸將皆同。述不測帝意。會乙支文德來，述先與于仲文俱奉密旨，令誘執文德，既而緩縱文德逃歸。述內不自安，遂與諸將度水追之。文德欲疲述衆，每鬥皆北。述一日之中，七戰皆捷。既恃驟勝，又內逼羣議，遂進。東濟薩水，去平壤城三十里，因山爲營。文德復遣使偽降。述見士卒疲敝，不可復戰；又平壤險固，卒難致力；遂因其詐而還。衆半濟，高麗擊後軍，於是大潰。一日一夜，還至鴨淥水，行四百五十里。初度遼，九軍三十萬五千人，及還至遼東城，惟二千七百人而已。有機不乘，任其行詐，煬帝縱昧兵謀，未必迂闊至此。乙支文德，詔旨以與高元並擧，必高麗之宿將重臣，既來而復縱之，劉士龍亦豈若是其憒？蓋當時勞師遠涉，實如強弩之末，高麗之不可力取，形勢業已顯然，故冀以撫納，懈其鬥志也。乙支文德既敢輕來，軍中必已嚴備，執之何益？疲兵乏食，平壤豈復可攻？然則仲文之計，實爲行險徼幸，諸將殆非委罪之辭也。宇文述驕貴，必不肯聽仲文節度，則煬帝命諸將諮稟，度亦不過令參計議，並無統率之權。然則當日九軍，殆無元帥？此其所以進不得速，退不能果，終至一敗塗地歟？《段文振傳》：文振是役出南蘇道，在道疾篤，表言：“夷狄多詐，深須防擬。口陳降款，心懷背叛。詭伏多端，勿得便受。水潦方降，不可淹遲。惟願嚴勒諸軍，星馳速發，水陸俱前，出其不意。平壤孤城，勢可拔也。傾其本根，餘城自克。如不時定，脫遇秋霖，深爲艱阻，兵糧又竭，強敵在前，靺鞨出後，遲疑不決，非上策也。”則高麗列城堅守，延引師期之計，隋朝將帥，未嘗不洞燭之。煬帝分兵以綴其列城，而使宇文述等直指薩水，似亦欲傾其本根。然三月已至遼東，七月方臨鴨淥，則軍行實病其遲。蓋失之徒知用衆，而不能以輕銳赴機。然萬乘親行，則勢不能不出於持重。《庾質傳》：質於是役承召問，尼帝親行，而請命驍勇，倍道兼行，出其不意；明年，又問，仍以是爲言；蓋正慮此失？此則失於煬帝之矜功而輕敵，必欲親行以爲快也。入虎口而能脫，引敵至距國都一舍之地而不疑，乙支文德，則可謂智勇兼濟矣。是役也，來護兒以水軍入浿水，破平壤郛。縱軍大掠，稍失部伍，爲高元弟建武所敗，退屯海浦。聞宇文述等敗，亦還。隋惟於遼西拔武厲邏，置遼東郡及通定鎮而已。通定鎮，在遼中縣遼河西岸。

九年二月，煬帝又徵兵討高麗，四月，車駕度遼。遣宇文述、楊義成趨平壤。六月，楊玄感反於黎陽，縣，在今河南濬縣東北。班師。《高麗傳》云：是役帝勅諸軍，以便宜從事，諸將分道攻城，賊勢日蹙。會楊玄感作亂，反書至，帝大懼，即日六軍並還。兵部侍郎斛斯政亡入高麗，政與玄感兄交。玄感反，政與通謀。玄感弟玄縱、萬碩從幸遼東，玄感潛遣人召之，玄縱等亡歸，亦政之計也。帝窮治玄縱黨與，政不自安，遂亡奔高麗。高麗具知事實，悉銳來追，殿軍多敗。《李景傳》：旋師，以景爲殿，高麗追兵大至，景擊走之。

楊玄感者，素之子，爲禮部尚書。時在黎陽督運。玄感愛重文學，四海知名之士，多趨其門。自以累世尊顯，有盛名於天下；在朝文武，多是父之將吏。復見朝綱漸紊，帝又猜忌日甚，內不自安，遂與諸弟潛謀廢帝，立秦王浩。俊子。煬帝即位，立以奉俊嗣。從征吐谷渾，還至大斗拔谷，從官狼狽，見上節。玄感欲襲行宮。其叔慎曰："士心尚一，國未有釁，不可圖也。"乃止。至是，來護兒以舟師自東萊將入海。玄感以百姓思亂，乃謬言護兒以失軍期反，以討之爲名，移書旁近，各令發兵。李密者，父寬，自周及隋，數經將領。密襲父爵，爲蒲山公。蒲山，郡名，未知所在。與玄感爲刎頸交。玄感以爲謀主，問計焉。密曰："天子出征，遠在遼外。南有鉅海之限，北有胡戎之患，中間一道，理極艱危。今公擁兵，出其不意，長驅入薊，直扼其喉，不過旬月，齎糧必盡，舉麾一召，其衆自歸，此計之上也。輕齎入關，天子雖還，失其襟帶，據險臨之，故當必克，此計之中也。若隨近逐便，先向東都，攻戰必延歲月，勝負且未可知，此計之下也。"玄感以百官家口，並在東都，若不取之，安能動物。遂不用密計攻之。民部尚書樊子蓋輔越王侗煬帝孫，見下節。留守東都，力拒之。刑部尚書衛玄率衆數萬，自關中來援。玄感遂不能克。帝遣陳稜攻黎陽，屈突通屯河陽，見上節。宇文述發兵繼進，來護兒復來赴援。李子雄者，在周世從武帝平齊。後破尉遲迥、伐陳俱有功。漢王諒之亂，煬帝疑幽州總管竇抗，楊素進子雄襲執之。因發幽州兵，破諒略燕趙之衆。後爲右武候大將軍，坐事除名。及是，帝令從軍自效，從來護兒。玄感反，帝疑之，詔鎖送行在所。《隋書》本傳。《舊唐書·李密傳》云：坐事被收繫，送行在所。子雄殺使者，亡歸玄感，與李密俱勸玄感入關。至弘農宮，隋弘農郡，今河南陝縣。玄感欲攻之，李密諫，不聽。攻之，三日不拔，方引而西。《蔡王智積傳》曰：大業七年，授弘農太守。楊玄感自東都引軍而西。智積謂官屬曰："玄感聞大軍將至,欲西圖關中。若成其計,則根本固矣,當以計縻之。"及玄感軍至,智積登陴詈辱之。玄感怒甚,留攻之。數日,宇文述等軍至,合擊破之。此非實錄。玄感即無謀,亦非不忍於智積之罵者也。至閿鄉,_{今河南閿鄉縣。}爲追兵所及,遂敗。玄感謂弟積善殺己,積善因自刺,不死,爲追兵所執,與玄感首俱送行在所。磔其尸於東都市,三日,復臠而焚之。諸弟並具梟磔。

　　玄感之圍東都也,梁郡韓相國舉兵應之。_{梁郡,今河南商丘縣。}旬月間衆十餘萬,攻剽郡縣,至於襄城。_{隋郡,今河南臨汝縣。}玄感敗,兵漸潰散,爲吏所執,傳首東都。餘杭劉元進,_{餘杭,隋郡,今浙江杭縣西。}亦舉兵應玄感。三吳苦役者,莫不響應。旬月間衆至數萬,將渡江而玄感敗。吳郡朱燮、_{吳郡,今江蘇吳縣。}晉陵管崇_{晉陵郡,今江蘇武進縣。}亦舉兵,有衆七萬。共迎元進,奉以爲主,據吳郡稱天子。帝遣吐萬緒、魚俱羅討之。燮戰死。俄而二將俱得罪。帝令江都丞王世充發淮南兵討平之。然其餘黨往往保險而守,繼續抵抗,其後董道沖、沈法興、李子通等乘之而起焉。

　　十年二月,帝復詔百寮議伐高麗。數日,無敢言者。於是復下詔親征。七月,次懷遠鎮。高麗遣使請降,囚送斛斯政。八月,班師。十月,至東都。十一月,_{支解斛斯政於金光門外。}《高麗傳》云:"時盜賊蜂起,人多流亡,所在阻絕,軍多失期。至遼水,高麗亦困弊,故遣使乞降。"《來護兒傳》云:是役,護兒率師度海。至卑奢城,高麗舉國來戰,護兒大破之。將趨平壤。高元請降。帝遣人持節詔護兒旋師。護兒集衆曰:"三度出兵,未能平賊。此還也,不可重來。今高麗困弊,野無青草,以我衆戰,不日克之。吾欲進兵,往圍平壤,取其僞主,獻捷而歸。"答表請行,不肯奉詔。長史崔君肅固爭,諸將盡勸還,方始奉詔。此爲妄言,無待辯正。《高麗傳》所謂彼亦困弊者,疑亦此等自解之飾辭。當時馬訾以東,實未大受兵禍,何至野無青草邪?

　　突厥啓民可汗,以大業四年,朝於東都。是歲卒,子咄吉立,是爲始畢可汗。《裴矩傳》云:"矩以始畢部衆漸盛,獻策分其勢,將以宗女嫁其弟叱吉設,拜爲南面可汗。叱吉不敢受。始畢聞而漸怨。矩又言突厥本淳,易可離間,但其內多羣胡教導之。聞史蜀胡悉,尤多姦計,幸於始畢,請誘殺之。"帝曰:"善。"矩遣告胡悉:"天子大出珍物,今在馬邑,若前來此,即得好物。"胡悉貪,不告始畢,率其部落,盡驅六畜,星馳爭進。矩伏兵馬邑下誘斬之。詔報始畢曰:"史蜀胡悉,忽領部落,走來至此,云背可汗,請我容納,今已斬之。"始畢亦知其狀,由是不朝。案《段文振傳》言:文振嘗勸煬帝遷啓民於塞外,則突厥元氣漸復,自啓民時已然,始畢之叛,亦不盡由裴矩之詐譎也。十一月八月,帝巡北塞,始畢謀襲乘輿,義成公主遣使告變。帝馳入雁門。見上節。突厥圍城,官軍頻戰不利。帝大懼,欲率精騎潰圍而出。《宇文述傳》云:述請潰圍而出,蓋述之計,而帝欲從之。樊子蓋固諫,乃止。《蘇威傳》:威亦諫止帝。詔天下諸郡募兵。於是守令多來赴難。九月,突厥乃解圍去。《虞世基傳》言:帝爲突厥所圍,戰士多敗,世基勸帝重爲賞格,親自撫循;又下詔停遼東之事。帝從之。師乃復振。及圍解,勳格不行;又下伐遼之詔;由是朝野離心。《舊唐書·裴瑀傳》亦云:勸帝下詔,明告軍中,赦高麗而專事突厥。以此出爲河池太守。河池,今陝西鳳縣。《隋書·高麗傳》謂帝受降後,仍徵高元入朝,元竟不至。帝勅諸軍嚴裝,更圖後舉,會天下大亂,遂不克復行。則事雖未果,其謀迄未嘗息也,亦可謂至死不悟矣。

　　大邏便之孳,其國立軹素特勒之子,是爲泥利可汗。卒,子達漫立,號泥撅處羅可汗。其母向氏,本中國人,生達漫而泥利卒,又嫁其弟婆實特勒。開皇末,婆實共向氏入朝,遇達頭亂,遂留京師。處羅居無恒處,然多在烏孫故地。復立二小可汗,分統所部:一在石國北,以制諸胡國;一居龜茲北,其地名應婆。大業初,處羅撫御無道,其國多叛。與鐵勒屢相攻,大爲所敗。時裴矩在敦煌,知處羅思其母氏,奏之。煬帝遣司朝謁者崔君肅據《西突厥傳》。《本紀》作崔毅。齎書慰諭之。處羅遣使朝貢。帝西狩,遣召處羅會大斗拔谷。其國人不從,處羅遂謝使者。帝大怒,而無如之何。會其酋長射匱達頭孫。遣使來求婚。裴矩請拜爲大可汗,以裂其國。帝召其使者,言處羅不順,射匱有好心,吾將立爲大可汗,令發兵誅處羅,然後當爲婚也。射匱聞而大喜,興兵襲處羅。處羅大敗,遁於高昌東,保時羅漫山。麴伯雅上狀。帝遣裴矩將向氏親要左右,馳至玉門關晉昌城。晉昌,晉縣,故城在今安西縣東。矩遣向氏使詣處羅所曉諭,遂入朝。以七年十二月,據《紀》。朝於臨朔宮。在涿郡。明年,詔留其羸弱萬餘口,令其弟達度闕據《西突厥傳》。《裴矩傳》作闕度設。《通鑑》作達度闕設。畜牧會寧郡。在今甘肅靖遠縣東北。處羅從征高麗,賜號爲曷薩那可汗。《本紀》作曷娑那。十年正月,以宗女爲信義公主妻之。帝將復其故地,以遼東之役未遑也。每從巡幸。江都之亂,從宇文化及至河北。化及將敗,奔歸京師,爲北蕃突厥所害。處羅先與始畢有隙,始畢遣使請殺之。達度闕爲李軌所滅。皆見《舊唐書·西突厥傳》。處羅未嘗犯順,煬帝徒忿其不朝,遽嗾射匱破壞其國,實爲無道之舉。《裴矩傳》言:帝自遼東還,至涿郡,以楊玄感初平,令矩安集隴右,因之會寧存問曷薩那部落。遣闕度設寇吐谷渾。頻有虜獲,部落致富。還而奏狀,帝大賞之。則又使突厥破壞吐谷渾也。亦可謂無道之至矣。

《鐵勒傳》云：大業元年，處羅擊鐵勒諸部，厚稅斂其物。又猜忌薛延陀等，集其魁帥數百人，盡誅之。由是一時反叛。立俟利發俟斤契弊歌楞爲易勿真莫何可汗。契弊，即《唐書》之契苾。歌楞，即襲吐谷渾之歌稜也。居貪汗山。見第二節。復立薛延陀俟斤字也咥爲小可汗。處羅敗，莫何始大。伊吾、高昌、焉耆諸國悉附。大業三年，遣使貢方物。自是不絕云。

《奚傳》云：大業時，歲遣使貢方物。《契丹傳》雖無文，亦當同之，特史有漏略耳。《靺鞨傳》云：煬帝初，與高麗戰，頻敗其衆。渠帥度地稽率其部來降，居之柳城。見第二節。此爲靺鞨部族入居塞內之始。蓋違高麗之難而來也。

東南海路，煬帝所通者，爲流求及赤土。流求，《傳》云：居海島之中，當建安郡東，建安，今福建建甌縣。水行五日而至，蓋今之臺灣也。其人深目高鼻，頗類於胡，而有文身食人之俗。蓋今之印度尼西亞人。《傳》云：南境風俗少異，則其民亦非一族，然大致當相同。又云：大業元年，海師何蠻云，每春秋二時，天清風靜，東望依希，似有烟霧之氣，亦不知幾千里。三年，煬帝令羽騎尉朱寬入海求訪異俗，何蠻言之，遂與蠻俱往。因到流求國。言不相通，掠一人而返。明年，帝復令寬慰撫之。流求不從。寬取其布甲而還。時倭國使來朝，見之曰：“此夷邪久國人所用也。”案時或別有夷邪久國，所用布甲，與流求同，不必流求即夷邪久也。帝遣武賁郎將陳稜、朝請大夫張鎮州《陳稜傳》作周。率兵自義安浮海擊之。義安，宋縣，今浙江諸暨縣楓橋鎮。稜將南方諸國人從軍。有崑崙人，頗解其語。遣人慰諭之。流求不從，拒逆官軍。稜擊走之。進至其都，焚其宮室，虜其男女數千，載軍實而還。據此傳，似朱寬入海，意本不在流求，而《紀》於三年書遣寬使流求國，疑事後追書，昧於當時情事；抑或誤以四年之事，繫之三年。《紀》於四年書倭使來貢方物，固與《傳》見其布甲之言合也。《紀》又於六年二月，書稜、鎮州擊流求，破之，獻俘萬七千口，頒賜百官，與《稜傳》言稜以大業三年拜武賁郎將，後三歲而擊流求者合。然獻俘在二月，則出兵必在五年矣。《稜傳》云：流求人初見船艦，以爲商旅，往往詣軍中貿易。野蕃多畏生人，使前此惟與崑崙相稔，見華人必相畏忌，而竟來詣軍中，則似其與華人，亦非絕無交接。《流求傳》言朱寬、何蠻因到其國，亦明故知之而非無意遇之也。然則中國之知有臺灣，必在大業以前矣。此可見新地之通，多出民間之力，而非政府所能爲也。

《隋書·南蠻傳》云：大業中，南荒朝貢者十餘國，其事迹多湮滅。今所存錄，四國而已，謂林邑、赤土、真臘、婆利也。流求在《東夷傳》中。林邑自劉方班師，梵志復其故地，遣使謝罪，朝貢不絕。赤土，扶南之別種。其王姓瞿曇氏，名利富多塞。不知有國遠近，稱其父釋王位出家，傳位焉。真臘，本扶南屬國。

其王姓刹利氏，名質多斯那。自其祖漸已强盛，至質多斯那，遂兼扶南而有之。死，子伊奢那先代立。蓋皆扶南屬地，分攜獨立。而婆利，艾莫涅云爲扶南別名，見《兩晉南北朝史》第十六章第四節。則其本國仍存也。赤土，《唐書·地理志》云：在萬安州南，萬安州，今廣東萬寧縣。渡海便風十四日至雞籠島，即至其國。赤海中之一洲。蓋今馬來半島東岸島嶼。常駿往還路程，具見《隋書》本傳，云經雞籠島至於赤土之界，其王遣舶來迎，又月餘至其都，則過雞籠島，所至僅其屬境而已。真臘則今柬埔寨之地也。煬帝即位，募能使絕域者。屯田主事常駿，虞部主事王君政往使赤土。其王遣子那耶迦隨駿貢方物。《赤土傳》云：駿等請使，在大業三年，其年十月，自南海郡發，《本紀》則駿之出使在四年三月。《傳》云：駿與那耶迦以六年春謁帝於弘農，而據《紀》，則五年二月，赤土又嘗遣使貢方物。南海見第三節。婆利以大業十二年，真臘以十三年遣使朝貢。《傳》又云：南荒有丹丹、盤盤二國，亦來貢方物。蓋失其年月，又不詳其事迹，故不得與存録之四國伍也。

《倭傳》云：開皇二十年，其王姓阿每，字多利思北孤，號阿輩雞彌，遣使詣闕。大業三年，又遣使朝貢。兼沙門數十人，來學佛法。其國書曰："日出處天子致書日沒處天子，無恙"云云。煬帝覽之，不悅，謂鴻臚卿曰："蠻夷書有無禮者，勿復以聞。"明年，上遣文林郎裴清使其國。復令使者隨清來貢方物。《傳》云其後遂絕，而據《本紀》，則六年正月，又嘗遣使貢方物焉。

第六節　隋末之亂上

隋末喪亂，蓋起於征遼之役。《紀》於大業七年書云："遼東戰士及餽運者，填咽於道，晝夜不絕，苦役者始爲羣盜。"蓋時雖暴政亟行，究以此役，騷動爲尤大也。帝殊不悛，徒恃嚴刑以防盜。《刑法志》云："窮人無告，聚爲盜賊，帝乃更立嚴刑，勅天下竊盜已上，罪無輕重，不待聞奏皆斷。百姓轉相羣聚，攻剽城邑，誅罰不能禁。帝以盜賊不息，益肆淫刑。九年，又詔爲盜者籍没其家。自是羣賊大起，郡縣官人，又各專威福，生殺任情矣。"裴蘊導帝以淫刑，已見第四節。其《傳》云：楊玄感之反也，帝遣蘊推其黨與，謂曰："玄感一呼，從者十萬，益知天下人不欲多，多即相聚爲盜耳。不盡加誅，則後無以勸。"蘊乃峻法治之。所戮者數萬人，皆籍没其家。帝大稱善。又欲令民悉城居。《本紀》：大業九年七月，令所在發人城縣府驛。八月，詔郡縣去道過五里已上者徙就之。蓋以便守衛救援。十一年二月，詔曰："設險守國，著自前經；重門禦暴，事彰往策；所以宅土寧邦，禁邪固本。而近代戰爭，居人散逸，田疇無伍，郛郭不修，遂使遊惰實繁，寇敵未息。今天下平一，海內晏如。宜令人悉城居，田隨近給。使强弱相容，力役兼濟，穿窬無所厝其姦宄，萑蒲不得聚其逋逃。有司具爲事條，務令得所。"蓋既計守禦，又惜賦役矣。《五行志》：十三年，天下大旱。時郡縣鄉邑，悉遣築城。發男女無少長皆就役。亡在旦夕，所行猶是此策也。其用兵則務多殺。《樊子蓋》傳:"絳郡賊敬槃陁柴保昌等阻兵數萬,詔令子蓋進討。於時人物殷阜,子蓋善惡無所分別,汾水之北村塢盡焚之,相率爲盜。其有歸首者,無少長悉坑之。擁數萬之衆,經年不能破賊。"子蓋之盡焚村塢,蓋欲覆敵巢穴,即煬帝大業十一年二月詔旨也。然未能絶敵所據,而轉益從敵之人。絳郡,今山西新絳縣。又以盜爲諱,有言賊多者,輒大被詰責。由是近臣互相掩蔽,不以實聞。《本紀》。案虞世基即其人也,事見本傳。又蘇威亦以微言悟帝得罪,見《裴蘊傳》。又猜忌性成,不能專任將帥。《楊義臣傳》,言其破高士達、張金稱後,帝惡其威名,遽追入朝。《虞世基傳》:義臣於河北,降敵數十萬,列狀上聞。帝歎曰:"我初不聞賊頓如此。"世基曰:"鼠竊雖多,未足爲慮。義臣克之,擁兵不少,久在閫外,此最非宜。"帝曰:"卿言是也。"遽追義臣,令其兵散。於是數年之間,亂勢如火之燎原矣。

帝見中原已亂,無心北歸,命起丹陽宮,見第三節。將徙居之。初帝以征遼,募民爲驍果。《紀》在大業九年正月。是時從駕驍果,多關中人,謀欲叛歸。宇文化及者,述之子也。帝在東宮,嬖昵之。時爲右屯衞將軍。其弟士及,尚帝女南陽公主。智及,爲將作少監。智及尤狂悖。虎賁郎將司馬德戡總領驍果,智及説以行大事,奉化及爲主。大業十三年三月,遂弑帝於江都。帝三男:蕭后生元德太子昭,前卒。齊王暕,以驕恣,爲帝所疏忌。蕭嬪生趙王杲。昭三子:代王侑,與刑部尚書衞玄鎮京師。越王侗,與民部尚書樊子蓋守東都。燕王倓,隨帝在江都,與齊、趙二王及齊王二子俱死。化及欲立庶人秀,羣議不許,遂害之,並其諸子。庶人諒之子顥亦遇害。而立秦王浩爲帝。虞世基、裴蘊亦遇害。惟裴矩見天下方亂,恐爲身禍,其待遇人,多過所望,雖至廝役,皆得其歡心。時從駕驍果,數有逃散,煬帝憂之,以問矩。矩曰:"人無匹合,則不能久安,請聽兵士,於此納室。"由是驍果咸悦,遂以獲免。

隋末羣雄蜂起,其有關大局者,則據西都之唐,爭東都之李密、王世充,據河北之竇建德而已。楊玄感之敗也,李密間行入關,爲捕者所獲,送於煬帝所。時帝在高陽,高陽見第四節。行至邯鄲,今河北邯鄲縣。亡去。抵平原帥郝孝德。平原郡,今山東陵縣。孝德不甚禮之。又歸東郡帥翟讓。東郡,今河南滑縣。因浚儀王伯當以干讓。浚儀縣,在今河南開封縣北。伯當爲浚儀人,見《舊唐書·李勣傳》。説讓取滎陽。今河南鄭縣。滎陽太守楊慶及通守張須陁討之。須陁以善戰名,讓曾爲所敗,將遠避之,密爲設伏擊斬須陁。時大業十二年十月也。讓於是分兵與密,別爲牙帳。密又説讓取興洛倉。即洛口倉,見第一節。明年春,襲破之。開倉恣人所取。衆至數十萬。讓推密爲主,號魏公。密拜讓爲司徒。城洛口居之。又下迴洛倉。在今河南孟津縣東。大修營塹,以逼東都。鞏縣令柴孝和,爲密所獲,鞏,今河南鞏縣。密拜爲護軍。孝和説密西襲長安。密曰:"我所部並山東人,未下洛陽,何肯相隨西入?諸將出於羣盜,留之各競雌雄。若然者,殆將敗矣。"

此可見密衆之不和，實其致敗之原也。孝和請間行觀隙，密從之。孝和與數十騎至陝縣，今河南陝縣。山賊歸之者萬餘人。會密爲流矢所中，東都復出兵乘之，密衆大潰，棄迴洛倉歸於洛口。孝和之衆聞密退，各散去。孝和輕騎歸密。旋隨密拒王世充，溺死洛水。於是密頓兵東都之局成矣。其時守東都者爲王世充。

世充，西域胡人也。本姓支。家在新豐。在今陝西臨潼縣北。祖支頹耨，早死。父收，隨母嫁霸城王氏，霸城，晉縣，在長安東。因冒姓焉。世充頗涉經史，尤好兵法及龜策、推步之術。大業中，累遷江都丞，兼領江都宮監。時煬帝數幸江都，世充善伺候顏色，又彫飾池臺，陰奏遠方珍物，帝益昵之。嘗破朱燮、管崇及齊郡賊帥孟讓南掠之兵。齊郡，今山東歷城縣。又平諸小盜。遂遷江都通守。李密逼東都，煬帝詔世充大發兵，於洛口拒密。時諸賊帥並歸於密，共襲破黎陽倉。見上節。密旋殺翟讓，命徐世勣、單雄信、王伯當分統其衆。世充悉衆擊密，大潰。密乘勝陷偃師。今河南偃師縣。修金墉城居之。金墉城，在洛陽之東。有衆三十餘萬。東至海、岱，南至江、淮，郡縣莫不遣使歸密，群賊亦多奉表勸進者。

唐高祖李淵，史稱爲西涼李暠之後。暠子歆，爲後魏所滅，歆子重耳奔宋，爲汝南太守。今河南汝南縣。後魏克豫州，以地歸之。拜恒農太守。今河南陝縣。後爲宋將薛安都所陷。重耳爲後魏豫州刺史，生獻祖熙，爲金門鎮將。金門塢，在今河南洛寧縣南。率豪傑鎮武川，因家焉。生懿祖天賜。天賜三子，其季太祖虎，爲西魏八柱國之一，生世祖昞，即高祖之父也。兼據新舊《唐書·本紀》及《新書·宗室世系表》。近人陳寅恪云：《宋書·柳元景傳》：元嘉二十七年之役，薛安都等軍擒弘農太守李初古拔父子二人。弘農即恒農，魏避諱改。別一軍屠金門塢，殺戍主李買得，古拔子也，爲虜永昌王長史，勇冠戎類。永昌聞其死，若失左右手。《魏書·薛安都傳》云：自盧氏寇弘農，盧氏，今河南盧氏縣。執太守李拔。世祖臨江，拔乃得還。元嘉二十七年前後，宋汝南太守，姓名皆可考，並無李重耳其人。《宋書·索虜傳》：虜永昌王屯汝陽，今河南商水縣西北。《通鑑》繫元嘉二十七年三月。汝陽本屬汝南，後乃別爲郡，則重耳殆隨永昌屯豫州，因有汝南之授，實魏官而非宋官。《唐會要》：獻、懿二祖陵，在趙州昭慶縣。今河北隆平縣。《唐光業寺碑》述唐先世，又有維王桑梓之語，則獻、懿葬地，即其世居之地。其地舊屬鉅鹿郡，與山東著姓趙郡李氏所居之舊常山郡鄰接。漢常山郡，治元氏，今河北元氏縣。太祖嘗封趙郡公，當即由此。《漢書·地理志》：中山國唐縣、今河北唐縣。有堯山，其追封唐國，亦取義於此。然則唐之先世，蓋因同居一地,而自託於趙郡歟? 此説創而確。唐先世不必論其是否漢族,既居於武川,則必不免漸染殊俗矣。自後魏已來,擾亂中原者,率皆代北之族,其餘風至隋末而未殄。唐也,楊玄感也,李密也,宇文化及也,其成敗異,其憑藉則一也。

唐高祖少襲父封爲唐公。隋文帝獨孤皇后,高祖之從母也,故文帝與高祖相親愛。李虎當西魏時,賜姓爲大野氏,文帝相周,復高祖姓爲李氏。以爲千牛備身。事隋,爲譙、隴二州刺史。譙州,今安徽滁縣。隴州,今陝西隴縣。大業中,歷岐州刺史,岐州見第一節。滎陽、樓煩二郡太守。樓煩見第四節。召爲殿内少監,衞尉少卿。煬帝征遼,督運糧於懷遠鎮。見第四節。楊玄感反,爲弘化留守,弘化見第二節。關右諸郡兵,皆受節度。十一年,拜山西河東慰撫大使。十三年,拜太原留守。子世民,陰結豪傑,招納亡命,與晉陽令劉文靜謀舉大事。晉陽見第四節。計已決,高祖未之知。欲以情告,懼不見聽。高祖領晉陽宮監,所善客裴寂爲副。世民陰與寂謀。寂因選晉陽宮人私侍高祖。高祖過寂飲酒,酒酣從容,寂具以告。高祖大驚。寂曰:"正爲宮人奉公,事發當誅,爲此耳。"世民因亦入白其事。高祖初陽不許,已而許之,然未有以發。而所在起義者益多。突厥數犯邊,高祖兵出無功,煬帝遣使者執詣江都。高祖大懼。世民曰:"事急矣,可舉事。"已而煬帝復馳使者赦止高祖,其事遂已。劉武周攻汾陽宮,武周事見下,汾陽宮見第四節。高祖因之以募兵。副留守王威、高君雅疑有變,圖高祖。高祖誣以反召突厥,殺之以起兵。時五月也。史所傳高祖起兵之事如此。不免以化家爲國,歸功太宗。《舊書・李靖傳》:大業末,爲馬邑郡丞。會高祖擊突厥於塞外,靖密知高祖有四方之志,因自鏁上變。將詣江都,至長安,道塞不通而止。又《宇文士及傳》:士及來降,高祖數之。謝曰:"臣之罪誠不容誅。但臣早奉龍顔,久存心腹。往在涿郡,見第四節。嘗夜中密論時事;後於汾陰宮,汾陰縣,在今山西榮河縣北。復盡丹赤。"高祖笑謂裴寂曰:"此人與我言天下事,至今已六七年矣,公輩皆在其後。"則靖之所疑,誠爲不虛。謂高祖起兵,太宗有大力焉則可,謂其純出太宗則誣矣。《裴寂傳》:劉文靜以取宮人事脅寂,寂甚懼,乃屢促高祖起兵,則謂寂因與太宗有謀,乃以宮人侍高祖者,亦非實録。寂本佞媚之徒,高祖亦溺情聲色,其私取宮人,蓋特荒淫之事,然謂其素無叛隋之心,固不可也。

唐高祖既起兵,以子建成領左軍,世民領右軍,元吉領中軍。七月,發太原,使元吉留守。隋將宋老生,屯於霍邑,今山西霍縣。天雨糧盡,高祖欲旋師,建成、世民不可,乃止。據《通鑑考異》曰:《創業注》,是謀出於建成、世民。《太宗實録》盡以爲太宗之策,無建成名,蓋没之耳。當時左軍已發,建成與太宗分追之,則其意亦不欲還。八月,敗老生，斬之。代王使屈突通屯河東。隋郡，今山西永濟縣。裴寂欲攻之，世民欲先入關，高祖兩從之。九月，留兵圍河東而西。建成、劉文靜屯永豐倉，《新唐·志》在華陰，今陝西華陰縣。守潼關。世民自渭北徇三輔。高祖從父弟神通，時在長安，隋人捕之，神通潛入鄠縣山南舉兵。今陝西鄠縣。柴紹妻，高祖女也，平陽公主。亦居長安。高祖起，紹詭道走并州。主奔鄠，招南山亡命，得數百人，起司竹。《隋志》：鄠屋縣有司竹園，今陝西鄠屋縣。皆與世民會。十月，圍隋京城。十一月，克之。尊煬帝爲太上皇，立代王爲帝。明年唐武德元年。五月，遂受禪焉。唐兵之濟河也，屈突通留其將堯君素守河東，將自武關趨藍田，今陝西藍田縣。至潼關，爲劉文靜所遏。聞長安陷，乃留桑顯和守潼關，率兵東下，將趨洛陽。顯和降唐。文靜使副將與追通，擒之。堯君素至十二月乃爲其下所殺。其將王行本在他所，赴救不及，捕殺反者黨與數百人，復拒守。劉武周入并州，行本與連和。見下。爲唐兵所圍，出降。高祖斬之。

　　唐之定關中，薛舉亦起隴右，實爲唐肘腋之患，唐人乃先平之。舉，河東汾陰人，其父徙居金城。舉家產鉅萬，交結豪猾，雄於邊朔，爲金城校尉。大業末，囚郡縣官，自稱西秦霸王。數月間，盡有隴西之地。十三年七月，僭號於蘭州。即金城。子仁杲克秦州，徙居之。遣仁杲攻扶風。即岐州，見第一節。會唐兵定關中，太宗敗之。武德元年，豐州總管張長遜豐州，即五原郡，見第二節。擊其將宗羅睺。舉悉衆來援，屯於高墌。城名，在今陝西長武縣北。太宗擊之，爲所敗。舉取高墌，又遣仁杲圍寧州。今甘肅寧縣。未幾，舉死。仁杲立於折墌，城名，在今甘肅涇川縣東北。與諸將帥素多有隙，兵勢日衰。太宗敗之高墌，進圍折墌。仁杲窮蹙降。以歸京師，斬之。時十一月也。

　　其時割據西方者，又有河西之李軌，則不煩兵力而下。軌，武威姑臧人。姑臧，武威郡治，見第二節。家富於財，振濟窮乏，人亦稱之。大業末，爲鷹揚府司馬。薛舉起事，與同郡曹珍、關謹、梁碩、李贇、安修仁謀保據河右，珍等推以爲主。軌令修仁夜率諸胡入内苑城，軌於郭下聚衆應之，執縛虎賁郎將謝統師等，自稱河西大涼王。時大業十三年七月也。武德元年冬，僭稱尊號。攻陷張掖、見第四節。敦煌、見第五節。西平、見第四節。枹罕，今甘肅導河縣。盡有河西五郡之地。高祖方圖薛舉，與之相結。下璽書，謂爲從弟，拜爲涼州總管，封涼王。軌欲去帝號受册。曹珍勸依蕭詧故事，稱帝而臣於周。軌從之。二年，遣隨使者入朝，表稱皇從弟大涼皇帝臣軌而不受官。軌之起也，梁碩爲謀主。碩見諸胡種落繁盛，陰勸軌宜加防察，由是與安修仁有隙。修仁構成其罪，殺之。又有胡巫，云上帝當遣玉女，從天而降。遂徵兵築臺，以候玉女。

百姓患之。又屬年飢，人相食。軌傾家振之，不能徧，欲開倉給粟，故人皆云便。謝統師等與羣胡相結，軌不可。由是士庶憤怨，多欲叛之。安修仁之兄興貴，先在長安，表請詣涼州招慰軌。云："臣於涼州，奕代豪望。臣弟爲軌所信任，職典樞密者數十人。候隙圖之，易於反掌。"高祖從之。興貴至涼州，軌授以官。興貴諭軌委質。軌不從。遂與修仁等潛謀起兵。諸城老幼，皆出詣修仁。五月，執軌歸長安。唐殺之。是時之涼州，蓋胡、漢交爭之局，而胡人之勢甚張。軌以漢人爲之主，太阿倒持，一切皆非自主。欲去尊號而不果，諭以委質而不從，皆非其所自爲也。

王世充之敗也，兵士溺死者萬餘人。世充率餘衆歸河陽。見第四節。天寒大雪，在道凍死者又數萬人。比至，纔以千數。世充自繫獄請罪。越王侗遣使赦之。徵還洛陽，置營於含嘉倉城。胡三省曰：當在洛陽之北。收合亡散，復得萬餘人。宇文化及作難，太府卿元文都、武衛將軍皇甫無逸、右司郎中盧楚，奉越王侗嗣位於東都。化及奪江都人舟楫，從水路西歸。至徐州，今江蘇銅山縣。路不通，復奪人車牛，得二千兩，並載官人、珍寶。其戈甲戎器，悉令軍士負之。道遠疲極，三軍始怨。司馬德戡謀以後軍襲殺化及。事泄，化及殺之。引兵向東郡。通守王軌降之。元文都請以尊官寵李密，以庫物啗之，使擊化及。化及破，密之兵固亦疲矣。又其士卒，得我之賞，居我之官，內外相親，易爲反間。盧楚等以爲然。即遣使拜密爲太尉、尚書令、東南道大行臺、行軍元帥、魏國公。令先平化及，然後入朝輔政。密亦恐前後受敵，因卑辭以報謝焉。化及至黎陽，與密相遇。密知其軍少食，不與交鋒，而遏其歸路。化及糧盡，衆多叛之。掠汲縣，今河南汲縣。北趨魏縣。今河北大名縣。王軌降。密乃引兵而西。遣使朝於東都。侗召密入朝。王世充謂其麾下曰："吾軍人每與密戰，殺其父兄子弟前後已多，一旦爲之下，吾屬無類矣。"出言以激怒其衆。文都知而大懼。與楚等謀，因世充入內，伏甲殺之。納言段達告世充。世充勒兵圍宮城，破門而入。無逸單騎遁去。楚、文都皆死。世充移居尚書省，專宰朝政。李密至溫縣，今河南溫縣。聞難，乃歸金墉城。時密勁兵良馬多死，士卒疲倦。世充簡練精勇，得二萬餘人擊之。初隋河南道討捕大使裴仁基據武牢以拒密。武牢，即虎牢，唐人避諱改字。在今河南汜水縣西北。張須陀之死，仁基悉收其衆，每與密戰，多所斬獲，而監軍御史蕭懷靜陰持其長短，仁基乃殺懷靜，以其衆歸密。及是，勸密"分兵守其要路，簡精兵並河西出，以逼東都。彼卻還，我且按甲，彼重出，我又逼之，使勞於奔命"。密亦欲按甲以觀其敝。而諸將輕世充，皆請戰。密不能堅。戰於偃師北，密師敗績。密與萬餘人馳向洛口。其長史邴元真,已遣人潛引世充矣。密陰知之,不發其事,欲待其半渡洛水,然後擊之,而候騎不時覺,將出戰,世充軍悉已濟矣。單雄信又勒兵自據。《通鑑》。密度不能支,引騎遁去。雄信降世充。密將如黎陽。或曰:"殺翟讓之際,徐世勣幾至於死,今向其所,安可保乎?"時王伯當棄金墉保河陽,密以輕騎自武牢歸之。欲南阻河,北守太行,東連黎陽,以圖進取。諸將不可。乃歸唐。時武德元年十月也。十二月,高祖使領本兵往黎陽,招集舊時將士,以經略世充。亦令王伯當同行。至桃林,隋縣,唐改爲靈寶,今河南靈寶縣。復徵之。密據縣城,驅掠畜産,直趨南山,乘險而東。史萬寶鎮熊州,今河南宜陽縣。遣副將盛彦師追躡。至陸渾縣南,陸渾,在今河南嵩縣東北。與密相及,伏兵山谷擊斬之。王伯當亦死。邴元真之降王世充也,世充以爲行臺僕射,鎮滑州。今河南滑縣。密故將杜才幹,以兵歸之。已而伏甲斬之,以其首祭密冢,乃歸唐。密之入關也,士從之者二萬人,其死,哭之多歐血者。亦不可謂不得衆。然一敗而不復振,則單雄信之叛,徐世勣之不可杖實爲之。其禍根,似仍種於殺翟讓之時也。

《舊唐書·李密傳》曰:義旗建,密負其強盛,欲自爲盟主,乃致書,呼高祖爲兄,請合從以滅隋。高祖言:"吾方安輯京師,未遑東討,即相阻絶,便是更生一秦,密今適爲吾拒東都之兵,守成皋之阨。"漢於虎牢置成皋縣,隋改曰氾水。乃報書,稱"天生烝民,必有司牧,當今爲牧,非子而誰? 老夫年餘知命,願不及此。惟冀早應圖籙,以寧兆庶。宗盟之長,屬籍見容,復封於唐,斯願足矣"。密得書甚悦。於是不虞義師,而專意於王世充。此乃唐人誇飾之辭。密時方與世充相持,即有虞於唐,亦未必能舍近敵而爭遠利也。唐既定長安,乃遣建成、世民徇地東都。《新書·高祖紀》在義寧二年正月。《舊書·太宗紀》在元年十二月,未及建成。《隋書·李密傳》:義師圍東都,密出軍爭之,交綏而退,蓋在此時? 時唐兵力尚未足,故亦淺嘗之而已。李密敗,唐乃以淮安王神通爲山東道安撫大使。時密舊境,東至於海,南至於江,西至汝州,今河南臨汝縣。北至魏郡,今河南安陽縣。皆爲徐世勣所據,亦來降。詔授勣黎陽總管,總統河南、山東之兵,以拒王世充,而竇建德之兵亦至。建德,貝州漳南人。漳南,在今山東恩縣西北。少時頗以然諾爲事。大業七年,募人討高麗,本郡補二百人長。同縣孫安祖,亦選在行中。辭貧,令怒,笞之。安祖刺殺令,亡投建德。建德招誘逃兵及無産業者,得數百人,令安祖入高雞泊起事。泊在今恩縣西北。時鄃人張金稱,鄃縣,今山東夏津縣。亦結聚在河阻中。蓚人高士達,在清河界。蓚縣,在今河北景縣境。清河,今河北清河縣。諸盜往來漳南者,獨不入建德閭。郡縣意建德與賊徒交結,收繫家屬,無少長,皆殺之。建德聞之,率麾下二百人亡歸士達。後安祖爲金稱所殺,兵數千人,盡歸建德,自此漸盛。隋楊義臣討金稱,破之清河,乘勝至平原,破斬士達。《舊唐書·建德傳》。《隋書·義臣傳》云:破士達,斬金稱。建德率百餘人遁去。復還,招集亡卒,得數千人,復振。初羣盜得隋官屬及山東士子皆殺之,惟建德每獲士人,必加恩遇。郡縣長吏,稍以城降之。軍容益盛,勝兵十餘萬人。十三年正月,自稱長樂王。七月,隋遣薛世雄來討,建德襲破之。遂降河間,隋郡,今河北河間縣。始都樂壽。今河北獻縣。武德元年五月,更號夏王。先是上谷賊帥王須拔,自號漫天,擁衆數萬,入掠幽州,中流矢死。亞將魏刀兒代領其衆,自號歷山飛,入據深澤。今河北深澤縣。建德與之和,襲破之,盡併其地。宇文化及之走魏縣也,腹心稍盡,兵勢日蹙。歎曰:"人生固當死,豈不一日爲帝乎?"九月,鴆殺秦王浩,僭位。國號許。攻李密總管元寶藏於魏州,今河北大名縣東。不克。寶藏後歸唐。乃東北趨聊城,今平原聊城縣。將招誘海北諸賊。唐淮安王神通躡之。化及糧盡請降。神通貪其玉帛,不受。士及自濟北餽之,濟北,隋縣,在今山東長清縣境。化及又堅守,而竇建德之兵至,神通遂引退。建德攻聊城,拔之。殺化及、智及。士及奔唐。時武德二年閏二月也。隋齊王暕有遺腹子,名正道,與煬帝蕭后同隨化及至河北,及是,又入建德軍。建德送之突厥。突厥處羅可汗號爲隋王,處之定襄。隋郡,在今綏遠歸綏縣東。至貞觀四年,李靖破突厥,乃獲之。建德每平城破陳,所得貨財,並散賞諸將。至此,得宮人以千數,應時放散。隋文武官及驍果且一萬,亦聽其所去。又以裴矩爲尚書左僕射,崔君肅隋兵部侍郎。爲侍中,何稠隋少府令。爲工部尚書。其餘隨才拜授,委以政事。有欲往關中及東都者,亦恣聽之,仍給衣糧,以兵援送出境。八月,陷洺州,今河北永年縣。遷都焉。又與王世充結好,遣使朝越王侗。後世充廢侗自立,乃絕之。九月,南侵相州。唐淮安王神通不能拒,奔黎陽。建德陷之。神通、世勣,並爲所虜。唐是時有劉武周之難,不克與之爭也。

劉武周,河間景城人。景城,在今河北交河縣東北。父匡,徙家馬邑。武周驍勇,善騎射。交通豪俠。爲鷹揚府校尉,殺太守劉仁恭而代之,遣使附於突厥,遂陷雁門、樓煩、定襄。突厥立爲定楊可汗,遺以狼頭纛。武周因僭稱皇帝。上谷宋金剛,在易州界爲群盜,易州,今河北易縣。與魏刀兒相表裏。刀兒爲竇建德所滅,金剛救之,戰敗,奔武周。武周聞金剛善用兵,甚喜,號爲宋王,委以軍事,中分家產遺之。金剛說武周圖晉陽。武周令率兵二萬,以侵并州。武德二年四月,襲破榆次。今山西榆次縣。六月,進陷介州。今山西介休縣。李仲文、裴寂先後拒之,皆爲所敗。齊王元吉委城遁。武周遂據太原,遣金剛進攻晉陽。六日,城陷。進取澮州。今山西翼城縣。屬縣悉下。夏縣人呂崇茂殺縣令應之,夏縣,今山西夏縣。王行本又與連和。關中大駭。高祖欲棄河東守關西,太宗陳其不可。乃悉發關中兵,以益太宗。又命永安王孝基等進攻夏縣,俱没。孝基,高祖從父弟。敗後,高祖又使桑顯和攻之,亦未能克。武周將尉遲敬德助崇茂守,高祖使赦崇茂罪,使圖敬德,事泄,敬德殺之。敬德去,餘黨復據守。太宗既破宋金剛,乃還攻屠之。敬德後亦降唐。太宗與金剛相持,至三年四月,金剛糧盡而遁,太宗乃追破之。武周、金剛先後奔突厥。未幾,金剛背突厥而亡,將還上谷,爲追騎所獲,要斬之。武周後謀亡歸馬邑,事泄,亦爲突厥所殺。《紀》在武德五年七月。武周之南侵也,其妹夫苑君璋諫以并州以南,地形險要,縣軍深入,恐後無繼。武周不聽,卒以餽運不屬敗,然金剛則誠戰將也。

王世充以武德二年四月,廢越王侗而自立。國號鄭。六月,鴆殺侗。諡曰恭帝。世充之爲人也,好行小惠而實不至。見衆心日離,乃嚴刑峻制以防之。而倉粟日盡,城中人相食。三年七月,太宗率兵攻之。世充鎮垏,相繼來降。初世充率衆東徇地,至滑州,仍以兵臨黎陽。竇建德亦入殷州以報之。事在武德二年冬,殷州,今河南獲嘉縣。及是,建德攻孟海公於周橋城。海公,濟陰人,城當在濟陰境。濟陰,今山東曹縣。其中書舍人劉斌説以救鄭,建德從之,遣人結好,並陳救援之意。世充乃遣兄子琬及内史令長孫安世報聘,且乞師。明年二月,建德克周橋,虜孟海公。兗州賊帥徐圓朗,兗州,今山東滋陽縣。先降於建德。建德乃悉發海公、圓朗之衆,以救世充。三月,太宗用薛收、郭孝恪之策,屯於虎牢以拒之。建德國子祭酒凌敬勸其濟河,入上黨,收河東,以牽制唐師。建德將從之。而世充使陰齎金玉,啗其諸將,以亂其謀。建德遂悉衆逼虎牢,戰敗,爲唐所擒。時五月也。其妻曹氏,及其左僕射齊善行將數百騎遁於洺州。餘黨欲立建德養子爲主,善行言無爲塗炭生人。乃以府庫財物分士卒,各令散去而降唐。此建德能用士大夫之效也。太宗以建德並王琬、長孫安世至東都城下示之,且遣安世入城言敗狀。世充欲潰圍走襄陽,見第三節。謀於諸將,皆不答。乃請降。至長安,斬建德,徙世充於蜀。將行,爲讎人所殺。建德頗有大略,其敗也,蓋以其起山東,未嘗見大敵。太宗語,見《舊書·本紀》。當時即用凌敬之謀,亦未必能掣唐兵使返也,而不見劉武周之終無所成邪?

然建德甫平,而劉黑闥之兵復起,則可見建德苟不作孤注,亦非可以旦夕定也。黑闥,亦漳南人,與建德少相友善。隋末爲群盜,初從郝孝德,後歸李密。密敗,爲王世充所虜,後又歸於建德,建德封爲漢東郡公。建德敗,黑闥自匿於漳南。高祖徵建德故將范願等,願等復謀舉事,往見黑闥,黑闥從之。遂舉兵襲破漳南。淮南王神通、將軍秦武通、王行敏先後討之,皆爲所敗。黑闓移書趙、魏，建德將士，往往殺官吏以應之。李世勣爲黎州總管，徐世勣，唐賜姓李氏。黎州，即黎陽。不能拒，走保洺州。黑闥追擊，破之。半歲，悉復建德故地。徐圓朗舉齊、兗以附。北連高開道，見下節。遣使突厥。五年正月，稱漢東郡王，都於洺州。太宗攻之，分兵絕其糧道，相持兩月，乃破之。黑闥奔突厥，山東悉定。太宗遂南攻徐圓朗。

　　徐圓朗，兗州人。隋末，亡命爲群盜，據本郡。略地，自琅邪已西，北至東平，盡有之。琅邪郡，今山東臨沂縣。東平郡，今山東鄆城縣。勝兵二萬餘人。初附李密。密敗，歸王世充。洛陽平，歸唐，拜兗州總管。新舊《書》本傳同。《新書·本紀》，於武德二年七月，即書圓朗降。《通鑑》同。蓋時文降唐，實未絕世充。黑闥叛，圓朗又應之。太宗進師曹州，即濟陰郡。遣淮南王神通及李世勣攻之。圓朗窮蹙，棄城夜遁，爲野人所殺。新舊《書》本傳同。《新書·本紀》，事在武德六年二月，云："李世勣敗徐圓朗，執之。"《舊書·勣傳》云："獲圓朗，斬首以獻。"蓋野人殺之，而勣攘以爲功也。

　　圓朗未平，而黑闥又至。武德五年六月，黑闥借兵突厥，來寇山東。高祖遣淮陽王道玄討之，道玄，高祖從父兄子。敗死。河北諸州，又降於黑闥。黑闥復都洺州。十一月，齊王元吉擊之，遲留不進。又令太子建成督兵進討，乃敗之。黑闥走，至饒陽，其所署饒州刺史葛德威執之，黑闥於饒陽縣置饒州也。今河北饒陽縣。送建成所，斬於洺州。山東復定。

第七節　隋末之亂下

　　隋末，羣雄劇戰，皆在北方。若南方，則雖有若蕭銑、杜伏威，據地較廣，兵力較强者，亦不逾時而定。可見其時政治之重心，實在北方也。

　　朱粲，亳州城父人。亳州，今安徽亳縣，城父縣，在亳縣東南，今其地名城父村。"初爲縣佐史。大業末，從軍討長白山賊，山在今山東鄒平縣南。遂聚結爲羣盜。"引軍渡淮，至竟陵、沔陽，竟陵郡，今湖北鍾祥縣。沔陽郡，今湖北沔陽縣。後轉至山南。義寧中，招慰使馬元規擊破之。俄而收輯餘衆，兵又大盛。僭稱楚帝於冠軍，隋縣，在今河南鄧縣西北。攻陷鄧州，今鄧縣。有衆二十萬。粲所克州縣，皆發其藏粟以充食，遷徙無常，去輒焚餘賚，毀城郭。又不務稼穡，以劫掠爲業，於是百姓大餒。軍中罄竭，無所虜掠。乃勒所部：有略得婦人、小兒，皆烹之，分給軍士。又稅諸城堡，取小弱男女，以益兵糧。諸城懼稅，皆相攜逃散。顯州首領楊士林、田瓚背粲，顯州，今河南泌陽縣。諸州響應，相聚而攻之。大戰於淮源，隋縣，在今河南信陽縣西北。粲敗，以數千人奔菊潭，隋縣，在今河南內鄉縣北。遣使請降。時武德二年二月也。高祖令假散騎常侍段確迎勞之。確因醉侮粲。粲怒，收確及從者數十，悉殺之以饗左右。遂屠菊潭，奔王世充。東都平，獲之，斬於洛水上。

蕭銑者，巖之孫。巖事見《兩晉南北朝史》第十五章第三節。煬帝時，以外戚擢授羅縣令。據《隋書·本紀》。新舊《唐書·本紀》及《通鑑》皆作羅川。《隋志》：羅川縣屬北地郡，在今甘肅正寧縣北，羅縣屬巴陵郡，在今湖南湘陰縣東北。大業十三年，岳州校尉董景珍、雷世猛，旅帥鄭文秀、許玄徹、萬瓚、徐德基、郭華，沔州人張繡等同謀叛隋，岳州，即巴陵郡，今湖南岳陽縣。沔州，即沔陽郡。欲推爲主，遣人諭意。銑大悅，報書曰："我本國昔在有隋，以小事大，朝貢無闕，乃貪我土宇，滅我宗祊，我是以痛心疾首，無忘雪恥。今天啟公等，協我心事，若合符節，豈非上玄之意也？"即日集得數千人，揚言討賊，實欲相應。遇潁川賊帥沈柳生來寇，潁川郡，今河南許昌縣。擊之不利。銑因以諭衆，衆皆大悅。柳生亦以衆歸之。銑自稱梁公，率衆往巴陵。景珍遣徐德基、郭華率州中首領數百人迎謁。柳生曰："我先奉梁公，勳居第一。今岳州兵衆，倍多於我。我若入城，便出其下。不如殺德基，質其首領，獨挾梁王，進取州城。"遂與左右殺德基，方詣中軍白銑。銑大驚曰："今欲撥亂，忽自相殺，我不能爲汝主矣。"乃步出軍門。柳生大懼，伏地請罪，銑責而赦之，陳兵入城。景珍言："柳生凶悖，若不加誅，何以爲政？且其爲賊凶頑已久，同處一城，必將爲變。若不豫圖，後悔無及。"銑又從之。景遂斬柳生於城內，其下皆潰散。銑自稱梁王。義寧二年，僭稱皇帝。署置百官，一準梁故事。隋將張鎮州、王仁壽擊之，不能克。及聞隋滅，鎮州因與甯長真等率嶺表諸州，盡降於銑。見下。林士弘者，饒州鄱陽人。饒州，治鄱陽，今江西鄱陽縣。大業十二年，與鄉人操師乞爲群盜。師乞攻陷豫章郡而據之。豫章郡，即洪州，見第三節。隋遣持書侍御史劉子翊討之，師乞中矢死。士弘代董其衆，復與子翊大戰於彭蠡湖，隋師敗績，子翊死之。士弘大振，兵至十餘萬。十三年，徙據虔州，今江西贛縣。自稱皇帝，國號楚。隋侍御史鄭大節以九江下之。今江西九江縣。士弘任其黨王戎爲司空，攻陷臨川、今江西臨川縣。廬陵、今江西吉水縣東北。南康、見第二節。宜春諸郡。宜春，今江西宜春縣。北至九江，南暨番禺，今廣東南海縣。悉有其地。張善安者，兗州方與人。方與，今山東魚臺縣。年十七，便爲劫盜，轉掠淮南。因渡江附士弘於豫章，士弘不信之，善安憾焉。襲擊士弘，焚其郛郭，去保南康。蕭銑以舟師破豫章，善安奪其地，據以歸唐，而九江、鄱陽降於銑。銑遣楊道生攻陷南郡，治江陵，今湖北江陵縣。張繡略定嶺表。東至三峽，南盡交趾，北拒漢川皆附之。勝兵四十餘萬。武德元年，遷都江陵。三年，高祖詔夔州總管趙郡王孝恭討之。夔州,今四川奉節縣。孝恭,高祖從父弟子。時諸將橫恣,多專殺戮,銑令罷兵,陽言營農,實奪其權也。董景珍之弟爲將軍,怨銑放其兵,謀爲亂,事泄,爲銑所誅,景珍遣間使詣孝恭送款。銑遣張繡攻殺之,又殺繡。大臣相次誅戮,故人邊將皆疑懼,多有叛者。銑不復能制,兵勢益弱。四年,高祖命孝恭及李靖率巴蜀兵自夔州今四川奉節縣。沿流而下,廬江王瑗自襄州道,瑗,亦高祖從父弟子。襄州見第三節。黔州刺史田世康趣辰州道。黔州,今四川彭水縣。辰州,今湖南沅陵縣。其將周法明降,即以爲黃州總管。黃州,今湖北黃岡縣。九月,靖乘水漲急下,逼其都。銑之放兵也,僅留宿衛士數千人,倉卒追兵,未能集。銑自度救兵不至,謂其下曰:"若待力屈,必害黎元。"乃率官屬詣軍門曰:"當死者惟銑,百姓非有罪也,請無殺掠。"時十月也。送於京師,斬之。銑降後數日,江南救兵十餘萬,一時大至。知銑降,乃送款於孝恭。然銑即不降,此等兵亦未必能力戰;即有肯戰者,亦必非唐兵之敵;此銑之所以速降也。不肯貽害黎元,似有君子之量。然絕無武略,而欲復先人之業,未免不度德量力矣。天生民而樹之君,以爲民也。自古及今未有不亡之國,必欲世守先業,亦豈足以爲孝哉。

嶺南之地,時尚全未開發,故江域既平,即傳檄而下。劉洎者,事蕭銑爲黃門侍郎,銑令略地嶺表,得五十餘城,未還而銑敗,遂以所得城歸唐。丘和者,煬帝時爲刺史、郡守,以獻食精獲幸,然善撫吏士,甚得歡心。大業末,以海南僻遠,吏多侵漁,百姓咸怨,數爲亂逆,選淳良太守以撫之。裴矩奏以和爲交趾太守。今越南東京。初甯猛力之死,子長真襲爲刺史。煬帝之討林邑,長真出兵攻其後,又率部落數千,從征遼東。煬帝召爲鴻臚卿,遣還,又以其族人宣爲合浦太守。今廣東合浦縣。隋亂,皆以其地附蕭銑。《唐書·南蠻傳》。馮盎以蒼梧、高涼、珠崖、番禺之地,附於林士弘,隋蒼梧郡,治封川,今廣東封川縣。高涼郡,在今廣東陽江縣西。番禺,即廣州。各遣人召和。和初未知隋亡,皆不就。林邑之西諸國,並遣和明珠文犀金寶之物,富埒王者。銑利之,遣長真率百越之衆,渡海侵和。和遣其司法書佐高士廉率交、愛首領擊之,交州,即交趾郡。愛州,即九真郡,今越南之清華。長真退走,境內獲全。後審知隋滅,乃以州從銑。及銑平,和以海南之地歸唐,即授交州總管。李襲志者,仕隋,爲始安郡丞。大業末,江外盜賊尤甚,襲志散家產,招募得三千人,以守郡城。蕭銑、林士弘等爭來攻擊,襲志固守。久之,宇文化及弒逆,郡人有勸襲志爲尉佗,襲志不聽。固守二年,乃爲銑所陷。銑署爲工部尚書,檢校桂州總管。桂林見第二節。武德初,高祖遣其子齎書召之。襲志乃密説嶺南首領隋永平郡守李光度,與之歸唐。永平,今廣西藤縣。及蕭銑平,趙郡王孝恭授襲志桂州總管。武德五年,入朝,拜江州都督。江州,即九江郡。輔公祏反,又以襲志爲水軍都督討之。見下。轉桂州都督。襲志前後任桂州二十八載焉。馮盎,武德三年,廣、新二州酋帥高法澄、洗寶徹等,新州,今廣東新興縣。並受林士弘節度,殺害隋官吏。盎率兵擊定之。或請上南越王之號,盎亦不受。四年,以南越之衆降唐。蕭銑之平也,唐命李靖檢校荆州刺史,荆州見第三節。承制拜授。靖乃度嶺至桂州,遣人分道招撫。馮盎、李光度、甯長真等皆遣子弟來謁,靖承制授以官爵。凡所懷輯,九十六州,户六十餘萬。高祖授甯長真欽州都督,欽州見第二節。甯宣請降,未報而卒。以其子純爲廉州刺史,廉州,即合浦郡。又以其族人道明爲南越州刺史。《新唐書·地理志》:廉州,武德四年曰越州,貞觀八年,更名。案廉州劉宋時本名越州,當時或二州並置,至貞觀八年,乃裁去越州也。道明與高州首領馮暄、談殿,據南越州反。純以兵援之。九年,道明爲州人所殺。未幾,長真死,子據襲刺史。馮暄、談殿,阻兵相掠,羣臣請擊之。太宗不許,遣使宣諭。暄等與溪峒首領皆降。南方遂定。《唐書·南蠻傳》。

割據長江下游者,有杜伏威、李子通、沈法興等。伏威,齊州章丘人。今山東章邱縣。與臨濟輔公祏,臨濟縣,在今山東高苑縣北。俱亡命爲羣盜。《新書·公祏傳》云:公祏與伏威起至死凡十三載,則其起在大業八年。伏威時年十六,常營護諸盜,出則居前,入則殿後。故其黨咸服之,共推爲主,轉略淮南。煬帝遣陳稜以精兵八千討之,大潰。伏威乘勝破高郵。隋縣,今江蘇高郵縣。據歷陽,隋郡,今安徽和縣。自稱總管,以公祏爲長史。分遣諸將略屬縣,所至輒下。江淮間小盜爭附。李子通,東海丞人。丞,漢縣,《新唐·志》作蘭陵。隋時曰蘭陵,屬彭城,唐復故,屬琅邪,今山東嶧縣西北。大業末,有賊帥左才相據齊郡之長白山,子通歸之。時諸賊皆殘忍,子通獨行仁恕,由是人多歸之,未半歲,兵至萬人。才相稍忌之。子通自引去,因渡淮,與伏威合,尋爲隋將來整所敗,擁餘衆奔海陵,隋縣,今江蘇泰縣。得衆二萬,自稱將軍。宇文化及之反也,署伏威歷陽太守。伏威不受,上表於越王侗。侗拜爲東南道大總管,封楚王。化及以陳稜爲江都太守。稜又降唐,高祖亦授以總管。李子通率師擊之。稜南求救於沈法興,西乞師於杜伏威。法興者,湖州武康人。湖州,今浙江吳興縣。武康,今浙江武康縣。大業末,爲吳興郡守。吳興郡,即湖州。東郡賊帥樓世幹圍郡城,東郡,見第四節。煬帝令太僕丞元祐擊之。俄而宇文化及弑煬帝。法興自以代居南土,宗族數千家,爲遠近所服,乃與祐部將孫士漢、陳果仁執祐於坐。以誅化及爲名,發自東陽。見第二節。行收兵,將趨江都,下餘杭郡。見第五節。比至烏程,隋縣,在吳興南。精卒六萬。毗陵通守路道德拒之。毗陵,即晉陵改名。晉陵,見第五節。法興請與連和。因會盟,襲殺道德，進據其城。齊郡賊帥樂伯通據丹陽，爲化及城守，齊郡見第六節。法興使果仁攻陷之。據有江表十餘郡。陳稜求救，與伏威各以兵至。子通納言毛文深進計，募江南人，詐爲法興兵，夜襲伏威。伏威不悟，又遣兵襲法興。二人相疑，莫敢先動。子通遂得盡銳攻陷江都。稜奔伏威。伏威忌之，尋見害。子通入據江都，僭即皇帝位，國稱吳。法興自克毗陵，謂江淮以南，可指撝而定，專立威刑，將士解體。子通乘勝渡江，陷其京口。今江蘇丹徒縣。法興使其僕射蔣元超拒之廢亭，在今江蘇武進縣西。戰死。法興棄城宵遁。子通遂有晉陵。後伏威遣輔公祏攻陷丹陽，進屯溧水。隋縣，今江蘇溧水縣。子通擊之，爲所敗。又屬糧盡。乃棄江都，保於京口。江西之地，盡歸伏威。伏威徙居丹陽。子通東走太湖，鳩集亡散，得二萬人。襲沈法興於吳郡，見第五節。破之。法興率左右數百人，投崑山帥聞人遂安。遂安據崑山，見《王雄誕傳》。崑山，隋縣，今屬江蘇。遂安遣其將葉孝辯迎之。法興中路而悔，欲殺孝辯，更向會稽。見第二節。孝辯覺之。法興懼，乃赴江死。時武德三年也。子通都於餘杭。東至會稽，南至於嶺，西距宣城，隋郡，今安徽宣城縣。北至太湖，盡有其地。太宗圍王世充，遣使招杜伏威。伏威請降。就拜東南道行臺尚書令，江淮以南安撫大使，上柱國。封吳王。賜姓李氏，豫宗正屬籍。伏威遣將率兵來會。四年，遣其將王雄誕攻李子通。子通窮蹙請降。伏威執之，並樂伯通送於京師。歙州首領汪華，歙州，今安徽歙縣。隋末據本郡稱王，十餘年。雄誕迴軍擊之，華降。又降聞人遂安。伏威盡有江東、淮南之地，南接於嶺，東至於海。太宗平劉黑闥，攻徐圓朗，伏威來朝。武德五年。留於京師，禮之甚厚。李子通謂樂伯通曰：“伏威既來，東方未靜，我所部兵，多在江外，往彼收之，可有大功於天下矣。”遂相與亡。至藍田關，藍田見第六節。爲吏所獲，俱伏誅。於是江淮已南，惟伏威之地僅文服矣。《舊書·輔公祏傳》曰：伏威與公祏，少相愛狎。公祏年長，伏威每兄事之。軍中咸呼爲伯，畏敬與伏威等。伏威潛忌之。署其養子闞稜爲左將軍，王雄誕爲右將軍，推公祏爲僕射，外示尊崇，而陰奪其兵權。公祏知其意，乃與故人左遊仙僞學道辟穀。伏威將入朝，留公祏居守，復令雄誕典兵以副公祏，陰謂曰：“吾入京，若不失職，無令公祏爲變。”後左右說公祏反，會雄誕屬疾於家，公祏奪其兵。《雄誕傳》云：公祏將爲逆，奪其兵，拘之別室，遣西門君儀諭以反計。雄誕不可。縊殺之。《通鑑》云：公祏詐稱得伏威書，疑雄誕有貳心。雄誕聞之，不悅，稱疾不視事。公祏因奪其兵，使其黨西門君儀諭以反計。雄誕始悟。詐言伏威不得還江南，詒書令其起兵。因僭即偽位，自稱宋國，於陳故都築宮以居焉。公祏反，《紀》在武德六年八月。高祖命趙郡王孝恭、李靖等分道擊之，破其兵。公祏以左遊仙爲越州總管，越州，即會稽郡。

欲就之。至武康，爲野人所執，送於丹陽，孝恭斬之，傳首京師。時武德七年
三月也。《伏威傳》云：公祏反，詐稱伏威之令，以紿其衆。高祖遣趙郡王孝恭
討之。時伏威在長安，暴卒。及公祏平，孝恭收得公祏反辭，不曉其詐，遽以
奏聞。乃除伏威名籍，没其妻子。貞觀元年，太宗知其冤，赦之，復其官爵，葬
以公禮。《李百藥傳》：百藥爲李子通中書侍郎、國子祭酒，又爲杜伏威行臺考
功郎中。高祖遣使招撫，百藥勸伏威入朝。伏威從之。遣輔公祏與百藥留
守。至歷陽，狐疑中悔，將害百藥，乃飲以石灰酒。因大泄利，而宿病皆除。
伏威知百藥不死，作書與公祏，令殺百藥。賴王雄誕保護獲免。公祏反，又授
百藥吏部侍郎。有譖百藥於高祖云："百藥初説杜伏威入朝，又與輔公祏同
反。"高祖大怒。及公祏平，得伏威與公祏令殺百藥書，高祖意稍解，遂配流涇
州。今甘肅涇川縣。然則果伏威不欲反而公祏叛之？抑公祏反實伏威意，而雄
誕、百藥貳於伏威？殊未可知也。伏威養壯士三十餘人爲假子，分領兵馬，惟
闞稜、王雄誕知名。《稜傳》云：稜從伏威入朝，及公祏僭號，稜從軍討之。公
祏破，稜功居多，頗有自矜之色。及擒公祏，誣稜與己通謀。又杜伏威、王雄
誕及稜家産在賊中者，合從原放，孝恭乃皆籍没，稜訴理之，有忤於孝恭。孝
恭怒，遂以謀反誅之。其事究如何，亦殊不可知也。

　　林士弘之亡豫章也，尚有南昌、虔、循、潮數州之地。南昌郡，即洪州，見第三節。
潮州見第二節。蕭銑破後，散兵稍往歸之，復振。荆州總管趙郡王孝恭遣使招慰，
循、潮二州並來降。武德五年，士弘遣其弟藥師攻圍循州。刺史楊略與戰，大
破之。士弘懼而遁走，潛保於安城之山洞。安城，吳縣，唐改爲安福，今屬江西。王戎
以南昌來降。拜爲南昌州刺史。當即孫州，見下。戎召士弘，藏之於宅，招誘舊
兵，更謀作亂。張善安歸唐，授洪州總管。密知其事，發兵討之。會士弘死，
部兵潰散。戎爲善安所虜。《舊書·士弘傳》。《新書·本紀》：武德六年三月，洪州總管張善
安反，四月，陷孫州，執總管王戎。《地理志》：武德五年，以洪州南昌縣置孫州。輔公祏反，善安
舉兵相應，安撫使李大亮擊之。善安許降，將數十騎至大亮營，大亮執送長
安。稱不與公祏交通，高祖善遇之。及公祏敗，搜得其書，與相往復，遂誅之。

　　北邊自立者，多與突厥相連。劉武周之死也，突厥以苑君璋爲大行臺，統
其餘衆，仍令郁射設督兵助鎮，高祖遣諭之。君璋部將高滿政，勸其盡殺突厥
以歸唐。君璋不從。滿政因人心，夜逼君璋，君璋亡奔突厥。滿政以城來降，
拜朔州總管。朔州見第二節。時武德六年也。明年，君璋引突厥攻馬邑。滿政死
之，君璋盡殺其黨而去，退保恒安。見第二節。所部稍稍離散，勢蹙請降。高祖
許之，遣使賜以金券。會突厥頡利可汗復遣召之，君璋猶豫未決。其子孝政

勸其歸唐。而恒安人郭威，説其據恒安以觀天下之變。君璋然其計，執唐行人，送於突厥。與突厥合軍，寇太原之北境，後見頡利政亂，乃率所部來降。時太宗貞觀元年矣。

羅藝，大業時，以軍功官至虎賁郎將。時天下大亂，"涿郡人物殷阜，涿郡見第四節。加有伐遼器仗，倉粟盈積；又臨朔宮中多珍產；臨朔宮見第五節。諸賊競來侵掠。留守官趙什住等皆不能拒。藝獨出戰，前後破賊，不可勝計"。威勢日重。什住等頗忌之。藝陰知之，乃以倉庫山積，留守官無心濟貧，激怒其衆。執郡丞，發庫物以賜戰士，開倉以振窮乏。柳城、見第二節。懷遠，並歸附之。自稱幽州總管。武德二年，奉表歸唐。詔封燕王，賜姓李氏，豫宗正屬籍。太宗擊劉黑闥，藝領本兵破黑闥弟什善。明年，復將兵與隱太子會於洺州，因請入朝。

高開道，滄州陽信人。滄州，今河北滄縣。陽信，今山東陽信縣。少以賣鹽自給。大業末，河間人格謙，河間見第六節。擁兵於豆子䜴，在今山東惠民縣境。開道往從之。謙爲隋師所滅，開道與其黨百餘人，亡匿海曲。復出掠滄州，招集得數百人。北掠城鎮，自臨渝至於懷遠，皆破之，臨渝見第二節。悉有其衆。開道自起至滅凡八年，則其起在大業十二年。隋將李景守北平郡，見第四節。開道引兵圍之，連年不能克。武德元年，景自度不能支，拔城而去。開道又取其地，進陷漁陽郡。今河北薊縣。有馬數千匹，衆且萬人。自立爲燕王，都於漁陽。先是懷戎沙門高曇晟，懷戎縣，在今河北涿鹿縣西。因縣令設齋，與其徒五十人，擁齋衆而反，殺縣令及鎮將，自稱大乘皇帝。立尼静宣爲耶輸皇后。遣人招誘開道，改封齊王。開道以衆五千人歸之。居數月，襲殺曇晟，悉併其衆。三年，復稱燕王。羅藝爲竇建德所圍，告急於開道。開道率二千騎援之，建德引去。開道因藝降唐。詔封北平郡王，賜姓李氏，授蔚州總管。後魏蔚州，在今山西靈丘縣。後周在今山西靈丘縣。隋廢。唐初復置，不恒所治。此時以授開道。貞觀中，破突厥，乃還治靈丘。天寶後，移今蔚縣。後北連突厥，告絕於藝，復稱燕國。劉黑闥寇山東，開道與之連和，引兵攻易州。見第六節。又引突厥，頻來爲寇。恒、定、幽、易等州，皆罹其患。隋恒州治正定，今河北正定縣。唐治石邑，在今河北獲鹿縣東南。尋還治正定。後改曰鎮州。幽州，治薊，今北京。頡利攻馬邑，以開道兵善爲攻具，引之，陷馬邑而去。時天下大定，開道欲降，自以數反覆，終恐致罪，又北恃突厥之衆。其將士多山東人，思還本土，人心頗離。劉黑闥將張君立奔開道，因與其將張金樹潛相結連，攻開道，開道自殺。金樹又殺君立，歸唐。時武德七年也。

梁師都，夏州朔方人。朔方，夏州治，見第二節。代爲本郡豪族。仕隋爲鷹揚郎將,大業末罷歸。屬盜賊群起,師都陰結徒黨數千人據郡,北連突厥,掠定雕陰、弘化、延安等郡。雕陰,今陝西綏德縣。延安,今陝西膚施縣。僭即皇帝位,稱梁國。師都自起至滅凡十二歲,則其起在大業十三年。突厥始畢可汗遺以狼頭纛,號爲大度毗伽可汗。師都乃引突厥居河南,攻破鹽川郡。今寧夏鹽池縣。武德二年,高祖遣延州總管段德操破之。延州,即延安郡。劉武周敗,師都大將張舉、劉旻相次來降。師都大懼,遣說處羅可汗南侵。處羅從之。會死,乃止。高祖又令德操進擊,拔其東城。師都退據西城,往朝頡利,爲陳入寇之計。自此頻致突厥之寇,邊州略無寧歲。頡利之寇渭橋,見第三章第二節。亦師都計也。頡利政亂,太宗知師都勢危援孤,以書諭之。不從。時劉旻爲夏州長史,使與司馬劉蘭經略之。貞觀二年,遣柴紹、薛萬均擊之。其從父弟洛仁斬師都,詣紹降。

李子和,同州蒲城人。同州,今陝西大荔縣。蒲城,今陝西蒲城縣。子和本姓郭氏,李賜姓,《新書》作郭子和。大業末,爲左翊衛,犯罪徙榆林。見第四節。見郡内大飢,遂潛引死士十八人攻郡門,執郡丞王才,數以不恤百姓,斬之。開倉以振窮乏。自稱永樂王。南連梁師都,北附突厥。始畢可汗先署劉武周爲定楊天子,梁師都爲解事天子,又以子和爲平楊天子。子和固辭不敢當,乃更署爲屋利設。武德元年,遣使歸款。授榆林郡守,尋就拜雲州總管。雲州見第二節。子和既絕師都,又伺突厥間釁,遣使以聞。爲處羅可汗候騎所獲。處羅大怒,囚其弟子升。子和自以孤危,甚懼。四年,拔戶口南徙。詔以延州故城居之。

劉季真,離石胡人也。離石見第四節。父龍兒,隋末擁兵數萬,自號劉王,以季真爲太子。龍兒爲虎賁郎將梁德所斬,其衆漸散。唐兵起,季真與弟六兒,復舉兵爲盜。引劉武周之衆,攻陷石州。治離石。季真北連突厥,自稱突利可汗,以六兒爲拓定王。甚爲邊患。唐以兵臨之,季真懼而降。授石州總管,賜姓李氏。宋金剛侵并州,季真復與劉武周合勢。金剛敗,太宗執六兒斬之。季真奔高滿政,尋爲所殺。

隋末羣雄,《唐書·高祖本紀》於高祖起兵前總叙之。除較大者已見上文外,尚有劉元進起晉安,晉安,晉縣,隋改南安,今屬福建。此別一劉元進,非第五節所述餘杭之劉元進也。餘杭之劉元進,與王世充戰敗,死於吳,見《通鑑》大業九年。此劉元進,武德五年正月降唐,見《唐書·高祖本紀》。下所述諸人敗降年月皆同。惟左才相一人,史漏言其結局。邵江海據岐州,岐州見第一節。武德元年十月降。王須拔起恒、定,武德元年十一月,爲竇建德所敗,亡入突厥。王德仁起鄴,鄴縣,今平原鄴縣。武德元年四月降。左才相起齊郡,齊郡見第六節。左難當據涇,涇縣,今屬安徽。武德六年三月降。周文舉據淮陽,今河南淮陽縣。《新書·本紀》。武德五年二月,汴州總管王要漢敗徐圓朗於杞州,執周文舉。時要漢已降唐矣,文舉蓋附徐圓朗,故要漢爲唐執之。杞州,蓋圓朗所置,今河南杞縣,古杞國之地,圓朗蓋就此置州也。《舊書·地理志》:陳州,隋淮陽郡,武德元年,討平房憲伯,改爲陳州,則淮陽又嘗爲憲伯所據。**張長遜據五原**,五原見第二節。長遜,唐兵起即來降。授豐州總管,助唐擊薛舉,已見上節。新舊《書》皆有傳。**周洮據上洛**,上洛郡,今陝西商縣。義寧二年正月降。**楊士林據山南**,即攻朱粲之楊士林也,蓋時山南之地歸之。武德二年正月降。**楊仲達據豫州**,今河南汝南縣。武德三年十月降。**張善相據伊、汝**,伊州,後改曰汝州,今河南臨汝縣,武德二年正月降。授伊州總管。後爲王世充所陷,善相死之。新舊《書》皆見《忠義傳》。**王要漢據汴州**,汴州見第二節。武德五年二月降。**時德叡據尉氏**,尉氏縣,今屬河南。武德三年八月降。**李義滿據平陵**,平陵縣,在今湖北均縣北。武德二年三月降。**綦公順據青、萊**,青州,即齊郡。萊州,今山東掖縣。《舊書·地理志》:萊州,漢東萊郡,武德四年,討平綦順,置萊州。**淳于難據文登**,文登縣,今屬山東。武德四年九月降。**徐師順據任城**,任城縣,今山東濟寧縣。武德二年三月降。**蔣弘度據東海**,隋郡,今江蘇東海縣。武德二年三月降。**王薄據齊郡**,武德二年三月降。**蔣善合據鄆州**,今平原鄆城縣。武德四年六月降。**田留安據章丘**,武德五年五月降。**張青特據濟北**,隋郡,在今平原茌平縣西南。武德四年四月,爲王君廓所執。**臧君相據海州**,即東海郡。武德四年六月降。《舊書·地理志》:楚州,隋江都郡之南陽縣。武德四年,臧君相歸附,立爲東楚州。《通鑑》言君相以五州來降,則其所據者不止一海州也。楚州,今江蘇淮安縣。**殷恭邃據舒州**,今安徽懷寧縣。武德五年正月降。**周法明據永安**,永安郡,即黃州。武德四年五月降。**苗海潮據永嘉**,永嘉郡,今浙江永嘉縣。武德六年三月降。**梅知巖據宣城**,武德六年三月降。**鄧文進據廣州**,武德五年四月降。**俚酋楊世略據循、潮**,即與林藥師戰之楊略也。唐人避諱,去"世"字也。武德五年正月降。**冉安昌據巴東**,巴東郡,即夔州,武德五年四月降。大抵聞風而來,傳檄而定。其散見列傳中者,如**高季輔**、蓨人。武德初,郡盜多歸附之,衆至數千。尋與武陟人李厚德率衆來降。見《舊書》本傳,武陟,今河南武陟縣。**張士貴**、盧氏人。大業末,聚衆爲盜,高祖降書招懷之,士貴以所統送款。見《舊書》本傳,盧氏見第六節。**王君廓**、并州人。大業末,掠邯鄲,邯鄲人王君愕往説之,乃屯井陘。歲餘,唐兵定關中,遂來降。見《舊書·王及善傳》。君廓事《舊書》附《廬江王瑗傳》,《新書》自有傳,其歸唐後不得善終,乃因牽涉建成與太宗之爭而然,非本欲背叛也。見第三章第一節。邯鄲見第六節。**薛士通**、《舊書·薛登傳》:義興人。父士通,大業中爲鷹揚郎將,江都之亂,與鄉人聞人嗣安等同據本郡,以禦寇賊。武德二年,遣使歸唐。義興,今江蘇宜興縣。**郝相貴**、處俊父。與婦翁許紹據峽州歸唐,見《新書·處俊傳》。峽州,今湖北宜昌縣。**王行敏等**,行敏,隋末爲盜長,高祖興來降。見《新書·忠義傳》。亦皆不煩兵力而下。張玄素謂太宗曰:"隋末沸騰,被於寓縣,爭天下者,不過十數人,餘皆保邑全身,思歸有道。"信哉。可見樂亂者必不多也。

第三章　唐之初盛

第一節　高祖太宗之治

漢、唐並稱中國盛世。貞觀、永徽之治，論者以比漢之文、景，武功尤遠過之；然非其時之君臣，實有過人之才智也。唐太宗不過中材。論其恭儉之德，及憂深思遠之資，實尚不如宋文帝，更無論梁武帝；其武略亦不如梁武帝，更無論宋武帝、陳武帝矣。若高祖與高宗，則尤不足道。其能致三十餘年之治平強盛，承季漢、魏、晉、南北朝久亂之後，宇内乍歸統一，生民幸獲休息；塞外亦無強部；皆時會爲之，非盡由於人力也。

唐高祖以勳戚起，論其權略，實出李密之下，所以幸獲成功者，據關中，得蓄力以待東方之敝，亦事勢使然也。觀其刑賞之倒錯，即知其實無君人之德。蕭銑志復先業，雖不免志大才疏，實不可謂之有罪，徒以見高祖時言稍戇直，遂斬於都市。王世充之罪，殊不可恕而舍之。竇建德實較磊落，反殺之。建德之死也，高祖徵其故將范願等，願等相與謀曰：“王世充以洛陽降，其下驍將、公卿單雄信之徒，皆被夷滅，我輩若至長安，必無保全之理，且夏王往日，擒獲淮安王，全其性命，遣送還之，唐家今得夏王，即加殺害。我輩殘命，若不起兵報讎，實亦恥見天下人物。”遂推劉黑闥爲主而叛。此非願、黑闥等之好亂，唐之措置，固有以自取之也。其用人尤爲偏私。裴寂不徒無功，且有拒宋金剛之負，乃用爲僕射，冊爲司空。異時太宗數之曰：“武德之時，政刑紕繆，官方弛紊，職公之由。”高祖之政事可見矣。劉文靜舉義首謀，且有致突厥兵破屈突通之功。高墌之敗，太宗亦身在行間，史稱其臥疾委事於文靜及司馬殷開山，未必非諱飾之辭也。徒以與寂有隙，兄弟駢誅。並及其弟文起。此帝之暗於故舊也。封倫在隋世，依附楊素；虞世基尤非正人，且爲宇文化及内史令；而帝以倫爲左僕射，世基爲中書令，可見其好用小人。宇文士及，化及之弟也，雖兄弟罪不相及，其人亦何足取？乃與虞世基同來，亦見親待，則以其在隋朝，深自結託，且妹爲昭儀故也。元吉之在并州，常共竇誕遊獵，蹂踐穀稼，放縱親昵，公行攘奪。甚至當衢而射，觀人避箭；夜開府門，宣淫他室。宇文歆頻諫不納，表言之，元吉坐免，乃諷父老詣闕請己，高祖又令復職。逮劉武周兵至，元吉棄軍奔還，高祖不罪寶誕，反欲斬宇文歆，賴李綱力爭得免。寶軌恣意虐殺，爲益州行臺左僕射，車騎、驃騎從者二十人，所斬略盡，高祖明知之，乃一下獄，旋復釋之還鎮。則以軌爲太穆皇后從父兄子，誕則其從父兄孫，又尚高祖女襄陽公主故也。此帝之私於親戚也。帝性好漁色。其起兵也，實由裴寂以晉陽宮人私侍之，已見第二章第六節。即位之後，嬪妃擅寵，女謁盛行，遂致建成、太宗，爭相交結，釁隙愈深，終釀玄武門之變。事見下。初簒位時，孫伏伽以萬年縣法曹上書諫諍，萬年縣，在今陝西長安縣西。帝即擢爲侍御史，此蓋意在徼名。李綱在唐初，亦稱鯁直，帝貌優禮之，一怒則罵之曰："卿爲何潘仁長史，何乃羞爲朕尚書？"何潘仁，隋末賊帥。此可以用士君子乎？伏伽諫書曰："近者太常官司，於人間借婦女裙襦五百餘具，以充散伎之服，云擬五月五日於玄武門遊戲。"玄武門見第二章第三節。其時帝尚未受禪也，而其荒縱已如此。又嘗以舞人安叱奴爲散騎常侍，李綱諫不聽。此與北齊後主何異？世無驟變之風習，唐室之縱侈，實未能大變五胡之舊，特在開國之初，其弊尚未大著耳。然武、韋、開元之縱侈，則有自來矣。

　　高祖二十二子。正室太穆皇后所生者四人：長建成，次世民，次元霸，次元吉。元霸早卒。建成、元吉，起兵時未嘗與謀，時建成在河東，遣使密召之，乃與元吉間行赴太原。案此亦謂起兵之當時耳。至前此蓄謀叛隋，則二人亦必不能不與也。河東，見第二章第六節。然亦嘗身在行間，惟建成既爲太子，難數特將，而元吉淫縱，自并州陷後，遂未嘗專軍耳。高祖起兵置三軍，以建成領左，太宗領右，而中軍隸於元吉；發太原，建成、太宗從，元吉留守；關中既定，以建成爲左元帥，太宗爲右元帥，同徇東都：已見第二章第六節。高祖封唐王，建成立爲世子，受禪爲太子，自此惟武德二年，嘗率師平司竹，群盜安興貴殺李軌，曾往原州應接而已。逮劉黑闥再入，建成乃自請往討之。《傳》云：其計出於中允王珪，洗馬魏徵，勸其因結山東英俊。蓋天下大勢，究在山東，太宗威望，亦以平竇建德、王世充而大增，故珪等亟勸建成，起而與之分功。其後王君廓、羅藝皆爲黨援，蓋皆結之於是時也。元吉棄并州，《新書·傳》云："高祖怒之，自是常令從秦王征討，不復專軍。"司竹見第二章第六節。原州，今甘肅固原縣。太宗英姿，或非其兄弟所及，然其戡定之功特多，則亦事會爲之也。太宗之平東都也，高祖以舊官不稱殊功，特加號爲天策上將，以爲陝東大行臺。此時太宗之勢，實於建成爲逼，而元吉之必與建成合謀，以傾太宗，亦勢使然矣。《新書·元吉傳》，謂其欲並圖建成。使太宗而敗，元吉誠未必不出此，然在當時，則固未暇及此也。《舊書·元吉傳》言建成、元吉謀害太宗，太宗召府僚告之，皆曰："大王若不正順，社稷非唐所有，元吉很戾，終亦不事其兄。"此非後來歸獄之辭，則當時測度之語耳。於是各交結朝士，曲事宮掖以相圖。《舊書·建成傳》言：封倫潛勸太宗圖之，不許。倫反言於高祖曰："秦王恃有大勳，不服居太子之下。若不立之，願早爲之所。"

又説建成作亂，此等曖昧之辭，誠難遽以爲信，然倫傳言倫潛持兩端，卒後數年，太宗方知其事。貞觀十七年，治書侍御史唐臨追劾之，以此改諡。黜其贈官，則倫之首鼠，決非虛語，恐當時如此者，正不止倫一人也。《建成傳》又云：太宗每總戎律，惟以撫接賢才爲務，至於參請妃媛，素所不行，此亦諱飾之辭也。《新書·建成傳》云：高祖幸仁壽宮，太宗及元吉從。建成謂元吉曰："秦王且偏見諸妃。彼金寶多，有以賂遺之也。吾安得箕踞受禍。"久用兵者必多金寶，此語恐非虛誣。則太宗之曲事宫掖，或且過於建成矣。《舊書·建成傳》又謂建成、元吉，外結小人，內連嬖幸，高祖所寵張婕妤、尹德妃，皆與之淫亂。此則玄武門變作時，太宗之奏語耳，恐實誣衊之辭也。見下。仁壽宮見第二章第一節。建成私召四方驍勇，並募長安惡少年二千餘人，畜爲宫甲，分屯左右長林門，東宮門。號爲長林兵。又令左虞候率可達志募幽州突厥兵三百內宮中，將攻西宮。時太宗所居。或告於帝，帝召建成責之，乃流志嶲州。今西康西昌縣。武德七年六月，高祖幸仁智宮，在今陜西宜君縣境。留建成居守。建成先令慶州總管楊文幹募健兒送京師，慶州，今甘肅慶陽縣。欲以爲變。又遣使齎甲賜文幹，令起兵相應接。使至豳州，後改爲邠州，今陜西邠縣。懼罪，馳告其事。高祖託以他事，手詔追建成詣行在所，置之幕中，令殿中監陳萬福防禦。文幹遂反。高祖馳使召太宗曰："文幹事連建成，恐應之者衆，汝宜自行。還立汝爲太子。吾不能效隋文帝誅殺骨肉，廢建成，封作蜀王，地既僻小，易制，若不能事汝，亦易取耳。"太宗趣寧州，見第二章第六節。文幹爲其下所殺。太宗之行也，元吉及四妃唐制，皇后而下，有貴妃、淑妃、德妃、賢妃，爲夫人。更爲建成內請，封倫又外爲遊説。高祖意改，復令建成還京居守，惟責以兄弟不能相容，歸罪於中允王珪、左衛率韋挺，及天策兵曹杜淹等，並流之嶲州。建成又與元吉謀行酖毒，《舊書·建成傳》云：引太宗入宮夜宴，既而太宗心中暴痛，吐血數升。亦見《房玄齡傳》，疑亦誣衊之辭。太宗是時，安敢輕赴建成之宴？《元吉傳》云：太宗嘗從高祖幸其第，元吉伏其護軍宇文寶於寢內，將以刺太宗，建成恐事不果而止之。亦莫須有之辭也。高祖乃謂太宗曰："觀汝兄弟，是不和。同在京邑，必有忿競。汝還行臺，居於洛陽，自陜已東，悉宜主之。仍令汝建天子旌旗，如梁孝王故事。"將行，建成、元吉相與謀曰："秦王今往洛陽，既得土地、甲兵，必爲後患。留在京師，制之一匹夫耳。"密令數人上封事曰："秦王左右，多是東人，聞往洛陽，非常欣躍。觀其情狀，自今一去，不作來意。"高祖遂停。案果如高祖之意，真所謂自樹兵矣，可見其無遠慮也。九年，突厥犯邊，詔元吉率師拒之。元吉因兵集，將與建成刻期舉事。《舊書·元吉傳》云：建成乃薦元吉代太宗督軍北討，仍令秦府驍將秦叔寶、尉遲敬德、程知節、段志玄等並與同行。又追秦府帳，簡閱驍勇，將奪太宗兵以益其府。又譖杜如晦、房玄齡，逐令歸第。建成謂元吉曰："既得秦王精兵，統數萬之衆，吾與秦王至昆明池，於彼宴別，令壯士拉之於幕下，敬德等既入汝手，一時阬之，孰敢不服？"案此計太險，建成、元吉，敢遂行此與否，殊爲可疑。然時稱兵相攻之局已迫，務弱太宗之兵，則事實也。當時秦府兵力，蓋視二人爲劣，觀二人死後，其兵攻玄武門，太宗兵拒戰不利可知。事見《尉遲敬德》、《薛萬徹》、《忠義·敬君弘》、《馮立》、《謝叔方》等傳，此太宗所由以數人決死也。昆明池，在長安西南。六月三日，太宗密奏建成、元吉，淫亂後宮。因自陳曰："臣於兄弟無負，今欲殺臣，似爲世充、建德報讎。臣今枉死，永違君親，魂歸地下，實亦恥見諸賊。"高祖省之愕然。報曰："明日當勘問，汝宜早參。"四日，太宗將左右九人至玄武門。九人之名，諸傳頗有異同。《舊書·長孫無忌傳》云：與尉遲敬德、侯君集、張公謹、劉師立、公孫武達、獨孤彥雲、杜君綽、鄭仁泰、李孟嘗等九人入玄武門討建成、元吉，平之。是無忌在九人之外。《張公謹傳》云：公謹與長孫無忌等九人伏於玄武門以俟變，則公謹在九人之外，無忌顧在其内矣。《劉師立傳》云：師立與尉遲敬德、龐卿惲、李孟嘗等九人同誅建成有功。龐卿惲之名，爲《無忌傳》所無。《秦叔寶傳》云：六月四日，從誅建成、元吉；《程知節傳》云：六月四日，從太宗討建成、元吉；其名亦在前所列諸人外。《太宗本紀》云：率長孫無忌、尉遲敬德、房玄齡、杜如晦、宇文士及、高士廉、侯君集、程知節、秦叔寶、段志玄、屈突通、張士貴等於玄武門誅之，則並凡與謀者言之，非盡當時入伏者也。《士廉傳》：時爲雍州治中，率吏卒釋繫囚，授以兵甲，馳至芳林門，備與太宗合勢，可見其不在玄武門内。要之此役，定謀者以長孫無忌之功爲大，而房、杜次之；武將中當以尉遲敬德之功爲大；故論功時，無忌、敬德，各爲第一也。事皆見各本傳。高祖已召裴寂、蕭瑀、陳叔達、封倫、宇文士及、竇誕、顏師古等，欲令窮覆其事。建成、元吉行至臨湖殿，覺變，即迴馬，將東歸宮府。觀此，知當時建成、元吉，實未億入朝即有變故也。《新書·建成傳》曰：秦王密奏建成等，張婕妤馳語建成，乃召元吉謀，曰："請勒宮甲，託疾不朝。"建成曰："善。"然不共入朝，事何由知？蓋徒以爲當廷辯其事耳。太宗隨而呼之。元吉馬上張弓，再三不彀。太宗乃射之，建成應弦而斃。元吉中流矢走，尉遲敬德殺之。《敬德傳》云：建成既死，敬德領七十騎躡躔繼至，元吉走馬東奔。左右射之，墜馬。太宗所乘馬又逸於林下，橫被所繢，墜不能興。元吉遽來奪弓。垂欲扼拒，敬德躍馬叱之。於是步走。敬德奔逐，射殺之。蓋事出倉卒，建成未及門，元吉則素驍勇，故雖墜馬猶能步鬥。太宗之勇力，蓋非元吉之敵，元吉又非敬德之敵，故爲所叱遂氣懾而走也。《敬德傳》又曰：敬德善避矟。每單騎入賊陳，賊矟攢刺，終不能傷。又能奪取賊矟還刺之。齊王元吉亦善馬矟，聞而輕之，欲親自試命去矟刃，以竿相刺。敬德曰："縱使加刃，終不能傷，請勿除之。"敬德矟謹當卻刃。元吉竟不能中。太宗問曰："奪矟、避矟，何者難易？"對曰："奪矟難。"乃命敬德奪元吉矟。元吉執矟躍馬，志在刺之，敬德俄頃三奪其矟。二人武藝之優劣可見。俄而東宮及齊府精兵二千人結陳馳攻玄武門。守門兵仗拒之不得入。接戰，流矢及於内殿。太宗左右數百騎來赴難。建成等兵遂散。蓋時稱兵之局已成，東宮、齊府，兵力實較秦府爲厚，太宗乃與左右數人，出不意冒險先發也。建成、元吉既死，高祖乃立太宗爲太子。八月，遂傳位焉。建成六子，長子承宗早卒，餘五及元吉五子皆見殺。

　　建成既死，而盧江王及羅藝之變作。盧江王瑗，高祖從父兄子。武德九年，累遷幽州大都督。《舊書·瑗傳》云：朝廷以瑗懦㥦，非邊將才，遣右領軍將軍王君廓助典兵事。瑗倚杖之，許結婚姻，以佈心腹。時建成將有異圖，外結於瑗。及建成誅，召瑗入朝。瑗懼，君廓素險薄，欲因事陷之，以爲己功，説瑗反。瑗召北燕州刺史王詵，北燕州，唐初置於懷戎，見第二章第七節。將與計事。兵曹參軍王利涉說瑗委兵於詵而除君廓。君廓知之，馳斬詵。遂禽瑗，縊殺之。以功兼幽州都督。在職多縱逸。長史李玄道數以朝憲脅之。懼爲所奏，殊不自安。後追入朝。行至渭南，隋縣，今屬陝西。殺驛吏而遁，將奔突厥，爲野人所殺。《羅藝傳》云：藝入朝，自以功高位重，無所降屈。太宗左右嘗至其營，藝無故毆擊之。高祖怒，以屬吏，久乃釋。時突厥屢爲寇患，以本官領天節軍將鎮涇州。見第二章第七節。太宗即位，拜開府儀同三司。而藝懼不自安。詐言閲武，因追兵，矯稱奉密詔勒兵入朝。至豳州，入據之。太宗命長孫無忌、尉遲敬德討之。未至，藝爲統軍楊岌所攻，潰奔突厥。至寧州界，爲左右所殺。君廓羣盜，唐何由任之使輔廬江？廬江亦安得杖之？其爲建成置以自輔明甚。若羅藝則本因建成來降，與太宗有隙，其背叛之由，更不待言而可見矣。王利涉說瑗復酋豪舊從竇建德者職，各於所在遣募本兵，河北之地，呼吸可定，然後分遣王詵，北連突厥，而王親詣潼關，以入洛陽，是合竇建德、王世充爲一人也。更加以如羅藝等起於肘腋之間，縱無所成，安知其不北走胡更爲劉武周、高開道、梁師都？況於建成、元吉舊屬，或有不可保者邪？故知當時之情勢，實頗險惡也。

　　兩晉、南北朝政治之壞，一由貴人之淫侈，一則胡俗之粗獷。唐高祖之怠荒，何異於晉武帝？使元吉而得志，亦何異於齊文宣哉？故知五代之敝風，至唐初而猶未珍也。幸其末年風氣稍變，右文者漸多，而太宗即其人，故獲致一時之治焉。太宗之爲太子，斷決庶務，即縱禁苑鷹犬，停諸官所進珍異；即位後，放掖庭宮女三千餘人；貞觀二年，又簡出隋末宮人；頗能幹父之蠱。御宇之初，亦能勤於聽政，容受直言。王珪、魏徵，同事建成，帝並用爲諫議。朝臣如虞世南、姚思廉、褚遂良、劉洎、馬周、張玄素等，咸有才猷，亦頗著風節。雖外戚如高儉、長孫無忌亦然。儉字士廉，以字顯。其妹適長孫晟，生子無忌，女即太宗文德皇后也。馬周之見用，乃由其初客常何，何時爲中郎將，太宗令百寮言得失，《舊書·傳》云：貞觀五年。《通鑑考異》曰：《實錄》詔在三年，《舊書》蓋誤。周爲何陳便宜二十餘事。太宗怪其能。何曰："此非臣所能，家客馬周具草也。"太宗即日召之。未至間，遣使催促者數四。及見，與語，甚悦，令直門下省。明年，授監察御史。奉使稱旨。以何舉得其人，賜帛三千匹。張玄素爲景州參軍，景州，今河北景縣。太宗聞其能。即位，召見，訪以政道，善其對，擢爲侍御使。其渴於求賢，破格任用，亦誠有不可及者。房玄齡、杜如晦並稱賢相。如晦貞觀三年，始與玄齡共掌朝政，四年即卒。玄齡則元年爲中書令，至二十三年乃卒，其相業實與帝相終始。史稱其"明達史事，飾以文學，審定法令，意在寬平"，此正足救五代來之失；而其重視用兵，亦足救太宗之好大喜功；固無怪其能輔帝以致一時之治也。

太宗頗好文學，爲天策上將時，即於宮城西起文學館，以待四方之士，居其閒稱學士者十八人。見新舊《書·褚亮傳》。此事爲論史者所豔稱，採春華而忘秋實，實無裨於治道，然究異於武斷之治耳。此蓋其所以能用賢臣。然其人究係武夫，且家世漸染北俗，故驕暴之習，卒難盡免。待蘇威之無禮，已見第一章第四節。孔德紹事竇建德，嘗草檄毀薄帝，建德敗，執登汜水樓，汜水見第二章第四節。帝責之。對曰："犬吠非其主。"帝怒曰："賊乃主邪？"命壯士撾殞樓下。《新書·隱逸·孔述睿傳》。此君人之道乎？抑寇賊之所爲也。《舊書·劉洎傳》言：帝善持論。每與公卿言及治道，必詰難往復。洎上書諫云："頃上書人有不稱旨者，或面加窮詰，無不慚退。"其詘詘之態可見。循是而行，終必有如羅道琮以上書忤旨，配流嶺表者矣。新舊《書》皆見《儒學傳》。其用刑亦多過差。戴胄爲大理少卿，號能守法。然嘗以許之交州，已又中悔，斬盧祖尚於朝堂；又嘗怒苑西守監，欲於朝堂斬之；此何異於隋文帝？而其儉德則遠遜之矣。馬周嘗言："今京師及益州諸處，營造供奉器物並諸王妃主服飾，議者皆不以爲儉。"充容徐惠上疏，極陳遼海、崑丘戍轉，翠微、玉華營造之勞民。事在貞觀末。遼海指伐高麗。崑丘指伐龜茲。時阿史那社爾伐龜茲，授崑丘道行軍總管。翠微、玉華，皆宮名。翠微在驪山絕頂。玉華，在宜君縣。又云："服翫纖靡，如變化於自然，織貢珍奇，若神仙之所製。"其服御之侈可知。帝嘗作《帝範》以賜太子，曰："吾居位已來，不善多矣。錦繡珠玉，不絕於前；宮室臺榭，屢有興作；犬馬鷹隼，無遠不致；行遊四方，供帳煩勞；此皆吾之深過，勿以爲是而法之。"《通鑑》貞觀二十二年。帝最好名，使非事不可掩，夫豈肯自言之？其爲此言，蓋又欲以博不自文之美名耳。然則史所稱帝之儉德可知矣。德莫大於不自滿盈。帝於封禪，雖未嘗行，而實有是意，此即可見其驕盈。貞觀六年，羣臣請封泰山。太宗拒之，魏徵亦言其勞費。史稱太宗深嘉徵言。然仍遣杜正倫行七十二帝壇迹。是年兩河水潦，其事乃寢。十一年，羣臣復勸封泰山。始議其禮。十五年四月，詔以來年二月，有事於泰山。車駕已至洛陽宮。六月，有星孛於太微，乃罷其事。二十一年正月，又詔以來年二月，有事於泰山。其時雖薛延陀敗，漠北盡平，然正伐高麗喪師之後也。八月，河北大水，乃復停。論者每謂帝之荒怠，在於中年以後。馬周於貞觀十一年上疏曰："貞觀之初，率土荒儉，一匹絹纔直一斗米，而天下帖然，百姓知陛下甚愛憐之，故人人自安，曾無謗讟。自五六年來，頻歲豐稔，一匹絹得粟十餘石，而百姓皆以爲陛下不愛憐之，咸有怨言。"魏徵亦於十三年陳不克終十漸。然《舊書·戴胄傳》言：貞觀五年，將修復洛陽宮，胄上表極陳民生之憔悴。而《竇威傳》謂其從兄子璡，爲將作大匠，修葺洛陽，於宮中鑿池起山，崇飾彫麗，太宗怒，遽令毀之。夫下之於上，不從其令而從其意，非帝先有侈靡之心，雄亦安敢爲是？然則修復洛陽宮之舉，不惟不以胄言而止，並未因之而稍從儉省也。其初年之節儉，又安在哉？劉洎以貞觀十五年轉治書侍御史，疏言：“比來尚書詔勅稽停，文案壅滯，並爲勳親在位，品非其任。”勳親用人，爲唐室之大弊，而其原亦自帝開之。帝之所謂有道者，果何在乎？

《舊書・本紀》於貞觀四年書云：是歲斷死刑二十九人，幾致刑措。東至於海，南至於嶺，皆外户不閉，行旅不齎糧焉。《新書・食貨志》曰：貞觀初，户不及三百萬，絹一匹，易米一斗。至四年，米斗四五錢；外户不閉者數月，馬牛被野，人行數千里不齎糧；民物蕃息，四夷降附者百二十萬人；是歲天下斷獄，死罪者二十九人；號稱太平。又《魏徵傳》云：帝即位四年，歲斷死二十九，幾至刑措。米斗三錢。東薄海，南踰嶺，户闔不閉，行旅不齎糧，取給於道。又《舊書・本紀》於貞觀三年書云：是歲，户部奏言中國人自塞外來歸，及突厥前後内附，開四夷爲州縣者，男女一百二十餘萬口。《新書》略同。《通鑑》貞觀四年云：元年關中飢，米斗直絹一匹，二年天下蝗，三年大水。上勤而撫之，民雖東西就食，未嘗嗟怨。是歲，天下大稔。流散者咸歸鄉里，米斗不過三四錢。終歲斷死刑纔二十九人。東至於海，南極五嶺，皆外户不閉，行旅不齎糧，取給於道路焉。此其所本皆同，特辭有詳略耳。此論史者所由稱貞觀之治，足以媲美漢文，而爲三代下所希有者也。然戴胄之諫營洛陽宮也，曰：“比見關中、河外，盡置軍團，富室强丁，並從戎旅。重以九成作役，九成宮，即隋仁壽宮。唐於是年九月修之，改名。餘丁向盡。亂離甫爾，户口單弱，一人就役，舉家便廢。入軍者督其戎仗，從役者責其餱糧，盡室經營，多不能濟。”此四年之翼歲耳，與史所言四年之情形，相去何其遠也？合《秦漢史》第四章第五節論漢文帝之語觀之，書其可盡信乎？

第二節　唐初武功一

唐初大敵，自爲突厥。其在突厥之北，而占地甚廣者，則爲鐵勒。《舊書》述其部名云：薛延陀，《新書》云：先與薛種雜居，後滅延陀部有之，號薛延陀。初叛西突厥之野咥可汗保燕末山。其後回紇等在鬱督軍山者東附始畢，而延陀乙失鉢在金山，西役葉護，則燕末山當爲金山支脈。夷男受太宗册，樹牙鬱督軍山。頡利滅，東保都尉楗山獨邏水之陰。獨邏水即獨樂水，見第二章第二節。鬱督軍山，《傳》云：直京師西北六千里，當在金山之東。金山，今阿爾泰山也。都尉楗山，《傳》云：遠京師纔三千里而贏，當係今之杭愛山。《通鑑考異》引《唐曆》云：烏德楗山，即鬱督軍山,虜語兩音也,其說如確,則此山東西緜亘甚廣。契苾,《新書》云:在焉耆西北鷹娑川,多覽葛之南。鷹娑川,今小裕勒都斯河也。迴紇,《舊書》迴紇,《新書》作回紇。初居鬱督軍山。其酋長曰菩薩,與欲谷設附薛延陁,相脣齒,樹牙獨樂水上。都播,《新書》云:亦曰都波,其地北瀕小海,西堅昆,南回紇。小海,蓋今蒙古人民共和國之庫蘇古爾。骨利幹,《新書》云:處瀚海北。其地北距海,去京師最遠。又北度海,則晝長夜短,日入烹羊脾熟,東方已明。瀚海,蓋指唐瀚海都護府言之,見下。北距海之海,似指今拜喀勒湖。《地理志》:骨利幹西十三日至都播,又北六七日至堅昆,與自庫蘇古爾至拜喀勒道里符合。又謂骨利幹、都播二部落北有小海,冰堅時馬行八日可度,一似二部共瀕一小海者,則語欠分析。馬行八日可度,自指拜喀勒湖,庫蘇古爾無此大也。骨利幹事,《通鑑》敍於貞觀二十一年,云:日沒後天色正曛,煮羊脾適熟,日已復出矣。《考異》曰:《實錄》、《唐曆》皆作羊胛,僧一行《大衍曆義》及《舊·天文志》、《唐統紀》皆作脾。《新·天文志》云脯羊髀。按正言羊脾者,取其易熟故也。若煮羊胛及髀,則雖中國,通夕亦未爛矣。多覽葛,《新書》云:亦曰多濫,在薛延陁東,濱同羅水。案同羅水,亦即獨樂水之異譯,多覽葛在此水濱,則契苾在焉耆西北者,不得云在多覽葛之南。蓋多覽葛初居契苾之北,後乃東遷,至此水之濱也。僕骨,《新書》云:亦曰僕固。在多覽葛之東,地最北。案此亦謂未東遷之多覽葛也。拔野古,《新書》云:一曰拔野固,或曰拔曳固。漫散磧北,地千里。在僕骨東,鄰於靺鞨。有川曰康干河,斷松投之,三年輒化爲石。白鳥庫吉云:似即發源興安嶺西流入拜喀勒之喀爾喀河。見所著《地豆干霫考》。在《東胡民族考》中,商務印書館本。《新書》又云:風俗大抵鐵勒也,言語少異,則此部初不盡純。同羅,《新書》云:在薛延陁北,多覽葛之東。距京師七千里而贏。案此亦謂未東遷之薛延陁、多覽葛。其時延陁樹牙鬱督軍山,直京師西北六千里,同羅蓋又在其北千里而贏也。後此部亦東遷,故安祿山得用其衆。同羅,獨樂,獨邏,皆一音異譯,水或正以此部族名也。渾,《新書》云:在諸部最南者,此語殊爲鶻突。此部居地,當近靈州,故延陁滅後來降,以其地爲皐蘭府,屬靈州都督府也。靈州,今甘肅靈武縣。思結,《新書》云:在延陁故牙。案此當指金山或燕末山言之。此部亦在西北,故以其部所置之盧山府及其別部所置之蹛林州,皆屬涼州都督府。涼州即武威郡,見第一章第二節。斛薛,《新書》云:處多覽葛北。案《舊書·迴紇傳》作斛薩。奚結,《新書》云:處同羅北。案此亦當謂未東遷之同羅。以其部所置之雞鹿州,僑治回樂。回樂,魏薄骨律鎮,後周置縣,在今靈武縣西南,此部《舊書·迴紇傳》作跌結。阿跌,《新書》云:亦曰訶咥,或爲跌跌,以此部所置之雞田州,亦僑治回樂。白霫,《新書》云:居鮮卑故地。直京師東北五千里,與同羅、僕骨接。避薛延陁,保奧支水、冷陘山。南契丹,北烏羅渾,東靺鞨,西拔野古。地圓袤二千里,山繚其外。白鳥庫吉《地豆干霫考》云:霫與白霫非一。霫,歷代皆與奚併舉,其地爲鮮卑故地,在契丹與烏羅渾、靺鞨之間。奧支水當在老哈河上流。白霫則與回紇、拔野古、阿跌、同羅、結骨,同近鬱督軍山,《新書》所云與同羅、僕骨接,西拔野古者乃其地。《通典》霫與白霫分爲二,《新書》蓋誤合爲一也。案《舊書》有《霫傳》而無白霫,亦但云:居於潢水北,亦鮮卑之故地,其國在京師東北五千里,東接靺鞨,西至突厥,南至契丹,北與烏羅渾接而已。《新書》之誤顯然。潢水,今西喇木倫河。凡十五部。《新書》同。諸部之衆,以迴紇爲最多。《新書》述其數爲衆十萬,勝兵半之,此疑已是後來之事。餘則勝兵多者,不過萬人耳。骨利幹勝兵五千,多覽葛萬,僕骨帳户三萬，拔野古六萬，兵皆萬人。思結、奚結二部合兵凡二萬，斛薛亦勝兵萬人。然其部落既多，占地亦廣，故突厥瓦解，遂與之代興也。

始畢當隋末。《舊書》云控弦百餘萬。《新書》云且百萬。蓋由中國大亂，華人奔之者衆，亦《舊書》語。又北方諸族，多臣服之故也。唐高祖初起，嘗稱臣以乞援焉。《舊書・李靖傳》：太宗初聞靖破頡利，大悅。謂侍臣曰："朕聞主憂臣辱，主辱臣死。往者國家草創，太上皇以百姓之故，稱臣於突厥，朕未嘗不痛心疾首，志滅匈奴。坐不安席，食不甘味，今者暫動偏師，無往不捷，單于款塞，恥其雪乎？"《新書》此事見《突厥傳》中。《通鑑》則繫貞觀三年十二月突利入朝時，案《舊書》單于款塞之語，蓋即指突利入朝言之，《通鑑》是也。所以奉之者甚厚。然其患殊不載。武德二年二月，始畢卒。子什鉢苾幼，弟俟利弗設立，是爲處羅可汗。《舊書・鄭善果傳》作比羅可汗。復妻隋義成公主。三年二月，迎隋蕭后及齊王暕之子政道，置之定襄。見第二章第六節。是歲卒。子奧射設醜弱，義成公主廢之。弟咄苾立，是爲頡利可汗。啓民第三子。亦妻義成，而以什鉢苾爲突利可汗。《新書》云：主契丹、靺鞨部，樹牙南直幽州，東方之衆皆屬焉。七年八月，頡利、突利舉國入寇。自原州連營而南。原州見上節。太宗親率百騎馳詣虜陳說諭之。頡利乃請和而去。是役也，太宗縱反間於突利，突利歸心焉。九年七月，頡利又自率十萬餘騎寇武功。唐縣，今屬陝西。太宗又馳六騎至渭水上與語。頡利又請和而退。蓋頡利本無大略，徒利虜掠，故雖强而易與也。《新書・突厥傳》：是時或説高祖，謂虜數内寇者，以府庫子女所在，我能去長安，則戎心止矣。帝使宇文士及按行樊、鄧，將徙都焉，以太宗諫而止。帝會羣臣問備邊策。將作大匠于筠請五原、靈武置舟師於河扼其入。中書侍郎温彦博曰："魏爲長塹遏匈奴，今可用。"帝乃使桑顯和湮邊大道。召江南船工，大發卒治戰艦。始兼天下，罷十二軍，至是復置之。可見虜患之亟矣。《舊書・鄭元璹傳》：突厥寇并州，元璹充使宣慰，謂頡利曰："抄掠貲財，皆入將士，在於可汗，一無所得。不如早收兵馬，遣使和好。國家必有重賚，幣帛皆入可汗。免爲劬勞，坐受其益。"此與宋富弼説契丹之辭同。北狄恒情，其所利祇在抄掠。此太宗所以能再卻頡利之兵。新舊《書》於此兩役，載太宗策敵之語，固多文飾之辭，然謂"啗以玉帛，頑虜驕恣，必自此始，將欲取之，必固與之"，則固當時情實也。唐靈武縣，在今靈武縣西北。鄭元璹事，《舊書》附《鄭善果傳》。貞觀元年，薛延陁、迴紇、拔野古相率叛之，擊走其欲谷設。欲谷設，頡利子。是時處羅可汗子阿史那社爾爲拓設，與欲谷設分統回紇、僕骨、同羅等部。欲谷設既敗，社爾擊之，復爲延陁所敗。事見新舊《書・回紇》及《社爾傳》。遣突利討之，又敗績。頡利怒，拘之十餘日。《突利傳》云：囚而撻焉。突利怨望，內欲背之。是歲大雪，羊馬多凍死。突厥俗素質略。頡利得華士趙德言，才其人，委信之，稍專國。又委政諸胡，斥遠宗族。興師歲入邊，下不堪苦。胡性冒沓，數翻復不信，號令無常。歲大飢，哀斂苛重，諸部愈貳。《舊書・張公謹傳》：公謹策突厥可取之狀曰："同羅、僕骨、回紇、延陁之類，並自立君長，將圖反噬。"又曰："華人入北，其類實多。比聞自相嘯聚，保據山險。師出塞垣，自然有應。"又曰："胡人反覆，大軍一臨，內必生變。"蓋突厥部族，本不甚大，賴鐵勒歸附，又乘亂招致華人，並撫納西胡,以成其大。然大矣而本不固,故一朝失政,即土崩瓦解也。二年,突利請擊頡利。三年,又表請入朝。是歲,薛延陀自稱可汗於漠北,遣使來貢方物。《延陀傳》云:諸部共推爲主,夷男不敢當,蓋對中國之遜辭。乃以請和後復援梁師都爲名,詔李靖等討之。四年正月,靖夜襲定襄。頡利驚,徙牙磧口。胡酋康蘇密等以隋蕭后及楊政道來降。二月,頡利竄於鐵山,胡三省曰:蓋在陰山北?使入朝謝罪。太宗遣唐儉、安修仁持節安撫之。頡利稍自安。靖乘間襲擊,大破之。頡利奔其小可汗蘇尼失於靈州西北。蘇尼失,啓民可汗母弟。始畢以爲沙鉢羅設,牙直靈州西北。突利來奔,頡利乃立爲小可汗。頡利擒,蘇尼失亦舉其衆歸國。其事《舊書》附《阿史那社爾傳》,《新書》即在《突厥傳》中。三月,爲行軍總管張寶相所禽。於是復定襄、恒安,見第二章第二節。斥境至大漠矣。

　　頡利之敗也,其部落或走薛延陀,或走西域,而來降者尚甚衆。據《舊書》。《新書》云十餘萬。案《舊書》載魏徵之言,謂今降者幾至十萬,則其數實不及十萬。詔議處置之宜。當時議者,略分三派:朝士多欲俘之兗、豫,使習耕織,俾中國有加户,而塞北常空,一也。溫彦博謂遣向兗、豫,有乖物性,欲準漢建武置降匈奴塞下,全其部落爲扞蔽,二也。魏徵謂秦、漢發猛將以收河南,晉不用郭欽、江統之言,遂傾瀍、洛,欲遣還河北。顏師古、杜楚客、李伯藥亦欲處之河北,多樹首長,令不相臣,三也。據《新書·突厥傳》,《舊書·竇威傳》載竇靜議,亦與師古等同。帝主彦博議,度朔方地,自幽州至靈州,置順、化、祐、長四州,爲都督府。又分頡利之地爲六州。左置定襄,右置雲中都督府,以統其部衆。順州是時隸營州都督府。貞觀六年,僑治營州南之五柳戍。李盡忠叛後,僑治幽州城中,改隸幽州都督府。定襄都督府,僑治寧朔,雲中僑治朔方境,皆見《新書·地理志》。五柳戍,在今熱河朝陽縣南。寧朔縣,在今陝西榆林縣界。朔方見第二章第七節。其酋首至者,皆拜將軍。中郎將等,布列朝廷,五品已上百餘人。因而入居長安者數千家。《溫彦博傳》云且萬家。蓋欲藉是爲羈質,亦彦博意也。以突利爲順州都督,令率其下就部。五年,徵入朝。道卒,子賀邏鶻嗣。十三年,帝幸九成宮,突利弟結社率以郎將宿衛,陰結種人謀反,欲劫賀邏鶻北還。不克而走,徼邏禽斬之。詔原賀邏骨投嶺外。於是羣臣更言處突厥中國非是。《溫彦博傳》云:與魏徵等爭論數年不決,則當時頗重視此事。至此時則彦博已卒矣。乃立頡利族人思摩爲乙彌泥孰俟利苾可汗,賜氏李,率所部建牙河北。思摩等憚薛延陀,不肯出塞。帝爲賜延陀璽書,令居磧北,突厥居磧南,各守土境。十五年,思摩乃率衆十餘萬,勝兵四萬,馬九萬匹度河。牙於故定襄城。思摩不能撫其衆,至十七年,相率叛之,南渡河,請處勝、夏二州間,見第二章第二節。詔許之。思摩遂入朝,而其地爲車鼻可汗所盜。處置突厥降衆之議,新舊《書》皆是魏徵,然觀開元時河曲六州降胡之事,則實以朝土移之兖、豫之策爲得也。

隋大業中,西突厥處羅可汗始强大,鐵勒諸部皆臣之。處羅徵税無度,諸部皆怨,處羅誅其酋帥百餘人。鐵勒相率而叛,共推契苾哥楞爲可汗,薛延陁乙失鉢爲小可汗。後西突厥射匱可汗强,二部復去可汗之號臣之。時則回紇、拔野古、阿跌、同羅、結骨、白霫在鬱督軍山者,東屬始畢;乙失鉢所部在金山者,西臣西突厥之統葉護。貞觀二年,統葉護死,國亂,乙失鉢之孫曰夷男,率其部落七萬餘家,附於東突厥。頡利政衰,夷男反,攻破之。頡利所部諸姓,多叛歸夷男,共推爲主。夷男不敢當。太宗方圖頡利,貞觀三年,遣使從間道拜爲真珠毗伽可汗。夷男乃建牙於鬱督軍山下。回紇、拔野古、阿跌、同羅、僕骨、霫諸大部落皆屬焉。頡利平,朔塞空虚,夷男率其部東返故國,建庭於都尉犍山北獨邏河之南。勝兵二十萬,使二子大度設、突利設分將之,號南北部,太宗以其强盛,恐爲後患,十二年,拜其二子皆爲小可汗,欲以分其勢。思摩立,夷男甚不悦。十五年,太宗幸洛陽,將有事於泰山。夷男謂邊境空虚,命大度設擊思摩。詔李勣等分道經略。大度設走,勣追敗之。夷男遣使謝罪。十七年,使其兄子突利設來請婚。見《舊書·本紀》。蓋其子爲突利設者既拜爲小可汗,兄子繼爲突利設? 太宗謀諸羣臣。房玄齡重用兵,請許之。太宗從之。許以新興公主下降。新興公主,太宗女,後嫁長孫曦。因徵夷男備親迎之禮,仍發詔將幸靈州,與之會,夷男大悦,調斂所部,涉沙磧無水草,羊馬多死,遂後期。太宗於是停幸靈州。後其聘來至,所耗將半,乃下詔絶其婚。《新書》云:或曰:"既許之,信不可失。"帝曰:"公等計非也。延陁謹事我者,新立,倚我以服衆。我又妻之,名重而援堅,諸部將歸之,戎狄野心,能自立則叛矣。今絶婚,諸姓聞之將爭擊,亡可待也。"《契苾何力傳》以是爲何力之謀。案太宗初欲以親女妻延陁,其無意用兵可知。後忽變計絶婚,必有爲之謀者,固非出自本心,亦未必遂出何力。《突厥傳》及《何力傳》之辭,皆伯宗攘善之類耳。史乘固多如是。時諫絶婚者爲褚遂良,意亦憚用兵,與房玄齡同。延陁之亡,用力少而成功多,乃直天幸,非必廟算致勝。玄齡、遂良之謀,不能謂非老成持重也。十九年,夷男卒,子肆葉護拔灼當即大度設?《新書》云:夷男嫡子,統西方。襲殺其兄突利失可汗而自立。突利失當即突利設,蓋時亦自立爲可汗也。《新書》云:夷男庶子,統東方。是爲頡利俱利設沙多彌可汗。發兵寇邊。詔江夏王道宗等分屯以備之。道宗,高祖從父昆弟子。拔灼多殺父時貴臣,而任所親昵,國人不安。其阿波設與唐使遇於靰鞨東鄙,小戰不利,還怖國人曰:"唐兵至矣。"衆大擾,諸部遂潰。拔灼遁去,俄爲回紇所殺。宗族殆盡。其餘衆尚五六萬,竄於西域。又諸姓俟斤,遞相攻擊,各遣使歸命。二十年,太宗遣道宗等分道並進。親幸靈州,爲之聲援。於是回紇、拔野古、同羅、僕骨、多覽葛、思結、阿跌、契苾、跌結、渾、斛薛皆降,北荒悉平。《舊書·本紀》。後延陁西遁之衆,共推夷男兄子咄摩支爲伊特勿失可汗，西歸故地。去可汗之號，遣使奉表，請居鬱督軍山之北。詔兵部尚書崔敦禮及李勣慰安之。鐵勒索服延陁，九姓渠帥，莫不危懼。突厥，回紇，皆有所謂九姓者。回紇九姓：曰藥羅葛，曰胡咄葛，曰咄羅勿，曰貊歌悉紇，曰阿勿嘀，曰葛薩，曰斛嘔素，曰藥勿葛，曰奚耶勿，藥羅葛即可汗姓，新舊《書》本傳皆同。突厥九姓，史無明文。《舊傳》言開元三年，默啜與九姓首領阿布思等戰，九姓大潰，阿布思率衆來降。明年，默啜又北討九姓拔曳固，負勝輕歸，爲其迸卒所殺。《新書》略同，惟無阿布思之名，而云思結等部來降。又《舊書·張説傳》：王晙誅阿布思等，并州九姓同羅、拔曳固等部落皆懷震懼，説率輕騎詣其部落，宿於帳下，召酋帥慰撫。九姓感義，其心乃安。則思結、拔曳固、同羅，似皆九姓之一。西突厥屬部，有左五咄陸，右五弩失畢，是稱十姓，見第六節，《舊書》本傳言室點密統十大首領往平西域，蓋即此十部。此十部於西突厥最親，然亦異部歸附者，西突厥本部，則自在其外，故《新書·陳子昂傳》：子昂於武后時上書，言國家能制十姓者，由九姓强大，臣服中國也。然則西突厥本部，亦爲九姓矣。竊疑突厥傳説，謂阿史那兄弟凡有十人，九姓即其九兄之後也。參看《兩晉南北朝史》第十六章第九節。朝議恐爲磧北之患，復令勣進討。咄摩支因詔使在回紇者蕭嗣業以請降。嗣業與俱至京師。鐵勒仍持兩端。勣縱兵追擊。二十二年，諸部以延陁散亡殆盡，乃相繼歸國。於是以回紇、僕骨、多覽葛、拔野古、同羅、思結置都督府六，渾、斛薛、奚結、阿跌、契苾、思結別部。白霄置州七，《舊書·薛延陁傳》。《回紇傳》奚結作跌結，思結別部作阿布思。於故單于臺置燕然都護府以統之，單于臺，在今内蒙古境内。以李素立爲都護。素立見《良吏傳》。時又於其西北結骨、北骨利幹、東北俱羅勃置府州。結骨者，古堅昆。亦曰居勿，曰紇骨，曰紇扢斯，曰黠戛斯，曰戛戛斯，皆一音之異譯也。地在伊吾西，焉耆北，白山旁。其人皆長大、赤髮、晳面、綠瞳。蓋高加索種？然又云：其地爲匈奴西鄙。匈奴封漢降將李陵爲右賢王。俗以黑髮爲不祥。黑瞳者，必曰陵苗裔也。則似頗雜有漢種。結骨於景龍中獻方物，中宗引使者勞之曰："而國與我同宗，非他蕃比。"太和中破回鶻，得大和公主，自以李陵後，與唐同宗，使奉以來歸。今俄人稱此族人曰乞兒吉思，謂語出回紇。乞兒義爲四十，吉思義爲女匈奴。以漢地女四十人嫁夫居此，故蒙是稱。見《元史譯文證補》卷二十六。説雖荒渺，然確有是説，而其人且甚信之，則不誣矣。其文字、語言，與回紇同，蓋回紇久居西方，爲所化也。鐵勒諸部之降，請於回紇、突厥部治大涂，號參天至尊道。中國亦詔磧南鸊鵜泉之陽置過郵六十八所，具羣馬、湩、肉，以待使客焉。《新書·回紇傳》。《舊書·本紀》，事在貞觀二十一年。六十八作六十六。案《舊書·本紀》。貞觀四年，頡利之平，西北諸蕃，咸請上尊號爲天可汗。於是降璽書册命其君長，則兼稱之。二十年，鐵勒諸部使至靈州，咸請至尊爲可汗。《新書》所謂天至尊，蓋與天可汗實一語也。《新書·地理志》載賈耽入四夷路，中受降城，正北如東八十里，有呼延谷，又五百里，至鸊鵜泉，又十里入磧。唐三受降城，中在朔州，今内蒙古五原縣境。東在勝州，今託克託縣境。西在靈州，今臨河縣境。永徽元年，延陁首領先逃逸者請歸國，高宗更爲置溪彈州以安之。

車鼻,亦阿史那族,而突利部人,名斛勃。世爲小可汗。牙於金山之北。頡利之敗,北荒諸部,將推爲大可汗,車鼻不敢當,率所部歸延陀。爲人勇烈,有謀略,頗爲衆所附。延陀惡而將誅之。車鼻知其謀,竄歸舊所。自稱乙注車鼻可汗。西歌羅禄,北結骨,皆附隸之。延陀破,請入朝。太宗遣徵之,竟不至。貞觀二十三年,遣高侃潛引回紇、僕骨等兵襲之。永徽元年,獲之,處其餘衆於鬱督軍山,置狼山都督府以統之。車鼻長子羯漫陀,先統拔悉密部,在北廷附近。車鼻未敗前,遣子入朝,太宗嘉之,置新黎州以統其衆。據《新書·地理志》。事在貞觀二十三年。歌羅禄,亦曰葛邏禄,在北廷西北,金山之西,跨僕固振水,包多怛嶺。見第七節。有三族,亦於此時內屬。車鼻既破,突厥盡爲封疆之臣。於是分置單于、瀚海二都護府,分領諸羈縻都督府、州。龍朔三年,改燕然都護府曰瀚海,以領回紇。瀚海都護府曰雲中,徙治古雲中城。磧以北蕃州,悉隸瀚海,南隸雲中。雲中言願以諸王爲可汗遙統之。帝曰:"今可汗,古單于也。"麟德元年,改雲中爲單于大都護府,以殷王旭輪爲大都護。總章二年,又改瀚海曰安北焉。兼據《舊書·本紀》、《新書·突厥傳》。《通鑑》胡三省《注》引宋白曰:振武軍,舊爲單于都護府,即漢定襄郡之盛樂縣也。案今爲綏遠之和林格爾縣。殷王,即睿宗。

第三節　唐初武功二

東北諸族,最近者爲奚、契丹。隋、唐時,入中國者頗多。唐初嘗置饒樂都督府。武德五年,析置鮮、崇二州。又有順化州,未詳設置年月。此奚部族也。武德初,契丹酋長孫敖曹內附,以其地置歸誠州。二年,以內稽部置遼州。貞觀元年,改爲威州。其明年,以松漠部置昌州。三年,以契丹、室韋置師州。十年,以乙失革部置帶州。此契丹部族也。皆在營州界內。太宗伐高麗,悉發奚、契丹酋長從軍。還過營州,又召契丹酋長窟哥及老人,差賜繒采。當時奚或亦見召,而史失其紀。契丹大酋曲據來歸,即其地爲玄州。二十二年,窟哥及奚酋可度者等咸請內屬。時饒樂府已廢,乃復置之,以可度者爲都督。又置松漠府,以窟哥爲都督。皆賜姓李。奚所屬五部,契丹所屬八部皆置州,以其酋長爲刺史。奚:阿會部爲弱水州,處和部爲都黎州,奧失部爲洛瓌州,度稽部爲大魯州,元俟折部爲渴野州。契丹:達稽部爲峭落州,紇便部爲彈汗州,獨活部爲無逢州,芬問部爲羽陵州,突便部爲日連州,芮奚部爲徒河州,墜斤部爲萬丹州,伏部爲匹黎、赤山二州,以州名觀之,則芬問部即元魏時之羽陵,突便部即其時之日連,芮奚部即其時之何大何,墜斤部即其時之悉萬丹,伏部即其時之匹絜及黎也。參看《兩晉南北朝史》第十六章第十節。置東夷都護府於營州以統之。營州治今朝陽，見第二章第二節。《唐書‧地理志》營州入安東道，營州西北百里曰松陘嶺，其西奚，其東契丹。

　　奚、契丹之東北爲靺鞨。《舊書》云：其國凡爲數十部，各有酋帥，或附於高麗，或臣於突厥。《新書》云：其著者曰粟末部，居大白山，亦曰徒太山，與高麗接。依粟末水以居。水源於山西，北注它漏河。大白山，即下白山，今長白山也。粟末水，《渤海傳》作涑末，今松花江。此江上源古稱粟末，東折後曰黑水。《唐書》所云黑水，非今黑龍江也。它漏河，今洮兒河。稍東北曰汨咄部。《隋書》作伯咄，見第二章第二節。又次曰安居骨部，益東曰拂涅部。居骨之西北曰黑水部。粟末之東曰白山部。部間遠者三四百里，近者二百里。白山本臣高麗，王師取平壤，其衆多入唐。汨咄、安居骨等皆奔散，寖微無聞焉，遺人迸入渤海。惟黑水完彊，分十六落，以南北稱。《新書‧地理志》，高麗降戶州中有拂涅，則其部落亦完好。此今松花江流域之部族也，亦有入中國者。《舊書》云：有突地稽者，隋末率其部千餘家內屬，處之營州。煬帝授遼西太守。《新書‧地理志》：隋於營州之境汝羅故城置遼西郡，以處粟末靺鞨降人，則突地稽亦粟末部酋。營州入安東道，營州東百八十里至燕郡城，又經汝羅守捉，渡遼水，至安東都護府五百里。武德初，遣間使朝貢。以其部落置燕州，以突地稽爲總管。劉黑闥之叛，突地稽率所部赴定州，見第二章第四節。遣使詣太宗，請受節度。以戰功封著國公。又徙其部落於幽州之昌平城。在今河北昌平縣西。貞觀初，拜右衛將軍，賜姓李氏，尋卒。子謹行。麟德中，歷遷營州都督。其部落家僮數千人。以財力雄邊，爲夷人所憚。《新書》謹行自有傳。又有慎州，武德初置，以處粟末、烏素固部落。烏素固爲室韋部落，見下。夷賓州，乾封中置，以處靺鞨愁思嶺部落，亦皆在營州界內。《舊書‧地理志》：載初二年，析慎州置黎州，處浮渝靺鞨、烏素固部落，浮渝字疑有誤。《新書‧紀》：武德四年六月，營州人石世則執其總管晉文衍，叛附於靺鞨。《舊書‧紀》：貞觀十五年，薛延陀以同羅、僕骨、迴紇、靺鞨、霫之衆度漠，屯於白道川。《梁師都傳》：師都說處羅內侵，處羅謀令突利與奚、霫、契丹、靺鞨入自幽州，可見靺鞨之西出者，不徒蔓衍營州，且逼近突厥、延陀也。白道見第二章第二節。

　　靺鞨之西北爲室韋。《舊書》云：“其地東至黑水靺鞨，西至突厥，南接契丹，北至於海。其國無君長，有大首領十七人，並號莫賀弗，世管攝之，而附於突厥。武德中，獻方物。貞觀三年，遣使貢豐貂。自此朝貢不絕。”又云：“室韋，我唐有九部焉，所謂嶺西室韋、山北室韋、黃頭室韋、大如者室韋、小如者室韋、婆萵室韋、訥北室韋、駱駝室韋，並在柳城郡之東北，柳城見第二章第二節。近者三千五百里，遠者六千二百里。《新書》云：近者三千里，遠者六千里。刪去奇零之數，殊不精密。今室韋最西與迴紇接界者，有烏素固部落，當俱輪泊之西南。俱輪泊，今呼倫池，《新書》作俱倫。次東《新書》作自泊而東。有移塞沒部落。次東又有塞曷支部落。此部落有良馬，人户亦多。《新書》無此十字，曰最彊部也。居啜河之南。其河，彼俗謂之燕支河。今綽爾河。次又有和解部落。次東又有烏羅護部落。又有那禮部落。又東北有山北室韋。又北有小如者室韋。又北有婆萬室韋。東又有嶺西室韋。又東南至黃頭室韋。此部落兵强，人户亦多。《新書》無此六字，但云彊部也。東北與達垢接，嶺西室韋北，又有訥北支室韋。此部落較小。烏羅護之東北二百餘里，那河之北，那河，今嫩江。有烏丸之遺人，今亦自稱烏丸國。武德、貞觀中，亦遣使來朝貢。其北大山之北，有大室韋。其部落傍望建河居，《新書》作室建河，今額爾古訥河。其河源出突厥東北界俱輪泊。屈曲東流，經西室韋界。又東，經蒙兀室韋之北，落俎室韋之南。《新書》作駱丹。俎蓋坦之字誤，即前駱駝室韋也。又東流，與那河、忽汗河合。忽汗河，今牡丹江。又東，經南黑水靺鞨之北，北黑水靺鞨之南，東流注於海。烏丸東南三百里，又有東室韋部落，在猊越河之北。白鳥庫吉《失韋考》云：今結雅河。其河東南流與那河合。”此篇合三種材料而成。篇首所述，蓋自隋以前即通於中國之室韋。《新書·地理志》：薊州東北渡灤河，薊州，今河北薊縣。有古盧龍鎮。自古盧龍鎮北至奚王帳六百里。又東北行，傍吐護真河，見第二章第二節。五百里，至奚、契丹衙帳。又北百里至室韋帳，即此部所在也。下云：我唐有九部焉，蓋至唐代始通。云九部而實止八，蓋合前所云者爲九也。今室韋以下，蓋開元後史家所記，故下文述其來貢，皆開元至會昌間事也。師州既兼有室韋部落，烏素固部又與靺鞨雜處慎州，則其部族，亦有入居塞內者矣。《新書·室韋傳》曰“其語言靺鞨也”；《舊書·靺鞨傳》曰“俗皆編髮”，《室韋傳》曰“被髮左袵”，又兩傳皆曰“兵器有角弓楛矢”；可見其實爲同族，且爲古肅慎之遺。參看《秦漢史》第九章第七節，《兩晉南北朝史》第十六章第十節。《舊書·靺鞨傳》曰：“無屋宇。並依山水，掘地爲穴，架木於上，以土覆之，狀如中國之冢墓。夏則出隨水草，冬則入處穴中。”金室先世，正是如此，見《金史·世紀》。《新書·靺鞨傳》曰：其酋曰大莫弗瞞咄。瞞咄，滿住之異譯。明末，清人稱其酋曰滿住，明人誤以爲部族之名，清人亦即以之自號，其後譌爲滿洲，已見《兩晉南北朝史》第十六章第十節。蒙兀，《新書》作蒙瓦，即後來之蒙古。故滿、蒙實爲同族。當時大體，靺鞨在松花江之右，室韋則在其左也。自東晉末年，遼東即爲高麗所據。其文明程度，實較鮮卑爲高。故滿、蒙二族，皆資其啓牖。試觀渤海部族，本臣高麗；金室始祖爲高麗人；清室先世，亦爲朝鮮臣僕可知。《舊書·室韋傳》曰：剡木爲犂，不加兵刃，而《新書》曰：土少金鐵，率資於高麗。即此一端，亦可知其文化之所自來矣。

　　《舊書》云：烏羅渾，蓋後魏之烏洛侯也。今亦謂之烏羅護。在京師東北六千三百里。東與靺鞨，西與突厥，南與契丹，北與烏丸接。風俗與靺鞨同。貞觀六年，其君長遣使獻貂皮焉。《新書》附《回鶻傳》末；其說略同。又曰：烏丸，或曰古丸。又有鞠，或曰祗。居拔野古東北。有木無草，地多苔，無羊馬。人豢鹿若牛馬，惟食苔。俗以駕車。又以鹿皮爲衣，聚木作屋，尊卑共居。又有俞折者，地差大，俗與拔野古相埒。少羊馬，多貂鼠。賈耽入四夷路，自回鶻牙帳東北渡仙娥河二百里至室韋。骨利幹之東，室韋之西，有鞠部落，亦曰祗部落。其東十五日行，有俞折國，亦室韋部落，仙娥河，今色楞格河。又有駮馬者。或曰弊剌，曰遏羅支，直突厥之北。距京師萬四千里，隨水草，然喜居山。勝兵三萬。地常積雪，木不凋。以馬耕田，馬色皆駁，因以名國云。北極於海。雖畜馬而不乘，資湩酪以食。好與結骨戰。人貌多似結骨，而語不相通。大漢者，處鞠之北。饒羊馬。人物顧大，故以自名。與鞠俱隣於點戞斯劍海之瀕。劍海，當即元史之謙河，在今康努烏梁海境內。見《兩晉南北朝史》第十六章第九節。鞠居拔野古東北，又鄰劍海之濱，足見拔野古亦初處西方也。此皆古所未賓者。當貞觀逮永徽，奉貂馬入朝，或一再至。此中烏丸當爲鮮卑族。鞠及俞折，當與烏羅渾同屬靺鞨族。駮馬貌似結骨，似係高加索種。今之俄羅斯，《元史》作阿羅思，亦作斡羅思，祕史作斡魯速，不詳其命名之由。據西史：此種人當唐季，居今列寧格勒之南，莫斯科之北，北鄰瑞典、挪威。國人有柳利哥者，兄弟三人，夙號雄武，侵陵他族。收撫種人，立爲部落。柳利哥故居地，有遏而羅斯之名，遂以名部。西人云：遏而羅斯爲艣聲。古瑞、挪國人，專事鈔掠，駕舟四出，柳利哥亦盜魁，故其居地有是稱。參看《元史譯文證補》。其說牽强附會已極。遏羅支與遏而羅斯，音極相近，豈正柳利哥之故居歟？大漢人物顧大，似亦高加索種。此二族與點戞斯，蓋白人之遷徙而東者也。

　　《新書·東夷傳》曰：流鬼，去京師萬五千里。直黑水靺鞨東北少海之北，三面皆阻海，其北莫知所窮。人依嶼散居。多沮澤，有漁鹽之利。南與莫曳靺鞨鄰，東南航海十五日行乃至。希勒格云：今堪察加之地。見《中國史乘未詳諸國考證》。馮承鈞譯，商務印書館本。貞觀十四年，其王遣子三譯來朝。龍朔初，有儃羅者，遣使入朝。國居新羅武州南島上。麟德中，酋長來朝，從帝至泰山。即隋時之聃牟羅，見第二章第二節。開元十一年，又有達末婁、達姤二部首領朝貢。達末屢自言北扶餘之裔，高麗滅其國，遺人度那河，因居之。或曰：它漏河。東北流入黑水。兼濱嫩江及洮兒河。達姤，室韋種也。在那河陰，凍末河之東。未詳。西接黃頭室韋，東北距達末婁云。流鬼當亦靺鞨族，儃羅則三韓之類。達末婁即《魏書》之豆莫婁，已見《兩晉南北朝史》第十六章第一節。

第四節　唐初武功三

　　吐蕃緣起，中國不詳。《舊唐書》曰：其種落莫知所出。或云：南涼禿髮利鹿孤之後也。利鹿孤有子曰樊尼。利鹿孤卒，樊尼尚幼，弟傉檀嗣位。傉檀滅，樊尼招集餘衆，投沮渠蒙遜。蒙遜以爲臨松太守。在今張掖縣南。蒙遜滅，樊尼率衆西奔，濟黃河，逾積石。於羌中建國，開地千里。遂改姓爲窣勃野，以禿髮爲國號，語訛謂之吐蕃。其後子孫繁昌，又侵伐不息，土宇漸廣。歷周及隋，猶隔諸羌，未通於中國。案禿髮氏久漸漢俗，從其自即於夷，亦不應於先世之事，一無省記。且在羌中開地千里，後又侵伐不息，縱使未通使譯，豈其竟闕傳聞。周、隋之世，氐、羌小部，自通上國者多矣，又豈以泱泱大風，轉乏觀光之念？故知此説不足信也。樊尼或實有其人，西奔亦實有其事，而以爲吐蕃之祖，則係據音譯附會。《新唐書》曰：吐蕃本西羌屬。蓋百有五十種，散處河、湟、江、岷間，有發羌、唐旄等，然未始與中國通。居析支水西。此説係據《後漢書》，參看《秦漢史》第五章第五節。祖曰鶻提勃悉野，健武多智，稍併諸羌，據其地。蕃發聲近，故其子孫曰吐蕃，而姓勃窣野。蕃發聲近，亦出附會。勃窣、窣勃，未知孰爲倒誤，要以其名爲姓氏，則其人似非子虛。下文又曰：其後有君長曰瘕悉董摩，董摩生陀土度，陀土生揭利失若，揭利生勃弄若，勃弄生詎素若，詎素生論贊素，論贊生棄宗弄贊。其後之其字，當係指鶻提勃悉野言之。子京文字，每多鶻突，雜采諸文，而不留意於詮次，遂使讀者惑於其字之所指矣。吐蕃疆域，《新書》云：距鄯善五百里。蓋指隋所設郡，見第二章第四節。此乃指其北境言之。又云：其贊普居跋布川或邏娑川。《舊書》云：其都城號邏些城。邏娑、邏些，皆拉薩之異譯。邏些，《新書·地理志》亦作些，不作娑。據《志》，自此更五百五十里，乃至贊普牙帳，其西南爲拔布海，見鄯州下分注。其地實在罜羌西南，距中國最遠，故自隋以前，無聞焉爾也。中國今日，所知吐蕃古史止此。《蒙古源流考》謂吐蕃先世，出於天竺，予昔以爲藏人自述之語而信之，實則喇嘛教徒附會之説，不足信也。吐蕃强盛以後，濡染印度之俗甚深，然此乃後來之事，其初則純係羌俗。《新書》本傳云："其俗重鬼右巫，事羱羝爲大神。喜浮屠法。習呪詛，國之政事，必以桑門參決。"亦以新舊雜陳，肴其倫次。《舊書》云："其君與其臣下，一年一小盟。刑羊、狗、獼猴，先折其足而殺之，繼裂其腸而屠之。令巫者告於天地、山川、日月、星辰之神，云：若心遷變，懷奸反覆，神明鑒之，同於羊、狗。三年一大盟。夜於壇墠之上，與衆陳設肴饌。殺犬、馬、牛、驢以爲牲。呪曰：爾等咸須同心戮力，共保我家。惟天神、地祇，共知爾志。有負此盟，使爾身體屠裂，同於此牲。"此其巫鬼之舊俗，與浮屠法固不相蒙。《新書》云："其君臣自爲友，五六人，曰共命，君死，皆自殺以殉"，此秦穆三良生共此樂死共此哀之約，秦固雜戎狄之俗者也。又云：其婦人辮髮而縶之，亦羌俗。《舊書》云：其人或隨畜牧，而不常厥居，然頗有城郭。屋皆平頭，高者至數十尺，貴人處於大氈帳，名爲拂廬。《新書》云：此號大拂廬，容數百人，部人處小拂廬。蓋吐蕃本游牧之民，征服城郭之國而攘其地也。《舊書》云：“無文字，刻木結繩爲約。”《新書》“無文字”上多“其吏治”三字，蓋《舊書》承其王爲贊普，相爲大論小論，以統理國事言之，本說政治，故删此三字也，然則“無文字”者，惟外來之族爲然，土著之族，未必如此矣。《蒙古源流考》謂西藏之有文字，乃由棄宗弄讚遣大臣子弟，問學印度，歸而創制。藏文本於梵文，固也，然女國文字，亦同天竺，則鄰居者固易相資，又豈必有待於弄讚？中國文字，果軒轅、倉頡所爲邪？女國文字同天竺，見下。**其俗既右武，又於戰備極嚴，故其初興之時，彊不可圉也。**《新書》云：其俗謂彊雄曰贊，丈夫曰普，故號君長曰贊普。《舊書》曰：其俗弓箭不離身。重壯賤老。母拜子，子倨父。出入皆少者在前，老者居其後。此其俗右武之證。又曰：雖有官，不常厥職，臨時統領，可見其制之簡陋。然又曰：軍令嚴肅。每戰，前隊皆死，後隊方進。重兵死，惡病終。累代戰歿，以爲甲門、臨陳敗北者，縣狐尾於其首，表其似狐之怯，稠人廣衆，必以徇焉，其俗恥之，以爲次死。《新書》曰：其舉兵，以七寸金箭爲契。百里一驛。有急兵，驛人臆前加銀鶻甚急，鶻益多，告寇舉烽。其鎧胄精良，衣之周身，竅兩目，勁弓利刃，不能甚傷。則其於兵備，又頗嚴密也。

　　唐初，今青海之地，仍爲吐谷渾所據，而隴、蜀間之党項亦稍強。吐谷渾伏允之子順，煬帝立之，不得入而還，已見第一章第五節。高祖受禪，順自江都來歸長安。時李軌猶據涼州，高祖遣使與伏允通和，令擊軌自效，當放順還國。伏允大悦，興兵擊軌，交綏。而頻遣使朝貢，以順爲請。高祖遣之還。《舊書·李安遠傳》：安遠嘗使吐谷渾，與敦和好，於是伏允請與中國互市，事亦當在高祖時。太宗即位，吐渾掠鄯州，今青海樂都縣。又寇蘭、廓，蘭州見第二章第六節。廓州，在舊巴燕戎格之南。時伏允老耄，其臣天柱王用事，拘我行人。使者宣諭十餘返，竟無悛心。貞觀八年十二月，命李靖、侯君集等六總管並突厥、契苾之衆擊之。明年五月，破之。順之質隋，伏允立其弟爲太子，順歸常鞅鞅，至是，斬天柱王來降。伏允遁磧中死。《唐書》本傳云自縊死。《實録》云爲左右所殺，見《通鑑考異》。國人乃立順爲可汗，稱臣内附，封爲西平郡王，仍授趉胡吕烏甘豆可汗。未幾，爲其下所殺。《舊書·本紀》，順皆作順光。子燕王諾曷鉢立，幼，大臣爭權，國中大亂。詔侯君集等就經紀之。封爲河源郡王，仍授烏地也拔勒豆可汗。諾曷鉢因入朝請婚。《紀》在十年。十四年，以弘化公主妻之。宗女。

　　党項之地，《舊書》云：東至松州，今四川松潘縣。西接葉護，蓋謂西突厥統葉護可汗。南雜春桑、迷桑等羌，北連吐谷渾。處山谷間，亘三千里。蓋今川、藏、青海間地。其種每姓別自爲部落，一姓之中，復分爲小部落，大者萬餘騎，小者數千騎，不相統一，而拓跋氏最強。拓跋氏儻自吐谷渾入党項者邪？貞觀三年，其酋細封步賴内附，列其地爲軌州。在松潘西北。其後諸姓酋長，相率内附，皆列其地置州、縣，隸松州都督府。五年，又開其地，置州十六，縣四十七。《新書·地理志》。有拓跋赤辭者,初臣吐谷渾,爲伏允所暱,與之結婚。李靖之擊吐谷渾,朝廷厚幣遺党項,令爲鄉導。赤辭來詣靖軍,請無侵掠,當資給糧運。而岷州都督李道彦淮安王神通之子。爲赤水道行軍總管,襲之。爲赤辭所乘,死者數萬。後劉師立代爲岷州都督,《舊書·師立傳》作岐州,疑誤,此據《党項傳》。遣人爲陳利害,赤辭乃率其種落內屬。以其地爲三十二州,擢赤辭西戎州都督,賜氏李。於是自河首積石山而東,皆爲中國地。又有黑党項者,在赤水西。李靖之討吐谷渾,自鄯州分兩道,靖出北道,諸將戰牛心堆、赤水源,則赤水應在牛心堆之西。《水經注》:牛心川出西南遠山,東北流,經牛心堆,又東北入於湟水。今南川河也。牛心堆當在西寧西南。李靖之擊吐谷渾,渾主伏允奔之。及渾內屬,其酋亦貢方物。又有雪山党項,姓破丑氏,居於雪山之下,岷江上源之山在雪線上者,在松潘縣境。劉師立亦擊破之。《舊書·師立傳》稱爲河西党項。白蘭羌,武德六年,使者入朝。明年,以其地爲維、恭二州。維州,在四川舊理番縣境,恭州,在松潘疊溪營西南。其特浪生羌,則於永徽時內屬。以其地爲劍州焉。《地理志》:劍州,永徽五年,以大首領凍就部落置,隸松州。

成都西北有附國,其東部有嘉良夷,並居川谷,壘石爲巢。嘉良水廣三十步,附國水廣五十步,皆南流,以韋爲船。蓋今雅礱江、金沙江。《唐書》列《南蠻傳》中,實皆羌族。《地理志》:劍南道諸羌州有東嘉梁、西嘉梁,疑因嘉良夷而置也。附國南有薄緣夷,西接女國。女國,新、舊《書》皆列《西域傳》中,稱爲東女,以其時拂菻西南復有一女國也。西女見《新書·西域傳》。《傳》述波剌斯事竟,乃云:"西北距拂菻,西南際海島有西女,皆女子,多珍貨,附拂菻。拂菻君長,歲遣男子配焉。俗產男不舉。"其說本於《西域記》。然《西域記》云:"拂懔西南海島有西女。"則此文拂菻二字當重。疑傳寫奪落也。然其所謂東女者,實仍苞涵二國。一爲《大唐西域記》所述,其本名爲蘇伐剌拏瞿呾羅。唐言金氏,以出土黃金故名。其地東接吐蕃,北接于闐,明爲今之後藏。一則《舊書》所云東與茂州、党項接,茂州,今四川茂縣。東南與雅州接者,明在今四川西境,《新書》合兩說爲一,則大誤矣。然《舊書》述國名及疆界雖不誤,其敘事仍多雜糅,不可不察也。如云:其王所居名康延川,中有弱水南流,用牛皮爲船以濟,此類乎附國及嘉良夷。又云:文字同於天竺,則必後藏地方之國矣。後藏地方之女國,惟隋開皇中或曾一來,見第二章第二節。若唐世,則自武德至天寶頻來,貞元時復來賓服者,皆四川西境之女國也。參看《兩晉南北朝史》第十六章第八節。女國亦羌族。《新書·地理志》:劍南道諸羌州百六十八,隸松、茂、巂三州都督府者,多高祖、太宗、高宗時置,隸黎、雅二州者,則玄宗時所置也。黎州,今四川漢源縣。雅州見第二章第四節。巂州見本章第一節。

羌、渾、党項甫賓,吐蕃之患旋起。《新書·本紀》:武德六年四月,吐蕃陷芳州，在今青海東南境。此爲吐蕃犯塞之始。貞觀八年，其贊普棄宗弄讚遣使來。棄宗弄讚，亦名棄蘇農，亦號弗夜氏。弱冠嗣位。性驍武。其鄰國羊同及諸羌並賓伏之。太宗遣行人馮德往慰撫之。弄讚使隨入朝。求婚，太宗未之許。使者反，言於弄讚曰：“初至，大國待我甚厚，許嫁公主。會吐谷渾王入朝，有相離間，由是禮薄，遂不許嫁。”弄讚遂與羊同連兵，以擊吐谷渾，吐谷渾不能支，遁於青海之上。於是進兵攻破党項及白蘭諸羌，率衆二十餘萬，頓於松州西境。遣使貢金帛，云來迎公主。又謂其屬曰：“若大國不嫁公主與我，即當入寇。”遂進攻松州。《本紀》貞觀十二年八月。太宗遣侯君集、執失思力、牛進達、劉蘭將步騎五萬擊之。進達先鋒夜襲其營，斬千餘級。弄讚大懼，引兵而退。遣使謝罪，因復請婚。太宗許之。十五年，以文成公主妻焉。宗女。弄讚親迎於河源。及歸國，謂所親曰：“我父祖未有通婚上國者，今我得尚大唐公主，爲幸實多。”當爲公主築一城，以誇示後代。遂築城邑，立棟宇以居。公主惡其人赭面，弄讚令國中，權且罷之。據《舊書》。《新書》云：弄讚下令國中禁之，則似永禁之矣。其《逆臣・朱泚傳》：劉文喜以涇原叛，求救於吐蕃，吐蕃游騎升高招涇人。衆曰：“安能以赭㬠面爲異俗乎？”可見其赭面之俗，迄未嘗改。《新書》好竄易舊文，而不顧事實，不可勝舉也。自亦釋氈裘，襲紈綺，漸慕華風。仍遣酋豪子弟請入國學，以習詩書。又請中國識文之人，典其表疏。太宗伐遼東還，遣其相禄東贊來賀，獻金鵝，黃金鑄成，高七尺，可實酒三斛。高宗嗣位，授弄讚駙馬都尉，封西海郡王。弄讚獻金、銀、珠、寶十五種，請置太宗靈坐之前。因請蠶種及造酒、碾磑、紙、墨之匠，並許焉。弄讚之襲吐渾，破党項，犯松州，實其素定之計。云疑吐渾離間，特其藉口之辭，或竟唐人不能救渾，乃造作此語，聊自解嘲，擁衆二十萬，豈懼牛進達之一擊？且松州境外，豈可頓二十萬大軍乎？疑唐將不能卻敵，張大其辭，以脅朝廷，而朝廷亦遂從而許之也。蕃可謂得志而去矣。然弄讚初雖桀驁，得婚之後，事中國則甚恭，因得漸染華風，有裨於西藏之開化者亦不少也。

文成公主下降之歲，吐谷渾所部丞相王《舊書》本傳。《新書》作其相宣王，《通鑑》作丞相宣王。欲襲擊公主，劫諾曷鉢奔吐蕃。諾曷鉢走鄯善城。胡三省曰：隋鄯善郡治。鄯州刺史杜鳳舉《新書》作果毅都尉席君買。《通鑑》同，云從《實錄》。案蓋君買以鳳舉之命擊之。與其威信王擊丞相王，破之。高宗即位，又以宗女妻諾曷鉢長、次子，其待之可謂甚厚。然吐渾本非強大，又益之以内亂，而吐蕃日伺於境外，和平之局，終難持久矣。

第五節　唐初武功四

唐太宗之定四夷，多不甚煩兵力，惟於高麗，則仍蹈隋煬帝之覆轍。可見時勢所限，雖英傑無如之何。然亦可見太宗之武功多徼天幸，非其材武之過人也。高麗王高建武，元異母弟。百濟王扶餘璋，新羅王金真平，武德時皆入貢受封爵。建武爲遼東郡王高麗王，璋爲帶方郡王百濟王，真平爲樂浪郡王新羅王。其初新羅、百濟，同訴建武閉其道路，不得入朝。武德九年。高祖遣使和解之。建武請與新羅對使者會盟。而百濟，太宗於貞觀元年賜以璽書，則外稱順命，而内實相仇如故。蓋其地相接近，故其爭閧尤烈也。五年，真平卒，無子，立其女善德。十五年，璋卒，子義慈立。十六年，高麗西部大人錢蓋蘇文此據《舊書·高麗傳》。《新書》云：姓泉氏，自云生於水中以惑衆，則其姓似有所取義者，然恐係附會之談也。弒其君，立其弟之子藏。亦據《舊傳》。本《紀》云兄子。自爲莫離支，《舊傳》云：猶中國兵部尚書兼中書令。《新傳》同。專國政。乃與百濟和親，以伐新羅。十七年，新羅使者來告急。太宗遣使諭之。蓋蘇文不從。太宗時蔣儼，使高麗被囚，高麗平乃得歸，見《新書》本傳。十八年七月，詔營州都督張儉等發幽、營兵及契丹、奚、靺鞨討之。會遼水溢，師還。據《新書·高麗傳》。《本紀》無靺鞨。十一月，命張亮以兵四萬自萊州泛海趨平壤，萊州見第二章第七節。李勣以兵六萬趨遼東。十九年，太宗親御六軍以會之。四月，李勣渡遼，拔蓋牟城。以爲蓋州，今蓋平縣。五月，張亮副將程名振拔沙卑城。今海城縣。李勣進軍遼東，帝亦渡遼水至城下，拔之。以爲遼州，今遼陽縣。遂降白崖城。以爲巖州，在今遼陽東北。六月，進攻安市。在蓋平東北。高麗北部傉薩高延壽、南部傉薩高惠貞率高麗、靺鞨之衆十五萬來援，破降之。然攻安市城遂不能克。九月，班師。《新書·高麗傳》曰：始行，士十萬，馬萬匹，逮還，物故裁千餘，馬死什七八。船師七萬，物故亦數百。《通鑑》曰：戰士死者幾二千人，馬死者什七八。此乃諱飾之辭，豈有馬死什七八，而士財喪百一之理？是役雖未戰敗，所喪失者，則孔多矣。高麗之初來朝也，高祖欲讓而弗臣，以溫彥博諫而止，見《彥博》及《高麗傳》。頗能鑒前代驕矜之失，而太宗仍以此敗。太宗謂高麗地止四郡，我發數萬衆攻遼東諸城，必救，乃以舟師自東萊颿海趨平壤固易，《新書·高麗傳》。此失之視敵太輕。高麗是時，地已不止四郡。《新書·渤海傳》言其盛時士三十萬，此語無待誇張，當近於實，夫豈數萬之衆所能撓？當時諫者甚多；知其不可止者，亦欲尼帝親行，如褚遂良、姜確、張亮、尉遲敬德皆是。房玄齡留守京師，李大亮爲副。玄齡數上書勸帝勿輕敵，蓋知帝此行實此病。大亮旋卒。臨歿，表請罷役。逮帝喪敗欲再舉，玄齡疾亟，又上書言之。張亮諫而不納，乃請自行。蓋皆深知其不可也。《新書·高麗傳》言帝攻安市不下，高延壽、惠貞謀曰："烏骨城傉薩已耄，朝攻而夕可敗，烏骨拔，則平壤舉矣。"羣臣亦以張亮軍在沙城，召之一昔至，若取烏骨，度鴨淥，迫其腹心，計之善者，長孫無忌曰："天子行師不徼幸，安市衆十萬在吾後。"乃止。即因親征之故，不能應機也。此役贊之者惟一李勣，固佞人。沙城即卑沙城，烏骨城，當在自蓋平趨安東道上。而帝卒不聽。乃妄云："今天下大定，惟遼東未賓。後嗣因士馬彊盛，謀臣導以征討，喪亂方始，朕故自取之，不遺後世憂。"次定州時告左右語，見《新書·高麗傳》。以此掩其沾沾自喜之迹，豈不謬哉？是役也，帝使韋挺主饋運，自言自幽距遼二千里無州縣，軍靡所仰食，東北空匱如此，尚何彊盛之有哉？

　　太宗親征既敗，二十一年，二十二年，再遣將征高麗，皆無功。帝命江南造大船，萊州貯糧械，欲圖大舉，未行而崩。時新羅王善德已卒，妹真德立。貞觀二十一年。太宗之東征也，百濟乘虛破其十城，後又破其十餘城，二十二年。而此數年間，朝貢亦絕。高宗永徽二年，乃又遣使朝貢。使還，帝賜以璽書，令釋新羅。明年，新羅王真德卒，弟子春秋立。六年，百濟與高麗、靺鞨侵其北界，陷三十餘城。詔營州都督程名振伐高麗。顯慶三年，復遣名振率薛仁貴攻之，未能克。五年，蘇定方伐百濟。自城山濟海，城山，即成山，在今山東榮城縣東。至熊津江口，熊津，即朝鮮史籍之泗沘，今扶餘。敗其兵，其王義慈及太子隆走北鄙。次子泰自立。嫡孫文思縋城出降，民多從之。泰不能止，亦降。義慈、隆又爲其將挾之以降，百濟平。分其地爲五都督府，各統州、縣，命王文度爲熊津都督，總兵以鎮之。文度濟海而卒。百濟僧道琛及扶餘璋從子福信據周留城以叛。金于霖《韓國小史》曰：周留城，在全州西。使迎故王子豐於倭，立爲王。西部、北部，並翻城應之。圍留鎮將劉仁願。詔劉仁軌代文度統衆，發新羅兵救卻之。新羅兵以糧盡引還。時龍朔元年三月也。道琛、福信保任存城，《新書》作任孝。《通鑑》亦作任存。《考異》曰：《實錄》或作任孝。未知孰是，今從其多者。《韓國小史》曰：今大興。招誘亡叛，勢益張。已而福信殺道琛，併其衆，扶餘豐主祭而已。百濟之平也，高宗命蘇定方討高麗。又大募兵，拜置諸將，欲自行。蔚州刺史李君球諫，蔚州見第二章第七節。武后亦苦邀，乃止。是歲八月，定方破高麗兵於浿江，遂圍平壤。明年，龐孝泰以嶺南兵壁蛇水，未詳。蓋蘇文攻之，舉軍没。定方乃解而歸。時新羅王春秋已卒，子法敏立。高宗以一城不可獨固，命劉仁軌拔就新羅。"金法敏藉卿留鎮，宜且停彼。若其不須，即泛海還。"仁軌以平壤之軍既迴，熊津又拔，則百濟餘衆，勢必鴟張，高麗逋藪，何時可滅？福信凶暴，餘豐猜惑，外合内離，勢必相害。惟宜堅守觀變，乘便取之。遂不奉詔。二年七月，仁願、仁軌率留鎮之兵擊破福信，遂通新羅運糧之路。仁願奏請益兵。詔發淄、青、萊、海兵七千，命孫仁師將，浮海益之。淄州，今山東淄博市。青州，今山東益都縣。海州，今江蘇東海縣。福信謀殺扶餘豐，豐率親信斬之。使往高麗及倭請兵。於是仁師、仁願及金法敏自陸，仁軌水軍、糧船自熊津江往白江《韓國小史》曰：今白馬江。與之會，同趨周留，仁軌敗扶餘豐及倭兵於白江口。豐脱身走。偽王子忠勝、忠志及倭衆並降。百濟諸城，皆復歸順。參看兩《唐書·黑齒常之傳》。仁師、仁願，振旅而還。仁軌率兵鎮守。仁軌言其衆賞薄，又留駐太久，餘豐在北，其弟勇走在倭，不可忽。上深納其言，又遣仁願率兵渡海，與舊鎮兵交代。乾封元年，蓋蘇文死。子男生代爲莫離支，與弟男建、男產相攻。男生走據國內城，見第二章第二節。遣子獻誠詣闕求救。詔契苾何力率兵應援。男生脫身來奔。十二月，命李勣與何力併力。明年，渡遼。所向克捷。總章元年，進攻平壤。高藏遣男產出降，然猶與男建固守。九月，勣攻拔之，虜藏及男建。分其地置都督府、州。府九，州四十三，後所存州止十四，見《新書·地理志》。置安東都護府於平壤，以薛仁貴爲都護，總兵二萬鎮之。唐是時諸將，惟劉仁軌確有才氣謀畫，餘皆瑣瑣不足道，然卒獲成功者，則以麗、濟之有釁可乘也。然麗、濟是時，民族性稍已成熟，故唐終不能久據其地矣。

《舊唐書》倭與日本，分爲二傳。《倭傳》云："其王姓阿每氏。貞觀五年，遣使獻方物。太宗遣高表仁持節往撫之。與王子爭禮，不宣朝命而還。二十二年，又附新羅奉表。"《日本傳》云："倭國之別種也。以其國在日邊，故以日本爲名。或曰：倭國自惡其名不雅，改爲日本。或曰：日本舊小國，併倭國之地。其人入朝者多自矜大，故中國疑焉。"《新書》則云："日本，古倭奴也。其王姓阿每氏。"記貞觀五年遣使，後附新羅上書與《舊書》同，而云高仁表與王爭禮。又云："永徽初，其王孝德即位，獻虎魄、瑪瑙。時新羅爲高麗、百濟所暴，高宗賜璽書，令出兵援新羅。未幾，孝德死，子天豐財立。死，子天智立。明年，使者與蝦夷人皆朝。天智死，子天武立。死，子總持立。咸亨元年，遣使賀平高麗。後稍習夏音，惡倭名，更號日本。使者自言國近日所出，以爲名。或云：日本乃小國，爲倭所併，故冒其號。使者不以情，故疑焉。"三説自以倭自改名之説爲是。倭自南北朝來，久與中國有交接，在東海中已爲望國，此時自不得忽冒所併國之號；更不得有日本國能併倭也。倭自南北朝以前，皆臣服中國，以得受官爵爲榮，隋時始傲然自大，此時猶襲其故智，故至與使者爭禮。《新書》載其歷代世系，皆與日人所自言者合。又謂其使者妄夸其國都方數千里，南西盡海，東北限大山，此説在今日觀之，亦非虛妄。《舊書》亦有此語，而不云其爲妄夸。則所謂不以情者，亦不過間有夸飾之辭，不應舉所言而盡疑之也。然日本是時，究不足與中國相亢，虛憍之氣，終不可以持久，故其後，其君與夫人，卒躬自來賓焉。

第六節　唐初武功五

唐平西域，與突厥關係最大。以是時自玉門已西，殆皆爲西突厥所控制也。

《舊唐書·西突厥傳》云：其人雜有都陸及弩失畢、歌邏禄、處月、處密、伊吾等種。歌邏禄，即葛邏祿。《新書》言其地在北庭西北，金山之西，跨僕固振水。處月之地，唐以之置金滿州，見下。徐松《西域水道記》云：其地即今之濟木薩，突厥之可汗浮圖城，爲北庭都護府治，故城在今保惠城北二十餘里，有唐金滿縣殘碑。沙畹《西突厥史料》云：僕固振水，今烏隆古河。又云：處月在烏魯木齊東，處密在烏魯木齊西，瑪納斯河緣岸。案鐵勒諸部，多自西徂東，僕固振水，疑爲僕骨舊壤。伊吾見第二章第五節。風俗大抵與突厥同，惟言語微差。都陸亦作咄六，又作咄陸。咥利失之立也，分其國爲十部，部令一人統之，號爲十設。每設賜以一箭，故稱十箭焉。又分爲左右廂：左廂號五咄六，置五大啜。右廂號五弩失畢，置五大俟斤。蓋此十部直屬西突厥，餘皆羈縻而已，猶遼之部族與屬國也。《傳》又言：室點密可汗統十大首領，往平西域諸胡國，自爲可汗，號十姓部落，蓋即此十部。沙鉢略可汗時，咄六五啜：曰處木昆律，曰胡祿屋闕，曰攝舍提暾，曰突騎施賀邏施，曰鼠尼施鼠半；弩失畢五俟斤：曰阿悉結闕，曰哥舒闕，曰拔塞幹敦沙鉢，曰阿悉結泥熟，曰哥舒處半：蓋即此十部之姓。突厥雖起西海，然久處平涼，又遷金山，其所統自多東方部族。當時習稱西域白種深目高鼻者爲胡，而《新書·突厥傳》言思摩開敏善占對，始畢、處羅皆愛之，然以貌似胡，疑非阿史那種，故不得爲設，則阿史那非胡種可知。然則《舊傳》言室點密統十姓往平諸胡，亦明十姓之非胡也。然既與諸胡雜處，自不能無習而稍化，此其言語所由與北國微差歟？曷薩那之入隋也，國人立其叔父曰射匱可汗。始開土宇，東至金山，西至海，自玉門已西，諸國皆役屬之。與北突厥爲敵。乃建庭於龜兹北三彌山。尋卒，弟統葉護可汗立。北併鐵勒，西拒波斯，南接罽賓，沙畹云：烈維考訂唐時之罽賓爲迦畢試 Kapicd，其證有三：一，歸兹 Koatcha，沙門禮言撰梵語雜名，以罽賓對 Kapicd 譯爲劫比舍。二，玄奘《西域記》、悟空《行記》，皆以罽賓、迦畢試與 Kapicd 爲一地。三，統葉護境南接罽賓，《慈恩傳》：六百三十年玄奘至統葉護衙，統葉護令人送之至迦畢試也。悉歸之，控弦數十萬，霸有西域。移庭於石國北之千泉。沙畹云：據《慈恩傳》千泉在怛邏斯城東百五十里。此城在今怛邏斯河緣岸 Aulie-ata 附近。西域諸王，悉授頡利發，併遣吐屯一人監統之，督其征賦。此爲西突厥極盛之世。高祖欲與併力，以圖北蕃，許之婚。遇頡利頻歲入寇，西蕃路梗，未果。而頡利亡，唐通西域之路以啓。

隋煬帝使薛世雄城伊吾，已見第一章第五節。時列其地爲伊吾郡。隋末，爲西域雜胡所據。《舊書·地理志》。天下亂，復臣突厥。《新書·西域傳》。貞觀四年，頡利滅，城主舉七城降。以其地爲西伊州。六年，去西字。《舊書·地理志》。高昌王麴伯雅，隋末，曾妻以戚屬女宇文氏。號華容公主。見《隋書·蘇威傳》。

唐初，伯雅死，子文泰立。以妹妻突厥葉護。見慧立《三藏法師傳》。然其事唐甚謹。蓋麴氏本中國人，故其鄉化甚殷也。已忽壅遏西域朝貢，並與西突厥攻焉耆者。《舊書·焉耆傳》曰："隋末擾亂，磧路遂閉，西域朝貢，皆由高昌。唐初，焉耆請開大磧路，以便行李，太宗許之。高昌大怒，遣兵襲之。貞觀十二年，又與處月、處密陷其五城。"蓋西域貢使，實多商胡，商胡出其國，主人有利焉，故聞焉耆請開別道而怒。所謂壅遏朝貢者，亦遏其出於新道耳，非欲使與中國絕也。又隋末時，華人多投突厥，頡利敗，有奔高昌者，文泰皆拘留不遣。太宗詔令括送。文泰仍隱蔽之，此亦欲增益戶口耳，非有意於逆命也。然太宗於西域，頗有侈心，遂命侯君集將，又發突厥、契苾兵擊之，文泰發病死，子智盛降，時貞觀十四年八月也。以其地置西州。又置安西都護府，留兵以鎮之。初文泰厚餉西突厥欲谷失，欲谷失遣其葉護屯可汗浮圖城，與相影響，至是，亦來降。以其地爲廷州。焉耆王龍氏，名突騎支。侯君集之討高昌，使與相結，突騎支許爲聲援。然是歲，西突厥重臣屈利啜爲其子娶王女，由是復相脣齒，朝貢遂闕。安西都護郭孝恪請討之。太宗許焉。適王弟栗婆準來降，栗婆準，《通鑑》作先那準。以爲鄉導。十八年十月，襲虜其王。以栗婆準攝國事。師還，屈利啜囚栗婆準，而西突厥處般啜《通鑑》作處那啜。令其吐屯來攝焉耆，遣使朝貢，太宗數之，吐屯懼而返國。焉耆立栗婆準從父兄薛婆阿那支、龜茲王白氏，亦臣西突厥，郭孝恪伐焉耆，遣兵援助。處般啜執栗婆準送之，又爲所殺。二十年，遣阿史那社爾與孝恪等率五將軍，又發鐵勒十三部兵伐之。薛婆阿那支懼，奔龜茲，保其東城。社爾擊禽之，斬以徇。立突騎支弟婆伽利爲王。龜茲王訶黎布失畢與其相那利，將羯獵顛來拒，前軍敗之。遂下其城，使孝恪守之，訶黎布失畢退保撥換。賈耽《入四夷路》曰：撥換城，一曰威戎城，曰姑墨州。南臨思渾河。《新書·西域傳》曰：跋祿迦，一曰亟墨，即漢姑墨國。沙畹曰：《新書》以撥換即《西域記》之跋祿迦。悟空《行記》曰：威戎城，亦云鉢浣國，正云怖汗國。應爲今之阿克蘇。思渾河，《西域水道記》以爲塔里木河。社爾進擒之，及羯獵顛。而那利潛引西突厥，襲殺孝恪。唐兵復戰，敗之。龜茲人執那利詣軍。社爾立王弟葉護而還。于闐王尉遲氏，本臣西突厥。貞觀六年，其王屈密遣使來獻。社爾將還師，行軍長史薛萬備，請因兵威脅其入見。其王伏闍信，遂隨萬備來朝。疏勒王裴氏，貞觀中，突厥以女妻之，然九年即遣使來獻矣。唐聲威遂達葱嶺。徙安西都護府於龜茲，統于闐、碎葉、疏勒，號四鎮。碎葉，城名。沙畹云：即 Saj-ab 城。如不在 Tokmak 原址，必在其附近。《入四夷路》：碎葉城北有碎葉水，今之吹河也。

　　《新書·西域傳》曰：朱俱波，亦名朱俱槃，漢子合國也，並有西夜、蒲犁、依耐、德若四種地。此國爲《西域記》之斫句迦。今葉城。喝盤陀，或曰漢陀，曰渴館檀，亦謂渴羅陀，由疏勒西南入劍末谷、不忍嶺六百里，其國也。《西域記》揭盤陀。今新疆蒲犂縣。其王本疏勒人，世相承爲之。人貌言如于闐，案自高昌已西，諸國人等，深目高鼻，惟于闐貌不甚胡，頗類華夏，已見《兩晉南北朝史》第十六章第八節。唐玄奘《西域記》，亦謂于闐語異諸國。又記其國傳説，謂昔有東西兩王相爭，東王獲勝。又謂其國初不知蠶桑，聞東國有之，命使者往求，東國之君，祕不出賜。王乃卑辭求婚。及命使迎婦，乃謂之曰：“國無絲縣桑蠶，可以持來，自爲裳服。”女乃以桑蠶之子置帽絮中。關防主者不敢檢。其國乃知蠶桑。《新書·于闐傳》謂自漢武帝已來，中國詔書旄節，其王傳以相授，可見其慕化之深。喝盤陀言貌與同，儻亦漢人之分支西徙者歟？此國亦稱葱嶺。《入四夷路》：葱嶺守捉，故揭盤陀國。顯慶四年曇之叛，見下。是役也，《新書·蘇定方傳》言其劫疏勒、朱俱波、喝盤陀與俱，《舊書·定方傳》喝盤陀作葱嶺。貞觀九年，曾遣使來朝。然後西突厥乙毗射匱可汗請婚，太宗令割龜茲、于闐、疏勒、朱俱波、葱嶺五國爲聘禮，見下。則仍服屬於西突厥也。于闐東三百里有建德力河，七百里有精絶。河之東有汗彌，居建德力城，亦曰拘彌城，即寧彌故城。皆小國也。參看《秦漢史》第五章第四節。沙畹云：建德力河，今策勒河 Chird。汗彌，在今策勒之北 Uzun tati 地方。此兩國，史不言其曾通唐。又于闐東有媲摩川，度磧行二百里得尼壤城，于闐以爲東關。又東行，入大流沙。四百里至故都邏。又六百里至故折摩駄那，古且末也。今新疆且末縣。又千里至故納縛波，古樓蘭也。今新疆婼羌縣。此諸國，史明言其未嘗與唐通。蓋天山南路，沙磧日擴，邑落凋敝，交通艱阻使然。其西北出直抵西海之道，則全在西突厥羈制之中。《新書》又云：自龜茲行六百里，踰小沙磧，有跋禄迦，小國也。一曰亟墨，即漢姑墨。西三百里度石磧，至淩山，葱嶺北原也，水東流。西北五百里至素葉水城，比國商胡雜居。素葉以西數十城，皆立君長，役屬突厥。素葉城西四百里至千泉，突厥可汗歲避暑其中。西行百里至呾邏斯城，沙畹云：可當今塔拉斯水上之 Aulieata 城。亦比國商胡雜居。有小城三百，本華人，爲突厥所略，羣保此，尚華語。西南贏二百里至白水城。沙畹云：未能確知所在，度在 Tchimkent 東北不遠。南五十里有笯赤建國。又二百里即石國。《新書》此文，本於《西域記》。《西域記》云：呾邏私城南行十餘里，有小孤城，三百餘户。本中國人也，昔爲突厥所掠，後遂鳩集同國，共保此城，於中宅居。衣服去就，遂同突厥，言辭儀範，猶存中國。則《新書》有小城三百句有奪文也。石與康、安、曹、米、何、火尋、戊地、史，並稱昭武九姓，已見《兩晉南北朝史》第十六章第八節。康，隋時，其王屈木支娶西突厥女，遂臣突厥。石，隋大業初，西突厥殺其王，以特勒匐職統其國。自石國東南行，有拔汗那，或曰鏺汗，即元魏時破洛那。在真珠河北，沙畹云：真珠河。應爲錫爾河上流之 Ajak-tach 河。貞觀中，王契苾，爲西突厥瞰莫賀咄所殺。自此西南，居烏滸河南，烏滸河，今阿母河。與悒怛雜處者爲吐火羅，其王號葉護。《西域記》曰：自數百年，王族絶嗣，酋豪力競。各擅君長，依川據險，分爲二十七國。雖畫野分區，總役屬突厥。葉護蓋突厥所命，而爲二十七國之共主者也。悒怛，亦曰挹闐，即南北朝時之嚈噠，見《兩晉南北朝史》第十六章第八節。俗類突厥。吐火羅西南曰謝䫻，其王居鶴悉那城，沙畹云：即今之 Ghazna。東距罽賓，東北帆延，王治羅爛城，有大城四五。水北流入烏滸河。沙畹云：指 Kouhaouz 河上流。南婆羅門，《天竺傳》：或曰摩伽陀，曰婆羅門。西波斯。國中有突厥、罽賓、吐火羅種人雜居。謝䫻北五百里有弗栗恃薩儻那，其君突厥種。東北大雪山下有安呾羅縛，西踰嶺四百里有闊悉多，西北三百里有活國，沙畹云：玄奘渡縛芻河後行抵活國。此國都城在河南岸，即今之 Kounaouz 是也。此三種皆居吐火羅故地，臣於突厥。君亦突厥種。又有護蜜，亦吐火羅故地。北臨烏滸河。沙畹云：指 Pandz 或幹罕河，Wakhan daria 而視爲烏滸河上流也。顯慶中，其王稱沙鉢羅頡利發。在吐火羅東北者有俱密，治山中，沙畹云：即玄奘之拘謎陀，在今 Karatégin 之 Sourkhab 流域。王爲突厥延陀種。而罽賓之王，亦有特勒之稱。最西者波斯。《舊書》云：大業末，西突厥葉護可汗頻擊破其國。王庫薩和，爲西突厥所殺。其子施利立，葉護因分其部帥，監統其國，波斯竟臣於葉護。及葉護可汗死，其所令監統者，因自擅於波斯，不復役屬於西突厥。施利立一年死，乃立庫薩和之女，突厥又殺之。沙畹云：此葉護可汗似西突厥之統葉護而實非。據西方史料，與羅馬攻波斯，致庫薩和於死者，實可薩部而非統葉護可汗也。然可薩部亦役屬於西突厥者也。可薩，名見兩《唐書・波斯》、《大食傳》。《新書・火尋傳》作曷薩。可見突厥之勢力，瀰漫於西域矣。諸國當武德、貞觀時，亦多通朝貢，然西突厥未平，則亦文屬而已。

　　太宗之平高昌也，歲調千餘人戍之。褚遂良上疏諫，其辭極切。其言曰："陛下誅滅高昌，以爲州縣。王師初發之歲，河西供役之年，飛芻輓粟，十室九空，數郡蕭然，五年不復。歲遣千餘人，遠事屯戍。終年離別，萬里思歸。去者資裝，自須營辦。既賣菽粟，傾其機杼，經途死亡，復在其外。兼遣罪人，增其防遏。彼罪人者，生於販肆，終朝惰業，犯禁違公，止能擾於邊城，實無益於行陳。所遣之內，復有逃亡，官司捕捉，爲國生事，設令張掖塵飛，酒泉烽舉，陛下豈能得高昌一人一粟而及事乎？終須發隴右諸軍，星馳電擊。由斯而言：此河西者，方於心腹，彼高昌者，他人手足。豈得靡費中華，以事無用。"可見是時之事西域，純出好大喜功之心，初非事勢所須也。故及高宗即位，而其策一變。焉耆王婆伽利死，國人請還突騎支，即許之。並復封訶黎布失畢爲龜茲王，與那利、羯獵顛俱歸國。棄四鎮，移安西都護府於高昌。《本紀》在永徽二年十一月。史稱其不欲廣地勞人，《舊書・龜茲傳》。誠可謂能幹父之蠱者也，然終因西突厥之亂，引起兵事。

西突厥統葉護可汗，自負強盛，無恩於國。其伯父殺之而自立，是爲莫賀咄侯屈利俟毗可汗。據《舊書》。《新書》云：其諸父莫賀咄殺之立，是爲屈利俟毗可汗。《舊書》侯字，疑涉俟字誤衍。國人不附，弩失畢部共推泥孰莫賀設爲可汗。泥孰不從。時統葉護之子咥力特勒亡在康居，蓋指康國言也。彼傳云：即漢康居之國也。泥孰迎立之，是爲乙毗鉢羅肆葉護可汗。連兵不息。莫賀咄敗，遁於金山，爲泥孰所殺。國人乃奉肆葉護爲大可汗。肆葉護猜狠信讒，欲圖泥孰，泥孰適焉耆。後没卑達干與弩失畢二部潛謀擊之。肆葉護遁於康居。尋卒。國人迎泥孰而立之。是爲咄陸可汗。貞觀七年，遣鴻臚少卿劉善因至其國，册爲吞阿婁拔奚利邲咄陸可汗。據《舊書》。《新書》奪奚字。《通鑑》從《實錄》，無"吞阿婁拔"四字。明年卒。其弟同娥設立，是爲沙鉢羅咥利失可汗。《舊書·阿史那社爾傳》：社爾爲延陀所敗，貞觀二年，率餘衆保可汗浮圖。西蕃葉護死，奚利邲咄陸可汗兄弟爭國。社爾揚言降之，引兵西上。因襲破西蕃，半有其國。得衆十餘萬。自稱都布可汗。率五萬餘騎討延陁於磧北。連兵百餘日。遇我行人劉善因立同娥設爲咥利始可汗，社爾部兵，又苦久役，多委之逃。延陁因縱擊，敗之。復保高昌國。其舊兵在者纔萬餘人，又與西蕃結隙，九年，率衆內屬。所謂奚利邲咄陸兄弟爭國，似即指其與肆葉護相爭之事言之。葉護死之葉護，蓋指統葉護，而辭不別白，一似謂肆葉護死後，與同娥設相爭者，則以昔人行文，於外語專名，多截取其末二字，同名者多，致啓此疑也。《新書》云：奚利邲咄陸與泥孰爭國，誤。册同娥設者，據《良吏傳》乃韋機，新舊書皆同，云劉善因，似亦誤。不爲衆所歸。十二年，西部立欲谷設爲乙毗咄陸可汗，與咥利失中分。自伊列河已西屬咄陸，已東屬咥利失。伊列河，今伊犁河。十三年，咥利失、吐屯俟利發與欲谷設通謀作難。咥利失窮蹙，奔拔汗那而死。國人立其子，是爲乙屈利失乙毗可汗，踰年死。弩失畢酋帥迎咥利失弟伽那之子薄布特勒而立之，《新書》作畢賀咄葉護。是爲乙毗沙鉢羅葉護可汗。咄陸遣石國，吐屯攻擒之。尋殺之。弩失畢不服，叛去。咄陸攻康居，道米國，即襲破之。係虜其人，取貲口，不以與下。其將泥孰啜怒，奪取之。咄陸斬以徇。泥孰啜之將胡禄屋襲咄陸，多殺士，國大亂。大臣勸其返國，不從。弩失畢遣使者至闕下請所立。帝遣通事舍人溫無隱持璽詔，與國大臣擇突厥可汗子孫賢者授之。乃立乙屈利失乙毗可汗之子，是爲乙毗射匱可汗。遣使貢方物，且請婚。帝令割龜兹、于闐、疏勒、朱俱波、葱嶺五國爲聘禮，不克婚。初室點密可汗五代孫彌射，世爲莫賀咄葉護。貞觀六年，詔遣鴻臚少卿劉善因立爲奚利邲咄陸可汗。號與泥孰同，《通鑑考異》疑爲一人，非也，胡三省已辯之，見顯慶二年《注》。其族兄步真欲自立，謀殺彌射弟姪二十餘人。十三年，彌射入朝。其後步真遂自立爲咄陸葉護。其部落多不服，委之遁去。步真復入朝。咄陸乃立賀魯爲葉護，以繼步真。《新書》云：賀魯，室點密五世孫。居於多邏斯川。沙畹云：此多邏斯乍觀之似即怛邏斯 Talas，其實不然。Talas 習譯爲怛，不作多。怛邏斯川與城在西州之西，處月、處密、葛邏禄等部在西州之北，《西域圖志》以多邏斯川爲哈剌額爾齊斯，證以《新書·王忠嗣傳》，忠嗣縱反間於拔悉密、葛邏禄、回紇三部而攻多邏斯城，其説是也。統處密、處月、姑蘇、歌邏禄、弩失畢五姓之衆。馮承鈞云：姑蘇，疑哥舒或孤舒之别譯。咄陸西走，射匱遣兵迫逐，不常厥居。二十二年，乃内屬。詔居廷州。尋授瑶池都督。永徽二年，與其子咥運率衆西遁。據咄陸之地，建牙於雙河及千泉。《新書》但云建牙於千泉。沙畹云：雙河，《西域圖志》謂在博羅塔拉 Borotal 流域。自號沙鉢羅可汗。統率咄陸、弩失畢十姓。數侵擾西蕃諸部，進寇廷州。賀魯之叛，《舊書》在永徽元年十二月。三年，詔遣梁建方、契苾何力發府兵二萬，合回紇騎五萬擊之。《舊紀》在二年七月，蓋二年命將，三年師始出。處月朱邪孤注附敵，據牢山，建方等攻斬之。四年，罷瑶池都督府，即處月置金滿州。是歲，咄陸可汗死，其子真珠葉護請討賀魯自效，爲賀魯所拒，不得前。六年五月，又遣程知節率諸將進擊，破其兵。副總管王文度不肯戰，賀魯遁去。事在顯慶元年，見兩《書·知節》及《蘇定方傳》。顯慶二年閏正月，擢蘇定方爲伊麗道行軍大總管，仍使彌射、步真爲安撫大使，出金山道。賀魯與咥運走至石國蘇咄城，城主誘執之，送石國。燕然副都護蕭嗣業至，取之。《舊紀》在顯慶三年三月。燕然都府見第二節。西域平。分其種落置都督府。又置崑陵、濛池二都護以統之。以彌射爲興昔亡可汗，崑陵都護，領五咄陸部。步真爲繼往絕可汗，濛池都護，領五弩失畢部。四年十一月，賀魯部悉結闕俟斤都曼寇邊，蘇定方伐之。五年正月，俘以獻。先是訶黎布失畢復來朝，那利烝其妻阿史那，王不能禁，左右請殺之，由是更猜忌，使者言狀，帝並召至京師，囚那利，護遣王還。羯獵顛拒不納，遣使降賀魯。王不敢進，悒悒死。詔發兵擒羯獵顛，窮誅部黨。以其地爲龜茲都督府，更立子素稽爲王，爲都督。徙安西都護府於其國。以故安西爲西州都督府。顯慶三年。龍朔元年，西域諸國遣使内屬。於其地置都督府十六，州八十，縣百一十，軍府百二十六，皆隸安西都護府。仍於吐火羅國立碑以紀之。《舊書·地理志》。《新志》云州七十二。《通鑑》云：以吐火羅、嚈噠、罽賓、波斯等十六國置都督府八，州七十六。縣與軍府之數同。《考異》云：《唐曆》云置州二十六，今從《統紀》。胡《注》云：十六都督府中，其八實爲州，故《通鑑》云八也。史稱唐之封域，南北如漢之盛，東不及而西過之，《新書·地理志》。皆西突厥爲之驅除難也。然雖鞭之長，不及馬腹，故雖能取亂亡之突厥，而卒無如方興之大食何。初波斯女王之爲西突厥所殺也，施利之子單羯方奔拂菻，國人迎而立之，是爲伊怛支。在位二年而卒。兄子伊嗣俟立，爲大首領所逐，奔吐火羅，半道，大食擊殺之。子卑路斯，入吐火羅以免。遣使者告難。高宗以道遠不可師，謝遣。會大食解而去，吐火羅納之。龍朔初，又訴爲大食所侵。是時天子方遣使者到西域分置州縣，以疾陵城爲都督府，即拜卑路斯爲都督。_{沙畹}云：吐火羅納卑路斯，祇能在波斯最東屬地。疾陵城，予謂即塞斯坦 Sedjestan 之都 Zereng 城。上元元年十二月，據《紀》。新舊《書傳》均云咸亨中。按此年改元在六月。入朝，死。始其子泥涅師爲質。調露元年，詔裴行儉護送，復王其國，行儉以路遠，至碎葉而還。泥涅師客吐火羅，初有部落數千人，後漸離貳。景龍二年，又入朝。無何，病死。其國遂滅。沙畹云：泥涅師敗後，尚有自號波斯王者。《册府元龜》卷九百九十九載七百二十二年，波斯王勃善活入貢。回曆百一十年，有伊嗣俟 Yezdegerd 之裔名 Kuosrou 者，在可汗軍中。七百三十二年，有大德僧及烈，隨波斯王使至中國。此等波斯王，祇能王吐火羅西境而已。大食，永徽二年，其王噉密莫末膩遣使朝貢。更西之拂菻，隋煬帝欲通之不能致。貞觀十七年，其王波多力亦遣使來獻焉。

第七節　唐初武功六

　　唐世，西南夷落之分布，仍與前世略同。晉代寧州之地，爲爨氏所擅者，《唐書》稱曰兩爨蠻。西爨曰白蠻，東爨曰烏蠻。西爨，自言先世出於中國。東爨與西爨言語不同，且須四譯乃通。蓋二者實非同族，特同戴爨氏爲君長而已。《唐書》云：西爨，自云本安邑人，七世祖晉南寧太守，中國亂，遂王蠻中。安邑，漢縣，今仍爲縣，屬山西。南寧見第二章第二節。齊世寧州諸爨，恃遠擅命，已見《兩晉南北朝史》第十六章第二節。由此上溯之，三國李恢，爲建寧俞元人，俞元，今雲南澂江縣也，其姑夫曰爨習，見《蜀志》本傳。《晉書·穆帝紀》：永和元年，有李勢將爨頠來奔。《王遜傳》：李驤等寇寧州，遜使姚崇、爨琛拒之。可見爨氏在西南，久爲強族。中國仕宦之家，爲大長於蠻夷中者不乏，西爨此説，當非妄相攀附也。南詔強後，閣羅鳳脅徙西爨於永昌，東爨以言語不通，多散依林谷，得不徙，則其言語、居處，皆與西爨不同。其語四譯乃與中國通，則與中國交涉，亦必甚鮮。西爨可云熟蠻，東爨可云生蠻矣。《唐書》所載，東欽二姓爲白蠻，婦人衣白繒，初裹五姓爲烏蠻，婦人衣黑繒，疑烏白之名，乃漢人因其衣色不同而名之，非其本爲本族，所異止於衣色也。爨蠻之地：《唐書》云：自曲州、靖州西南，昆川、曲軛、晉寧、喻獻、安寧距龍和城，通謂之西爨白蠻。自彌鹿、升麻二川，南至步頭，謂之東爨烏蠻。曲州，本隋恭州，武德八年改名，已見第二章第二節。靖州，唐析隋協州置，當在今曲靖境。晉寧、安寧皆今縣；彌鹿川，疑今之彌勒縣，乃以此得名。唐南寧州有屬縣曰升麻，疑亦因川而置，未詳爲今何地。步頭，伯希和云：即賈耽《入四夷路》之古湧步，在今建水縣境，見所著《交廣印度兩道考》。馮承鈞譯，商務印書館本。東爨地近於僚，疑僚族也。參看下文。爨蠻西有徒莫祇蠻、儉望蠻。又西爲白水蠻。地與青蛉、弄棟接，青蛉即蜻蛉。更西，有大勃弄、小勃弄二川蠻。大小勃弄見第二章第二節。西與西洱河接。此今雲南之東境及北境也。前世牂柯之地曰牂柯蠻。其北五百里，有別部曰充州蠻，以唐於此置充州名，見下。又其北曰東謝。在黔州西三百里。黔州見第二章第七節。東謝之南曰南謝，西曰夷子。夷子之西爲西趙。西屬昆明蠻，南至西洱河。《唐書》云：山洞阻深，莫知道里，南北十八日行，東西二十三日行，則其占地頗廣。此今貴州之東北境，四川之南境也。益西，入西康境，曰松外蠻。胡三省曰：蓋以其在松州之外而得名。見《通鑑》貞觀二十二年《注》。松州見第四節。又西南，入雲南西北境，曰西洱河蠻。此中除東爨外，當皆爲濮族，其俗與中國甚近。其俗頗類有殷，如以十二月爲歲首，婚嫁不避同姓是也。《通鑑》云：語雖小譌，其生業、風俗，大略與中國同。自云本皆華人。其所異者，以十二月爲歲首。見貞觀二十二年。案濮族之俗，類乎中國者，蓋皆傳之自古，其語僅小譌，則皆後來播遷其中之華人，濮族本種，自不如此也。然既有語僅小譌者居其中，則決無四譯乃通之理，此亦可見東西爨之必非同族矣。《唐書》云：自夜郎、滇池已西，皆莊蹻之裔，雖不必信，要其漢化實甚深，漢人與之雜居者，亦必不少矣。昆明蠻境接西洱河，而其風俗判然不同，《唐書》云：人辮首左袵，與突厥同。隨水草畜牧。夏處高山，冬入深谷。尚戰死，惡病亡。蓋漢世嶲昆明之裔也。居古永昌郡地者曰永昌蠻，蓋漢哀牢夷之裔。其西有撲子蠻，以青娑羅爲通身袴，此亦貫頭衣之變也。望蠻。青布爲衫裳，聯貫珂貝珠絡之。鬌垂於後。又有黑齒、金齒、銀齒三種，見人以漆及鏤金銀飾齒，寢食則去之。直頂爲髻。青布爲通袴。及繡腳種，刻踝至腓爲文。繡面種，生踰月，涅黛於面。彫題種，身面涅黛。穿鼻種，以金環徑尺貫其鼻，下垂過頤。君長以絲係環，人牽乃行。其次以二花頭釘貫鼻下出。長鬃種，棟鋒種。皆額前爲長髻，下過臍，行以物舉之。君長則二女在前，共舉其髻，乃行。雲南徼外千五百里有三濮：曰文面濮，俗鏤面，以青涅之。曰赤口濮，裸身而折齒，劓其脣使赤。曰黑僰濮。以幅布爲裙，貫頭而繫之。皆觀其俗而知其爲古之越。《舊書·地理志》，於邕管諸州，多言其爲古西甌駱之地，邕州，今廣西邕寧縣。而渝州之北有南平僚，渝州，今四川巴縣。南平僚人樓居，梯而上，婦人橫布二幅，穿中貫其首，號曰通裙。美髮，鬌垂於後。竹筒三寸，斜貫其耳，貴者飾以珠璫。其附近有飛頭僚、頭欲飛，周項有痕如縷，妻子共守之，及夜，如病，頭忽亡，比旦還，此蓋其人刻項爲文，乃有此傳説也。烏武僚，地多瘴毒，中者不能飲藥，故自鑿齒。案此亦因其鑿齒而有是説也。俗亦皆類於越。蓋又其族之北出者也。

　　隋世用兵西爨，已見第二章第二節。《唐書·南蠻傳》曰：震、翫懼而入朝，文帝誅之，諸子没爲奴。高祖即位，以其子弘達爲昆州刺史，奉父喪歸。上並言震、翫，而下但云其子，殊不別白，隋世刺昆州者爲翫，弘達蓋翫之子也。《傳》又云：益州刺史段綸，遣俞大施至南寧治共範川，誘諸部皆納款貢方物。太宗遣將擊西爨，開青蛉、弄棟爲縣，青蛉，屬嶲州。嶲州，初名西濮州，武德四年置，貞觀十一年改名，今雲南牟定縣也。弄棟，武德七年，嘗置哀州。蓋與西濮州皆嘗廢，而太宗又以兵力定之。《地理志》：武德元年，開南中，置南寧州。治味，在今曲靖縣西。五年僑益州。四年，置總管府。又於姚州置都督府。今雲南姚安縣。八年，更南寧州曰郎州。貞觀元年，罷都督府。而《傳》言二十二年徙莫祇蠻、儉望蠻內屬，以其地爲傍、望、覽、丘、求五州，隸郎州都督府，則後復置都督也。永徽初，大勃弄酋楊承顛寇麻州。在今楚雄附近。都督任懷玉招之，不聽。高宗以趙孝祖爲郎州道行軍總管，與懷玉討之。孝祖先破白水蠻，又斬小勃弄酋歿盛，而執承顛。乃罷郎州，更置戎州都督。戎州見第二章第二節。牂牁與東謝、南謝，首領皆姓謝氏。牂牁酋龍羽，武德三年，遣使朝貢。以其地爲牂州。在今貴州德江縣西。充州蠻亦來朝貢。以其地爲充州。東謝酋元深，南謝酋彊，貞觀三年偕來。據《唐書·南蠻傳》。《通鑑》亦繫武德三年。以東謝地爲應州。亦在德江縣境。南謝地爲南壽州，四年，改爲莊州。在舊思南府境。西趙首領趙氏，夷子李氏，自古未嘗通中國。貞觀中，黔州豪帥田康諷之，皆遣使入朝。而西趙首領趙酋摩《舊書》作趙磨。率所部萬餘戶內附。以其地爲明州。在舊思南府之南。松外蠻，分數十百部，大者五六百戶，小者二三百，凡數十姓，趙、楊、李、董爲貴族，皆擅山川，不能相君長。貞觀中，巂州都督劉伯英上疏請擊之。巂州見第一節。居數歲，《本紀》在二十二年。太宗使梁建方發蜀十二州兵進討。諭降七十餘部，戶十萬九千，署首領蒙河爲縣令。《地理志》：巂州昌明縣。貞觀二十二年，開松外蠻，置牢州及松外、尋聲、林開三縣。永徽三年，州廢，省三縣入昌明。昌明，在今鹽源縣西南。西洱河蠻，道由郎州三千里，建方遣奇兵自巂州道千五百里掩之。其帥楊盛欲遁去，使者好語約降，乃遣首領納款軍門焉。昆明蠻，武德中，巂州治中吉偉使南寧，因至其國，諭使入朝貢，自是歲與牂牁使者偕來。總章三年，置禄州、湯望州。當在楚雄境。咸亨三年，其十四姓率戶二萬內附。析其地爲殷州、總州、敦州。殷州居戎州西北，總州居西南，敦州居南，遠不過五百餘里，近三百里。其後又置盤、麻等四十一州，皆以首領爲刺史。盤州，今貴州盤縣。南平獠，王姓朱氏，號劍荔王。貞觀三年，遣使納款。以其地隸渝州。永昌蠻，咸亨五年叛。高宗以梁積壽爲姚州道行軍總管，討平之。三濮，龍朔中，遣使與干支弗、磨臘同入貢。干支弗、磨臘爲南印度之國，見下。三濮蓋亦自海道來者也。以上略據《唐書·南蠻傳》，皆其部落較大，能自達於朝廷者，其較小者，僅隸屬於州郡，則史不能盡著其事矣。《傳》云：建中三年，大酋長檢校蠻州長史資陽郡公宋鼎與諸謝朝賀，德宗以其國小，不許。訴於黔中觀察使王礎，以州接牂柯，願隨牂柯朝賀。礎奏牂、蠻二州，戶繁力強，爲鄰蕃所憚，請許三年一朝。詔從之。此小部落不達於天子之證也。《新書·地理志》：羈縻州，在劍南道者，諸蠻州九十二，分隸戎州、姚州、瀘州三都督府；瀘州，今四川瀘縣。江南道五十一，皆隸黔州；嶺南道九十二，分隸桂州、邕州及安南都護府；桂林見第二章第二節。安南都護府，治今越南河內。可略見其分布之迹。唐世南方民族，情勢異於前世者，爲獠族之盛。

前世僚僅盛於巴、蜀,唐世則州縣之招生僚置者,徧於劍南、嶺南兩道,山南、江南兩道亦有之。皆見兩《書·地理志》。叛亂之事,散見紀、傳中者亦不絕。《新書·南蠻傳》所載,特其十一而已。蓋其種落日盛,出居平地者亦日多也。

隋世用兵林邑,已見第二章第五節。《唐書》云:其王范梵志,衷遣衆別建國邑。武德時,再遣使貢方物。貞觀時,王頭黎又來獻。頭黎死,子鎮龍立。十九年,摩訶慢多伽獨弒鎮龍,滅其宗。范姓絕。國人立頭黎壻婆羅門爲王。大臣共廢之,更立頭黎之女。諸葛地者,頭黎之姑子。父得罪奔真臘。女之王,不能定其國,大臣共迎諸葛地爲王,妻以女。永徽至天寶,凡三人獻。至德後更號環王。馬司培羅《占婆史》馮承鈞譯,商務印書館本。據碑文云:“范梵志名商菩跋摩(Cambhuvarman)。頭黎名建達婆達摩(Kandarpadharma)。鎮龍因碑文漫滅,名不可考。摩訶慢多伽獨,乃 Mahamantrakrt 之譯音,此言大臣,非姓名也。鎮龍之死,國人立其妹之子拔陀羅首羅跋羅爲王,Bhadrecvaravarman 乃婆羅門之子 Chandasya Satya Kauika Svamin,《唐書》云立頭黎壻婆羅門,誤。諸葛地,碑名波羅迦舍達摩(Prakacavarman)。是爲毗建陀跋摩一世(Vikrantavarman Ⅰ)。乃梵志父律陁羅跋摩一世(Ku cri Rudravarman Ⅰ)外孫之子,《唐會要》稱爲鑄迦舍波摩云。”《唐書》又云:環王,一曰占不勞,亦曰占婆。馬司培羅云:“環王之稱,在占文、梵文中,皆無從求其元名。考諸碑志,占婆皆稱占婆王或占婆國,從未改易稱號云。”案占婆,即《西域記》之摩訶占波。桑原隲藏《蒲壽庚傳》曰:“占不勞乃香泊拉(Champura)之音譯。泊拉(pura)梵語都城,香泊拉者,香族(Cham)之都城。蓋指占婆國都言之,占城乃其義譯,中國人以城名名其國云。”隋之破林邑也,嘗以其地爲三郡,置守令,而道阻不得通。唐世未嘗用兵占婆,蓋無意於收復其地矣。此亦民族進化,稍趨獨立之徵也。

占婆之南,新興之國爲真臘。《唐書》云:其王刹利伊金那,貞觀初,併扶南,有其地。而《扶南傳》云:治特牧城,俄爲真臘所併,益南徙那弗那城,武德、貞觀時再入朝,則其國仍存。案《隋書》即云扶南爲真臘所併,見第五章第五節。而至唐世仍存者,蓋其國之地,日爲真臘所侵削,國都數經移徙,每移都一次,史輒云爲真臘所併,實則所併者非其全境,而其統緒亦迄未嘗絕也。《舊書·地理志》云:籠州,貞觀十二年招慰生蠻置。天寶元年,改爲扶南郡。乾元元年,復爲扶州。今廣西扶南縣。扶南國,在日南郡之南海西大島中,去日南郡約七千里,在林邑國西三千里。其王,貞觀中遣使朝貢。故籠州招置之,遙取其名,非正扶南國也。然則是時之扶南,已播遷至海島中矣。婆利爲扶南別名,已見《兩晉南北朝史》第十六章第四節。《唐書》:訶陵東距婆利,訶陵爲今爪哇,婆利,近人擬諸爪哇東之 Bali 島,則扶南之播遷入海,由來已舊。豈亦如越滅於楚,其子孫分王於江南海上歟? 真臘西北有僧高、武令、迦乍、鳩密,後亦爲所併。《唐書》云:貞觀十二年,僧高、武令、迦乍、鳩密四國使者朝貢。僧高直水真臘西北。其後鳩密又與富那王等遣使來貢。僧高等國,永徽後爲真臘所併。僧高而外,諸國所在,多不甚明晰。見併者共有幾國,亦難質言。子京文字,往往鶻突如此。此等皆小國,既偕來,相去當不甚遠,其見併,或亦不相先後也。西北有參半,北有道明,亦爲之屬。而其本國,自神龍後分爲二半:北多山阜,號陸真臘半,南際海,饒陂澤,號水真臘半焉。半字當係譯語。

此外海南諸國,見於史者,環王西有甘畢,南有殊禁,汎交趾海三月乃至。西南有盤盤。馮承鈞云:應在湄南江下流。盤盤北有墮和羅,異譯亦曰投和,《唐書》誤析爲二。亦馮承鈞說。又云:即《義淨求法傳》之杜和鉢底,在湄南江流域。有二屬國:曰曇陵,曰陀洹。曇陵在海洲中。盤盤東南有哥羅。一曰箇羅,亦曰哥羅富沙羅。馮承鈞曰:一作迦羅舍弗,一作哥羅舍分,又有哥古羅、古羅、古邏諸譯,即大食人之 Kalali,馬來人之 Kera,今馬來半島之 Kra 是也。哥羅東南有拘蔞密,西北距文單。文單,即陸真臘。其西爲赤土。今暹羅境。赤土南有丹丹,《唐書》云:婆利,直環王東南,自交州汎海,歷赤土、丹丹諸國乃至,則丹丹應在赤土之南。西南入海得婆羅。益南爲羅越,隔海與佛逝相望。見賈耽《入四夷路》。其西南哥谷羅,馮承鈞云:在馬來半島西岸。商賈往來所湊集,歲乘舶至廣州,州必以聞。佛逝者,室利佛逝之簡稱,今蘇門答臘。又其南爲訶陵,訶陵南有多摩萇,西有墮婆登,則皆當在今爪哇也。

諸國在武德、貞觀、永徽中,多通朝貢,後亦時來,其文化多受諸印度。惟盤盤兼有佛、道士祠;官,在外曰那延,猶中國刺史也;投和,官有朝請、將軍、功曹、主簿、贊理、贊府,分領國事。分州、郡、縣三等。州有參軍,郡有金威將軍,縣有城、有局,長官得選僚屬自助;猶是中國之遺制。訶陵旁小國二十八,莫不臣服,實爲海南盛國。《唐書》傳其軼事曰:上元間,國人推女子爲王,號悉莫。威令整肅,道不舉遺。大食君聞之,齎金一囊置其郊。行者輒避。如是三載。太子過,以足躪金。悉莫怒,將斬之。羣臣固請。悉莫曰:"而罪實本於足,可斷趾。"羣臣復爲請。乃斬趾以徇。大食聞而畏之,不敢加兵。觀此傳說,隱見大食賈胡,在南海中卓有勢力。訶陵有文字,知星曆,儻亦受諸大食者歟?

印度與中國,久有往還,然皆商賈及傳法求法之僧人。《梁書》雖載其王屈多,於天監初遣使來獻,見《兩晉南北朝史》第十六章第四節。其究爲賈胡,抑真信使,猶未可知也。至唐世,乃確有國交焉。《唐書·中天竺傳》曰:隋煬帝時,遣裴矩通西域諸國,獨天竺、拂菻不至爲恨。武德中,國大亂。王尸羅逸多勒兵戰，無前。四天竺皆臣之。會唐浮屠玄奘至其國。尸羅逸多召見，曰："而國有聖人出，作《秦王破陳樂》，試爲我言其人。"玄奘粗言："太宗神武，平禍亂，四夷賓伏狀。"王喜，曰："我當東面朝之。"貞觀十五年，自稱摩伽陀王，遣使者上書。帝命雲騎尉梁懷璥持節慰撫。尸羅逸多驚問國人："自古亦有摩訶震旦使者至吾國乎？"皆曰："無有。"乃出迎。膜拜受詔書，戴之頂。復遣使者隨入朝。詔衛尉丞李義表報之。尸羅逸多復獻火珠鬱金菩提樹。二十二年，遣右衛率府長史王玄策使其國，以蔣師仁爲副。未至，尸羅逸多死，國亂，其臣那伏帝阿羅那順自立。《舊書·太宗紀》：貞觀二十二年五月，右衛長史王玄策擊帝那伏帝國，大破之。獲其王阿羅那順。《通鑑》云：擊帝那伏帝王阿羅那順，大破之。新舊《書·天竺傳》皆但作那伏帝。發兵拒玄策。時從騎纔數十，戰，不勝，皆没。遂剽諸國貢物，玄策挺身奔吐蕃西鄙，檄召鄰國兵。吐蕃以兵千人來，泥婆羅以七千騎來。《舊書》云：玄策走至吐蕃，發精鋭千二百人，並泥婆羅國七千餘騎以從。玄策部，分進戰茶鎛和羅城。三日，破之。阿羅那順委國走。合散兵復陳。師仁擒之。餘衆奉王息阻乾陀衛江。師仁擊之，大潰。獲其妃、王子，虜男女萬二千人，雜畜三萬，降城邑五百八十。東天竺王尸鳩摩送牛馬三萬餉軍，及弓刀寶纓絡。迦没路國獻異物。拜上地圖，請老子像。《舊書》云：因請老子像及《道德經》。玄策執阿羅那順獻闕下。《舊書·本紀》云：吐蕃贊普擊破中天竺國，遣使獻捷。

　　唐世兵威能伸於印度者，吐蕃之賓服實爲之。《唐書》：羈屬吐蕃者，有泥婆羅，今廓爾喀。有悉立，當吐蕃西南。有章求拔。或曰章揭拔。本西羌種，在悉立西南四山中。後徙山西，與東天竺接。皆嘗通貢使，而章求拔當唐討天竺時，亦嘗發兵來赴云。此皆今印、藏間之國也。此外通朝貢者，又有摩揭陀、那揭、烏荼、《唐書》云：一曰烏仗那，亦曰烏萇。《西域記》烏仗那、烏荼各爲一國。罽賓，見第六節。及師子國，錫蘭。亦皆在五印之域。名蔑，其人短小，兄弟共妻，婦總髮爲角，以辨夫之多少，亦一妻多夫之族，分布於印度地方者也。《唐書》又云：瞻博，或曰瞻婆。北距兢伽河。恒河。顯慶中，與婆岸、千支弗、舍跋若、磨臘四國並遣使者入朝。千支當奪弗字。在西南海中，本南天竺屬國。亦曰半支跋，若唐言五山也。北距多摩萇。又云：多摩萇，東距婆鳳，西多隆，南千支弗，北訶陵。顯慶中貢方物。伯希和云：此訶陵非在今爪哇島之訶陵，而爲《西域記》之羯餕伽。《册府元龜》載顯慶三年，千私弗、舍利君、摩臘並遣使貢獻，云三國並屬南天竺。舍利君即舍跋若，其國難考。千支弗者，干支弗之譌，乃 Kancipura 建志補羅。之省譯，即今之 Conjeveram 摩剌即賈耽《入四夷路》之没來，《西域記》之秣羅矩吒，固皆在南印度也。

第四章　武韋之亂

第一節　高宗之立

《詩》曰：赫赫宗周，褒姒滅之。滅周者果褒姒邪？抑別有其人也。

太宗十四子，文德皇后長孫氏所生者三：長子承乾，第四子魏王泰，第九子晉王治是也。承乾立爲太子。《舊書·傳》曰：先患足，行甚艱難，而泰有美譽，太宗漸愛重之，潛懷奪適之計，各樹朋黨，遂成釁隙。《新書·傳》曰：承乾使户奴數十百人習音聲，學胡人椎髻，翦采爲舞衣，尋橦跳劍，鼓鞞聲晝夜不絕。造大銅鑪、六熟鼎，招亡奴盜取人牛馬，親視烹燖，召所幸廝養共食之。又好突厥言及所服，選貌類胡者，被以羊裘，辮髮。五人建一落，張氈舍，造五狼頭纛，分戟爲陳，繫幡旗，設穹廬自居。使諸部斂羊以烹，抽佩刀割肉相啗。承乾身作可汗死，使衆號哭剺面，奔馬環臨。忽復起，曰："使我有天下，將數萬騎到金城，見第二章第二節。然後解髮，委身思摩當一設，顧不快邪？"其辭容有溢惡，然自典午已來，漸胡俗者甚多，唐亦起代北，則此亦理所可有，承乾蓋隋房陵王一流人。承乾之惡，又見張玄素、于志寧傳。時二人爲宮僚，諫諍，承乾皆遣客刺之。魏王雖有奪宗之謀，承乾初非無過也。泰，太宗以其好士愛文學，特令就府別置文學館，任自引召學士，月給料物，有踰於皇太子。泰乃招駙馬都尉柴令武、房遺愛等二十餘人，厚加贈遺，寄以腹心。令武，紹子。紹妻，高祖女平陽公主也，見第二章第六節。令武又尚太宗女巴陵公主。遺愛，見下。黄門侍郎韋挺，工部尚書杜楚客，如晦弟。相繼攝泰府事，俱爲泰要結朝臣，津通賂遺。其奪宗之謀，亦不下於隋煬帝也。承乾召壯士左副衛率封師進，及刺客張師政、紇干承基，令殺泰，不克。尋與漢王元昌，高祖第七子。兵部尚書侯君集，左屯衛中郎將李安儼，隱太子臣。太子敗，安儼爲之力戰，太宗以爲忠，親任之，使典宿衛。洋州刺史趙昂，洋州，今陝西洋縣。昂，高祖女長廣公主之子。駙馬都尉杜荷如晦子。尚太宗女城陽公主。謀反，將縱兵入西宮。胡三省曰：謂大內。以在東宮西，故稱之。貞觀十七年，齊王祐反。祐太宗第五子。十年授齊州都督。齊州，即齊郡。見第二章第六節。《舊書·傳》曰：其舅尚乘直長陰弘智謂祐曰：“王兄弟既多，即上百年之後，須得武士自助。”乃引其妻兄燕弘信謁祐。祐接之甚厚。多賜金帛，令潛募劍士，有昝君謨、梁猛彪者，並以善騎射，得幸於祐。長史權萬紀斥逐之。而祐潛遣招延，狎暱愈甚，萬紀斥出，不許與祐相見。祐及君謨謀，殺萬紀。事泄，萬紀悉收繫獄，發驛奏聞。詔刑部尚書劉德威往按之，並追祐及萬紀入京。祐大懼。俄而萬紀奉詔先行，祐遣燕弘信兄弘亮追射殺之。既殺萬紀，君謨等勸祐起兵。詔遣李勣與劉德威便道發兵討之。《通鑑》云：德威按之，事頗有驗，及祐反，乃詔勣發兵討之。未至，兵曹杜行敏執祐送京師，賜死。此事亦如建成時之廬江，無待論也。《承乾傳》曰：祐反，承乾謂紇干承基曰：我西畔宮牆，去大內正可二十步來耳。此間大親近，豈可並齊王乎？言近易爲變也。《新書》云：豈與齊州等？會承基亦外連齊王，繫獄當死，遂告其事。太宗命長孫無忌等參鞫之，事皆明驗。廢承乾爲庶人，徙黔州。見第二章第七節。十九年，卒於徙所。元昌賜自盡。侯君集等咸伏誅。王珪少子敬直，以尚主太宗女南平公主。拜駙馬都尉，坐與承乾交結，徙於嶺外。《魏徵傳》：徵嘗密薦杜正倫、侯君集有宰相才，徵卒後，正倫以罪黜，君集犯逆伏誅，太宗始疑徵阿黨。徵又自錄前後諫諍言辭往復，以示史官起居郎褚遂良，太宗知之，愈不悅。先許衡山公主降其長子叔武，於是手詔停婚，《廿二史考異》云：《公主傳》：太宗二十一女，無封衡山者，《于志寧傳》云：衡山公主既公除，將下嫁長孫氏，則衡山停婚魏氏後，許嫁長孫。《公主傳》，下嫁長孫氏者，有新興、新城兩公主，未審何人初封衡山也。顧其家漸衰矣。《新書》云：徵之沒，晉王奉詔致祭，帝作文於碑，遂書之，及是，遂僕所爲碑。此事論者皆謂太宗納諫非誠，故積忿至斯而發。然君集固確有反謀。《正倫傳》云：行太子左庶子。太宗謂曰：“我兒全無令譽，私所引接，多是小人，卿可察之。若教示不得，須來告我。”正倫數諫不納，乃以太宗語告之。承乾抗表聞奏。太宗謂正倫曰：“何故漏泄我語？”對曰：“開導不入，故以陛下語嚇之，冀其有懼，或當反善。”帝怒，出爲穀州刺史。又左授交州都督。見第二章第七節。後承乾搆逆，事與侯君集相連，稱遣君集將金帶遺正倫，由是配流驩州。見第二章第二節。《韋挺傳》云：承乾多過失，太宗微有廢立之意，杜正倫以漏泄禁中語左遷。時挺亦與泰事，太宗謂曰：“朕已罪正倫，不忍更置卿於法。”特原之。然則正倫所泄者，乃太宗欲廢立之意，非教示不得須來告我之語也；又與侯君集交關；太宗安得不因此而疑及徵？且安知叔武之不爲杜荷、王敬直乎？若然，則停其婚者，正所以保全之矣。

承乾既廢，泰亦同敗，晉王乃獲漁人之利焉。《舊書·泰傳》曰：承乾敗，太宗面加譴讓。承乾曰：“臣貴爲太子，更何所求？但爲泰所圖，與朝臣謀自安之道，不逞之人，遂敎臣爲不軌。今若以泰爲太子，所謂落其度內。”太宗謂侍臣曰：“承乾言亦是。我若立泰，便是儲君之位，可經求而得。泰立，承乾、晉王皆不存，晉王立，泰共承乾可無恙也。”乃幽泰於將作監，下詔降封東萊郡王。因謂侍臣曰：“自今太子不道，藩王窺伺者，兩棄之，傳之子孫，以爲永制。”尋改封順陽王，徙居郇鄉。今湖北郇縣。二十一年，進封濮王。永徽三年，薨於郇鄉。《長孫無忌傳》曰：承乾得罪，太宗欲立晉王，而限以非次，回惑不決。御兩儀殿，羣官盡出，獨留無忌及房玄齡、李勣。謂曰：“我三子一弟，所爲如此，我心無憀。”因自投於牀，抽佩刀欲自刺。無忌等驚懼，爭前扶抱，取佩刀以授晉王。無忌等請太宗所欲。報曰：“我欲立晉王。”無忌曰：“謹奉詔。有異議者，臣請斬之。”太宗謂晉王曰：“汝舅許汝，宜拜謝。”晉王因下拜。太宗謂無忌等曰：“公等既符我意，未知物論何如？”無忌曰：“晉王仁孝，天下屬心久矣。伏乞召問百僚，若不蹈舞同音，臣負陛下萬死。”於是建立遂定。尋又欲立吳王恪。無忌密爭之，其事遂輟。恪，太宗第三子。太宗次子楚王寬早卒，故承乾、泰廢，以嫡當立晉王，以長則恪亦可立。《新書·傳》曰：恪善騎射，有文武才；母隋煬帝女，地親望高；中外所向。帝初以晉王爲太子，又欲立恪。長孫無忌固爭。帝曰：“公豈以非己甥邪？且兒英果類我，若保護舅氏未可知。”無忌曰：“晉王仁厚，守文之良主。且舉棊不定則敗，況儲位乎？”帝乃止。故無忌常惡之。永徽中，房遺愛謀反，因遂誅恪，以絕天下望。臨刑呼曰：“社稷有靈，無忌且族滅。”《泰傳》曰：太子敗，帝陰許立泰，岑文本、劉洎請遂立泰爲太子。長孫無忌固欲立晉王。帝以太原石文有治萬吉，復欲從無忌。泰微知之。因語晉王：“爾善元昌，得無及乎？”王憂甚。帝怪之。以故對。會召承乾譙勒，承乾言若泰爲太子，正使其得計。帝乃幽泰，降王東萊。然猶謂無忌曰：“公勸我立雉奴，雉奴仁懦，得無爲宗社憂？”夫君臣父子之際，人所難言，《舊書·褚遂良傳》曰：魏王爲太宗所愛，禮秩如嫡。貞觀十五年，太宗問侍臣：“當今國家，何事最急？”遂良進曰：“太子諸王，須有定分，陛下宜爲萬代法，以遺子孫。”太宗曰：“此言是也。”因言：“公等爲朕搜訪賢德，以傅儲宮，爰及諸王，咸求正士。”又曰：“事人歲久，即分義情深，非意窺窬，多由此作。”於是限王府官僚，不得過四考。則當時文武之官，各有託附，親戚之內，分爲朋黨，黜泰詔語。太宗亦頗知之，特不審耳。若羣臣則豈有不知者？然終莫能爲太宗言之。然則當承乾獲罪，太宗意未宣露之際，無忌安敢固執欲立晉王？且太宗豈以石文決事者乎？《傳》又曰：承乾廢，魏王泰入侍，太宗面許立爲太子。因謂侍臣曰："昨青雀自投我懷，云臣今日始得與陛下爲子，更生之日也。臣惟有一子，臣百年之後，當爲陛下殺之，傳國晉王。父子之道，故當天性，我見其如此，甚憐之。"遂良進曰："陛下失言。伏願審思，無令錯誤也。安有陛下百年後，魏王執權，爲天下主，而能殺其愛子，傳國晉王者乎？陛下昔立承乾，復寵愛魏王，嫡庶不分，所以至此，殷鑒不遠，足爲龜鏡。今立魏王，伏願別安置晉王，始得安全耳。"太宗涕泗交下曰："我不能。"即日召長孫無忌、房玄齡、李勣與遂良等定策，立晉王爲皇太子。斯言尤野。安有如此誕謾之辭而可欺太宗者？《無忌傳》言定策者固無遂良名，而《新書·遂良傳》，載其貶愛州後^{事見下節}上表云："往者承乾廢，岑文本、劉洎奏東宮不可少曠，宜遣濮王居之，臣引義固爭，明日仗入，先帝留無忌、玄齡、勣及臣定策，立陛下。"疑其表亦不足信也。太宗廢承乾，亦兼廢泰，似甚英斷，爲中主所不及。然果如此，先何得寵泰，使之禮秩如嫡？竊疑是時泰奪宗之謀，亦必大彰露，其事醜惡，史官諱之不書，附會揣測之辭，遂因之而多也。然遂良雖不與定策，而其與長孫無忌如驂之靳，則固不疑矣。

晉王既立，魏王之黨，陰謀仍未嘗息。《舊書·劉洎傳》曰：太宗征遼，令洎與高士廉、馬周留輔皇太子定州監國。^{定州見第二章第四節。}太宗謂洎曰："我今遠征，使卿輔翼太子，社稷安危之機，所寄尤重，卿宜深識我意。"洎進曰："願陛下無憂。大臣有愆失者，臣謹即行誅。"太宗以其妄發，頗怪之。謂曰："君不密則失臣，臣不密則失身。卿性疏而大健，恐以此取敗。深宜戒慎，以保終吉。"十九年。太宗遼東還，發定州，在道不康。洎與馬周入謁。出，褚遂良傳問起居。洎泣曰："聖體患癰，極可憂懼。"遂良誣奏之曰："洎云：'國家之事不足慮。正當傅少主行伊、霍故事，大臣有異志者誅之，自然定矣。'"太宗疾愈，詔問其故。洎以實對，又引馬周以自明。太宗問周，周對與洎所陳不異。遂良又執證不已。^{《通鑑考異》引《實錄》云：洎以實對。遂良執證之不已。洎引馬周自明。太宗問周。周對與洎所陳不異。帝以詰遂良，遂良又證周譖之，較爲明白。《舊書》與《鑑》，所本者同，而辭不完具，且頗失次。}乃賜洎自盡。洎臨引決，請紙筆欲有所奏。憲司不與，太宗知，怒之，並令屬吏。則天臨朝，其子弘業上言："洎被遂良譖而死。"詔令復其官爵。此事之必非如此，無待於言。《唐書》之文，本於《實錄》，見《通鑑考異》。《通鑑》不信遂良譖之之說，然又載詔云："洎與人竊議，窺窬萬一，謀執朝衡，自處伊、霍，猜忌大臣，皆欲誅戮，宜賜自盡。"則太宗固信其欲謀危東宮。此時而謀危東宮，談何容易？洎若懷此志，豈得泄之於褚遂良？疑遂良所以譖之，太宗所以殺之者，其故實別有在，詔語特誣辭也。洎與岑文本同黨魏王，文本是時，已從征遼而死，泊之所處，實甚孤危，而猶相齮齕如此，朋黨分爭之烈，可以想見。史所傳太宗屬泊之語，雖不足信，而其嘗有所屬，則似無可疑。豈既立晉王，又慮長孫無忌威權過重，而特以魏王之黨參之邪？

　　貞觀二十三年五月，太宗崩。治立，是爲高宗。《新書·張行成傳》曰：高宗即位，晉州地震不息，晉州，今山西臨汾縣。帝問之。對曰："天陽也，君象。地陰也，臣象。君宜動，臣宜靜。今靜者顧動，恐女謁用事，人臣陰謀。又諸王、公主，參承起居，或伺間隙，宜明設防閑。且晉陛下本封，應不虛發。伏願深思，以杜未萌。"此時之情勢可見。果也，至永徽四年，而有房遺愛之變。遺愛，玄齡次子也，尚太宗女高陽公主。玄齡卒，子遺直嗣。《舊書·傳》曰：初主有寵於太宗，故遺愛特承恩遇，與諸主婿禮秩絶異。主既驕恣，謀黜遺直而奪其封爵，誣告遺直無禮於己。高宗令長孫無忌鞫其事，因得主與遺愛謀反狀，《通鑑》云：公主使人誣告遺直無禮於己。遺直亦言遺愛及主罪。云罪盈惡稔，恐累臣私門。上令長孫無忌鞫之，更獲遺愛及主反狀。遺愛伏誅，主賜自盡，諸子配流嶺表。遺直以父功，特宥之，除名爲庶人。時牽連獲罪者：有寧州刺史薛萬徹，嵐州刺史柴令武，皆主婿也，萬徹尚高祖女丹陽公主。寧州見第二章第四節。嵐州見第三章第一節。伏誅。高祖第六子荊王元景及吳王恪、巴陵公主賜死。左驍衛將軍執失思力，亦主婿也，思力突厥酋長，隨隋蕭后入朝，擊薛延陀、平吐谷渾有功。尚高祖女九江公主。配流巂州。見第三章第一節。侍中宇文節、太常卿江夏王道宗見第三章第二節。配流桂州。見第二章第二節。此據《舊書·本紀》。《傳》及《新書·傳》皆作象州，今廣西象縣。恪母弟蜀王愔廢爲庶人。令封兄哲威徙嶺南，蓋文武各有託附，親戚分爲朋黨之禍，至斯畢作矣。高宗之黨，是時可謂全勝，然不旋踵而斃於武后。螳螂捕蟬，黃雀又隨其後。世事之變幻可勝慨哉！唐起代北，驕淫矜夸之習，積之已久，勢不能無所發泄。太宗之後，承乾儻獲繼位，未必不爲齊文宣，泰而獲遂所求，亦未必不爲隋煬帝。然大化遷流，往事終不可以復演也。天乃又易一局，使庸懦者承之。以牝鷄司晨，肆其淫暴而極之於天寶，而唐遂終以自斃矣。發泄之途不同，而有所蘊者，終必一肆其毒而後已，不亦重可懼乎？然滅周者果褒姒邪？抑別有其人也。

第二節　武后得政代唐

　　武后，并州文水人。今山西文水縣。父士彠。大業末，爲鷹揚府隊正。唐兵起，從平京城。貞觀中，累遷工部尚書、荊州都督。荊州見第二章第三節。后年十四,太宗聞其美容止,召入宮,立爲才人。太宗崩,爲尼,居感業寺。高宗於寺見之,復召入宮,拜昭儀。皇后王氏、良娣蕭氏與昭儀争寵,互讒毁之,帝皆不納。《舊書·后紀》。《紀》又云:進號宸妃。《通鑑》云:唐因隋制,後宮有貴妃、淑妃、德妃、賢妃,皆視一品。上欲特置宸妃,以武昭儀爲之。韓瑗、來濟諫,以爲故事無之,乃止。《考異》曰:《唐曆》云:瑗、濟諫帝不從。按立武后詔書猶云昭儀武氏,則未嘗爲宸妃也。今從《會要》。《新書·后傳》云:高宗爲太子時入侍,悦之。王皇后久無子,蕭淑妃方幸,后陰不悦。他日,帝過佛廬,才人見且泣,帝感動。后廉知狀,引納後宮,以撓妃寵。武后之入宮,未知其在何年。《舊書·高宗本紀》:永徽三年七月,立陳王忠爲皇太子。《忠傳》曰:王皇后無子,其舅中書令柳奭説后,謀立忠爲太子,以忠母賤,冀其親己。后然之。奭與尚書右僕射褚遂良、侍中韓瑗諷太尉長孫無忌、右僕射于志寧等固請立忠爲儲後。高宗許之。案高宗在位三十四年,崩年五十有六,則其即位之三年,年僅二十有五,中宮無子,理宜待之,而亟亟於立庶者?武后長子弘生於是年,《舊書·忠傳》云:王皇后被廢,武昭儀所生皇子弘年三歲,案弘薨於上元二年,年二十四,新舊書同,則永徽六年,年當四歲。蓋古人計年,有如今人以虚年計者,亦有如西俗,周歲然後增年者。《弘傳》所云,以虚年計,《忠傳》所云,以足歲計也。然則弘實生於永徽三年。蓋慮其以有子而奪適?則是時王后之位,已頗危矣。然建儲之謀,卒不能戢易后之議。六年六月,昭儀誣后與其母柳氏共爲厭勝。敕禁柳氏入宮。奭亦貶謫。時中書舍人李義府,爲長孫無忌所惡,左遷。詔未下,義府陰知之。問計於同僚王德儉。德儉教以建策立昭儀。義府於是復留,且超拜中書侍郎,參知政事。德儉者,許敬宗之甥。敬宗時爲衛尉卿。敬宗爲后黨,而義府問計於其甥,知后與朝臣,久有交關矣。易后之説既起,高宗召無忌、遂良、志寧及李勣問焉。勣稱疾不入。志寧無言,以持兩端。惟遂良争之甚力。韓瑗及中書侍郎來濟亦力諫。他日,勣入,帝問之。勣曰:“此陛下家事,何必問外人?”許敬宗亦宣言於朝曰:“田舍子賸穫十斛麥,尚欲更故婦,況天子邪?”乃貶遂良爲潭州都督。今湖南長沙縣。下詔云:王皇后、蕭淑妃謀行鴆毒,廢爲庶人。后母、兄及淑妃兄弟皆流嶺南,而立昭儀爲后。時十一月也。后與淑妃,皆爲武后所殺。《舊書·后妃傳》云:廢后及蕭良娣皆爲庶人,囚之別院。武昭儀令人皆縊殺之。又云:初囚,高宗念之,間行至其所。見其室封閉極密,惟開一竅通食器出入。高宗惻然,呼曰:“皇后、淑妃安在?”庶人泣而對曰:“妾等得罪,廢棄爲宮婢,何得更有尊稱?”又曰:“今至尊思及疇昔,使妾等再見日月,出入院中,望改此院爲回心院,妾等再生之年。”高宗曰:“朕即有處置。”武后知之,令人杖庶人及蕭氏各一百,截去手足,投於酒甕中,曰:“令此二嫗骨醉。”數日而卒。二説自相違異,蓋古人著書,信以傳信,疑以傳疑,並存其説,以待後人之抉擇,原不謂其必可信也。武后語不足信者極多,舉此一事,以例其餘,不再一一致辯。蕭淑妃亦作蕭良娣者,《通鑑考異》曰:“新舊《唐書》或作蕭淑妃,或作蕭良娣。《實録》皆作良娣。廢皇后詔亦曰良娣蕭氏。當時後宮位號,無良娣名,惟漢世太子宮有良娣,疑高宗在東宮時,蕭爲良娣,及即位拜淑妃也。”案廢后詔亦曰良娣者，或史所傳詔書未必皆元文，唐人史筆尚不甚謹嚴也。然則以立后稱昭儀，而謂武后未嘗爲宸妃，亦難遽斷矣。明年，爲顯慶元年，正月，廢太子，立后子代王弘。二年三月，遂良改桂州都督。見第二章第二節。八月，許敬宗、李義府奏韓瑗、來濟與遂良潛謀不軌，以桂州用武之地，以授遂良，欲以爲外援。乃貶瑗爲振州，今廣東崖縣。濟爲台州，今浙江臨海縣。遂良爲愛州刺史。見第二章第七節。柳奭亦自榮州再貶象州。新舊《書》皆作愛州。《通鑑考異》云誤，從《實錄》作象州。榮州，今四川榮縣。四年，洛陽人李奉節告太子洗馬韋季方、監察御史李巢朋黨。敕侍中許敬宗、辛茂將鞫之。季方自刺不死。敬宗因奏季方欲與無忌搆陷忠臣近戚，使權歸無忌，伺隙謀反。於是削無忌太尉，以爲揚州都督，今江蘇江都縣。於黔州安置。見第二章第七節。敬宗又奏無忌謀逆，由褚遂良、柳奭、韓瑗搆扇，奭仍潛通宮掖，謀行鴆毒。時遂良已卒，追削官爵。奭與瑗並除名。于志寧亦以黨附無忌免官。遣使發道次兵援送無忌詣黔州。諸子皆流嶺表。遂良二子流愛州，於道殺之。無忌族弟儉，尚太宗女新城公主，其女兄，韓瑗妻也，儉坐流巂州。見第三章第一節。至流所，縣令希旨杖殺之。儉甥趙持滿，善騎射，喜任俠，時爲涼州長史，見第三章第二節。敬宗亦誣其與無忌謀反，殺之。命御史往高州見第二章第二節。追無忌族弟恩，象州追柳奭，振州追韓瑗，並枷鎖詣京師。旋又命許敬宗等覆按無忌事。敬宗遣人詣黔州逼令自縊。詔柳奭、韓瑗所至斬決。奭死於象州。瑗已死，發驗而還。長孫恩流檀州。今河北密雲縣。籍没三家，近親皆流嶺表爲奴婢。明年，徙來濟庭州。見第三章第六節。龍朔二年，西突厥入寇，濟赴敵死焉。此事爲唐初一大獄。懿戚、舊臣，相繼就戮，非極暴虐無忌憚者，不敢出此。高宗聽武后爲之而不能止，可見其昏庸異於尋常矣。長孫無忌、褚遂良等非必正人，然太宗之政，究有典型，使任此等舊人，必不能遽大壞，永徽之治，史稱其有貞觀遺風，由此也。至險詖徼幸者競進，而朝局不可問矣。當時亂政最甚者爲李義府。后立之歲，即以中書侍郎同平章事。顯慶三年，復爲中書令。性既貪冒，母、妻、諸子、女婿，又皆賣官鬻獄，其門如市。雖不久而敗，而四年八月，復同三品。至龍朔三年，乃以典選賣官流巂州。武后時貪夫競進，淫刑以逞，實皆自大帝時已然矣。

　　高宗八子：長廢太子忠。次原王孝，早薨。麟德元年。次澤王上金。次許王素節。素節母，蕭淑妃也。次弘，次賢，次哲，即中宗。初名顯，封周王。儀鳳二年，徙封英王，改名哲。武后聖曆元年，召還東都，立爲皇太子，依舊名顯。次旦，即睿宗。初名旭輪，封殷王。乾封元年，徙封豫王。總章二年，徙封冀王。去旭字。上元二年，徙封相王。儀鳳三年，改名旦。徙封豫王，降爲皇嗣，依舊名輪。中宗爲太子，封爲相王，又改名旦。皆武后所生。忠之廢，封爲梁王，爲梁州都督。今陝西南鄭縣。後徙房州。今湖北房縣。顯慶五年，廢爲庶人。徙黔州，囚於承乾故宅。帝自顯慶已後，多苦風疾，百司表奏，皆委后詳決。《舊書·后紀》。后因牽制帝，專威福。帝不能堪。《新書·上官儀傳》。麟德元年，后召方士郭行真入禁中爲蠱祝。宦人王伏勝發之。上密召西臺侍郎上官儀謀廢后。左右馳告后。后詣帝上訴。帝羞縮，待之如初。《新書·后傳》。儀先爲陳王諮議，與伏勝俱事忠，於是許敬宗奏儀、伏勝與忠謀大逆。儀、伏勝皆被殺。忠亦賜死。上元元年八月，帝稱天皇，后稱天后。自誅上官儀後，上每視朝，后垂簾於御坐後，政事大小，皆與聞之，内外稱爲二聖。帝欲下詔令后攝國政，中書侍郎郝處俊諫止之。《舊書·高宗紀》上元二年。又《李義琰傳》，義琰亦諫止帝。后乃更爲太平文治事，大集諸儒内禁殿，譔定《列女傳》、《臣軌》、《百寮新誡》、《樂書》等。因令學士密裁可奏議，分宰相權。后自立後即與政事，至是二十年矣。是歲，太子弘卒。新、舊《書·弘傳》皆云：弘以蕭淑妃女義陽、宣城二公主幽掖庭，年踰三十，請即出降，忤后意。惟《舊書》不云弘被害，《新書》則云遇酖，《本紀》又徑書天后殺皇太子。《通鑑考異》云：《實錄》亦不言弘遇害，《唐曆》則云請嫁二公主，不以壽終，而李泌對肅宗，亦有天后圖臨朝鴆殺弘之語。案請降二公主，何至一怒而欲殺？武后是時欲圖臨朝，豈復弘所能沮？則謂后殺弘殆不足信也。弘既死，乃立賢爲太子。永隆元年，又廢之。新、舊《書》皆云：有明崇儼者，以左道事后，言英王類太宗而相王貴，賢聞惡之。宮人或傳賢爲后姊韓國夫人所生。賢聞之，益自疑。調露中，天子在東都，崇儼爲盜所殺，后疑賢謀，遣人發其陰事。詔中書侍郎薛元超、黄門侍郎裴炎、御史大夫高智周與法官雜治之。於東宮馬坊搜得皂甲數百領。乃焚甲於天津橋，而廢賢爲庶人。開耀元年，徙巴州。今四川巴中縣。及武后廢中宗，命丘神勣往巴州檢校賢宅，神勣逼令自殺。太宗子曹王明，先坐與賢通謀，降封零陵王，徙於黔州，都督謝祐脅令自殺。賢好聲色，與户奴狎昵，事見《舊書·韋思謙傳》，則其人確有失德，然罪不至廢。至於焚甲天津橋，則所以示與人耳。賢在是時，豈能爲武后之害？武后雖殘，亦未聞自殺其子，然則謂賢爲韓國所生，其事或不誣也。賢既死，乃立哲爲太子。弘道元年十二月，高宗崩，哲立，是爲中宗。

　　中宗之立，太后臨朝稱制。明年，中宗嗣聖。武后廢立，改元文明。九月，又改爲光宅。二月，廢帝爲廬陵王，而立豫王旦。后仍臨朝。九月，李勣孫敬業及其弟敬猷、唐之奇、駱賓王、杜求仁等起兵揚州。敬業爲眉州刺史，坐事貶柳州司馬。敬猷爲盩厔令，免官。之奇爲給事中，貶括蒼令。賓王爲長安主簿，貶臨海丞。求仁爲詹事司直，貶黟令。又魏思温，嘗爲御史被黜，是時爲盩厔尉。皆不得志之徒也。眉州，今四川眉山縣。柳州，今廣西馬平縣。盩厔，今陝西盩厔縣。括蒼，今浙江麗水縣。臨海郡，即台州。黟，今安徽黟縣。太后遣淮安王神通孫孝逸討之。神通,見第二章第六節。敬業黨魏思溫勸其直指東都,而薛璋欲先取常、潤。常州,今江蘇武進縣。潤州,今江蘇鎮江縣。敬業從璋計,渡江取潤州。還兵拒孝逸於高郵。見第二章第七節。敗,走潤州。欲入海,爲其下所殺。《舊書·裴炎傳》曰:中宗既立,欲以后父韋玄貞爲侍中,又欲與乳母五品。炎固爭以爲不可。中宗不悦,謂左右曰:"我讓國與玄貞豈不得?何爲惜侍中邪?"炎懼,乃與則天定策廢立。炎與中書侍郎劉褘之、羽林將軍程務挺、張虔勖等勒兵入内,宣太后令,扶帝下殿。徐敬業構逆,太后召炎議事,炎奏曰:"皇帝年長,未俾親政,乃致猾豎有辭。若太后返政,則此賊不討而解矣。"御史崔詧聞而奏炎有異圖,炎遂見殺。鳳閣侍郎胡元範明炎不反,流死瓊州。今廣東瓊山縣。納言劉齊賢、吏部侍郎郭待舉皆坐救炎貶。程務挺時爲安撫大使,督兵以禦突厥。炎下獄,務挺密表申理,由是忤旨。務挺素與唐之奇、杜求仁友善,或構其與裴炎、徐敬業皆潛相應接,武后遣就軍斬之。夏州都督王方翼,夏州見第二章第二節。王后從祖兄也,有邊功,與務挺親善,徵下獄,流死崖州。在今瓊山縣境。《新書·炎傳》曰:豫王雖爲帝,未嘗省天下事。炎謀乘太后出游龍門,即伊闕。在洛陽南。以兵執之,還政天子。會久雨,太后不出而止。《劉仁軌傳》曰:裴炎下獄,仁軌方留守京師。郎將姜嗣宗以使來,因語炎事,且曰:"炎異於常久矣。"仁軌曰:"使人知邪?"曰:"知。"及還,表嗣宗知炎反狀不告。太后怒,拉殺之。觀此二事,炎似確有意於兵諫。然亦不過欲返政睿宗而已,未嘗欲復中宗也。《舊書·劉褘之傳》:褘之嘗竊語鳳閣舍人賈大隱曰:"太后既能廢昏立明,何用臨朝稱制?不如返政以安天下之心。"其意正與炎同。是則廢立之舉,當時輿論,並不以爲不然,可見中宗之不克負荷。《炎傳》論云:惟慮中宗之過失,不見太后之苞藏,自是當時實況,然則敬業等之舉動,謂其非叛焉不可也。至救炎者之駢死,則自出於猜忌。李孝逸雖有功,既爲唐之宗室,自亦不能免矣。垂拱二年二月,左遷施州刺史。今湖北恩施縣。三年十一月,《新書·本紀》,事在天授二年,《通鑑》從《舊傳》及《實録》在此月。復被構流儋州,死。今廣東儋縣。

　　武后之廢中宗,非遂有意於革命也,然其爲人也,貪於權勢而不知止,而導諛貢媚之徒,復不惜爲矯誣以逢迎之,則推波助瀾,不知所止矣。垂拱二年正月,太后下詔復政,睿宗知其非情,固讓,后仍臨朝稱制。四年二月,毀乾元殿,就其地造明堂。四月,兄子承嗣,僞造瑞石,文云聖母臨人,永昌帝業。令雍州人唐同泰雍州,後改爲京兆府,今陝西長安縣。表稱獲之洛水。太后大悦,號其石爲寶圖。五月,后加尊號曰聖母神皇。七月,大赦天下,改寶圖曰天授聖圖。封洛水神爲顯聖,加位特進,並立廟,就水側置永昌縣,變革之機肇矣。時高

祖之子在者，尚有韓王元嘉、第十一。霍王元軌、第十四。舒王元召、第十八。魯王
靈夔；第十九。太宗之子在者，有越王貞、第八。紀王慎。第十。后之稱制，貞與元
嘉、元軌、靈夔，及元嘉子黃國公譔，元軌子江都王緒，靈夔子范陽王藹，及貞
長子琅邪王沖等，密有匡復之志。后以明堂成，將行大享之禮，追皇宗赴集。
元嘉等遞相語曰：“大享之際，神皇必遣人告諸王密，因大行誅戮，皇家子弟，
無遺種矣。”於是譔詐爲皇帝璽書與沖曰：“朕被幽繫，王等宜各救拔我也。”沖
又僞爲璽書，云神皇欲移國祚。沖時爲博州刺史，今山東聊城縣。遂起兵。貞亦
自蔡州應之。今河南汝南縣。太后遣丘神勣討沖，麴崇裕、岑長倩討貞。沖攻武
水，縣，在今聊城西南。不克，還走州，爲守門者所殺。神勣未至，亂已平矣。貞子
規，逆官軍而敗，與貞俱自殺。於是收韓、魯二王及黃公誅之。霍王廢徙黔
州，行至陳倉縣，後改名寶雞，今陝西寶雞縣。而死。江都王戮於市。范陽王知越王
必敗，發其謀，得不誅，後亦爲酷吏所殺。沖弟常山公倩，坐與父兄連謀誅。
温，以前告流嶺南，尋卒。東莞公融，高祖子號王鳳之子也，爲申州刺史。今河
南信陽縣。得越王書，倉卒不能應，爲僚吏所逼，奏之，得擢授，尋爲支黨所引，仍
被誅。壽州刺史趙瓌，壽州見第二章第三節。妻高祖女常樂長公主也。越王將起
兵，作書告之，瓌許率兵相應；公主對使者，復有激厲諸王之語；皆伏誅。濟州
刺史薛顗，濟州，在今山東茌平縣西南。太宗女城陽長公主子也，及弟緒、紹，皆與琅
邪王通謀，顗、緒皆誅，紹以尚武后女太平公主，死於獄。於是海內更無與后
抗者，變革之機益亟。是歲十二月，神皇拜洛受圖。《天授聖圖》。明堂成。明年
正月，親享。大赦天下。改元曰永昌。十一月，依周制改爲建子，以是月爲正
月。改元延載。至久視元年，乃復夏正。自以曌字爲名。讀如照。改詔書曰制書，避嫌名
也。有沙門十人，僞撰《大雲經》表上之，盛言神皇受命之事，制頒於天下。九
月九日，遂革唐命，改國號爲周。武氏自託於周，謂周平王少子，生而有文在手曰武，遂以爲
氏，故其自王，追尊周文王爲始祖文皇帝，而謚所謂平王少子者曰睿祖康皇帝。改元天授。加尊
號曰聖神皇帝。降皇帝爲皇嗣，賜姓武氏。

　　武后以一女主，而易姓革命，開曠古未有之局，論者多以爲奇，其實無足
異也。專制之世，政權誰屬，人民本不過問；天澤之分既嚴，稱兵廢置，往往有
反叛之嫌，苟非握大權，擁强兵，自度全國莫能與抗者，亦多不敢爲是；此歷代
篡奪之主，所以獲安其位也。母后臨朝，有帝王之實者，本自不乏，特未嘗居
其名耳。武后在高宗時，盜竊政柄，已餘二十年，其形勢，又非他臨朝攝政者
比，實既至矣，易其名何難？特視其欲不欲耳。武后爲縱恣而無忌憚之人，有
以曠古未有之局歆之者，自將試爲之，而革命之局成矣。若謂皇帝之名，本無

足歆，居之，徒足招人譏議，且授人以攻擊之柄而自蹈危機，何必爲是？則試問至二十世紀，皇帝之名，更何足歆？袁世凱何以猶冒不韙而爲之，以致身敗名裂乎？從來居權勢之地者，多無學識，亦罕能深思遠慮，不能以讀史者之見衡之，求之深而反失之也。

第三節　武　后　政　治

武后何如主？曰：暴主也。然亦暴主之一耳，謂其暴有特甚於他暴主之處，亦不其然。

后詒毒最甚者，爲其淫刑以逞。殺人既多，即親族亦不得免，后自殺其子，已見上節。殘害武氏親屬，見第五節。又中宗妃趙氏，睿宗妃劉氏、竇氏，亦皆爲后所殺，見《新書·后妃傳》。論者因謂其殘酷有過尋常。考后之任刑，實自廢中宗時始，《通鑑》：中宗廢後，有飛騎十餘人，飲於坊曲。一人言："鄉知別無勳賞，不若奉廬陵。"一人起出，詣北門告之。坐未散，皆捕得。繫羽林獄。言者斬，餘以知反不告絞，告者除五品官。告密之端，自此興矣。至徐敬業叛而益甚。乃置匭朝堂，以受密奏。事在垂拱二年三月。有告密者，皆給公乘，州縣護送至闕下，廩之賓館，稱旨者則授之爵賞以誘之。《舊書·酷吏傳》文。酷吏遂乘時而起。后時酷吏，見於《舊書》列傳者十一人，曰來俊臣，曰周興，曰傅游藝，曰丘神勣，曰索元禮，曰侯思止，曰萬國俊，曰來子珣，曰王弘義，曰郭霸，曰吉頊。此特其事之有傳於後者耳，非謂其爲最酷者也。中宗神龍元年三月，嘗列舉當時酷吏已死者及未死者，加以懲處，凡二十七人。玄宗開元十三年三月，御史大夫程行諶，又就此二十七人，加以區別，其中二十三人罪較重，子孫不許與官，四人罪較輕，但不許近仕而已。見《本紀》及《酷吏傳》。丘神勣即在較輕之四人中也。此二十七人，蓋當時爲虐最甚者，其餘尚難悉數。如《刑法志》及《來俊臣傳》，尚有康暐、衛遂忠、彭先覺是也。又《舊書·崔元綜傳》，言其每受制鞫獄，必披毛求疵，陷於重辟；《外戚傳》言武懿宗自天授已來，常受中旨推鞫制獄。王公大臣，多被陷成其罪，亦皆是。其時平恕之吏，首推徐有功，次則杜景儉、裴守真、李日知、嚴善思等。然區區補救，不能戢其凶燄也。景儉，《新書》作景佺，今從《舊書》。《通鑑》云：《實錄》同。后乃置詔獄，《舊書·刑法志》云：周興、來俊臣等相次受制推究大獄，乃於都城麗景門內別置推事使院，時人謂之新開獄。《新書·酷吏傳》作新開門。又云：武后欲因大獄去異己者，索元禮揣旨，即上書言急變召對，擢游擊將軍，爲推使。即洛州牧院爲制獄。洛州，見第三章第三節，後改爲河南府。令單車專斷於外。《通鑑》：天授二年，御史中丞知大夫事李嗣真上疏曰：比日獄官，單車奉使，推鞫既定，法家依斷，不令重推；或臨時專決，不復聞奏。又長壽元年，萬年主簿徐堅上疏曰：比有救，推按反者，令使者得實，即行斬決。萬年見第三章第一節。諸酷吏則招集無賴，共爲羅織；又使諸囚互相牽引，而多作非刑以求之。詳見兩《書·酷吏傳》。非徒酷吏然也，即武后亦自用之。如郝處俊孫象賢，垂拱中爲太子通事舍人，坐事誅，臨刑言多不順，后大怒，令斬訖仍支解其體，發其父母墳墓，焚蓺尸體，處俊亦坐斲棺毀柩。又如閻知微，爲突厥所立，此實出迫脅，事見下節，而朝廷以為賣國,夷其族。知微不知,逃還。后以業已然,乃曰:"惡臣疾子,賜百官甘心焉。"於是骨斷臠分,非要職者不能得。此尚有人理邪? **雖后所親任者,亦時遭其禍。** 如魏元忠,嘗為后監李孝逸軍討徐敬業,然尋為周興所陷,免死配流貴州。後起用,復為來俊臣、侯思止所陷,流嶺表。召還。復為張易之、昌宗所陷,下詔獄。又如元萬頃、范履冰、苗神客、周思茂、胡楚賓,皆高宗時以修撰為名,在禁中助后參決政事者。后時,神客、楚賓前卒。萬頃、履冰、思茂,相次為酷吏所殺。李昭德最為后所信,亦為來俊臣誣以謀逆。俊臣雖敗,昭德仍與同日誅。貴州,今廣西貴縣。**非藉告變不得免焉。** 狄仁傑為武后相,長壽元年,來俊臣誣以謀反,仁傑承反。俊臣小寬之。仁傑乃書冤苦置縣衣中,請付家人去其縣。子光遠持之稱變。得召見。鳳閣侍郎樂思晦,先一年被族誅,男年八九歲,宜隸司農,亦上變得召見。言俊臣苛毒,願陛下假條反狀以付之,無大小皆如狀矣。后意少解。乃召見仁傑曰:"卿承反何也?"曰:"不承,已死於枷棓矣。"曰:"何為作謝表?"曰:"無之。"以表示之,乃知其代署也。仁傑乃得免。詳見《舊書·酷吏傳》。**此其殘酷,誠罕倫比。然后所殺戮最甚者,為唐之宗戚**,韓、魯諸王誅後,高祖之子存者,仍有舒王元名。太宗之存者有紀王慎,高宗子存者有澤王上金、許王素節。諸王之叛也,慎獨不與謀,亦繫獄,臨刑放免,流於巴州,行及蒲州而卒。時永昌元年七月也。明年七月,元名為丘神勣所陷,遷於和州、殺其子豫章王亶。時上金為隨州刺史,素節為舒州刺史,武承嗣使周興誣告其謀反,追赴都。素節至都城南,被殺。上金聞之,亦自縊。子七人,六人流死。素節子死者九人,四人以幼長禁雷州。諸王子孫,亦多誅死,幼者咸配流嶺外。又誅其親黨數百家。其幸存者,如章懷太子賢幼子守禮,與睿宗諸子同處宮中,至聖曆元年,睿宗封相王,許出外邸,始與其諸子居於外。中宗遺詔封守禮為邠王。玄宗時,積陰累日,守禮白諸王曰欲晴,果晴。恒陽涉旬,守禮曰即雨,果連澍。岐王等奏之,云邠哥有術。守禮曰:"臣無術也。則天時幽閉宮中十餘年,每歲被勑杖數頓。見瘢痕甚厚。欲雨,臣脊上即沈悶,欲晴即輕健,臣以此知之,非有術也。"因涕泗霑襟。玄宗亦憫然。唐宗室之遭酷虐,可云甚矣。然自來有天下者,誰不欲自除其逼? 此豈武后一人為然? 《舊書·韓休傳》:休伯父大敏,仕武后為鳳閣舍人。梁州都督李行褒為部人誣告,云有逆謀,詔大敏就州推究。或謂曰:"行褒諸李近屬,太后意欲除之。"大敏竟奏雪之。則天俄命御史重覆,遂搆成其罪。大敏坐推反失情,與知反不告得罪,賜死於家。似武后之於諸李,無所縱舍矣。然如濮王泰子千里,褊躁無才,復數進獻符瑞,則終后世無恙。又如太祖玄孫思訓,后時為江都令,以后多殺宗室,棄官去,亦不聞后之追戮也。公主見害者亦多,然太宗女千金公主,以巧媚善進奉,抗疏請以則天為母,反承恩寵。改邑號,為延安大長公主,加實封,賜姓武氏,以其子娶武承嗣女。則后之所除,亦其逼己者而已,此豈后之所獨哉? 蒲州,今山西永濟縣。和州,今安徽和縣。隨州,今湖北隨縣。舒州,今安徽潛江縣。雷州,今廣東海康縣。江都,揚州所治。岐王隆範,玄宗弟,見第七節。**次則大臣,因及一時豪傑**,《新書·徐有功傳》曰:武后僭位,畏唐大臣謀己,於是周興、來俊臣、丘神勣、王弘義等,揣識后指,置總監、牧院諸獄,捕將相,俾相鉤連,又汙引天下豪傑,馳使者,即按一切以反論。此后興大獄之本旨也。《舊書·酷吏傳》曰:朝士多因入朝,默遭掩襲,以至於族,與其家無復音息,每入朝,必與其家訣,曰:"不知重相見不?"其意之所在可見。狄仁傑、魏元忠等,受后信任,不為不厚,仍不免時遭誣陷者以此。且如魏玄同,年已七十有三,尚何能為? 亦何所求? 而為周興所誣,竟至賜死,則以興謂其言太后老當復皇嗣,正觸后之所忌也。裴寂,開國時功臣也,而其孫承先;魏徵,太宗時名臣也,而其子叔璘;劉仁軌,高宗時名將也,且盡心於武后,而其子濬;皆為酷吏所陷。泉男生子獻誠,受父命以一國降,黑齒常之以蕃將有功,殺之何以慰絕域、勸來者? 而皆不得免,后之所忌,亦可見矣。其事皆在變革之前。《舊書·酷吏傳》言:載初元年十月,左臺御史周矩上疏,詔獄稍息,時正初變革時也。其後殺戮最甚者:一爲長壽二年之殺六道流人,一爲神功元年綦連耀之獄,亦皆防其欲圖己而已。后既革命,改元天授。其明年,丘神勣、周興皆敗。索元禮之死,通鑑亦繫是年。又明年,爲長壽元年,來子珣卽流。二年,有上封事言嶺表流人有陰謀逆者,后遣司刑平事萬國俊攝監察御史就按之。國俊至廣州,徧召流人,矯制賜自盡。並號哭稱冤,國俊擁就水曲,殺三百餘人。然後鍛鍊,曲成反狀。更誣奏云:諸道流人,咸有怨望。若不推究,爲變不遥。后乃更遣五使,分往諸道,各殺數百人,遠年雜犯,亦枉受禍。然國俊等亦相繼竄死。明年,爲延載元年,王弘義死。來俊臣亦貶。閱三年,爲神功元年,洛州錄事參軍綦連耀有反謀,來俊臣時爲合宮尉,明堂尉吉頊告之,俊臣上變。太后使武懿宗推之。懿宗令其廣引朝士,凡破三十六家,坐流竄者千餘人。俊臣因此復用,頊亦以進。然俊臣不久卽敗,久視元年,頊亦流嶺表。洛州見第二章第三節。明堂縣,高宗分萬年縣置。合宮縣,武后以東都河南縣改。此固歷代開創之主所同。后之殺唐宗室,亦豈甚於隋文帝之殺宇文氏哉? 故曰:后特暴主之一,謂其暴有特甚於他暴主之處,實不然也。然刑之不祥,終不免濫及平民,如越王貞之敗,緣坐者六七百人,籍没者五千口。賴狄仁傑出爲豫州,密表申理,乃得配流豐州。丘神勣兵未至,琅邪已敗,神勣至州,官吏素服來迎,神勣盡殺之,破千餘家。契丹亂後,武懿宗安撫河北,脅從來歸者,以爲同反,盡殺之。甚至王弘義遊趙、貝,見閭里耆老作邑齋,告人謀反,殺二百餘人。此豈能爲患者邪?豐州,今五原縣。豪猾或轉漏網,裴炎從子伷先,炎死,坐流嶺南,上變求面陳得失。后召見。言宜還太子東宮,罷諸武朝權。后怒,命曳出,杖之朝堂,長流瀼州。歲餘逃歸,爲吏蹟捕,流北廷。無復名檢,專居賄,至數千萬,娶降胡女爲妻。妻有黄金、駿馬、牛羊,以財自雄,養客數百人。自北廷屬京師多其客。詗候朝廷事,聞知十常七八。時補闕李秦授爲后謀曰:"讖言代武者劉,劉無彊姓,殆流人乎? 今大臣流放者數萬族,使其恊亂,社稷憂也。"后謂然,夜拜秦授考功員外,分走使者,齎墨詔慰安流人,實命殺之,伷先前知,以橐馳載金幣賓客奔突厥。行未遠,都護遣兵追之,與格鬥,爲所執,械繫獄,以狀聞。會武后度流人已誅,更遣使者安撫十道,流人存者,一切縱還,伷先得不死。如伷先者,正后所懼,欲連汙一網盡之者也,而卒不能殺。當時如伷先者,豈止一二人哉? 亦幸而天下之勢,未至土崩瓦解耳,不則敵可盡乎? 瀼州,今廣西上思縣。北庭見第三章第六節。甚且身所信任者,卽懷異志焉。《新書·來俊臣傳》云:俊臣知羣臣不敢異己,乃有異圖。常自比石勒。欲告皇嗣及廬陵王與南北衙謀反,因得逞志。其黨衛遂忠發其謀。初俊臣屢掎摭諸武,太平公主、張昌宗等過咎,后不發。至是,諸武怨,共證其罪,有詔斬於西市。謂俊臣欲干大位,似近於誣,然自來酷吏,爲人多近狂易,亦難保其必無此事也。則又不任德而任刑者,百世之鑒矣。

縱侈爲后之大惡,亦非自后始也。唐起代北,又世貴戚,其宫廷本無軌範,已見第三章第一節。自太宗卽有意於封禪,至高宗卒行之。事在乾封元年。又欲立明堂,以歲飢未果。總章二年。據《舊書·禮儀志》,封禪之舉,天后實密贊之。祭地祇及梁父,皆以后爲亞獻。后又屢勸帝封中嶽。高宗嘗三下詔欲封中嶽。一在儀鳳元年,以吐蕃犯塞停。一在調露元年,以突厥溫傅、奉職二部叛停。一在其崩年。初詔以十一月有事，以不豫改來年正月。十一月疾甚，乃詔罷之。十二月，遂崩矣。自其入宮，逮於專政，所習見者如是，一朝得志，安得不肆然行之？后之得寶圖也，既命洛水爲永昌，亦改嵩山爲神嶽。萬歲通天元年，遂封焉。明堂之作，以僧懷義爲使，后之外嬖也。凡役數萬人。號曰萬象神宮。又於明堂後造天堂，以安佛象。高百餘尺。始起建構，爲大風吹倒，俄又重營。其功未畢，而御醫沈南璆得幸，懷義心惋，密燒之。延及明堂皆盡。事在證聖元年。重營之。仍以懷義爲使。萬歲登封元年成。其高二百九十四尺，東西南北廣三百尺。又鑄銅爲九州鼎，置於明堂庭前。神功元年成。神都鼎高丈八尺，受千八百石；餘八州各高丈四尺，受千二百石。都用銅五十六萬七百一十二斤。時又欲造大儀鐘，斂天下三品金，功竟不成。武三思勸率諸蕃酋長，奏請徵斂東都銅、鐵，造天樞於端門外，端門，皇城正南門。立頌以紀功業。延載元年。以姚璹爲督作使。無慮用銅、鐵五萬斤，至斂天下農器以鑄。其高四百有五尺，八面面別五尺，冶鐵象山爲趾，員周四百七十尺。太后自書其榜曰大周萬國頌德天樞。天册萬歲元年。其變革實藉沙門之造《大雲經》，故命諸州各置大雲寺，凡度僧千人。其明年，又令釋教在道法之上，僧、尼處道士、女冠之前。久視元年，欲造大象，使天下僧、尼人日出一錢以助之，以狄仁傑諫而止。長安末，復將建之白司馬坂，在北邙山上。李嶠諫，不納。張廷珪又以爲言，乃罷。后迄居東都，后惟長安元年十月至京師，三年十月遷洛，居西京者兩年，其餘迄在東都。后死，至神龍二年，中宗乃還長安。春秋高，厭居宮中。武三思欲因此市權，乃誘脅羣不肖，建三陽宮於嵩山，事在久視元年，見《舊紀》。興泰宮於壽安縣之萬安山。事在大足四年，亦見《舊紀》。壽安，今河南宜陽縣。請后歲臨幸，己與二張易之、昌宗，見下。扈侍馳騁，竊威福自私焉。工役鉅萬萬，百姓愁歎。《新書·外戚傳》。后之縱侈，視前世可謂加厲矣，然溯其原，則皆自高祖以來開之也。

史頗稱后能用人，誤也。陸贄之告德宗也，曰："往者則天太后，踐阼臨朝，欲收人心，尤務拔擢弘委任之意，開汲引之門。進用不疑，求訪無倦。非但人得薦士，亦許自舉其才。所薦必行，所舉輒試。其於選士之道，豈不傷於容易哉？而課責既嚴，進退皆速，不肖者旋黜，才能者驟昇。是以當世謂知人之明，累朝賴多士之用。"此乃激厲德宗，極言求才貴廣，考課貴精耳。其實武后所用，皆昧死要利，知進而不知退之徒，如狄仁傑、魏元忠即是。次焉者益之以忿戾，如李昭德即是。下焉者諛媚容悦，以全其軀，如姚璹、婁師德、蘇味道、楊再思之徒皆是。璹等皆武后相。璹爲夏官侍郎，坐從父弟敬節同徐敬業之亂，貶桂州都督府長史。訪諸山川、草樹，名號有武字者，皆以爲上應國姓，列奏其事。則天大悦。召拜天官侍郎。天樞之作，璿爲督作使，已見前。明堂災，則天欲責躬避正殿，璿止之。重造明堂，又充使督作。婁師德，弟守代州，辭之官，敎之耐事。弟曰：“人有唾面，潔之乃已。”師德曰：“未也。潔之是逆其怒，正使自乾耳。”蘇味道嘗謂人曰：“處事不欲明。決斷明白，若有錯誤，必詒咎譴，但模棱以持兩端可矣。”時人號爲蘇模棱。楊再思，恭愼畏葸，未嘗忤物。或謂曰：“公名高位重，何必屈折如此？”再思曰：“世路艱難，直者受禍，苟不如此，何以全身？”當時苟免之徒，皆此類也。桂州、代州皆見第二章第二節。**最下**者，則如和逢堯之負鼎，閻朝隱之爲犧，不復知有人間羞恥事矣。《新書·逢堯傳》：武后時，負鼎詣闕下，上書自言，願助天子和飪百度。有司讓曰：“昔桀不道，伊尹負鼎於湯，今天子聖明，百司以和，尚何所調？”逢堯不能答，流莊州。又《文藝傳》：閻朝隱，累遷給事中，仗內供奉。后有疾，令往禱少室山。乃沐浴，伏身俎盤爲犧牲，請代后疾。還奏，會后亦愈，大見褒賜。莊州見第三章第七節。**此安足以云得才？**后喜諛媚，鯁直者多遭害。如載初中，新豐因風雪山移，乃改縣名爲慶山，四方畢賀。江陵人俞文俊，詣闕上書，言“地氣不和而堆阜出。今陛下以女主處陽位，反易剛柔，故地氣隔塞，而山變爲災。”則天大怒，流於嶺外，後爲六道使所殺。即其一事也。見《舊書·忠義傳》。新豐見第二章第六節。江陵，今湖北江陵縣。**其擢授之濫，後世斜封墨敕之原實開焉。**《通鑑》：后革命後，命史務滋等十人巡撫諸道。長壽元年一月，引見存撫使所舉人，悉加擢用。高者試鳳閣舍人、給事中，次試員外郎、侍御史、補闕、拾遺、校書郎。試官自此始。時人爲之語曰：“補闕連車載，拾遺平斗量，欋推侍御史，盌脫校書郎。”**進退之速，正所謂加膝墜淵，適見其賞罰之無章，又安足語於課責也？乃《新書·后傳》，亦從而稱之。**其文曰：“太后不惜爵位，以籠四方豪傑自爲助。雖妄男子，言有所合，輒不次官之，至不稱職，廢誅不少縱，務取實材真賢。”**此則唐世士務進取，變世之後，忘其戮辱之酷，而羨其升進之易，乃相率爲是言耳。**

　　武后非徒不能用人也，又多嬖幸。其始有僧懷義。懷義，鄂人，見第二章第六節。本姓馮，名小寶，因千金公主以進。后欲使出入禁中，乃度爲僧，名懷義。又使與薛紹合族，命紹以季父事之。懷義之造明堂，其屬民已如上述。又多畜惡少年，縱橫犯法，至於毆辱御史。後以寵移，言多不順，后乃選宮人有力者，執而殺之。其寺僧徒，皆流遠惡處。戈矛伏於衽席之間，亦危矣。其後則有張易之、昌宗兄弟。爲置控鶴府，以易之爲監。聖曆二年。後又改爲奉宸府，用爲令。久視元年。多引詞人，以爲供奉。又令選美少年。右補闕朱敬則諫曰：“嗜欲之情，愚智皆同，賢者能節之，不使過度，則前聖格言也。陛下內寵，已有薛懷義、張易之、昌宗，固應足矣。近聞上舍奉御柳模，自言子良賓，潔白美鬚眉；左監門衛長史侯祥云：陽道壯偉，過於薛懷義；專欲自進，堪奉宸內供奉。無禮無儀，溢於朝聽。臣愚職在諫諍，不敢不奏。”以如此褻瀆之辭，形諸奏牘，實爲古今所罕聞。后顧勞之曰：“非卿直言，朕不知此。”賜采百段。《舊書·張易之昌宗傳》，附《張行成傳》後。此似能受直言，然此說可信與否，尚未可知，見

第十六章第一節。且后仍加昌宗司僕卿，易之麟臺令，俄又改昌宗爲吏部侍郎，政事多委之，而禍機不可遏矣。

第四節　高宗武后時外患

唐室之兵威，至高宗時而極盛，亦至高宗時而就衰。蓋其時之兵力，本不足恃，滅突厥，平高麗，皆因人之釁，故一與新興之强敵吐蕃遇，遂致敗績失據矣。

吐蕃棄宗弄讚，以高宗永徽元年卒。子早死，孫立。國事皆委禄東贊。即爲弄讚來迎文成者也。性强毅嚴重。講兵訓師，雅有節制。吐蕃之併諸羌，雄霸本土多其謀。有子五人：長曰贊悉若，早死，次欽陵，次贊婆，次悉多干，次勃論。東贊死後，欽陵兄弟，復專其國，《舊書·吐蕃傳》。《傳》又云：欽陵每居中用事，諸弟分據方面。贊婆則專在東境，與中國爲鄰，三十餘年。案東贊之死，在龍朔三年破吐谷渾後不久，不能確知其年月。而患遂中於邊疆矣。

龍朔三年，吐蕃攻吐谷渾，破之黃河上，吐谷渾主諾曷鉢與弘化公主走涼州。見第三章第二節。命蘇定方爲安集大使以安集之。《舊書·吐谷渾傳》敘此事於大非川敗後，誤。定方之殁，在乾封元年。乾封二年，破生羌十二州，悉罷之。《通鑑》。咸亨元年，與于闐陷龜兹撥換城，安西四鎮並廢。兩《書·本紀》。案于闐當後藏出新疆孔道，《新書·本紀》，於麟德二年，記吐蕃與疏勒、弓月攻于闐，蓋至是爲所脅服，與之共攻龜兹也。《舊書·龜兹傳》云：太宗既破龜兹，移置安西都護府於其國城，以郭孝恪爲都護，兼統于闐、疏勒、碎葉，謂之四鎮。高宗嗣位，不欲廣地勞人，復命有司棄龜兹等四鎮，移安西於西州。其後吐蕃大入，焉耆已西四鎮城堡，並爲賊所陷。則天臨朝，長壽元年，武威軍總管王孝傑、阿史那忠節大破吐蕃，復龜兹、于闐等四鎮。自此復於龜兹置安西都護府，用漢兵三萬人以鎮之，《新書》略同。《舊書·本紀》，於是年十月，書武威軍總管王孝傑大破吐蕃，復龜兹、于闐、疏勒、碎葉四鎮。似四鎮所在，迄未嘗變。然兩《書·龜兹傳》，皆有焉耆已西四鎮之語，又似焉耆實在四鎮之中。而《通鑑》於是年，且明書罷龜兹、于闐、焉耆、疏勒四鎮。是自太宗平龜兹，至於咸亨，確曾改碎葉爲焉耆也，此固可云史佚其事，然自咸亨至長壽，四鎮迄在廢罷之中，又何由改焉耆爲碎葉乎？今案兩《書·地理志》，舉四鎮都督府之名，皆曰龜兹、毗沙、疏勒、焉耆。毗沙即于闐，見下。《新書》於焉耆都督府下注曰：有碎葉城。蓋四鎮所屬，城堡非一，鎮之所理，時有遷移，但仍在所統之内，則亦得以舊名該之。此鎮蓋初理碎葉，咸亨前移於焉耆，至長壽復設，則又在碎葉也。《新書·焉耆傳》：開元七年，十姓可汗請居碎葉，安西節度使湯嘉惠表以焉耆備四鎮，則又自碎葉移於焉耆矣。弓月，城名，在輪臺縣西約六百里，當自庭州通碎葉之道，見《新書·地理志》庭州下。此城在當時頗强。龍朔二年，安西都護高賢嘗伐之。至咸亨四年，與疏勒俱降。其明年，爲上元元年，于闐王尉遲伏闍雄亦來朝。明年，以其地爲毗沙都督府。《舊紀》云：以其擊吐蕃有功也。是歲，龜兹王白素稽亦獻銀頗羅。蓋吐蕃之侵西域，至是又一挫。時吐蕃猶與吐谷渾相表奏論曲直。高宗欲徙吐谷渾於涼州，又欲先擊吐蕃，議不決。及是，乃以薛仁貴爲大總管，納諾曷鉢於故庭。與欽陵戰大非川，今布喀河。敗績。吐谷渾地遂盡入吐蕃矣。《新書》本傳云：王師敗於大非川，舉吐谷渾地皆陷。諾曷鉢與親近數千帳纔免。三年，乃徙治靈水南。諾曷鉢以吐蕃勢盛不抗，而鄯州地狹，又徙靈州。帝爲置安樂州，即拜刺史。死，子忠立。忠死，子宣超立。宣超死，子曦晧立。曦晧死，子兆立。吐蕃復取安樂州，殘部徙朔方、河東。語謬爲退渾。貞元十四年，以慕容復爲長樂都督國王，襲可汗號。復死，停襲。吐谷渾自晉永嘉時有國，至龍朔三年吐蕃取其地，凡三百五十年。及此，封嗣絕矣。《地理志》：威州，本安樂州。吐谷渾部落自涼州徙鄯州，不安其居，又徙靈州境。咸亨三年，以靈州故鳴沙縣地置州以居之，至德後沒吐蕃。大中三年收復，更名。則兆在至德後也。此爲吐谷渾王室結局。至其部落：則本傳載聖曆時，餘部詣涼、甘、肅、瓜、沙等州降。議徙於秦、隴、豐、靈間，涼州都督郭元振不可，乃止。元振謂降虜皆突矢刃，棄吐蕃而來云。此部落不知其本在何處，度必在青海北境，近涼、甘、肅、瓜、沙等州者也，其在青海東南境近鄯州者：元振謂前王孝傑自河源軍徙耽爾乙句貴置靈州。《舊書·王忠嗣傳》：天寶時，伐吐谷渾於墨離，虜其全國而歸。《王思禮傳》：天寶十三年，吐谷渾蘇毗玉款塞，詔哥舒翰至磨環川應接之。《新書·王難得傳》：天寶時，從哥舒翰擊吐蕃，至積石，虜吐谷渾王子悉弄川及悉類藏而還。《地理志》：鄯州有河源軍，西南約二百里爲振武軍，自振武九十里至莫離驛，又經公主佛堂、大非川二百八十里至那錄驛，吐渾界也。磨環川，即後來置神策軍處，在今甘肅臨潭縣西。積石山，即置積石軍處，在今甘肅臨夏縣西北。此等皆距吐渾界尚遠，蓋自大非川敗後，青海已西之地，舉不可問，吐渾部落之留者，悉爲之臣屬矣。亹水，今大通河。鄯見第三章第四節，靈州見第三章第二節。鳴沙，在今中衛縣境。甘州，今張掖，肅州，今酒泉，瓜州，在安西東。沙州，今敦煌。秦州見第二章第三節，隴州見第二章第二節，豐州見第四章第三節。振武軍，故石堠城，後更曰天威軍云。儀鳳元、二年，吐蕃復寇鄯、廓等州。廓州見第三章第四節。高選劉仁軌爲洮河鎮守使，久之，無功。時李敬玄爲中書令，仁軌奏請，多爲所抑，意不平，而知其非將帥才，乃奏以自代。三年，敬玄與欽陵戰於青海，敗績。蕃將黑齒常之百濟降將。夜斫賊營，敬玄乃得脫。於是以常之充河源軍副使。調露元年，贊普死，子器弩悉弄立。年八歲。復委政於欽陵。永隆元年，吐蕃寇河源軍，黑齒常之擊卻之。擢爲大使。常之"嚴烽邏，開屯田，虜謀稍折。"初劍南兵募於茂州之西南築安戎城，以壓蕃境。俄生羌爲蕃鄉道，攻陷守之。因併西洱河諸蠻。盡收羊同、党項及諸羌之地。拓跋氏於此時內徙，移其部落於慶州，置靜邊等州以處之。其故地陷於吐蕃。處者爲所役屬，吐蕃謂之弭藥。羌亦有流徙至西北者。河隴陷後蕃禍之深，實由羌、渾、党項爲所驅率也。東與涼、松、茂、嶲等州相接，松州見第三章第四節。嶲州見第三章第一節。南至婆羅門，西陷四鎮，北抵突厥。漢、魏已來，西戎之盛，未之有也。《舊書·吐蕃傳》文。此婆羅門指印度。《通鑑》作南鄰天竺，見永隆元年。武后秉政，永昌元年，韋待價擊之，敗於寅識迦河。《舊書》本傳：旋師弓月，頓於高昌。胡三省曰：據《舊書·傳》，當在弓月西南。長壽元年，武威軍總管王孝傑復四鎮。更置安西都護府於龜玆，用漢兵三萬人以鎮之。復四鎮之謀,起自唐璿,見《新書》本傳。證聖元年,寇臨洮。即洮州,今甘肅臨潭縣西南。明年,王孝傑、婁師德與欽陵戰於素羅汗山,胡三省曰:在洮州界。敗績。是歲九月,欽陵遣使請和。求罷四鎮兵,分十姓地。詔通泉尉郭元振往察其宜。通泉縣,在今四川射洪縣東南。元振言絕之恐其爲患甘、涼,可要以還吐渾諸部及青海爲易,從之。蓋吐蕃距河、湟、青海近,西域遠,故唐於隴右,每戰輒北,四鎮則吐蕃不能以力取,乃謾爲好辭以求之也。聖曆二年,器弩悉弄漸長,與大臣密圖欽陵,乘其在外,陽言將獵,召兵,執其親黨二千餘人,殺之,而發使召欽陵、贊婆等。欽陵舉兵不受召。贊普自討之。欽陵未戰而潰,自殺。贊婆來降。長安三年,吐蕃南境屬國泥婆羅門等皆叛,贊普自討之,卒於軍。諸子爭立。久之,國人立其子棄隸縮贊,年七歲,蕃禍乃少紓。景龍二年,郭元振論闕啜欲引吐蕃擊娑葛事云:"往者吐蕃争論十姓四鎮,今不相侵擾者? 不是顧國家和信,直是其國中諸豪及泥婆羅門等屬國,自有攜貳。贊普南征,身殞寇庭,國中大亂,嫡庶競立。將相争權,自相屠滅。兼以人畜疲癘,財力困窮,人事天時,俱未稱愜。所以屈志,且共漢和。"又云:"其國中諸蠻及婆羅門等國見今攜背,忽請漢兵,助其誅討,不知欲以何辭拒之?"則吐蕃是時,内憂外患頗烈,且歷數歲未定也。泥婆羅門當即泥婆羅。吐蕃是時蓋稱天竺,諸國爲婆羅門,泥婆羅門爲其通行譯名,節去一字也。

自車鼻平後,北鄙無事,殆三十年。調露元年,單于管内突厥阿史德、奉職二部叛,單于都護府見第三章第二節。立阿史那泥熟匐爲可汗。明年,永隆元年。裴行儉平之。溫傅部又迎頡利族子伏念於夏州,見第二章第二節。將渡河,立爲可汗。明年,開耀元年。行儉又平之。事亦見《程務挺傳》。頡利疏族骨咄禄,《舊書·本紀》作骨篤禄。鳩集亡散,入總材山爲盜,《新書》云:又治黑沙城,當皆在單于管内。漸強盛,又自立爲可汗。在單于府之阿史德元珍降之,與共寇邊。事在永淳元、二年,見《舊書·本紀》。天授中,此據《舊書》本傳,《新書》作天授初。《通鑑》繫延載元年,蓋因其入寇追溯之也。病卒。子幼,弟默啜立。延載元年,寇靈州,武后以薛懷義爲大總管,領十八將軍討之。不遇,班師,而契丹之寇又作。

今熱河之地,山深林密,又饒水草,本可孕育一强部。兩晉之世,鮮卑宇文氏居之,東見阨於慕容,西見陵於拓跋;慕容氏敗,高麗入侵,稍及遼西,宇文遺種,又爲所厭;故卒以不振。隋文帝、煬帝,屢勤兵於高麗,雖云喪敗,然征戰皆在遼東,遼西遠於鋒鏑矣。至武后之世,奚、契丹之獲休息,蓋已歷百年,故其勢漸張。時窟哥之裔盡忠,仍爲松漠都督。孫敖曹之裔萬榮,其妻兄也。《新書》:窟哥有二孫:曰枯莫離,曰盡忠,萬榮爲敖曹孫。《舊書》以萬榮爲敖曹曾孫,枯莫離爲窟哥曾孫,於盡忠,則但云窟哥之胤而已。營州都督趙文翽數侵侮其下,盡忠等皆怨望。萬歲登封元年五月,遂殺文翽以叛。盡忠自號無上可汗,以萬榮爲將。縱兵四略,所向輒下,武后發二十八將擊之。又以武三思爲安撫大使。八月,諸

將戰西硤石黃麞谷，敗績。胡三省曰：平州有西硤石、東硤石二戍，黃麞谷在西硤石。平州，今
河北盧龍縣。九月，更以武攸宜爲大總管。是月，盡忠死。默啜請爲太后子，並
爲其女求婚，願率部衆討契丹。太后使册爲遷善可汗。《通鑑》。默啜襲其部，
破之。虜盡忠、萬榮妻子。萬榮收散兵復振。十月，使別將駱務整、何阿小入
冀州。今河北冀縣。武后更詔王孝傑、蘇宏暉以兵十七萬討之。明年二月，戰東
硤石，敗績，孝傑死之。萬榮遂屠幽州。見第二章第七節。四月，以武懿宗爲大總
管，婁師德副之，沙吒忠義爲前軍總管，將兵二十萬擊契丹。懿宗至趙州，見第
二章第六節。聞駱務整將至，退據相州。見第二章第一節。契丹遂屠趙州。萬榮鼓
而南，殘瀛州屬縣。瀛州，今河北河間縣。默啜復襲其後。萬榮軍中聞之，惱懼。
奚人叛。神兵道總管楊玄基乃擊破之。獲何阿小，降駱務整及別將李楷固。
萬榮走潞水東，爲其奴所殺。久視元年，武后使李楷固、駱務整討其餘黨，平
之，然奚、契丹遂臣突厥，營州不復可理，耶律氏之坐大，兆於此矣。方事之
殷，營州境內諸夷州，多內遷河南，神龍時乃還治幽州，又爲安、史造亂及亂平
後河北諸鎮負固不服之由。故李盡忠之亂，雖不久戡定，其關係實絕大也。
《舊書·地理志》：盡忠之亂，鮮州遷青，崇州遷淄。青，此奚部落也。威州遷幽，昌州遷青，載初間自昌
州析置之沃州遷幽，師州、帶州遷青，玄州遷宋，此契丹部落也。慎州遷淄、青，載初二年自慎州析置之
黎州遷宋，夷賓州遷徐，此靺鞨部落也。又有順州，本僑治營州南之五柳戍。瑞州，本威州，貞觀十年，
以烏特汗達干部落置，在營州境，咸亨中更名。二者皆突厥州。順州此時未知所遷，瑞州亦遷於宋。
此等自神龍至開元，皆還附幽州。蓋營州在是時，已非中國之力所及矣。《志》叙東北蕃降胡羈縻州名
凡十七。云："禄山之亂，一切驅之寇擾中原，至德以後，入據河朔，其部落之名無存者。"當時入處塞
內者甚多，而松漠、饒樂，轉成爲寬間之境，此河朔所以難理，亦契丹所以坐大也。青州、淄州見第三章
第五節。宋州，今河南商丘縣。徐州見第二章第六節。五柳戍見第三章第二節。

　　不僅此也，因契丹之動蕩，靺鞨之內屬者，亦不得安其居而走歸故土，遂
開滿族興起之端民族動蕩之波瀾，亦可謂壯闊矣。《舊書·傳》云：渤海靺鞨
大祚榮者，本高麗別種也。高麗滅，率家屬徙居營州。李盡忠叛，祚榮與靺鞨
乞四比羽各領亡命，東奔保阻以自固。盡忠既死，則天命李楷固討其餘黨。
先破斬乞四比羽。又度天門嶺，以迫祚榮。祚榮合高麗、靺鞨之衆以拒，王師
大敗，楷固脫身而還。屬契丹及奚，盡降突厥，道路阻絕，則天不能討。祚榮
遂率其衆東保桂婁故地。據東牟山，築城居之。祚榮驍勇，善用兵。靺鞨之
衆及高麗餘燼，稍稍歸之。聖曆中，自立爲振國王。遣使通於突厥。其地在
營州之東二千里。南與新羅相接，越喜靺鞨。此處當有奪文。東北至黑水靺鞨。
地方二千里。編戶十餘萬。勝兵數萬人。《新書》則云：渤海，本粟末靺鞨附
高麗者，姓大氏。高麗滅，率衆保挹婁之東牟山。地直營州東二千里，南比新

羅，以泥河爲境。東窮海，西契丹。築城郭以居。高麗逋殘稍歸之。萬歲通天中，契丹盡忠殺營州都督趙翽反。有舍利乞乞仲象者，與靺鞨酋乞四比羽及高麗餘種東走。度遼水，保大白山之東北，阻奧婁河，樹壁自固。武后封乞四比羽爲許國公，乞乞仲象爲震國公，赦其罪。比羽不受命。詔玉鈐衛大將軍李楷固、中郎將索仇擊斬之。是時仲象已死，其子祚榮，引殘痍遁去。楷固窮躡，度天門嶺。祚榮因高麗、靺鞨兵拒楷固，楷固敗還。於是契丹附突厥，王師道絕不克討。祚榮即併比羽之衆，恃荒遠，乃建國，自號震國王，遣使交突厥。地方五千里，户十餘萬，勝兵數萬。案《新書》敘次，甚爲錯亂。其所謂保大白山東北阻奧婁河者，蓋即其所謂挹婁，亦即《舊書》所謂桂婁故地之東牟山。太白山今長白山，當中韓界上。桂婁爲高麗部名，《新書》作挹婁疑誤。此自楷固敗還後祚榮東徙所據之地。若仲象之東奔，則徒以違盡忠之難，其去營州，當不能甚遠。胡三省據《新書·安禄山傳》，謂天門嶺在土護真河北三百里，其説自確。土護真河見第二章第二節。胡氏説見開元元年，渤海建國事，《通鑑》至此乃追敘也。參看第五章第五節。《新書》之文，蓋採自兩書？一就祚榮所保之山言之，則曰東牟。一但舉名山以表其方位，則曰太白山之東北。《新書》既不察其本爲一地，又任意次比，一係諸盡忠未叛之前，一係諸盡忠雖叛，楷固尚未出師之日，使人讀之，一若天門嶺更在大白山之表者，則其詒誤甚矣。若高麗亡後，靺鞨遷居營州東二千里，則其於盡忠之亂，可謂風馬牛不相及，何緣因之東走？若一東走即至太白山之東北，武后亦何緣出師征之？雖高宗滅高麗時，兵力亦未能至此也。且營州東二千里，遠在遼水之表，何緣東走反渡遼水乎？此等皆顯而易見，而竟弗之思，作史如此，是爲絕物矣。然因其文，乃知初叛者實爲仲象而非祚榮。又仲象本姓乞乞，則大氏似係祚榮建國後所改。其所定國名，《舊書》作振，《新書》作震，震爲東方之卦，渤海習知中國文義，或謂其必以此自號，而疑振字爲誤，觀《新書》，知此封號實出武后，則亦未必作震者是，作振者非矣。可見史料雖用之不善，但能多存，即有益也。渤海爲靺鞨開化之最早者，於金、清兩朝之興起，皆遠有關係，其建國，實艮隅一大事也。

默啜既破契丹，武后又册爲頡跌利施大單于立功報國可汗。聖曆元年，默啜表請與則天爲子，並言有女請和親。初咸亨中，突厥部落來降者，多處之豐、勝、靈、夏、朔、代等六州，謂之降户。豐州見第二章第六節。勝、夏、朔、代四州皆見第二章第二節。至是，默啜又索之。及單于都護府之地。兼請農器、種子。則天不許。默啜怒，言辭甚慢，拘我使人。納言姚璹、鸞臺侍郎楊再思建議許其和親。遂盡驅六州降户數千帳，並種子四萬餘石，農器三千事以與之。默啜由此寖强。事亦見《舊書·良吏·田仁會傳》。其年，則天令武延秀就納其女爲妃，遣閻知微送之。行至黑沙南庭，默啜收延秀等拘之。僞號知微爲可汗，與之率衆十餘萬，入寇河北。則天發兵三十萬擊之。又以兵十五萬爲後援。默啜陷定、趙二州而去。定州見第二章第四節。所過殺掠，不可勝紀。諸將皆觀望不敢戰。惟狄仁傑總兵十萬追之，無所及。自此連歲寇邊，唐恒以重臣爲總管，屯兵以備之。至中宗神龍三年，張仁願於河北築三受降城，見第三章第二節。牛頭朝那山北置烽候千八百所，牛頭朝那山，在今薩拉齊西北九十里。突厥不得度山放牧，朔方無復寇掠，乃獲減鎮兵數萬人焉。

　　高宗雖因高麗、百濟之釁鞏滅之，然兵力不充，故得其地而不能守。劉仁軌定百濟，即請用扶餘隆，使綏定其餘衆。乃以隆爲熊津都督，遣還本國，共新羅和親。麟德二年八月，隆到熊津，與新羅盟，劉仁願監之。已而仁願、仁軌還。隆畏新羅，亦歸京師。咸亨元年，高麗大長鉗牟岑叛，立高藏外孫安舜。詔高侃、李謹行討之。新羅納高麗叛衆，又略百濟地守之，侃、謹行遂併與戰。凡四年乃平。事見《舊書·本紀》。舜殺鉗牟岑，走新羅。上元元年，削金法敏官爵，命劉仁軌討之。其弟仁問，先在京師，以爲新羅王，令歸國。明年，新羅使入朝服罪，乃舍之。然新羅遂取百濟地，抵高麗南境矣。儀鳳元年，移安東都護府於遼東故城。《舊書·本紀》。《地理志》。華人任東官者悉罷之。徙熊津都督府於建安故城。百濟戶口，先徙於徐、兗等州者，皆置於建安。《通鑑考異》云：《實錄》：咸亨元年，高侃出討，始拔安東都護府，自平壤城移於遼東州。儀鳳元年二月，甲戌，以高麗餘衆反叛，移安東都護於遼東府城。《會要》無咸亨元年移府事。蓋咸亨元年言移府者，終言之也。儀鳳元年言高麗反者，本其所以移也。竊疑咸亨之移，乃用兵時暫退，至此乃定移治之令。建安城，在遼東西三百里，漢平郭縣地。兗州見第二章第六節。二年，又以高藏爲遼東都督朝鮮王，《新書·泉男生傳》：是年，亦受詔安撫遼東。扶餘隆爲熊津都督帶方郡王，以安輯其餘衆，而移安東都護府於遼東新城以統之。太宗置遼州所治。麗人先編僑內地者皆原遣。藏至安東，與靺鞨通，謀叛。事覺，召還，配邛州，見第三章第五節。分徙其人於河南、隴右。貧弱者留居安東城旁。百濟地爲新羅所據，隆不敢還，寄治高麗而卒。武后神功元年，狄仁傑爲相，疏言西戍四鎮，東戍安東勞費，請以四鎮委斛瑟羅，廢安東，復高氏爲君長。《傳》云：事雖不行，識者是之，然其明年，聖曆元年。改安東爲都督府，兩《書·地志》。委藏孫寶元統攝舊戶，則實用仁傑之策也。事竟不行。高麗舊戶，遂分投突厥、靺鞨。又明年，授藏男德武安東都督。《新書》本傳云：後稍自國。至元和末，猶遣使獻樂工云。《地理志》載賈耽入四夷路：自鴨淥江口舟行百餘里，乃小舫泝流，東北三十里至泊灼口。又泝流五百里至丸都縣城，見第二章第二節。蓋渤海以爲縣。故高麗王都。又東北沂流二百里至神州，又陸行四百里至顯州，神州、顯州，皆渤海州名。神州蓋其西京鴨渌府所治，顯州蓋其中京顯德府所治也。從朝鮮金于霖《韓國小史》説。天寶中王所都，蓋即德武之後也。兩《書·地理志》：安東自聖曆更名後，神龍元年，仍復故名，開元二年，徙於平州，天寶二年，又徙於遼西故城。《通鑑》：萬歲通天元年，龍山軍討擊副使許欽寂與契丹戰於崇州，軍敗被擒，敵將圍安東，令欽寂説其屬城未下者。安東都護裴玄珪在城中，欽寂謂曰：“狂賊天殃，滅在旦夕，公但屬兵謹守，以全忠節。”敵殺之。胡三省疑安東此時已徙平州，此時契丹兵力，不能至遼東，固也，然觀聖曆後之措置，仍在遼東之境，則此時似不得已徙平州。竊疑時因契丹反叛，玄珪未能之官，在他處被圍，史乃誤爲圍安東，實則所圍者乃安東都護其人耳。唐自平麗、濟後，蓋未嘗能一日安輯之。其地乃入於新羅。然新羅北疆，亦僅及浿水，其北乃爲女真所薦居，稍以坐大矣。《新書·地志》載高麗諸羈縻州，有拂涅、越喜，此皆靺鞨部落，不獨白山、粟末，初皆爲之臣屬也。故能控制靺鞨，牖啓靺鞨者，高麗也。隋、唐兩代，傾全力以覆高麗，而其終局，乃爲女真驅除難。此事關係之大，亦豈下於夫餘之顛覆哉？參看《兩晉南北朝史》第十六章第一節。

　　高宗、武后之世，國威之陵替，實緣其兵力之式微，觀魏元忠、陳子昂之論可知。皆見兩《書》本傳。武后本不知兵，又盡力於防遏異己，無暇更及他事，其措置之乖方，自更不可問矣。時有欲開蜀山，自雅州道入討生羌，以襲吐蕃者，雅州見第二章第四節。此何異爲吐蕃開道？而后亦欲從之，以陳子昂諫乃止。亦見《子昂傳》。甚者，契丹之叛，夏官郎中侯味討之，不利，乃奏言“賊徒熾盛，常有虵虎導其軍”，《舊書·薛季昶傳》。此尚成何言語？然后乃至以薛懷義、武懿宗爲大將，亦何怪此等語之日至於耳哉？狄仁傑之請罷四鎮，安東之戍也，曰：“近者國家，頻歲出師，所費滋廣。調發日加，百姓虛弊。轉輸靡絶，杼軸殆空。越磧踰海，分兵防守，行役既久，怨曠亦多。方今關東饑饉，蜀漢逃亡，江、淮已南，徵求不息，人不復業，則相率爲盜。根本一搖，憂患不淺。”蓋其勢之岌岌如此。然唐自太宗時，本無迫切之外患，而開邊不已，高宗已後，國力日衰，而終不肯有所棄。於是玄宗繼起，不得不重邊兵，邊兵重而安、史之亂作，節鎮偏於內地，大局遂不可收拾矣。《易》曰：“履霜堅冰至”，“其所由來者漸矣，非一朝一夕之故也。”君子觀於此，而知詒謀之不可不慎，又知奮然能革前人之弊者之難也。

第五節　中宗復位

　　武后以女主革命，爲前世所無，身没之後，將傳諸子，復以周爲唐乎？抑雖傳諸子，而不易其賜姓，不改其國號，遂以唐爲周乎？又或傳諸武氏之子乎？此本無成法可循。以當時事勢論，自以傳諸子，復以周爲唐，爲較洽乎人心；即后亦未必欲舍其子而傳諸武氏之子也。然行險徼幸者，則何所不至？於是有武承嗣覬覦儲位之事。

后父士彠，有兄三人：曰士稜、士讓、士逸。士彠娶於相里氏，生子曰元慶、元爽。又娶楊氏，生三女：長適賀蘭越石，次即后，次適郭孝慎，前死。后既立，楊氏封代國夫人，改榮國。越石妻封韓國夫人。士彠卒後，士讓子惟良、懷運及元爽等遇榮國無禮，榮國憾焉。諷后抗疏請出元慶等爲外職。於是元慶自宗正少卿出爲龍州刺史，今四川平武縣。元爽自少府監出爲濠州，今安徽鳳陽縣。惟良自衛尉少卿出爲始州。後改爲劍州，今四川劍閣縣。元慶至州，病卒。乾封元年，懷運爲淄州刺史，淄州見第三章第五節。與惟良以岳牧例集泰山下。時韓國夫人女賀蘭氏在宮中，頗承恩寵，《新書·后傳》云：韓國出入禁中，一女國姝，帝皆寵之。韓國卒，女封魏國夫人，欲以備嬪職，難於后，未決。后意欲除之。諷高宗幸其母宅。因惟良等獻食，密令人以毒藥貯賀蘭氏食中。賀蘭氏食之，暴卒。乃歸罪於惟良、懷運，誅之。元爽等緣坐，配流嶺外而死。以韓國子敏之爲士彠嗣。恃寵多愆犯，配流雷州。見第四章第三節。行至韶州，今廣東曲江縣。以馬繮自縊死。乃召元爽子承嗣還襲祖爵。周國公。后革命，封爲魏王。承嗣弟承業前死，贈陳王。承嗣以子延暉嗣焉。元慶子三思封梁王。承嗣子延基、延秀，三思子崇訓、崇烈，惟良子攸宜、攸緒，其弟懷道子攸寧、攸暨，懷運子攸歸、攸止、攸望，士逸孫懿宗、嗣宗、重規、載德，皆封爲王。兼據《新書·宰相世系表》及《外戚傳》。后族中惟攸緒遠於權利，棄官隱嵩山。載德子平一，亦隱嵩山，修浮屠法。餘多隨俗浮沈，或冒進競利，甚有覬覦非分如承嗣者，然皆無德無才，不足以干大位也。

中宗之爲廬陵王也，遷於均州，今湖北均縣。又遷於房州。是歲，徐敬業起兵，以匡復爲名，已見前。垂拱三年九月，復有虢州人楊初成，虢州，在今河南靈寶縣南。自稱郎將，募州人欲迎王，不果，見殺。天授二年，鳳閣舍人張嘉福，與洛陽人王慶之等上表，請立武承嗣爲太子。時相岑長倩、格輔元不肯署名，仍奏請切責。長倩、輔元，因此爲諸武所陷而死，然慶之亦爲李昭德所杖殺。據《舊書·長倩傳》、《昭德傳》云：張嘉福令王慶之率輕薄惡少數百人，詣闕上表。則天不許。慶之固請不已。則天令昭德詰責之令散。昭德使杖殺慶之，餘衆乃息。《新書》亦云：昭德笞殺慶之，餘衆散走。合惡少上表，無緣邀宰相署名，蓋嘉福使慶之等請之於前，己又邀百官繼之於後也。《通鑑》云：慶之見太后。太后曰："皇嗣我子，奈何廢之？"慶之對曰："神不歆非類，民不祀非族。今誰有天下，而以李氏爲嗣乎？"太后諭遣之。慶之伏地以死泣請。太后乃以印紙遺之，曰："欲見我，以此示門者。"自是慶之屢求見。太后頗怒之。命鳳閣侍郎李昭德賜慶之杖。昭德引出光政門外，以示朝士，曰："此賊欲廢我皇嗣，立武承嗣。"命撲之。耳目皆血出，然後杖殺之。其黨乃散。此等舉動，甚似近世僱用無賴，使自稱某某代表請願者。如此謀位，豈有成理？可知武氏之無能爲也。長壽元年，復以昭德言罷承嗣政事。二年，少府監裴匪躬、內侍范雲仙坐私謁皇嗣要斬，自此公卿已下，皆不得見。惟太常工人安金藏等得在左右。或告皇嗣潛有異謀。命來俊臣窮狀。金藏剖腹以明之，乃命停推。聖曆元年三月，召廬陵王還神都。光宅元年，改東都曰神都。是歲八月，武承嗣死。延基襲，避父名，稱繼魏王。後以議張易之見殺，見下。復以承嗣次子延義爲繼魏王。九月，皇嗣遜位，廬陵王復爲太子。明年正月，賜姓武氏。中宗之獲還儲位，史謂狄仁傑、李昭德、吉頊、王及善、李嗣真、齊澣、王綝有力焉。然仁傑之匡維，事近後人增飾。諸臣即使有言，亦未必能回后意。蓋后本無立姪之意，諸臣實潛窺其旨，而後敢於有言也。扶翼中宗之功，當以吉頊爲最大。《舊書·頊傳》云：中宗未立爲皇太子時，張易之、昌宗嘗密問頊以自安之策。頊說以請建立廬陵及相王。易之然其言，遂承間奏請。則天知頊首謀，召而問之。頊曰："廬陵、相王，皆陛下之子，先帝顧託，當有主意，惟陛下裁之。"則天意乃定。頊既得罪，時無知者。睿宗即位，左右發明其事，乃下詔贈左御史臺大夫。此事之信而有徵者也。《李昭德傳》云：昭德既杖殺王慶之，因奏曰："臣聞文、武之道，布在方策，豈有姪爲天子，而爲姑立廟乎？"此亦差可徵信者。《仁傑傳》云：中宗在房陵，吉頊、李昭德，皆有匡復讜言，則天無復辟意。惟仁傑每從容奏對，每以母子恩情爲言，則天亦漸有悟，竟召還中宗，復爲儲貳。夫爲天下者不顧家，豈徒母子恩情，所能感動，其說殊不近情。《傳》又云：仁傑前後匡復奏對凡萬言。開元中，北海太守李邕撰爲《梁公別傳》，備載其辭。其書，《通鑑考異》謂其辭鄙誕，非邕所爲。而《新書·仁傑傳》且改易之，昌宗問計於吉頊爲問計於仁傑，可謂信史乎？《舊傳》稱其舉張柬之之功，其事亦無可徵也。《王及善傳》：爲內史，則天將追廬陵王，立爲太子，及善贊成其計。及太子立，又請太子出外朝，以慰人心，則天從之。《新書·李嗣真傳》云：武后嘗問嗣真儲貳事。對曰："程嬰、杵臼，存趙氏孤，古人嘉之。"后悟，中宗乃安。《齊澣傳》云：中宗在廬陵，澣上言請抑諸武，迎太子東宮，不報。及太子還，武后召澣宴同明殿，諭曰："朕母子如初，卿與有力焉，方不次待爾。"澣辭母老。不忍遠離，賞而罷。又《王綝傳》贊曰：李德裕著書，稱方慶爲相時，子爲眉州司士參軍，武后曰："君在相位，何子之遠？"對曰："廬陵是陛下愛子，今尚在遠，臣之子庸敢相近。"建言不斥太子名，以動釐臣，示中興之漸。此等皆可謂有匡復之辭者，然謂武后之還中宗由此，恐未必然也。《舊書·忠義傳》：蘇安恆投匭上書，請禪位東宮，黜武氏諸王爲公侯，太后召見，賜食，慰諭而遣之。明年，安恒復上疏，以傳位爲言，后亦不之罪也。其意之所在可知矣。王綝，字方慶，以字顯。眉州見第二節。中宗既還，后慮其與諸武不相容，命與相王、太平公主及諸武誓於明堂，爲文以告天地，銘之鐵券，藏於史館。其思患豫防，不過如此，可見其神明已衰，無力把持政柄矣。其時盜弄政權者爲張易之、昌宗，乃嬖幸而非權奸，自更不能操縱朝局。於是朝臣樹黨相攻，后既就衰，漫無別白，事勢相激，而兵戈起矣。

　　中宗嫡長子重潤，高宗時曾立爲皇太孫，中宗失位，貶爲庶人，別囚之。及還爲太子，重潤立爲邵王。妹永泰郡主，嫁后兄孫延基。大足元年，三人竊言二張專政。易之訴之太后，后皆殺之。《舊書·武延基傳》云：咸令自殺。《易之傳》云：付太子自鞠問處置，太子並自縊殺之。《新書》本傳云：后怒，杖殺之。《延基傳》云：得罪縊死。御史大夫魏元忠嘗奏二張之罪，易之懼不自安，乃誣奏元忠與司禮丞高戩云："天子老矣，當挾太子爲耐久朋。"而引鳳閣舍人張説爲證。説同寮宋璟激厲説，説乃顯言其誣，然仍貶元忠爲高要尉，今廣東高要縣。戩、説皆流嶺表。長安四年十二月，后臥疾長生院，宰臣希得進見，惟易之兄弟侍側。屢有人爲飛書及榜其書於通衢者，云："易之兄弟謀反。"太后皆不問。許州人楊元嗣，許州，今河南許昌縣。告昌宗嘗召術士李弘泰占相，弘泰言昌宗有天子相，勸於定州造佛寺，則天下歸心。定州見第二章第四節。太后命鳳閣侍郎韋承慶、司刑卿崔神慶、御史中丞宋璟鞫之。承慶、神慶奏言昌宗款稱弘泰之語，尋已奏聞，準法首原，弘泰妖言，請收行法。璟與大理丞封全楨奏：雖云奏聞，終是包藏禍心，請收付獄。太后不聽。尋敕璟外州推按，又敕副李嶠安撫隴、蜀，璟皆不肯行。司刑少卿桓彥範，鸞臺侍郎崔玄暐亦以爲言。璟復奏收昌宗下獄。太后乃可其奏。旋遣中使召昌宗，特敕赦之。后是時既不能去易之、昌宗，又不能罪攻易之、昌宗者，紛爭久而不決，則人心愈搖，而乘之者起矣。

張柬之者，久仕武后之朝。是年十月，以姚元之薦同平章事，年幾八十矣。與同官崔玄暐、中臺右丞敬暉、司刑少卿桓彥範、相王府司馬袁恕己密謀擁立中宗。結右羽林衛大將軍李多祚，《新書》云：其先爲靺鞨酋長，號黃頭都督。後入中國，世系湮遠。黃頭爲室韋部名，見第三章第三節。多祚之先，蓋室韋黃頭部長，與靺鞨雜居者也。《舊書》云：多祚前後掌禁兵，北門宿衞，二十餘年。多祚許諾。初柬之代楊玄琰爲荊州長史，荊州見第二章第三節。相與泛江中流，知其有匡復之意，乃引爲羽林將軍，又用暉、彥範及右散騎侍郎李湛，義府少子。皆爲左右羽林將軍。時太子每於北門起居，暉、彥範因得謁見，密陳其策。太子許之。明年，中宗神龍元年。柬之、玄暐、暉、彥範帥左右羽林兵五百餘人，使多祚、湛及王同皎迎太子，同皎者，尚太子女定安郡主，時行太子典膳郎。又使恕己從相王，統南牙兵，以備非常。太子不肯出，同皎强之乃可，至玄武門，斬關而入，時太后寢疾迎仙宮。柬之等斬張易之、昌宗於廡下。后乃傳位於太子，時正月乙巳也。丁未，后徙於上陽宮。上尊號爲則天大聖皇帝。二月甲寅，復國號爲唐。十一月，則天崩，年八十三。遺制去帝號，稱則天大聖皇后。

第六節　韋后亂政

張柬之等之殺張易之、昌宗也，史謂洛州長史薛季昶，朝邑尉劉幽求，皆勸其遂誅諸武，而柬之等不聽。洛州見第二章第三節。朝邑縣，今屬陝西。此事新舊《書》諸傳及諸史，說頗違異。《舊書·敬暉傳》言：季昶勸暉誅三思之屬，暉與張柬之不可。《新書》則謂暉亦主誅諸武。其《桓彥範傳》，又謂柬之勒兵將遂誅諸武，季昶亦勸之，而彥範不可。《通鑑考異》謂《唐統紀》、《唐曆》、《狄梁公傳》，並與《舊書·敬暉傳》同，《御史臺紀》則與《新書·彥範傳》同。《舊書·劉幽求傳》謂幽求勸彥範、暉誅三思，《新書》則但云勸彥範等而已。案《舊書·敬暉傳》言：諸武得志後，張柬之歎曰："主上昔爲英王時，素稱勇烈，吾留諸武，冀自誅鉏，今事勢已去，知復何言？"《新書·彥範傳》以是爲彥範之語，云："主上昔爲英王，故委留武氏，使自誅定，今大事已去，得非天乎？"《十七史商榷》云：英王是封號，而《新書》以爲英烈之意，可謂粗忽。《新書》粗忽，誠難爲辯，然與此事之實不實，則無涉也。中宗封英王，事在儀鳳二年，《新書》亦漏去。案柬之等若以周爲唐，自可正諸武之罪，然觀當日，自中宗復位至復國號，其間凡歷九日，則柬之等實替一周室之君，立一周室之君耳。此與太宗之代高祖何異？太宗代高祖，可以誅諸李乎？此以名義論也，若以事勢論，則柬之等皆當國日淺，事權不屬，且亦無多徒黨，安能總攬朝權？季昶本非豈弟之士，季昶，《舊書》列《良吏傳》，然《徐有功傳》云：潤州刺史竇孝諶妻龐氏爲奴誣告，令給事中薛季昶鞫之。季昶鍛鍊成其罪，龐氏當斬。有功獨明其無罪，季昶等反陷有功，幾死，則其所爲反類酷吏矣。潤州見第七章第二節。幽求亦屬權譎之徒，使柬之等而用其說，殺戮甚而無以善其後，亦未必有裨大局也。

　　政局既未大變，則傾險者終勝，此自然之勢也。《舊書·外戚傳》：言武三思性傾巧，便辟善事人，特蒙武后信任，蓋在諸武之中，最稱狡詐者。中宗自爲皇太子，傳授之局已定，初無忌於諸武，而李之與武，肺腑之親實深。武后女太平公主，初嫁薛紹，紹死，武后殺武攸暨妻，以主配焉。中宗八女，永泰公主歸武延基，已見上節。新都公主嫁武延暉。安樂公主，韋后生，后與中宗所最愛也，適武崇訓。上官婉兒者，儀之孫。襁褓中隨母鄭氏配入掖庭。有文辭，明習吏事。聖曆已後，據《舊書》、《新書》云通天已來。百司表奏，多令參決。中宗即位，令掌制命，拜爲昭容。昭容既久事武后，自於武氏易親。宗楚客者，武后從父姊子。紀處訥，以三思婦娣爲妻。此外朝士，武氏之黨尚多。情勢如斯，諸武自易得志。史謂昭容通於三思，三思因之入宮，又得幸於韋后；並謂三思死後，韋后復私武延秀。又謂昭容與崔湜亂，故引知政事。以政權之移易，專歸諸牀笫之間，恐亦揣測之辭，不必實也。柬之等本疏逖，以幸功故，結宿衛以立新君。不有廢也，君何以興？然爲之君者，遂不免有芒刺在背之感，此亦人情，而諸武遂因而中之矣。

　　中宗復國號旬日，丙寅。即以武三思爲司空，同三品。又以武攸暨爲司徒，封定王。三思、攸暨固讓。後又以桓彥範奏，降封二人爲郡王。武懿宗等十二人皆爲公。此特體制如是，於武氏之握權，固無損也。五月，封柬之、玄暐、暉、彥範、恕己皆爲王，罷其政事。玄暐以長安四年六月，爲鸞臺侍郎平章事。柬之以是年十月，自秋官侍郎同平章事。誅易之時，惟此二人爲相。神龍元年正月，恕己自司刑少卿爲鳳閣侍郎，同平章事，柬之爲夏官尚書。玄暐守內史。暉、彥範竝爲納言。三月，恕己守中書令。四月，柬之爲中書令。暉爲侍中。**柬之表請歸襄州養疾，以爲刺史。**不知州事，食全俸。襄州見第二章第三節。**玄暐檢校益州長史，**益州見第二章第三節。**又改梁州。**見本章第二節。**明年，又出暉、彥範、恕己於外。二月，王同皎被殺。其罪狀曰：謀殺武三思，因以兵脅廢韋后。**新舊《書·同皎》及《宋之問傳》云：同皎招集壯士，期以則天靈駕發引，劫殺三思。同謀者有洛陽人張仲之、祖延慶、撫州司倉冉祖雍，武當丞周憬，校書郎李悛。之問及弟之遜，初皆諂附二張。之問坐左遷瀧州參軍，之遜遷播州參軍。之問逃匿仲之家，而之遜外妹妻延慶，故之問及之遜子曇得其謀。之問使曇發其事。悛，之問甥也。三思使上言同皎謀於殺三思後擁兵詣闕廢韋后。中宗怒，斬同皎於都亭驛。《通鑑考異》引《實錄》、《統紀》略同，惟云之遜初亦與謀。又引《御史臺記》，李悛作李佺。云曇將發之，未果，遇佺及祖雍於路，白之。雍、佺以聞。《朝野僉載》則云：之遜出爲兗州司倉，亡歸，同皎匿之。同皎忿三思亂國，與所親論之，之遜竊聽，遣姪曇上書告之。則同皎或有欲殺三思之言，而其謀殺三思及廢韋后，皆爲三思所誣矣。《通鑑》從《僉載》。撫州，今江西臨川縣。武當郡，即均州。瀧州，在今廣東羅定縣東。播州，今貴州遵義縣。兗州見第二章第六節。**謂五人與之通謀，皆貶嶺外。三思令人疏皇后穢行，榜於天津橋，云五人爲之，乃更長流遠州。**初暉、彥範等引考功員外郎崔湜爲耳目，湜反以其計議，潛告三思。三思引爲中書舍人。至是，湜又說三思殺五人。三思問誰可使者？湜表兄周利貞，先爲暉、彥範所惡，湜舉充此行。乃以利貞爲御史中丞，奉使嶺外。**柬之、玄暐已死。暉、彥範、恕己皆爲所殺。**薛季昶初以與誅張易之，進户部侍郎。及五王失柄，累貶爲儋州司馬。**儋州見第二節。**以與昭州首領周慶立、廣州司馬宗楚客不恊，不敢往，仰藥死。**昭州，今廣西平樂縣。廣州見第二章第七節。**惟楊玄琰豫知禍作，託辭欲祝髮爲浮屠，悉辭官封，得全。於時居相位者：韋巨源、楊再思，皆熱中諂佞之徒。宗楚客尤惟武、韋是附，與侍中紀處訥共爲朋黨，時人呼爲宗、紀。魏元忠，中宗復位即召之，倚之頗重，然實權不屬，亦無能爲。**《舊書·元忠傳》云：元忠作相則天朝，議者以爲公清，至是再居政事，天下莫不延首傾屬。元忠乃親附權豪，抑棄寒畯，議者以此少之。案觀其與於重俊之謀，則知其非附武、韋者，特勢處於無可如何耳。**此外崔湜、鄭愔，太常少卿。宗晉卿，楚客弟，將作大匠。甘元柬、鴻臚卿。及周利用、冉祖雍、李悛、宋之遜、姚紹之等，**紹之爲陷王同皎於法者，利用等五人，常爲三思耳目，時人謂之三思五狗。**亦莫非三思之黨者。而韋后又黷亂於其間，朝局遂不可問矣。

　　韋后隨中宗於房州，同艱危累年，情義甚篤。《傳》言帝嘗謂后："一朝見天日，誓不相禁忌。"此蓋因帝縱任后無所矯正，造爲是言，不必實也。然后干政確頗甚。《舊書·桓彥範傳》：彥範嘗表論時政，言："陛下每臨朝聽政，皇后必施帷幔,坐於殿上,與聞政事。"此表苟非僞造,則中宗復位之初,后之所爲,已與麟德後之武后無殊矣。武后在高宗朝,嘗上意見十二條,請王公百寮,皆習《老子》,又請子父在爲母服三年。《舊書·本紀》上元元年。而后亦表請天下士庶爲出母服喪三年;又請百姓以年二十三爲丁,五十九免役。神龍元年十一月,百官上帝號爲應天皇帝,后爲順天皇后。景龍元年九月,又加號爲順天翊聖皇后。此亦模放武后與高宗竝稱天皇、天后也。二年正月,宮中希旨,妄稱后衣箱中有五色雲出。帝使畫工圖之,出示於朝。乃大赦天下。内外五品已上,母、妻各加邑號一等。無妻者聽授女。天下婦人八十已上,版授鄉、縣、郡等君。三年七月,表請諸婦人不因夫子而加邑號者,許同見任職事官,聽子孫用蔭。知太史事迦葉志忠上表曰:"昔高祖未受命,天下歌《桃李子》,太宗未受命,天下歌《秦王破陳樂》,高宗未受命,天下歌《側堂堂》,天后未受命,天下歌《武媚娘》,皇帝未受命,天下歌《英王石州》,皇后未受命,天下歌《桑條韋》。謹進《桑條歌》十二篇。伏乞宣布中外,進入樂府,皇后先蠶之時,以享宗廟。"兵部尚書宗楚客,又諷補闕趙延禧,表陳符命,解桑條以爲十八代之符,請頒示天下,編諸史册。此則幾欲與君代興矣。冬,帝將親祠南郊,國子祭酒祝欽明、郭山惲建議云:皇后亦合助祭,乃以后爲亞獻,此又武后之有事於泰山、梁父也。蓋后之與政事,收人望,無一不與武后同,而其矯誣則又過之。其爲欲踐武后遺迹,了無疑義。夫后身受武后之禍,可謂極酷;且以武后之才,在高宗時得政之久,而亦終於顛覆,后何人斯?乃欲效之。抑后特一尋常婦人耳,何以有此大欲?其事殊不可解。案中宗四子:長邵王重潤,爲武后所殺,已見上節。次譙王重福,次衛王重俊,次溫王重茂,皆非后所生。重福之妃,張易之之甥。后疑重潤之死,重福實爲之,言於中宗,貶爲濮州刺史。今山東濮縣。改均州,嘗令州司防守。重俊立爲太子。神龍二年七月。蓋亦非后所欲?后生四女,幼安樂公主,最爲后所愛。史言主嘗求爲皇太女。《舊書·節愍太子傳》云:或勸主請廢重俊爲王,自立爲皇太女。《魏元忠傳》云:主嘗私請廢節愍太子,已立爲皇太女,中宗以問元忠,元忠固稱不可,乃止。《韋后傳》云:主請自立爲皇太女,帝雖不從,亦不加譴。后豈以無子故,欲傳之於女,故身冒不韙,而欲效武后之所爲邪?不可知矣。

中宗蓋極昏愚之主,故雖飽經憂患,而仍志昏近習,心無遠圖,惟取當年之樂。《舊書·本紀》贊語。朝政既敝,宮闈尤無軌範。太平、長寧、安樂、宜城、新都、定安、金城七公主,皆開府置官屬。《新書·太平公主傳》。長寧以下五公主,皆中宗女。《廿二史考異》云:神龍朝,公主別無封金城者。惟高宗女高安公主,始封宣城,神龍初進册長公主,實封千戶,開府置官屬。此金城或宣城之誤。安樂尤驕。賣官粥獄,勢傾朝廷。嘗自

草制勅,掩其文,請帝書焉,帝亦笑而從之,竟不省視。左右内職,皆許時出禁
中。於是上官昭容及宮人貴幸者,皆立外宅。朝官邪佞者候之,恣爲狎遊,祈
其賞秩,以至要官。上官與其母鄭氏,尚宮柴氏、賀妻氏,樹用親黨,廣納貨
賂,別降墨敕授官。臧獲屠販,累居榮秩。《舊書·本紀》:神龍二年三月,是月,大置員外
官,自京諸司及諸州佐,凡二千餘人。超授閣官七品已上及員外者千餘人。廣營佛寺,所費無
藝。封家歲給絹至百二十萬匹已上,而每年庸、調,多不過百萬匹,少則七八
十萬而已。《舊書·韋嗣立傳》。帝方幸玄武門,與近臣觀宮女大酺。又遣宮女爲
市肆,粥賣衆物,令宰臣及公卿爲商賈,與之交易,因爲忿爭。又於上元夜與
皇后微行觀燈。放宮女數千人看燈。因此多有亡逸者。令羣臣集梨園毬場,
分朋拔河,與皇后、公主親往觀之。屢幸安樂公主及羣臣第宅山莊。遊驪山。
臨渭修禊飲。其在宮中,則武三思至與韋后共御牀博戲,而帝從旁典籌。國
子祭酒葉靜能善禁架,常侍馬秦客善醫,光禄少卿楊均善烹調,皆引入後庭。
史言均、秦客烝於后,雖未必實,然其黷亂,則可謂古今所罕矣。

　　重俊既爲太子,安樂公主常凌忽之。重俊因此忿怨。景龍元年七月,與
左羽林大將軍李多祚,右羽林將軍李思沖、敬玄子。李承況,高祖子楚哀王子雲嗣玄
孫。獨孤褘之、沙吒忠義等矯制發羽林、千騎三百餘人,殺武三思、崇訓於其
第。使左金吾大將軍成王千里本名仁,吳王恪子。及其子天水王禧分兵守宮城諸
門,而自率兵趨肅章門,斬關而入。求韋后及安樂公主所在。叩閤索上官昭
容。后及公主擁帝馳赴玄武門樓,召羽林留軍自衛。多祚兵至,帝馮檻諭之。
千騎倒戈斫多祚、承況、褘之、忠義等。餘黨潰散。重俊奔終南山,爲左右所
殺。是役也,魏元忠與其謀。其子太僕少卿昇實從重俊,爲亂兵所殺。元忠
因此貶務川尉,務川縣,今日婺川,屬貴州。道卒。史稱李多祚猶豫不戰,元忠又持
兩端,故敗。《舊·元忠傳》。蓋二人皆非犯上作亂之徒,故臨事不能果決也。元
忠文人,且已老,多祚則擁立中宗者,夫豈有叛心? 二人亦與重俊之謀,而朝
局之危可知矣。

　　太平公主多權略,則天以爲類己,每與謀議,又與誅張易之,韋后、上官昭
容皆自以爲智謀不及,甚憚之。《舊書》公主事見《外戚傳》中。重俊既敗,安樂公主、
宗楚客使冉祖雍奏太平、相王,皆與於重俊之謀。御史中丞蕭至忠保持相王,
乃免。於時朝臣攻武、韋者甚衆。武后時請復辟之蘇安恒,時爲集藝館内教,
或言其與重俊之謀,下獄死。先是雍州人韋月將、高軫並上疏言三思父子,必
爲逆亂。三思知而求索其罪。有司希旨,奏月將當棄市,軫配流嶺外。黃門
侍郎宋璟執奏,月將乃得配流嶺南,廣州都督周仁軌仍殺之。《通鑑考異》引《朝野

斂載》。三思怒，斥璟爲外職。武崇訓之死，武延秀復尚安樂公主，故武氏之勢不減。有燕欽融者，景龍末，爲許州司户參軍，再上書斥韋后干與國政，與安樂公主、武延秀等圖危社稷。中宗召至廷，撲殺之。又有博陵人郎岌，博陵見第二章第四節。亦表言后及宗楚客亂被誅。此等疏逖之人，何與朝廷之事？而其言之不已如此，知必有陰主之者。觀於此，而知危機之潛伏者深矣。

第七節　玄宗之立

　　景龍四年，是歲，韋后臨朝，改元爲唐隆，睿宗立，又改爲景雲。六月，中宗崩。《舊書·本紀》云：時安樂公主志欲皇后臨朝稱制，而求立爲皇太女，由是與后合謀進鴆。《通鑑》云：馬秦客、楊均得幸於后，恐事泄被誅，安樂公主欲后臨朝，自爲皇太女，乃相與合謀，於餅餤中進毒。《舊書·韋后傳》，既云帝"遇毒暴崩"，又云：時馬秦客侍疾，議者歸罪於秦客及安樂公主；則時帝實有疾，以爲死於鴆毒，事亦近誣。然韋后不能總攬朝權，則必有乘機而起者，相王本曾居宸極，其必遭疑忌者勢也。時相李嶠，嘗密表請措置相王諸子，勿令在京。而太平公主與上官昭容謀，草遺制，立温王重茂爲太子，皇后知政事，而以相王參謀，蓋亦欲持兩端。《新書·昭容傳》云：始從母子王昱爲拾遺，昱戒曰：上往困房陵，武氏得志矣，卒中興，天命所在，不可幸也。三思雖乘釁，天下知必誅，今昭容上所信所附之，且滅族，鄭以責婉兒，不從。節愍誅三思，果索之，始憂懼。及草遺制，即引相王輔政。臨淄王兵起，被收。婉兒以詔草示劉幽求，幽求言之王，王不許，遂誅。亂世處權勢之地者，其機實至危，迫而思自全之計，固理所可有也。然韋后之黨，不以是爲已足。宗楚客乃云："皇后於相王爲嫂叔。嫂叔不通問，"卒罷之。后與從兄韋温定策，温，玄貞兄玄儼之子。以刑部尚書裴談、工部尚書張錫知政事，留守東都。又命左金吾大將軍趙承恩，及宦者左監門衛大將軍薛思簡率兵往均州，以備譙王重福。立温王重茂爲皇太子。召諸府兵五萬人屯京城，列爲左右營，然後發喪。少帝即位，時年十六。尊后爲皇太后，臨朝稱制。后令韋温總知内外兵馬，守援宮掖。駙馬韋捷、温弟湑之子，尚中宗女成安公主。韋灌玄貞世父弘慶之孫。尚定安公主，即王同皎妻也，同皎死，更嫁灌。分掌左右屯營。武延秀及温從子播、温兄灌之子。族弟璿、玄貞弟玄昭之子。外甥高崇一作嵩。共典左右羽林及飛騎、萬騎。又遣使諸道巡撫。然京城恐懼，相傳將有革命之事，往往偶語，人情不安。蓋已成驚弓之鳥也。

　　相王子臨淄王隆基居京師，嘗陰接萬騎豪俊。兵部侍郎崔日用，素附三思、延秀及宗楚客，恐禍及，往輸誠，潛謀推戴。隆基與太平公主謀，公主使子衛尉卿薛崇簡從，又與苑總監鍾紹京及劉幽求等謀之。時韋播、高崇分押萬騎，數榜箠以取威，萬騎皆怨，果毅葛福順、陳玄禮訴之隆基。隆基使幽求諷以誅韋氏，皆踴躍願從命。果毅李仙鳧亦與謀。隆基乃微服與幽求入苑中，止紹京廨舍。使福順、仙鳧夜攻玄武門。入羽林軍，殺韋璿、韋播及高崇，送首隆基，紹京率丁匠從隆基出，使福順攻玄德門，仙鳧攻白獸門，斬關而入。宿衛梓宮之兵聞譟聲，皆被甲應之。韋后皇惑，走入飛騎營，爲亂兵所害。安樂公主及武延秀亦見殺。誅上官昭容。明日，迎相王入禁中。殺韋溫、宗楚客、紀處訥、馬秦客、楊均、葉静能等。韋巨源聞亂，出至都街，爲亂兵所殺，年八十矣。崔日用誅諸韋於杜曲，在長安南。襁褓兒無免者。武氏宗族，緣坐誅死及配流殆盡。蓋至是而武韋之勢，始一大挫矣。少帝下詔讓位於相王。相王即位，是爲睿宗，遷譙王重福爲集州刺史。今四川南江縣。初韋后之臨朝也，貶吏部侍郎鄭愔爲江州司馬。見第二章第七節。愔潛過均州，與重福及洛陽人張靈均謀誅韋氏。未發而韋氏敗。據《通鑑》。靈均説重福直詣洛陽，襲殺留守，西據陝州，今河南陝縣。東下河南北，重福乃遣家臣王道先赴東都，潛募勇敢，而與靈均自均州乘驛繼進。愔時自祕書少監左遷沅州刺史，今湖南沅陵縣。亦遲留洛陽以俟之。洛州長史崔日知日用弟。洛州見第二章第三節。破獲王道之黨。留臺侍御史李邕諭屯營兵拒重福，破之。重福投漕河死。靈均及愔皆斬於東都市。時八月也。明年正月，改封溫王爲襄王，遷於集州，遣兵守衛。玄宗開元二年，轉房州刺史，見第二節。尋薨，時年十七，謚曰殤皇帝。

睿宗六子：長宋王成器，次申王成義，次臨淄王隆基，次岐王隆範，次薛王隆業，次隋王隆悌。隆悌早薨。韋氏之敗，以臨淄王爲平王，旋立爲太子。劉幽求、鍾紹京等雖知機務，旋即罷去，而以姚元之、宋璟爲相，罷斜封墨敕官，革正選務，綱紀頗振起矣。然太平公主，自中宗已來，進達朝士，多至大官。詞人後進，造其門者，或有貧窶，則遺之金帛。及此，又提下幼主，授天下於睿宗。《新書》本傳云：將立相王，未有以發其端者。主顧溫王兒子，可劫以爲功，乃入見王曰：“天下事歸相王，此非兒所坐。”乃掖王下，取乘輿服進睿宗。軍國大政，事必參決，如不朝謁，則宰相就第議其可否。其必不能自遠於權勢也審矣。乃數爲流言云：“太子非長不當立。”以宰相韋安石不附己，欲傾之，賴郭元振救之，乃免。《舊書·安石傳》曰：太平公主與竇懷貞等潛有異圖，引安石與其事，屢使于媦唐晙邀安石至宅，安石竟拒不往。睿宗嘗密召安石，謂曰：“聞朝廷傾心東宮，卿何不察也？”安石對曰：“陛下何得亡國之言？此必太平之計也。”睿宗矍然曰：“朕知之矣，卿勿言也。”太平於簾中竊聽之。乃搆飛語，欲令鞫之，賴郭元振保護獲免。又嘗乘輦邀宰相於光範門，諷以易太子，以宋璟抗言而罷。景雲二年正月，郭元振、張説皆同平章事。二月，宋璟與姚元之密言於上，請出宋王及高宗孫幽王守禮於外，罷岐、薛二王左右羽林大將軍，使爲衞率，以事太子，而安置太平公主於蒲州，從之。張説又進言，命太子監國。未幾，太子奏宋璟、姚元之離間姑、弟，皆外出。幽、宋二王出刺之命亦寢。五月，復以太子請，召太平公主還京師。十月，張説轉尚書左丞，留司東都。明年先天元年。六月，武攸暨卒。七月，星官言帝坐前星有變。八月，帝傳位於太子，是爲玄宗。然惟知三品已下除授及徒罪而已，其軍國大務併重刑獄，太上皇並兼省之。《通鑑考異》引《睿宗實錄》。是月，劉幽求爲右僕射，同三品，與右羽林將軍張暐謀以羽林軍誅太平。侍御史鄧光賓洩其謀，三人皆流嶺外。崔湜諷廣州都督周利貞殺幽求，桂州都督王晙知其謀，留幽求不遣，乃免。桂州見第二章第二節。十一月，上皇誥遣皇帝巡邊。又明年，先天二年，玄宗開元元年。二月，乃罷之。六月，郭元振同三品，時宰相七人，竇懷貞、蕭至忠、岑羲、崔湜皆太平黨，而元振與魏知古、陸象先不附。新舊《書》傳皆云：宰相七人，五出其門。《通鑑考異》云：《唐曆》曰：宰相有七，四出其門。或者《新舊》傳併象先數之，《唐曆》不數象先耳。案新舊《書·象先傳》，亦皆言其不附太平。左羽林大將軍常元楷，知右羽林將軍事李慈皆私謁主。主乃謀使元楷、慈舉羽林兵入武德殿，羲、至忠舉兵南衙應之。王琚者，初與王同皎善，同皎敗，變姓名亡去，後事玄宗於東宮。及即位，拜中書侍郎。言不可不速發。張説亦自東都使人遺上佩刀，勸速決，崔日用自荊州長史入奏事。荊州見第二章第三節。勸上先定北軍，後收逆黨，帝從之。以爲吏部侍郎。七月，魏知古告公主欲以是月四日作亂。三日，上與岐、薛二王、元振、琚、日用等定策。王毛仲者，高麗人。父以犯事没官。與李宜德俱事玄宗爲奴。玄宗之入苑，宜德從之，毛仲避不入，數日而歸。玄宗不之責，而超授將軍。玄宗之監國，奏改左右萬騎曰龍武軍，與左右羽林爲北門四軍，以葛福順等爲將軍。毛仲專知東宮駏馬、鷹狗等坊。及是，因毛仲取閑廐馬及兵三百餘人，自武德殿入虔化門，召元楷、慈先斬之，又誅至忠、羲、懷貞等。崔湜流竇州，在今廣東信宜縣南。宮人引其同謀進毒，賜死。太平逃入山寺，三日乃出，賜死於家。諸子、黨與，死者數十人，惟薛崇簡以數諫其母獲免。於是上皇誥：自今軍國刑政，一聽皇帝處分。武氏餘孽，至斯而盡，時局乃有澄清之望矣。

第五章　開元天寶治亂

第一節　玄　宗　政　治

開元、天寶，世皆以爲有唐盛衰治亂之界，其實非也。傳曰：撥亂世，反之正，欲言撥亂，則必舉致亂之原而盡去之，玄宗則安能？彼其放縱淫亂之習，一切無異於前人，特即位之初，承極亂之後，不得不稍事整頓耳。積習既深，終難自拔，則閱時不久，復蹈前人之覆轍矣。

國於天地，必有與立。專制之世，所恃爲楨幹者，士大夫之氣節也，而唐世則最闕於是。長孫無忌、褚遂良等，號稱正人，校其所爲，亦何莫非植黨死權？而武、韋之朝，更不必論矣。玄宗之起，扶翼之者，亦多傾險之士。《舊書·崔日用傳》：日用嘗語人曰："吾一生行事，皆臨時制變，不專守始謀，每一念之，不覺芒刺之在背也。"當時如此者，豈獨一日用而已？帝於此輩，能速去之，如劉幽求、鍾紹京、王琚等，皆暫用即斥。郭元振舊有勳勞，且有討蕭、岑之功，帝於驪山講武，顧以軍容不振，坐諸纛下，欲斬之，蓋亦所以挫折之也。姜皎藩邸之舊，即位拜殿中少監，與誅韋氏之謀，遷太常卿，出入臥內，親寵無比；弟晦，亦歷御史中丞、吏部侍郎，宋璟請抑損之，亦即放歸田園。而用姚崇、宋璟，崇以開元元年相，璟以四年相。史稱崇善應變，承權戚干政之後，罷冗職，修制度，擇百官；璟善持正，務清政刑，使官人皆任職；此其所以獲致一時之治也，然爲時初不久。開元九年，張說相，導帝以行封禪，而驕盈之志萌矣。

帝於諸王，外示敦睦，實則禁約甚嚴。駙馬都尉裴虛己，坐與岐王範即隆範，避帝諱去隆字。遊燕，配徙嶺外，並離其妻睿宗女霍國公主。萬年尉劉庭琦，萬年見第三章第一節。大祝張諤，皆坐與範飲酒賦詩見黜。開元十三年，帝不豫，薛王業即隆業。妃弟內直郎韋賓與殿中監皇甫恂私議休咎，事發，賓杖殺，恂左遷。此等事似乎過當，然前三年，開元十年。尚書左領軍兵曹權楚璧，尚與其黨李齊損等作亂，立楚璧兄子，詐稱爲襄王重茂之子。見《通鑑》。則知承置君如弈棋之後，人心不免浮動，帝之禁約諸王，不令與外人交結，亦有所不得已也。

119

武韋之世，奢侈之風，可謂蕩焉無復綱紀。宗楚客敗，太平公主觀其第，歎曰："見其居處，吾輩乃虛生耳。"即此一事，可概其餘。睿宗正位，初未能少拯其敝。睿宗先天元年正月，幸安福門觀酺，三日夜。七月，幸安福門觀樂，三日乃止。二年正月，上元日，御安福門，出内人連袂踏歌，縱百寮觀之，一夜方罷。二月，初有僧虔陁請夜開門，然燈百千炬，三日三夜。皇帝御延喜門，觀燈縱樂，凡三日夜，左拾遺嚴挺之上疏諫，乃止。睿宗女金仙、玉真兩公主，皆爲道士，築觀京師。公主以方士史崇玄爲師，觀之築，即由崇玄護作，日役萬人。而佛寺之興造尤盛。玄宗立，乃思矯之。開元二年正月，姚崇上言，請檢責天下僧尼，以僞濫還俗者，二萬餘人。《舊書·本紀》。敕所在毋得創建佛寺，舊寺頹壞應葺者，詣有司陳牒，檢視然後聽之。《通鑑》。六月，内出珠玉、錦繡、服玩。《舊書·本紀》。《紀》云：又令於殿前焚之，此即下引七月乙未敕，紀終言之耳。七月，乙未，制乘輿服御；金銀器玩，宜令有司銷毀，以供軍國之用。其珠玉、錦繡，焚於殿前，后妃已下，皆毋得服。戊戌，敕百官所服帶及酒器、馬銜鐙，三品已上，聽飾以玉，四品以金，五品以銀，自餘皆禁之。婦人服飾，從其夫子。其舊成錦繡，聽染爲皁。自今天下更毋得採珠玉、織錦繡等物。罷兩京織錦坊。《通鑑》。此等禁令，未知其效如何，要勝於坐視其流蕩也。

然唐之宫廷，夸毗之習深矣，帝初非拔俗之流，其安能久自振飭？帝以開元十三年封泰山，歷汴、見第二章第二節。宋、見第四章第四節。許見第四章第五節，車騎數萬，王公、妃主、四夷君長馬、槖駝亦數萬，所頓彌數十里焉。《新書·齊澣傳》。名曰登封，實遊觀也。先是已祠后土於汾陰。開元十一年。汾陰，漢縣，唐改曰寶鼎，在今山西榮河縣北。後又欲封西嶽，而西嶽廟適災，天又久旱，乃止。天寶九載。帝屢幸東都及驪山，於西京、東都往來之路作行宫千餘間。《通鑑》開元二十二年。廣温泉宫爲華清宫，環宫所置百官區署。《新書·房琯傳》。華清宫，在今陝西臨潼縣南。選樂工數百人自教之，號皇帝弟子。以置院近禁苑之黎園，又云黎園弟子。見《舊書·音樂志》。嘗在東都酺五鳳樓下，命三百里内縣令、刺史，各以聲樂集。《新書·元德秀傳》。此何異於隋煬帝之所爲邪？帝即位之初，吳兢上言：比見上封事者，言有可採，但賜束帛，未嘗蒙召見，被拔擢，其忤旨則朝堂決杖，傳送本州，或死於流貶。此睿宗之敗德，殊不聞帝能幹蠱，而諛媚之風大開。《舊書·本紀》：開元二十五年，大理少卿徐岵奏天下斷死刑五十八，鳥巢獄上。亦見《刑法志》。二十八年，又書頻歲豐稔，京師米斛不滿二百，天下乂安，雖行萬里，不持兵刃，與貞觀史官之矯誣，如出一轍。見第三章第一節。與亂同道罔不亡信，百年之龜鑑已。

唐之亡也，以禁軍及宦官，啓之者帝也。帝之任用王毛仲、李宜德，已見

第四章第七節。即位之後，毛仲至爲大將軍，封公，持節充朔方道防禦大使。從東封，加開府儀同三司，自帝即位已來，得此者，后父王同皎及姚崇、宋璟而已。毛仲子娶葛福順女，及宣德等數十人，皆倚之爲不法。至開元十九年，乃皆遠貶。毛仲於道見殺。《舊書·文苑·齊澣傳》：澣爲吏部侍郎，乘間論毛仲等曰：“福順典兵馬，與毛仲婚姻，小人寵極則姦生，若不豫圖，恐爲後患，惟陛下思之。高力士小心謹慎，又是閹官，便於禁中驅使，腹心之委，何必毛仲？臣聞君不密則失臣，臣不密則失身，惟聖慮密之。”玄宗嘉其誠，諭之曰：“卿且出，朕知卿忠義，徐俟其宜。”會大理麻察，坐事出爲興州別駕。興州，今陝西略陽縣。澣與察善，出城餞之，因道禁中諫語。察性噂沓，遽奏之。玄宗怒。令中書門下鞫問。又召澣於內殿，謂之曰：“卿疑朕不密，翻告麻察，何邪？察輕險無行，常遊太平之門，卿不知邪？”澣免冠頓首謝。乃貶高州良德丞，又貶察爲潯州皇化尉。高州見第二章第三節。良德，在今廣東茂名縣東。潯州，今廣西桂平縣。皇化在其東。此事在開元十七年。《通鑑》。北門諸將，幾於尾大不掉矣。帝於劉幽求、王琚等，皆去之如振槁，獨於毛仲等養之至於如此，豈不由其欲倚爲腹心邪？齊澣知論此，而必以高力士易毛仲，知帝之所信，在中宮，不在外廷也。此豈有君人之量邪？史言諸將中惟陳玄禮淳樸自守，然他日馬嵬之變，唱六軍而作難者又何人？然則雖去葛福順等，禁軍之患，又曷嘗能弭也？《通鑑》：開元二十年，渤海帥海賊寇登州，命右領軍將軍葛福順發兵討之。胡三省曰：去年春，葛福順以黨附王毛仲貶，今則仍爲宿衛，蓋毛仲既誅，福順等復叙用也。案此事亦見新舊《書·本紀》，《舊書》作左領軍將軍蓋福順，《新書》作蓋福慎，與葛福順似非一人。胡說恐誤。登州，今山東蓬萊縣。

高力士者，潘州人，潘州，今廣東茂名縣。馮盎曾孫，而內侍高延福之養子也。初太宗定制，內侍省不置三品官。則天稱制，二十年間，差增員位。神龍中，宦者三千餘人，超授七品已上員外官者千餘人，然衣朱紫者尚寡。玄宗在位既久，中官稍稱旨者，即授三品左右監門衛將軍。開元、天寶中，長安大內、大明、興慶三宮，皇子十宅院，皇孫百孫院，開元時，皇子幼多居禁內，既長，詔附苑城爲大宮，分院而處，號十王宅，舉全數也。既諸孫多，又於宅外更置百孫院。東都大內、上陽兩宮，大率宮女四萬人，品官黃衣已上三千人，朱紫者千餘人。楊思勖持節討伐，黎敬仁、林招隱奉使宣傳，尹鳳祥主書院，而力士知內侍省事。四方文表，必先呈然後進御，小事便決之。史言宇文融、李林甫、李適之、蓋嘉運、韋堅、楊慎矜、王鉷、楊國忠、安祿山、安思順、高仙芝，皆因之而取將相高位，其餘職不可勝紀。《舊書》本傳。《新書》略同，惟無李適之。宦官之監軍者權過節度，出使者列郡辟易，郡縣豐贍者，一至軍則所冀千萬計，修功德，市鳥獸，詣一處則不啻千貫，皆在力士可否云。力士謹慎無顯過，然其實權之大，則歷代宦寺所罕也。

帝之敗德，尤在好色。帝后王氏無寵。次子瑛，母趙麗妃，本伎人，帝在潞州時得幸，帝景龍二年，爲潞州別駕，四年乃入朝。潞州，今山西長治縣。開元二年，立爲太子。武惠妃者，攸止女，即位後得幸。生夏悼王一，懷哀王敏，皆襁褓不育。後又生壽王瑁第十八。及盛王琦。第二十一。十一年，王皇后以符厭廢，將遂立惠妃爲后，已而不果。《新書·后妃傳》云：御史潘好禮疏諫，並載其疏辭。《通鑑考異》謂其疏不足信。見開元十四年。帝在藩邸，鄂王瑤。第五。母皇甫德儀，光王琚。第八。母劉才人，亦皆有寵，及惠妃寵幸，亦漸疏。瑛於內第，與二王等常有怨望。惠妃女咸宜公主，出降楊洄，洄日求其短，譖於惠妃，惠妃泣訴於帝，謂太子結黨，將害妾母子，亦指斥至尊。玄宗謀於宰相，意將廢黜，張九齡不可，事且寢，而李林甫代九齡爲中書令。二十五年四月，楊洄又構於惠妃，言瑛兄弟三人，與太子妃兄薛鏽，常構異謀。玄宗召宰相籌之。林甫曰："此陛下家事，臣不合參知。"玄宗意乃決。使中官宣詔於宮中，並廢爲庶人。鏽配流，俄賜死於城東驛。瑛、瑤、琚尋亦遇害。十二月，惠妃薨。明年六月，立忠王璵爲皇太子。第三。後改名紹，二十七年九月。又改名亨。天寶三載。《舊書·李林甫傳》言：林甫因中官勾惠妃，願保護壽王，惠妃陰助之，因此得爲相。太子廢，林甫請立壽王。玄宗曰："忠王仁孝，年又居長，當守器東宮。"乃立爲皇太子。自是林甫懼，巧求陰事，以傾太子。《新書·高力士傳》曰：太子瑛廢，武惠妃方嬖，李林甫等皆屬壽王。帝以肅宗長，意未決。居忽忽不食。力士曰："大家不食，亦膳羞不具邪？"帝曰："爾我家老，揣我何爲而然？"力士曰："嗣君未定邪？推長而立，孰敢爭？"帝曰："爾言是也。"儲位遂定。蓋瑛廢而惠妃旋死，故力士敢言之，而林甫亦不復堅持也。然異時大獄，潛伏於此矣。

武惠妃死而楊妃寵，其縱侈，乃十倍於惠妃。楊妃者，父曰玄琰，始爲壽王妃。惠妃死，後庭無當帝意者，或言妃姿質天挺，遂召納禁中。爲出自妃意者，丐籍女官，號太真。《新書》本傳。《通鑑》：開元二十三年十二月。册故蜀州司戶楊玄琰女爲壽王妃。《考異》曰：《實錄》載册文云玄璬長女。按陳鴻《長恨歌傳》云：詔高力士潛搜外宮，得楊玄琰女於壽邸。《舊·貴妃傳》云：玄琰女，早孤，養於叔父玄璬。又云：玄琰女容色冠代，宜蒙召見，時妃衣道士服，號太真。舊史蓋諱之耳。蜀州，今四川崇慶縣。天寶四載八月，册爲貴妃。姊三人，並封國夫人。韓國、虢國之封，事在七載十月，見《舊書·本紀》。《國忠傳》云：三夫人同日拜命。叔玄珪，爲光禄卿。再從兄銛，鴻臚卿，錡，侍御史，尚武惠妃女太華公主。楊國忠者，妃之從祖兄，本名釗。蒲博無行，爲宗黨所鄙，乃發憤從蜀軍。蜀大豪鮮于仲通頗資給之。玄琰死蜀州，國忠護視其家，因與妹通。虢國。劍南節度使治益州。章仇兼瓊與李林甫不平，聞妃新有寵，思結納之，使仲通之長安，仲通辭，而以國忠見。兼瓊表爲推官，使部春貢長安，與以蜀貨百萬。國忠至京師，見羣女弟，致贈遺，諸楊日爲兼瓊譽，而言國忠善樗蒱。玄宗引見，稍入供奉，累遷監察御史，擢兼度支員外郎，領使五十餘。子暄，尚延和郡主。昢，尚萬春公主。玄宗女。妃弟鑑，尚承榮郡主。韓國夫人壻祕書少監崔峋。女爲代宗妃，號國男裴徽，尚代宗女延安公主。《舊書·后妃傳》。《新書·公主傳》：肅宗女郜國公主，始封延光，下嫁裴徽，《舊書》恐誤。女嫁讓帝男。讓帝，即宋王成器，見第四章第七節。後更名憲。以讓儲位於玄宗追謚。秦國夫人壻柳澄，先死。男鈞，尚長清縣主。澄弟潭，尚肅宗女和政公主。韓、虢、秦三夫人與銛、錡等五家，每有請託，府縣承迎，峻如詔敕。四方賂遺，其門如市。甲第洞開，僭擬宮掖。車馬僕御，照耀京邑，遞相夸尚。每搆一堂，費踰千萬，見制度宏壯於己者，即徹而復造，土木之工，不舍晝夜。玄宗頒賜，及四方獻遺，五家如一，中使不絕。玄宗凡有游幸，貴妃無不隨侍。乘馬則高力士執轡授鞭。宮中供貴妃院織錦、刺繡之工，凡七百人，雕刻、鎔造，又數百人。揚、益、嶺表刺史，必求良工，造作奇器、異服，以奉貴妃獻賀，因致擢居顯位。玄宗每年十月幸華清宮，國忠姊妹五家扈從，每家爲一隊，著一色衣，五家合隊，照映如百花之煥發。而遺鈿、墜舄，瑟瑟、珠翠，璨瓓芳馥於路。其縱侈，蓋又軼武、韋之世矣。《新書·后妃傳》云：銛、秦國早死，韓、虢與國忠貴最久。

所以能如是其侈者，則計臣之聚斂實爲之。《新書·食貨志》云：玄宗時，海內富實。米斗之價錢十三，青、齊間斗纔三錢。絹一匹錢二百。道路列肆，具酒食以待行人，店有驛驢，行千里不持尺兵。天下歲入之物：租錢二百餘萬緡，粟千九百八十餘萬斛，庸、調絹七百四十萬匹，綿百八十餘萬屯，布千三十五萬餘端。天子驕於佚樂而用不知節，大抵用物之數，常過其所入，於是錢穀之臣，始事朘刻。《舊書·食貨志》云：掌財賦者，開元已前，事歸尚書省，開元已後，權移他官。開元中，有御史宇文融，獻策括籍外剩田，色役僞濫及逃戶，許歸首免五年征賦，每年量稅一千五百錢。置攝御史，分路檢括隱審，得戶八十餘萬，田亦稱是。得錢數百萬貫。事在開元九年。《舊書》本傳曰：奏置勸農判官十人，並攝御史，分往天下。《新書》及《通典》並云二十九人，《通典》且列其姓名，則《舊書》誤也。《舊書》又云：所括皆虛張其數，亦有以實戶爲客者。玄宗以爲能，數年間，拔爲御史中丞、戶部侍郎。事在開元十二年。《舊書》本傳曰：融乃馳傳巡歷天下，事無大小，先牒上勸農使而後申中書，省司亦待指按而後決斷，其侵官如此。楊崇禮爲太府卿，清嚴善句剥。分寸錙銖，躬親不厭。轉輸納欠，折估漬損，必令徵送，天下州縣徵財帛，四時不止。崇禮正道子。

《舊書》事見其子慎矜傳,云爲大府卿二十年,公清如一,其人實一畜衆之臣,不能以其事侈欲之主,而并没其才守也。及老病致仕,事在開元二十一年,時崇禮年九十餘矣。以其子慎矜爲御史,專知大府出納;其弟慎名,又專知京倉;皆以苛刻害人,承主恩而徵責。《舊書·慎矜傳》曰:諸州納物,有水漬傷敗及色下者,皆令本州徵折估錢,轉市輕貨。此與韋堅同,皆括諸州之財,以歸諸中央者也。又有韋堅,規融、慎矜之迹,乃請於江淮轉運租米。取州縣義倉粟,轉市輕貨,差富户押船。若遲留損壞,皆徵船户。開關中漕渠,鑿廣運潭,以挽山東之粟,歲四百萬石。堅以天寶元年爲陝郡太守,領江淮租庸轉運使。於咸陽截灞、滻水,引至長安城東,與渭合,以通長安至關門運渠。陝郡,即陝縣。咸陽縣,今屬陝西。帝以爲能,又至貴盛,王鈇進計,奮身自爲户口色役使。事在天寶四載。鈇,方翼孫。徵剥財貨,每歲進錢百億,寶貨稱是。云非正額租庸,便入百寶大盈庫,以供人主燕私賞賜之用。《舊書·楊炎傳》曰:舊制:人丁戍邊者,蠲其租庸,六歲免歸。玄宗方事夷狄,戍者多死不反,邊將怙寵而諱不以死申,故其貫籍之名不除。至天寶中,王鈇爲户口使,以丁籍且存,丁身焉往?是隱課而不出耳。遂案舊籍,計除六年之外,積徵其家三十年租庸。又《陸贄傳》:德宗於奉天行在貯貢物於廊下,仍題瓊林、大盈二庫名。贄諫曰:瓊林、大盈,自古悉無其制。傳諸耆舊,皆云創自開元。貴臣貪權,飾巧求媚。乃言郡邑貢、賦,所用盍各區分?賦稅當委於有司,以給經用,貢獻宜歸於天子。以奉私求,玄宗悦之,新是二庫,蕩心侈欲,萌柢於茲。逮乎失邦,終以餌寇。玄宗日益眷之,數年間,亦爲御史大夫、京兆尹,帶二十餘使。又楊國忠,藉椒房之勢,承恩幸,帶四十餘使,云經其聽覽,必數倍弘益,又見寵貴。夫穀帛降賤,適益耕夫織婦生計之艱。貨物流衍,更開駔儈豪民并兼之路。若此者,往往外觀繁盛,實則貧富愈不均。富者恣其驕奢,貧者恥不逮焉而追隨於後,則俗益壞而民益�然愁苦,不聊其生。事勢如斯,最宜警惕,而唐人轉以是稱開元爲全盛,衹見其昧於治體也。國家取民雖薄,利亦或不在民,而歸於中飽,搜剥徵責,誰曰不宜?然亦視其用之之如何。若竭天下之資財,以供一人之侈欲,則其賢於中飽者幾何?而中飽者究猶有所憚也。且搜剥徵責者,豈能域於吏而不及於民乎?欲剥民者,不益得所藉手乎?故曰:與其有聚斂之臣,寧有盜臣。

　　玄宗治績之衰,蓋自其相張説時始。開元十四年,杜暹以安西都護入相,始開邊將干進之端,十六年,宇文融繼之,又開計臣柄政之路,理財用兵,實當時召亂之兩大端也。十七年,張九齡相。九齡雖文人,頗稱持正。二十二年,李林甫相。林甫者,高祖從父弟長平王叔良之曾孫,史稱其"每事過慎,條理衆務,增修綱紀,中外遷除,皆有恒度",蓋亦守成綜覈之才。玄宗在位歲久,倦於萬機,遂一以委成,恣其宴樂。唐人本好黨援進取,林甫尤耽寵固權,苟患失之,不惜舉國事以爲之殉,而朝局不可問矣。牛仙客者,王君㚟河西節度判官。蕭嵩代君奐，又以軍事委之，竟代爲節度，參看第三節。河西節度，治涼州。涼州見第三章第二節。後改朔方總管。朔方軍，治靈州，見第三章第二節。玄宗欲用爲尚書。九齡以其本出使典，不可。玄宗不悅，又以爭廢太子事忤旨。二十四年，遂罷九齡，相仙客。唯諾而已。天寶元年，仙客卒。林甫復引李適之。適之者，恒山王承乾之孫。雅好賓友，頗有時譽，亦務進取，則其勢於林甫爲逼，而齟齬之端以開。韋堅妹爲太子妃。堅妻，姜皎女，林甫舅子也，初甚昵比，後稍不協。堅又與適之善。四載，林甫乃引爲刑部尚書，而罷其諸使，實奪之權也。以楊慎矜代之。隴右節度治鄯州，見第三章第四節。皇甫惟明，故忠王友。時破吐蕃入獻捷，見林甫專權，意不平，微勸上去之。林甫使楊慎矜密伺之。五載，正月望夜，太子出遊，與堅相見。堅又與惟明同會景龍觀道士之室。慎矜發其事，謂堅戚里，不合與邊將狎暱。林甫因奏堅與惟明結謀，欲共立太子，貶堅爲縉雲太守，今浙江縉雲縣。惟明爲播川太守。播川郡，即播州，見第四章第六節。李適之懼，自求散地，遂罷知政事。堅弟將作少匠蘭，兵部員外郎芝，爲兄訟冤，且引太子爲言，上益怒。太子懼，表請與妃離昏。堅再貶江夏別駕，今湖北武昌縣。蘭、芝皆貶嶺南。林甫因言堅與李適之等爲朋黨。堅長流臨封，即封州，見第二章第二節。適之貶宜春太守。宜春見第二章第七節。堅親黨坐堅流貶者數十人。贊善大夫杜有鄰，女爲太子良娣。良娣姊爲左驍衛兵曹柳勣妻。淄川太守裴敦復，薦勣於北海太守李邕，淄川，今山東淄川縣。北海郡，即青州，見第二章第七節。邕，高祖子虢王鳳之孫。勣至京師，又與著作郎王曾等爲友，皆當時名士也。勣與妻族不協。爲飛語，告有鄰妄稱圖讖，交構東宮，指斥乘輿。林甫令京兆士曹參軍吉溫與御史鞫之。溫者，京兆尹蕭炅薦之林甫，與殿中侍御史羅希奭，俱爲林甫爪牙，時人謂之羅鉗吉網者也。鞫其獄，乃勣首謀。溫令勣連引曾等。有鄰、勣、曾等皆杖死。別遣希奭往按李邕。六載，邕及裴敦復皆杖死。希奭自北海如嶺南，所過殺遷謫者。李適之憂懼，自殺。林甫又奏分遣御史至貶所，殺韋堅兄弟及皇甫惟明。又遣使於循河及江、淮州縣求堅罪，收繫綱典船夫，溢於牢獄，徵剝遺戶，延及鄰伍，皆裸死公府，至林甫死乃止焉。王忠嗣者，父海賓，與吐蕃戰死，忠嗣養於禁中，肅宗在忠邸，與之遊處，後爲河東、朔方節度使。河東軍，治太原，見第二章第四節。皇甫惟明敗，充河西、隴右節度。仍權知朔方、河東，至六載四月乃讓還。林甫使人告其欲奉太子。玄宗怒，徵入朝，令三司推訊。初玄宗使忠嗣取石堡城，忠嗣不可。邊將董延光獻策請取之，詔忠嗣分兵應接，忠嗣不爲賞格，延光過期無功，訴忠嗣緩師。參看第四節。及是，上曰："吾兒在深宮，安得與外人通謀？此必妄也。"但劾其阻撓軍功。三司奏忠嗣罪當死。哥舒翰代爲隴右，力言之，乃貶漢陽太守。漢陽郡，即沔州，見第二章第七節。林甫是時之所爲，似專欲危太子者，蓋太子之立，本非其意，而林甫專權日久，玄宗春秋高，懼一朝晏駕，新君繼世，有不測之禍，故爲自全之計耶？玄宗意既不迴，楊慎矜稍避事防患，因與王鉷有隙。《舊書·楊國忠傳》。此爲林甫與鉷搆陷慎矜真相，蓋其謀實有不可告人者在也。鉷搆其規復隋室，蓄異書，與凶人來往，説國家休咎。林甫使人發之。遂與兄慎餘、弟慎名同賜自盡。鉷兼京兆尹，威權轉盛。子準既驕恣，弟銲尤凶險不法。十一載，銲所善邢縡與右龍武軍、萬騎謀作亂，殺宰相及楊國忠。事洩，伏誅。銲杖死。鉷賜自盡。準與弟備流嶺南，道殺之。初林甫以楊國忠怙寵敢言，援之爲黨，以按韋堅。於京城別置推院。連歲大獄，追捕擠陷，皆國忠發之。及國忠驟遷領五十餘使，林甫始惡之。復相賊。王鉷獲罪，國忠代爲御史大夫，權京兆尹。初突厥默啜政衰，九姓首領阿布思來降，見第二節。上寵之，賜姓名爲李獻忠。十載，禄山討契丹，敗績。十一載，出兵將以報怨，請阿布思俱行。阿布思素與禄山不協，懼，叛歸漠北。參看第五、第七節。國忠乃窮竟邢縡獄，令引林甫交私鉷、銲、阿布思事狀。南詔侵蜀，國忠遥領劍南節度，蜀人請其赴鎮，見第六節。林甫奏遣之。將辭，泣陳必爲林甫所排。帝憐之，不數月，召還。會林甫卒，十一月。遂代爲右相。時安禄山方寵，國忠使人説之，禄山乃使阿布思部落降者詣闕，誣告林甫與阿布思約爲父子。上信之，下吏按問。林甫壻諫議大夫楊齊宣懼累，附國忠證之。乃削林甫官爵。剖棺，抉取含珠，褫金紫，更以庶人禮葬。子孫有官者，皆除名流嶺南、黔中。近親黨與坐貶者五十餘人。朝局之鼎沸如此，益以邊將之驕橫，而亂迫眉睫矣。

第二節　開天邊事一

唐代天寶之亂，原因孔多，邊兵之重，要爲其大者。唐初武功，看似卓越，實皆乘敵國之敝，非由兵力之强。故在高宗時，東西兩面，業已遭受挫折；武、韋之世，敵勢彌張。仍欲維持開國時之規模，則邊兵不得不重。邊兵重而內地空虛，朝綱弛紊，亂事遂一發而不可收拾矣。唐代武功，爲今人所艷稱，然昔人多惜其黷武而自敝，信有由也。今分述開、天時邊事如下：

唐代大敵，自首突厥，然突厥再興之後，不久亦即就衰。《舊書·突厥傳》曰：景雲中，默啜西擊娑葛，破滅之。契丹及奚，自神功之後，常受其徵役。其地東西萬餘里，控弦四十萬。自頡利之後，最爲强盛。神功下距景雲凡十三年，默啜之勢，蓋初張於東，而後盛於西也。娑葛者，突厥別部突騎施酋長。賀魯之平，以阿史那彌射、步真分統五咄陸、五弩失畢之衆，已見第三章第六節。龍朔二年，二人從蘇海政討龜茲。步真怨彌射，且欲并其部，乃誣彌射謀反。海政不能察，即收斬之，步真死乾封時。咸亨二年，以西突厥部酋阿史那都支爲匐延都督，以安輯其衆。平賀魯時，以處木昆部爲匐延都督府。儀鳳中，《紀》在二年。都支自號十姓可汗，與吐蕃連和，寇安西。詔裴行儉討之。行儉請毋發兵，可以計取。乃詔行儉册送波斯王子，并安撫大食，若道兩蕃者。都支上謁，遂禽之。時調露元年也。永隆中，又有阿史那車薄，自稱十姓可汗，與咽麪俱叛。永淳元年，命行儉往討。未行卒。安西都護王方翼破平之。見兩《書·本紀》及《行儉》、《方翼傳》。《紀》繫其事於永淳元年，乃因行儉受命，方翼出征追書之，其叛自當在此之前，《舊書·方翼傳》云永隆中是也。《新書》改爲永淳中，誤矣。咽麪，羈縻州名，隸燕然都護府，長安二年，爲都督府，隸北庭，見《地理志》。西姓益衰，二部人日離散。垂拱初，擢彌射子元慶、步真子斛瑟羅襲父所領及可汗號。長壽中，元慶坐謁皇嗣，爲來俊臣所誣，要斬。流其子獻於振州。聖曆二年，以斛瑟羅爲平西軍大總管，令振撫國人。時突騎施烏質勒張甚，斛瑟羅不敢歸，與其部人六七萬内遷，死長安。《舊書·解琬傳》：聖曆初，充使安撫烏質勒及十姓部落。長安三年，召獻還，襲興昔亡可汗，爲安撫招慰十姓大使、北廷大都護。四年，《舊書》云神龍中。以斛瑟羅子懷道爲十姓可汗，兼濛池都護。未幾，擢獻爲磧西節度使。時烏質勒帳落寖盛。稍攻得碎葉，即徙居之。謂碎葉川爲大牙，弓月城、伊麗水爲小牙。碎葉川見第三章第六節。弓月城見第四章第四節。伊麗水，即伊列河，見第三章第六節。盡并斛瑟羅地。神龍中，封懷德郡王。是歲死。子嗢鹿州都督娑葛襲。賀魯之平，以突騎施索葛莫賀部爲嗢鹿都督府。與阿史那闕啜忠節不和，阿史那姓，闕啜官名，忠節其人之漢名。屢相侵掠。闕啜兵衆寡弱，漸不能支。安西都護郭元振奏請追闕啜入朝宿衛，移其部落於瓜、沙等州安置。瓜、沙州皆見第四章第四節。制從之。闕啜行至播仙城，賈耽入四夷路，播仙鎮，故且末城，高宗上元中更名。與經略使周以悌遇。以悌勸其覬宰相宗楚客、紀處訥請留。仍發安西兵，并引吐蕃，以擊娑葛，求阿史那獻爲可汗，以招十姓。使郭虔瓘歷城人，時爲西邊將。歷城縣，今屬山東。往拔汗那徵甲馬，以助軍用。闕啜從之。元振聞其謀，疏言"用吐蕃非便。阿史那獻不能招脅十姓。又言吐蕃頻年亦册獻兄俀子、叔僕羅、拔布相次爲可汗，亦不能招得十姓，皆自磨滅。往年虔瓘已曾與忠節擅入拔汗那，税甲税馬不得，拔汗那不勝侵擾，轉南句吐蕃，將俀子重擾四鎮。"疏奏，不省。而遣攝御史中丞馮嘉賓持節安撫闕啜，御史吕守素處置四鎮。除牛師獎爲安西副都護，便領甘、涼已西兵、募，兼徵吐蕃，以討娑葛。娑葛發兵掩擒闕啜，殺嘉賓，又害守素、使弟遮弩率兵盜塞。師獎與戰，敗死。遂陷安西。時景龍二年十一月也。楚客又請以周以悌代元振，使阿史那獻爲十姓可汗，置軍焉耆，以取娑葛。元振使子鴻間道奏其狀。以悌竟得罪，流於白州。今廣西博白縣。復以元振代以悌。赦娑葛罪，册爲十四姓可汗。胡三省曰：西突厥先有十姓，今併咽麪、葛邏禄、莫賀達干、都摩支爲十四姓。莫賀達干、都摩支，見下節。西土遂定。娑葛與遮弩分治其部。遮弩恨衆少，叛歸默啜，請爲鄉道，反攻其兄。默啜留遮弩，自以兵二萬擊娑葛，擒之。歸語遮弩曰：“汝兄弟不相協，能事我乎？”兩殺之。《舊書》曰：自垂拱已後，十姓部落，頻被默啜侵略，死散殆盡。案默啜之立，乃在天授，安得垂拱時已掠十姓？而垂拱上距永淳，不過三歲，即骨咄禄亦初起，不能侵略十姓也。然張仁愿築三受降城，見第三章第二節。事在景龍元年，《傳》云乘默啜盡衆西擊娑葛之虛，則默啜與娑葛搆兵，不自遮弩叛降始。彼自聖曆已後，未嘗大舉寇邊，蓋其兵鋒實已漸移於西也。娑葛之亡，實爲默啜之極盛。然默啜虐用其下。既年老，愈昏暴，部落怨叛。開元二年，使子同俄特勒、妹壻火拔頡利發攻北廷。都護郭虔瓘擊之，斬同俄城下。火拔不敢歸，攜妻子來奔。於是默啜屬部，紛紛降附，分崩離析之機肇矣。默啜討九姓，戰磧北，九姓潰，人畜多死。思結等部來降。此據《新書》。《舊書》云：與九姓首領阿布思等戰，阿布思來降。阿布思蓋思結部之酋長也。默啜又討九姓拔野古，戰獨樂河，見第二章第二節。拔野古大敗。默啜輕歸不爲備，道大林中，拔野古殘衆突出，擊斬之。與入蕃使郝靈佺傳首京師，時開元四年六月也。骨咄禄之子闕特勒鳩合舊部，殺默啜子小可汗及諸弟并親信略盡。立其兄左賢王默棘連，是爲毗伽可汗，國人謂之小殺。

　　毗伽可汗立未幾，而有河曲降人叛變之事。《舊書·王晙傳》曰：默啜爲九姓所殺，其下酋長，多款塞投降。《突厥傳》曰：降户阿悉爛、跌跌思泰等自河曲叛歸。案跌跌思泰，乃默啜未死時來降者。置之河曲之内。俄而小殺繼立，降者漸叛。晙時爲并州長史，上疏言：“降者部落，不受軍州進止，輒動兵馬，屢有傷殺，私置烽鋪，潛爲抗拒，公私行李，頗實危懼。北虜如或南牧，降户必與連衡。臣問没蕃歸人，云却逃者甚衆。南北信使，委曲通傳，此輩降人，翻成細作，儻收合餘燼，來逼軍州，虜騎憑陵，胡兵應接，表裏有敵，進退無援。望至秋冬之際，令朔方軍盛陳兵馬，告其禍福。啗以繒帛之利，示以麋鹿之饒，説其魚米之鄉，陳其畜牧之地，並分配淮南、河南寬鄉安置。雖復一時勞弊，必得久長安穩。二十年外，漸染淳風，將以充兵，皆爲勁卒。若以北狄降者，不可南中安置，則高麗俘虜，置之沙漠之曲，西域徧虻，散在青、徐之右，何獨降胡，不可移徙？

謀者必言降户舊置河曲,昔年既得康寧,今日還應穩便。往者頡利破亡,邊境寧謐,降户之輩,無復他心。今虜未見破滅,降户私使往來,或畏北虜之威,或懷北虜之惠,又是北虜戚屬,夫豈不識親疏?將比昔年,安可同日?縱因遷移,或致逃叛,但有移得,即是良圖。留待河冰,恐即有變。"疏奏未報,降虜果叛。勅晙帥并州兵西濟河以討之。時叛者分爲兩道,其在東者,晙追及之。以功遷左散騎常侍,持節朔方道行軍大總管,尋遷御史大夫。時突厥跌跌部落及僕固都督勺磨等,散在受降城左右,謀引突厥陷軍城而叛。晙因入奏,密請誅之。八年秋,晙誘誅跌跌等黨與八百餘人於中受降城。授兵部尚書,復充朔方軍大總管。九年,蘭池州胡康待賓 苦於賦役,誘降虜餘燼攻夏州。詔隴右節度使郭知運與晙相知討之。知運與晙不協,晙所招撫降者,知運縱兵擊之,賊以爲晙所賣,相率叛走,俄復結聚。晙坐左遷。《張説傳》:開元七年,檢校并州長史,兼天兵軍大使。天兵軍,開元五年置,即在并州城中,以時九姓之衆,散在太原以北,宿重兵以鎮之也。八年秋,王晙誅河曲降虜阿布思等千餘人。此語似誤,不則別一阿布思,非賜姓名李獻忠者也。參看第七節。時并州大同、橫野等軍 大同軍,在代州北。橫野軍,在蔚州東北。有九姓同羅、拔曳固等部落,皆懷震懼。説率輕騎,持旌節,直詣其部落,宿於帳下,九姓乃安。九年四月,胡賊康待賓反,攻陷蘭池等六州。王晙率兵討之,仍令説相知經略。時叛胡與党項連結,説擊破之,奏置麟州,在今陝西神木縣北。以安置党項餘燼。明年,爲朔方軍節度大使。康待賓餘黨慶州方渠降胡康願子,慶州見第三章第一節。方渠縣,今甘肅環縣。自立爲可汗,謀掠監牧馬,西涉河出塞。説進兵討擒之。於是移河曲六州殘胡五萬餘口配許、汝、唐、顯州改,見第二章第七節。鄧、見第二章第七節。仙、開元二年,析許、汝、唐、豫四州之地置,二十六年廢。豫見第二章第七節。等州,始空河南朔方千里之地。康待賓、康願子之叛,見兩《書·本紀》開元九年、十年。六胡州者,魯、麗、塞、含、依、契,調露元年所置。長安四年,并爲匡、長二州。神龍二年,置蘭池都督府,置六縣以隸之。開元十年,復分爲魯、麗、契、塞四州。十一年,克定康待賓,遷其人於河南、江、淮。十八年,又爲匡、長二州。二十六年,自江淮放回胡户,置宥州及延恩、懷德、歸仁三縣,事見《舊書·地理志》。六胡州,本在靈、鹽二州境,開元中,於廢匡州置懷恩縣,宥州理焉。地在東勝縣境。其東北三百里有榆多勒城。天寶中,王忠嗣奏於其地置經略軍,宥州亦寄治焉。寶應後廢。元和八年,李吉甫奏復之,以備回紇、党項。十五年,移治長澤縣,在今陝西靖邊縣之東。降户安處河南、江、淮者凡十五年,初不聞有風塵之警。二十六年之放回,未知其故安在,然必不能全回。且如王晙之言,則當時高麗、西胡,雜處內地者,尚不少矣。此可見突厥初降時,羣臣或欲處之兗、豫,實爲善策。蓋內地中國人多，易於同化。苟非種落太多，反客爲主，而又政刑大亂，郡縣極敝，如典午之初者，原不慮其呼嘯而起。正不容因噎廢食，動援郭欽、江統之説以爲難也。

《舊書》云：毗伽可汗性仁友。自以得國是闕特勒之功，固讓之，闕特勒不受，遂以爲左賢王，專掌兵馬。是時奚、契丹相率款塞；突騎施蘇禄自立爲可汗；突厥部落，頗多攜貳；乃召默啜時衙官暾欲谷爲謀主。初默啜下衙官，盡爲闕特勒所殺，暾欲谷以女爲小殺可敦，免死歸部落。年七十餘，蕃人甚敬伏之。《傳》侈陳暾欲谷智謀，容有附會。然又載玄宗東封時，張説欲加兵以備突厥，曰："小殺仁而愛人，衆爲之用；闕特勒驍武善戰，所向無前；暾欲谷深沈有謀，老而益智。"則是時突厥君臣，確爲一時俊傑，而又能和衷共濟，一掃前此相猜相剋之習，此其所以能拯默啜之敝，復雄北方三十年歟？小殺既得降户，謀欲南入爲寇；又欲修築城壁，造立寺觀；暾欲谷皆止之。開元八年冬，王晙奏請西徵拔悉蜜，東發奚、契丹，期以明年秋初，引朔方兵數道俱入，掩突厥牙帳於稽落河上。暾欲谷策拔悉蜜去兩蕃遠，謂奚、契丹，見第五節。勢必不合；王晙兵馬，亦不能至；拔悉蜜輕而好利，必先來，可擊。九年九月，拔悉蜜果來，而王晙及兩蕃不至，懼而退。突厥躡之。拔悉蜜時在北廷，暾欲谷分兵間道襲拔其城，因縱卒擊，悉擒之。回兵掠涼州，敗中國兵。《本紀》在八年十一月，《實録》同，《通鑑》從之。由是大振，盡有默啜之衆。明年，固乞和，《通鑑》在九年二月。許之。又連歲遣使獻方物求婚，不許。十五年，使來朝，時吐蕃與書，計同時入寇，并獻之。上嘉其誠，許於西受降城互市，每年齎縑帛數十萬匹就邊以遺之。十九年，闕特勒死。二十二年，《本紀》。小殺爲其大臣梅録啜所毒。藥發未死，先討斬梅録啜，盡滅其黨。《新書》云：夷其種。既卒，國人立其子爲伊然可汗。尋卒，《通鑑》。其弟嗣立，是爲苾伽骨咄禄可汗，册爲登利可汗。年幼，其母名婆匐，暾欲谷女。與小臣飫斯達干通，干與國政，不爲蕃人所伏。登利從叔父二人，分掌兵馬，在東者號左殺，在西者號右殺。登利與其母誘斬右殺，并其衆。左殺懼及，攻登利殺之。《舊書·本紀》在開元二十九年七月。左殺者，判闕特勒也。立毗伽可汗子，俄爲骨咄葉護所殺。立其弟，又殺之。葉護乃自爲可汗。天寶初，回紇、葛邏禄、拔悉蜜並起攻葉護，殺之。尊拔悉蜜之長爲頡跌伊施可汗。回紇、葛邏禄，自爲左右葉護。國人奉判闕特勒子爲烏蘇米施可汗。拔悉蜜等三部共攻之。米施遁亡。三載，拔悉蜜等殺之，傳首京師。其弟白眉特勒鶻隴匐立，是爲白眉可汗。於是突厥大亂。國人推拔悉蜜酋爲可汗。詔朔方節度使王忠嗣以兵乘其亂，擊其左十一部，破之。其右未下，此據《新書·突厥傳》。《舊書·王忠嗣傳》

云："取其右厢而歸。"而回紇、葛邏祿殺拔悉蜜可汗，奉回紇骨力裴羅定其國。明年，殺白眉可汗，傳首。《新書》云：突厥國於後魏大統時，至是滅，後或朝貢，皆舊部九姓云。突厥本西海部族，然據東方未久，奚、契丹、靺鞨及北徼諸部落，盡臣服之，其用物也弘矣，其取精也多矣，故自頡利之亡，至於是，幾百二十年，屢蹶而屢起。使有英主出，收率舊眾，以圖中興，未嘗不可爲中國之大患。其亡也，實中國之天幸也。鐵勒諸部，本氣勢鬱勃，突厥既亡，必有代之而興者，而回紇盛矣。

　　薛延陀亡時，回紇酋長曰吐迷度。《新書》本傳云：吐迷度與諸部攻薛延陀，殘之，并有其地，遂南踰賀蘭山，境諸河。可見回紇本據，實在賀蘭山北。上文云居薛延陀北娑陵水上，乃延陀亡後東遷之所宅也。參看第三章第二節。太宗以其地爲瀚海都督府，拜吐迷度爲都督，隷燕然都護府。龍朔中更號瀚海，見第三章第二節。吐迷度兄子烏紇，烝吐迷度之妻，與俱陸莫賀達干俱羅勃謀亂，而歸車鼻可汗。二人皆車鼻壻。烏紇領騎夜劫吐迷度，殺之。燕然副都護元禮臣紿烏紇，許白爲都督。烏紇往謝，因斬以徇。擢吐迷度子婆閏襲父所領。俱羅勃入朝，帝不遣。婆閏死，子比栗嗣。比栗死，子獨解支嗣。武后時，默啜取鐵勒故地，回紇與契苾、思結、渾三部度磧徙甘、涼間。獨解支死，子伏帝匐立。明年，助唐攻殺默啜，死，子承宗立。涼州都督王君㚟誣暴其罪，流死瀼州。在今廣西上思縣南。族子瀚海府司馬護輸乘眾怨，共殺君㚟，梗絕安西諸國朝貢道。參看第四節。久之，奔突厥死。子立，即骨力裴羅也。既斬頡跌伊施，遣使上狀，自稱骨咄祿毗伽闕可汗。天子以爲奉誠王。南居突厥故地。徙牙烏德鞬山、昆河之間，南距西城千七百里。昆河，今鄂爾坤河。西城，漢高闕塞，在今臨河縣北。有詔拜爲骨咄祿毗伽闕懷仁可汗。斥地愈廣，東極室韋，西至金山，南控大漠，儼然代突厥而興矣。

第三節　開天邊事二

　　默啜之殺娑葛也，突騎施別種車鼻施啜蘇祿，裒拾餘眾，自爲可汗，眾至三十萬。開元中，拜順國公，《通鑑》事在六年五月。進號忠順可汗。《通鑑》在七年十月。以阿史那懷道女爲交河公主妻之。是歲，突騎施鬻馬於安西，使者致公主教於杜暹，《新書·蘇祿傳》。據《通鑑》，唐以交河公主妻蘇祿，事在開元十年十二月，杜暹爲安西副大都護，在十二年三月；《舊書·暹傳》，亦在是年；則此是歲二字似誤。暹怒，笞其使，不報。蘇祿怒，陰結吐蕃，舉兵略四鎮，圍安西。暹方入當國，趙頤貞代爲都護，乘城。

久之，出戰，又敗。蘇禄略人畜，發困貯，徐聞暹已宰相，乃引去。《新書·蘇禄傳》。《舊書·杜暹傳》：暹以開元十二年爲安西都護。明年，于闐王尉遲眺陰結突厥及諸蕃國，圖爲叛亂。暹密知其謀，發兵捕而斬之，并誅其黨與五十餘人，更立君長，于闐遂安。《新書》略同。《通鑑》亦有其事。《舊書·于闐傳》：天授三年，其王伏闍雄卒，則天封其子璥爲于闐國王，開元十六年，復册立尉遲伏師爲于闐王，無眺爲王及爲暹所廢事，蓋史家僅記封册。雖不完具，猶可校以《杜暹傳》而知其不備也。《新書·于闐傳》曰：伏闍雄死，武后立其子璥，開元時獻馬駞豹，璥死，復立尉遲伏師戰爲王，則億撰璥死而立伏師之事，謂其身相接，使人反疑杜暹傳爲不足信矣。暹之相，在開元十四年九月，蘇禄與吐蕃贊普圍安西，在十五年閏九月，皆見《舊書·本紀》。《紀》云：副大都護趙歸貞擊敗之，蓋諱飾之辭，不足信也。《新書·本紀》，十五年九月丙子，吐蕃寇瓜州。下連書閏月，庚子，寇安西，副大都護趙頤貞敗之。一似安西之役，專出吐蕃，而於蘇禄無與者。歐、宋二公之疏如此。始蘇禄愛治其人。性勤約，每戰有所得，盡以與下，故諸族附悦之，爲盡力。又交通吐蕃、突厥，二國皆以女妻之。遂立三國女，並爲可敦，以數子爲葉護。費日廣而無素儲，晚年，鹵獲稍留不分，下始貳。又病風，一支攣，不事事。於是大首領莫賀達干、都摩支二部方盛，此據《新書·蘇禄傳》，《舊書·突厥傳》都摩支作都摩度。《實録》同。見《通鑑考異》。而種人自謂娑葛後者爲黃姓，蘇禄部者爲黑姓，更相猜讎。俄而莫賀達干、都摩支夜攻蘇禄，殺之。據《舊傳》，事在開元二十六年夏。都摩支又背達干，立蘇禄子吐火仙骨啜爲可汗，居碎葉城。引黑姓可汗爾微特勒保怛邏斯城，共擊達干。碎葉城、怛邏斯城皆見第三章第六節。帝使磧西節度使蓋嘉運和撫西方諸國。達干與嘉運率石王、史王破吐火仙，擒之。《舊書·本紀》：開元二十七年七月，北庭都護蓋嘉運以輕騎襲破突騎施於碎葉城，殺蘇禄，蓋誤。嘉運當時，并擒吐火仙弟頓阿波，皆以獻俘，赦不誅。《新書·本紀》，繫吐火仙之擒於八月。疏勒鎮守使夫蒙靈詧挾銳兵，與拔汗那王掩怛邏斯城，斬黑姓可汗。諸國皆降。初阿史那獻爲磧西節度使。見上節。十姓部落都擔叛，獻擊斬之，據《新書·本紀》，事在開元二年三月。收碎葉已西帳落三萬内屬。璽書嘉慰。葛邏禄、胡屋、鼠尼施三姓，咄陸五啜，有胡禄屋闕啜，鼠尼施處半啜。胡屋當即胡禄屋闕，鼠尼施當即處尼施處半。因默啜政衰内屬，爲默啜所侵掠，以獻爲定遠道大總管，與北廷都護湯嘉惠等掎角。於是突騎施陰幸邊隙，獻乞益師，身入朝，玄宗不許。然獻終亦歸死長安。《新書》本傳云：獻終以娑葛彊很不能制，歸死長安。案時娑葛已前死。及是，又以懷道子昕爲十姓可汗。領突騎施所部。莫賀達干怒，誘諸落叛。詔嘉運招諭，乃降。《舊書·本紀》，在開元二十八年十二月。遂命統其衆。後數年，復以昕爲可汗，遣兵護送至碎葉西俱蘭城，俱蘭名見《新書·西域傳》。《通鑑考異》云：《會要》作俱南城。爲莫賀達干所殺。西突厥遂亡。《通鑑》繫天寶元年。此據《新書·西突厥傳》。《突騎施傳》，莫賀達干作莫賀咄。云莫賀咄自爲可汗，安西節度夫蒙靈詧誅斬之。其事，《通鑑》繫天寶三載。天寶後，突騎施部以黑姓爲可汗，仍通使貢,受詔册。至德後,黃、黑姓皆立可汗,相攻,中國多故,不暇治。大曆後,葛邏祿盛,徙居碎葉川,二姓微,臣役焉。

唐初西域,本羈制於西突厥。西突厥亡,突騎施等莫能繼起;默啜、吐蕃,雖皆意存覬覦,而力有不及;大食方興,亦未能遽行兼并;故開天之際,中國之聲望猶存。蔥嶺東西,西暨拂菻,南抵天竺,仍通朝貢,受册命。并有賜姓、尚主,遣子宿衛者。唐或於其國置軍州,或更其國號。如拔汗那以助平吐火仙,册其王爲奉化王。天寶三載,改其國號寧遠。以外家姓賜其王爲竇氏。又封宗室女爲和義公主降之。十三載,其王忠節遣子入朝,請留宿衛,習華禮,許之。此國,史稱其事唐最謹焉。護蜜,即元魏時之鉢和。乾元元年來朝,賜氏李。南天竺丐名其軍,玄宗賜名懷德軍。史國,天寶中改號爲來威國。雖安史亂後,餘風遺烈,猶未盡絕也。然開天之際,要爲極盛之時。當是時,西方強國,實惟吐蕃、大食,陵轢諸國,諸國多有來乞援者。南天竺嘗乞師討大食、吐蕃。烏茶,亦曰烏萇,東鄙與大食接,開元中數誘之。其王與骨咄、俱位,皆不肯臣。玄宗命使者册爲王。箇失蜜,即迦濕彌羅,王木多筆,遣使來朝。言國有象、步、馬三種兵。臣身與中天竺王阨吐蕃五大道,禁出入,戰輒勝。有如天可汗兵至勃律者,雖衆二十萬,能輸糧以助。康,其王烏勒伽,與大食亟戰不勝,來乞師,天子不許。石,開元二十九年,王伊捺吐屯屈勒上言:今突厥已屬天可汗,惟大食爲諸國患,請討之。天子不許。俱蜜,開元中來獻。其王那羅延,頗言大食暴賦,天子但慰遣而已。東曹,天寶十一載,其王與安王請擊黑衣大食,不聽。唐與吐蕃,所爭在於四鎮。開元中嘗破平喝盤陀,於其地置蔥嶺守捉,爲安西極邊戍,亦所以固四鎮也。吐蕃出西域之道,實惟于闐,既不獲逞,乃思假道於勃律,亦爲唐所阻遏,事見下節。大食席方興之勢,去蔥嶺已西諸國近,實非唐所能與爭。故唐於來乞師者,皆謝絕焉。度德量力,宜也。而邊將貪功,安西節度高仙芝,以天寶九載,出師以討石國。其王車鼻施約降,仙芝仍浮之,獻於闕下,斬之。其子走大食乞兵。明年七月,仙芝遂大敗於怛邏斯城。經此挫折,設更欲興忿兵以報怨者,後事必更不堪設想,而安史之亂旋作,唐於西域,遂不復能過問,此轉所以保全威望,爲要功生事之臣藏拙也。《新書‧西域傳》贊曰:"西方之戎,古未嘗通中國,至漢始載烏孫諸國,後以名字見者寖多。唐興,以次修貢蓋百餘,皆冒萬里而至,亦已勤矣,然中國有報贈、册弔、程糧、傳驛之費。東至高麗,南至真臘,西至波斯、吐蕃、堅昆,北至突厥、契丹、靺鞨,謂之八蕃;其外謂之絕域;視地遠近而給費。開元盛時,稅西域商胡,以供四鎮,出北道者,納賦輪臺。事在開元七年,見《焉耆傳》。輪臺,今新疆輪臺縣。地廣則費倍,此盛王之鑒也。"夫報贈、册弔、程糧、傳驛,爲費幾何? 征戍之勞,蓋有什百於此者矣。唐北平突厥,西禦吐蕃,東撫治奚、契丹,皆所謂"守在四夷",雖知其勞,勢不容已。若西域則異於是,不徒大食不能越蔥嶺而叩玉門,即吐蕃欲爲患甘、凉,亦必道南山而不由四鎮也。唐事外之勞費無謂，蓋莫西域若，而自太宗已來，皆明知其然而不能自克，然後知後漢世祖閉關卻使之不易幾也。

第四節　開天邊事三

　　武后末年，吐蕃因内亂寝弱，已見第四章第一節。此時中國實不必呱呱與和。乃中宗時，贊普祖母使來爲其孫請昏，遂以所養雍王守禮女金城公主妻之。事在景龍四年，即睿宗景雲元年也。帝幸始平縣送之。哀其孩幼，爲之悲泣。爲曲赦縣大辟罪已下，百姓給復一年，改縣曰金城，鄉曰鳳池，里曰愴别。齊景公涕出而女於吴，不得已也，中國是時，有何不得已邪？守禮，章懷太子子。金城縣，後又改曰興平，今陝西興平縣。使楊矩送主。睿宗即位，矩爲鄯州都督，鄯州見第三章第四節。吐蕃使厚遺之，因請河西九曲之地，爲公主湯沐之所，矩遂奏與之。《新書·本紀》，繫此事於景龍四年三月，似不得如是之速。《通鑑》繫此年末。其地肥良，堪頓兵畜牧，又近唐境，吐蕃自是益張雄，易入寇。一時君臣之昏憒庸懦可知矣。開元二年，吐蕃相岔達延上書宰相，請載盟文，定境於河源。未及定，寇臨洮軍、蘭渭等州。臨洮軍，在今甘肅臨洮縣境。蘭州見第二章第六節。渭州，在今甘肅隴西縣西南。楊矩悔懼，飲藥死。玄宗下詔將親征，俄諸將破其兵，乃止。宰相建言吐蕃本以河爲境，以公主故，橋河築城，置獨山、九曲二軍，距積石二百里。見第四章第四節。今既負約，請毁橋復守河。詔可。吐蕃請和。然恃盛强，求與天子敵國，語悖敖。使者至臨洮，詔不納。金城公主上書求聽修好，且言贊普君臣，欲與天子共署誓刻。吐蕃又遣使上書，言孝和皇帝嘗賜盟，唐宰相在誓刻者皆殁，故須再誓。帝謂昔已和親，有成言，尋前盟可矣。不許復誓，禮其使而遣之。且厚賜贊普。自是歲朝貢，不犯邊。《新書·吐蕃傳》,《本紀》,開元四年、五年、七年，皆書吐蕃請和。蓋時吐蕃究承喪亂之後，未能大爲邊患也。然其在西域，復有戰事。

　　吐蕃之用兵，似諸方面各自爲政，中樞不甚能制御，蓋其地廣而交通阻塞，不得不委任邊將，遂成尾大不掉之局，欽陵兄弟之行事，即其明證也。西域、天竺，皆文明之地，爲野蠻好侵略者所垂涎，故吐蕃甘心焉。諸國多有乞師中國，以討吐蕃者，已見上節。其附從之者，則有護蜜及大勃律，而小勃律亦數爲所困。大小勃律，爲今泊米爾高原之地。小勃律在大勃律西北，護蜜在勃律北。《傳》云：地當四鎮入吐火羅道，故役屬吐蕃。吐蕃曰：“我非謀爾國，假道攻四鎮耳。”開元十年，又攻之。其王没謹忙，詣書北廷節度使張孝嵩求救，孝嵩遣疏勒副使張思禮以步騎四千晝夜馳，與謹忙夾擊，大破之。殺其衆數萬，復所失九城。吐蕃侵西域之鋒一挫。

時中國事吐蕃頗勞費，開元十三年，封禪禮畢，張説奏請許吐蕃和，以息邊境，帝與河西節度使王君㚟籌之。君㚟請深入。十五年正月，破之青海之西。先是吐蕃大將悉諾邏攻大斗谷，當即大斗拔谷，見第二章第四節。《新書·地理志》：涼州西有大斗軍，本赤水守捉，開元十六年爲軍，因大斗拔谷爲名。又移攻甘州，見第四章第四節。君㚟襲其後，俘其輜重及疲兵，是年九月，悉諾邏攻陷瓜州，執君㚟之父，俄而君㚟爲回紇所殺。初涼州界有回紇、契苾、思結、渾四部落。君㚟微時，往來涼府，爲所輕。及爲節度，以法繩之。回紇等密使人詣東都自陳枉狀，君㚟遽發驛奏回紇部落難制，潛有叛謀。上使中使按問。回紇等竟不得理，四姓首長皆長流。其黨謀殺君㚟，會吐蕃使間道往突厥，君㚟率精騎往肅州掩之，還至甘州，爲所殺，參看第二章。肅州見第四章第四節。乃命蕭嵩爲河西節度，張守珪爲瓜州刺史。嵩縱反間，吐蕃贊普召悉諾邏誅之。嵩、守珪及隴右節度使張忠亮戰皆捷。十七年，朔方大總管信安王禕太宗子吳王恪之孫。又率兵赴隴右，拔石堡城，置振武軍。於是吐蕃頻遣使請和。忠王友皇甫惟明陳通和之便，上乃令惟明及内侍張元方充使。十八年十月，吐蕃令其重臣名悉獵隨惟明等入朝。名悉獵，即來迎金城公主者，其人略通華文。明年正月，詔御史大夫崔琳報聘。吐蕃請交馬於赤嶺，在石堡城西二十里。互市於甘松嶺。在今四川松潘縣西南。宰相裴光庭言甘松中國阻，不如許赤嶺。乃聽以赤嶺爲界，表以大碑，刻約其上。碑立於二十二年六月。二十四年正月，吐蕃遣使貢方物。其年，吐蕃西擊勃律。勃律遣使來告急。上使報吐蕃，令其罷兵。吐蕃不受詔，遂攻破勃律國。《舊書·吐蕃傳》、《西域傳》，事在二十二年。上甚怒之。時崔希逸爲河西節度使，吐蕃與漢樹柵爲界，置守捉，希逸請皆罷之，而其傔人孫誨入朝奏事，言吐蕃無備可掩。上使内給事趙惠琮與誨馳往，觀察事宜。惠琮等遂矯詔令希逸掩襲，破之青海上。《舊書·吐蕃傳》。《傳》云：吐蕃自是復絶朝貢。然據《希逸傳》，其襲破吐蕃，在開元二十五年三月，而《本紀》，是年十二月，吐蕃尚遣使朝貢。希逸以失信怏怏。俄遷爲河南尹。蕭炅代爲節度。又以杜希望爲隴右節度，王昊此據《舊書·吐蕃傳》。《通鑑》依《實錄》、《唐曆》作王昱。爲劍南節度，分道經略。仍令毀其分界之碑。二十六年，希望攻吐蕃新城，拔之，以爲威武軍。《舊書·吐蕃傳》。《通鑑》從《實錄》作威戎軍。案《通鑑》是也。《新書·地理志》：鄯州星宿川西三百五十里有威戎軍。又發兵奪河橋，於河左築鹽泉城，置鎮西軍。在河州西百八十里。河州，今甘肅導河縣。王昊攻安戎城，見第四章第四節。大敗。二十八年，益州長史章仇兼瓊誘城中羌族歸款，據詔書。乃取之。詔改爲平戎城。二十九年春，金城公主薨。吐蕃遣使來告哀，仍請和。上不許。《舊書·吐蕃傳》。《本紀》在二十八年，《新書》同，蓋薨於二十八年，而告哀使以二十九年至。十二月，吐蕃襲石堡城。河西、隴右節度蓋嘉運不能守。天寶初，會皇甫惟明、王忠嗣爲節度。皆不能克。七載，以哥舒翰爲節度。八年六月，乃攻拔之。改爲神武軍。先二歲，六載。安西副都護高仙芝擊小勃律，降之。《新書》本傳曰：没謹忙死，子難泥立。死，兄麻來分立。死，蘇失利之立。爲吐蕃陰誘，妻以女，故西北二十餘國，皆臣吐蕃，貢獻不入。疑開元二十四年攻破其國後，復以女妻之，與結好也。傳又言仙芝平其國，拂林、大食諸胡七十二國皆震恐，咸歸附，此亦張大之辭。當時執蘇失利之及其妻歸京師，詔改其國號歸仁，置歸仁軍，募千人鎮之。安西之戍，尚嫌勞費，況於勃律邪？是歲，吐火羅鄰胡羯師謀引吐蕃攻吐火羅，吐火羅葉護失里忙伽羅丐安西兵助討。《新書·西域傳》。九載，仙芝又擊破之，虜其王。仙芝破羯師之事，兩《書》本傳皆不載。《新書·西域傳》，亦但云失里忙伽羅丐安西兵助討，帝爲出師破之而已。《通鑑》：天寶八載十一月乙未，吐火羅葉護失里忙伽羅遣使表稱：羯師王親附吐蕃，困苦小勃律鎮軍，阻其糧道。臣思破凶徒。望發安西兵，以來歲正月至小勃律，六月至大勃律。上許之。九載，安西節度使高仙芝破羯師、虜其王勃特没。三月，庚子，立勃特没之兄素迦爲羯師王。《考異》曰：《實錄》：去載十一月，吐火羅葉護遣使安西兵討羯師，上許之，不見出師。今載三月，庚子，册羯師國王勃特没兄素迦爲王，不言羯師爲誰所破。按十載正月，高仙芝擒羯師王來獻，然則羯師爲仙芝所破也。案觀困苦小勃律鎮軍之語，則知唐之出兵，非爲吐火羅，正入歸仁置軍，不得不救耳。然敵果洊至，其可終守乎？貪功生事之舉，輾轉詒累如此。十三載三月，《新書·本紀》。《舊書·外戚·王子顏傳》亦云十三載。哥舒翰收九曲故地，置神策軍於臨洮西，見第四章第四節。澆河郡於積石西，澆河郡，即廓州，見第三章第四節。及宛秀軍，《新書·地志》：廓州西八十里宛秀城有威勝軍，當即此宛秀軍。以實河曲。《新書·吐蕃傳》。《哥舒翰傳》云：收黄河九曲，以其地置洮陽郡，築神策、宛秀二軍。《通鑑》：十三載七月，哥舒翰奏於所開九曲之地置澆河、洮陽二郡及神策軍。洮陽郡，即洮州。見第四章第四節。唐是時，可謂西域、河湟，兩路皆致克捷，然未幾，禄山難作，盡徵河、隴、朔方之兵入赴難，而局勢急變矣。

第五節　開天邊事四

自李盡忠之敗，契丹不能立，遂附突厥。奚亦與突厥相表裏，號兩蕃。景雲元年，奚首領李大酺此據《新書》。《舊書》本傳作李大輔，《本紀》亦作酺。遣使貢方物，睿宗嘉之，宴賜甚厚。延和元年，幽州都督孫佺，亦從《新書》。《舊紀》、《傳》皆作孫儉。顧與李楷落周以偰襲之，大敗，佺、以偰皆爲虜禽，送默啜害之。《舊書》云：儉没於陳。朝廷方多故，不暇討。開元二年，并州節度大使薛訥仁貴子。伐契丹，又敗績。盡忠從父弟失活，旋以默啜政衰來歸。《新傳》在開元二年，《舊傳》在三年。四年八月，《新書·本紀》。又與李大酺偕來。於是復置饒樂、松漠二府，以大酺、失活爲都督。《通鑑》皆在開元四年八月。《新書·傳》，大酺爲饒樂都督在二年，《舊傳》在三年。又置静析軍，以失活爲經略大使。以東平王外孫楊元嗣女爲永樂公主妻失活，《舊紀》開元五年十一月。東平王續，太宗子紀王慎之子。宗室出女辛爲固安公主妻大酺。《舊紀》開元五年三月。五年，大酺、失活請於柳城依舊置營州都督府，從之。《舊紀》在三月。六年五月，《舊書·紀》、《傳》。失活死，弟娑固襲。《新傳》。《舊傳》云從父弟。八年，有可突干者，爲静析軍副使，悍勇得衆，娑固欲去之，未決，而可突干反，攻娑固。娑固奔營州。都督許欽澹，以州甲五百，合李大酺兵攻可突干，不勝，娑固、大酺皆死。欽澹懼，徙軍入榆關。今山海關。可突干奉娑固從父弟鬱干爲君，遣使者謝罪。有詔即拜鬱干、松漠都督，以宗室出女慕容爲燕郡公主妻之。大酺之死，弟魯蘇襲。十年，入朝。詔襲其兄官爵，仍以固安公主爲妻。《舊紀》在六月。十一年，鬱干死，弟吐干襲，復妻燕郡公主。吐干與可突干猜阻，十三年，攜公主來奔。可突干奉盡忠弟邵固統衆。以宗室出女陳爲東華公主妻之。《舊紀》在十四年三月。十八年，可突干殺邵固，《舊紀》在五月。云：契丹衙官突可汗殺其主李召固。突可汗，乃可突干之譌。立屈烈爲王，《舊書·張守珪傳》作屈剌。脅奚衆共降突厥。公主走平盧軍。營州軍名。魯蘇奔榆關。詔幽州長史知范陽節度事趙含章擊之。拜忠王浚肅宗初名。爲河北道行軍元帥，既又兼河東道諸軍元帥。王不行，而以信安王褘見上節。爲河北道行軍副元帥。二十年，褘與含章出塞捕虜，大破之。可突干走，奚衆降。明年，可突干盜邊，幽州長史薛楚玉訥弟。遣副總管郭英傑等擊之，英傑，知運子。敗死。帝擢張守珪爲幽州長史經略之。可突干陽請臣，而稍趨西北倚突厥。其衙官李過折，與可突干內不平。守珪使客王悔陰邀之，以兵圍可突干。過折即夜斬可突干、屈烈及支黨數十人自歸。《新書·契丹傳》。據此，是守珪之師既出，而過折乃應之也。《舊書·本紀》云：守珪發兵討契丹，斬其王屈烈及其大臣可突干於陳，傳首東都。陳斬固要功之辭，然謂二人死時，守珪之兵已出，則與此合。其《守珪傳》云：屈剌與可突干恐懼，遣使詐降，守珪察知其僞，遣管記右衛騎曹王悔詣其部落就謀之。悔至屈剌帳，賊徒初無降意，乃移其營帳，漸向西北，密遣使引突厥，將殺悔以叛。會契丹別帥李過折與可突干爭權不協，悔潛誘之，斬屈剌、可突干，盡誅其黨，率餘衆以降。守珪因出師，次於紫蒙川，大閱軍實，燕賞將士。傳屈剌、可突干等首於東都。則可突干既死而守珪之師乃出，大功全在於悔矣。《新書·本紀》及《守珪傳》，略與《舊書》同。恐《守珪傳》之說較確，《紀》與《新書·契丹傳》所云，皆要賞之辭也。《新書·王琳傳》：琳孫佋，辟范陽節度使張守珪幕府。時契丹屈烈部將謀入寇，河北騷然，佋至虜中，脅說禍福，虜乃不入。則當時守珪安邊，頗得策士之力。時二十二年十二月也。明年，拜過折爲松漠都督。其年，爲可突干餘黨泥里所殺。《通鑑考異》云：《舊傳》不言朝廷如何處置泥裏。今據《張九齡集》，有賜契丹都督涅里敕，又有賜張守珪敕云：涅禮自擅，難以義責，而未有名位，恐其不安，卿可宣朝旨，使知無它也。泥裏蓋即涅禮也。初可突干之脅奚衆以叛也，趙含章發清夷軍討破之。清夷軍在媯州。媯州，今懷來縣。衆稍自歸。明年，信安王禕又降其酋李詩等。以其地爲歸義州，治良鄉之廣陽城，廣陽城見第三章第五節。置其部幽州之偏。李詩死，子延寵嗣，又與契丹叛，爲張守珪所困，復降。拜饒樂都督。天寶四載，契丹大酋李懷秀降。《新書·契丹傳》。《舊書·本紀》作李懷節，《通鑑》同。拜松漠都督。三月，各以宗室出女妻之。九月，皆殺公主叛去。《舊紀》。范陽節度安祿山討破之。更封契丹酋楷落，奚酋婆固爲松漠、饒樂都督。《通鑑》事在五載四月。十載，祿山發幽州、雲中、平盧、河東兵十餘萬，以奚爲鄉道，討契丹。戰潢水南，《新書·契丹傳》。《本紀》作戰於吐護真河，潢水見第三章第二節。吐護真河見第二章第二節。大敗。明年，再擊之，以阿布思叛不果。然與相侵掠未嘗解，至其反乃已。亦數與奚鏖鬬，誅其君李日越。《通鑑》事在十三載。奚、契丹是時，尚不能與唐大兵敵，故李禕、張守珪，皆能戡定之。至祿山之敗，則自由其貪功徼幸，非兵力之不敵也。《新書·祿山傳》：十一載，率河東兵討契丹，告奚曰："彼背盟，我將討之，爾助我乎？"奚爲出徒兵二千鄉道。至土護真河，祿山計曰："道雖遠，我疾趨，乘其不備，破之固矣。"乃敕人持一繩，欲盡縛契丹，晝夜行三百里，次天門嶺。會雨甚，弓弛矢脱不可用。祿山督戰急。大將何思德曰："士方疲，宜少息。使使者盛陳利害以脅賊，賊必降。"祿山怒，欲斬以令軍，乃請戰。思德貌類祿山，及戰，虜叢矛注矢邀取之，傳言祿山獲矣。奚聞，亦叛，夾攻祿山營，士略盡。祿山中流矢，引奚兒數十，棄衆走山而墜，慶緒、孫孝哲掖出之。夜走平盧。部將史定方以兵鏖戰，虜解圍去。祿山不得志，乃悉兵號二十萬討契丹以報。阿布思叛，不進輒班師。蓋奚本非心服，祿山所將之兵，亦未盡至，故有此大敗也。明歲出師，使微阿布思之叛，自可一大創之，而又以阿布思叛不果。此後祿山迫於叛計，遂不暇再事契丹矣。此亦契丹之天幸也。然歷開元、天寶之世，幾五十年，實未嘗一日真臣服。營州之復，特其名焉而已。《舊書·良吏·宋慶禮傳》：開元中，累遷貝州刺史，仍爲河北支度營田使。初營州都督府置在柳城，控帶奚、契丹。則天時，都督趙文翽政理乖方，兩蕃反叛，攻陷州城。其後移於幽州東二百里漁陽城安置。開元五年，奚、契丹各款塞歸附。玄宗欲復營州於舊城。侍中宋璟固争，以爲不可。獨慶禮盛陳其利。乃詔慶禮及太子詹事姜師度、左驍衛將軍邵宏等充使。更於柳城築營州城，興役三旬而畢。俄拜慶禮御史中丞，兼檢校營州都督。開屯田八十餘所。追拔幽州及漁陽、淄、青等户。并招輯商胡，爲立店肆。數年間，營州倉廩頗實，居人漸殷。七年卒。太常博士張星議：慶禮有事東北，所亡萬計，所謂害於而家，凶於而國，請謚曰專。禮部員外郎張九齡駁曰：營州鎮彼戎夷，扼喉斷臂，逆則制其死命，順則爲其主人。自經瘳廢，便長寇孽。二十年間，有事東鄙，僵尸暴骨，敗將覆軍，不可勝計。而慶禮以數千之役徒，無甲兵之强衛，指期遂往，稟命而行，俾柳城爲金湯之險，林胡生腹心之疾。尋而罷海運，收歲儲，邊亭晏然，河朔無擾。與夫興師之費，轉輸之勞，校其優劣，孰爲利害？而云所亡萬計，一何謬哉？及契丹背誕之日，懼我掎角之勢，雖鼠穴自固，而駒牧無侵云云。案姜師度傳：神龍初，累遷易州刺史，兼御史中丞，爲河北道監察兼度支營田使。始於薊門之北，漲水爲溝，以備奚、契丹之寇。可見是時兩蕃爲患之深。此慶禮等所以主復營州於柳城也。以大體論，自是良圖。惜乎如慶禮、師度等良吏少，徒恃兵力震慴，終致外蕃受其侵害，而己亦與之俱敝耳。貝州，今河北清河縣。易州見第三章第六節。**其勢已隱然不可易矣。**

　　大祚榮自立後，中宗即位，使往招慰，祚榮遣子入侍。將加冊立，會契丹、突厥，連歲寇邊，使命不達。睿宗先天二年，使冊拜祚榮爲渤海郡王，仍以其所統爲忽汗州，加授忽汗州都督。自是去靺鞨號，專稱渤海，每歲遣使朝貢。開元七年，祚榮死，其國私諡爲高王。冊立其嫡子武藝。十四年，黑水靺鞨遣使來朝。詔以其地爲黑水州，仍置長史，遣使鎮押。《舊傳》曰：武藝謂其屬曰：“黑水經我境，始與唐家相通。舊請突厥吐屯，皆先告我。今不計會，即請漢官，必是與唐家通謀，腹背攻我也。”遣母弟門藝及其舅任雅相，發兵以擊黑水。門藝曾充質子，至京師，開元初還國，謂武藝曰：“黑水請唐家官吏，即欲擊之，是背唐也。昔高麗全盛之時，强兵三十餘萬，今日渤海之衆，數倍少於高麗，《新書》曰：今我衆比高麗三之一。乃欲違背唐家，事必不可。”武藝不從。門藝兵至境，又上書固諫。武藝怒，遣從兄壹夏代門藝，徵門藝欲殺之。門藝來奔。武藝尋遣使朝貢，仍上表極言門藝罪狀，請殺之。《本紀》：是年十一月，遣子義信來朝。上密遣門藝往安西，仍報武藝云：“流向嶺外，已遣去訖。”乃留其使，別遣使報之。俄有泄其事者。武藝又上書云：大國示人以信，豈有欺誑之理？今聞門藝不向嶺南，伏請依前殺卻。上遣門藝暫向嶺南以報之。二十年，武藝遣其將張文休率海賊攻登州，今山東蓬萊縣。殺刺史韋俊。詔遣門藝往幽州徵兵以討之。仍令太僕卿金思蘭往新羅發兵，以攻其南境。屬山阻寒凍，雪深丈餘，士卒死者過半，竟無功而還。新羅是時之王爲金興光。《舊書》本傳云：其族人思蘭，先因入朝留京師，拜爲太僕員外卿，至是，遣歸國發兵以討靺鞨，仍加授興光開府儀同三司、寧海軍使。使興光攻渤海南境，不必有寧海軍使之授。《新書·新羅傳》云：渤海靺鞨掠登州，興光擊走之，帝進興光寧海軍大使，使攻靺鞨，則興光未受命攻渤海南境之前，已在海道擊走靺鞨矣。《新書》言新羅有鄭保臯、鄭年者，自其國皆來，爲武寧軍小將。後保臯得歸新羅，謁其王，言徧中國以新羅人爲奴婢，願得鎮清海，使賊不得掠人西去。清海、海路之要也，王與保臯萬人守之。自大和後，海上無鬻新羅人者。可見唐世，中國、新羅之間，海道往來甚暢。渤海地亦臨海，此其所以能從海道來寇，而亦新羅之所以能敗其兵也。武寧，徐州軍名。武藝懷怨不已，密遣使至東都假刺客刺門藝。《新書》云：募客入東都。門藝格之，不死。詔河南府捕獲其賊，盡殺之。《新書·烏承玼傳》：開元中，與族兄承恩，皆爲平盧先鋒。渤海大武藝與弟門藝戰國中，門藝來，詔與太僕卿金思蘭發范陽、新羅兵十萬討之，無功。武藝遣客刺門藝於東都，引兵至馬都山，屠城邑。承玼窒要路，塹以大石，亘四百里，虜不得入。《通鑑考異》謂《新書》此文，乃誤用韓愈《烏重胤廟碑》，武藝實無入寇至馬都山之事，特未知《傳》中餘事，別據何書。案《傳》謂武藝與門藝戰國中，其語必有所本。然則《舊書》所載武藝遣門藝攻黑水而門藝不肯，乃其來降後自媚之辭，實則與兄爭位而敗逋耳。庇爭國之罪人，於理自亦非直，然窮來歸我，何忍殺之,錮之不使歸爭國,亦於武藝無負矣。而武藝竟因此而入犯,此可見武后以後,東北諸蕃之跋扈也。二十五年,武藝病卒。亦據《舊書》本傳。《紀》在二十六年,蓋據赴告到日。其國私謚曰武王。子欽茂嗣。天寶末,徙上京,直舊國三百里忽汗河之東。訖帝世,朝獻者二十九云。

　　靺鞨著者,粟末而外,又有汨咄、安居骨、拂涅、黑水、白山等。高麗亡後,惟黑水完強,已見第三章第三節。《新書》本傳云:開元十年,其酋倪屬利稽來朝。玄宗即拜勃利州刺史。於是安東都護薛泰請置黑水府,以部長爲都督、刺史,朝廷爲置長史監之,賜府都督姓李氏,名曰獻誠,以雲麾將軍領黑水經略使,隸幽州都督。初黑水西北,又有思慕部。益北行十日,得郡利部。東北行十日,得窟說部,亦號屈說。稍東南行,十日得莫曳皆部。又有拂涅、虞婁、越喜、鐵利等部。其地南距渤海,北東際於海,西抵室韋。南北袤二千里,東西千里。拂涅、鐵利、虞婁、越喜時時通中國,而郡利、屈說、莫曳皆不能自通。《傳》存其朝京師者,迄於元和,云:"後渤海盛,靺鞨皆役屬之,不復與王會矣。"

第六節　開天邊事五

　　唐初,黔、瀘、戎、巂諸州,同爲西南控扼要地,而姚州深入其阻,所係尤重。見第三章第七節。《舊書·本紀》:高宗麟德元年五月,於昆明之弄棟川置姚州都督府,蓋中間嘗廢罷也。弄棟見第二章第二節。自高宗用兵之後,中宗神龍三年,侍御史唐九徵又嘗出兵討擊叛蠻,於其處勒石紀功焉。《舊書·本紀》。《舊書·張柬之傳》:神功初,出爲合州刺史,今四川合川縣。尋轉蜀州。見第一節。舊例,每歲差兵募五百人往姚州鎮守。柬之表論其弊曰:"姚州哀牢舊國,漢置永昌郡以統理之。收其鹽、布、氈、罽之税,以利中土。其國西通大秦,南通交趾,奇珍異寶,進貢歲時不闕。劉備據有巴、蜀,嘗以甲兵不充。及備死,諸葛亮五月渡瀘,收其金、銀、鹽、布,以益軍儲;使張伯岐選其勁卒搜兵,以增武備。搜同叟,乃民族之名,亦即寶字之異譯,説見《秦漢史》第九章第四節。故《蜀志》稱自亮南征之後,國以富饒,甲兵充足。今鹽、布之税不供;珍奇之貢不入;戈戟之用,不實於戎行;寶貨之資,不輸於大國;而空竭府庫,驅率平人,受役蠻夷,肝腦塗地,臣竊爲國家惜之。往者諸葛亮破南中,使其渠帥自相統領,不置漢官,亦不留兵鎮守,人問其故。亮言置官、留兵,有三不易。大意以置官夷漢雜居,猜嫌必起。留兵運糧,爲患更重。忽若反叛,勞費更多。但粗設紀綱,自然安定。竊以此策,妙得羈縻之術。今姚府所置之官,既無安邊靜寇之心,又無且縱且禽之技。惟知詭謀狡算，恣情割剝；貪叨劫掠，積以爲常；扇動酋渠，遘成朋黨；折支諂笑，取媚蠻夷；拜跪趨伏，無復慚恥；提挈子弟，嘯引凶愚；聚會蒱博，一擲累萬。劍南逋逃，中原亡命，有二千餘戶，見散在彼州，專以掠奪爲業。姚州本龍朔中武陵縣主簿石子仁奏置。武陵縣，在今湖北竹溪縣東。之後，長史李孝讓、辛文協，並爲羣蠻所殺。前朝遣郎將趙武貴討擊，貴及蜀兵，應時破敗，噍類無遺。又使將軍李義總等往征，郎將劉惠基在陳戰死。其州乃廢。垂拱四年，蠻郎將王善寶、昆州刺史爨乾福昆州見第二章第二節。又請置州。奏言所有課稅，自出姚府管內，更不勞擾蜀中。及置州後，錄事參軍李稜爲蠻所殺。延載中，司馬成琛奏請於瀘南置鎮七所，遣蜀兵防守。自此蜀中騷擾，於今不息。且姚府總管五十七州，鉅猾遊客，不可勝數。國家設官分職，本以化俗防姦，無恥無厭，狼籍至此。今不問夷夏，負罪並深。見道路劫殺，不能禁止，恐一旦驚擾，爲患轉大。伏乞省罷姚州，使隸嶲府。歲時朝覲，同之蕃國。亦廢瀘南諸鎮，於瀘北置關。百姓自非奉使入蕃，不許交通往來。增嶲府兵，選擇清良宰牧，以統理之。臣愚，將爲穩便。"讀此，可見貪吏、莠民，與外族不肖之徒，互相勾結，以刻剝土人，疲敝中國之狀。歷代新開之地，同化其民甚難，如西南至今未竟其功。往往叛亂時起，終至離逖。或彼離中國而自立，或中國不能維持而卒棄之。職此之由，更觀近代歐人之開拓南洋、美洲，而嘆人類之罪惡，今古同符，東西一轍也。惜乎此等罪惡，見侮奪者莫能言，侮奪人者不肯言，傳於世者甚少耳。然據一端以推想其餘，亦可以見其概矣。唐是時開拓所及者，爲今雲南之東境及北境。高宗時，吐蕃臣西洱河蠻，其勢力始與中國交會。睿宗即位，攝監察御史李知古請發兵擊之。蠻既降附，又請築城征稅。睿宗令發劍南兵往。知古又欲因是誅其豪傑，沒其子女爲奴婢。蠻衆恐懼，其酋傍名，乃引吐蕃攻殺知古，斷其尸以祭天。姚、嶲路歷年不通。《舊書·徐堅傳》、《吐蕃傳》。西南情勢，岌岌可危矣。然吐蕃距雲南遠，亦不易深入，於是南詔興焉。

南詔，《新書·傳》云：本哀牢夷後，觀其父子以名相屬，其說是也。《傳》云：至豐祐，始慕中國，不肯連父名。夷語王爲詔，其先渠帥有六，自號六詔：曰蒙嶲詔，在今雲南雲龍縣南。越析詔，今雲南麗江縣。浪穹詔，今雲南洱源縣。邆睒詔，今雲南鄧川縣。施浪詔，在洱源縣蒙次和山下。蒙舍詔，今雲南蒙化縣。蒙舍詔在諸部南，故稱南詔。王蒙氏，自舍龍以來，有譜次可考。舍龍生獨邏，亦曰細奴邏。《舊書》云：國初有蒙舍龍，生迦獨龐，迦獨生細奴邏。高宗時，遣使者入朝。生邏盛炎，武后時身入朝。生炎閣，炎閣死開元時。弟盛邏皮立。生皮邏閣。炎閣未有子時，以閣羅鳳爲嗣，及生子，還其宗，而名承閣遂不改。《新書》本傳，《傳》曰：邏盛炎生炎閣。武后時，盛炎身入朝，妻方娠，生盛邏皮，喜曰："我又有子，雖死唐地足矣。"《舊書》則云：細奴邏生邏盛。武后時來朝，其妻方娠。次姚州，聞妻生子，曰："吾且有子，死於唐地足矣。"子名曰盛邏皮。開元初，邏盛死，子盛邏皮立。《通鑑》從《舊傳》。《考異》曰：《楊國忠傳》、《雲南別録》並同。見開元二十六年。以理衡之，《舊書》似是，然炎閣之名，《新書》似不得杜撰。開元末，皮邏閣逐河蠻，即西洱河蠻。取太和城，今雲南大理縣。以處閣羅鳳。天子賜皮邏閣名歸義。當是時，五詔微，歸義獨彊，乃厚以利啗劍南節度使王昱，求合六詔爲一。制可。《新書·南詔傳》。《傳》下文言：六詔之外，又有時傍、矣川羅識二族，通號八詔。除蒙雟詔之地，係爲歸義所奪外；其越析詔，貞元中，有豪酋張尋求，烝其王波衝妻，因殺波衝。劍南節度使召尋求至姚州殺之，部落無長，乃以地歸南詔。浪穹詔之王鐸羅望，與南詔戰，不勝，挈其部保劍川，更稱劍浪。傳望偏、偏羅矣、羅君三世，乃爲南詔所虜，事亦在貞元中。邆睒詔王咩羅皮，施浪詔王施望欠，曾與浪穹詔合拒歸義，不勝。咩羅皮走保野共川，傳皮羅鄧、鄧羅顛、顛文託三世。施望欠走永昌，獻女丐和，歸義許之。死，弟望千走吐蕃，吐蕃立爲詔，納之劍川。傳子千旁羅顛，南詔破劍川，顛文託見虜，徙永昌，千旁羅顛走瀘北，三浪悉滅。時傍母，歸義女，其女復妻閣羅鳳。咩羅皮之敗，時傍入居邆川，爲閣羅鳳所猜，徙置白厓城。後與矣川羅識詣吐蕃神川都督，求自立爲詔，謀洩，被殺。矣川羅識奔神川，都督送之羅些城。則諸詔破滅，實在閣羅鳳時，此時云合六詔爲一，僅爲諸詔共主而已。劍川，今雲南劍川縣。姚州所屬羈縻州有野共，未詳所在。人居必依水，昔人言某川，猶今人言某水流域，野共族之地稱野共川，猶邆睒詔之地稱邆川也。白厓城，在今雲南儀鳳縣東南。羅些見第三章第四節。歸義已併羣蠻，遂破吐蕃，寖驕大。入朝，天子亦爲加禮。又以破洱蠻功，馳遣中人冊爲雲南王。於是徙治太和城。天寶初，遣閣羅鳳子鳳迦異入宿衛。七載，歸義死，閣羅鳳立，襲王。《舊書》：歸義卒，詔立子閣羅鳳，襲雲南王。初安寧城有五鹽井，安寧見第三章第七節。人得煮鬻自給，玄宗詔特進何履光以兵定南詔境，取安寧城及井，復立馬援銅柱，乃還。《舊書·本紀》：天寶八載十月，特進何履光率十道兵以伐雲南。此時南詔事唐頗謹。使能勤而撫之，固可彼此相安，並可藉其力以禦吐蕃也，乃又以貪吏誅求，引起變故。

楊國忠德鮮于仲通，用爲劍南節度使，仲通卞忿少方略。故事，南詔嘗與妻子謁都督，過雲南，雲南郡，即姚州。太守張虔陀私之。多所求丐，閣羅鳳不應。虔陀數詬靳之，陰表其罪，由是忿怨，反，發兵攻虔陀，殺之，取姚州及小夷州三十二。時天寶九載也。明年，仲通自將出戎、雟州。分二道，進次曲州、靖州。見第三章第七節。閣羅鳳遣使者謝罪，願還所虜，得自新。且城姚州。如不聽，則歸命吐蕃，恐雲南非唐有。仲通囚使者，進薄白厓城。《舊書》云：進軍逼太和。大敗，引還。閣羅鳳遂北臣吐蕃，吐蕃以爲弟。夷謂弟鍾，故稱贊普鍾。給金印，號東帝。楊國忠調天下兵，凡十萬，使侍御史李宓討之，敗於太和城，死者十八。十三載六月。會安祿山反，閣羅鳳因之取雟州、會同軍，在今會理縣。據清溪關。今漢源縣南。西南形勢一變已。

初爨弘達之死也，唐以爨歸王爲南寧州都督，居石城。在今曲靖縣北。襲殺東爨首領蓋騁及子蓋啓，徙共範川。有兩爨大鬼主崇道者，與弟日進、日用居安寧城左。聞章仇兼瓊開步頭路，見第三章第七節。築安寧城，羣蠻震騷，共殺築城使者。玄宗詔蒙歸義討之。師次波州，唐羈麋州，今廣西安平土州。歸王及崇道兄弟泥首謝罪，赦之。俄而崇道殺日進及歸王。歸王妻阿奼，烏蠻女也，走父部，乞兵相仇。於是諸爨亂，阿奼遣使詣歸義求殺夫者。書聞，詔以其子守隅爲南寧州都督。歸義以女妻之，又以一女妻崇道子輔朝。然崇道、守隅相攻討不置。阿奼訴歸義，爲興師，崇道走黎州。見第三章第四節。遂虜其族。殺輔朝，收其女，崇道俄亦被殺。諸爨稍離弱。閣羅鳳立，召守隅並妻歸河睒，不通中國。惟阿奼自主其部落，歲入朝。閣羅鳳遣昆川城使楊牟利以兵脅西爨，徙户二十餘萬於永昌城。今雲南保山縣。東爨以言語不通，多散依林谷，得不徙。烏蠻種復振，徙居西爨故地，與南詔世昏姻。其種分七部落：一曰阿芋路，居曲州、靖州故地。二曰阿猛。三曰夔山。四曰暴蠻。五曰盧鹿蠻。二部落分保竹子嶺。六曰磨彌斂。七曰勿鄧。勿鄧地方千里，有邛部六姓，一姓白蠻也，五姓烏蠻也。又有初裏五姓，皆烏蠻也。居邛部、臺登之間。邛部縣，在今越嶲縣北。臺登縣，在今冕寧縣東。又有東欽蠻二姓，皆白蠻也，居北谷。又有粟蠻二姓，雷蠻二姓，夢蠻三姓，散處黎、嶲、戎數州之鄙，皆隸勿鄧。勿鄧南七十里有兩林部落，有十低三姓，阿屯三姓，虧望三姓隸焉。其南有豐琶部落，阿諾二姓隸焉。兩林地雖陿，而諸部推爲長，號都大鬼主。勿鄧、豐琶、兩林，皆謂之東蠻。天寶中皆受封爵。及南詔陷嶲州，遂羈屬吐蕃。西洱河蠻，開元中首領入朝，授刺史。蒙歸義拔太和城，乃北徙，更羈制於浪穹詔。浪穹詔破，又徙雲南柘城。南詔柘東城，今昆明。蓋西南諸族，無不折而入於南詔者矣。惟牂牁苗裔趙國珍，天寶中戰有功，中書舍人張漸薦其有武略，習知南方地形，楊國忠奏用爲黔州都督，屢敗南詔云。新舊《書》本傳。滇西距中原遠，而去緬甸近。其文化，本有來自海表者，讀《秦漢史》第九章第六節可見。旁薄鬱積，至於唐而南詔興，非偶然也。

第七節　安史之亂上

唐初行府兵之制，天下十道，置府六百三十四，而在關內者二百六十一，其勢本內重於外。府兵之制，無事時耕於野，有事則命將以出，事解輒罷，兵散於府，將歸於朝，故士不失業，而將帥無握兵之重。其戍邊者，大曰軍，小曰守捉，曰城，曰鎮，而總之者曰道，其數初不甚多。高宗、武后時，府兵之法寖壞，至不能給宿衞。開元時，宰相張説，乃請以募士充之。由是府兵之法，變爲彍騎。天寶已後，彍騎之法，又稍變廢，宿衞者皆市人，至不能受甲。而所謂禁軍者，禄山反時，從駕西巡者，亦僅千人。其時節度、經略之使，大者凡十。節度使九：曰安西，治龜兹。曰北庭，治北庭都護府。曰河西，治涼州。曰朔方，治靈州。曰河東，治太原府。曰范陽，治幽州。曰平盧，治營州。曰隴右，治鄯州。曰劍南，治成都府。嶺南五府經略使，治廣州。又有長樂經略使，福州刺史領之。東萊守捉使，萊州刺史領之。東牟守捉使，登州刺史領之。所管兵皆少。大凡鎮兵四十九萬人，戎馬八萬餘匹。每歲軍費：衣賜千二十萬疋段，軍食百九十萬石，大凡千二百十一萬。開元以前，每年邊用，不過二百萬耳。以上據《舊書·地理志》。於是外重之勢以成。天寶六載，高仙芝以破小勃律功，代夫蒙靈詧爲安西節度使。《通鑑》記其事而論之曰：“自唐興以來，邊帥皆用忠厚名臣，不久任，不遙領，不兼統。功名著者，往往入爲宰相。胡三省曰：如李靖、李勣、劉仁軌、裴師德之類是也。開元以來，薛訥、郭元振、張嘉貞、王晙、張説、杜暹、蕭嵩、李適之等，亦皆自邊帥入相。其四夷之將，雖才略如阿史那社爾、契苾何力，猶不專大將之任，皆以大臣爲使以制之。及開元中，天子有吞四夷之志，爲邊將者十餘年不易，始久任矣。皇子則慶、忠諸王，宰相則蕭嵩、牛仙客，始遙領矣。慶王琮，玄宗長子。開元四年，遙領安西大都護，仍充安撫河東、關内、隴右諸蕃大使。十五年，遙領涼州都督，兼河西諸軍節度大使。忠王即肅宗，事見第五節。蕭嵩入相後，遙領河西。牛仙客入相後，亦遙領朔方，可參看第一、第四節。二十六年，仙客又兼領河東，李林甫兼領隴右，又兼領河西。天寶九載，朔方節度使張齊丘左遷。十載，又命林甫遙領，至十一載李獻忠叛，乃舉安思順自代，見下。蓋嘉運、王忠嗣專制數道，始兼統矣。嘉運本北庭都護，二十七年，平西突厥，入獻捷。明年，以爲河西、隴右節度。忠嗣初鎮朔方，天寶四載，兼領河東，五載，皇甫惟明敗，又兼河西、隴右，至六載，乃辭朔方、河東。李林甫欲杜邊帥入相之路，以胡人不知書，乃奏言文臣爲將，怯當矢石，不若用寒畯、胡人，胡人則勇決習戰，寒族則孤立無黨。上悦其言，始用安禄山，至是諸道節度，盡用胡人，《通鑑》此條，頗同《舊書·李林甫傳》，但言之較詳耳。《舊書》此節，係因林甫用安思順而及云：“十載，林甫兼安西大都護、朔方節度。俄兼單于副大都護。十一載，以朔方副使李獻忠叛，讓節度，舉安思順自代。”下述林甫告玄宗語，云：“帝以爲然，乃用思順代林甫領使。自是高仙芝、哥舒翰，皆專任大將。”其説較允。當時胡人任大將者，禄山而外，不過思順、仙芝、翰三人而已。云諸道節度，盡用胡人，似欠審諦。仙芝高麗人。翰突騎施哥舒部之裔。王忠嗣之貶，思順代爲河西，翰代爲隴右。張齊丘左遷，嘗命思順權知朔方。十載，乃命林甫遙領。是歲，仙芝自安西入朝，以爲河西，代思順。思順諷羣胡割耳剺面留己，乃已。至林甫舉以自代，乃之朔方。禄山反，乃以郭子儀代之。天下之勢偏重。卒使禄山傾覆天下，皆出於林甫專寵固位之謀也。”昔人論天寶之亂源如此。平心論之，中國政俗，皆尚和平，承平之時，武備不得不弛，初無關於法制。自五胡亂華以來，以漢人任耕，而以降附之外族任戰，其策亦迄未嘗變，故唐初雖有府兵，出征實多用蕃兵、蕃將，此實非玄宗一人之咎，歸獄林甫，尤近深文。惟天寶之時，偏重之勢太甚，君相不早爲之計，而徒荒淫縱恣，耽寵怙權，則神州陸沈，固不得不任其責耳。

當時天下兵力，實以西北二邊爲重，以唐所視爲大敵者，實爲突厥與吐蕃也。然以重之之故，其制馭之亦較嚴；朔方、河、隴，多以宰臣遙領，或將相入出迭爲之。而所用胡人，如高仙芝、哥舒翰等，亦不過貪功生事之徒；故未有他患。東北去中樞較遠，奚、契丹雖桀驁，尚非突厥、吐蕃之比，故唐人視之較輕，所用節將，惟張守珪出於精選，亦僅武夫，不知遠慮，而安祿山遂乘之，盜竊兵柄矣。祿山者，營州柳城胡。《新書》云本姓康，《舊書》云無姓氏，名軋犖山。母阿史德氏，爲突厥巫師。祿山少孤，隨母在突厥中，將軍安波至兄延偃妻其母。開元初，偃攜以歸國。與將軍安道買男偕來。道買次男安節德偃，約兩家子爲兄弟，乃冒姓安，更名祿山。史思明者，本名窣干，營州寧夷州突厥雜種胡人。寧夷州，未詳。《舊傳》云：與祿山同鄉里，則亦當置於柳城。與祿山同鄉里。先祿山一日生。《通鑑考異》曰：《舊傳》云：思明除日生。祿山元日生。按《祿山事迹》，天寶十載，正月二十日，上及貴妃爲祿山作生日，今不取。今按作生日不必定在其生日，此不能斷《舊傳》之誣也。及長，相善，俱以驍勇聞。又俱解六蕃語，同爲互市郎。張守珪爲幽州節度，使二人同捉生，拔祿山爲偏將，遂養爲子。開元二十七年，守珪以罪去。明年，祿山爲平盧兵馬使。又明年，授營州都督、平盧軍使。天寶元年，以平盧爲節度，祿山爲使。三載，遂代裴寬節度范陽，而平盧等使如故。九載，兼河北道采訪處置使。十載，拜雲中太守，即雲州，見第二章第二節。河東節度使，一身兼制三鎮，其勢遂不可制矣。玄宗信任祿山，史所傳多野言。如《新書》本傳云：令見皇太子，不拜。左右趣語之。祿山曰：“臣不識朝廷儀，皇太子何官也？”帝曰：“吾百歲後付以位。”謝曰：“臣愚，知陛下不知太子，罪萬死。”乃再拜。時楊貴妃有寵，祿山請貴妃養兒，帝許之。其拜必先妃後帝。帝怪之。答曰：“蕃人先母後父。”帝大悦。此等皆不直一笑。《舊書》本傳云：祿山性巧黠，人多譽之。又厚賂往來者，乞爲好言，玄宗益信鄉。采訪使張利貞，嘗受其賂；黜陟使席建侯，又言其公直無私；裴寬受代，李林甫順旨，並言其美。數公皆信臣，故玄宗意益堅，其説當近於實。蓋時於東北，不甚措意，故於無意之中，使成尾大之勢也。祿山性悖戾，非他蕃將僅邀戰功、利官爵者比，遂畜逆謀。更築壘范陽北，號雄武城，峙兵積穀，養同羅、奚、契丹八千人爲假子。畜單于護真大馬三萬，牛羊五萬。潛遣賈胡行諸道，歲輸財百萬。十一載，攻契丹，敗績。參看第五節。將出兵以報怨，表請阿布思自助。阿布思之來降也，見第二節。玄宗寵之，賜姓名曰李獻忠。李林甫遙領朔方，用爲副使。及是，詔以兵與祿山會。獻忠素與祿山不協，叛歸磧北，爲邊患。詔北庭都護程千里討之。獻忠爲回紇所掠，奔葛邏祿。葛邏祿縛送之，俘於京師，斬之，而其衆皆爲祿山所有，阿布思事，見兩《書·本紀》天寶十一載至十三載，及李林甫、程千里、安祿山諸《傳》。愈偃肆。《新書》云：皇太子及宰相屢言祿山反。帝不信。楊國忠建言追還朝，以驗厥狀。祿山揣得其謀，乃馳入謁，帝意遂安，凡國忠所陳無人者。十三載，來謁華清宮，對帝泣曰：臣蕃人，不識文字，陛下擢以不次，國忠必欲殺臣以甘心。帝慰解之，拜尚書左僕射，詔還領。又請爲閑廄隴右羣牧等使，表吉溫以自副。溫時附祿山。祿山加河東節度使，奏爲副使，知留後事。復奏爲魏郡太守。楊國忠爲相，追溫入爲御史中丞，蓋欲止其狼狽也。然《舊書·傳》言其至西京，朝廷動靜，輒報祿山。觀安岱、李方來之事，則知祿山謀逆，用間謀頗多，溫亦難保非其一，酷吏之不可信如此。魏郡，在今河北大名縣東。還，疾驅去。既總閑牧，因擇良馬内范陽，又奪張文儼馬牧。反狀明白。人告言者，帝必縛與之。明年，國忠謀授祿山同中書門下平章事，召還朝。制未下，帝使中官輔璆琳賜大柑，因察非常，祿山厚賂之，還言無他，帝遂不召。未幾，事洩，帝託他罪殺之。自是始疑。帝賜祿山長子慶宗娶宗室女，手詔祿山觀禮。辭疾甚。帝賜書曰：爲卿別治一湯，可會十月，朕待卿華清宮。唐是時，蓋明知祿山之必反，而無如之何，乃思以計餌之，使某入都，以消弭戰禍，其策可謂無俚。然謂玄宗猶信之，楊國忠與之不協，乃思激其速反，則其誣亦顯而易見矣。去冬吉溫以事貶嶺外，是歲死於獄，楊國忠又使客摘祿山陰事，諷京兆尹捕其第，得安岱、李方來與祿山反狀，縊殺之。見《新書·李峴傳》。至是，則其反謀無可掩飾，兵禍亦無可消弭矣。十一月，祿山遂反於范陽。

祿山之反，其衆凡十五萬。河北皆祿山統内，望風瓦解。又遣騎入太原，殺尹楊光翽。時安西節度使封常清入朝，帝以爲范陽、平盧節度使，乘驛詣東京募兵以禦之。得六萬人，皆白徒，不習戰。又以榮王琬玄宗第六子。爲元帥，高仙芝副之。帥飛騎、彍騎、新募之天武軍及朔方、河西、隴右之衆屯陝。見第二章第六節。置河南節度使，領陳留等十三郡。陳留，即汴州。以衛尉卿張介然爲之。十二月，祿山度河，陷靈昌。即滑州，見第二章第六節。遂陷陳留，介然死。進陷滎陽，見第二章第六節。封常清拒戰，敗績，奔陝。祿山遂陷東京。常清告仙芝：陝不可守，且潼關無兵，賊入之，則長安危矣。仙芝乃棄陝奔潼關。祿山使崔乾祐屯陝。常清之敗，三表陳賊形勢，上皆不見，常清乃自馳詣闕。至渭南，見第三章第一節。敕削官爵，白衣詣仙芝軍自效。時宦者邊令誠監仙芝軍，數以事干仙芝不遂，奏言常清張賊勢以搖衆心，仙芝棄地數百里，且盜減軍士糧賜。上使齎敕即軍中斬二人。常清具遺表勸上勿輕賊而死。常清既死，令誠索陌刀手百餘人自隨,宣殺仙芝之命。仙芝曰:"我退罪也,以爲減截糧賜則誣。"謂令誠曰:"上是天,下是地,兵士皆在,足下豈不知乎?"其召募兵排列在外,素愛仙芝,仙芝呼謂之曰:"我若實有此,君輩即言實;若實無之,吾輩當言枉。"兵齊呼曰"枉。"其聲殷地,然遂斬之。仙芝、常清,非必大將才,要不失爲戰將;當時欲禦禄山,舍此二人,亦無可用者;乃聽宦人之言而誅之,亦可謂闇矣。先是哥舒翰入朝,得風疾,留京師,乃拜爲兵馬副元帥,將蕃、漢兵,併仙芝舊卒二十萬軍潼關。翰時疾頗甚,委政於行軍司馬田良丘,良丘復不敢專斷,教令不一,頗無部伍。其將王思禮、李承光又爭長不恊,人無鬬志。然潼關天險,賊亦未能遽進也。

禄山之陷陳留也,使其將李庭望守之。既入東京,又以張通晤爲睢陽太守,即宋州,見第四章第四節。使與陳留太守楊朝宗東略地。郡縣望風降服。惟東平太守嗣吳王祗,東平郡,即鄆州。祗,太宗子吳王恪之孫。濟南太守李隨,濟南郡,即齊州,見第四章第一節。皆起兵討賊。單父尉賈賁單父縣,今山東單縣。率吏民擊通晤,斬之。禄山將尹子奇屯陳留欲東略,至襄邑而還。襄邑縣,在今河南睢縣西。平原太守顔真卿、平原郡,即德州,見第二章第六節。常山太守顔杲卿常山郡,即鎮州,見第二章第七節。亦起兵河北響應。使入范陽招副使賈循。循未及發,禄山使人殺之。使史思明、蔡希德攻陷常山,杲卿死。然真卿之兵,進克魏郡,時清河客李萼,爲其郡乞師於真卿,説真卿曰:"聞朝廷使程千里統十萬衆自太行東下,將出邢口,爲賊所扼。今先伐魏,分兵開邢口之路,出千里之兵,使討鄴、幽陵;平原、清河,合十萬衆徇洛陽,分兵而制其衝;公堅壁無與戰;不數十日,賊必潰而相圖矣。"真卿然之。遂合清河、博平兵克魏郡。清河郡,即貝州,見第二章第六節。邢口,在河北邯鄲縣西。鄴郡,即相州,見第二章第一節。幽陵,指范陽。博平郡,即博州,見第四章第二節。禄山又使其將高秀巖寇振武,見第三章第二節。朔方節度使郭子儀敗之。乘勝拔静邊軍,胡三省曰:當在單于府東北,王忠嗣鎮河東所築也。宋白曰:雲中郡西至静邊軍百八十里。進圍雲中。上命還朔方,發兵進取東京,別選良將一人,分兵先出井陘,今河北井陘、獲鹿二縣間。以定河北。子儀薦李光弼,楷落子。上以爲河東節度使,子儀分朔方兵萬人與之。時河北諸郡惟饒陽未下,見第二章第六節。史思明圍之。聞光弼出井陘,解圍與相拒。子儀又自井陘出,連敗思明於九門、嘉山。九門縣,在今河北藁城縣西北。嘉山,在常山郡之東。思明奔博陵。見第二章第四節。子儀、光弼就圍之。河北十餘郡,皆殺賊守將而降。漁陽路再絶。胡三省曰:漁陽,即謂范陽也。范陽郡幽州,其後又分置薊州漁陽郡。唐人於此時,多以范陽、漁陽通言之。前此顔杲卿反正,漁陽路絶矣,杲卿敗而復通。今郭、李破史思明,故再絶。薊州,今薊縣。禄山先在東京僣稱燕帝,天寶十五載,即肅宗至德元載正月。及是,議棄之,還自救。使唐能堅守潼關,長安或未必淪没也。而玄宗及楊國忠促哥舒翰出戰,遂至一敗塗地。

　　《舊書·哥舒翰傳》云：翰至潼關，或勸翰留兵三萬守關，悉以精銳回誅楊國忠。翰心許之，未發。有客洩其謀於國忠。國忠大懼，乃奏言潼關兵衆雖盛，而無後殿，請選監牧小兒三千人，於苑中訓練。詔從之，遣劍南軍將分統焉。又奏召募萬人，屯於霸上，在長安東。令其腹心杜乾運將之。翰慮爲所圖，乃上表請乾運兵隸於潼關。遂召乾運赴潼關計事，因斬之。先是翰數奏祿山雖竊河朔，而不得人心，請持重以敝之。賊將崔乾祐於陝郡潛鋒蓄銳，而覘者奏云：“賊殊無備。”上然之，命悉衆速討。翰奏曰：“祿山久習用兵，必不肯無備，且賊兵遠來，利在速戰，王師自戰其地，利在堅守。若輕出戰，是入其算。乞更觀事勢。”楊國忠恐其謀己，屢奏使出兵。上久處太平，不練軍事，既爲國忠眩惑，中使相繼督責，翰不得已，引兵出關。《王思禮傳》謂思禮密語翰：請抗表誅楊國忠。翰不應。復請以三十騎劫之，橫馱來潼關殺之。翰曰：“此乃翰反，何與祿山事？”《楊國忠傳》云：哥舒翰守潼關，諸將以函關距京師三百里，利在守險，不利出攻。國忠以翰持兵，慮反圖己，欲其速戰，自中督促之。《新書·翰傳》云：郭子儀以祿山悉銳兵南破宛、洛，而以餘衆守幽州，吾直擣之，覆其巢穴，質叛族以招逆徒，祿山之首可致。若師出潼關，變生京師，天下殆矣。乃極言請翰固關無出軍，而帝入國忠之言，使使者促戰，項背相望也。哥舒翰武人，未嘗與聞朝政，又嬰廢疾，若殺國忠，試問何以善其後？安得然或人之説？王思禮亦安得勸之？果有是意，縱不敢回戈西向，豈復能順命出關？故謂翰或翰之將士有圖國忠之議，必爲妄語。翰既不能圖國忠，國忠何用忌之？其選練監牧小兒及召募，意或誠爲萬一之備。使劍南軍將統之者，國忠時領劍南節度，麾下固應有親信之人；抑或已爲幸蜀之計也。至哥舒翰之殺杜乾運，或誠以議事不愜；或是時翰不能親治軍，麾下乃有此鹵莽之舉；要不能以是而謂其有圖國忠之意也。促戰之舉，恐仍由於玄宗之不練軍事者居多。玄宗雖好用兵，初未嘗親履行陳，固非太宗之倫。觀其殺封常清、高仙芝，可謂絶無思慮，此非特不練軍事，且恐益之眊荒，果若此者，其躁急求戰，又豈待國忠之眩惑也。國忠不能力諫，則自不待言。且國忠亦非知軍機之人，觀其征雲南之事可知。特謂其慮翰之害己而促之戰，則未必然耳。郭子儀請命翰堅守，語出《邠志》，見《通鑑考異》。可信與否，亦難質言，然當日事勢，固確是如此。故《國忠傳》謂諸將之意皆然，可見詢謀之僉同，而玄宗顧以輕躁之心，信諜報而促之戰，抑何其老將至而猶有童心也？《舊書·楊國忠傳》曰：祿山雖據河洛，其兵鋒，東止於梁、宋，南不過宛、鄧。李光弼、郭子儀統河朔勁卒，連收恒、定，若賊函固守，兵不妄動，則凶逆之勢，不討自敝。及哥舒翰出師，不數日，乘輿遷幸，朝廷陷没，兵滿天下，毒流四海，皆國忠之召禍也。其蔽罪於國忠誣，其論用兵形勢則是也。《舊書》多載時人意見，此當時之公論也。《新書·劉子玄傳》：子秩，安禄山反，哥舒翰守潼關，楊國忠欲奪其兵。秩上言：翰兵天下成敗所繫，不可忽，房琯見其書，以比劉更生。則當時知潼關之兵關係之重者，又不獨諸將矣。

哥舒翰既出關，與賊戰於靈寶，見第二章第六節。大敗。時天寶十五載六月八日，距李光弼破史思明於嘉山，僅數日耳。明日，翰至關，蕃將火拔歸仁執之以降。安慶緒棄東京時殺之。關門不守，楊國忠唱幸蜀之計。十三日，陵晨，帝乃與國忠及宰相韋見素、太子、親王、貴妃姊妹等出延秋門。至馬嵬驛，在今陝西興平縣西。兵士殺楊國忠，又脅上殺貴妃而後行。《舊書·國忠傳》曰：至馬嵬，軍士飢而憤怒。陳玄禮懼亂，先謂軍士曰："今天下崩離，萬乘震蕩，豈不由楊國忠？若不誅之，何以塞四海之怨憤？"衆曰："念之久矣。事行身死，固所願也。"會吐蕃和好使在驛門，遮國忠訴事，軍士呼曰："楊國忠與蕃人謀叛。"諸軍乃圍驛，擒國忠，斬首以徇。並殺其子暄及韓國夫人。國忠妻裴柔，與虢國夫人走陳倉，縣令薛景仙追殺之。陳倉見第四章第二節。《玄宗本紀》曰：諸衛頓兵不進，陳玄禮奏請誅國忠，會吐蕃使遮國忠，兵士圍驛四合，乃誅國忠。衆方退。一族兵猶未解，上令高力士詰之。回奏：諸將既誅國忠，以貴妃在宮，人情恐懼。上即命力士賜貴妃自盡。丁酉，明日。將發，朝臣惟韋見素一人。乃命其子京兆府司録諤爲御史中丞，充置頓使，議所向。軍士或言河、隴，或言靈武、太原，或言還京爲便。諤曰：還京須有扞賊之備，兵馬未集，恐非萬全。不如且幸扶風，即岐州，見第二章第一節。徐圖所向。上詢於衆，咸以爲然。及行，百姓遮路，乞留皇太子，願戮力破賊，收復京城。因留太子。案陳玄禮，《舊書》附《王毛仲傳》，云：禄山反，玄禮欲於城中誅楊國忠，事不果，竟於馬嵬斬之，其爲豫謀可知。《楊貴妃傳》云：玄禮密啓太子誅國忠父子。《韋見素傳》謂玄禮與飛龍馬家李護國謀於皇太子，請誅國忠。《肅宗張皇后傳》云：百姓遮道請留太子。宦者李靖忠啓太子請留，良娣贊成之。張后時爲太子良娣。靖忠者，李輔國本名，《宦官傳》作静忠，護國則肅宗即位後賜名也。《宦官傳》謂其獻計太子，請分玄宗麾下兵北趨朔方，以圖興復。又《建寧王傳》，謂是謀也，廣平、建寧，廣平王俶，即代宗。建寧王倓，肅宗第三子。亦贊成之。則驛門之圍，遮道之請，東宮皆與其謀可知。《貴妃傳》言：河北盜起，玄宗以皇太子爲天下兵馬元帥，監撫軍國事。國忠大懼，諸楊聚哭。貴妃銜土陳請，帝遂不行内禪。其説之信否未可知，然太子與諸楊間隙之深，則可見矣。《后妃傳》序云：馬嵬塗地，太子不敢西行。玄宗一日而尸三子，爲之子者，不亦難乎？蓋非徒求福，亦以免禍矣。衆怒如火，其可犯乎？全軀入蜀，實爲至幸，此又暗於袵席者之深鑒也。

馬嵬之難既平，玄宗遂西入蜀。太子北行，至平涼，即原州，見第三章第一節。朔方留後杜鴻漸使來迎。時河西行軍司馬裴冕入爲御史大夫，之平涼見太子，亦勸之朔方。七月，太子至靈武。冕及鴻漸等勸進，遂即帝位。是爲肅宗。而尊玄宗爲太上皇。

第八節　安史之亂下

圖恢復者必藉兵力。天寶時，兵力萃於西北，而河西、隴右皆較遠，肅宗西行，必之朔方者勢也。顧朔方兵力，皆在郭、李之手，故潼關不守，光弼遂釋博陵之圍，與子儀俱入井陘，而河北遂盡爲史思明、尹子奇所陷。

玄宗之西行，安禄山不意其如是之速，故潼關陷後，尚駐兵十日，乃遣孫孝哲入長安，以張通儒爲西京留守，田乾真爲京兆尹，安忠順屯兵苑中，而使孝哲監關中軍。禄山始終未至長安。《新書·傳》云：“禄山未至長安，士人皆逃入山谷，宮嬪散匿行哭，將相第家，委寶貨不貲，羣不逞争取之。又剽左藏大盈庫，百司帑藏。竭，乃火其餘。禄山至，怒，大索三日，民間財貨盡掠之。”誤也。孝哲，契丹人，豪侈，果殺戮，又與禄山用事臣嚴莊不睦；禄山死後，莊奪其使，以與鄧季楊。諸將皆慓悍無遠略，惟事聲色貨賄；故此一路，初不足爲唐室患。惟阿史那從禮以同羅、僕骨騎五千出塞，誘河曲六州胡，見第二節。欲迫行在，轉成肅宗之近患而已。

其時郭、李而外，河西節度副使李嗣業亦以兵七千至。顧力猶未足，乃使僕固懷恩僕骨酋長歌濫拔延之孫，世襲金微州都督。初事王忠嗣、安思順，後從郭子儀。與敦煌王承寀邠王守禮之孫。同使回紇結好，且發其兵。時回紇裴羅可汗已卒，子磨延啜立，是爲葛勒可汗。以可敦之妹爲女妻承寀，遣渠領來和親。時唐以郭子儀爲靈州長史，使李光弼留守北京。太原。可汗乃自將兵，與子儀共平河曲，朔方遂安。至德元年十二月。

其東出之路，則薛景仙取扶風而守之。詔改爲鳳翔府，以景仙爲守。初京兆李泌，天寶中，上書論世務，玄宗召見，令待詔翰林，仍東宮供奉，楊國忠奏其爲《感遇詩》諷刺時政，詔於蘄春安置。蘄春郡，即蘄州，今湖北蘄春縣。乃潛遁名山。肅宗即位，遣使訪召。會泌自嵩、潁間奔赴行在。拜銀青光禄大夫，俾掌樞務。時以廣平王俶爲天下兵馬元帥，仍俾掌軍司馬事。泌勸上且幸彭原，即寧州，見第二章第六節。俟西北兵將至，進幸扶風以應之，於時庸調亦集，可以贍軍。上從之。河南房琯，玄宗時爲憲部侍郎，從駕於蜀。時大臣赴難者少，玄宗悦，即日拜文部尚書，同中書門下平章事。與韋見素等奉使靈武，册立肅

宗。肅宗以琯素有重名，傾心待之。琯亦以天下爲己任，抗疏自請將兵，以誅
寇孽，收復京都。許之。至德元載十月，琯與祿山將安守忠戰於陳陶斜，在今咸
陽縣東。敗績。是役也，史謂琯以虛名擇將吏，以至於敗。然琯所將，本非精
兵；且意欲持重伺敵，而中使邢延恩督戰，遂至倉皇失據；則其敗也，猶之哥舒
翰潼關之敗也。《舊書·高適傳》：適上言：監哥舒翰軍之李大宜，與將士約爲香火，使倡婦彈箜
篌、琵琶，以相娛樂，樗蒱、飲酒，不恤軍務，宦官之壞軍政如此。琯之敗，肅宗待之如初，可見
其咎不在琯。然此役，與唐之治亂，所關實鉅。蓋使琯而不敗，則兵權不致盡
入武人之手，而如朔方軍之因循養寇，諸節鎮之驕恣自擅，其弊皆可以不作
矣。然以是時敵勢之熾，豈復一文臣，倉卒受命，用素驕之將，不練之卒所能
平？琯之志可欽，而其遇則可悲也。毫毛不拔將尋斧柯，君子是以凜然於積
重之勢也。

　　然唐室雖敝，而賊徒亦不能有爲。祿山本癡肥，晚歲益甚。叛後目復盲，
又患疽，益卞躁。左右給侍，無罪輒死，或箠掠。帳下李猪兒，本降竪，後爲閹
人，愈親信，而遭訶辱尤數。嚴莊最親倚，亦時遭笞撻。長子慶宗，仕唐爲太
僕卿，祿山反，被殺。次子慶緒，僭號之後，嬖妾段夫人，愛其子慶恩。慶緒懼
不立，莊遂説以行大事，爲諭猪兒。至德二載，正月朔，戕祿山於東京。慶緒
即僞位，委政於莊而兄事之。時史思明自博陵，蔡希德自太行，高秀巖自大
同，見第二節。牛庭玠自范陽，合兵十萬，以攻太原。李光弼麾下精兵，皆赴朔
方，餘團練烏合之衆，不滿萬人，其勢甚危。會祿山死，慶緒使思明歸守范陽，
留希德等攻太原。二月，光弼出擊，破之，希德遁去。進攻之勢乃一挫。

　　光弼破希德之月，郭子儀亦平河東。河東郡，即蒲州，今山西永濟縣。遣子旰等
攻潼關，敗還。時肅宗已至鳳翔，江、淮庸調，亦集漢中。四月，以子儀爲天下
兵馬副元帥，使將兵如鳳翔，與關内節度王思禮合攻西京。五月，仍爲安守忠
所敗。可見其兵力尚強也。然慶緒徒縱樂飲酒，諸將皆不爲用，故唐室卒得
進取之機。

　　九月，回紇可汗使其子葉護將帝德率四千餘人來。乃使子儀副廣平王，
率諸軍而東，戰香積寺，在長安南。大破之。張通儒等皆走。唐遂復西京。初，
上欲速得京師，與回紇約：克城之日，土地士庶歸唐，金帛子女，皆歸回紇。至
是，葉護欲如約。廣平王拜於馬前，曰："今始得西京，若遽俘掠，則東京之人，
皆爲賊固守，不可復取矣。願至東京乃如約。"葉護驚，下馬答拜。即與僕固
懷恩引回紇、西域之兵，自城南而東。孟子曰："爭地以戰，殺人盈野，爭城以
戰，殺人盈城，此所謂率土地而食人肉，罪不容於死，故善戰者服上刑。"然善

戰者亦或有以自解也，曰：吾固欲拯民於水火之中，非殺無以止殺也。行一不
義，殺一不辜而得天下不爲，陳義雖高，不能行也。好戰者之言如是，其實未
必然，其心或亦以爲如是。至於明目張膽，以金帛子女易土地及能任賦役之
士庶，則誠視天下爲其私産矣。豈不異哉？而或猶以此稱廣平之仁，曰：能隱
其民無罪而爲奴虜，然則東京之民奚罪焉？豈不異哉？廣平留長安三日，復
東出。慶緒悉發洛陽兵，使嚴莊將之，就張通儒等於陝，其數猶十五萬。十
月，子儀等又敗之。莊、通儒等皆走。慶緒亦走河北，莊來降。遂復東京。回
紇大掠三日。耆老以繒錦萬疋賂之，乃止。此唐政府自爲盜賊也。

　　初賈賁既斬張通晤，李隨亦至睢陽，朝以爲河南節度使，而以前高要尉許
遠守睢陽。又於南陽置節度使，南陽郡，即鄧州，見第二章第七節。以太守魯炅爲之。
至德元年正月。雍丘令令狐潮降敵，雍丘，今河南杞縣。敵以爲將，使東擊淮陽。見第
二章第七節。官兵破之。潮東見李庭堅，所俘淮陽之兵叛於後，潮棄妻子走，賈
賁因之入雍丘。眞源令張巡，眞源，在今河南鹿邑縣東。起兵，入雍丘與之合。潮還
攻，賁戰死，巡代領其衆。二月。朝以吳王祇爲陳留太守，節度河南，李光弼節
度河北，加顔眞卿河北采訪使。三月。敵將武令珣圍南陽，朝徵吳王爲太僕卿，
代以嗣虢王巨。五月。巨，虢王鳳之曾孫。巨自藍田出武關，見第二章第六節。圍乃解。
時北海太守賀蘭進明亦起兵，北海見第一節。顔眞卿既克魏郡，以書招之并力，進
明渡河屯平原。敕加河北招討使。史思明、尹子奇再陷河北，遣兵攻平原。
眞卿度不能守，棄郡走。進明亦詣行在。十月。朝又以代虢王。尹子奇以五千
騎略北海，欲南取江淮。會回紇可汗將兵來，遣其將葛邏支以二千騎奄至范
陽城下，子奇聞之，遽北歸。安慶緒嗣僞位，以子奇爲汴州。刺史、河南節度
使。至德二載正月。子奇進攻睢陽。先是賊將楊朝宗欲襲寧陵，今河南寧陵縣。斷
張巡之後。巡遂拔雍丘，東守寧陵，與許遠共擊朝宗，破之。及是，遠告急於
巡。巡乃入睢陽，與之俱守。遠以巡才出己上，舉戰鬥之事，一以委之，己但
居中應接而已。子奇來攻，巡、遠擊敗之，然攻圍不輟。田承嗣亦繼武令珣攻
南陽。魯炅走襄陽。五月。敵攻之，不克，時敵欲南侵江、漢，賴炅扼之得全，而
睢陽之圍益急。初，房琯惡賀蘭進明，既以爲河南節度兼御史大夫，復以許叔
冀爲靈昌太守，爲進明都知兵馬使，亦兼御史大夫以挫之。進明居臨淮，臨淮
郡，即泗州，今安徽泗縣。叔冀在譙郡。即亳州，今安徽亳縣。虢王之見代，盡將其部曲
西行，所留者贏兵數千，劣馬數百。叔冀恃部下精銳，又名位相等，不受進明
節制。張巡使南霽雲乞師，進明遂不敢分兵，睢陽陷，巡死。十月。賊致許遠於
偃師後亦死。見第二章第六節。張鎬者，博州人，廓落有大志，好談王霸大略。天

寶末，楊國忠以聲名自高，搜天下奇傑，聞鎬名，薦之，自褐衣拜左拾遺。玄宗幸蜀，鎬自山谷徒步扈從。肅宗即位，遣赴行在。至鳳翔，奏議多有弘益。拜諫議大夫，尋遷中書侍郎，同中書門下平章事。亦房琯之倫也。及是，命兼河南節度使、持節、都統淮南等道諸軍事。鎬聞睢陽圍急，倍道兼進，無所及。然時西京收復，敵大勢已敗，尹子奇悉衆赴陝。《新書·祿山傳》。與張通儒同敗，陳留人遂殺之以降。初朝廷使來瑱守潁川，見第二章第七節。事在至德元載四月。敵屢攻之，不能克。及是，田承嗣圍之，瑱走，承嗣亦來降，郭子儀應之緩，乃復叛，與武令珣走河北，蔡希德攻上黨，即潞州，見第一節。程千里守，突出欲擒之，還，橋壞，墜塹中，反爲所擒。事在至德二載九月，安慶緒走河北時見殺。千里諭其下堅守，希德卒不能克。張鎬率諸節度徇河南、河東郡縣，皆下之。惟能元皓據北海，高秀巖據大同而已。《通鑑》至德二載十一月。

安慶緒之走相州也，瘠卒纔千餘。已而蔡希德、田承嗣、武令珣先後歸之，又自召募，衆至六萬，勢復振。慶緒不親政事，惟繕亭沼樓船，爲長夜之飮。其用事之臣高尚等，各不相恊。蔡希德兵最銳，性剛直，張通儒譖殺之。此據《舊書》。《新書》云：時密送款者十餘人，希德爲其一，通儒以他事殺之。慶緒以崔乾祐領中外兵，愎戾好殺，士卒不附。史思明據范陽，驕橫。思明於天寶十一載，以平盧兵馬使兼北平太守，充藺龍軍使。祿山反，使之略定河北，賈循死後，令守范陽。慶緒遣阿史那承慶、安守忠、李立節往議事，共圖之。思明殺守忠、立節，囚承慶。十二月，來降。詔以爲范陽節度使。其河東節度使高秀巖亦來降。以爲雲中太守。明年，爲乾元元年，二月，其北海節度使能元皓又降。以爲河北招討使。賊勢益蹙。

初烏知義爲平盧兵馬使，史思明以列將事之。後知義子承恩，爲信都太守。信都郡，即冀州，今河北冀縣。郭子儀、李光弼入井陘，以郡降於思明。思明親信之。及是，唐遣其往河北宣慰，列郡多降。光弼因請以爲范陽節度副使，使與阿史那承慶圖思明。事洩，思明殺之，復叛。時六月也。七月，帝以幼女寧國公主下嫁磨延啜，册爲英武威遠毘伽可汗。汗以主爲可敦，使子骨啜與帝德等率三千騎來助討賊。九月，詔朔方郭子儀、淮西魯炅、淮西軍，治潁川，見第二章第七節。興平李奐、興平軍，治上洛，見第二章第七節。滑濮許叔冀、北庭行營李嗣業、荆州季廣琛、平盧董秦、河東李光弼、關內澤潞王思禮澤州，今山西晉城縣。九節度之師攻鄴。據《舊書·本紀》。《實錄》同，汾陽家傳無李奐，而有河南崔光遠，見《通鑑考異》。李嗣業中流矢死，兵馬使荔非元禮代統其衆。不置元帥，但以魚朝恩爲觀軍容宣慰處置使。號令不一，久無功。慶緒求救於思明。十二月，思明陷魏州。即魏郡，見上節。李光弼請與朔方軍往索戰，得曠日持久，則鄴城必拔矣。魚朝恩不可。明年二月,思明趨鄴。先以兵抄諸軍糧運。諸軍乏食,人思自潰,思明乃引大軍直抵城下。三月,戰,官軍大敗。郭子儀以朔方軍斷河橋保東京。河橋,在今平原省孟縣南。諸節度各潰歸本鎮。惟李光弼、王思禮全軍而歸。思明殺慶緒及高尚、孫孝哲、崔乾祐等,留子朝義守鄴,自還范陽。四月,僭稱燕帝。

　　唐平安、史,本倚朔方軍。然此時,此軍業已浸驕,郭子儀軍政又不肅。相州之役,子儀卒實先奔。七月,乃召之還京師,以李光弼代爲節度。光弼願得親王爲之副,詔以趙王係爲天下兵馬元帥,係,肅宗次子,後徙王越。光弼副之。朔方將士,樂子儀之寬,而憚光弼之嚴。左方兵馬使張用濟,欲以兵入東京,逐光弼,請子儀,都知兵馬使僕固懷恩等不可,乃止。光弼以數千騎至汜水,見第二章第四節。用濟單騎來謁,光弼責以召不時至,斬之。懷恩繼至。光弼引坐與語。須臾,閽者白:"蕃渾五百騎至矣。"光弼變色。懷恩走出,召麾下將,陽責之曰:"語汝勿來,何得故違?"光弼曰:"士卒隨將,亦復何罪?"命給牛酒。蓋懷恩成備而見光弼,光弼弗能害也。朔方軍情如此,更欲倚之以圖克復,亦難矣。八月,以光弼爲幽州長史、河北節度使。九月,思明使子朝清守范陽,發兵四道濟河會汴州。光弼還東京,使許叔冀守,叔冀戰不勝,降之,思明西攻鄭州。今河南鄭縣。光弼棄東京,保河陽。見第二章第四節。十月,思明來攻,光弼敗之。思明又遣兵攻陝。初禄山之叛,神策軍使成如璆使兵馬使衛伯玉以千人赴難,與魚朝恩俱屯於陝,及是,敗之。明年,爲上元元年。八月,以神策軍故地淪没,即詔伯玉軍號神策,以伯玉爲節度,朝恩爲觀軍容使,監其軍,與陝州節度使郭英乂俱屯於陝。十一月,光弼拔懷州,今河南沁陽縣。禽其河南節度使安太清。二年二月,上命光弼及懷恩、伯玉進取東京,與思明戰於邙山,敗績。光弼、懷恩走聞喜,今山西聞喜縣。伯玉、朝恩還保陝。河陽、懷州皆陷。是役也,《舊書·思明傳》言其潛遣人反説官軍,言洛中將士,皆幽、朔人,思歸,可取。魚朝恩以爲然,告光弼、懷恩、伯玉令出兵,光弼等然之。《光弼傳》云:朝恩屢言賊可滅之狀,朝旨令光弼速收東都。光弼屢表賊鋒尚鋭,不可輕進。懷恩害光弼之功,潛附朝恩,言賊可滅,由是中使督戰,光弼不獲已進軍。《懷恩傳》亦言其心憚光弼而頗不協。《新書·懷恩傳》云:安太清妻有色,懷恩子瑒劫致於幕。光弼命歸之,不聽。乃以卒環守,復馳騎趨之,射殺七人,奪妻還太清。懷恩怒曰:"公乃爲賊殺官卒邪?"初會軍汜水,朔方將張用濟後至,斬纛下,懷恩常邑邑不樂。及戰邙山,不用令以覆王師。案光弼若然朝恩之説,無緣與敵久相持;是時合朔方、神策兩軍,即使未能進取,亦不應至於甚敗;則謂懷恩不用命以覆師,似無疑義。相州之役,合九節度之師而不置元帥,史云以郭、李皆元勳,難相統屬。夫光弼名位,本出子儀之下;其爲河東節度,乃由子儀之薦;況子儀素以寬和聞,謂其不能令衆或有之,謂將招致抗拒,無是理也;則何不可相統屬之有。子儀既召還京師,翼年正月,以党項不靖,分邠寧置鄜坊節度,_{邠寧節度,治邠州,見第三章第一節。寧州見第二章第六節。鄜坊節度,治坊州,今陝西中部縣。鄜州,今陝西鄜縣。}各置副使,而以子儀兼領兩道,留居京師,此仍是投閒之局。九月,或言天下未平,不宜置子儀散地,乃命出鎮邠州。旋制:子儀統諸道兵,自朔方取范陽,還定河北。發射生、英武等禁軍,及朔方、鄜坊、邠寧、涇原諸道蕃漢兵共七萬人,皆受子儀節度。_{涇原節度,治涇州,見第二章第七節。原州見第三章第一節。}史言制下旬日,爲朝恩所沮,事竟不行。《通鑑》。蓋朝恩自謂知兵,欲要平賊之功,故始於相州之役,不置統帥,而己以觀軍容使厠其間,儼然王人雖微,序於諸侯之上;繼又因此而中思明之反說,牽率光弼以俱行,而不悟朔方軍中,又多乖戾,以致求榮反辱也。驕將務修私怨,宦豎專秉廟謨,以此克敵,不亦難乎? 邙山既敗,光弼求自貶,使鎮河中,_{治蒲州。}旋改臨淮。仍以子儀領朔方行營,而懷恩爲之副。此軍實權,遂入懷恩之手矣。_{邙山敗後,懷恩入爲工部尚書,代宗立,乃復出。}

　　史朝義爲思明孽長子,寬厚,下多附者,而朝清喜田獵。戕虐似思明,而淫酗過之。邙山戰後,思明遂欲進取,使朝義攻陝,爲衛伯玉所敗。思明怒,召之,及其將駱悦,欲誅而釋之。又言朝義怯,不足成吾事,欲追朝清自副。悦遂說朝義弑思明,又使人殺朝清。幽州亂,張通儒亦戰死。事數月乃定。朝義以李懷仙爲范陽尹、燕京留守。_{《新書·思明傳》云:朝義陰令向貢、阿史那玉圖朝清。貢紿計曰:"聞上欲以王爲太子,且車駕在遠,王宜入侍。"朝清謂然,趣帳下出治裝,貢使高久仁、高如震率壯士入牙城。朝清登樓,自射殺數人。阿史那玉僞北,朝清下,被執。與母辛俱死。張通儒不知,引兵戰城中,數日,不克,亦死。貢擂軍事。未幾,玉襲殺之,自爲長史。治殺朝清罪,乃梟久仁徇於軍。如震懼,擁兵拒守。五日,玉敗走武清。朝義使人招之。至東都,凡面者,無少長悉誅,以李懷仙爲幽州節度使。斬如震,幽州乃定。其說略與《唐實錄》、《河洛春秋》同。惟《實錄》朝清作朝英,《舊傳》亦同。見《通鑑考異》。《考異》又引《薊門紀亂》,則朝清又作朝興,云係思明太子。高久仁作高鞠仁,云與如震同是朝興牙將。云:朝義潛勒張通儒及戶部尚書康孝忠與鞠仁、如震等謀誅朝興。通儒潛令孝忠取其馬,通儒與鞠仁領兵入其子城。朝興拒戰,被禽,見殺。收其黨與悉誅之。思明驍將辛萬年,特有寵於朝興,又與鞠仁、如震友善。通儒勒鞠仁、如震斬萬年,鞠仁告之。於是如震萬年領其部曲入子城,斬通儒。推僞中書令阿史那承慶爲留守。函通儒等首,使萬年送洛陽,誣其欲以薊城歸順。承慶領蕃兵數十騎至如震宅門,要如震相見。如震馳至,即斬之。入東軍,與康孝忠招集蕃羯。鞠仁統廗下軍討之。承慶敗,與孝忠出城,收散卒,東保潞州。月餘,邏詣洛陽,自陳其事。城中蕃軍家口,盡踰城相繼而去。鞠仁令城中殺胡者皆重賞。於是羯胡俱盡。高鼻類胡而濫死者甚衆。朝義以李懷仙爲范陽節度,乃誘鞠仁殺之。武清,今河北武清縣。薊城見上節。潞縣,在今河北通縣}

東。於是敵勢又頓挫，此亦唐之天幸也。

上元三年代宗寶應元年。四月，玄宗、肅宗相繼崩，代宗立。以子奉節王适即德宗。旋徙王魯，又徙雍。爲天下兵馬大元帥。初回紇英武可汗卒，大子葉護，前得罪死。次子移地健立，號牟羽可汗。後加册爲登里頡咄登密施含俱録英義建功毘伽可汗。其妻，僕固懷恩女也。始英武爲少子請婚，肅宗以妻之，至是，以爲可敦。代宗即位，以史朝義未滅，復遣中人劉清潭往結好，且發其兵。比至，回紇已爲朝義所誘，曰：“唐薦有喪，國無主，且亂，請回紇入收其府庫，富不貲。”可汗即引兵南。時八月也。朝廷震驚，遣殿中監藥子昂迎勞，又命懷恩與會。乃上書請助天子討賊。於是使雍王東會之。時可汗壁陝州，王往見之。可汗責王不蹈舞，引左廂兵馬使藥子昂、右廂兵馬使魏琚、行軍司馬李進、元帥判官韋少華榜之百。少華、琚一夕死。乃以懷恩爲前鋒，郭英乂、魚朝恩爲後殿，與回紇俱東。王留陝州。懷恩與朝義戰，敗之。朝義東走。回紇入東京，放兵攘剽。人皆遁保聖善、白馬二祠浮屠。回紇怒，火浮屠，殺萬餘人。朔方、神策軍亦掠汝、鄭間，汝州見第二章第六節。鄉無完廬，皆蔽紙爲裳，虐於賊矣。懷恩與回紇可汗留河陽，使子瑒逐朝義。於是賊汴州節度使張獻誠，相州節度使薛嵩，恒陽節度使張忠志皆來降。恒陽，今河北曲陽縣。朝義輾轉奔莫州。今河北任邱縣。懷恩會兗鄆節度使辛雲京等圍之。兗鄆節度，治兗州，見第二章第六節。田承嗣紿朝義還幽州發兵，以城降。朝義至幽州，李懷仙不納。謀奔兩蕃。懷仙復招之，朝義自縊死。懷仙來降，亂平。時廣德元年正月也。首尾凡八年。

安史之亂，蓋以西胡之狡黠，用北族之愚悍，此自足以擾亂中原，然絕不能成大事也。《新書·禄山傳》言：“賊將何千年，勸賊令高秀巖以兵三萬出振武，下朔方，誘諸蕃取鹽，鹽州，在今寧夏鹽池縣北。夏、見第二章第二節。鄜、坊；使李歸仁、張通儒以兵二萬道雲中，取太原，團弩七萬二千入蒲關，在今山西永濟縣西。以動關中；勸禄山自將兵梁河陽，取洛陽；使蔡希德、賈循以兵二萬絕海收淄、青，見第三章第五節。以搖江、淮；則天下無復事矣。”此畫頗具遠見。使禄山用之，其亂決不能如後來之易平，而禄山不能用，徒罄全力以取東京，此所謂“兵屯聚而西，無他奇道”者也。《新書·李泌傳》言：泌嘗勸肅宗“詔李光弼出井陘，郭子儀取馮翊，即同州，今陝西大荔縣。入河東，則史思明、張忠志不敢離范陽、常山，安守忠、田乾真不敢離長安。以三地禁其四將，徐命建寧王北並塞，與光弼相掎角，以取范陽。賊失巢窟，當死河南諸將手”。帝然之。會西方兵大集，帝欲速得長安。泌曰：“我所恃者，磧西突騎、西北諸戎耳。若先取京師，期必在春，關東早熱，馬且病，士皆思歸，不可以戰，賊得休士養徒，必復來南，此危道也。”泌事多出其子繁增飾，此説殊不足信。然論當時用兵形勢，則自是如此。蓋以禄山當日之憑藉，占據中國則不足，擾亂邊垂則有餘。使其不急取兩京，而收率西北諸蕃，以拊關中之背，則唐室豈徒旰食而已。此遼之所以困宋，亦元之所以困金也。然其卒不出此者，何也？《禄山傳》又言：其據東京，見宮闕尊雄，鋭情僭號，故兵久不西，而諸道兵得稍集。《舊書·史思明傳》言：禄山陷西京，常以橐驒運御府珍寶於范陽，不知紀極。此豈有取天下之略者乎？《高尚傳》言：尚始與嚴莊、孫孝哲計畫，白禄山以爲事必成。及河朔路再絶，河南諸郡，皆有防禦，潼關有哥舒翰之師，禄山大懼，怒尚等曰：“汝元向我道萬全。今四邊若此，萬全何在？更不須見我。”尚等遂數日不得見。禄山憂悶，不知所爲。會田乾真自潼關至，曉諭之曰：“自古帝王，皆有勝敗，然後成大事，豈有一舉得之者？今四邊兵馬雖多，皆非精鋭，豈我之比？縱事不成，收取數萬衆，横行天下，爲一盜跖，亦十年五歲矣。豈有人能制我？尚、莊等皆佐命元勳，何得隔絶，不與相見？”禄山喜曰：“阿浩，乾真小字。非汝誰能開豁我心裹事，今無憂矣。”遂召尚等飲燕作樂，待之如初。以窺竊神器始，而以爲盜跖横行十年五歲終，此可謂之有大略乎？《新書》謂其“覩綱紀大亂，計天下可取，逆謀日熾”，殆非實録也。尚本名不危。史言其母老乞食於人，而周游不歸侍養。尚，幽州雍奴人。雍奴，今河北武清縣也。嘗歎息謂汝南周銑曰：汝南郡，即蔡州。見第四章第二節。“高不危寧當舉事而死，終不能齩草根以求活。”所志如此，可與之圖天下乎？李泌言：“華人爲禄山用者，獨周摯、高尚等數人，餘皆脅制偷合，天下大計，非所知也。”即此數人者，亦豈足與言天下大計哉？蠻夷起朔垂者，雖歆羨中原子女玉帛之富，初無薦居上國之心，是以中國無如之何。元魏之居平城，勢尚如此。逮其入居中國，而又不知持之之方，則其亡不旋踵矣。若禄山得東京而亟思僭號，得西京而徒知輦運珍寶，是以中國自累也。此所謂“離乎夷狄，而未即乎中國”者邪？其敗也宜矣。

然苟好武功，而不知天下之大計者，則觀於安史之事，亦不可不引爲深鑒也。薛訥之欲討契丹也，姚崇等沮之，玄宗即以訥同三品，羣臣乃不敢言。當其即位之初，其愎諫自用即如此。宋慶禮欲復營州，實爲綏邊之長策，而宋璟固爭。郝靈佺傳默啜之首，自以爲不世之功，而璟深抑其賞，致靈佺自悼而死。夫豈不知默啜爲害之久且烈，蓋深知玄宗之用兵，近於輕舉，將至自焚，不得不深防其漸也。禄山之南下也，封常清之衆，多市井之徒，兵交之後，被鐵騎唐突，飛矢如雨，皆魂慴色沮，望賊奔散。張介然之衆，則聞吹角鼓噪之聲而氣已奪矣。陳留陷後，兩宿及滎陽，滎陽太守崔無詖召募拒之，乘城者自墜如雨，無誅及官吏，遂盡爲敵所虜。皆見《舊書·忠義傳》。《新書·禄山傳》言：
時兵暴起，州縣發官鎧仗，皆穿朽鈍折不可用。吏皆棄城匿，或自殺，不則就
禽。禁衞皆市井徒，既授甲，不能脱弓襏劍繁。内地之兵備如此，可重邊兵以
事四裔乎？中國疆域廣，腹裏距邊地遠，承平之世，民不能無忌戰，此固事勢
使然，不能爲一人咎。然理天下者，貴乎察事勢之盈虚，而與之消息。縱不能
矯之使正，亦豈可更速其傾？此玄宗之所以爲闇也。

第六章　安史亂後形勢

第一節　代宗之立

　　肅宗性頗昏庸，又其得位不以正，故張良娣、李輔國、廣平、建寧等，遂乘之竊權爭位焉。良娣，帝即位後，册爲淑妃。乾元元年四月，立爲皇后。《傳》言其與輔國持權禁中，干與政事，請謁過當，帝頗不悦，而無如之何。輔國，帝即位後擢爲太子家令，判元帥府行軍司馬事。四方奏事，御前符印，一以委之。從幸鳳翔，授太子詹事。還京，拜殿中監，閑廐、五坊、宮院、營田、栽接、總監等使，又兼隴右羣牧，京畿鑄錢，長春宮等殿句當，少府、殿中二監都使。至德二年十二月，加開府儀同三司，進封郕國公。宰臣、百司不時奏事皆因之。常在銀臺門受事。銀臺，宮城門。置察事廳子數十人，官吏有小過，無不伺知，即加推訊。府、縣按鞫，三司制獄，三司，謂御史臺、刑部、大理寺。必詣輔國取決。隨意區分，皆稱制勑，無敢異議者。乾元二年，李峴爲相，叩頭論之，乃獲變革，察事等並停。《舊書》本傳及《李峴傳》。《通鑑》載其制書曰："比緣軍國務殷，或宣口勑，處分諸色取索，及杖配囚徒，自今一切並停，如非正宣，並不得行，中外諸務，各歸有司。英武軍虞候及六軍諸使諸司等，比來或因論競，懸自追捕，自今須一切經臺、府，如所由處斷不平，聽具狀奏聞。諸律令除十惡、殺人、姦盜、造僞外，餘煩冗一切刪除，仍委中書門下與法官詳定聞奏。"觀此制，可見輔國亂政之概。然輔國讓行軍司馬不許，《通鑑》。而峴亦旋貶。玄宗自蜀還，居興慶宮，輔國言其近市，交通外人，六軍功臣反側不自安，請遷之西内。上不許。上元元年七月，輔國遂矯詔發射生五百騎劫遷焉。高力士及内侍王承恩、魏悦皆配流，陳玄禮致仕。明年，爲寶應元年，上皇崩。肅宗本有疾，至此亦大漸。廣平王俶爲肅宗長子，次子曰越王係，第三子則建寧王倓也。《舊書·倓傳》言：玄宗幸蜀，倓兄弟典親兵扈從。百姓遮道乞留太子，太子不可。倓勸其暫往河西，以謀興復，廣平王亦賛成之，蓋二人並與其謀。《傳》又云：太子既北上，渡渭，一日百戰，倓自選驍騎數百衛從。每倉皇顚沛之際，血戰在前。太子或過時不得食，俶涕泣不自勝，上尤憐之。軍士屬目於俶。至靈武，太子即帝位。廣平既爲元子，欲以俶爲天下兵馬元帥。侍臣曰："廣平冢嗣，有君人之量。"上曰："廣平地當儲貳，何假更爲元帥？"左右曰："廣平今未册立，艱難時，人尤屬望於元帥；況太子從曰撫軍，守曰監國，今之元帥，撫軍也；廣平爲宜。"遂以廣平爲元帥，俶典親軍。李輔國爲元帥府司馬。時張良娣有寵，俶性忠謇，因侍上，屢言良娣頗自恣，輔國連結内外，欲傾動皇嗣。自是日爲良娣、輔國所構。云建寧恨不得兵權，頗蓄異志。肅宗怒，賜俶死。蓋建寧與廣平之爭，廣平以獲輔國之助而勝也。廣平、建寧，實皆非正適。若論正適，則肅宗第六子兗王僩，爲韋妃所生。妃雖以兄堅之獄，與太子離婚，實非其罪。靈武自立，既不待玄宗之命，妃亦何不可正位中宫？則僩實足膺正適之目。若以長，則廣平之次，尚有越王，廣平即替，亦不能及俶。故知二王之爭，實乘非常之際，各樹黨圖握兵以求位，不能以繼嗣之常法，判其曲直也。《張后傳》云：后以建寧之隙，常欲危太子；又云：后生二子，興王佋、定王侗，興王早薨，侗又孩幼，故儲位獲安；二語實自相矛盾，蓋本兩説，而史兼采之。后之立，與代宗之立爲太子，同在乾元元年，相距僅數十百日。《舊書·肅宗紀》：后之立，在四月己酉，代宗之立爲太子，在五月庚寅。《代宗紀》：則其立爲太子，在四月庚寅。《新書·肅宗紀》：后之立，在三月戊戌，代宗立爲太子，在十月甲辰。《代宗紀》則但云其立爲太子在四月而不日。《通鑑》：后之立，與《新書·肅宗紀》同，代宗立爲太子，與《舊書·肅宗紀》同。《通鑑》考月日最精審，疑當從之。又案代宗初封廣平王，肅宗還京，改封楚王，是年三月，改封成王，及立爲太子，改名豫。《舊書·肅宗諸子傳》：佋之薨，在上元元年六月，時年八歲，當后立時，已六歲矣。廣平既非正適，佋亦何不可立？《李揆傳》：揆以乾元初同平章事。時代宗自廣平王改封成王，張皇后有子數歲，陰有奪宗之議。揆因對見，肅宗從容曰："成王適長有功，今當命嗣，卿意何如？"揆拜賀曰："陛下言及此，社稷之福，天下幸甚。"肅宗喜曰："朕計決矣。"自此頗承恩遇，遂蒙大用。揆者，見輔國執子弟之禮，謂之五父者也。《舊書·輔國傳》。代宗與輔國之關係可知。代宗既獲爲元帥，其與建寧之爭，勝負已定。張后欲立其子，礙之者乃代宗而非建寧，讒之何爲？然則建寧之死，事恐專由於輔國，謂其兼由於張后者實誣；而后與輔國之隙，未必不始於其扶翼廣平之日也。及肅宗大漸之際，而二人遂趨於決裂。

《舊書·越王係傳》曰：寶應元年四月，肅宗寢疾彌留。皇后張氏，與中官李輔國有隙，因皇太子監國，《紀》在乙丑。謀誅之。使人以肅宗命召太子入宫，謂之曰："輔國久典禁軍，四方詔令，皆出其口。頃矯制命，逼徙聖皇。今聖體彌留，心懷怏怏，常忌吾與汝。又聞射生内侍程元振，《元振傳》：以宦者直内侍省，累遷至内射生使。案以宦者將射生手，故曰内射生使。結託黄門，將圖不軌。若不誅之，禍在頃刻。"太子泣而對曰："此二人是陛下勳舊内臣。今聖躬不康，重以此事驚勞聖慮，情所難任。若決行此命，當出外徐圖之。"后知太子難與共事，乃召係，謂之曰："皇太子仁惠，不足以圖平禍難。"復以除輔國謀告之。曰："汝能行此事乎？"係曰："能。"后令内謁者監段恒俊與越王謀，《舊書·係傳》：中官與謀者，有朱輝光、馬英俊、啖庭瑤、陳仙甫等。《通鑑考異》曰：《代宗實錄》、《唐曆》、《統紀》、《係傳》，皆以段恒俊爲馬殷俊，則二者即是一人。後輝光、庭瑤、仙甫皆配流，惟恒俊見殺。輝光，他篇亦作光輝。召中官有武勇者二百餘人，授甲於長生殿。是月乙丑，皇后矯詔召太子。程元振伺知之，告輔國。元振握兵於凌霄門以候之。凌霄，亦宮城門。太子既至，以難告。太子曰："必無此事。聖恙危篤，吾豈懼死不赴召乎？"元振曰："爲社稷計，行則禍及矣。"遂以兵護太子匿於飛龍厩。丙寅夜，元振、輔國勒兵於三殿前，收捕越王及同謀内侍朱光輝、段恒俊等百餘人，幽皇后於別殿。是日，皇后、越王，俱爲輔國所害。輔國與代宗，不聞有釁，張后欲除輔國，豈得召代宗謀之？若云代宗實陰疾輔國，故可與之謀，則輔國初未有廢代宗之意，即位之後，何時不可圖之，何必汲汲於監國之日？故知史所傳必非其真。據《新書·本紀》：輔國是時，實並殺兗王僴，及六月，又追廢張后及係、僴，皆爲庶人。《代宗實錄》：羣臣議係、僴之罪曰："二王同惡，共扇姦謀。"《通鑑考異》。以係代代宗，非適非長，名實不正，而僴則異是，疑后與係實欲替代宗而立僴也。新舊《書·僴傳》，皆曰寶應元年薨，蓋諱飾之辭。其《定王侗傳》，亦皆曰寶應初薨，疑亦不以良死。唐京師之兵有南北衙。南衙者衛兵，北衙則禁兵。禁兵，玄宗時耗散，肅宗即位，乃復稍補。至德二載，置左右神武軍，與羽林、龍武，各分左右。並稱北衙六軍。又擇便騎射者置衙前射生手千人，亦曰供奉射生官，又曰殿前射生手，分左右廂，總號曰英武軍。代宗即位，以射生軍入禁中靖難，皆賜名寶應功臣，故射生軍又號寶應軍。其時禁兵實較衛兵爲親，力亦少強。輔國雖專掌禁兵，其關係實疏，元振則身爲射生軍將，故張后欲行誅，輔國不得不藉其力，而事定未幾，又爲元振所覆也。

丁卯，肅宗崩，代宗即位。尊輔國爲尚父，事無鉅細，皆委參決。五月，加司空、中書令。程元振欲奪其權，請上漸加禁制。乘其有間，罷其判元帥行軍事，閑厩已下使名，並分授諸貴，仍移居外。輔國本賜内宅居止。輔國始懼，茫然失據。詔進封博陸王，許朝朔望。《紀》在六月。十月十八日夜，盜入輔國第，殺輔國，攜首、臂而去。詔刻木首葬之，仍贈太傅。《舊書》本傳。代宗之去輔國，可謂甚速。然程元振又以功拜飛龍副使、右監門將軍、上柱國，知内侍省事，尋判元帥府行軍司馬，專制禁兵，威權赫然，無異於輔國矣。

安史之亂，首尾不過七年，所擾亂者，亦不過河北、河南、河東、關內四道，唐室復振，理實非難。然終於不振者，則潛伏之亂原太多，至此一時俱發，而朝綱之陵替，尤其大焉者也。肅宗之世，宰相之可用者，莫如房琯與張鎬。《新書·琯傳》曰：帝雖恨琯喪師，而眷任未衰。崔圓自蜀來，最後見帝，琯謂帝不見省，易之。圓以金吾李輔國，不淹日被寵，遂怨琯。《鎬傳》曰：鎬兼河南節度，都統淮南諸軍事。帝還京師，詔以本軍鎮汴州，捕平殘寇。史思明獻款，鎬揣其偽，密奏不宜以威權假之。又言許叔冀狡獪，臨難必變，宜追還宿衛。時宦官絡繹出鎬境，未嘗降情結納，自范陽、滑州使還者，皆盛言思明、叔冀忠，而毀鎬無經略才。帝以鎬不切事機，遂罷宰相，授荊州長史。是兩賢相皆以宦官敗也。又《呂諲傳》：諲以上元初爲相。中人馬尚言，素匿於諲，爲人求官，諲奏爲藍田尉。藍田見第二章第六節。事覺，帝怒，命敬羽窮治，殺尚言，以其肉賜從官，罷諲爲太子賓客。一怒而至於如此，度其時宦官所爲，必有壞法亂紀不可忍者，然非帝縱容之於平時，何以至此？唐自黃巢起事前，實無時不可有爲，而終於不振者，則宦官之把持政柄實爲之。宦官所以能把持政柄，以其掌握禁兵，此事雖成於德宗，而實始於肅宗，故肅宗實唐室最昏庸之主也。

第二節　吐蕃回紇之患

唐開、天時，兵力實以西北邊爲最厚。朔方、河西、隴右而外，安西、北庭，亦置節度；又有受降城、單于都護庭，見第三章第二節。爲之藩衛。大軍萬人，小軍千人，烽戍邏卒，萬里相繼。用能北扞回紇，西制吐蕃。及安、史難作，盡徵河、隴、朔方之兵，入靖國難，而形勢一變矣。據《舊書·吐蕃傳》。吐蕃乘之，盡陷河西、隴右之地。河、隴之陷，諸《書》歲月，頗有不同。《新書·地理志》：河右暨鄯、階、疊、宕等州先没，寶應元年，又陷秦、渭、洮、臨，廣德元年，復陷河、蘭、岷、廓，至貞元三年陷安西、北庭，而隴右州縣盡矣。《舊書·本紀》：鄯州陷於至德元年十月。秦、渭、洮、臨陷没之年，與《新志》同，而多一成州。然於廣德元年七月，又書吐蕃大寇河、隴，陷我秦、成、渭三州，入大震關，陷蘭、廓、河、鄯、洮、岷等州，盡有隴右之地。《新書·本紀》，則廓州陷於上元元年。蓋史家於諸州之陷，或總書其事於一時，歲月不必盡合；又疆場之間，一彼一此，亦或有一時之失得也。涼州陷於廣德二年，見《舊書·吐蕃傳》。袁光庭守伊州甚久，見兩《書·忠義傳》。鄯岷、廓州見第三章第四節，秦州見第二章第三節，渭河見第五章第四節，洮州見第四章第四節，蘭州見第二章第六節，成州見第二章第二節，涼州見第三章第二節，伊州見第三章第六節。階州，今甘肅武都縣。疊州，在今青海東南境。宕州，在今甘肅岷縣南。臨州，今甘肅臨洮縣。大震關，在今陝西隴縣西。劍南西山，亦爲所侵占；《舊書·吐蕃傳》：劍南西山,武德已來,開置州縣,立軍防。乾元之後,亦陷於吐蕃。**羌、渾、党項、奴剌,悉爲所裹脅**;《新書·吐谷渾傳》:大非川之敗,舉吐谷渾地皆陷。其可汗諸曷鉢徙治鄯水南,又以鄯州地狹,徙靈州,高宗爲置安樂州,即拜刺史。死,子忠立。忠死,子宣超立。餘部詣涼、甘、肅、瓜、沙等州降。宣超死,子曦晧立。曦晧死,子兆立。吐蕃復取安樂州,殘部徙朔方、河東,語謬爲退渾。《党項傳》:拓跋赤辭之降,自河首積石山而東,皆爲中國地。後吐蕃寖盛,拓跋畏偪,請內徙,詔慶州置靜邊等州處之。地入吐蕃,處者皆爲吐蕃役屬,更號弭藥。又有白蘭羌,吐蕃謂之丁零。左屬党項,右與多彌接。春桑,在党項南。白狗,與東會州接。龍朔後爲吐蕃所臣,藉其兵爲前驅。党項在西北者,天授中內附,戶凡二十萬,散居靈、夏間,至德末,爲吐蕃所誘,使爲鄉道鈔邊,皆羌、渾、党項,爲吐蕃誘脅可考者也。安土重遷,人情之常,微特居國,即行國,能舉國遷移者亦鮮。故河、隴之陷,部族爲吐蕃所臣役者甚多。如《新書·地理志》,隴右道有党項州七十三,府一,縣一,肅宗時內徙者僅十餘州,餘皆爲之臣屬矣。而吐蕃之好誘脅亦特甚,如《舊書·崔寧傳》:大曆十一年破其兵,乃有突厥、吐渾、氐、蠻、羌、党項之衆。突厥而爲蕃所誘脅,至於西山,無怪其爲害之烈矣。奴剌,上元二年《通鑑注》云:"西羌種落之名。"此族史不載其緣起、居地,然肅、代間之侵寇,時見其名,其種落亦非甚寡弱也。靈州見第三章第二節。甘肅沙州見第四章第四節。慶州見第二章第七節。夏州見第二章第二節。瓜州,在今甘肅安西縣東。多彌,在鄯州西,自石堡城八百十里渡黃河,又六百八十里,至多彌西界,見《新志·鄯州》分注。東會州,後改曰茂州,見第三章第四節。**而患遂中於西垂**。

吐蕃贊普乞黎蘇籠獵贊,以天寶十四載死,子婆悉籠獵贊立。似不甚能令其下,故雖累遣使請和,申盟誓,而其侵擾如故。其事見於新舊《書》紀傳者:肅宗至德二載三月,吐蕃遣使和親。上元元年,建寅月,宰相郭子儀、蕭華、張遵慶等與其使盟。寶應元年,建寅月,吐蕃請和,六月,使二人貢方物,二年,即代宗廣德元年三月,李之芳、崔倫往使,至其境,爲所留。此蓋其邊將所爲?是秋,吐蕃大入寇,中國仍以郭子儀充北道、李抱玉充南道通和使。永泰元年正月,又以抱玉爲通和使,馬璘副之。三月,吐蕃請和。詔宰相元載、杜鴻漸與其使盟。二年,即大曆元年十月,和蕃使楊濟與蕃使論泣藏等來。二年四月,宰相及內侍魚朝恩又與之盟。十一月,論泣陵隨和蕃使薛würfel仙來,云贊普請以鳳林關爲界。俄又遣使十五人來朝。七年,亦遣使朝貢。然其侵寇迄不絶也。鳳林關,在今甘肅臨夏縣境。**代宗廣德元年九月,吐蕃寇涇州**。見第二章第七節。**刺史高暉降之,因爲之鄉道。十月,犯京畿。詔以雍王适爲關內兵馬元帥,郭子儀副之**。子儀自相州敗後,召還京師,迄閒居。《舊書·子儀傳》:相州之敗,子儀以朔方軍保河陽,斷浮橋,有詔令留守東都。三月,以爲東都畿、山南東道、河南諸道行營元帥。中官魚朝恩,素害子儀之功,因其不振,媒糵之。尋召還京師。天子以趙王係爲天下兵馬元帥,李光弼副之,委以陝東軍事,代子儀之任。俄而史思明再陷河、洛,朝廷旰食,復慮蕃寇逼近京畿。三年正月,授子儀邠寧、鄜坊兩鎮節度使,仍留京師。言事者以子儀有社稷大功,殘孽未除,不宜置之散地,肅宗深然之。九月,以爲諸道兵馬都統,管崇嗣副之,令率英武、威遠等禁軍,及河西、河東諸鎮之師取邠寧、朔方、大同、橫野,徑抵范陽。詔下旬日,復爲魚朝恩所間,事竟不行。邠寧、鄜坊皆見第五章第八節。大同見第九節。橫野見第二節。**寶應元年,河中軍亂**,見下節。**乃用爲朔方、河中、北庭、潞、儀、澤、沁等州節度行營,兼興平定國副元帥,出鎮絳州**。隋絳郡,見第二章第六節。

蕭宗崩，代宗即位，程元振復請罷之，充肅宗山陵使。雍王討史朝義，代宗欲使子儀副之，元振及魚朝恩復間其事，遂寢，仍留京師。及是，詔出鎭咸陽。見第五章第一節。部下惟有二十騎，强取民家畜產以助軍。至咸陽，蕃軍已過渭水。其日，天子幸陝州。見第二章第六節。吐蕃入京師，立廣武王承宏爲帝。章懷太子邠王守禮之子。於是六軍將士，持兵剽劫，所在阻絶。子儀聞上避狄，還京。車駕已發，領部曲數百人，南入牛心谷，遲留未知所適。行軍判官王延昌、李尊勸其南趨商州，今陝西商縣。漸赴行在。子儀從之。延昌、尊別行先至。先是六軍將張知節，與麾下數百人奔商州，大掠避難朝官、士庶及居人貲財鞍馬。延昌、尊說其整頓士卒，請子儀來撫之，以圖收長安。知節大悦。諸軍將數人至，又從其計。相率爲軍，約不侵暴。延昌留軍中主約，尊以數騎往迎子儀。迴至商州，諸將大喜，皆遵約束。吐蕃將入京師也，前光禄卿殷仲卿逃難至藍田，見第二章第六節。糾合散兵及諸驍勇至千人。子儀募人往探賊勢，羽林將軍長孫全緒請行，以二百騎隸之。至韓公堆，晝則擊鼓廣張旗幟，夜則多然火，以疑吐蕃。仲卿探知官軍，其勢益壯。遂相爲表裏，以狀聞於子儀。仲卿二百餘騎游奕，直渡滻水。吐蕃懼，問百姓。百姓給曰："郭令公自商州領衆卻收長安，大軍不知其數。"蕃以爲然，遂抽軍而還。餘衆尚在城，軍將王撫及御史大夫王仲昇領兵自苑中入，椎鼓大呼，仲卿之師又入城，吐蕃皆奔走。子儀乘之，鼓行入長安。據《舊唐書·吐蕃傳》，此《實錄》也。兩《書·子儀傳》，專以爲子儀之功，《通鑑》亦舍《舊書·吐蕃傳》而從《汾陽家傳》則失實矣。是役也，王延昌、李尊之功實大，爲子儀傳記者，乃悉攘之，觀於此，而歎史籍之不足信也。王撫，或作王甫。《舊書·本紀》曰："舊將王甫，誘聚京城惡少，齊擊街鼓於朱雀街，蕃軍震懾，狼狽奔潰。"與《吐蕃傳》合。《子儀傳》云：長孫全緒遣禁軍舊將王甫入長安，陰結少年豪俠，以爲内應，一日，齊擊鼓於朱雀街，蕃軍皇駭而去。又云：射生將王撫，自署爲京兆尹，聚兵二千人，擾亂京城，子儀召撫殺之。以王甫、王撫爲二人。《通鑑考異》引《實録》，亦以椎鼓者爲武將王甫。《汾陽家傳》以謀亂者爲射生將王撫。《邠志》則以椎鼓者爲射生官王甫，尚有馬家小兒張小君、李酒盞。子儀入城，繫而責之曰："吾大軍未至，汝設詐以畏吐蕃，吐蕃知之，怒汝，燔燒宫闕，從容而去，豈不由汝？"命斬之。諸說互異，王甫、王撫爲一人，似無可疑，《舊書·子儀傳》，蓋博采而未暇考覈也。詔以爲京城留守。高暉聞吐蕃潰，以三百騎東奔。至潼關，爲關守李伯越所殺。子儀送承宏於行在，尋死。《舊書·高宗諸子傳》云：子儀送承宏於行在，上不之責，止於虢州，尋死。《本紀》則云：放於華州，一切不問。《新書》紀、傳皆云放於華州。《通鑑》亦同，而云承宏逃匿草野，不云子儀送之。時又有豐王珙者，玄宗第二十六子也。代宗幸陝州，將軍王懷忠，擁十宅諸王，西投吐蕃。至城西，遇郭子儀。懷忠謂子儀："何不行册立之事？"子儀未對，珙遂越次而言曰："令公作何語？何不言也？"子儀命軍士領之，盡赴行在，上不之責，珙歸幕次，辭又不順。羣臣恐遂爲亂，請除之。賜死。見《舊書·玄宗諸子傳》。藩翰之無心肝如此，諸將之無綱紀如彼，夫安得而不亂？虢州見第四章第五節。華州，今陝西華縣。程元振不欲天子還京，勸帝且都洛陽，以避蕃寇。子儀因兵部侍郎張重光宣慰迴，附章論奏，代宗乃還。而僕固懷恩之亂又作。

懷恩之定河朔也，郭子儀讓位焉，遂授河北副元帥、靈州大都督府長史、單于鎮北大都護、朔方節度使。廣德元年七月，又以其子瑒爲朔方行營節度。於是朔方兵權，盡入其手矣。時詔懷恩送回紇可汗還蕃，至太原，懷恩自相州趨潞州，與可汗會，出太原之北。潞州見第五章第一節。辛雲京不犒師。還亦如之。懷恩怒，上表列其狀。頓軍汾州。今山西汾陽縣。會中官駱奉先使於雲京，還奏懷恩反狀。《舊書‧懷恩傳》云：奉先使於雲京，雲京言懷恩與可汗爲約，逆狀已露，乃與奉先厚結歡，奉先迴至懷恩所，其母數讓奉先曰：“爾等與我兒約爲兄弟，今又親雲京，何兩面乎？雖然，前事勿論，自今母子兄弟如初。”酒酣，懷恩起舞，奉先贈纏頭采，懷恩將酬其貺，奉先遽告發。懷恩曰：“明日端午，請宿爲令節。”奉先固辭。懷恩苦邀之。命藏其馬。中夕，謂其從者曰：“向者責吾，又收吾馬，是將害我也。”奉先懼，遂踰垣而走。懷恩驚，遽令追還其馬。奉先使迴，奏其反狀。懷恩此時，決無與回紇謀叛之理，此明爲雲京構誣，奉先豈得遽信之？《新書‧宦者傳》云：奉先廣德初監懷恩軍，恃恩貪甚，懷恩不平，既而懼其譖，遂叛，蓋二人故有嫌隙，故疑其將殺己，遂不恤助雲京誣之也。《宦者傳》又云：事平，擢奉先軍容使，掌禁內兵，權燄熾然，蓋反以爲有先見而賞之矣，其闇如此。懷恩累詔請誅雲京、奉先，上但手詔和解。澤潞節度李抱玉，亦與懷恩不協，言其將反。顏真卿語，見下。《舊書‧馬燧傳》曰：寶應中，澤潞節度使李抱玉署燧趙城尉，是時回紇大軍還國，倔強恣睢，所過鹵掠，廩粟供餼，小不如意，恣行殺害。抱玉具供辦，賓介皆憚不敢行。燧自贊請主郵驛。比回紇至，則先賂其渠帥，與明要約。回紇乃授燧旗幟爲識。犯令者命燧戮之。燧取死囚給左右厮役，小違令輒殺之。回紇相顧失色，涉其境者，無敢暴掠，抱玉益奇之。燧因說抱玉曰：“屬者與回紇言，燧得其情，今僕固懷恩恃功樹黨。李懷仙、張忠志、薛嵩、田承嗣分授疆土，皆出於懷恩。其子瑒，佻勇不義，以燧度之，將必窺太原西山以爲亂，公宜深備之。”無何，懷恩果與太原都將李竭誠通謀，將取太原。其帥辛雲京覺之，斬竭誠，固城自守，懷恩遣其子瑒圍之。初回紇北歸，遣其將安恪、石常庭將兵數百，及誘募附麗者數千人，以守河陽。東都所虜掠重貨，悉積河陽。是時懷恩遣薛嵩自相、衛饋糧，以絕河津，抱玉令燧詣嵩說之，嵩乃絕懷恩從順。據此，謂懷恩將叛者，實出馬燧億度。竭誠通謀，未知信不，即謂實然，亦事出竭誠，不能竟指爲懷恩謀叛也。懷恩傳載懷恩上書，言“過潞府之日，抱玉與臣馬兼銀器四事，臣於回紇處得絹，便與抱玉二千匹，以充答贈。今被抱玉共相組織，將此往來之貺，便爲結託之私”，謂懷恩與回紇交際者，證據不過如此，亦殊牽強也。趙城，今山西趙城縣。懷恩上書自叙功伐，辭甚悖戾。有云：“臣實不敢保家，陛下豈能安國？”詔黄門侍郎裴遵慶諭旨，且察其去就。遵慶諷令入朝，懷恩許諾，而其副將范志誠止之。懷恩令其子瑒攻雲京。雲京敗之，進攻瑒於榆次，見第二章第六節。朝廷患之。顏真卿嘗請奉詔召懷恩，令往宣慰。真卿曰：“臣往請行者時也，今方受命，事無益矣。”上問其故。對曰：“頃陛下避狄陝郊，懷恩來朝，以助討賊，則其辭順。今陛下即宮京邑，懷恩進不勤王，退不釋衆，其辭曲，必不來矣。且明懷恩反者，獨辛雲京、李抱玉、駱奉先、魚朝恩四人耳。自外朝臣，咸言其枉。然懷恩將士，皆郭子儀部曲，恩信結其心，陛下何不以子儀代之，喻以逆順禍福，必相率而歸耳。"上從之。子儀至河中，僕固瑒已爲其下所殺，斬其首，獻於闕下。懷恩聞之，率麾下數百騎走靈武。《舊書・本紀》，事在廣德元年十二月。《通鑑》繫明年二月。《考異》曰：《實錄》：廣德元年十二月丁酉，僕固瑒爲帳下張維岳所殺，以其衆歸郭子儀。懷恩聞之，棄營脱走北蕃。按朔方兵所以不附僕固氏者，以子儀爲之帥也。縱不在子儀領朔方後，亦當在領河東副元帥後。而《實錄》：二年正月丁卯，子儀爲朔方節度使。《汾陽家傳》：二年正月，子儀充河東副元帥、河中節度使，癸亥，代宗三殿宴送，二十六日，發上都。二月，至河中，兼朔方節度大使。戊寅，往汾州。甲申，還至河中。《邠志》：二年正月二十日，詔郭公加河中節度、河東副元帥。二十九日，加朔方節度。二月，僕固瑒率軍攻榆次，逾旬不拔云云。然則瑒死決不在去年十二月，今因子儀如汾州並言之。案《新書・本紀》：廣德二年二月辛未，僕固懷恩殺朔方軍節度留後渾釋之，此事《通鑑》亦繫是月，懷恩以元年十二月北走，至二年二月而至朔方，時日正合。若如《邠志》之説，僕固瑒即死於是月，懷恩安得即至朔方而殺釋之乎？瑒之死，《舊書・懷恩傳》亦云爲張維岳等四人所殺。《新書》則云：子儀至河中，瑒攻榆次未拔，追兵於祁，責其緩，鞭之，衆怒，是夕，偏將焦暉、白玉等斬其首獻闕下。《通鑑》亦云：瑒爲焦暉所殺。又云：都虞候張維岳在沁州，聞懷恩去，乘傳至汾州，撫定其衆，殺焦暉、白玉而竊其功，以告郭子儀。子儀使牙官盧諒至汾州。維岳賂諒，使實其言。子儀奏維岳殺瑒，傳首詣闕。然則《實錄》謂維岳以其衆歸子儀者，乃懷恩留於汾州之衆，此時固無從更附僕固氏也。懷恩之欲叛唐，必在瑒死後。《舊書・本紀》，於廣德元年八月，即書僕固懷恩反，似失之早。渾釋之者，瑊之父。《通鑑》云其欲拒懷恩不果，而爲懷恩所殺。《新書・本紀》及《回鶻傳》並同。而新、舊《書・瑊傳》，皆云其與吐蕃戰歿，則謰飾之辭也。祁，今山西祁縣。沁州，今山西沁源縣。餘衆聞子儀到，束甲來奔。懷恩至靈武，衆復振，上厚撫其家。停餘官，遙授太師兼中書令大寧王。懷恩終不從。二年十月，懷恩引吐蕃二萬寇邠州，《舊書・本紀》：此《實錄》也。《子儀傳》云：引吐蕃、回紇、党項數十萬南下，則與永泰元年之役相混矣。邠州見第三章第一節。遂寇奉天。今陜西乾縣。京師戒嚴。郭子儀屯涇陽。今陜西涇陽縣。蕃軍挑戰，子儀不出。蕃軍乃退。時倚蒲、陜爲内地，常以重兵鎮之。永泰元年五月，以子儀都統河南道節度行營，出鎮河中。九月，懷恩復誘回紇、吐蕃、党項、羌、渾、奴剌入寇。吐蕃自北道，寇邠州，遂寇醴泉、奉天。醴泉，今陜西醴泉縣。党項、羌、渾、奴剌出西道，寇盩厔、鳳翔。盩厔見第四章第二節。鳳翔見第五章第八節。又合山賊出東道，自同州趨華陰，向藍田。華陰，今陜西華陰縣。參用《舊書・本紀》、郭子儀傳，及新舊《書・僕固懷恩傳》。京師戒嚴。子儀自河中至，屯於涇陽。諸將各守要害。吐蕃大掠京畿，焚廬舍而去。十月，至邠州，與回紇遇，復合從入寇。時懷恩已暴死於鳴沙，時在九月九日，見《舊書・懷恩傳》。或曰八日，見《通鑑考異》。鳴沙見第四章第四節。羣虜無所統攝。回紇首領羅達干等率二千餘騎詣涇陽請降，《舊書・回紇傳》。《吐蕃傳》云：是時回紇請擊吐蕃者凡三千騎。子儀説以共擊吐蕃。回紇許諾。子儀遣朔方兵馬使白元光與會。吐蕃知其謀,是夜奔遁。追破之於靈臺西原。《舊書·子儀傳》。靈臺,今甘肅靈臺縣。蓋是役,回紇之至者獨少,且最後,少故易以説諭,後則虜掠無所得,吐蕃則業已飽掠而去,欲圖攘竊,在彼不在此,故子儀能説使倒戈也。《新書·本紀》:党項、羌與回紇同降。《舊書·懷恩傳》云:羌、渾多降於鳳翔李抱玉,可見其衆之不整。於是懷恩之姪名臣,領千餘騎來降。《舊書·懷恩傳》。朔方軍將,亦以靈武歸順。《舊書·懷恩傳》:懷恩之死,張韶代領其衆,爲徐璜玉所殺,璜玉又爲范志誠所殺。《本紀》云:朔方將李迴方奏收靈武郡。《新書·本紀》云:朔方副將李懷光克靈州。亂復平。案肅宗之立,懷光即從郭子儀赴行在。時同羅爲寇,子儀與懷恩擊之。懷恩子玢,兵敗降敵,尋自拔歸,懷恩斬之以令衆。後其二女俱聘遠蕃,爲國和親。牟羽妻,懷恩女。始可汗爲少子請婚,帝以妻之,即位後爲可敦。助平史朝義後,册爲英義可汗、光親可敦。大曆三年,光親卒,明年,復以懷恩女爲崇徽公主繼室。一門之內,死王事者四十六人。在蕃將中,不可謂非乃心王室。田承嗣之降,業已受代,而懷恩使復其位,論者因謂其懷挾異志。然此説實出馬燧,乃揣度之辭。當時思明餘孽降者,唐朝皆處之高位,不奪其兵,固不自承嗣等始也。參看下節。禄山、思明,且無大略,而況懷恩?觀其既叛之後,分崩離析,絶無能爲,而知其本無叛志。《舊書·李抱真傳》:抱真爲汾州別駕,懷恩反,脱身歸京師,代宗召見問狀,因奏曰:"郭子儀領朔方之衆,人多思之。懷恩欺其衆曰:子儀爲魚朝恩所殺,詐而用之,今復子儀之位,可不戰而克。"此與顏真卿之所策同,固由子儀寬厚,能得衆心,亦見懷恩之不能恤士,世豈有如此而能反者乎?又豈有夙抱反謀,而所爲如是者乎?此朝臣所以多明之,而代宗亦終信之歟?《舊書·懷恩傳》云:懷恩逆命三年,再犯順,連諸蕃之衆,爲國大患,而上爲之隱惡,前後下制書,未嘗言其反。及懷恩死,羣臣以聞,上爲之閔默,曰:"懷恩不反,爲左右所誤。"其寬仁如此。此唐史臣不滿代宗之微辭也,然亦可爲懷恩本無叛心之一證。

懷恩之難雖平,吐蕃之患,初不因之而遽澹。大曆元年九月,陷原州,今甘肅固原縣,没蕃後置於臨涇,今甘肅鎮原縣。二年、三年,再寇靈武,至於邠州,京師爲之戒嚴,時京西之軍,在鳳翔者爲李抱玉,而馬璘居邠州。朝議以其力不能拒,乃以郭子儀兼邠寧慶節度,移鎮邠州,而徙璘於涇原。治涇州。五年八月,元載請置中都於河中,秋杪行幸,春中還京。史云以避蕃戎侵寇。然又云:"載疏大旨,以關、輔、河東等十州户税,入奉京師,創置精兵五萬,以威四方。"則意實不專爲避敵。又云:"其辭多捭闔,欲權歸於己,"未免深文周内。《舊書·本紀》。本傳略同。蓋是時諸將實舉不足恃,故發憤欲別練也。馬璘、李抱玉,俱稱良將,然《舊書·抱玉傳》言其無破虜之功,《璘傳》亦言其無拓境之功,此當時輿論也。郭子儀軍政,亦極不肅。相州之敗,《通鑑考異》引《邠志》曰:"史思明自稱燕王,牙前兵馬使吳思禮曰:思明果反,蓋蕃將也,安肯盡節於國家?因目左武鋒使僕固懷恩,懷恩色變,陰恨之。三月六日,思明輕兵抵相州,郭公率諸軍禦之。戰於萬金驛,賊分馬軍立湍而西,郭公使懷恩以蕃、渾馬軍邀擊,破之。還,遇思禮於陳,射殺

167

之。呼曰：吴思禮陳殁。其夕，郭公疑懷恩爲變，遂脱身先去，諸軍相繼潰於城下。"《通鑑》不取其説，而載：是歲七月，上召子儀還京師，以李光弼代爲朔方節度。光弼以河東騎五百馳赴東都，夜入其軍，是時朔方將士，樂子儀之寬，憚光弼之嚴。左厢兵馬使張用濟屯河陽，光弼以檄召之。用濟曰：朔方非叛軍也，乘夜而入，何見疑之甚邪？與諸將謀以精鋭突入東京，逐光弼，請子儀。僕固懷恩曰："鄴城之潰，郭公先去。朝廷責帥，故罷其兵柄。今逐李公而强請之，是反也。其可乎？"胡三省《注》曰："觀懷恩此言，則邠志所云，亦可以傳信。"案朔方將士，皆樂子儀之寬，故他人不易代將，後來子儀一出，而懷恩之衆即離，其故亦由於此，謂子儀是時，以疑懷恩之叛而脱身先去，恐非《實録》，然其先去則真矣。此時雖不置統帥，然子儀以其位望，實自然居於率將之地，謂其去牽動大局，亦必非誣。此等軍而可以禦敵乎？安史亂後，唐所倚仗者，爲朔方軍，而此軍實不足用，借重蕃兵，授人以柄，而安史餘孽，仍病養癰，其癥結實在於此。元載於大曆八年夏，大城奉天，又於九年下詔大閲，見《舊書・本紀》及《吐蕃傳》，所調之兵，雖不皆至，然其所調動則頗廣。皆可見載於是時，確有整軍經武之志也。八年八月，盧龍朱泚遣弟滔以精騎五千詣涇州防秋。明年七月，泚復身入朝。於是以子儀、抱玉、璘、泚分統諸道防秋之兵。時吐蕃得原州，棄而不居，元載議城之，以與靈武相連接。田神功沮之。上遲疑不決。會載得罪，乃止。郭子儀於九年上書論備蕃利害曰："朔方國之北門，西禦犬戎，北虞獫允。五城相去，三千餘里。開元、天寶中，戰士十萬，戰馬三萬，纔敵一隅。自先皇帝龍飛靈武，戰士從陛下收復兩京，東西南北，曾無寧歲。中年以僕固之役，又經耗散。比於天寶，十分之一。今吐蕃充斥，勢强十倍。兼河、隴之地，雜羌、渾之衆，每歲來闖近郊。以朔方減十倍之軍，當吐蕃加十倍之騎，欲求制勝，豈易爲力？近入內地，稱四節度，每將盈萬，每賊兼乘數四。臣所統將士，不當賊四分之一，所有征馬，不當賊百分之二，誠合固守，不宜與戰。又得馬璘牒，賊疑涉渭而南。臣若堅壁，恐犯畿甸；若過畿內，則國人大恐，諸道易搖。外有吐蕃之强，中有易搖之衆，外畏內懼，將何以安？制勝之術，力非不足，但慮簡練未精，進退未一，時淹師老，地闊勢分。願陛下更詢讜議，慎擇名將，俾之統軍，於諸道各抽精卒，成四五萬，則制勝之道必矣。臣又料河南、河北、山南、江淮，小鎮數千，大鎮數萬，空耗月餼，曾不習戰。臣請抽赴關中，教之戰陳，則軍聲益振，攻守必全，亦長久之計也。"讀此疏，可見唐中葉後宿兵無用之地，而邊備空虛之狀。然當日西垂諸將，暮氣已深，果抽內地之師，俾之訓練，又能收禦侮之效歟？此元載所以發憤而欲別練也。

　　西川一方：代宗初，高適爲節度使。以吐蕃漸逼京畿，曾出師以牽制之，無功。松、維顧相繼陷没。松、維、川皆見第三章第四節。《舊紀》，事在廣德元年八月。代以嚴武，破吐蕃兵，拔當狗、鹽川二城。《舊紀》在廣德二年九月、十月。當狗，胡三省曰：當白狗羌之路，故以名城。永泰元年，武卒，郭英乂代之。以苛酷狂蕩，爲西山都知兵馬使崔寧所覆。後遂以寧主西川。大曆十年、十一年、十二年,亦頻破蕃軍,見新舊《書·本紀》。然侵寇仍不絕也。參看下節。蕃寇初入,西北最急,故徙當、柘、悉、静、恭五州於山險以避之。事在大曆五年,見《舊書·本紀》及兩《書·吐蕃傳》。此五州,皆在今松潘叠溪營境。自南詔合於吐蕃,而西南亦告急矣。別見第七章第一節。

　　吐蕃既橫,回紇亦驕。大曆七年正月,回紇使出鴻臚寺,劫掠坊市,吏不能禁。復三百騎犯金光、朱雀等門。是日,皇城諸門皆閉。慰諭之方止。七月,回紇蕃客奪長安縣令邵說所乘馬,人吏不能禁。十年九月,回紇白晝殺人於市。吏捕之,拘於萬年獄。見第三章第一節。其首領赤心,持兵入縣,劫囚而出,斫傷獄吏。十三年正月,回紇寇太原。尹鮑防與之戰,不利。二月,代州都督張光晟擊回紇,戰於羊武谷,在今山西崞縣西。破之。北人乃安。皆見《舊書·本紀》。《回紇傳》略同。案蕭、代時,回紇兵助討安、史者,不過數千,他蕃國兵來者,亦不能多,《舊書·蕭宗紀》:至德二載,元帥廣平王統朔方、安西、回紇、南蠻、大食之眾二十萬東向討賊。三載十一月壬申制,有"回紇葉護,雲南子弟,諸蕃兵馬,力戰平凶"之語。時回紇兵來者爲四千。《僕固懷恩傳》亦云:"回紇使葉護、帝德數千騎來赴國難。南蠻、大食之卒,相繼而至。"蓋其所本者同也。《紀》又載三載七月,吐火羅葉護烏利多並九國首領來朝,助國討賊,詔令赴朔方行營。此等蕃國,來者亦必不能多。《新書·于闐傳》:蕭宗時,王尉遲勝弟曜攝國事,身率兵五千赴難。于闐距中國近,勝慕化又極深,其兵亦不過五千而已。而唐竟非藉其力不能破敵,其兵力之窳敗可想,孟子曰"國必自伐而後人伐之",信不誣也。

第三節　藩鎮及內亂

　　節度使本置於緣邊,及安史亂作,中原刺史,兼治軍旅者,皆加節度使之號;其不賜旌節者,則稱爲團練使;又有稱都統或大使者,則兼轄諸節度使。跋扈者遂思據地自專;即較庸懦者,亦多壞法自恣矣;而軍人睥睨,思篡其主將者尤眾。

　　玄宗之入蜀也,以太子充天下兵馬元帥,都統朔方、河東、河北、平盧諸節度。永王璘玄宗第十六子。爲江陵府都督,見第二章第七節。山南東道、嶺南、黔中、江南西道節度大使。《通鑑》作節使,下同。盛王琦玄宗第二十一子。爲廣陵都督,見第二章第三節。江東東路、淮南、河南等路節度大使。豐王珙見上節。爲武威都督,見第二章第二節。河西、隴右、安西、北庭等路節度大使。琦、珙皆不出閣,惟璘赴鎮。時江淮租賦,山積於江陵,璘召募勇士,得數萬人,破用鉅億。璘生長深宮,不省人事,而子襄城王偒有勇力,好兵,遂有東取金陵,割據江表之志。蕭

宗以高適爲淮南節度，來瑱爲淮西節度，韋陟爲江東節度共圖之。璘擅引兵
東巡，遣兵攻襲廣陵、吳郡。見第二章第五節。淮南采訪使李成式、河北招討判官
李銑皆在廣陵，共討之。璘使傷迎戰而敗，走鄱陽，欲出嶺表，至大庾嶺，在今江
西大庾縣南。爲江西采訪使皇甫侁所殺，傷亦死於亂兵。時至德二載二月也。
先一月，河西兵馬使蓋庭倫與武威九姓商胡安門物等殺其節度使周泌。支度
判官崔稱與中使劉日新討平之。乾元二年八月，襄州將康楚元、張嘉延作亂。
襄州見第二章第三節。刺史王政奔荆州。江陵。九月，嘉延陷之。並陷澧、朗、復、
郢、峽等州。澧州，今湖南澧縣。朗州，今湖南常德縣。復州，在今湖北天門縣西北。郢州，今湖北
鍾祥縣。峽州見第二章第七節。上遣使慰諭，爲貶王政爲饒州刺史，饒州見第三章第六節。
以司農少卿張光奇爲襄州刺史。楚元不從。十一月，商州刺史荆襄等道租庸
使韋倫討擒楚元。商州見上節。十二月，送詣闕，斬之。上元元年，襄州將張維
瑾、曹玠又殺其節度使史翽。以韋倫爲襄州刺史、山南東道節度使。時李輔
國用事，節將除拜，皆出其門，倫既爲朝廷所用，又不私謁輔國，未行，遂改秦
州刺史，見第二章第三節。而以陝西節度使來瑱爲山南東道節度使。瑱至襄陽，
維瑾等乃降。是歲十一月，宋州刺史劉展反。宋州見第四章第四節。時展與御史
中丞李銑俱領淮西節度副使，銑貪暴不法，展剛强自用，爲之上者皆惡之。節
度使王仲昇奏誅銑。又使監軍邢延恩説上除展江淮都統，以代浙東節度使李
峘，太宗子吳王恪之曾孫。俟其釋兵赴鎮，中道執之。上從之。以展爲都統淮南
東、江南西、浙西三道節度使，而密勑峘及淮南東道節度使揚州刺史鄧景山圖
之。展以任重自疑，遂反。峘、景山皆爲所敗。展遣將陷濠、楚、舒、滁、廬等
州。濠州見第四章第五節。楚州見第二章第一節。舒州見第二章第七節。滁州，今安徽滁縣。廬
州，今安徽合肥縣。自渡江，陷潤州、昇州。潤州見第四章第二節。隋蔣州，唐改爲昇州。又
遣將陷宣州，今安徽宣城縣。取蘇、湖州，蘇州，即吳郡。湖州見第二章第七節。進逼杭
州。今浙江杭縣。田神功者，安禄山平盧兵馬使，歸朝，守陳留，見第五章第七節。與
許叔冀俱降史思明，思明使與其將南德信、劉從諫略江淮，神功襲殺德信，復
來歸，屯任城，見第二章第七節。鄧景山、邢延恩奏乞令救淮南。未報，景山使促
之，許以淮南金帛子女爲賂。神功南下。及彭城，勑令討展。展渡淮擊之，敗
績。亡渡江。神功入廣陵，大肆劫掠。商胡波斯，被殺者數千人焉。二年正
月，神功遣兵與景山濟江。戰於蒜山，在今江蘇鎮江縣西。展敗死。餘黨皆平。
安、史之亂，兵不及江淮，至是，民始罹荼毒矣。玄宗之還京也，於緜、益二州
分置東、西川兩節度。緜州，今四川緜陽縣。益州，蜀郡，至德二年爲成都府，見第二章第五節。
東川節度李奐奏廢其兵馬使梓州刺史段子璋。梓州，今四川三台縣，四月，子璋怒，

襲奐,奐奔成都。五月,西川節度崔光遠與奐共攻緜州,斬子璋。西川衙將花驚定大掠東蜀。上怒光遠不能戢軍,罷之,代以高適。劉展之平也,詔追鄧景山還朝,以崔圓代之。浙東節度副使李藏用拒展有功,用爲楚州刺史。支度租庸使以亂時諸將用倉庫物無準,奏請徵驗。時倉卒募兵,物多散亡,諸將往往賣產以償。藏用恐其及己,與人言,頗有悔恨。其衙將高幹挾故怨,使人詣廣陵告藏用反,而先以兵襲之。藏用走,幹追斬之。圓遂簿責藏用將吏,以成其狀焉。寶應元年,建卯月,初王思禮爲河東節度使,積粟百萬斛,請輸五十萬斛於京師。會卒,管崇嗣代之,委任左右,數月間,費散殆盡。代以鄧景山。檢覆嚴;又性清約,取倉粟紅腐者食之,兼給麾下;麾下怨訕,少將黃抱節因之作亂,殺景山,請以都知兵馬使辛雲京爲節度。許之。李光弼之敗邙山也,渡河走聞喜,事見第五章第八節。上書求自貶,詔以爲河中節度。旋又以爲河南副元帥,都統河南,淮南東、西,山南東,荊南,江西,浙江東、西八道行營節度,從《通鑑》。出鎮臨淮,郡,即泗州,見第五章第八節。而以殿中監李若幽淮南王神通玄孫。爲朔方、鎮西、北庭、興平、陳、鄭等節度行營,及河中節度,鎮絳州,見上節。賜名國貞。絳州素無儲蓄;又民閒飢,不可賦斂;將士糧賜不充。國貞屢以狀聞,未報。突將王元振作亂,殺國貞。鎮西、北庭兵屯翼城者,今山西翼城縣。亦殺其節度使荔非元禮,而推裨將白孝德。朝廷因而授之。而絳州諸軍,剽掠不已。朝廷憂其與太原亂軍合,乃以郭子儀知朔方、河中、北庭、潞澤節度行營,兼興平、定國等軍副元帥,出鎮絳州。誅元振及其黨數十人。辛雲京聞之,亦推按殺鄧景山者,元振之黨謀爲亂。子儀子晞,選親兵四千,伏甲以待之,晞不寢寐者七十日焉。是歲,四月,代宗立。六月,以兵部侍郎嚴武爲西川節度使。《舊書·武傳》云:上皇詔合劍南兩川爲一道,拜成都尹,充劍南節度使。《新書·方鎮表》,合兩川爲一道,事在廣德二年。七月,兵馬使徐知道發兵拒之。八月,爲其將李忠厚所殺,西川乃平。初肅宗召來瑱赴京師,瑱樂在襄陽,諷其將吏留己,行及鄧州,見第二章第七節。復令還鎮,上聞而惡之。後荊南節度使呂諲,荊南節度,治荊州。淮西節度使王仲昇及中官,皆言瑱曲收衆心,久恐難制。乃割商、金、均、房,商州見上節。金州,今陝西安康縣。均州見第四章第五節。房州見第四章第二節。別置觀察,令瑱祇領襄、鄧、唐、復、郢、隨六州。唐州見第五章第二節。隨州見第四章第三節。瑱怨仲昇搆己,仲昇見圍於申州,見第四章第二節。瑱不救,仲昇敗歿。行軍司馬裴茙陳其狀,且言瑱倔强難制,宜早除之。乃以瑱爲淮西、河南十五州節度使,《舊傳》。《通鑑》據《實錄》作十六州。密敕茙代爲襄、鄧等州防禦。瑱上言:淮西無糧,臣去秋種得麥,請俟收畢而行,而又諷屬吏留己。會代宗即位,欲姑息,復以爲山南東道節度使。裴茙未知，率兵赴襄陽，欲受代。瑱與副使薛南陽謀，拒之，禽茙送京師，賜死。八月，瑱入朝謝罪。以爲兵部尚書、同平章事，知山南東道節度使。廣德元年正月，乃削官爵，流播州，見第四章第六節。賜死於路。史謂由程元振之譖，"方鎮由是解體，吐蕃入犯京畿，下詔徵兵，諸道卒無至者"，實則瑱固罪有應得也。瑱行軍司馬龐充，統兵二千人赴河南，至汝州，見第二章第六節。聞瑱死，將士魚目等迴兵襲襄州。左兵馬使李昭禦卻之。右兵馬使梁崇義自鄧州歸，衆推爲主。崇義殺昭及薛南陽。上不能討，以代瑱。十二月，《舊紀》。《新紀》在十一月。宦官廣州市舶使呂太一反。逐其節度使張體，縱兵大掠，官軍平之。二年七月，李光弼歿於徐州。《舊傳》云：廣德初，吐蕃入寇京畿，代宗詔徵天下兵，光弼與程元振不協，遷延不至。朝廷方倚爲援，恐成嫌疑，數詔問其母。吐蕃退，乃除光弼東京留守，以察其去就。光弼伺知之，辭以久待勅不至，且歸徐州，欲收江淮租賦以自給。代宗還京，遣中使往宣慰。光弼母在河中，密詔郭子儀輿歸京師。其弟光進，與李輔國同掌禁兵，委以心膂，至是爲渭北節度使。光弼御軍嚴肅，天下服其威名，及懼魚朝恩之害，不敢入朝，田神功等皆不稟命。因愧恥成疾云云。元振、朝恩誠非佳人，光弼亦非純臣。以其不勤王，不入朝，悉蔽罪於元振、朝恩，更非公允。田神功本安、史餘孽。平劉展後，遷爲汴、宋等八州節度，而逗留揚州不時往，蓋河南時遭破壞，貪揚州之富庶，聞光弼至臨淮，乃歸河南，原非心服。然光弼之據徐州，欲收江淮租賦，與神功亦何以異？《舊書·穆寧傳》：上元二年，佐鹽鐵轉運使，光弼以餉運不繼，揚言欲殺寧，寧直抵徐州見光弼，喻以大義，不爲撓折。光弼深重寧，寧得行其職，此已屬不成事體。《陳少遊傳》云：建中四年十月，駕幸奉天。度支汴宋使包佶在揚州，尚未知也。佶判官崔沇，遽報少遊。佶時所總賦稅錢帛，約八百萬貫。少遊先使其判官崔頠就佶强索其納給文牒，並請供二百萬貫錢物，以助軍費。佶答曰："所用財物，須承勅令。"頠勃然曰："中丞若得爲劉長卿，不爾爲崔衆矣。"長卿嘗任租庸使，爲吳仲孺所困，崔衆供軍吝財，爲光弼所殺，故頠言之。佶大懼，不敢固護，財帛將轉輸入京師者，悉爲少遊所奪。然則竟有以供餉不如意，而爲光弼所賊者，更復成何事體？當時朝廷經費，深賴江淮，果爲光弼所擅，復何以自給邪？光弼既歿，詔以宰相王縉都統河南、淮西、山南東道諸節度行營事，兼東都留守。歲餘，遷河南副元帥。縉，禄山之亂，選爲太原少尹，與光弼同守太原，功效謀略，衆所推先，蓋取其能靖光弼之衆也。永泰元年四月，嚴武卒。都知兵馬使郭英幹、知運子。都虞候郭嘉琳請用英幹兄英乂。崔旰者，儒家子，喜縱横之術。嘗從軍劍南。

寶應初，蜀中山賊擁絕縣道，嚴武薦爲利州刺史。今四川廣元縣。及武爲西川，就山南西道節度張獻誠求之。山南西道節度，治梁州。見第四章第二節。獻誠者，守珪子，初陷安祿山，後又爲史思明守汴，及東都平乃歸國者也。獻誠許之。武奏旰爲漢州刺史，今四川廣漢縣。西山兵馬使，與吐蕃戰，有功。及是，與軍衆共請立大將王崇俊。朝以英乂代武。英乂誣殺崇俊。又召旰還成都。旰託備吐蕃未赴。英乂怒，出兵襲之。旰轉入深山。直天大寒，士馬凍死，英乂大敗而還。旰遂攻成都。英乂奔簡州。今四川簡陽縣。普州刺史韓澄斬其首以送旰。普州，今四川安岳縣。邛州衙將柏茂林，依《舊書·本紀》。《新書·崔寧傳》作茂琳。《舊書·張鴻漸傳》作柏貞節。邛州見第三章第五節。瀘州衙將楊子琳，本瀘南賊帥，見《新書·崔寧傳》。瀘州見第三章第七節。劍州衙將李昌巙，劍州見第四章第五節。各興兵討旰。劍南大亂，大曆元年二月，以宰相杜鴻漸爲西川節度使。又以張獻誠爲東川節度使，柏茂林爲邛南防禦使，崔旰爲茂州刺史，茂州見第三章第四節。西山防禦使。三月，獻誠與旰戰於梓州，敗績。鴻漸至成都，悉以軍州事讓旰，且表讓旌節。朝廷不得已，以旰爲西川節度，召鴻漸還京。又以柏茂林爲邛州刺史，楊子琳爲瀘州刺史。三年四月，旰來朝，改名寧。子琳乘虛襲據成都。詔寧還鎮。寧妾任氏，出家財募士，以逼子琳。子琳遁去。寧弟寬，時爲留後。乃乘勢復之。子琳既敗，收餘兵，沿江而下。入夔州，見第二章第七節。殺別駕張忠。朝廷以其本謀近忠，授峽州刺史。移澧州鎮遏使。是歲二月，商州兵馬使劉洽殺其防禦使殷仲卿，尋討平之。八月，辛雲京卒，以王縉爲河東節度。太原舊將王無縱、張奉璋等恃功，每事多違約束，縉一朝悉召斬之。十二月，馬璘自邠寧移鎮涇州。衆憚遷，刀斧將王童之作亂。兵馬使段秀實斬之，及其黨十餘人以徇。曰："敢後徙者族。"乃遷於涇。五年四月湖南都團練觀察處置使、潭州刺史崔瓘爲兵馬使臧玠所殺。潭州見第四章第二節。澧州刺史楊子琳起兵討之，取賂而還。六年四月，子琳來朝，賜名猷。八年九月，嶺南節度使廣州刺史吕崇賁爲部將哥舒晃所殺。九年正月，澧、朗兩州鎮遏使、澧州刺史楊猷擅浮江而下。至鄂州，即江夏郡，見第五章第一節。詔許赴汝州。泝漢而上。復、郢、襄等州皆閉城拒之。三月，以爲洮州刺史。時洮州已陷吐蕃，蓋以空名畀之也。五月，猷入朝，見《通鑑》。十年三月，河陽軍亂，見第二章第五節。逐三城使常休明，迫牙將王惟恭爲留後，軍士大掠數日。詔以馬燧爲河陽三城使。陝州軍亂，見第二章第五節。逐觀察使李國清，縱兵大掠。國清卑辭徧拜將士，方免禍。會淮西節度使李忠臣入朝，過陝，命按之。將士懾其兵威，不敢動。忠臣設棘圍，令軍士匿名投庫物。一日得萬緡，盡以畀其從兵爲賞。十一月，哥舒晃之叛，詔江南西道都團練觀察使路嗣恭兼嶺南節度使。嗣恭以伊慎爲先鋒，復始興。今廣東曲江縣。又擢流人孟瑶、敬冕爲將。瑶主大軍當其前，而冕自閒道輕入，招集義勇，得八十人，以撓其心腹。是月，遂破廣州。擒晃，斬首以獻。誅其同惡者萬餘人，俚洞之宿惡者，皆族誅之。湖南觀察使辛京杲貪殘。將王國良鎮武岡，今湖南武岡縣。豪富，京杲加以死罪。國良懼，散財聚衆，據縣以叛。諸道同討，連歲不能下。德宗建中元年，以曹王皋代京杲，皋，太宗子曹王明之玄孫。乃諭降之。以上皆肅、代之世，藩鎮跋扈之甚者也，而安、史餘孽，爲梗尤甚。

安、史之將降唐者，以其淄青節度使能元皓爲最早。乾元元年二月。滑州刺史令狐彰次之。上元二年五月。滑州見第二章第六節。元皓降後，初爲河北招討使，後授齊州刺史、齊、兗、鄆等州節度使。乾元元年九月。齊州，今山東歷城縣。兗州見第二章第六節。鄆州見第二章第七節。移刺兗州，仍節度兗、鄆。嘗破史朝義之兵。上元二年四月。以上皆見《舊紀》。彰仍爲滑州刺史，滑、衛、相、貝、魏、博六州節度使。衛州，今河南汲縣，見第二章第六節。魏州，即魏郡，見第五章第七節。博州見第四章第二節。後名其軍曰永平。彰仍與魚朝恩不協，不敢入朝，然臨没，悉以土地甲兵籍上朝廷，勒其子歸東都，軍士欲逼奪其長子建，建守死不從，事在八年二月。元和時，宰相李吉甫，猶以是請録用其後人焉。然能如是者卒寡，而河北遂終爲唐室之患。寶應元年，史朝義之敗也，其汴州將張獻誠、相州將薛嵩、仁貴孫。恒州將張忠志、恒州，即鎮州，見第二章第七節。忠志，范陽城旁奚，爲范陽將張鎮高假子。幽州將李懷仙、柳城胡，世事契丹。魏州將田承嗣相次來降。朝廷皆以元職授之。於是獻誠爲汴州節度使，後移山南西道，事已見前。嵩爲相、衛、邢、洺、貝、磁六州節度使，邢州，今河北邢臺縣。洺州見第二章第六節。貝州見第五章第五節。磁州，今河北磁縣。忠志爲成德軍節度使，統恒、趙、深、定、易五州，趙州見第二章第六節。深州，今河北深縣。定州，今河北定縣。易州見第二章第六節。賜姓名曰李寶臣。承嗣爲魏、博、德、滄、瀛五州都防禦使，旋亦晉爲節度使。德州平原郡見第五章第七節。滄州見第二章第七節。瀛州見第四章第四節。懷仙仍故地，爲盧龍節度使。《舊書·承嗣傳》云：代宗遣僕固懷恩討平河朔，帝以二凶繼亂，郡邑傷殘，屢行赦宥。凡爲安、史誑誤者，一切不問。時懷恩陰圖不軌，慮賊平寵衰，欲留賊將爲援，乃奏承嗣及李懷仙、張忠志、薛嵩等四人分帥河北諸郡，《新書·懷恩傳》本之，説實自相矛盾。觀能元皓、令狐彰、張獻誠之降，朝廷皆授以元職，可知懷恩實承朝旨行事。《新書·承嗣傳》云：承嗣之降，厚以金帛反間僕固瑒將士。瑒慮下生變，即約降。承嗣詐疾不出，瑒欲馳入取之，承嗣列干刀爲備，瑒不得志。承嗣厚賂之以免。可知當時即欲便宜更易，亦不易也。王玄志之殺徐歸道也，朝以爲營州刺史、平盧軍節度使。乾元元年二月。玄志卒，十二月。裨將李懷玉高麗人。殺其子，推侯希逸爲平盧軍使。希逸母，懷玉姑。朝廷因以爲節度副使。初玄志使董秦渡海，與田神功攻平原、樂安，棣州樂安郡，在今山東惠民縣南。下之。防河招討使李鋭承制以秦爲平原太守。希逸數與范陽相攻，救援既絶，又爲奚所攻，上元元年，乃悉舉其軍二萬人襲破李懷仙，引而南。寶應元年，於青州北渡河，與淄青田神功、兗鄆能元晧會於兗州。代宗因以爲平盧、青、淄等六州節度，而移神功於兗鄆、青州節度，始有平盧之號。希逸好游畋，營塔寺，軍州苦之。軍士奉懷玉爲帥。希逸奔滑州。召還京師，而以懷玉知留後，賜名正己。時永泰元年七月也。嵩、寶臣、承嗣收安、史餘黨，各有勁兵數萬；治兵繕邑，擅署文武將吏，貢賦不入朝廷；又與正己及梁崇義結爲婚姻；遂成尾大不掉之勢矣。大曆三年六月，幽州兵馬使朱希彩、經略副使朱泚、泚弟滔共殺李懷仙。李寶臣遣將攻之，爲所敗。朝廷不得已，宥之，以王縉領盧龍節度，希彩爲留後。縉至幽州，度不可制，勞軍旬日而還。遂以希彩爲節度。七年七月，希彩又爲其下所殺。朱滔時將衙内兵，潛使人於衆中言曰：“節度使非朱副使不可。”衆從之。泚遂自稱留後。朝廷因之，授以節度。八年正月，薛嵩卒，弟崿立，朝廷亦以留後授之。是歲八月，朱泚使其弟滔將兵五千詣涇州防秋。九年六月，身入朝。至蔚州，見第二章第七節。有疾。諸將請還。泚曰：“死則輿尸而行。”諸將乃不敢言。九月，至京師。十年正月，表請留闕下。乃以滔知留後。觀泚此時之情形，似已不能制滔矣。是月也，昭義兵馬使裴志清逐薛崿，昭義，相、衛六州軍名。以其衆歸田承嗣。承嗣聲言救援，而實引兵襲取相州。又遣將取洺、衛，並據貝州。詔以華州刺史李承昭知昭義留後。華州見上節。寶臣、正己，皆與承嗣不協，表請討之。乃貶承嗣爲永州刺史，今湖南零陵縣。命諸道出兵臨其境，違即進討。時朱滔方恭順，與寶臣及河東薛兼訓攻其北，正己與淮西李忠臣攻其南。承嗣部將多叛，乃使奉表請束身歸朝。而寶臣、正己會師棗强，今河北棗强縣。各享士卒，寶臣軍賞厚，正己軍賞薄，士卒多怨言，正己懼，引軍退，寶臣軍亦退。李忠臣聞之，亦釋衛州之圍。寶臣、滔攻貝州，不克，然承嗣將盧子期攻磁州，《舊書·寶臣傳》作邢州，《通鑑》依《實録》作磁州。爲寶臣及李承昭所擒。河南諸將，又破承嗣從子悦於陳留。見第五章第七節。承嗣懼。乃釋所囚正己使，且籍境内户口兵糧之數奉之。正己喜，按兵不進。於是河南諸道，皆不敢進。承嗣又知范陽寶臣故里，常欲得之。乃勒石爲讖曰：“二帝同功勢萬全，將田作伴入幽、燕。”密瘞寶臣境内。使望氣者云：“此中有玉氣。”寶臣掘得之。寶臣、滔共攻滄州，承嗣使諷之曰：“公取滄州，當歸國。誠能捨承嗣之罪，請以滄州奉獻，願取范陽以自效。"寶臣喜，以爲事合符命，遂與承嗣通謀。承嗣割州與之。寶臣密圖范陽，承嗣亦陳兵境上。代宗使中貴人馬承倩齎詔宣勞寶臣。將歸，寶臣親遺之百縑。承倩詬詈，擲出道中。寶臣顧左右有愧色。兵馬使王武俊契丹怒皆部人。父路俱，開元中入居薊。因説寶臣釋承嗣爲己資。寶臣乃選鋭卒二千，掩滔不備，破之。承嗣聞寶臣與滔交鋒，知其釁已成，乃旋軍。使告寶臣曰："河内有警，不暇從公。石上讖文，吾戲爲之耳。"寶臣慚怒而退。正己屢爲承嗣上表，乞許其自新。十一年二月，承嗣復遣使上表。乃下詔赦其罪，復其官爵，聽與家屬入朝。而承嗣卒不至。田神功之徙兗、鄆，史朝義犯宋州，神功敗之，復徙汴、宋。寶應元年。入朝，大曆八年。卒，弟神玉知留後。九年。是歲五月，神玉卒。都虞候李靈曜，殺兵馬使孟鑒，北結承嗣爲援。詔以永平節度使李勉兼汴、宋八州留後，勉，高祖子鄭王元懿曾孫。靈曜爲濮州刺史。濮州見第四章第六節。靈曜不受命，不得已，以爲汴、宋留後。而承嗣復出兵攻滑州，靈曜亦擅以其黨爲八州刺史。詔勉與淮西李忠臣、河陽三城使馬燧討之。李正己及淮南陳少遊，亦進兵擊靈曜。汴宋兵馬使李僧惠，靈曜之謀主也。宋州衙將劉昌遣僧神表潛説之。僧惠乃與汴宋衙將高憑、石隱金遣神表奉表詣京師，請討靈曜。九月，以僧惠爲宋州刺史，憑爲曹州，見第二章第六節。隱金爲鄆州。李忠臣、馬燧軍於鄭州，見第五章第八節。靈曜逆戰，兩軍不意其至，退滎澤。今河南滎澤縣。淮西軍士潰去者十五六。忠臣欲引歸，燧不可。忠臣收散卒復振。十月，與陳少遊前軍會。戰於汴州，靈曜敗，入城固守。承嗣又使其從子悦救靈曜，燧、忠臣敗之。靈曜遁，至韋城，在今大原滑縣東南。爲永平將所獲，送京師，斬之。燧知忠臣暴戾，以己功讓之，不入汴城。忠臣果專其功。李僧惠與之争，忠臣擊殺之。又欲殺劉昌，昌遁逃得免。十二月，以忠臣刺汴州。明年，復命討田承嗣。承嗣復上表謝罪。詔又復其官爵，且令不必入朝。討靈曜也，永平衙將劉洽乘其無備，入宋州。據《舊傳》。《通鑑考異》云：蓋李僧惠見殺，洽因據宋州。十月，以洽爲宋州刺史，隸永平軍。十四年二月，田承嗣死，承嗣有子十五人，以悦爲才，使知軍事，詔以爲留後。李忠臣貪殘好色，悉以軍政委其妹壻節度副使張惠光，復以惠光子爲衙將，皆暴橫。三月，左厢都虞候李希烈忠臣族子。殺惠光父子，忠臣奔京師。詔以希烈爲蔡州刺史，見第四章第二節。淮西留後李勉爲汴州刺史，增領汴、潁二州。勉奏李澄爲滑州刺史。

《新書·獨孤及傳》：代宗以左拾遺召，既至，上疏陳政曰："師興不息十年矣。人之生產，空於杼軸。擁兵者第館互街陌，奴婢厭酒肉，而貧人羸餓就役，剥膚及髓。今天下惟朔方、隴西，有吐蕃、僕固之虞。邠、涇、鳳翔兵，足以當之矣。自此而往，東洎海，南至番禺，西盡巴蜀，無鼠竊之盜，而兵不爲解。傾天下之貨，竭天下之穀，以給不用之軍，爲無端之費，臣不知其故。假令居安思危，自可阨要害之地，俾置屯將，悉休其餘，以糧儲扉屨之資，充疲人貢賦，歲可減國租之半。療癰者必決之使潰，今兵之爲患猶癰也，不以漸戢之，其害滋大，大而圖之，必力倍而功寡，豈《易》不俟終日之義哉？"合上節所引郭子儀之言觀之，可見是時養兵之弊也。

藩鎮跋扈如此，小民窮迫無聊，內亂自不免時作。寶應元年，台州賊帥袁晁台州，臨海郡。見第四章第二節。攻陷浙東諸州，衆至二十萬。代宗使御史中丞袁傪討之。傪使將王栖曜等破其衆。李光弼亦遣將出討。廣德元年四月，禽之。張鎬時爲洪州觀察使，洪州見第二章第三節。亦出兵屯上饒。今江西上饒縣。鎬又襲殺舒城楊昭。舒城，今安徽舒城縣。擊破新安沈千載。新安見第二章第四節。蘇、常等州草賊，常州見第四章第二節。寇掠郡邑，代宗遣中使馬日新與李光弼同討。兗州人張建封見日新，願自往説諭。日新從之。降其衆數千。時江左兵荒，詔日新領汴、滑兵五千留鎮。日新貪暴，爲李庭蘭所逐，劫其衆進攻蘇州，復爲王栖曜所破。時又有張度，保陽羨西山累年。《新書·李栖筠傳》。陽羨，今江蘇宜興縣。永泰初，宣、饒方清、陳莊西絕江，劫商旅爲亂。《新書·李芃傳》。此在長江下游者也，其波瀾且及於嶺表。時頻詔發嶺南兵募隸魯炅軍，夷洞、夷僚乘之，相恐爲亂。其首領梁崇牽及其黨覃問等，誘西原賊帥張侯、夏永，西原，羈縻州，在今廣西扶南縣西南。攻陷城邑，據容州。治北流，今廣西北流縣。後徙普宜，今廣西容縣。前後刺史，皆寄治藤、梧，藤州，今廣西藤縣。梧州，今廣西蒼梧縣。大曆五年，王翃爲容州刺史、容管經略使。乃出私財，募將健，擊斬其魁。時李勉爲嶺南節度，翃至廣州見之，請其移牒諸州，並揚言出千兵援助。勉然之。翃乃以手札告諭藤、義等州同討，義州，在今廣西岑溪縣東。遂擒崇牽，復容州故境。又遣將討襲西原，部內漸安。番禺帥馮崇道，桂州叛將朱濟時等番禺見第二章第七節，桂州見第二章第二節。阻洞爲亂，前後累歲，陷没十餘州。勉又遣將李觀與翃並力討斬之。後哥舒晃爲亂，翃遣李寶悉所管兵赴援廣州，覃問復招合夷僚來襲。翃伏兵擒之。

第四節　代宗政治

蕭宗昏愚，代宗則頗陰鷙，觀其倚李輔國以得位，旋即能除去輔國可知。程元振代輔國判元帥府行軍司馬，專制禁兵，不久，亦爲代宗所除去。《舊書·元振傳》曰：元振嘗請託於襄陽節度使來瑱，瑱不從。及元振握權，徵瑱入朝，瑱遷延不至。廣德元年，破裴茂，遂入朝，拜兵部尚書。元振欲報私憾，誣瑱之罪，竟坐誅。宰臣裴冕，爲肅宗山陵使，有事與元振相違，乃發小吏臧私，貶冕施州刺史。見第四章第二節。瑱名將，冕元勳，既被誣陷，天下方鎮皆解體。吐蕃、党項，入犯京畿，下詔徵兵，諸道卒無至者。其辭之誣，顯而易見。參看上節。《傳》又曰：代宗幸陝州，至行在，太常博士柳伉上疏，請誅元振以謝天下。代宗顧人情歸咎，乃罷元振官，放歸田里。《新書》載伉疏曰：“犬戎以數萬衆犯關度隴，歷秦、渭，掠邠、涇，不血刃而入京師，謀臣不奮一言，武士不力一戰，提卒叫呼，劫宮闈，焚陵寢，此將帥叛陛下也。自朝義之滅，陛下以爲智力所能，故疏元功，委近習，日引月長，以成大禍，羣臣在廷，無一犯顏回慮者，此公卿叛陛下也。陛下始出都，百姓填然，奪府庫，相殺戮，此三輔叛陛下也。自十月朔召諸道兵，盡四十日，無隻輪入關者，此四方叛陛下也。内外離叛，雖一魚朝恩以陝郡戮力，陛下能獨以此守社稷乎？臣聞良醫療疾，當病飲藥。陛下視今日，病何由至此乎？天下之心，乃恨陛下遠賢臣，任宦豎，離間將相，而幾於亡。必欲存宗廟社稷，獨斬元振首，馳告天下；悉出内使隸諸州，獨留朝恩備左右，陛下持神策兵付大臣；然後削尊號，下詔引咎，若曰：天下其許朕自新改過乎？宜即募士西與朝廷會。若以朕惡未悛邪？則帝王大器，敢妨聖賢，其聽天下所往。如此而兵不至，人不感，天下不服，請赤臣族以謝。”其辭甚危，且近要脅，蓋代宗授意外廷爲之，以折宦寺之氣也。元振家在三原。今陝西三原縣。十二月，車駕還京，元振服衰麻於車中入京城，以規任用。與御史大夫王昇飲酒，爲御史所彈，詔長流溱州。在今四川綦江縣南。此據《舊書·元振傳》。《本紀》云：衣婦人服入京城，京兆府擒之以聞，乃下御史臺鞫問。《新書·傳》云：元振自三原衣婦衣私入京師，舍司農卿陳景詮家，圖不軌，御史劾按，長流溱州。景詮貶新興尉。元振行至江陵死。新興郡，即新州，見第二章第七節。

　　元振雖除，魚朝恩復熾。朝恩爲觀軍容使，監衛伯玉軍，已見第四章第八節。伯玉之爲神策軍節度使也，與陝州節度使郭英乂皆鎮陝。其後伯玉罷，以英乂兼神策軍節度。英乂入爲僕射，軍遂統於觀軍容使。代宗幸陝，朝恩舉在陝兵與神策軍迎扈，悉號神策軍。及京師平，朝恩遂以軍歸禁中，自將之，尚未與北軍齒也。永泰元年，吐蕃復入寇，朝恩又以神策軍屯苑中。自是寖盛，分爲左右廂，勢居北軍右。遂爲天子禁軍，非他軍比。朝恩爲天下觀軍容宣慰處置使，《舊書》本傳。知神策軍兵馬使，《新書·兵志》。勢遂淳乎不可禦矣。朝恩姿狂妄。朝恩引輕浮後生處門下，講《五經》大義，作文章，自謂才兼文武。永泰中，詔判國子監，遂侈然入學，執易升坐。詔會羣臣計事，則誕辭折媿坐人。與郭子儀不協，則遣盜發其先冢。又謀易執政,以震朝廷。其人實無能爲,蓋尚非輔國,元振之比,特兵權在手,卒不易去而已。乃用其部將皇甫温爲陝州刺史,以樹外援。又以神策都虞候劉希暹、兵馬使王駕鶴同掌禁兵。希暹諷朝恩,於北軍置獄,召坊市凶惡少年,羅織城内富人,捕置獄中,忍酷考訊,録其家産,並没於軍。舉選之士,財貨稍殷,客於旅舍,遇横死者非一。周智光者,本以騎射從軍,朝恩鎮陝州,與之昵狎,屢於上前賞拔,累遷華州刺史,同、華二州節度。華州見第二節,同州見第五章第八節。智光與鄜坊節度杜冕不協。鄜坊見第五章第八節。永泰元年,吐蕃入寇,智光逐賊至鄜州,殺刺史張麟,阬冕家族八十一人,焚坊州廬舍三千餘家。懼罪,召不赴命,遂聚亡命不逞之徒,衆至數萬,縱其剽掠,以結其心。大曆元年十二月,又專殺前虢州刺史龐充。虢州見第四章第五節。劫諸節度使進奉貢物及轉運米二萬石。與皇甫温不協。監軍張志斌自陝入奏,智光館給禮慢,志斌責其不肅,智光大怒,叱下斬之,臠其肉以飼從者。淮南節度崔圓入覲,方物百萬,智光强留其半。舉選之士竦駭,或竊同州路以過,智光使部將邀斬於乾阬谷,横死者衆。優詔以爲尚書左僕射,遣中使持告身授之,智光受詔慢罵,因歷數大臣之過。蓋自有節度使以來,未有狂悖如此者。二年正月,密詔郭子儀討之。帳下將斬其首來獻。時淮西節度李忠臣入覲,次潼關,詔與神策將李大清同討。忠臣遂入華州,大掠,自赤水至潼關,二百里間,畜産財物殆盡。赤水,渭水支流,源出渭南縣。今縣東有赤水鎮。朝恩所用之人如此,其不可忍明矣,代宗乃倚元載以圖之。

　　元載,才臣也。其爲人怙勢貪財,爲宰相十五年,使綱紀大壞,其罪誠不可恕。然其所規畫,確有足拯時弊者;而史言載之罪狀,亦有誣辭,非盡實録也。《舊書·載傳》云:載爲度支郎中,姿性敏悟,善奏對,肅宗嘉之,委以國計,俾充使江淮,都領漕輓之任。徵入,遷户部侍郎,度支使,並諸道轉運使。會肅宗寢疾。載與李輔國善。輔國妻元氏,載之諸宗,因是相昵狎。會選京尹,輔國乃以載兼。載意屬國柄,詣輔國懇辭。輔國識其意,然之。翼日,拜載同中書門下平章事。旬日,肅宗晏駕,代宗即位,輔國勢愈重,稱載於上前。載能伺上意,頗承恩遇。遷中書侍郎,同中書門下平章事。度支、轉運,當時所重,見下。載既膺斯職,其勢自足入相,何待輔國汲引?《蕭華傳》謂輔國矯命罷華,而以載代之,更近無稽。《新書》謂盜殺輔國,載陰與其謀,觀輔國罷而載即加判天下行軍司馬,説殆可信。載固非守小信,不負輔國者,然代宗性甚陰鷙,載果依輔國以進,未必遽與之共謀輔國。觀此,知謂載之入相由於輔國者必誣也。代宗既與載相契,乃又與共謀魚朝恩。載乃用心腹崔昭爲京兆尹,厚以財結皇甫温及射生將周皓。劉希暹覺帝悎,密白朝恩,朝恩稍懼,潛計不軌。載乃徙鳳翔尹李抱玉節度山南西道，以溫代節度鳳翔，_{鳳翔見第五章第八節。山南西道節度見上節。}而留之京師，約與皓共誅朝恩。_{朝恩誅，溫還鎮陝。}大曆五年寒食，宴禁中，既罷，詔留朝恩議事，皓與左右擒縊之。帝隱之，下詔罷其觀軍容使，增封實戶六百，內侍監如故。希遷代爲神策軍使，言不遜，王駕鶴白之，賜死，以駕鶴代將。《新書·兵志》。賈明觀者，本萬年縣捕賊史，_{萬年縣見第三章第一節。}事希遷，恣爲凶惡，家產鉅萬。載奏令江西效力。在洪州二年，_{洪州見第二章第三節。}觀察使魏少遊容之。及路嗣恭代少遊，乃笞殺之。《舊書·朝恩傳》謂載受明觀姦謀，《嗣恭傳》云載受賂，亦近誣謗。載之定謀誅朝恩，以白帝，帝曰："善圖之，勿反受禍。"可知當時事勢之危，固不宜多所誅戮，使反側者不安也。

　　元載欲建河中爲中都，以關輔、河東戶稅，入奉京師，別練兵，且城原州，以禦吐蕃，已見第二節。《舊書·載傳》云：自魚朝恩就誅，志頗盈滿，遂抗表請建中都。蓋朝恩在，朝局如蜩螗沸羹，事無可爲，故朝恩死而亟謀之，此可見其赴機之捷也。《傳》又云：四鎮、北庭行營節度，寄理涇州。大曆八年，蕃戎入邠寧，朝議以爲三輔已西，無襟帶之固，而涇州散地，不足爲守。載嘗爲西州刺史，_{西州見第三章第六節。}知河西、隴右要害。指畫於上前曰："今國家西境，極於潘原，_{唐縣，在今甘肅平涼縣東。}吐蕃防戍，在摧沙堡，_{在今固原縣西北。}而原州界其間。草肥水甘，舊壘存焉。吐蕃比毀其垣墉，棄之不居。其西則監牧故地，皆有長濠鉅塹，重複深固。原州雖早霜，黍稷不藝，而平涼附其東，獨耕一縣，可以足食。請移京西軍戍原州，乘閒築之，貯粟一年。戎人夏牧，多在青海，羽書覆至，已逾月矣。今運築並作，不二旬可畢。移郭子儀大軍居涇，以爲根本。分兵守石門、木峽、隴山之關，_{皆在原州境。}北抵於河，皆連山峻嶺，寇不可越。稍置鳴沙縣、_{見第四章第四節。}安豐軍，_{在靈州西。}北帶靈武五城，爲之形勢。然後舉隴右之地，以至安西。是謂斷西戎之脛，朝廷可安枕矣。"兼圖其地形以獻。又密使人踰隴山入原州，量井泉，計徒庸，車乘、畚鍤之器皆具。此誠當日籌邊之至計，惜其爲田神功所沮也。而其用第五琦、劉晏以理財，所關尤鉅。

　　唐自安、史亂後，度支艱窘。肅宗即位，恃率貸、稅商賈、粥告身、度牒、徵藏物以給用。吐蕃逼，又收奉錢、率戶、斂青苗、地頭錢以餉軍。《新書·食貨志》：肅宗即位，遣御史鄭叔清等籍江淮、蜀、漢富商右族訾畜，十收其二，謂之率貸。諸道亦稅商賈以贍軍。明年，叔清與宰相裴冕建議：諸道得召人納錢，給空名告身，授官勳邑號。度道士、僧尼。納錢百千，賜明經出身。商賈助軍者給復。及兩京平，又於關輔諸州納錢度僧尼萬人。及吐蕃逼京師，近甸屯兵數萬，百官進奉錢，又率戶以給軍糧。至大曆元年，天下苗一畝稅錢十五，市輕貨給百官手力課，以國用急,不及秋,方苗青即征之,號青苗錢。又有地頭錢,每畞二十,通名爲青苗錢。又詔上都秋稅分二等:上等畞稅一斗,下等六升,荒田二升。五年,始定法:夏,上田畞稅六升,下田四升。秋,上田畞稅五升,下田三升,荒田如故。青苗錢加一倍,而地頭錢不在焉。《舊書·酷吏傳》:毛若虛,肅宗收兩京,除監察御史。審國用不足,上策徵剥財貨。有潤於公者,日有進奉。漸見任用,稱旨。每推一人,未鞫,即先收其家貲,以定臧數。不滿望,即攤徵鄉里近親。是時北方破壞已甚,完富之地,實惟江淮。唐之克平安、史,有江淮以給軍實,實爲一大原因,唐人所以重張巡、許遠之功也。首建此策者爲第五琦。琦爲賀蘭進明録事參軍,奏事蜀中,得謁見。奏言:"方今之急在兵,兵之强弱在賦,賦之所出,江淮居多。若假臣職任,使濟軍須,臣能使賞給之貲,不勞聖慮。"玄宗大喜。即日拜句當江淮租庸使。據《舊書》本傳。《新傳》以爲肅宗所命誤。尋加山南等五道度支使。稅吳鹽、蜀麻、銅冶,市輕貨,由江陵、襄陽、上津路轉至鳳翔。上津路,在湖北鄖西縣西,通陝西之郇陽。乾元元年,加度支郎中。尋兼中丞,爲鹽鐵使。於是大變鹽法,人不益稅,而國用以饒。遷户部侍郎,兼御史中丞,專判度支,領河南等道支度,都句當轉運、租庸、鹽鐵、司農、大府出納、山南東西、江淮南館驛等使。幾於舉全國財計,悉以委之矣。二年,加同平章事。是年十一月,以鑄大錢,穀價騰貴,又盜鑄爭起貶。兵部侍郎吕諲代掌度支。上元元年五月,諲罷,劉晏以户部侍郎充使。二年,建子月,晏坐事免,元載以户部侍郎句當度支、鑄錢、鹽鐵,並兼江淮轉運。寶應元年,同平章事,領使如故。六月,復以晏爲户部侍郎,兼京兆尹,充度支、轉運、鹽鐵、鑄錢等使。旋兼河南道水陸轉運都使。載之於晏,蓋實知其才而用之。《舊書·載傳》曰:載以度支、轉運,職務繁碎,負荷且重,慮傷名,阻大位,素與劉晏相友善,乃悉以錢穀之務委之,薦以自代,未免以小人之腹,度君子之心矣。廣德元年正月,晏以吏部尚書同平章事,領使如故。是歲十月,吐蕃陷京師,代宗幸陝。郭子儀請第五琦爲糧料使,兼御史大夫,關内元帥副使。未幾,改京兆尹。明年,晏以與程元振交通罷,琦遂專判度支,兼諸道鑄錢、鹽鐵、轉運、常平等使,蓋倚子儀復起也?三月,復以晏領東都、河南、江淮、山南等道轉運、租庸、鹽鐵使,蓋載實左右之?《舊書·晏傳》曰:時承兵戈之後,中外艱食。京師米價,斗至一千。禁軍乏食,畿縣百姓,乃採穗以供之。晏至江淮,以書遺載,言浚汴水之利,有云:三秦之人,待此而飽;六軍之衆,待此而强。又云:京師、三輔百姓,惟苦稅畞傷多,若使江湖米來,每年三二十萬,即可頓減徭賦。又云:東都殘毀,百不一存,若米運流通,則飢人皆附。又云:舟車既通,則商賈往來,百貨雜集。可見浚汴之計,不惟益上,兼以利民。載主其事於中,故晏遂得行其志。史言自此歲運米數十萬石,以濟關中。鹽法亦益精密。初歲入錢六十萬貫，季年逾十倍，而人無厭苦。大曆末，通計一歲征賦所入，總一千二百萬貫，而鹽利且過半。又言晏始以鹽利爲漕傭，不發丁男，不勞郡縣，自古未之有。《舊書·食貨志》。案歷代空匱之際，取於民者，惟有二途：一曰加賦乃徑取之於凡民。一則取之鹽鐵、征商等。雖亦輾轉終歸細民，較之徑取，終爲有間，故其治亂，亦以絕殊。漢武帝之誅求，寧減有明之末，然山東盜起，終克平定，而明末流寇，遂致不可收拾者？一筦鹽鐵，榷酒酤，行均輸，算舟車，而一加三餉也。唐中葉之取民，實與桑、孔同揆，故安、史亂後，復獲延其運祚百五十年。此事實始於第五琦，而成於劉晏。二人皆不媿畜聚之臣，然亦不能不互爲起踣，蓋唐人黨爭積習使然，載乃能維持調護而並用之。大曆元年正月，分天下財賦、鑄錢、常平、轉運、鹽鐵置二使：東都畿內、河南、淮南、江東西、湖南、荆南、山南東道，晏領之；京畿、關內、河東、劍南、山南西道，琦領之。《舊書·食貨志》。蓋地廣事繁，專掌或虞叢脞，分職則益見精專，此實理財之良策，然非載能兼容並苞，亦不能建是制也。夫豈有異術哉？載亦長於理財，乃不自用而用人，其休休有容之度，固有以致之也。而猥曰憚事繁責重，慮傷名阻位哉？五年，魚朝恩敗，琦坐累貶外，載兼判度支。敕言庶政宜歸尚書。自王室多難，徵求調發，率於權便裁之，新書從事，且救當時之急，殊非致理之道。今外虞既平，將明畫一之法。魏、晉有度支尚書，校計軍國之用，國朝但以郎官署領，辦集有餘。時艱之後，方立使額，參佐既衆，簿書轉煩，終無弘益，又失事體。其度支使及關內、河東、山南西道、劍南、西川轉運、常平、鹽鐵等使宜停。於是悉以度支之務，歸於宰相。此尤得塞利孔使歸於一之道。然明年，復以韓滉爲戶部侍郎，判度支，蓋積重之勢難遽返也。《新書·滉傳》云：自至德軍興，所在賦稅無藝，帑司給輸乾隱。滉檢制吏下，及四方輸將，犯者痛繩以法。會歲數稔，兵革少息，故儲積穀帛稍豐實。滉爲人無足取，見第七章第四、第六節。在是時固能臣也。載可謂能用人矣。

元載雖有才，然不能自飭，尤不能飭下。其爲相也，與內侍董秀相結。中書主書卓英倩、李待榮用事。天下官爵，大者出載，小者自倩、榮。四方齎貨賄求官者，道路相屬。《舊書·崔祐甫傳》。案求官者多齎貨賄，此劉希暹、周智光所以欲賊舉選之士也，可謂象有齒以焚其身矣。又《陳少遊傳》：除桂州刺史，欲規求近郡，時中官董秀掌樞密用事，少遊乃宿於其里，候其下直，際晚謁之。從容曰：“七郎家中，人數幾何？每月所費復幾何？”秀曰：“久忝近職，家累甚重；又屬時物騰貴；一月過千餘貫。”少遊曰：“據此之費，奉錢不足支數日，其餘常須數求外人，方可取濟。儻有輸誠供億者，但留心庇覆之，固易爲力耳。少遊雖不才，請以一身獨供七郎之費。每歲獻錢五萬貫。今見有大半，請即受納，餘到官續送，免貴人勞慮，不亦可乎?"秀既踰於始望，欣愜頗甚，因與之厚相結。少遊言訖，泣曰："南方炎瘴，深慴違辭，但恐不生還，再覬顏色矣。"秀遽曰："中丞美才，不當違官，請從容旬日，冀竭塞分。"時少遊又已納賄於元載子仲武矣。秀、載內外引薦，數日，拜宣州刺史。又云：少遊初結元載，每年餽金帛約十萬貫。桂州見第二章第四節。宣州見上節。妻王氏，忠嗣女。狠戾自專。子弟縱橫，侈僭無度。嘗請百官凡欲論事，皆先白長官，長官白宰相，然後上聞，《舊書・顏真卿傳》。其怙權而不知遠禍若此。代宗與舅左金吾大將軍吳湊密圖之。大曆十二年三月，遣湊收載及宰相王縉。載賜自盡。妻、子亦皆賜死。董秀杖殺。卓英倩、李待榮皆處極法。並欲賜王縉死，劉晏、李涵等爭之，涵御史大夫，時與晏同鞫載。乃貶括州刺史。括州，後改處州，今浙江麗水縣。《舊書・縉傳》云：載用事，縉卑附之，不敢與忤，然恃才與老，多所傲忽，爲載所不悅；又云：心雖希載旨，然以言辭陵訐，無所忌憚；其實非載黨可知，而帝遽欲並誅之，亦可見其天姿之深刻矣。載之敗，與載厚善坐貶者數十百人。卓英倩弟英珌家金州，州人緣以授官者百餘家。豪制鄉曲，聚無賴少年以伺變。載誅，竟至盜庫兵據險以叛。《新書・載傳》。紀綱掃地如此，亦無怪在上者之猜疑也。

　　元載既誅，代宗用楊綰爲相。《舊書・綰傳》言：載秉政，公卿多附之，綰孤立中道，清貞自守。又云：載以綰雅望素高，外示尊重，心實疏忌。會魚朝恩死，載以朝恩嘗判國子監事，塵汙太學，宜得名儒，以清其秩，乃奏爲國子祭酒。實欲以散地處之，此亦所謂欲加之罪，其無辭乎者也。載伏誅，乃拜中書侍郎，同中書門下平章事。御史中丞崔寬，寧之弟，家富於財，有別墅，在皇城之南，池館臺樹，當時第一，即日潛遣毀拆。郭子儀在邠州行營，聞綰拜相，坐中音樂，減散五分之四。京兆尹黎幹，每出入，騶馭百餘，亦即日減損華騎，惟留十騎而已。其餘望風變奢從儉者，不可勝數。此似虛辭稱美，且過其實，然唐中葉後，紀綱掃地，文武臣僚，皆溺於侈靡，以致武官則擁兵自重，文官則政以賄成，實爲致亂之原，肅清之道，固不能無藉乎齊斧，然有諸己而後求諸人，無諸己而後非諸人，所藏乎身不恕而欲喻諸人，縱可刑驅，終非心服，則舉一清操拔俗者，以資表率，亦誠不可少也。是年五月，詔自都團練使外，悉罷諸州團練守捉使，又令諸使非軍事要急，無得擅召刺史，及停其職務，差人權攝。又定諸州兵皆有常數。其召募給家糧、春冬衣者，謂之官健。差點土人，春夏歸農，秋冬追集，給身糧醬菜者，謂之團結。《通鑑》。稍以法令約束武人，更爲當務之急。史又言：時釐革舊弊，惟綰是瞻，則所欲行者尚多。夫固實有經綸，非徒雅望鎮俗而已。惜綰夙有痼疾，居職旬日即中風，是年七月，遽薨。時與綰同相者爲常袞。綰卒，袞遂獨當政。《舊傳》言綰弘通多可，袞頗務苛細。然又云：性清直孤絕，不妄交游。懲元載時賄賂朋黨大行，不以財勢者，無因入仕，乃一切杜絶之，中外百司奏請，皆執不與，則亦不失爲賢者。代宗初藉元載之權譎，及其敗，復能用縉與衮以矯之，可謂知所務矣。故代宗實非昏愚之主也。

然代宗迷信佛教殊深，因此詒誤政事，且耗財蠹國者亦極大，此則殊不可解。《舊書·王縉傳》云：代宗初喜祠祀，未甚重佛。縉與元載、杜鴻漸喜飯僧徒，代宗問以福業報應，由是奉之過當。嘗令僧百餘人於宮中陳設佛象，經行念誦，謂之内道場。其飲膳窮極珍異，出入乘厩馬，度支具廩給。每西蕃入寇，必令僧講誦《仁王經》。苟幸其退，則横加錫賜。胡僧不空，官至卿監，封國公，通籍禁中，勢移公卿。爭權擅威，日相陵奪。京畿之豐田美利，多歸於寺觀。僧徒藏姦蓄亂，敗戮相繼，而信心不易。乃詔天下官吏：不得箠曳僧尼。五臺山有金谷寺，鑄銅爲瓦，塗金於上，照耀山谷，計錢鉅億。五臺山，在今山西五臺縣東北。縉爲宰相，給中書符牒，令山僧數十人，分行郡縣，聚徒講説，以求貨利。代宗七月望日，於内道場造盂蘭盆，飾以金翠，所費百萬。又云："縉等對揚啓沃，必以業果爲證。以爲國家慶祚靈長，皆福報所資。業力已定，雖小有患難，不足道也。故禄山、思明，毒亂方熾，而皆有子禍；僕固懷恩將亂而死；西戎犯闕，未擊而退；此皆非人事之明徵也。"帝信之愈甚。公卿大臣，既挂以業根，則人事棄而不修。大曆刑政，日以陵遲，有由然也。《新書·食貨志》曰：時回紇歲送馬十萬匹，酬以縑帛百餘萬匹，而中國財力屈竭，歲負馬價。河湟六鎮既陷，歲發防秋兵三萬戍京西，資糧百五十餘萬緡。魚朝恩擅權，代宗與元載日夜圖之。及誅，帝復與載貳。君臣猜間，邊計兵食，置而不議者幾十年。而諸鎮擅地，結爲表裏。天子顓留意祠禱，焚幣玉，寫浮屠書，度支稟賜僧巫，歲以鉅萬計。生於其心，害於其政，亦可謂甚矣。帝性陰鷙，殊非迷信之徒。而時黎幹用左道位至京尹，嘗内集衆工，編刺珠繡爲御衣，既成而焚之，以爲禳禬，且無虚月，則所信者又不獨佛，此真不可解。豈以爭位賊其三弟，有慊於中而然邪？《新書·文藝傳》：史思明陷洛陽，有詔幸東京，將親征，蘇玄明時知制誥，上疏言：每立殿廊，旌旗之下，餓夫執殳，仆於行間者，日見二三；市井餒殍，求食死於路旁者，日見四五。三公已下，廩稍匱絶，將士糧賜，僅支日月；而中官冗食，不減往年；梨園雜伎，愈甚今日。肅宗之昏愚如此，代宗能連去李輔國、程元振、魚朝恩，且能用楊縉，可謂差勝乃父，然其佞佛之妄費，則恐又加甚厚矣。

第七章 德宗事迹

第一節 德宗初政

大曆十四年五月，代宗崩。子德宗立，即雍王適也。代宗爲廣平王時，正妃曰崔氏。母，楊貴妃姊韓國夫人也。生鄭王邈，爲代宗次子。長子即德宗。母沈氏，追謚睿真皇后。開元末，以良家子選入東宮，肅宗以賜廣平王。天寶元年，生德宗。代宗即位，爲天下兵馬大元帥，討史朝義。廣德二年，立爲皇太子。《舊書·后妃傳》言：崔妃挾母氏之勢，性頗悍妒。及西京陷賊，母黨皆誅，妃從王至靈武，恩顧漸薄，達京而薨。沈氏，祿山之亂陷於賊，被拘於東都掖庭。代宗收東都見之，留於宮中。史思明再陷河洛，失所在。崔妃之薨，獨孤氏以姝豔進。即位，册爲貴妃。生韓王迥，代宗第七子也。邈，寶應元年封鄭王。大曆初，代德宗爲天下兵馬元帥，八年薨，由是罷元帥府，八年依《新書》本傳。《舊書·傳》作九年，而《本紀》亦在八年，蓋元帥府之罷在九年，追書之也。子舒王誼，德宗養爲子，則邈之地位，實與諸昆弟殊。其不立，非因母之失愛，德宗蓋亦以總戎，獲居儲位也。《新書·元載傳》言：帝爲太子，實用載議，故興元元年，詔復其官，聽改葬。《黎幹傳》曰：德宗在東宮，幹與宦者劉忠翼陰謀，幾危宗嗣。及即位，又詭道希進，密乘車謁忠翼。事覺，除名長流，俄賜死藍田驛。見第二章第六節。忠翼，本名清潭，與董秀皆有寵於代宗。當盛時，爵賞在其口吻。掊冒財賄，貲產皆累鉅萬。至是，積前罪，並及誅。《舊書·劉晏傳》曰：時人風言代宗寵獨孤妃，愛韓王迥，晏密啓請立獨孤爲皇后。楊炎因對敭，流涕奏言："賴祖宗福祐，先皇與陛下，不爲賊臣所間。不然，劉晏、黎幹輩，搖動社稷，凶謀果矣。今幹已伏罪，晏猶領權，臣爲宰相，不能正持此事，罪當萬死。"崔祐甫奏言："此事曖昧，陛下已廓然大赦，不當尋究虛語。"其説信否不可知，然當時外間有儲位動搖之説，則必不誣矣。獨孤之死，亦追謚爲皇后，可見其寵幸之深。其死在大曆十年，此儲位之所以獲安歟？

　　德宗即位之初，即罷諸處歲貢。又減宮中服御常貢。誕日亦不納中外之貢，惟李正己、田悅各獻縑三百匹，受之，以付度支。禁天下不得貢珍禽異獸。放四方鷹犬。文單國所獻舞象三十二，令放荆山之陽。胡三省曰：此荆山在唐京兆富平縣界。案富平，今爲縣，屬陝西。出宮女百餘人。停梨園伎及伶官之冗食者三百人。留者皆隸太常。罷内出盂蘭盆。不命僧爲内道場。且詔自今更不得奏置寺觀及度人。建中元年，十一月朔，朝集及貢使見於宣政殿。兵興已來，四方州府不上計，内外不朝會者二十有五年，至此始復舊制。永泰已來，四方奏計未遣，上書言事忤旨，及蕃客未報者，常數百人，於右銀臺門置客省以處之，歲給廩料萬二千斛。《通鑑》作萬九千二百斛。至是罷之。王府六品已上官，及諸州縣有司可並省，及諸官可減者，量事並省。舉先天故事，非供奉侍衛之官，自文武六品已上清望，每日二人，更直待制，以備顧問。又嘗詔中書、門下兩省分置待詔官三十，事未克行，見兩《書·沈既濟傳》。禁百官置邸販粥。士庶田宅、車服踰制者，有司爲之法度。毀元載、馬璘、劉忠翼之第，以其雄侈踰制也。中官邵光烈送淮西旌節，李希烈遺縑七百匹，事發，杖六十配流，由是中官不敢受賂。以上皆見《舊書·本紀》。前代弊政，幾於一掃而空，宜乎當時之想望太平也。

　　其於軍事，亦有整頓。神策都知兵馬使王駕鶴，掌禁兵十餘年，以白志貞代之。郭子儀以司徒、中書令領河中尹、靈州大都督、單于、鎮北大都護、關内、河東副元帥、朔方節度、關内支度、鹽池六城水運大使、押蕃部及營田、及河陽觀察等使。性寬大，政令頗不肅。代宗欲分其權而難之，久不決。德宗立，詔尊子儀爲尚父，加太尉兼中書令，所領副元帥、諸使悉罷。以其裨將李懷光爲河中尹、邠、寧、慶、見第三章第一節。晉、見第四章第一節。絳、見第六章第二節。慈、今山西吉縣。隰今山西隰縣。節度使，常謙光爲靈州大都督、西受降城、東中西三受降城，見第三章第二節。定遠、定遠城，在今甘肅平羅縣東南。天德、在今綏遠包頭附近。鹽、見第五章第八節。夏、見第二章第二節。豐見第四章第三節。等軍州節度使，渾瑊爲單于大都護、東中二受降城、振武、見第三章第二節。鎮北、綏、今陝西綏德縣。銀、在今陝西米脂縣西北。麟、見第五章第二節。勝見第二章第二節。等軍州節度使，以分領其任焉。

　　即位之初，貶常袞，以崔祐甫爲相。旋以祐甫薦相楊炎。舊制：天下財賦，皆納於左藏庫，而太府四時以數聞，尚書比部，覆其出入，上下相轄無失遺。及第五琦爲度支鹽鐵使，京師多豪將，求取無節，琦不能禁，乃悉以租賦進大盈庫，以中人主之。天子以取給爲便，故不復出。以天下公賦，爲人主私藏，有司不能窺其多少，國用不能計其贏縮。中官以冗名持簿書領其事者三百人，皆奉給其間，連結根固不可動。炎請出之，以歸有司。租庸之法久弊。

至德後，軍國之用，仰給於度支、轉運。四方征鎮，又自給於節度、都團練使。賦斂之司，莫相統攝。朝廷不能覆諸使，諸使不能覆諸州。四方貢獻，悉入內庫。權臣猾吏，因緣爲姦。或公託進獻，私爲臟盜，動以萬計。科斂之名數百，廢者不削，重者不去。炎請作兩稅法，以一其名。《新書·本紀》：建中元年二月丙申，初定兩稅，而《舊書·本紀》，是年正月赦詔，已云自艱難已來，徵賦名目頗多，今後除兩稅外，輒率一錢，以枉法論。蓋規制之詳，頒於二月，而並諸科斂爲兩稅，則早定於正月之前也。兩稅之法，重並廢無名之賦，猶明世之一條鞭也。此二事，誠救時之亟務也。而其於邊事，亦有措畫。

　　初涇州馬璘卒，以其行軍司馬段秀實代之。大曆十一年。鳳翔李抱玉卒，以朱泚兼隴右節度，知河西澤潞行營。十二年。及是，楊炎繼元載之議，欲城原州，秀實不同。炎乃以李懷光兼四鎮北庭行營涇原節度使，移軍原州，而以四鎮北庭留後劉文喜爲別駕。文喜不受詔。求復秀實，不則以朱泚。詔以泚代懷光。文喜又不受詔，遣子爲質於吐蕃以求援，命泚、懷光同討。久之不拔。天方旱，羣臣多請罷兵。上皆不聽，曰：“微孽不除，何以令天下？”文喜使其將劉海賓入奏事，請姑與之節，文喜必怠，臣必梟其首來獻。上曰：“惟名與器，不可以假人，爾能立效固善，吾節不可得也。”於是涇州諸將，共殺文喜以降。雖原州卒不果城，然威令固已少申矣。原州之不克城，乃由炎罷相太速，不則其功未嘗不可成也。《舊書·炎傳》又言炎獻議開豐州陵陽渠，發京畿人夫就役，閭里騷擾，事竟無成。《新書·食貨志》云：初度支歲市糧於北都，以贍振武、天德、靈武、鹽、夏之軍，費錢五十六萬緡，泝河舟溺甚衆。建中初，楊炎請置屯田於豐州，發關、輔民鑿陵陽渠以增溉。京兆尹嚴郢以爲不便。疏奏，不報，渠亦不成。然振武、天德，良田廣袤千里，元和中，振武軍飢，宰相李絳請開營田；又靈武、邠、寧，土廣肥而民不知耕，太和末，王起奏立營田；後黨項大擾河西，邠寧節度使畢誠亦募士開營田；效皆甚著，則炎之開陵陽渠，亦未爲失策也。北都，太原。

　　唐代黨爭，人徒知指目牛、李，而不知其由來甚久。褚遂良與劉洎，李林甫與李適之皆是也。此等爭鬩，實無純是純非，而修史者亦不能不涉黨派，有偏見，雖在後世亦然，史料傳自當時，更無論矣。故所傳之語，或多不可信。讀史者於此，當詳考始末，就事論事，各判其是非；不則信以傳信，疑以傳疑；不能隨聲附和，亦不應力求翻案也。楊炎與劉晏之相厄，亦其一事矣。《舊書·德宗紀》：帝即位後，以韓滉爲太常卿，劉晏判度支、鹽鐵、轉運等使。初晏與滉分掌天下財賦，至是晏都領之。《通鑑》云：德宗素聞滉掊克，故罷其利權。建中元年正月，詔頃以兵革未息，權立使名。朕以征稅多門，鄉邑彫耗，聽於羣議，思有變更。晏所領使宜停。天下錢穀，委金部、倉部，中書門下揀兩司郎官，准格式調掌。二月，貶晏爲忠州刺史。今四川忠縣。三月，以諫議大夫韓洄滉弟。爲户部侍郎，判度支。時將貶劉晏，罷使名歸尚書省本司，今又命洄判度支，金部郎中杜佑權句當江淮水陸運使，一如劉晏、韓滉之制，蓋楊炎之排晏也。《炎傳》云：元載自作相，常選擢朝士有文學才望者一人厚遇之，將以代己。初引禮部郎中劉單。單卒，引吏部侍郎薛邕。邕貶，又引炎。親重無與爲比。案此亦爲天下得人之盛心，未可以其怙權黷貨而抹殺之也。載敗，坐貶道州司馬。今湖南道縣。初載得罪，劉晏訊劾之，載誅，炎亦坐貶，故深怨晏。欲貶晏，先罷其使。既構晏之罪，貶官，司農卿庾準與晏有隙，乃用爲荆南節度使，荆南見第六章第三節。諷令誣晏以忠州叛，殺之，事在七月。妻子徙嶺表。朝野爲之側目。李正己上表請晏罪，指斥朝廷。炎懼，乃遣腹心分往諸道。聲言宣慰，意實説謗。且言晏之得罪，以昔年附會姦邪，謀立獨孤妃，上自惡之，非他過也。或密奏炎遣使往諸鎮者，恐天下以殺晏之罪歸己，推過於上耳。乃使中人復炎辭於正己。還報信然。自此德宗有意誅炎矣。乃擢用盧杞爲門下侍郎平章事。炎轉中書侍郎，本門下侍郎。仍平章事。杞無文學，儀貌寢陋，炎惡而忽之。杞亦銜恨。屬梁崇義叛，德宗欲以李希烈統諸軍討之，炎固言不可，上不能平。會訪宰相羣臣中可大任者，盧杞薦張鎰、嚴郢，而炎舉崔昭、趙惠伯。上以炎論議疏闊，遂罷爲左僕射。建中二年七月。杞知嚴郢與炎有隙，引爲御史大夫。炎子弘業，多犯禁、受賂、請託，郢按之，兼得其他過。初炎將立家廟，先有私第在東都，令河南尹趙惠伯貨之，惠伯市爲官廨。郢奏追捕惠伯詰案。御史以炎抑吏貨市私第，貴估其宅，賤入其幣，計以爲臧。開元中，蕭嵩將於曲江南立私廟，曲江，在長安東南。尋以玄宗臨幸之所，恐非便，罷之，至是，炎以其地爲廟。有飛語者云“此地有王氣”，故炎取之。《通鑑》以此言即出盧杞，亦近莫須有。上愈怒，遂謫炎爲崖州司馬。事在十月。崖州見第四章第二節。去州百里賜死。惠伯坐貶費州多田尉，費州，在今貴州德江縣東南。多田，在今思南縣西北。尋亦殺之。按炎之構殺劉晏，誠爲過當。然使名之立，本係權宜，故代宗已有並職宰相之舉。韓滉、杜佑之再用，《舊書·食貨志》謂由出納無統；《滉傳》云由廢職罷事久，無綱紀，徒收其名，而莫綜其任；與代宗之不卒其事正同。炎敗未幾，滉亦貶謫，而以杜佑代判度支，則並與劉晏之都領同矣。此皆積重難變使然，不得以私意度之。然則謂炎之罷使，專爲報晏，恐近深文。晏之死，於李正己何涉焉，而爲之奏請其罪？德宗初立，未任中人，又豈因此而遣其往覆宰相？炎與元載莫逆，其事較然，然或善其謀猷，不必盡出私意。載既親重炎，其謀猷有出於炎者，亦未可知也。劉晏與炎，相繼覆敗，其必出於黨争傾陷可知，亦何至皆入死罪？則其所以陷之，必尚有不可知者。史之所傳，特表面語耳，然而德宗之猜忍，則於此可見矣，貞元後之失政，非無故也。

　　吐蕃爲患，是時可謂深切，既不能攘斥，則一時權計，實在和戎。而自大曆中，聘使數輩，皆留之不遣，俘獲其人，必遣中官部統，徙之江、嶺，此無益於威敵，適足以召怨也。德宗即位，乃徵其俘囚五百餘人，使韋倫統還其國，與之約和。時南詔閣羅鳳，以其子鳳迦異前死，立其孫異牟尋。是歲十月，與吐蕃俱入寇。一入茂州，見第二章第四節。一趨扶、文，扶州，在今甘肅文縣西。文州，今文縣。一趨黎、雅，黎州見第三章第四節。雅州見第二章第四節。連陷郡邑。德宗促崔寧還鎮。楊炎曰："必無功，是徒遣也；若有功，義不可奪，則西川之奧，敗固失之，勝亦非國家所有。今朱泚所部，戍在近甸，令與禁兵雜往，舉無不捷。因是役，得實親兵納其腹中，蜀將必不敢動，然後換授他帥，是因小禍受大福也。"帝曰："善。"即止寧，而發禁兵四千，使右神策都將李晟將，邠、隴、范陽兵五千，使金吾大將軍曲環將，擊吐蕃、南詔，破之。於是罷寧西川節度使，代以張延賞。《舊書·延賞傳》云：自天寶末，楊國忠用事南蠻，三蜀疲弊；屬車駕遷幸；其後郭英乂淫崔寧之室，遂縱寧、楊琳交亂；及寧得志，復極侈靡；故蜀土殘敝，蕩然無制度。延賞薄賦約事，動遵法度，僅至富庶焉。崔寧野心，亦因此終克除去，不可謂非因禍而爲福，轉敗而爲功也。寧罷西川，制授檢校司空、同中書門下平章事、御史大夫、京畿觀察使，兼靈州大都督、單于、鎮北大都護、朔方節度等使，兼鄜坊、丹延都團練觀察使。每道皆置留後，自得奏事。朱泚之亂，至奉天，見殺。《舊書》本傳云：上卒迫行幸，百寮諸王，鮮有知者，寧後數日自賊中來。上初甚喜。寧私謂所親曰：聖上聰明，但爲盧杞所惑至此。杞聞之，潛與王翃圖議，謂其至奉天時顧望，又迫其朔方掌書記康湛作寧遺朱泚書。云令江淮宣慰，召至朝堂，使二力士縊殺之。此亦誣罔，寧固不可不除也。丹州，今陝西宜川縣。延州，今陝西膚施縣。時吐蕃贊普曰乞力贊，發使隨韋倫來，中國又命崔漢衡往使，建中二年三月。及建中四年而和議成。吐蕃所爭者：（一）勅云所貢獻物並領訖，今賜外甥少信物，至領取，爲以臣禮相處。（二）靈州之西，請以賀蘭山爲界。胡三省曰：《五代志》：靈武弘靜縣有賀蘭山。弘靜縣，唐改爲保靜。案唐保靜縣故城，今接甘肅靈武界。（三）盟約依景龍二年勅，唐使到彼，外甥先與盟，蕃使到，阿舅亦親與盟。要漢衡遣使奏定。漢衡使判官常魯還奏，帝爲改勅書，以貢獻爲進，賜爲寄，領取爲領之；定界、盟並從之。是年四月，張鎰自宰相出爲隴右節度使，與其相尚結贊盟於清水。今甘肅清水縣。七月，又以李揆爲入蕃會盟使，而命宰相李忠臣等與其相區頰贊盟於京城之西。玄宗時，以吐蕃求亢禮，和議不就，此時既許爲敵國，而兩國疆界，又就見有之地分畫，中國所守界，在涇、隴、鳳州。蕃國守鎮，在蘭、渭、原、會，西至臨洮，東至成州。劍南以西山，大度河爲界。黃河以北，從故新泉軍直北至大磧，南至賀蘭山駱駝嶺，中間悉爲閒田。見《舊書·吐蕃傳》。《張鎰傳》同。隴州見第二章第六節。鳳州，今陝西鳳縣。蘭州見第二章第六節。渭州見第五章第四節。會州，在今甘肅靖遠縣東北。臨洮見第四章第四節。成州見第二章第二節。新泉軍，當在今内蒙古東北境。中國所失實多。然是時東方業已兵連禍結，勢亦不得不然矣。《舊書·吐蕃傳》云：其大相尚結息，以嘗覆敗於劍南，思雪恥，不肯約和。次相尚結贊，言於贊普，請定界明約，以息邊人。贊普然之。竟以結贊代結息爲大相，終約和好。《崔漢衡傳》同。韋倫之至吐蕃，乞立贊言："不知皇帝舅聖明繼立，已發衆軍，三道連衡。今靈武之師，聞命輒已，而山南、蜀師，追且不及，以是爲恨。"然則時主靈武之師者爲尚結贊，主山南、蜀之師者，則尚結息也。靈武罷兵，既緣召命，則和意亦未必專出結贊，此其他日所以又爲敗盟之首歟？

　　回紇：德宗立，使中人告哀，且修好。時九姓胡勸可汗入寇，可汗欲悉師向塞。宰相頓莫賀達干諫，不聽。頓莫賀怒，因擊殺之。《通鑑》云：頓莫賀，登里從父兄。並屠其支黨及九姓胡，幾二千人。即自立爲合骨咄禄毗伽可汗。使從使者入朝。建中元年，詔京兆尹源休册爲武義成功可汗。始回紇至中國，常參以九姓胡，往往留京師，至千人，居貲殖産甚厚。會酋長突董、翳密施、大、小梅録等還國。裝橐係道。留振武三月，供擬豐珍，費不貲。軍使張光晟陰伺之，皆盛女子以橐。光晟使驛吏刺以長錐，然後知之。已而聞頓莫賀新立，多殺九姓，胡人懼，不敢歸，往往亡去。突董察視嚴急。羣胡獻計於光晟，請悉斬回紇，光晟許之。即上言："回紇非素彊，助之者九胡耳。今其國亂，兵方相加，而虜利則往，財則合，無財與利，一亂不振。不以此時乘之，復歸人與幣，是謂借賊兵、資盜糧也。"乃使神校陽不禮。突董果怒，鞭之。光晟因勒兵盡殺回紇羣胡。收橐它、馬數千，繒錦十萬。且告曰："回紇抶大將，謀取振武，謹先誅之。"部送女子還長安。帝召光晟還，以彭令方代之。遣中人與回紇使往言其端。因欲與虜絶，敕源休俟命太原。明年乃行。因歸突董等四喪。突董，可汗諸父也。休等留五旬，卒不見可汗。可汗傳謂休曰："國人皆欲爾死，我獨不然。突董等已亡，今又殺爾，猶以血濯血，徒益汙。吾以水濯血，不亦善乎？爲我言：'有司所負馬直一百八十萬，可速償我。'"遣散支將軍康赤心等隨休來朝貢。帝隱忍，賜以金繒。回紇時已衰敝，《通鑑》云：初回紇風俗樸厚，君臣之等不甚異，故衆志專一，勁健無敵。及有功於唐，唐賜遺甚厚，登里可汗始自尊大，築宮殿以居，婦人有粉黛文繡之飾。中國爲之虛耗，而虜俗亦壞。絶之未爲不可，然中國未寧，安能惡於虜？則姑隱忍之，亦未爲非計也。

第二節　東方藩鎮之變

　　德宗初政，可謂能起衰振敝，然而終無成功者，則以是時藩鎮之力太强，朝廷兵力、財力皆不足，而德宗銳意討伐，知進而不知退，遂致能發而不能收也。

先是李正己、李寶臣、田承嗣、梁崇義，各聚兵數萬，連衡盤結以自固。聞詔旨將增一城，浚一池，必皆怨怒有辭，則爲之罷役，而自於境内治兵繕壘以自固。代宗時，河朔諸道健步奏計者，必獲賜賚，德宗立，皆空還，多怨。此等細故，似不足致諸鎮之叛，然諸鎮之叛，原無深謀遠計，特爲羣小所熒惑耳，此等細故，在當日亦必爲扇亂之一因，故時人有是言也。劉文喜誅，四盜俱不自安，亂機稍迫矣。《舊書·德宗本紀》。《陽惠元傳》同。建中二年正月，李寶臣卒，子維岳求襲，不許，遂自爲留後，與田悦、李正己潛謀拒命。會汴城隘，廣之，東方譌言上欲東封，正己懼，發兵屯曹州，田悦亦加兵河上。詔移京西兵萬二千人，以備關東，親誓師而遣之。永平舊領汴、宋、滑、亳、陳、潁、泗七州，亳州、陳州見第二章第七節。潁州見第六章第三節。泗州見第五章第八節。分宋、潁、亳別爲節度，以宋州刺史劉洽爲之。以泗州隸淮南。又以東都留守路嗣恭爲懷、鄭、汝、陜四州，河陽三城節度使。懷州見第五章第八節。汝州見第二章第六節。以永平李勉都統洽、嗣恭二道，仍割鄭州隸之。旋又以懷、鄭、河陽副使李芃爲河陽、懷州節度使，割東畿五縣隸焉。梁崇義自猜阻，詔加同平章事，賜之鐵券以安之。崇義不受命。乃使淮寧節度使李希烈討之。大曆十四年，淮西軍賜號淮寧。楊炎諫，不聽。田悦使其兵馬使康愔圍邢州，薛嵩之敗，相、衛、洺、貝四州爲田承嗣所據，而邢、磁二州及洺州之臨洺縣歸於朝廷。臨洺，在今河北永年縣西。別將楊朝光斷昭義救兵，而自圍臨洺。詔河東馬燧、昭義李抱真討悅。又遣李晟以神策軍與俱。七月，燧等斬朝光，敗悅，悅夜遁，邢州圍亦解。時李正己卒，子納擅領軍務。悅使求救於納及李維岳。維岳遣兵三千，納遣兵萬人助之。悅收合散卒二萬，軍於洹水。在今河北大名縣西。淄青軍其東，成德軍其西，首尾相應。馬燧帥諸將進屯鄴，奏求河陽兵自助。詔李芃會之。八月，李希烈克襄陽，梁崇義自殺。詔以河中尹李承爲山南東道節度使。希烈置之外館，迫脅萬端。承誓死不屈。希烈乃大掠闔境所有而去。初李寶臣以其子闇弱，多殺諸將之難制者，易州刺史張孝忠僅免。及是，朱滔使人說之。孝忠遂降。詔以爲恒州刺史、成德節度使。十月，徐州刺史李洧歸國。正己從父兄。徐州見第二章第六節。李納遣將合魏博兵攻之。詔發朔方、神策兵，與滑州刺史李澄及劉洽往救。十一月，大破之。淮南節度使陳少遊又取納海州。見第二章第七節。十二月，納密州亦降。今山東諸城縣。馬燧等涉漳水，與田悅夾洹水而軍。食乏，悅與淄青、成德之衆，皆堅壁不戰，以老王師。三年正月，燧令諸軍趨魏州。悅等掩其後，諸軍大敗之。悅收殘卒千餘人，夜走魏州，其大將李長春不納，而李抱真與馬燧不和，頓兵不進，天明，長春乃開門納悦，悦殺之，嬰城拒守。時城中士卒，不滿數千；死者親戚，號哭滿街。悦乃與諸將各斷髮，約爲兄弟。悉發府庫及斂富人財，得百餘萬，以賞士卒。貝州刺史邢曹俊，承嗣舊將也，悦初疏之，至是召之，使整部伍，繕守備，軍復振。悦入城旬餘，燧等始至。攻之，遂不能克。此爲唐軍一大失機，破竹之勢失矣。然李納軍濮陽，_{今河南濮陽縣。}爲河南軍所逼，奔還濮州，_{濮州見第四章第六節。濮陽，今平原濮陽縣。}悦遣其將符璘送之，璘父令奇，命璘歸國，璘遂與其副李瑶降於馬燧。瑶父再春，亦以博州降。悦從父弟昂，又以洺州降。李納雖再陷海、密，然李維岳遣兵與田悦將孟祐守束鹿，_{今河北束鹿縣。}爲朱滔、張孝忠所拔，進圍深州。賊兵勢仍蹙也。維岳之始謀拒命也，其判官邵真嘗勸其歸國，惟岳不聽。及是，復説之。惟岳然之。孟祐知其謀，使告田悦。悦使衙官扈岌讓維岳。維岳又殺真而從之。發兵萬人，與孟祐還攻束鹿。爲滔、孝忠所敗。其將康日知以趙州歸國。兵馬使王武俊，爲寶臣所疑，而其子士真，爲寶臣女夫，宿衛府中。維岳使武俊與步軍使衛常寧擊日知。閏月，武俊、常寧還襲維岳，士真爲内應，遂殺維岳。深州刺史楊榮國，維岳姊夫也，降於朱滔。二月，定州刺史楊政義亦降。於是河北惟魏州未下；河南諸軍攻李納於濮州，納勢亦日蹙；事又垂定矣，而朱滔、王武俊之變作。

　　時以張孝忠爲易、定、滄節度使，王武俊爲恒、冀都團練觀察使，康日知爲深、趙都團練觀察使，以德、棣隸朱滔，令還鎮。剖成德之地，滔未有所得，而德、棣又當取諸淄青，心不平。請深州，不許，遂留屯不肯去。武俊亦憾張孝忠得節度而己不得，又失趙、定。時詔武俊以糧三千石與朱滔，馬五百匹給馬燧，又疑朝廷弱之。田悦使説滔，許賂以貝州。滔又使説武俊，許賂以深州。武俊遣其判官王鉅源報使，即知深州。又使説張孝忠，孝忠不許。劉洽攻濮州，克其郛。李納使判官房説以母弟經子成務入見。中使宋鳳朝言納勢窮，不可舍，乃囚説等。納遂歸鄆州，復與悦等合。朝廷以李洧爲徐、沂、海都團練觀察使，沂、海皆爲納所據，徒空名而已。納都虞候李士真讒德州刺史李西華，納即以士真代之。士真詐召棣州刺史李長卿，劫之與同歸國。朱滔使其將李濟時將三千人至德，聲言助士真守，而召士真至深州留之。上遣中使發盧龍、恒、冀、易、定之兵討田悦，王武俊不受詔，執使者送朱滔。滔諭其眾南救魏，眾不可。乃誅大將數十人，厚拊循其士卒。分兵營趙州，以逼康日知，而以深州授王鉅源。武俊以子士真爲恒、冀、深三州留後，將兵圍趙州。滔將步騎二萬五千南下，至束鹿，_{今河北束鹿縣。}士卒誼譟，欲歸幽州，衙官蔡雄諭之，乃定。滔還深州，密誅爲首者二百餘人，乃復南下，取寧晉。今河北寧晉縣。二鎮顯叛，而馬燧與李抱真仍不和。抱真分麾下二千人戍邢州，燧怒其分兵自重，欲引兵歸。李晟曲説燧，燧乃單騎造抱真壘，相與釋憾結歡。會田昂請入朝，燧乃奏以洺州隸抱真，以昭義副使盧玄卿爲刺史。李晟軍先隸抱真，又請兼隸燧，以示協和。然亦未能遂下魏州也，而朱滔、王武俊之救復至。時李懷光兼朔方節度使。五月，詔以朔方、神策兵萬五千東討。懷光恃勇，初至，不待休息，即擊之，敗績。滔等堰永濟渠入王莽故河，《漢書·溝洫志》：禹釃二渠，一漯川，今河所流也。一北瀆，王莽時絶，俗稱爲王莽河。以絶官軍糧道及歸路。馬燧懼，使卑辭謝滔，請與諸節度歸本道，奏天子，以河北委滔。滔欲許之。武俊不可。滔不從。七月，燧與諸軍涉水而西，保魏縣。屬魏州，在今河北大名縣西。魏州遂不可取。李晟請以所將兵北解趙州之圍，與張孝忠分勢圍范陽，許之。此爲涉險進取之策。晟趨趙州，王士真雖解圍去，而與孝忠略恒州，爲朱滔所敗，晟復病，還定州。事在明年。河北相持之勢成矣。諸鎮中之兵勢，蓋以朱滔爲最強？田悦、王武俊欲奉爲主，臣事之。滔不可。幽州判官李子牟、恒、冀判官鄭濡共議：請與鄆州爲四國，俱稱王，而不改年號，如昔諸侯。築壇同盟，有不如約者，衆共伐之。十一月，滔遂稱冀王，悦稱魏王，武俊稱趙王，納稱齊王。蓋藉此以固輔車，求保其境土也。然其志亦止於此而已，而淮西之爲患顧轉烈。

先是唐以李希烈兼淄青節度，以討李納。希烈顧與納通謀，欲襲汴州，又密與朱滔等交通。滔等稱王之月，希烈亦移居許州。見第四章第五節。李納亦數遣游兵度汴，以迎希烈。於是東南轉輸，皆不敢由汴渠，由蔡水而上。在浚儀。十二月，希烈自稱天下都元帥建興王。四年正月，遣將襲陷汝州，執知州事李元平。參看下節。別將四出抄掠。又遣將據鄧州。南路遂絶，貢獻、商旅皆不通。朝廷先以曹王皋爲江南西道節度使，治洪州，見第二章第三節。及是，復以哥舒曜翰子。爲東都兵馬兼汝州行營節度使，將鳳翔、邠寧、涇原、奉天、好畤行營之兵萬餘人，以討希烈。皆神策屯兵也。好畤，在今陝西乾縣西北。二月，克汝州。三月，皋拔黄、見第二章第七節。蘄州。見第五章第八節。希烈使其都虞候周曾攻曜。李承嘗結曾以謀希烈。曾至襄城，今河南襄城縣。還兵襲希烈。希烈知之，遣將襲殺曾。乃上表歸咎曾等，引兵還蔡州。外示悔過，實待朱滔等之援也。四月，以白志貞爲京城召募使，募禁兵以討希烈。又加李勉淮西招討使，以哥舒曜爲之副。以荆南節度張伯儀爲淮西應援招討使。山南東道節度賈耽、江西節度曹王皋爲之副。曜戰不利，還屯襄城。八月，希烈圍之。詔李勉與神策將劉德信救之。九月，又爲所敗。上以諸軍不相統一，乃以舒王謨爲荆、襄等道行

營都元帥,更名誼。昭靖太子邈之子,見上節。將佐皆選一時之望。未行而涇師之
變作矣。

第三節　涇師之變

德宗時國力之疲敝,首於其財政見之。《舊唐書·盧杞傳》曰:度支使杜
佑,計諸道用兵,月費百餘萬貫,京師帑廩,不支數月,且得五百萬貫,可支半
歲,則用兵濟矣。杞乃以戶部侍郎趙贊判度支。贊亦計無所施。乃與其黨太
常博士韋都賓等謀行括率。以爲泉貨所聚,在於富商,錢出萬貫者,留萬貫爲
業,有餘官借以給軍,冀得五百萬貫。上許之。約罷兵後以公錢還。勅既下,
京兆尹韋楨,督責頗峻,人有自縊而死者。都計富戶田宅、奴婢等估,纔及八
十八萬貫。又以僦櫃納質,《通鑑》胡《注》:民間以物質錢,異時贖出,於母錢之外,復還子錢,
謂之僦櫃。積錢貨、貯粟麥等,一切借四分之一,封其櫃窖。長安爲之罷市。計
僦質與借商,纔及二百萬貫。德宗知下民流怨,詔皆罷之。《紀》在建中三年七月。
明年建中四年。六月,趙贊又請稅閒架、算除陌。凡屋,兩架爲一閒,分爲三等:
上等閒二千,中等千,下等五百。天下公私給與貨易,率一貫舊算二十,益爲
五十。給與物或兩換者,約錢爲率。怨讟之聲,騰然滿於天下。《食貨志》曰:
建中四年六月,戶部侍郎趙贊請置大田。天下田計其頃畝,官收十分之一。
擇其上腴,樹桑環之,曰公桑。自王公至於匹庶,差借其力,得穀、絲以給國
用。詔從其説。贊熟計之,自以爲非便,皆寢不下。復請行常平稅茶之法。
又以軍須迫蹙,常平利不時集,乃請稅屋閒架、除陌錢。案常平之法,事在建
中三年九月,見《志》上文及《本紀》。志載贊疏,引古輕重、平準之法以爲言。
自京城鹽、米,推及兩都、江陵、成都、揚、汴、蘇、洪等州。兼置疋段絲麻,貴則
下價出賣,賤則加價收糴。從之。贊於是條奏諸道要、都會之所,皆置吏閱商
人財貨,計錢每貫稅二十;天下所出竹、木、茶、漆,皆十一稅之;以充常平本。
則竹、木、茶、漆之稅,與常平原是一法;而後來除陌之率,亦因此時之商稅而
增。《志》云:時國用稍廣,常賦不足,所稅隨時而盡,終不能爲常平本。然則
苛稅之原,由於平準,本意不達,乃由兵事迫之,不可以爲贊咎;公田之法,雖
有計議,自謂不便,即寢不行;贊固非聚斂之臣也。《德宗紀》:建中元年,戶部
計帳,賦入一千三百五萬六千七十貫,鹽利不在此限。大曆末征稅所入,總千
二百萬貫,鹽利過半,已見上章第四節。其時鹽利而外,賦入不過六百萬緡,
此時已增七百萬,然合鹽利計之,亦當不越二千萬。《新書·食貨志》云:楊炎

作兩稅法，歲斂錢二千五十餘萬緡，米四百萬斛以供外，錢九百五十餘萬緡，米千六百餘萬斛，以供京師，視建中元年，所增又及其半。蓋兩稅之成效？然以供是時之兵費，則固萬無足理。《新書·食貨志》又曰：是時諸道討賊，兵在外者，度支給出界糧，每軍以臺省官一人爲糧料使，主供給。士卒出境，則給酒肉。一卒出境，兼三人之費。將士利之，逾境而屯。兵事之廣且久如彼，將士之自利又如此，朝廷衮職雖多預，天下軍儲不自供，度支又安能給之邪？

《新書·陸贄傳》：贄見召爲翰林學士，會馬燧討賊河北，久不決，請濟師，而李希烈又寇襄城，詔問策安出。贄言：“幽、燕、恒、魏，勢緩而禍輕，汝、洛、滎、汴，勢急而禍重。田悦覆敗之餘，無復遠略；王武俊有勇無謀；朱滔多疑少決；互相制劫，急則合力，退則背憎，不能有越軼之患，此謂緩也。希烈果於奔噬，忍於傷殘，據蔡、許富全之地，益以襄、鄧虜獲之實，東寇則餉道阻，北窺則都邑震，此謂急也。代、朔、邠、靈，昔之精騎，上黨、孟津，今之銳師，舉而委之山東，將多而勢分，兵廣而財屈。李勉文吏也，而當汴必爭之地。哥舒曜之衆烏合也，扞襄城方銳之賊。本非素習，首鼠莫前。今若還李芃河陽，以援東都；使李懷光解襄城之圍；而專以太原、澤潞兵抗山東，則梁、宋安。”又言：“太宗列府兵八百所，而關中五百，舉天下不敵關中。承平久，武備微，故祿山乘外重之勢，一舉而覆兩京。然猶諸牧有馬，州縣有糧，肅宗得以中興。乾元後外虞踵發，悉師東討，故吐蕃乘虛，而先帝莫與爲禦。既自陝還，懲艾前事，稍益禁衛。故關中有朔方、涇原、隴右之兵，以捍西戎；河東有太原之兵，以制北虜。今朔方、太原之衆，已屯山東，而神策六軍，悉戍關外，將不能盡敵，則請濟師，陛下爲之輟邊軍，缺環衛，竭內厩之馬，武庫之兵，佔將家子以益師，賦私畜以增騎。又苦乏財，則爲算室廬，貸商人，設諸權之科，日日以甚。第一有如朱滔、李希烈，負固邊壘，竊發畿甸者，何以備之？”讀此疏，可見唐兵力之不足。《傳》云：後涇師急變，贄言皆效。可見勢有必至，明者皆能豫燭之，肘腋變生，正不得盡諉諸事勢之艱難也。

建中四年十月，德宗發涇原之兵東救襄城。節度使姚令言以兵五千至京師。《舊傳》作五萬，《通鑑》從奉天記作五千。軍士冒雨寒甚，冀得厚賜遺其家。既至，無所有。京兆尹王翃犒之，又惟糲食菜飯。軍士怒，至滻水，還趨京城。上奔奉天。見第六章第二節。初劉文喜平，朱泚還鎮鳳翔。朱滔既叛，以蠟書遺泚，爲馬燧所獲，並使者送京師。上乃召泚還，留之長安，而以張鎰代鎮鳳翔。及是，亂兵奉泚爲主。令言及朝臣之不得志者源休、張光晟、李忠臣等皆附之。泚以段秀實嘗爲涇原，得士心，後罷兵權，必蓄憤，召之謀議。秀實謀誅之，不克而死。上之將如奉天也，張鎰竊知之，將迎鑾駕，上亦以奉天迫隘，欲之鳳翔。鳳翔將李楚琳，嘗事朱泚，得其心，與其黨作亂，殺鎰。上乃止。泚遂僭號。國號秦。明年正月，改稱漢。自將逼奉天。時奉天兵備單薄，幸得左金吾將軍渾瑊、邠寧留後韓遊瓌力戰禦之。靈武留後杜希全、鹽州刺史戴休顏，鹽州見第五章第八節。夏州刺史時常春，夏州見第二章第二節。會渭北節度使李建徽，渭北節度，時治鄜州，見第五章第八節。合萬人入援。道漠谷，在奉天北。爲賊所敗，退保邠州。時馬燧、李芃聞變，各歸本鎮。李抱真亦退屯臨洺。李懷光帥衆赴長安。自河中渡河，西屯蒲城。見第二章第七節。李晟出飛狐，在今河北蔚縣東南，接河北淶水。至代州，見第二章第二節。詔加神策行營節度使，亦至河中，由蒲津濟，軍於東渭橋。在長安東北。西渭橋在長安西南，即便橋也。中渭橋在長安北。劉德信自汝州入援，亦屯東渭橋。神策兵馬使尚可孤以三千人討李希烈，在襄陽，自武關入援，取藍田。見第二章第六節。鎮國軍節度副使駱元光奉先養子。守潼關，朱泚遣將襲華州，見第六章第二節。元光擊走之，遂軍華州。上即以爲鎮國軍節度使，賊由是不能東出。馬燧遣其子彙及行軍司馬王權將兵五千人援，屯東渭橋。李懷光叛後，此軍還河東。於是泚黨所據，惟長安而已。十一月，李懷光西出，敗泚兵於醴泉，見第六章第二節。泚乃解奉天之圍。

《舊書·李懷光傳》曰：懷光性粗屬疏憨。緣道數言盧杞、趙贊、白志貞等姦佞。且曰："吾見上，當請誅之。"杞等微知之，因說上令懷光乘勝逐泚，收復京師。德宗從之。懷光屯軍咸陽，見第五章第一節。數上表暴揚杞等罪。上不得已，爲貶杞、贊、志貞以慰安之。又疏中使翟文秀，上之信臣也，又殺之。懷光既不敢進軍，遷延自疑，因謀爲亂，《盧杞傳》曰：或謂王翃、趙贊曰："懷光累歎憤，以爲宰相謀議乖方，度支賦斂煩重，京尹刻薄軍糧，乘輿播遷，三臣之罪也。今懷光勳業崇重，聖上必開襟布誠，詢問得失。使其言入，豈不殆哉？"翃、贊白杞。杞乃從容奏曰："懷光勳業，宗社是賴。臣聞賊徒破膽，皆無守心。因其兵威，一舉可破。若許其朝覲，則必賜宴流連，使賊得從容完備，恐難圖之，不如使逕收京城。"帝然之。乃詔懷光率衆屯便橋，克期齊進。趙贊非聚斂之臣，已如前說。當時財力實竭，犒師之薄，亦豈得以咎王翃？陸贄劾裴延齡疏，追述是時事曰：於時內府之積，尚如丘山，竟資凶渠，以餌貪率，論者因爭咎德宗之吝。然贄言或過其實，即謂不然，是時用度方廣，亦不得不事節嗇也。《白志貞傳》云：志貞爲京城召募使。時尚父子儀壻端王傅吳仲孺，家財鉅萬，以國家有急，懼不自安，乃上表，請以子弟率奴客從軍。德宗嘉之，超授五品官。由是志貞請令節度、觀察、團練等使，並嘗爲是官者，家出子弟、甲馬，亦與其男官。自是京師人心搖震，不保家室。時禁軍召募，悉委志貞。兩軍應赴京師者，殺傷殆盡，都不奏聞，皆以京師沽販之徒填其闕，其人皆在市廛，及涇師犯闕，詔志貞以神策軍拒賊，無一人至者。上無以禦寇，乃圖出幸。至奉天，仍以志貞爲行在都知兵馬使。聞李懷光至，恐暴揚其罪，乃與盧杞同沮懷光入朝。衆議誼沸，言致播遷，杞、志貞之罪也，故與杞同貶。夫召募非易，節度、觀察、團練多武人，豪富使其家出子弟、甲馬，寧得謂爲非計？沽販之徒，列名軍籍，其弊乃自開元已來，非易卒革。即謂不然，謂志貞未能除弊可，謂其弊即由於志貞則不可。涇師卒變，召以自衛無至者，自緣東征死亡多，陸贄固已言之矣。志貞初受知於李光弼；代宗亦素知之，用爲司農卿，在寺十餘年；德宗召見與語，遽引爲腹心，遂用爲神策軍使；度其才必有過人者。至奉天仍使都知兵馬，可見播越之非其罪。且謂其權並宰相，能與盧杞同沮懷光，亦豈實錄？抑令懷光遽收京城，豈得謂爲失策？若謂其出於私意，試問何由知之？《志貞傳》謂其與盧杞同貶，出於衆議誼沸，可知其事不專由懷光，作史者乃正憑是時之衆議以立説耳。《舊書》此等處甚多。懷光粗人，安知朝政？而斷斷以三人爲言，恐正爲不悦三人者所構也。朋黨之爲禍，不亦烈乎？此時與杞並相者，尚有關播。據《舊書》本傳觀之，其行事殊美，而獨於其爲相時詆之曰：政事決在盧杞，播但斂袵取容而已，此以與杞同，即爲罪狀也。又曰：杞等貶，播尚知政事，中外囂然，以爲不可，遂罷相，改刑部尚書。大臣韋倫等泣於朝曰："宰相不能謀猷翊贊，以至今日，而尚爲尚書，可痛心也。"此爲國家求賢才、惜政治邪？抑以私憾相擠排也？《傳》又詆播引用李元平，云：乏於知人之鑒。好大言虛誕者，必悦而親信之。有李元平、陶公達、張憷、劉承誡。薦元平爲汝州刺史。至州旬日，爲希烈所擒，汝州陷賊，中外哂之，由是公達等未克任用，此因元平之敗，以沮公達等也。《元平傳》云：希烈僞署爲御史中丞，播聞，仍欺於人曰："李生功業濟矣。"言必能覆希烈而建功也。居無何，希烈用爲宰相。或告其貳，乃斷一指以自誓。希烈既死，或言在賊中微有謀慮，貸死，流於珍州。會赦，得歸剡中。浙東觀察使皇甫政表聞其到，以發上怒，復流賀州而死。夫能使希烈用爲相，其人必有才能。斷指自誓，冀奮積志，何其烈也？關播遙聞其見用而深信之，其相知之深，爲何如乎？謂其在賊中有謀慮，豈虛言哉？而皇甫政又疾之，謂非朋黨之見得乎？要之有朋黨則無是非，誠可慨也。唐剡縣，今浙江嵊縣。珍州，在今貴州桐梓縣東。賀州，今廣西賀縣。

　　涇師既變，勢已不復能東征，乃用陸贄之議，於明年正月，改元興元，下詔罪己，赦李希烈、田悦、王武俊、李納之罪，朱滔如能效順，亦與維新，惟朱泚不赦。於是削平東方之志荒矣。而李懷光既懷反側，即京城亦不易平。時劉德信與李晟俱屯東渭橋，不受晟節制，晟殺之，併其軍。懷光奏請與晟合軍，詔許之。兩軍遂會於陳濤斜。見第五章第八節。懷光逗留不進，而密與朱泚通謀。晟恐爲所併，奏請移軍東渭橋。上寢其奏不下。會陸贄詣懷光營宣慰，自以意問懷光，懷光無異議。贄還，勸上乘機速許之。晟軍遂得移。而李建徽及神策行營節度使楊惠元，猶與聯營，贊復請令與晟合軍同往。上恐懷光以此爲辭，不許，後果爲所奪焉。詔加懷光太尉，賜鐵券。懷光對使者投於地，曰："人臣反乃賜鐵券，懷光不反，今賜鐵券，是使之反也。"乃發卒城咸陽，移軍據之。上知懷光反側，欲幸梁州。見第四章第二節。山南節度使嚴震聞之，遣張用誠將兵五千至盩厔迎衛。盩厔見第四章第二節。用誠與懷光通謀。震繼遣衙將馬勛奉表。上語勛，勛還梁州取震符召用誠，執以送震。震杖殺之。懷光又約韓遊瓌爲變，遊瓌奏之。又使其將趙昇鸞入奉天爲内應，昇鸞亦詣渾瑊自言。上乃命戴休顏留守，而幸梁州。又欲南幸成都，嚴震諫，李晟亦以爲言，乃止。

於是李晟留，爲收復京城之計。晟假判官張彧京兆尹，督渭北芻藁以贍軍。李懷光欲擊之，其衆不可。乃略涇陽、見第六章第二節。三原、今陝西三原縣。富平，今陝西富平縣。自同州走河中。同州見第五章第八節。懷光遣使詣邠州，令留後張昕悉發所留兵萬餘人及行營將士家屬會涇陽。韓遊瓌誘舊部八百，馳還邠州，說昕無從懷光。昕不聽。遊瓌乃與諸將高固、楊懷賓相結以圖昕。初吐蕃尚結贊請出兵助唐收復京城，上遣崔漢衡往使，致其兵，時屯邠南。高固詐爲渾瑊書，召吐蕃使稍逼邠城。昕等懼，不敢出，而謀殺諸將之不從者。遊瓌知之，與固等先舉兵殺昕。漢衡矯詔以遊瓌知軍府事。於是遊瓌屯邠寧，戴休顏屯奉天，駱元光屯昭應，今陝西臨潼縣。尚可孤屯藍田，皆受李晟節度，晟軍聲大振。詔以晟兼河中尹、河中、晉、見第四章第一節。絳、見第二章第六節。慈、隰皆見第一節。節度，又兼京畿、渭北、鄜坊、丹延皆見第一節。節度招慰使。而以渾瑊爲朔方節度。朔方、邠寧、振武、永平、奉天行營兵馬副元帥。又加李晟京畿、渭北、鄜坊、商華兵馬副元帥。罷懷光副元帥河中尹、併朔方諸道節度。所管兵馬，委本軍自舉一人統領。渾瑊率諸軍出斜谷。在陝西郿縣南。行四百七十里出谷，抵褒城。崔漢衡勸吐蕃出兵助之。尚結贊曰："邠軍不出，將襲我後。"韓遊瓌聞之，遣將曹子達率兵三千往會瑊軍。吐蕃論莽羅依以兵二萬從之。李楚琳遣將石鍠將卒七百，從瑊拔武功。見第三章第二節。朱泚遣韓旻攻之，鍠迎降。瑊戰不利。會曹子達以吐蕃至，破之。吐蕃旋以疫引去。而瑊遂引兵屯奉天，與李晟東西相應，以逼長安。五月，晟移書渾瑊、駱元光、尚可孤進軍。元光、可孤克期皆至。晟薄京城。賊來戰，敗之。朱泚、姚令言西走。是日，渾瑊、戴休顏、韓遊瓌亦克咸陽。姚令言之東，以兵馬使馮河清知留後，判官姚況知州事。令言叛，河清與況，誓敦誠節。即時發甲仗器械送行在。時六軍雖集，都無戎器，涇州甲仗至，軍乃振。特詔褒其誠效，以河清爲四鎮、北庭、涇原節度，況爲行軍司馬。駕幸梁州，其將田希鑒潛通朱泚，害河清。及是,希鑒復拒泚,涇卒殺令言以降。泚與范陽親兵北走,爲其下所殺。源休奔鳳翔,李楚琳殺之。李忠臣奔樊川,在長安南。擒獲斬之。張光晟潛通使於李晟,晟兵入苑,光晟勸泚速奔,遂來降,晟表請減罪,不許,亦伏誅。晟以涇州倚邊,數害戎帥,請理不用命者。初奉天解圍,李楚琳遣使貢奉。時方艱阻,不得已,命爲鳳翔節度使。至漢中,欲令渾瑊往代。陸贄言商嶺道迂且遥,駱谷復爲賊所扼,駱谷,在盩厔西南,通洋縣。僅通王命,惟在襃斜,慮其塞道,乃已。朱泚平,駕還京師,至鳳翔,欲因迎駕諸軍,遣人往代。贄又以類於脅執,不如至京徵授一官,從之。及是,以晟兼鳳翔、隴右,仍充涇原節度,兼管内諸軍及四鎮、北庭行營兵馬副元帥。時楚琳已入朝,晟請與俱,至而誅之。上以初復京師,方安反側,不許。八月,晟至鳳翔,理殺張鎰之罪,斬裨將王斌等十餘人,託以巡邊至涇州,田希鑒迎謁,執而誅之。並誅害馮河清者石奇等三十餘人。

朱泚既滅,李懷光遣子璀詣行在謝罪,請束身歸朝。詔遣給事中孔巢父往宣慰。巢父至河中,懷光素服待罪,巢父不之止,又宣言於衆曰:"誰可代太尉領軍者?"懷光左右發怒,殺巢父。懷光復治兵爲守禦計。詔渾瑊、馬燧、駱元光、唐朝臣鄜坊節度。同討之。瑊破同州,復爲懷光所敗。詔徵邠軍赴之。馬燧取絳州,分兵會瑊。明年,貞元元年。三月,乃逼河中。時天下旱蝗,資糧匱竭,言事者多請赦懷光。燧朝京師,言其不可。七月,乃與瑊、元光及韓遊瓌逼河中。八月,懷光自縊死。《新書·遊瓌傳》。朔方將牛名俊斬其首以降。兩《書·懷光傳》。

第四節　興元後藩鎮叛服

自四鎮相王,河北已成割據之勢,然諸鎮之間,亦仍有齟齬。四鎮兵力,蓋以盧龍爲最强?而朱滔之爲人,亦最狂妄。滔與王武俊不協,李抱真因使門客賈林詐降武俊説之。及李懷光赴長安,馬燧、李芃,各歸本鎮,田悦使説武俊,與滔將馬寔共擊抱真,抱真又使林説止武俊。先是武俊召回紇兵,使絶李懷光等糧道。懷光等已去,而回紇達干等將千人及雜虜二千至幽州。滔因説之取東都,許以河南子女爲賂。回紇許諾。林又説武俊,言滔欲併吞河北,不如與昭義併力取之。武俊遂與抱真及馬燧相結,猶未顯與滔絶也。滔又使説田悦共取大梁。悦陽許之,而陰爲備。興元元年,赦令下,武俊、悦、李納皆去王號,上表謝罪。於是以武俊爲恒、冀、深、趙節度使,康日知改晉、慈、隰。李納爲鄆州刺史、平盧節度使。滔兵既南,田悦託言將士不可,使將率五千騎從之。滔怒,縱范陽、回紇兵大掠。自圍貝州,而使馬寔逼魏州。時朝廷遣孔巢父宣慰魏博。承嗣第六子緒殺悦。巢父命權知軍府。滔聞之,喜。使馬寔進攻,而別遣使説緒,許以本道節度。緒遣使送款,會李抱真、王武俊使至,許以赴援,乃遣使奉表詣行在。四月,以爲魏博節度使。賈林説武俊與抱真共救悦。滔聞之,召馬寔還,與抱真、武俊戰於貝州,敗績。滔遁還。於是河北之内釁成,彌不能爲患矣。朱泚既平,滔上書待罪。詔武俊、抱真開示大信。若誠心益固,善迹克彰,當掩釁録勳,與之昭雪。貞元元年六月滔病死,軍中奉劉怦爲主。怦,滔之姑子,滔出征,常使總留事,以和裕得衆心。滔敗,不肯叛,衆又頗服其信義焉。九月,怦又死,子濟襲。濟時在莫州,見第五章第八節。弟滋,以父命召,而以軍府授之。濟以滋爲瀛州,見第四章第四節。許他日代己。已而自以其子爲副大使。滋怒,擅通表朝廷,遣兵千人防秋。濟發兵擊之。貞元八年。滋遂歸京師。十年。滋弟源,爲涿州刺史,隋涿郡。見第二章第四節。亦不受濟命,濟擊擒之。十六年。李納之叛也,棣州入於朱滔。王武俊敗滔於貝州,復取德、棣。田緒兄朝仕於納。或曰:“納欲納朝於魏。”緒懼,厚賂納,且説納取棣州以悦之,因請送朝於京師。納從之。時棣州刺史趙鎬貳於武俊,遂降納。武俊攻之。鎬奔鄆州。納遣兵據其地。緒使矯詔以棣州歸納。武俊怒,遣子士清伐貝州,取四縣。詔武俊以四縣歸緒,納以棣州歸武俊,皆聽命。時貞元六年也。棣州之蛤垛,在今山東惠民縣南。地有鹽利,猶爲納所據。納又城德州南之三汊,在今山東陵縣東南。以通魏博。八年五月,納卒,子師古襲,武俊欲取其地,上遣中使諭之,乃還。上又命師古毀三汊城,師古亦奉詔。蓋時諸鎮地醜德齊,且知構兵則唐將乘機征討,故不敢輕啓釁端也。十二年四月,田緒卒。緒尚代宗女嘉誠公主,有庶子三人,季安最幼,公主子之,以爲副大使,軍中推爲留後,朝廷因而授之。時年十五。十七年,王武俊卒,子士真襲。

　　張孝忠之得易、定、滄也,李維岳將李固烈猶守滄州。孝忠令衙將程華詣固烈交郡。固烈悉取府藏,累乘而還。軍人怒,殺之而奪其財。孝忠因授華知滄州事。朱滔、王武俊謀叛,滄、定往來艱阻,華録事參軍李宇爲至京師,請拜華爲滄州刺史,並置橫海軍,以華爲使。尋賜名曰華。時建中三年也。滄州自是別爲一使,孝忠惟有易、定而已。貞元四年,曰華卒。升橫海軍爲節度,以其子懷直爲留後。又於弓高縣置景州,在今河北東光縣西。以爲屬郡。五年,遂正授爲節度使。七年二月,孝忠卒。子昇雲襲,賜名茂昭。九年二月。懷直荒於田獵,嘗爲其從父兄懷信所逐。後橫海節度之位,歸於其子執恭,更名權。權，或云懷直子，或云懷信子，史籍歧異，不能質言也。懷直至權傳襲之事，新舊《書》互異，《舊書》紀傳又互異。《舊傳》：懷直以貞元九年，爲懷信所逐，來朝。既而懷信死，懷直子執恭知留後，乃遣懷直歸。十六年卒，執恭襲，朝廷因而授之。元和六年入朝。嘗夢滄州衙門樓額，悉帖權字，遂奏請改名權。《本紀》則懷直入朝在十年三月，復令還鎮。十一年九月，乃爲懷信所逐。十月，以虔王諒爲節度，懷信知留後。《新傳》則云：九年懷直來朝。帝以虔王爲節度，擢懷信爲留後。明年，懷信遂爲節度。十六年，懷直卒。後五年，懷信死，子權襲領軍務，詔授留後。元和元年，擢節度使。六年入朝，遣還鎮。權始名執恭，嘗夢滄門悉署權字，乃改名以應之。《通鑑》繫懷信之死於永貞元年七月，與《新傳》合。下書以其子執恭爲留後。《考異》曰：懷信逐懷直而奪其位，安肯以懷直之子知留後？又《德宗實録》，俱無是事，《順宗實録》略本亦無，蓋《舊傳》誤也。惟詳本：永貞元年七月癸巳，橫海軍節度使程懷信卒，以其子副使執恭爲橫海軍節度使，路隋《憲宗實録》：元和元年五月丙子，以橫海留後程執恭爲節度使，蓋《順宗實録》，留後字誤爲使字耳。案懷直復歸滄州之事，似不能鑿空造作。竊疑懷直以九年來朝，至十年三月還鎮，《舊書》紀傳所書，實係一事。此行實非被逐。至十一年，乃因被逐來朝，而《傳》與九年誤爲一事。懷信於是年爲留後，明年爲節度，具如《新書》所記。其後或因内悔，或有所迫，乃以懷直子爲留後而還懷直。懷直還後，蓋復爲節度，至十六年死，則懷信繼之，懷信死，執恭乃又繼之也。虔王，德宗第四子，《舊傳》載懷信逐懷直，諒領橫海，正在十一年。

　　朱泚既叛，唐不復能救援東方。哥舒曜以食盡，奔洛陽，李希烈遂陷襄城。又攻汴州，李勉奔宋州。滑州刺史李澄降之。劉洽遣兵據襄邑，希烈攻拔之。乘勝攻寧陵。見第五章第八節。江淮大震。淮南節度使陳少遊，初出兵討希烈，屯盱眙，今安徽盱眙縣。聞長安陷，即歸廣陵，修塹壘，繕甲兵。鎮海軍節度使潤州刺史韓滉，亦閉關梁，築石頭城，繕館第，以備巡幸，且自固也。少遊大閲於江北，滉亦耀武於京江以應之。度支汴京兩稅使包佶在揚州，少遊脅取其財帛。參看第六章第三節。佶過江，至上元，唐縣，今併入江蘇江寧縣。復爲滉所拘。少遊使送款於希烈，又與李納相結。江淮之勢岌岌矣。詔加劉洽汴、滑、宋、亳都統副使，知都統事。李勉悉以其衆委之。興元元年，赦書下，李希烈獨僭位。國號楚。遣將齎赦書赴揚州，至壽州，見第二章第三節。爲候騎所得，刺史張建封斬之。詔以爲濠、見第四章第五節。廬、見第六章第三節。壽三州都團練使。希烈遣兵攻之，不克。南寇蘄、黃，欲斷江路，曹王皋使蘄州刺史伊慎破之。遣兵襲鄂州，今湖北武昌。又爲刺史李兼所破。窺江之志乃息。劉洽與希烈戰於白塔，未詳。不利，希烈乘勝圍寧陵。洽將高彥昭、劉昌固守，韓滉遣其將王栖曜助之，希烈不能克。遣將圍陳州，今河南淮陽縣。又不能下。李澄知大梁兵少，復歸國。詔以爲汴、滑節度。閏十月。劉洽遣劉昌與隴右、幽州行營節度使曲環救陳州，敗希烈兵。希烈奔蔡州。其鄭州降於李澄。乃以洽爲汴、宋節度使。本管及陳州諸軍行營都統，賜名玄佐。而以澄爲鄭、渭等州節度使，更軍名曰義成。或言韓滉有異志。滉子皋，時爲考功員外郎，上使歸覲，諭滉速運軍糧。滉即日發米百萬斛。陳少遊聞之，亦貢二十萬斛。少遊旋卒。《舊書》本傳：劉洽收汴州，得希烈僞《起居注》：某月日，陳少遊上表歸順。少遊聞之，慙惶發疾，數日而卒。貞元元年四月，以曹王臯爲荆南節度使，降隨州。河中平，陸贄勸上釋希烈，乃詔諸道各守封疆，非彼侵軼，不須進討。希烈若降，當待以不死。時曲環已授陳州刺史，與曹王臯、張建封、李澄四略其地。希烈兵勢日蹙。二年四月，爲大將陳仙奇所殺。以仙奇爲淮西節度。七月，復爲兵馬使吳少誠所殺。八月，李澄卒。子克寧秘之，將爲不順。劉玄佐出師屯於境上，且使告諭切至，由是不敢發，然路絶商旅者四十五日焉。以東都留守賈耽爲義成軍節度使。十一月，韓滉及劉玄佐來朝。加滉度支、諸道轉運鹽鐵使。《新書·滉傳》曰：劉玄佐不朝，帝密詔滉諷之。及過汴，玄佐素憚滉，修屬吏禮。滉辭不敢當。因結爲兄弟。入拜其母。酒行，滉曰："宜早見天子，不可使夫人白首，與新婦子孫填宮掖也。"玄佐泣悟。滉以錢二十萬緡爲玄佐辦裝，又以綾二十萬犒軍。玄佐入朝，滉薦可任邊事。時兩河罷兵，滉上言：吐蕃盜河湟久，近歲寖弱，而西迫大食，北抗回鶻，東抗南詔，分軍外戰，兵在河、隴者，不過五六萬。若朝廷命將，以十萬衆城涼、見第三章第二節。鄯、見第三章第四節。洮、見第四章第四節。渭，見第五章第四節。各置兵二萬爲守禦。臣請以本道財賦餽軍，給三年費。然後營田積粟，且耕且戰，河、隴可復。帝訪玄佐，玄佐請行。會滉病甚，張延賞奏減州縣宂官，收禄奉募戰士西討。玄佐慮延賞斬削資儲，因稱疾。帝遣中人勞問，卧受命。延賞知不可用，乃止。案是時德宗欲用張延賞爲相，李晟以私憾沮之。滉與晟素善，上使滉、玄佐諭晟與延賞釋怨。三年正月，乃拜延賞爲相，然怨終不釋，事見下節。此時情勢，安可更據東方自擅？故滉亦易偃塞爲恭順，滉且然，更何有於玄佐？其入朝又何待諷示？然則謂滉致玄佐之朝，若能消東方之隱患者，阿私所好之辭也。滉處權利之地久，士之沾河潤者蓋多矣，固宜有是虛譽。玄佐者，滉所結之以財，使爲己用者也。彼其爲人，本無遠志，時又志得意滿，安肯爲國家雪讎恥，復境土？其聞命而踴躍請行，特爲死黨用耳。滉薦玄佐使任邊事，蓋欲以餉軍爲名，復還浙西，據權利之地也。而李晟則因與張延賞不睦，乃附滉思保其位者也。將之不肯釋兵如此，亦安怪德宗疑其生事要功，而不敢輕規河、隴乎？參看下節自明。是歲二月，滉卒。分浙東西爲三道，浙西爲一道，治潤州。浙東爲一道，治越州。宣、歙、池爲一道，治宣州。越、歙州皆見第二章第七節。宣州見第六章第三節。池州，今安徽貴池縣。各置觀察使以領之。此未始非唐朝之幸也。時又以襄鄧扼淮西衝要，以曹王臯爲山南東道節度使，以襄、鄧、復、見第六章第三節。郢、見第六章第三節。安、今湖北安陸縣。隨、唐見第五章第二節。七州隸之。四年，以張建封爲徐州刺史、徐、泗、濠三州節度使。濠州見第四章第五節。自李洧歸順，尋卒，後高承宗父子，獨孤華相繼爲刺史，爲賊侵削，貧困不能自存。建封在彭城十年，軍州稱理焉。八年二月，曹王皋卒。判官李實高祖子道王元慶曾孫。知留後。割薄軍士衣食，軍士怨叛。實夜縋城出詣京師。軍士掠府庫，民財殆盡。三月，劉玄佐卒。帝遣問所欲立，吳湊可乎？監軍孟介、行軍盧瑗皆曰便。及湊次汜水，今河南汜水縣。衙兵擁立玄佐子士寧。時相竇參，懼其合於李納，乃即以授之。士寧淫暴。大將李萬榮，與玄佐同里閈，寬厚得衆心。士寧去其兵權，令攝汴州事。萬榮深怨之。九年十二月，據《本紀》。《傳》在十年正月，蓋其至京師之日？士寧畋於城南。萬榮矯稱有詔徵士寧入朝，俾己掌留務。士寧走京師。萬榮遣兵三千備秋於京西，有親兵三百，前爲士寧所驕者，悉置行籍中。大將韓惟清、張彥琳因之作亂。不勝，乃劫轉運財貨及居人而潰。萬榮悉捕逃叛將卒妻孥數千人誅之。《鑑》在十年四月，《紀》在七月。十一年五月，授萬榮宣武軍節度使。建中二年，置宋、亳、潁節度使，治宋州。尋名其軍曰宣武。興元元年，徙治汴州。十二年七月，萬榮病。署其子迺爲司馬。初萬榮委兵於都虞候鄧惟恭。惟恭與監軍俱文珍謀，文珍後從義父姓，曰劉貞亮。縛迺送歸朝廷。遂總領軍州事。其日，萬榮病卒。迺至京師，付京兆府杖殺。以東都留守董晉爲宣武軍節度使。惟恭不遣候吏，以疑懼晉。晉惟將幕官僚從十數人往。惟恭不意其速至，已近，乃出迎之。晉委以軍政。惟恭不自安，謀亂事覺，械送京師，配流嶺南。朝廷恐晉柔懦，尋以汝州刺史陸長源爲行軍司馬。每事守法。晉又委錢穀支計於判官孟叔度，苛刻，軍人惡之。二人蓋皆賢者，《傳》多詆毀之辭，不足信。十五年二月，晉卒。命長源知留後事。軍士執長源及叔度等，臠而食之。劉逸準者，玄佐衙將，累署都知兵馬使。士寧疑宋州刺史翟良佐不附己，使代之。及是，俱文珍與大將密召逸準赴汴州，令知留後。朝廷因而授之。仍賜名全諒。八月，卒。軍中思玄佐之德，推立其甥知兵馬使韓弘。汴卒始於李忠臣，訖於玄佐，日益驕恣。《舊書·玄佐傳》。士寧後愈甚。《弘傳》。其爲亂黨魁數十百人，弘視事數月，皆知之。一日，召部將劉鍔與其黨三百，數其罪，盡斬以徇。自是訖弘入朝，二十餘年，軍衆十萬，無敢怙亂者。全諒卒之月，陳許節度使曲環亦卒。陳州刺史上官涗知留後。先是吳少誠屢遣兵掠鄰境，及是，遂圍涗於許州。涗欲棄城走。營田副使劉昌裔止之。募勇士出擊，破之。詔削少誠官爵，命諸道兵進討。宣武韓弘、山南東道于頔、安黃伊慎、陳許上官涗、知壽州事王宗等。時軍無統帥，而皆以內官監之，進退不由主將。十二月，自潰於小㲼水。㲼水縣，今河南商水縣。其境內有大㲼、小㲼之名。韓全義者，少從禁軍，事竇

203

文場。見第六節。文場爲中尉，用爲帳中偏將。典禁兵在長武城。在今陝西長武縣西。先一歲，以爲夏，見第二章第二節。綏、銀，皆見第一節。宥見第五章第二節。節度使。詔以長武兵赴鎮。軍士以夏州沙磧之地，又盛夏移徙，鼓譟爲亂。全義踰城而免。都虞候高崇文誅其亂首，全義乃得赴鎮。及是，文場復薦之。十六年二月，以爲招討使。北路行營，皆歸指揮。而以上官涗爲之副。全義無勇略。每議戰事，一帳之中，中人十數，紛然莫能決。五月，與少誠將吳秀、吳少陽戰於溵水南，旗鼓未交，諸軍大潰。退保五樓。在溵水縣西南。少誠攻之，諸軍復大敗。全義退保溵水。又退陳州。諸軍各散還本道。少誠歸蔡州，上表待罪。十月，赦之。中人掩全義敗迹，上待之如初。時劍南節度使韋皋上言："請擇重臣爲統帥。"因薦賈耽、渾瑊。且曰："陛下若重煩元老，臣請以鋭士萬人，順流趨荊楚。"德宗不能用。蓋鑒於涇師之變，不敢復任大臣，而諸道之兵，心力不齊，確亦不易統率。即擇重臣臨之，亦未必有濟，全義之敗，或亦非其罪也。是歲五月，張建封病革。濠州刺史杜兼疾驅到府，陰有冀望。從事李藩語兼曰："僕射公奄忽如此，公宜在州防遏，今棄州此來，欲何爲也？宜疾去。不若此，當奏聞。"兼錯愕不虞，遂逕歸。建封卒，判官鄭通誠權知留後事。懼軍士謀亂，適遇浙西兵遷鎮，欲引入州城爲援。軍士怒，殺通誠。立建封子愔爲留後。乞授旌節，不許。割濠、泗二州隸淮南節度杜佑，使討之。佑大具舟艦，遣將孟準先當之。渡淮而敗。佑遂固境不敢進。泗州刺史張伾攻埇橋，在今安徽宿縣北。又大敗而還。李師古欲襲愔，王武俊且觀其釁。愔懼。其掌書記馮宿乃以檄書招師古，而説武俊爲奏天子，請捨愔。朝廷不獲已，授愔團練使、知留後。仍以張伾爲泗州留後，杜兼爲濠州留後，而加杜佑兼濠、泗等州觀察使。杜兼怨苟藩，誣奏藩，建封死時搖動軍中。上大怒，密詔杜佑殺之。佑密論保，乃免。時德宗姑息藩鎮，至軍郡刺史，亦難於更代。兼探上情，遂練卒修武，占召勁勇三千人，恣凶威。殺録事參軍韋賞，團練判官陸楚。先是以常州刺史李錡爲浙西觀察使、諸道鹽鐵轉運使。常州見第四章第二節。刻剝以事進奉，上悦之。十七年，浙西布衣崔善真詣闕上書，論錡罪狀。上令械送錡。錡爲鑿阱以待。至，和械推而埋之。錡增置兵額。選善弓矢者聚之一營，名曰挽硬隨身。以胡、奚雜類虬鬚者爲一將，名曰蕃落健兒。十九年，上官涗卒。其壻田俌，欲脅其子使襲軍政。衙將王沛，亦涗之壻也。知其謀，以告監軍范日用。討擒之。乃以行軍司馬劉昌裔爲節度使。

以上，興元已後河南北、江淮情形也。其關、陝、河東，雖近，軍政亦不肅。貞元元年，六月，陝虢都兵馬使達奚抱暉鴆殺節度使張勸，邀求旌節。且陰召李懷光將達奚小俊爲援。以李泌爲陝虢都防禦、水陸轉運使，加觀察使。泌至，召抱暉諷遣之。小俊至境，聞泌已入陝而還。明年，陳許戍邊卒三千自京西逃歸。至州境，泌潛師險隘，左右攻擊，盡誅之。三年，罷李晟兵柄。吐蕃劫盟後，亦罷馬燧，而以其都虞候李自良代之。事見下節。自郭子儀已來，朔方軍分屯邠、蒲，而屬一帥，李懷光平後，邠、蒲始分。渾瑊帥蒲。邠寧韓遊瓌，子欽緒，與妖賊李廣弘《通鑑》作李頓奴。同謀不軌。宥之。是年十二月，遊瓌入朝。將吏以其子謀叛，又御軍無政，謂必受代，餞送之禮甚薄。已而令還鎮，懼不自安。大將范希朝善將兵，名聞軍中。遊瓌畏逼，將因事誅之。希朝懼，奔鳳翔。上素知其名，召入宿衛。寧州戍卒數百人，縱掠而叛。遊瓌自率衆戍之。四年七月，詔徵遊瓌宿衛，除將軍張獻甫代之。守珪弟守琦之子。遊瓌不俟獻甫至，輕騎夜出歸朝。將卒素驕，聞獻甫嚴急，遂大掠。圍監軍楊明義第，請奏范希朝爲帥。都虞候楊朝晟及諸將謀，誅百餘人，乃定。上擢希朝爲寧州刺史，以副獻甫。《舊書》百二十二《楊朝晟傳》。數日，復除振武節度使。蓋暫以安衆心，終不欲從驕卒之請也。《舊書·希朝傳》曰：奔鳳翔。德宗聞之，趣召至京師。置於左神策軍中。遊瓌歿，諸將列名上請希朝爲節度。德宗許之。希朝讓於張獻甫。曰："臣始逼而來，終代其任，非所以防覬覦，安反側也。"詔嘉之。以獻甫統邠寧，除希朝振武節度使。與朝晟傳小異，未知孰是。然希朝則可謂賢矣。獻甫在道，軍中有裴滿者扇亂，劫朝晟。朝晟陽許之，密計斬三百餘人。《舊書》百四十四《朝晟傳》。九年，獻甫卒，以朝晟代之。十年六月，澤潞李抱真卒。子緘，匿喪不發，與營田副使盧會昌、抱真從甥元仲經謀承襲。上已聞抱真卒，遣中使第五守進馳傳觀變。令以軍事屬大將王延貴。緘謂諸將曰："有詔不許緘視事，諸公意若何？"莫對。乃以使印及管鑰歸監軍。元仲經逃於外，延貴捕得殺之。以邕王諒爲昭義節度使，諒當即虔王，初封邕。延貴充留後，賜名虔休。抱真別將知洺州元誼叛，陰結田緒，虔休自將攻之，誼奔魏州，上釋不問，命田緒撫安之。事在十二年正月。十一年五月，李自良卒。都虞候張瑤久在軍，得士心，請假遷葬，自良未許。太原少尹李説，淮安王神通之裔。與監軍王定遠謀，匿喪，給瑤假，然後遣使告自良病。中使第五國珍自雲朔使還，過太原，聞自良卒，急馳至京，先説使至。乃以通王諶德宗第三子。領河東節度大使，説爲行軍司馬，充留後。定遠恃立説功，縱恣，軍政皆自專決，仍請賜印。監軍有印，自定遠始也。既得印，益暴。將吏輒自補授。説寢不歡，遂成嫌隙。七月。定遠署虞候田宏爲列將，以代彭令茵。令茵不服，定遠斬之，埋於馬糞之中，家人請尸，不與。三軍皆怨。説具以聞。德宗以定遠有奉天扈從之功，恕死停任。制未至，定遠怒説奏聞，趨府抽刀刺説，説走免。定遠馳至府門，召集將吏，陳勑牒告身示諸將曰：“有勑令李景略知留後，遣説赴京，公等皆有恩命。”大將馬良輔發其僞，亂乃未作。十四年六月，歸化塢軍亂，未詳。逐其將張國誠。涇原節度使劉昌敗之，誅數百人。復使國誠主其軍。十七年，楊朝晟卒於寧州。朝晟疾亟，召僚佐謂曰：“朔方命帥，多自本軍。雖徇衆情，殊非國體。寧州刺史劉南金，練習軍旅，宜使攝行軍，且知軍事，比朝廷擇帥，必無虞矣。”又以手書授監軍劉英倩。英倩以聞。軍士私議曰：“朝廷命帥，吾納之；即命劉君，吾事之；若命帥於他軍，彼必以其麾下來，吾屬被斥矣，必拒之。”初渾瑊遣兵馬使李朝寀戍定平，縣，在寧州南。瑊薨，朝寀請以其衆隸神策軍，詔許之。上遣中使往察軍情，軍中多與南金。復遣高品薛盈珍齎詔往曰：“朝寀所將本朔方軍，今將併之，以壯軍勢，威戎狄，以朝寀爲使，南金副之，軍中以爲何如？”諸將皆奉詔。都虞候史經言於衆曰：“李公命收弓刀，而送甲冑二千。”軍士皆曰：“李公欲納麾下二千爲腹心，吾輩妻子，其可保乎？”夜造劉南金，欲奉以爲帥。南金不納。軍士去詣兵馬使高固。固逃匿，搜得。共詣監軍請奏之。衆曰：“劉君既得朝旨爲副帥，必撓吾事。”詐稱監軍命召計事，至而殺之。六月戊戌，制以朝寀爲邠寧節度使。是日，告變者至。上追還制書，復遣薛盈珍往詗軍情。軍中以高固爲請。盈珍即以上旨命固知軍事。或傳《戊戌制書》至邠州。邠軍惑，不知所從。姦人乘之，且爲變。留後孟子周，悉納精甲於府廷，日享士卒，内以悦衆心，外以威姦黨，邠軍乃安。十八年，鄜坊節度使王栖曜卒。中軍將何朝宗謀作亂，中夜縱火。都虞候裴玢匿身不救，遲明而擒朝宗。德宗三遣使按問，竟斬朝宗及行軍司馬崔輅，以同州刺史劉昌裔爲節度使，玢爲行軍司馬。十九年，鹽夏節度判官崔文光權知鹽州，爲政苛刻，部將李庭俊作亂，殺而臠食之。左神策兵馬使李興幹戍鹽州，殺庭俊以聞。十一月，以興幹爲鹽州刺史，得專奏事。鹽州自是不隸夏州。二十年，昭義節度使李長榮卒。上遣中使以手詔授本軍大將。但軍士所附即授。大將來希皓，爲衆所服，固辭。兵馬使盧從史與監軍相結，得之。

　　偏遠之區，亦時有變故。建中二年二月，振武軍亂，殺其帥彭令光、監軍劉惠光。四年四月，福建觀察使吳詵苦役軍士，軍士殺詵心腹十餘人。逼詵牒大將郝誠溢掌留務。誠溢上表請罪。上遣中使就赦以安之。五月，以吳湊爲福建觀察使，貶詵爲涪州刺史。今四川涪陵縣。十一月，西山兵馬使張朏作亂，入成都。節度使張延賞奔漢州。見第六章第三節。鹿頭戍將叱干遂等討斬朏，鹿頭關，在鹿頭山上，今四川德陽縣北。延賞乃得歸。十四年十二月，明州鎮將栗鍠殺刺史盧雲，明州，今浙江鄞縣。誘山越作亂。十五年，浙東觀察使裴肅擒斬之。十六年四月,黔中觀察使韋士宗黔中觀察使,時治黔州。見第二章第七節。政令苛刻,爲衙將傅近等所逐,奔施州。見第四章第二節。五月,士宗復入黔州。妄殺士吏,人心大擾,士宗懼,亡走。十七年四月,以裴佶爲黔中觀察使。十九年二月,安南將王季光逐觀察使裴泰。左兵馬使趙均斬季光,迎泰復之。

第五節　貞元後外患

德宗興元,雖獲返蹕,然東方猶梗,而邊患復滋,真一艱難之會也。外患之亟,莫如吐蕃。《舊書·吐蕃傳》曰:貞元二年八月,吐蕃寇涇、隴、邠、寧,京師戒嚴。初尚結贊累遣使請盟會定界。九月,遣左監門將軍康成往使。與其使論乞陁同來。十一月,吐蕃陷鹽州。十二月,陷夏州。三年,命崔澣《本紀》作翰。爲入吐蕃使。尚結贊既陷鹽、夏,各留千餘人守之,結贊大衆屯於鳴沙。自冬及春,羊馬多死,糧餉不給。時詔遣華州駱元光、邠寧韓遊瓌統衆,與鳳翔、鄜、邠及諸道戌卒,屯於塞上。又命河東馬燧率師次於石州。見第二章第七節。結贊聞而大懼,累遣使請和,仍約盟會。上皆不許。又遣其大將論頰熱厚禮卑辭,求燧請盟。燧以奏焉,上又不許,惟促其合勢討逐。燧喜賂信詐,乃與頰熱俱入朝,盛言其可保信。上於是從之。燧既赴朝,諸軍但閉壁而已。結贊遽悉其衆棄夏州而歸。馬既多死,有徒行者。四月,崔澣至自鳴沙。初澣至鳴沙,與尚結贊相見,詢其違約之故。對曰:"本以定界碑被牽倒,恐二國背盟相侵,故造境上,請修舊好。又蕃軍頃年破朱泚,未獲酬償,所以來耳。及徙涇州,其節度使閉城自守,音問莫達。又徙鳳翔,請通使於李令公,亦不見納。康成、王真之來,王真之使,《傳》未叙,《紀》亦不及。皆不能達大國之命,日夜望大臣充使,無至者,乃引軍還。今君以國親將命,若結好復盟,蕃之願也。盟會之期及定界之所,惟命是聽。君歸奏決定,當以鹽、夏相還也。"又云:"清水之會,同盟者少,是以和好輕漫不成。今蕃相及元帥已下,凡二十一人赴盟。靈州節度使杜希全,稟性和善,外境所知,請令主盟會。涇州節度李觀,亦請同主之。"上令澣再入吐蕃,報尚結贊:杜希全職在靈州,不可出境;李觀今已改官;以渾瑊充會盟使。仍約以五月二十四日,復盟於清水。又令告以鹽、夏歸於我,纔就盟會。上疑蕃情不實,以得州爲信焉。結贊云:"清水非吉地,請會於原州之土梨樹。"又請盟畢歸二州。左神策將馬有麟《新書》作鄰。奏土梨樹地多險隘,恐蕃軍隱伏,不利於我。平涼川四隅坦平,且近涇州,就之爲便。乃定盟所於平涼川。及瑊與結贊會,結贊擁精騎數萬於壇西,瑊入幕次,其衆呼譟而至。珹出幕後,得他馬,跨而奔歸。副使崔漢衡等六十餘人皆陷焉。至故原州,結贊召與相見,數讓國家。因怒渾珹曰:"武功之捷,皆我之力,許以涇州、靈州相報,皆食其言。負我深矣,舉國所忿。本劫是盟,在擒珹也。吾遣以金飾桎梏待城,將獻贊普。既已失之,虛致君等耳!"結贊本請杜希全、李觀同盟,將執二節將,率其鋭師,來犯京師;希全等既不行,又欲執渾珹長驅入寇;其謀也如此。《渾珹傳》載尚結贊告陷蕃將吏怒珹之語,與《吐蕃傳》同。《新書·吐蕃傳》云:初與虜約:得長安,以涇、靈四州畀之,會大疫,虜輒求去,及洮平,責先約求地,天子薄其勞,第賜詔書,償結贊、莽羅等帛萬匹,於是虜以爲怨。其《李泌傳》謂帝約吐蕃赴援,賂以安西、北廷,京師平,來請如約,帝欲與之,泌爭之,乃止。案安西、北廷,是時雖通貢於唐,實恃回紇以爲安。見下。吐蕃苟欲得之,當自以兵力取之回紇,求諸唐何益? 故《新書·李泌傳》之説必誣。《舊書·吐蕃傳》,叙劫盟以前往復交涉,其辭頗詳,絶未有求涇、靈四州之語。靈州猶可,涇州距長安咫尺,縱急圖收復,亦豈得竟棄諸吐蕃? 其載尚結贊告崔漢衡,雖有以涇、靈相報之語,又無四州之説,故知此語暨《新書·吐蕃傳》之説,亦不實也。涇、靈漢蕃之界,欲請杜希全、李觀與盟,意似尚在取信? 後來何由變計,伏兵圖劫渾珹,事不可知,要不能謂其本有入寇之謀也。行事之不可知者多矣,本國且然,何況事涉兩國? 不必曲爲之説也。然唐之於是役,和戰之計,則有可推而知者。《舊書·張延賞傳》曰:貞元元年,詔徵延賞爲中書侍郎,同中書門下平章事。延賞與李晟不協,晟表論其過惡。德宗重違晟意,延賞至興元,興元元年,以梁州爲興元府。改授左僕射。初大曆末,吐蕃寇劍南,李晟領神策軍戍之,及旋師,以成都官妓高氏歸,延賞聞而大怒,使將吏追還焉,晟頗銜之,形於辭色。三年正月,晟入朝,詔晟與延賞釋怨。會浙西觀察使韓滉來朝。嘗有德於晟,因會燕,説晟使釋憾。遂同飲極歡。且請晟表薦爲相。晟然之。於是復加同中書門下平章事。及延賞當國用事,晟請一子聘其女,固情好焉。延賞拒而不許。晟謂人曰:"武夫性快。若釋舊惡於杯酒之間,終歡可解。文士難犯。雖修睦於外,而蓄怒於内。釁未忘也,得無懼焉?"無幾,延賞果謀罷晟兵權。初吐蕃尚結贊興兵入隴州。抵鳳翔,無所虜掠。且曰:"召我來,何不持牛酒犒師?"徐乃引去。持是以閒晟。晟令衙將王佖選鋭兵三千,設伏汧陽,今陝西汧陽縣。大敗吐蕃,結贊僅免。自是數遣使乞和。晟朝於京師,奏曰:"戎狄無信,不可許。"宰相韓滉,又扶晟議,請調軍食以繼之。上意將帥生事要功。會滉卒,延賞揣上意,遂行其志。奏令給事中鄭雲逵代之。上不許。且曰"晟有社稷之功",令自舉代己者。於是始用邢君牙焉。鳳翔軍都虞候。拜晟太尉，兼中書令，奉朝請而已。是年五月，蕃果背約，以劫渾城。延賞奏議請省官員，收其禄俸，資幕職、戰士，俾劉玄佐復河湟，軍用不乏矣。上然之。初韓滉入朝，至汴州，厚結玄佐，將薦其可委邊任，玄佐亦欲自效。及滉卒，以疾辭，上遣中官勞問，卧以受命。延賞知不可用，奏用李抱真。抱真亦辭不行。時抱真判官陳曇奏事京師，延賞俾勸抱真，竟拒絶之。蓋以延賞挾怨罷李晟兵柄，由是武臣不附。自建議減員之後，物議不平。延賞懼，量留其官。然減員人衆，道路怨歎，自聞於上。侍中馬燧奏減員太甚，恐不可行。太子少保韋倫倫即泣於朝以沮闕播者也，見第三節。及常參官等，各抗疏以減員招怨，並請復之。浙西觀察使白志貞亦以疏論。時延賞疾甚，在私第，李泌初爲相，採於羣情，由是官員悉復。七月，延賞薨。晟與延賞結隙，其曲在晟，昭然可知。延賞在蜀，動違法度，已見上節。既動違法度，自不能聽戍將挾官伎而行，其追還，非與晟爲難也。晟以武夫而干與宰相之進退，其兵權尚可不罷乎？謂由延賞私憾得乎？韓滉與晟及劉玄佐，互相朋比，事亦灼然。參看上節。德宗馭吐蕃，本志在於和，觀第一節所述可見，其疑將帥生事要功，自在意中。然則晟之罷兵，豈必由於延賞？抑玄佐豈可杖之才，而延賞猶欲用之；不得，則又求之於李抱真；其委曲求全，不欲輕有所開罪可知。《舊書·晟傳》，顧謂其欲用玄佐、抱真，俾立功以壓晟。世豈有用其黨而可以壓其人者？抱真是時，方起臺榭，穿池沼，好方士，冀長生，豈有志於功名？其不肯出，又與延賞何涉哉？馬燧縱田悦於洹水，聞泚亂而亟歸，僅遣其子以偏師入援，旋又引去，其偃蹇可謂已甚。朱泚既敗，其勢蓋亦頗危，故亟平河中以自贖，安敢違朝旨而和戎？其堅執不戰，蓋必有上契君心者矣。勉入朝而諸軍閉壁，疑亦必有所受之。然劫盟之後，亦罷其兵，其處置可謂至公。乃《晟傳》又云：尚結贊尤惡晟，乃相與議云：唐之名將，李晟與馬燧、渾瑊耳。不去三人，必爲我憂。乃行反間，遣使因燧以請和，既和即請盟，復因盟以虜瑊，因以賣燧。下述間晟及晟罷兵柄之事，與《延賞傳》略同。又云：劫盟之後，罷馬燧，盡中結贊之謀。不亦誕乎？《新書·燧傳》曰：吐蕃歸燧兄子弇。曰："河曲之屯，春草未生，吾馬飢，公若渡河，我無種矣。賴公許和，今釋弇以報。"帝聞，悔怒，奪其兵。此又與間晟之説，同爲東野人之言。唐史所傳，皆朋黨之論。減員雖復，衆怨未消，延賞之蒙謗，蓋由是也。貞元蕃禍，謂由唐初有以涇、靈相界之約，其説固誣，然借助於蕃，要爲失策，亦幸而其事未就耳。《通鑑》云：上遣崔漢衡詣吐蕃發兵。尚結贊言：蕃法發兵，以主兵大臣爲信，今制書無李懷光署名，故不敢進。上命陸贄諭懷光。懷光固執不可。曰："若克京城，吐蕃必縱焚掠，誰能遏之？此一害也。前有敕旨，募士卒克城者人賞百縑。彼發兵五萬，若援敕求賞，五百萬縋，何從可得？此二害也。虜騎雖來，必不先進，勒兵自固，觀我兵勢，勝則從而分功，敗則從而圖變，譎詐多端，不可親信，此三害也。"胡三省曰：懷光雖欲養寇自資，其言亦各有理。田希鑒之亂，《考異》引《邠志》，謂武功之捷，涇人相傳，言吐蕃助國有功，將以叛卒之孥，賞而歸之。涇人曰："不殺馮公，雖吾濮族，亦將不免矣。"遂殺馮河清，以田希鑒請命於泚。考異謂希鑒必有宿謀，或爲此言以要衆，其説固當，然蕃衆之不足恃而轉足詒患，則於此可見矣。《鑑》又云：上聞蕃去，甚憂之，以問陸贄，贄言："吐蕃遷延顧望，反覆多端。深入郊畿，陰受賊使。致令羣帥，進退憂虞。欲捨之獨前，則慮其懷怨乘躡；欲待之合勢，則苦其失信稽延；戎若未歸，寇終不滅。"又曰："將帥意陛下不見信任，且患蕃戎之奪其功；士卒恐陛下不恤舊勞，而畏蕃戎之專其利；賊黨懼蕃戎之勝，不死則悉遺人禽；百姓畏蕃戎之來，有財必盡爲所掠；是以順於王化者，其心不得不怠；陷於寇境者，其心不得不堅。"言之尤爲深切著明也。

　　盟事既敗，上遣中官齎詔書遺結贊，蕃界不納。結贊遣騎送崔漢衡至境，且齎表請進，李觀亦使止之，曰"有詔不許更納蕃使"，受其表而返其人。虜之戍鹽、夏者，涉春大疫。結贊以騎三千迎之。焚城門及廬舍，毀城壁而去。六月。旋率羌、渾之衆犯塞。涇、邠諸城，西門不啓。賊又修故原州城屯焉。朝以劉昌爲涇原，李元諒即駱元光。爲隴右，張獻甫代韓遊瓌。本皆在貞元四年。吐蕃陷連雲堡，在今甘肅涇川縣西。昌復之。又城平涼，以扼彈箏峽。在今平涼縣西。元諒築良原縣名，在涇州西六十里。故城治之。獻甫亦敗蕃兵。涇、隴、邠、寧稍靖。九年，杜希全建議城鹽州。靈武、銀、夏、河西亦稍安，而北庭於六年爲吐蕃所陷，遂引起西北之軒然大波，其震蕩且及於西南焉。

　　上元中河西軍鎮之陷也，舊將李元忠守北廷，郭昕守安西，與沙陀、回鶻相依，吐蕃久攻之，不下。《舊書·地理志》。元忠本姓曹，名令忠，以功賜姓名。昕，子儀弟幼明之子。《舊書》皆附《子儀傳》，元忠以貞元二年卒，見《舊紀》。沙陀者，西突厥別部處月。居金娑山之陽，蒲類海之東，今巴里坤湖。有大磧曰沙陀，故號沙陀突厥。賀魯反，其酋朱邪孤注與之連和，事在永徽二年，見《新書·本紀》。《舊書·本紀》：貞觀二十二年，阿史那社尒降處月、處密，蓋至是而叛。契苾何力討斬之，即其地置金滿、沙陀二州。有金山者，長安二年，爲金滿州都督。死，子輔國嗣。先天初，避吐蕃，徙部北廷。開元二年，復領金滿州都督。死，子骨咄支嗣。骨咄支死，子盡忠嗣。《新書》本傳。建中元年，元忠、昕遣使間道奏事。德宗嘉之，以元忠爲北庭都護，昕爲安西都護。《舊書·地理志》。《本紀》繫二年七月，蓋其使以元年發，二年至。《紀》云：遣使歷回紇諸蕃入奏。既假道於回紇，因附庸焉。蓋謂受其徵斂如屬國也。回紇徵求無厭。北庭差近，服用食物所資，必强取之，沙陀尤所厭苦。又有葛禄部及白服突厥，《新書·回鶻傳》作白眼突厥。亦憾其侵掠。因吐蕃厚賂見誘，遂附之，《舊書·回紇傳》及《吐蕃傳》。而波瀾起矣。

　　德宗於回紇，亦主和好。貞元三年，武義可汗使獻方物，請和親。詔以咸安公主下嫁。德宗女。《新書·回鶻傳》言：帝以陝州故憾，不欲與回紇平，李泌力勸乃可。此出其子繁所作《鄴侯家傳》，殊不足信。《通鑑》亦採其説，然觀《考異》所舉，則繁所記之事，不儷者已有數端矣。明年，回紇遣使來逆女。《新書》云：又請易回紇曰回鶻，言捷鷙猶鶻然。據《舊書·回紇傳》，事在憲宗元和四年。《通鑑考異》云：《鄴侯家傳》及繁所作《北荒君長録》云在是年，蓋《新書》亦即本於是，亦不足信也。既尚主，拜爲汨咄禄長壽天觀毗伽可汗，主爲智惠端正長壽孝順可敦。五年，可汗死。子多邏斯立。國人號泮官特勒。使鴻臚卿郭鋒册爲愛登里邏汨没密施俱録毗伽忠貞可汗。是歲，吐蕃率葛禄、白服之衆寇北庭。回紇大相頡干迦斯援之，頻戰敗績。北庭之人，既苦回紇，六年，乃舉城附於吐蕃。沙陀亦降焉。《舊書·吐蕃傳》。據此，是北廷先降，沙陀繼之。《新書·回鶻傳》則云：吐蕃因沙陀共寇北廷。《沙陀傳》亦云：沙陀部七千帳附吐蕃，與共寇北廷，陷之。《通鑑考異》引趙鳳《後唐懿祖繫年録》云：盡忠説回紇忠貞可汗援北庭，從頡干迦斯往，迦斯不利而退，盡忠爲北廷之衆劫以降吐蕃，則譔飾之辭，不足信也。是歲四月，可汗爲少可敦葉公主所毒，死。可敦，僕固懷恩孫。懷恩子爲回鶻葉護，故女號葉公主。可汗之弟乃自立。《新書·回鶻傳》。《舊書》云：可汗爲弟所殺而篡立。據《通鑑考異》，《舊書》本於《實録》。迦斯方攻吐蕃，其大臣率國人共殺篡者，以可汗幼子阿啜嗣。《舊書》云。年十六七。迦斯還，可汗等出勞，皆俯伏，言廢立狀，惟大相生死之。悉發郭鋒所賜器幣餉迦斯。可汗拜且泣曰：“今幸得繼絶，仰食於父也。”迦斯以其柔屈，乃相持哭，遂臣事之。以器幣悉給將士，無所私。其國遂安。遣來告，且聽命。册爲奉誠可汗。《新書·回鶻傳》。此時回紇上下，蓋頗乖離，宜不能與吐蕃敵也。七年秋，迦斯悉其丁壯五六萬人，將復北庭。仍召楊襲古偕行。俄爲吐蕃、葛禄等所擊，大敗。死者大半。襲古餘衆僅百六十，將復入西州。迦斯紿之曰：“且與我同至牙帳，當送君歸本朝也。”襲古從之。及牙帳，留而不遣。竟殺之。自是安西阻絶，莫知存亡，惟西州之人，猶固守焉。《舊紀》繫六年末，《通鑑》同，蓋因北廷之陷終言之也。《新書·本紀》，本在七年九月。迦斯既敗，葛禄之衆，乘勝取回紇之浮圖川。回紇震恐，悉遷西州部落、羊馬於牙帳之南以避之。《舊書·回紇傳》及《吐蕃傳》。浮圖川，《本紀》同，《新書·回鶻傳》作深圖川。胡三省曰：浮圖川，在烏德鞬山西北。悉遷西州部落羊馬於牙帳之南以避之，從《吐蕃傳》。《回紇傳》西州作西北，《通鑑》同，蓋誤？北廷既失，西州亦危，故遷其部落羊馬近牙帳，以便保護。若回紇之西北，則此時固不畏吐蕃也。《本紀》無此二字，蓋奪？《新書·回鶻傳》云：稍南其部落以避之，語殊含混。然亦可見其所據者，西州業已譌爲西北也。吐蕃在西域，可謂大得志矣。前此争四鎮且不得。然因此而趣南詔之叛。

　　貞元元年，韋臯代張延賞爲西川節度使。初，勿鄧、豐琶、兩林，天寶中皆受封爵。及南詔陷嶲州，遂羈屬吐蕃。貞元中，復通款。以勿鄧大鬼主苴嵩兼邛部團練使。邛部縣，屬巂州，在今越巂縣北。死，子苴驃離幼，以苴夢衝爲大鬼主。數爲吐蕃侵獵。兩林都大鬼主苴那時遣臬書，乞兵攻吐蕃。臯遣將逼臺登。見第五章第六節。分兵破吐蕃青海、臘城二節度軍於北谷。《通鑑》作臺登谷，蓋在臺登之北。殺青海大兵馬使乞藏遮遮，尚結贊子也。時貞元五年十月也。數年間，盡復巂州之地。《舊書·吐蕃傳》。案巂州城至十三年始克，見《本紀》及《臬傳》。詔封苴那時、苴夢衝、豐琶部落大鬼主驃傍爲郡王。苴夢衝內附吐蕃，斷南詔使路。臬遣兵召至，聲其罪斬之。披其族爲六部，以樣棄主之。八年二月。及苴驃離長，乃命爲大鬼主焉。八年，臬攻維州，見第三章第四節。獲吐蕃大將論贊熱。九年，城鹽州，命臬出師以分吐蕃之兵。臬遣將出西山及南道，破俄和城及通鶴軍。《新書·地理志》：翼州有峩和城。翼州，在今松潘疊溪營西。通鶴軍，未詳。吐蕃南道元帥論莽熱來援，又破之。平栅堢五十餘。九年，女國王湯立悉《新書》本傳。《通鑑》作志。及白狗、哥鄰、逋租、南水、弱水、悉董、清遠、咄霸皆詣臬求內附。此所謂西山八國也。女國是時，已以男子爲王。諸國王或身來朝，或遣子弟入朝，皆授官。立悉授銀青光祿大夫，歸化州刺史，其妹乞悉漫從其兄來朝，封和義郡夫人，可知立悉之爲男子也。此後西川節度使常兼押西山八國之稱。八國者，諸國中除弱水。胡三省云：最弱小，不得與於八國之數也。見《通鑑》貞元十年《注》。松州羌二萬繼之。松州見第三章第四節。十年而南詔歸順。

初吐蕃賦役南蠻重數。又奪諸蠻險地，立城堢，徵兵以助鎮防。《舊書·南詔傳》。觀下文異牟尋欲歸華，悉召諸種落與議，未畢至則不敢公言，則知南詔之於諸蠻，尚有不純臣之義，此云南蠻，云諸蠻，顯然非指南詔一國。《新書》云：吐蕃責賦重數，悉奪其險，立營候，歲索兵助防，則似專施諸南詔者矣。異牟尋厭苦之。鄭回者，相州人，見第二章第一節。爲西瀘縣令。在今西昌西南。巂州陷，爲所虜。閣羅鳳命教鳳迦異。及異牟尋立，又令教其子尋夢湊。尋以爲清平官。蠻謂相爲清平官，凡置六人。回勸牟尋棄蕃歸唐。牟尋善其言。韋臬微聞之。令蠻歸化者寓書於牟尋，且招懷之。時貞元四年也。七年，又遣間使持書喻之。道出磨些蠻。見下。其魁主潛告吐蕃。吐蕃詰牟尋。牟尋懼，執使送吐蕃。然蕃益疑之。多召南詔大臣之子爲質。牟尋愈怨。九年，與酋長計，遣三使異道趨成都，遣書請歸款。臬護送使者京師。上嘉之，賜牟尋詔書。因命臬遣使以觀其情，臬命巡官崔佐時往。此據《新書》。《舊書》以佐時之使在貞元四年，誤。時蕃使數百人先在，牟尋悉召諸種落，與議歸化，未畢至，未敢公言，密令佐時稱牂牁使者，衣以牂牁服以入。佐時不肯。牟尋不得已，乃夜迎佐時。佐時遂大宣詔書，牟尋恐吐蕃知，顧左右無色，業已然，皆俯伏受命。又明年正月，使其子閣勸即尋夢湊。及清平官等與佐時盟於點蒼山神祠。山在今大理縣西。乃去吐蕃所立帝號，請復南詔舊名。初吐蕃因争北庭，與回鶻大戰，死傷頗衆，乃徵兵於牟尋，萬人。牟尋欲因襲之，乃示寡弱，僅可發三千人。吐蕃少之，請益。至五千，乃許。牟尋自將數萬躡其後，大破吐蕃於神川，遂斷鐵橋。吐蕃稱金沙江爲神川。鐵橋，在今雲南中甸縣北。六月，册牟尋爲南詔王。《新傳》誤在明年。《通鑑》從《實録》在此月。牟尋攻吐蕃，復取昆明，以食鹽池。昆明縣，屬巂州，今西康鹽源縣。又破施蠻、在鐵橋西北。順蠻，本與施蠻雜居劍，共諸川。哶羅皮、鐸羅望既失邆川，浪穹奪劍、共地，由是徙鐵橋，居劍晱西北四百里，號劍羌。並虜其王。因定磨些蠻與施、順二蠻皆烏蠻種。居鐵橋大婆、小婆三探覽、昆池等川。隸昆山、西爨故地。破茫蠻。掠弄棟蠻，白蠻種。本居弄棟縣鄙，爲裒州。有首領。後散居磨些江側，故劍、共諸川亦有之。漢裳蠻，本漢人，部種在鐵橋。惟以明霞纏頭，餘尚同漢。以實雲南東北。南詔蓋於是爲強矣。十五年，異牟尋謀擊吐蕃，請皋圖之。時唐兵比歲屯京西、朔方，大峙糧用，南北併攻取故地，然南方轉餉稽期，兵不悉集。是夏，虜麥不熟，疫癘仍興，贊普死，新君立，見下。皋揣虜未敢動。乃勸牟尋緩舉。而吐蕃大臣以歲在辰，貞元十六年庚辰。兵宜出，謀襲南詔。牟尋與皋相聞，皋遣兵赴之，虜無功還，期以明年。皋令部將武免按兵巂州，節級鎮守。雖南詔境，亦所在屯戍。吐蕃君長共計：不得巂州，患未艾，常爲兩頭蠻挾唐爲輕重。兩頭蠻，謂南詔。會虜薦飢，方葬贊普，調斂煩，至是大科兵，率三户出一卒，虜法爲大調集，欲悉師出西山、劍山，收巂州以絶南詔。而皋以吐蕃寇麟州，見第五章第二節。出師以撓之矣。

吐蕃内亂，似甚頻仍。德宗初年之乞力贊，《新書》云姓户盧提氏，與前云姓勃窣野者不同，則其中間似已易姓。又云：貞元十二年，尚結贊死，明年，贊普死，其子足之煎立。二十年，贊普死，其弟嗣立。《舊書》云：貞元二十年三月上旬，贊普卒。贊普以貞元十三年四月卒，長子立。一歲卒，次子嗣立。文義頗欠明瞭。贊普以貞元十三年四月卒二十一字，據《通鑑考異》，知其本於《實録》，疑四月卒之卒字爲立字之誤。此十一字爲追叙之辭，本分注誤爲正文，而《舊書》又誤仍之也。此贊普即《新書》所云死於尚結贊死之明年者。足之煎若爲其長子，則死於二十年三月者，乃足之煎之弟也。《新書·南詔傳》：貞元十五年，異牟尋謀擊吐蕃，謀於韋皋，皋揣虜贊普死，新君立，未敢遽動，死者當即死於十三年之贊普之長子，立者則其次子，未必十五年更有一贊普死也。《新書》載九年異牟尋與韋皋書曰：代祖棄背，吐蕃欺孤背約，神川都督論訥舌使浪人利羅式浪人，謂浪速蠻人也。眩惑部姓，發兵無時，今十二年，此一忍也。天禍蕃廷，降釁蕭牆。太子弟兄流竄，近臣横汙，皆尚結贊陰計，以行屠害。平日功臣，無一二在。訥舌等皆册封王。小國奏請，不令上達。此二忍也。又遣訥舌逼城於鄙，弊邑不堪。利羅式私取重賞，部落皆驚，此三忍也。

又利羅式罵使者曰：滅子之將，非我其誰？子所富當爲我有。此四忍也。今吐蕃委利羅式甲士六十侍衛，因知懷惡不謬。此一難忍也。吐蕃陰毒野心，輒懷搏噬。有如偸生，實汙辱先人，辜負部落。此二難忍也。往退渾王爲吐蕃所害，孤遺受欺；西山女王，見奪其位；拓跋首領，党項。並蒙誅刈；僕固志忠，身亦喪亡；蓋僕骨部落服屬吐蕃者。每慮一朝，亦被此禍。此三難忍也。往朝廷降使招撫，情心無二，詔函信節，皆送蕃廷。雖知中夏至仁，業爲蕃臣，吞聲無訴。此四難忍也。據此，則貞元九年之前，吐蕃曾有内亂。吐蕃謀襲南詔，韋臯爲之出兵，其西貢節度使監軍野多輸煎者，贊普乞立贊養子，當從先贊普殉，亦詣臯將扶忠義降。蓋蕃法殉死在葬時，是時乞力贊尚未葬，故野多輸煎未殉。然則下言方葬贊普調斂煩，所葬即乞立贊也。此事早亦當在貞元十六年。如此推測不謬，則乞立贊死實歷數年而後葬，亦可見吐蕃内亂之烈。大權皆歸尚結贊。尚結贊既主兵於北，遮遮又死於南，南北兵事，皆其一家所爲，蓋亦禄東贊、欽陵、贊婆之倫矣。然尚結贊雖很鷙，亦以暴虐激怒屬國，使之怨叛，種吐蕃衰弱之根，可見兵爲不祥之器也。貞元十二年九月，吐蕃寇慶州及華池縣。慶州見第三章第一節。華池，今甘肅合水縣東北華池鎮。蓋猶尚結贊所爲？其明年，贊普遣使齎表請修和好，可見其國是之一變。邊將以聞。上以其數負恩背約，不受。自此至十六年，無甚侵寇。十七年七月，寇鹽州，又陷麟州。毀城隍，大掠居人，驅党項部落而去。其所謂徐舍人者，呼延州僧延素輩七人。延州見第一節。自言本漢人。司空英國公五代孫也。徐世勣。高祖建義中沒，子孫流播絶域，今三代矣。雖代居職位，世掌兵要，思本之心無涯，顧血族無由自拔耳。又曰：余奉命率師備邊，因求資食，遂涉漢疆。案《新書·南詔傳》言：虜攻鹽州，帝以虜多詐，疑繼以大軍，詔韋臯深鈔賊鄙分虜勢。臯表賊精鎧多置南屯，今向鹽、夏非全軍，欲掠河曲党項畜産耳。此亦徐舍人但欲求食非來爲寇之一證，可見蕃人是時無意擾邊。然韋臯所遣偏將，遂分九道併進。破蕃兵十六萬，拔城七，軍鎮五。進攻維州。贊普遣論莽熱以内大相兼東境五道節度，率雜虜十萬來解圍，破擒之。十九年五月，蕃使論頻熱至，乃遣薛伾報使。二十年，再使來。二十一年，德宗崩，遣使告喪，蕃亦使人來貢助山陵。《舊書·大食傳》云：貞元中，與吐蕃爲勁敵，蕃軍大半西禦大食，故鮮爲邊患，此亦當不盡誣，然終恐東方兵事，與尚結贊相終始也。蕃在東方，兵力本不甚厚，崔澣入蕃，誘賂蕃中給役者，求其人馬真數。凡五萬九千餘人，馬八萬六千餘匹。可戰者僅三萬人，餘悉童幼，備數而已。見《舊書·吐蕃傳》及《德宗紀》貞元三年。其數與韓滉所言略同，而能戰者尤少也。而殺略殊甚。又好俘虜，其待俘虜又極酷。《舊書》本傳，於劫盟後數年中，叙其事頗詳。而諸將徘徊不能得一俘，《新書·吐蕃傳》語。自廣德至於貞元皆然，徒聞

《縛戎人》、《西涼伎》諸篇什，皆白居易《新樂府》。流傳於後耳。可見握兵者之全無心肝也。

因南詔之歸服，而驃國遂通於唐。《唐書》云：驃，古朱波也。華言謂之驃。自謂突羅成。此據《舊書》。新書作突羅朱。闍婆人謂之徒里掘。亦據《舊書》，《新書》作徒里掘。東陸真臘，西東天竺，南盡溟海，北通南詔，東北拒羊苴咩城。南詔都，異牟尋自大和徙此，即今大理縣治。《新書》云：東北柔長，屬羊苴咩城。往來通聘者二十國，役屬者九城，食境土者二百九十部落。《新書》云：凡屬國十八，鎮城九，部落二百九十八，以名見者三十二。其王姓困没長。國以青甓爲圓城，周百六十里，有十二門，四隅作浮屠。明天文。喜佛法。佛寺有百餘區。其堂宇皆錯以金銀，塗以丹彩，地以紫礦，覆以錦罽。王居亦如之。男女七歲，則落髮止寺舍，依桑門，至二十，不悟佛理，乃復長髮爲居人。以上兼採兩《唐書》本傳。朱波，未詳。驃，馮承鈞云：即昔稱霸（Prome）之 Pyn 族。《中國南洋交通史》第五章。《西域記》卷十三摩咀吒後，著録南海六國：東北大海濱山谷中，有室利差呾羅。次東南大海隅，有迦摩浪迦。次東，有墮羅鉢底。次東，有伊賞那補羅。次東，有摩訶瞻波，此云林邑是也。次西南，有閻摩那洲，凡此六國。山川道阻，不入其境，然風俗壤界，聲問可知。室利差呾羅，即《南海寄歸‧內法傳》之室利察呾羅，《唐書》之驃國，今之 Prome，迦摩浪迦，應爲後之白古。墮羅鉢底，即《南海寄歸‧內法傳》之杜和鉢底，在今 Menam 江之下流。伊賞那補羅，即真臘，今之柬埔寨。摩訶瞻波，即後之占城，當時據今安南之中圻、南圻。閻摩那洲，疑耶婆洲（Yavadvipa）之誤，殆指蘇門答剌大島，當時南海中大洲除此島或爪哇外莫屬也。第八章。《唐書》言驃國役屬城邑部落之多，蓋近誇侈，此特其交通所及而已。然其與南詔，固確有關係。緬甸與雲南之往還，固由來舊矣。《舊書》云：古未嘗通中國。貞元中，其王聞異牟尋歸附，八年，乃遣其弟悉利移因南詔重譯來朝。又獻其國樂凡十曲，與樂工三十五人俱。《新書》云：王雍羌，聞南詔歸唐，有內附心。異牟尋遣使詣韋臯，請獻夷中歌曲，且令驃國進樂人。於是臯作《南詔奉聖樂》。雍羌亦遣弟悉利移、城主舒難陀獻其國樂。至成都，臯復譜次其聲。以其舞容、樂器異常，乃圖畫以獻云。亦見《樂志》。《新書》言南詔以兵强地接，常羈制之，蓋實其附庸而已。

第六節　貞元朝局

德宗還自梁州，以張延賞爲相，貞元元年六月。旋以李晟攻擊，罷之，八月。已見上節。貞元二年正月，以崔造爲相。《舊書·造傳》曰：造久從事江外，疾錢穀諸使罔上之弊，乃奏天下兩稅錢物，委本道觀察、本州刺史選官典部送上都。諸道水陸運使及度支巡院、江淮轉運使等並停。其度支鹽鐵，委尚書省本司判。尚書省六職，令宰臣分判。乃以戶部侍郎元琇判諸道鹽鐵榷酒等事，吉中孚判度支及諸道兩稅事。又以歲飢，浙江東西道入運米每年七十五萬石，今更令兩稅折納米一百萬石，委兩浙節度使韓滉運送一百萬石至東渭橋。其淮南濠、壽旨米，洪、潭屯米，委淮南節度使杜亞運送二十萬石至東渭橋。諸道有鹽鐵處，依舊置巡院句當。河陰見在米，唐河陰縣，在今河南河陰縣東，江淮運米，於此置倉。及諸道先付度支巡院般運在路錢物，委度支依前句當。其未離本道者，分付觀察使發遣，仍委中書門下年終類例諸道課最聞奏。造與元琇素厚，罷使之後，以鹽鐵之任委之。而韓滉方司轉運，朝廷仰給其漕發。滉以司務久行，不可遽改。德宗復以滉爲江淮轉運使。餘如造所條奏。元琇以滉性剛難制，乃復奏江淮轉運，其江南米自江至揚子，長江在今揚、鎮間津渡處，古稱揚子津，唐於其地置縣，曰揚子縣，故治在今儀徵縣南。凡十八里，請滉主之，揚子以北琇主之。滉聞之，怒。掎摭琇鹽鐵司事論奏。德宗不獲已，罷琇判使，轉尚書右丞。其年秋初，江淮漕米大至。德宗嘉其功，以滉專領度支諸道鹽鐵轉運等使。造所條奏皆改。物議亦以造所奏雖舉舊典，然凶荒之歲，難爲集事。乃罷造知政事，貶琇雷州司戶。此德宗繼建中之後，再欲整頓財政，以凶歲不得不仰給江淮，而爲滉所敗也。《新書·滉傳》：滉銜琇。會琇以京師錢重貨輕，發江東鹽監院錢四十萬緡入關。滉紿奏：運錢至京師，率費萬致千，不可從。帝責謂琇。琇曰："千錢其重與斗米均，費三百可致。"帝以諭滉。滉執不可。至是，誣劾琇餽米與李納、李懷光。帝怒，不復究驗，貶琇雷州司戶參軍。左丞董晉白宰相劉滋、齊映曰："昨關輔用兵，方蝗旱，琇不增一賦，而軍興皆濟，可謂勞臣。今被謫無名，刑濫人懼。公胡不請三司鞫之？"滋、映不能用。給事中袁高抗疏申執，滉指爲黨與，寢不報。夫唐之君臣，豈真不辨是非如此，無非一時倚賴江淮漕運，遂至爲其所脅而已。亦可哀矣。琇之改官，造憂懼成疾，數月不能視事。齊映當政。明年正月，張延賞相，事見上節。映亦罷。《舊書·映傳》曰：映於東都舉進士及宏辭科，延賞爲河南尹、東都留守，厚映。及映爲相，延賞罷相爲左僕射，數畫時事，令映行之，及爲所親求官，映多不應。延賞怒，言映非宰相器。三年正月，貶映夔州刺史。此亦恐厚誣延賞。然亦可見延賞實爲德宗所眷倚，而李晟之沮之爲跋扈矣。而柳渾爲相。《舊書·渾傳》曰：韓滉自浙西入覲，朝廷委政待之。至於調兵食，籠鹽鐵，句官吏賞罰，鋤豪强兼併，上悉杖焉。每奏事，或日旰，他相充位而已。公卿救過不暇，無敢枝梧者。渾雖滉所引，心惡其專，正色讓之曰："先相公以狷察，爲相不滿歲而罷，滉父休。今相公榜吏於省中，且非刑人之地，奈何蹈前非而又甚焉？"可見滉之專橫矣。是歲二月，滉死，故其亂政不久。

韓滉既死，張延賞乃獲行其志，罷李晟兵柄，事亦已見上節。劫盟事起，延賞亦卧病，而李泌相。泌本非相才，此時又以鬼道進，隨時俯仰而已。《舊書·泌傳》：泌頗有謇直之風，而談神仙詭道，或云嘗與赤松子、王喬、安期、羨門游處，爲代所輕。雖詭道求容，不爲時君所重。德宗初即位，尤惡巫祝怪誕之士。及建中末，寇戎内梗，桑道茂有城奉天之説，上稍以時日禁忌爲意，而雅聞泌長於鬼道，故自外徵還，以至大用，時論不以爲愜。及在相位，隨時俯仰，無足可稱。五年二月，泌疾甚，董晉、竇參並相。事決在參，晉但奉詔書，領然諾而已。《舊書·晉傳》。八年四月，參敗，而陸贄相。《新書·參傳》曰：參領度支鹽鐵使，每延英對，他相罷，參必留，以度支爲言，實專政也。然參無學術，不能稽古立事，惟樹親黨，多所調察，四方畏之。於是李納厚饋參，外示嚴畏，實賂帝親近爲閒，故左右爭毁短之。申其族子也。爲給事中。參親愛。每除吏，多訪申。申因得招賂，漏禁密語。帝聞，以戒參。且曰："是必爲累，不如斥之。"參固陳丐。吳通玄與弟通微，皆博學善文章。父道瓘，以道士詔授太子、諸王經，故通玄等皆得侍太子游。德宗立，弟兄踵召爲翰林學士。與陸贄、吉中孚、韋執誼竝位。贄文高有謀，特爲帝器遇，且更險難有功，通玄等特以東宫恩舊進，昵而不禮。見贄驟擢，頗媢恨。贄欲斥遠之，即建言請罷學士，帝不許。《舊書·贄傳》曰：德宗以贄指斥通微、通玄，故不可其奏。通玄怨日結。謀奪其内職。會贄權知兵部侍郎，主貢舉，乃命爲真。贄與竇參交惡，參從子申從舅嗣虢王則之，鉅子。方爲金吾將軍，故申介之使結通玄兄弟，共危贄。帝逐申、則之、通玄，通玄以宗室女爲外婦，帝銜其淫汙近屬，賜死。貶參郴州別駕。今湖南郴縣。宣武劉士寧餉參絹五千，湖南觀察使李巽故與參隙，以狀聞。又中人爲之驗。帝大怒。以爲外交戎臣，欲殺參。贄雖怨，亦以殺之太重，乃貶驩州司馬。宦官謗沮不已，竟賜死於邕州。而杖殺申。《舊書·贄傳》云：巽奏聞，德宗不悦。會右庶子姜公輔於上前聞奏，稱竇參嘗語臣云：陛下怒臣未已。德宗怒，再貶參，竟殺之。時議云：公輔奏參語，得之於贄，參之死，贄有力焉。又云：贄初入翰林，特承德宗異顧。歌詩戲狎，朝夕陪遊。及出居艱阻之中，雖有宰臣，而謀猷參決，多出於贄，故當時目爲内相。既與二吳不協，漸加浸潤，恩禮稍薄。及通玄敗，上知誣枉，遂復見用。陸贄賢者，然觀此事始末，謂其不與於黨爭得乎？朋黨之始，或以親知之相倚，或由利害之偶同，情有比周，未必遂爲大惡。及其固結不解，推波助瀾，趨避之見既深，是非之心遂泯，馴至壞國事以徇私計而不恤，則其弊有不勝窮，不忍言者矣。德宗天性猜忌，贄常勸之以推誠，千載而下，讀其書者，猶有餘味焉。然以言教不如以身教，上之於下如是，下之於上，亦何獨不然？日句心鬥角於其朝，而望人君之推心置腹，不亦遠乎？

《舊書·班宏傳》云：貞元初，改戶部侍郎，爲度支使韓滉之副。遷尚書，復副竇參。參初爲大理司直，宏已爲刑部侍郎。參以宏先貴，常私解説之，曰："一年之後，當歸此使。"宏心喜。歲餘，參絶不復言。宏怒。公事多異。揚子院，鹽鐵、轉運委藏也。宏以御史中丞徐粲主之。既不理，且以賄聞。參欲代之。宏執不可。張滂先善於宏，宏薦爲司農少卿。及參欲以滂分掌江淮鹽鐵，詢之於宏，宏慮滂以法繩徐粲，因曰："滂强戾難制，不可用。"滂知之。八年三月，參遂爲上所疏，乃讓度支使。遂以宏專判。而參不欲使務悉歸於宏，問計於京兆尹薛珏。珏曰："二子交惡，而滂剛決，若分鹽鐵、轉運於滂，必能制宏。"參乃薦滂爲戶部侍郎、鹽鐵使，判轉運，尚隸於宏以悦之。江淮兩税，悉宏主之，置巡院，然令宏、滂共擇其官。滂請鹽鐵舊簿書於宏，宏不與。每署院官，宏、滂更相是非，莫有用者。滂乃奏曰："珏、宏與臣相戾，巡院多闕官，何以輯事？"遂令分掌之。無幾，宏言於宰相趙憬、陸贄曰："宏職轉運，年運江淮米五十萬斛，前年增七十萬斛，今職歸於人，不知何謂？"滂時在側，忿然曰："凡爲度支胥吏，不一歲，資累鉅萬，僭馬第宅，僭於王公，非盜官財，何以致是？道路喧喧，無不知之。聖上故令滂分掌。公所言，無乃歸怨於上乎？"宏默然不對。是日，宏稱疾。滂往問之，不見。憬、贄乃以宏、滂之言上聞。由是遵大曆故事，如劉晏、韓滉所分。滂至揚州，按徐粲。逮僕妾子姪，得贓鉅萬，乃徙嶺表。故參得罪，宏頗有力焉。然則竇參之敗，又有權利之爭焉。此可見劉晏之徒，以言利而敗者，雖或非其罪，然未始無象齒焚身之道也。

是歲七月，班宏卒。陸贄請用李巽。上不聽，而用司農少卿裴延齡。旋遷戶部侍郎。於是贄敗矣。延齡亦史所目爲姦佞者，然按其事迹，亦不能得其姦佞之所在也。《舊書》本傳云：延齡自揣不通貨殖之務，乃多設鉤鉅，召度支老吏與謀。乃奏云：天下每年出入錢物，新陳相因，常不減六七千萬貫。惟有一庫，差舛散失，莫可知之。請於左藏庫中分置別庫。史訾其於錢物更無增加，而虚費簿書人吏，世豈有惜簿書人吏之費，而任令出入混淆者乎？《新書·延齡傳》：永貞初，度支言延齡囊列別庫，無實益而有吏文之煩，乃詔復以還左藏，《舊書》所云，即當時此等議論也。《傳》又云：延齡奏曰：開元、天寶中，天下戶僅千萬，百司公務殷繁，官員尚或有闕。自兵興已來，戶口減耗大半，今一官可兼領數司。伏請自今已後，内外百司，官闕未須補置，收其禄俸，以實帑藏。則裁員實當日之急務，張延賞、沈既濟、杜佑、李吉甫等，咸以爲言者也。延賞欲減官，已見上節。建中二年，勅中書門下兩省分置待詔官三十，既濟上疏曰：臣嘗計天下財賦，耗斁之大者，惟二事焉：最多者兵資，次之者官俸，其餘雜費，十不當二事之一。所以黎人重困，杼軸猶空。方期輯熙，必藉裁減。事竟不行。見兩《書·既濟傳》。《新書·杜佑傳》：建中初，河朔兵挐戰，民困，賦無所出。佑以爲救敝莫若省用，省用則省官。乃上議曰：漢光武建武中，廢官四百，吏率十署一。魏太和時，分遣使省吏員。正始時，併郡縣。晉太元省官七百。隋開皇廢郡五百。貞觀初，省内官六百員。設官之本，以治衆庶，故古者計人置吏，不肯虛設。自漢至唐，因征戰艱難，以省吏員，誠救弊之切也。神龍中，官紀蕩然。有司大集選者，既無闕員，則置員外官二千人。自是以爲常。開元、天寶中，四方無虞，編户九百餘萬，帑藏豐溢，雖有浮費，不足爲憂。今黎苗彫瘵，天下户百三十萬；陛下詔使者按比，纔得三百萬；中浮寄，又五之二；出賦者已耗，而食之者如舊。安可不革？又李吉甫傳：吉甫以元和六年入相，奏曰：方今置吏不精，流品龐雜，存無事之官，食至重之税，故生人日困，冗食日滋。又國家自天寶已來，宿兵常八十餘萬，其去爲商販，度爲佛老，雜入科役者，率十五已上。天下常以勞苦之人三，奉坐待衣食之人七。而内外官仰奉稟者，無慮萬員。職局重出，名異事離者甚衆。故財日寡而受禄多，官有限而調無數。九流安得不雜？萬務安得不煩？漢初置郡，不過六十，而文、景化幾三王，則郡少政不必紊，郡多事不必治。今列州三百，縣千四百，以邑設州，以鄉分縣，費廣制輕，非致化之本。願詔有司博議。州縣有可併併之，歲時入仕有可停停之，則利寡易求，官少易治。國家之制：官一品，俸三千。職田禄米，大抵不過千石。大曆時，權臣月俸，有至九千緡者。州刺史無小大皆千緡。宰相常衮，始爲裁限。至李泌，量閒劇稍增之，使相通濟。然有名在職廢，俸存額去。閒劇之間，厚薄頓異。亦請一切商定。乃詔給事中段平仲、中書舍人韋貫之、兵部侍郎許孟容。户部侍郎李絳參閱蠲減。凡省冗官八百員，吏千四百員。蓋裁官之議，輾轉見沮，至是而後克行。憲宗時兵費所以能勉强支持，裁官必不能無小補也。合前後之事觀之，而官之當裁不疑也。又云：陸贄每論其誕妄，不可令掌財賦。德宗以爲排擯，待延齡益厚。贄上書疏其失，有云：搜求市廛，豪奪入獻。追捕夫匠，迫脅就功。都城之中，列肆爲之晝閉。興役之所，百工比於幽囚。此等聳聽之危辭，凡從事理財者，固無不可强被之也。本傳中謂延齡誕妄之辭甚多，皆稚氣不直一笑，不待更辯。書奏，德宗不悦。鹽鐵轉運使張滂、京兆尹李充，司農卿李銛，以事相關，皆證延齡矯妄。德宗罷贄知政事。十年十二月。滂、充、銛悉罷職左遷。十一年，春暮，延齡上疏言：贄、充等失權怨望，言於衆曰："天下炎旱，人庶流亡，度支多欠闕諸軍糧草。"以激怒羣情。後數日，上幸苑中，適會神策軍人訴度支欠厩馬芻草，上思延齡言，即時迴駕，斥逐贄、充、滂、銛等。朝廷中外惴恐。延齡方謀害在朝正直之士，會諫議大夫陽城等伏閤切諫，且止。贄、充等雖已貶黜，延齡憾之未已。乃掩捕李充腹心吏張忠，捶掠楚痛，令爲之辭，云：前後隱没官錢五十餘萬貫，米、麥稱是。其錢物多結託權勢。充妻常於犢車中將金寶繒帛遺贄妻。忠妻母於光順門投匭訴冤。詔御史臺推問。一宿，得其實狀，事皆虛。乃釋忠。延齡又奏京兆府妄破用錢穀，請令比部句覆。以比部郎中崔元，嘗爲陸贄所黜故也。元句覆，又無交涉。此等皆一面之辭，虛實是非難辨，要之爲朋黨相攻而已。《傳》云：延齡每奏對，皆恣騁詭怪虛妄。

他人莫敢言者，延齡言之不疑，亦人所未嘗聞。德宗頗知其誕妄，但以敢言無隱，且欲訪聞外事，故斷意用之。德宗非易欺者，延齡所言，決不能全爲詭誕虛妄。不誠無物，其人縱或褊激，亦必公忠敢言，故德宗深信之耳。德宗姿猜忌，當時朋黨，根柢盤互，亦有以迫之，使不得不設鉤距之術。然勢之既成，亦卒非此等鉤距之術所能迴，哀哉！

　　陽城者，亦怪妄之士。其人嘗有位於朝，依舊日史例，應入普通列傳，而《舊書》列之《隱逸傳》，《新書》列之《卓行傳》，作史者或亦有深意也。城爲李泌所薦，泌固亦怪妄之士。爲諫議大夫，居位八年，未嘗有言。及陸贄等逐，乃約拾遺王仲舒等守延英閣，上疏極論，累日不止。帝大怒，召宰相抵城罪。順宗方爲皇太子，爲開救，良久得免。敕宰相諭遣。然帝意不已，欲遂相延齡。此語恐誣，以德宗之愎，若果有此意，責城必不能如是之輕也。城顯語曰：“延齡爲相，吾當取白麻壞之。”坐是下遷國子司業。事在七月中。於是金吾將軍張萬福，聞諫官伏閣，趨往。至延英門，大言賀曰：“朝廷有直臣，天下必太平矣。”乃造城及仲舒等，曰：“諸諫議能如此言事，天下安得不太平？”已而連呼太平太平。萬福武人，年八十餘，自此名重天下。此等舉動，爲公乎？爲私乎？欲爲朝廷除弊事邪？抑徇徒黨，要聲聞，爭意氣也？

　　陸贄免相後，上遂躬親庶政，不復委成宰相。廟堂備員，行文書而已。除守、宰、御史，皆帝自選擇。所狎而取信者：裴延齡、李齊運、太宗子蔣王惲之孫。爲禮部尚書。貞元十二年卒。王紹、本名純。貞元中，爲倉部員外郎。後爲户部侍郎，判度支。遷尚書。李實、高祖子道王元慶玄孫。初爲司農卿。貞元十九年，爲京兆尹。韋執誼、翰林學士。韋渠牟，右補闕内供奉。後爲右諫議大夫。皆權傾相府。《舊書·韋渠牟傳》。參看《王紹傳》。《憲宗紀》論曰：史臣蔣係曰：德宗不委政宰相。人間細務，多自臨決。姦佞之臣如裴延齡輩數人，得以錢穀、數術進，宰相備位而已。亦朋黨之習，迫之使不得不然也。

　　財政之窘迫，實使德宗不得不重言利之臣。《新書·食貨志》云：朱泚平，天下户口，三耗其二。又云：初定兩税，計錢而輸綾絹，既而物價愈下，所納愈多。改科役曰召雇，率配曰和市，以巧避微文，比大曆之數再倍。又癘疫水旱，户口減耗，刺史析户張虛數以寬責，逃、死闕税，取於居者，一室空而四鄰亦盡。户版不緝，無浮游之禁，州縣行小惠以傾誘鄰境，新收者優假之，惟安居不遷之民，賦役日重。此其逐取之者。其爲藩鎮所擅之地，則又縱其剥民而分取焉。《志》云：常賦之外，進奉不息。《舊志》云：興元克復京師後，府藏盡虛，諸道初有進奉，以資經費。復時有宣索。其後諸賊既平，進奉不息。劍南西川節度使韋皋有日進。《舊書》本傳：皋在蜀二十一年，重賦斂以事月進，卒致蜀土虛竭，時論非之。又孝友崔衍傳：貞元中，天下好進奉以結主恩，徵求聚斂，州郡耗竭，韋皋、劉贊、裴肅爲之首。江西觀察使李兼有月進。兼罷省南昌軍千餘人，收其資糧，以資進奉。及裴胄代，乃奏其本末罷之。見《舊書·胄傳》。淮南節度使杜亞，宣歙觀察使劉贊，贊，滋從兄，《舊書》附《滋傳》。云：贊在宣州十餘年。贊祖子玄，開元朝一代名儒，父彙，博涉經史，惟贊不知書，但以強猛立威，官吏畏之，重足一迹。宣爲天下沃饒，贊久爲廉察，厚斂殖貨，務貢奉以希恩。子弟皆齠庭訓，雖童年穉齒，便能侮易人。人士鄙之。鎮海節度使王緯、李錡，緯貞元十年兼諸道鹽鐵，多用刻剝之吏，督察巡屬，人不聊生。十四年卒。李若初代之。十五年卒。皆見《舊書》本傳。李錡代若虛，已見第四節。皆徼射恩澤，以常賦入貢，名爲羨餘。至代易，又有進奉。《舊書·齊映傳》：貞元七年，改洪州刺史、江西觀察使。以頃爲相輔，無大過而罷，冀復入用，乃掊斂貢奉，及大爲金銀器以希旨。先是銀餅高者五尺餘，李兼爲江西觀察使，乃進六尺者，至是，因帝誕日端午，映爲餅高八尺者以獻。此可見貢奉之事，易於踵事增華也。當是時，户部錢物所在，州府及巡院，皆得擅留，或矯密旨加斂。謫官吏，刻禄廩，增税通津死亡及蔬果。凡代易進奉，取於税入，十獻二三，無敢問者。常州刺史裴肅粥薪、炭、案紙爲進奉，得遷浙東觀察使。刺史進奉，自肅始也。劉贊卒於宣州，其判官嚴綬，傾軍府爲進奉，召爲刑部員外郎。判官進奉，自綬始也。縱外官之貪取，從而丐其餘瀝，可謂無術矣。然建中及貞元之初，欲收利柄之志亦銳矣，而終於無成。則知欲振綱紀，必抑強藩，而欲抑強藩，則不能無用兵，欲用兵，又不能無軍費。此當時之事勢，所由載胥及溺也。參看下章第三節。

　　德宗之猜忌，固由時勢迫之，不能盡爲德宗咎，然因猜忌朝臣而信任宦官，則要爲急不擇路，不能爲之恕也。《舊書·宦官傳》曰：竇文場、霍仙鳴者，始在東宮事德宗。魚朝恩誅後，內官不復典兵。德宗以親軍委白志貞。涇師之亂，禁軍無至者，惟文場、仙鳴率諸宦者及親王、左右從行。志貞貶，左右禁旅，悉委文場主之。從幸山南，兩軍漸集。德宗還京，頗忌宿將，凡握兵多者悉罷之，禁旅文場、仙鳴分統焉。貞元十二年六月，特立護軍中尉兩員，中護軍兩員，以帥禁軍。乃以文場爲左神策護軍中尉，仙鳴爲右神策護軍中尉，右神威軍使張尚進爲右神策中護軍，內謁者監焦希望爲左神策中護軍。《新書·兵志》：貞元二年，改神策左右廂爲左右神策軍。特置監句當左右神策軍，以寵中官。十二年，以監句當左神策軍竇文場爲左神策軍護軍中尉，監句當右神策軍霍仙鳴爲右神策護軍中尉。《宦者傳》云：至奉天，帝逐志貞，併左右軍付文場主之。興元初，詔監神策左廂兵馬，以王希遷監右。據《舊書·本紀》，事在興元元年十月。《通鑑》據《實録》同。《考異》曰：《舊書·竇文場傳》云：文場與霍仙鳴分統禁旅，蓋希遷尋罷，而仙鳴代之也，今從《實録》。則仙鳴之代希遷，《實録》亦不載其事矣。時竇、霍之權，振於天下。藩鎮節將，多出禁軍。《舊書·高瑀傳》：自大曆已來，節制除拜，多出禁軍中尉。凡命一帥，必廣輪重賂。禁軍將校當爲帥者，自無家財，必取資於人，得鎮之後，則膏血疲民以償之。《高霞寓傳》云：霞寓卒伍常材，因宦官進用，遂階節將。《牛僧孺傳》：子蔚，咸通末，爲山南西道節度，在鎮三年。時中官用事，急於賄賂。屬徐方用兵，兩中尉諷諸藩貢奉助軍。蔚盡索軍府之有三萬端素匹，隨表進納。中官怒，以神策將吳行魯代還。《新書·李景略傳》：轉豐州刺史，豐州當回紇通道，前刺史軟柔，每虜使至，與抗禮。梅録將軍入朝，景略折之。自此回紇使至者，皆拜於庭，威名顯聞。河東節度使李説病，以景略爲太原少尹，行軍司馬。時方鎮既重，故少召還者，惟不幸則司馬代之。自説有疾，人心固屬景略矣。會梅録復入朝，説大會，虜人爭坐，説不敢遏，景略叱之。梅録識其聲，驚拜，遂就坐。將史相顧嚴憚。説愈不平。略中尉竇文場，謀毁去之，歲餘，塞下傳言回紇將南寇。文場方侍帝旁，即言豐州當得良將，且舉景略。乃拜豐州刺史。此事文場果爲邊擇人，抑與説比而移景略，尚難質言，要其力能動揺節將，則無疑也。**臺省清要，時出其門。**《新書·裴行儉傳》：玄孫均，德宗以其任方鎮，欲遂相之，諫官李約上書，斥均爲竇文場養子，不可汙台輔，乃止。**是歲，仙鳴病。帝賜馬十匹，令於諸寺爲僧齋以祈福。病久不愈。十四年，倉卒而卒。上疑左右小使、正將食中加毒，配流者數十人。仙鳴死後，以第五守亮爲右軍中尉。**《本紀》在七月。**文場連表請致仕，許之。十五年已後，楊志廉、孫榮義爲左右軍中尉。**《本紀》：十七年六月，以中官楊志廉爲右神策護軍中尉。《通鑑》：十七年八月，左神策中尉竇文場致仕，以副使楊志廉代之。十九年六月，以右神策中尉副使孫榮義爲中尉。《考異》曰：《實録》：十七年六月，以中官楊志廉充左神策護軍中尉。七月丙戌，以内給事楊志廉爲左右神策護軍中尉副使。九月戊寅，以志廉爲左神策中尉。十九年六月辛卯，以榮義爲右神策中尉。二十年十月戊申，以志廉爲特進、右監軍將軍、左軍中尉。其重複差互如此。蓋十七年六月攝領耳；七月始爲副使；九月及十九年六月，始正爲中尉；二十年十月，但進階加官耳。《舊傳》又云：先是竇文場致仕，十五年以後，志廉、榮義爲左右軍中尉，亦踵竇、霍之事，此蓋言其大略耳，未必爲中尉適在十五年也。胡三省曰：右監軍將軍，當作右監門將軍。**亦踵竇、霍之事，怙寵驕恣。貪利冒寵之徒，利其納賄，多附麗之。**案是時，羽林、龍武、神武、神威、神策，總稱左右十軍，而神策最盛。《新書·兵志》曰：自德宗幸梁還，以神策兵有勞，皆號興元元從奉天定難功臣，恕死罪。中書、御史府、兵部乃不能歲比其籍，京兆又不敢總舉名實，三輔人假比於軍，一牒至十數。長安姦人，多寓佔兩軍，身不宿衛，以錢代行，謂之納課户。益肆爲暴。吏稍禁之，輒先得罪。故當時京尹、赤令，皆爲之斂屈。《舊書·楊於陵傳》：於陵以貞元末爲京兆尹。先是禁軍影占編户，無以區別。於陵請每五丁者得兩丁入軍，四丁、三丁者，各以條限。由是京師豪强，復知所畏。《新書》云：減三丁者不得著籍，蓋指兩丁以下也。然徒能減其數而已，實不能戢其暴。《許孟容傳》云：自興元已後，禁軍有功；又中貴之尤有渥恩者，方得護軍；故軍士日益縱橫，府縣不能制。《王播傳》云：禁軍諸鎮，佈列畿内。軍人出入，屬鞬佩劍，往往盜發，難以擒姦。其事皆在憲宗時。《柳公綽傳》：子仲郢，遷侍御史。富平縣人李秀才，籍在禁軍，誣鄉人斫父墓柏，射殺之，三法司以專殺論。文宗以中官所庇，決杖配流。仲郢及右補闕蔣係、御史蕭傑爭之，皆不獲。《新書·劉栖楚傳》云：諸惡少竄名北軍，凌藉衣冠，有罪則逃軍中，無敢捕，則其事在敬宗時已。又云：京畿之西，多以神策軍鎮之，皆有屯營。軍司之人，散處甸内，皆恃勢凌暴，民間苦之。《舊書·李郿傳》：元和初，選爲京兆尹，尋拜鳳翔尹，鳳翔隴右節度使，是鎮承前，命帥多用武將，有神策行營之號，初受命，必詣軍修謁。郳表陳其不可。詔遂去神策行營字，但爲鳳翔、隴右節度。《柳公綽傳》：寶曆二年，授邠州刺史、邠寧慶節度使。所部有神策諸鎮，屯列要地，承前不受節度使制置，遂致北虜深入。公綽上論之。因詔諸鎮皆稟邠寧節度使制置。神策軍之不可駕御如此，宜其敢於虐民也。時邊兵衣餉多不贍，而戍卒屯防，藥茗、蔬醬之給最厚。諸將務爲詭辭，請遥隸神策軍，稟賜遂贏舊三倍。由是塞上往往稱神策行營，皆内統於中人矣，其軍乃至十五萬。《舊書·宦官傳》曰：李輔國、程元振怙寵邀君，干與國政，亦未全握兵權；代宗時，特立觀軍容宣慰使，命魚朝恩統之，然自有統帥，亦監領而已；此其所以易除，德宗真假之以兵，又任其與邊將相連結，宦官乃不可治矣。時又令宦官奉使、監軍，其弊亦大。《廿二史劄記》有一條論之，可參看。又有所謂宮市者，亦以中官爲使。《新書·食貨志》。抑買人物，稍不如本估。末年不復行文書，置白望數十百人，於兩市及要鬧坊曲，閱人所賣物。真偽不復可辨。無敢問所從來，及論價之高下者。率用直百錢物買人直數千物，《新書·食貨志》云：以鹽估敝衣絹帛尺寸分裂酬其直。仍索進奉門户及腳價銀。人將物入市，至有空手而歸者。諫官、御史表疏論列，皆不聽。吳湊以戚里爲京兆尹，深言其弊。張建封入覲，又具奏之。而户部侍郎蘇弁希宦者旨，言京師游手墮業者數千萬家，仰宮市取給。上信之。凡言宮市者，皆不聽用。《舊書·張建封傳》。蘇弁見《儒學傳》，爲倉部郎中，判度支案。裴延齡卒，授度支郎中、副知度支事，副知之號自弁始。史稱其承延齡之後，以寬簡代煩虐，人甚稱之。蓋其人仁而懦，故不能與宦官爭。又有宣徽院五坊小使，每歲秋按鷹犬於畿甸，其弊至敬宗之世猶未絶。五坊，一曰鵰坊，二曰鶻坊，三曰鷂坊，四曰鷹坊，五曰狗坊，見《通鑑》永貞元年《注》。《舊書·裴度傳》：元和九年十月，改御史中丞。宣徽院五坊小使，每歲秋按鷹犬於畿甸。所至官吏必厚邀供餉，小不如意，即恣其需索。百姓畏之如寇盜。先是貞元末，此輩暴横尤甚。乃至張網羅於民家門及井，不令出入汲水，曰："驚我供奉鳥雀。"又羣聚於賣酒食家，肆情飲啖，將去，留蛇一篋，誡之曰："吾以此蛇致供奉鳥雀，可善飼之，無使飢渴。"主人賂而謝之，方攜去。至元和初，雖數治其弊，故態未絶。小使嘗至下邽縣，縣令裴寰，嫉其凶暴，公館之外，一無曲奉。小使構寰出慢言。憲宗怒，攝寰下獄，欲以大不敬論。宰相武元衡等以理開悟，怒不解。度入延英奏事，極言論列，翼日，乃令釋寰。然據新書度傳：度爲相時，又有大賈張陟，負五坊息錢。上命坊使楊朝汶收其家簿閱，貸錢雖已償，悉鈎止。根引數十百人，脅不承。又獲盧大夫通券，捕盧坦家客責償，久乃悟爲盧羣券。坦子上訴，朝汶譎言："錢入禁中，何可得？"御史中丞蕭俛及諫官列陳中人横恣，度亦極言之。帝不悦。徐乃悟，殺之而原繫者。又《李渤傳》：敬宗時，擢給事中。五功卒夜鬥傷縣人。鄠令崔發怒。敕吏捕捽。其一中人也，釋之。帝大怒，收發送御史獄。會大赦改元，發以囚坐雞竿下。俄而中人數十，持梃亂擊發，敗面折齒，幾死。吏哀請乃去。既而囚皆釋而發不原。渤上疏，又誦言前神策軍纂京兆進食牙盤，不時治，致宦人益横。帝以問左右。曰："無之。"帝謂渤有黨，出爲桂管觀察使。他日，宰相李逢吉等見帝曰："發母故宰相韋貫之姊，年八十，憂發成疾。"帝乃遣使送發於家，猶奪其官。憲宗剛愎，敬宗昏愚，然皆

223

德宗之作法於貪，有以致之也。下邽，在今陝西渭南縣東北。德宗猜忌，前古罕倫，《舊書·本紀》：貞元十四年正月甲午，勅比來朝官，或相過從，金吾皆上聞。其間如是親故，或嘗同寮，伏臘歲時，須有還往，亦人倫常禮，今後不須奏聞。因張建封奏議也。《建封傳》云：金吾大將軍李翰，好伺察城中細事聞奏，冀求恩寵，人畏而惡之，則其所伺察，必尚不止朝官過從，特士大夫所痛心疾首者，以是爲甚耳。《韋執誼傳》：貞元十九年，補闕張正一，因上書言事得召見，韋成季等偕往賀之。執誼奏成季等朋聚覬望。德宗令金吾伺之。得其相過從飲食數度。於是令逐成季等六七人。則金吾伺察，德宗實使之，不盡由李翰之邀寵也。《裴度傳》云：初德宗朝政多僻，朝官或相過從，多令金吾伺察密奏，宰相不敢於私第見客。及度輔政，以羣賊未誅，宜延接奇士，共爲籌畫。乃請於私第接延賓客。憲宗許之。則其弊終德宗之世，實未除也。又《本紀》：貞元十四年九月，諫議大夫田登奏言兵部武舉人，持弓挾矢，數千百人入皇城，恐非所宜。上聞之瞿然，乃命停武舉。平涼之盟，嚴懷志、呂温等一十六人陷蕃。久之得還，以其習蕃中事，不欲令出外，因之仗内，順宗立，方釋之，見《順宗紀》。此等皆無謂之疑忌也。而獨於宦官，縱恣之而不知問，可謂知二五而不知一十矣。

　　德宗文思俊拔，每有御製，即命朝臣畢和。《舊書·劉大真傳》。故亦頗好遊宴。貞元四年九月，詔正月晦日、三月三日、九月九日三節日，任文武百寮選勝地追賞爲樂，各有賜錢。五年，以二月一日爲中和節，代正月晦日。六年是日，百寮宴會於曲江亭。上賦中和節羣臣賜宴七均。九年二月朔，先是宰相以三節次宴，府縣有供帳之弊，請以宴錢分給，各令諸司選勝宴會，從之。是日，宰相宴於曲江亭，諸司隨便。自是分燕焉。此等雖不可遽議其侈，然行諸户口三分減二，調度專仰江淮，强藩擅命於東，戎狄跳梁於西之日，要非七年不飲酒、不食肉之道也。十八年三月、九月，十九年二月，皆賜宴於馬璘山池，而即位之初毁之之志荒矣。帝之幸梁州，至城固，今陝西城固縣。長女唐安公主薨，欲爲造塔，宰相姜公輔諫，以此罷爲左庶子。後義陽、義章二公主薨，咸於墓所造祠堂，百二十間，費錢數萬。《舊書·李吉甫傳》。尤不可謂非縱肆。然以大體論，帝固猶爲恭儉之主也。

第八章　順憲穆敬四朝事迹

第一節　順宗謀誅宦官

德宗長子名誦，是爲順宗，德宗即位之歲，即立爲太子，至貞元三年八月，而有郜國公主之獄。郜國者，肅宗女也。初降裴徽。徽卒，又降蕭昇。昇卒，主與太子詹事李昇等亂。昇，叔明子，叔明，鮮于仲通弟，賜國姓。昇事又見《舊書·蕭復傳》，作昇，《叔明傳》及《新書》皆作昇，《通鑑》依《實錄》作昇。姦聞，德宗幽之它第，而斥昇等。四年，又以厭蠱廢。六年薨。主女爲皇太子妃，帝畏妃怨望，將殺之，未發，會主薨，太子屬疾，乃殺妃以厭災。《新書·公主傳》。《舊書·李泌傳》曰：順宗在春宮，郜國交通外人，上疑其有他，連坐貶黜者數人，皇儲亦危，泌百端奏說，上意方解。《新書·順宗紀》亦曰：郜國公主以蠱事得罪，德宗疑之，幾廢者屢矣，賴李泌保護得免。《泌傳》曰：郜國坐蠱媚幽禁中，帝怒，責太子，太子不知所對。泌入，帝數稱舒王賢，泌揣帝有廢立意，因曰：“陛下有一子而疑之，乃欲立弟之子？臣不敢以古事争，且十宅諸叔，陛下奉之若何？”帝赫然曰：“卿何知舒王非朕子？”對曰：“陛下昔爲臣言之。陛下有嫡子以爲疑，弟之子，敢自信於陛下乎？”帝曰：“卿違朕意，不顧家族邪？”對曰：“臣衰老，位宰相，以諫而誅，分也。使太子廢，它日，陛下悔曰：‘我惟一子，殺之，泌不吾諫，吾亦殺爾子。’則臣祀絕矣，雖有兄弟子，非所歆也。”即嗚嗚流涕。因稱“昔太宗有詔：‘太子不道，藩王窺伺者兩廢之。’陛下疑東宮而稱舒王賢，得無窺伺乎？若太子得罪，請亦廢之，而立皇孫，千秋萬歲後，天下猶陛下子孫有也。且郜國爲其女妒忌而蠱惑東宮，豈可以妻母累太子乎？”執争數十，意益堅。帝寤，太子乃得安。《通鑑》紀事，大致與《新傳》同而加詳，惟即繫於三年八月，不如《新書》云郜國之廢在四年也。且載泌言曰：“願陛下從容三日，究其端緒，必釋然知太子之無它矣。若果有其迹，當召大臣知義理者二十人，與臣鞫其左右。必有實狀，願陛下如貞觀之法，并廢舒王而立皇孫。”又曰：間一日，上開延英殿獨召泌，流涕闌干，撫其背曰："非卿切言，朕今日悔無及矣。太子仁孝，實無它也。"亦不如《新傳》云執争數十，《新紀》云太子幾廢者屢也。温公作《通鑑》極詳慎。凡《鑑》與兩《書》異同處，大抵兩《書》游移舛誤，而《鑑》明確審諦，惟此事則不然，蓋由《新書》尚兼採舊文，而《鑑》則偏據李繁所作《家傳》之故。繁小人，造作史實無忌憚，而又不能自掩其迹。且德宗豈惟一子？而其取昭靖子爲子，鄭王邈，追諡昭靖太子。亦豈能祕不使外朝知乎？德宗性多疑而固執，亦殆非間一日而可悟也。云執争數十，云奏説百端，則近之矣。蕭妃之見殺，事已在厭蠱發後兩年，泌亦於其去年死矣，泌死於貞元五年三月。可見帝之疑久而不釋也。昭靖爲代宗正適，説已見上章第一節。自肅、代已來，元帥已爲冢儲之任，而昭靖及舒王皆居之，可見其地位實與人殊。順宗之正位東宮，蓋以母愛，而其母已殁於貞元二年，順宗母曰昭德皇后王氏。德宗爲魯王時爲嬪。即位，册爲淑妃。貞元二年，久疾，帝念之，立爲后，册禮方訖而崩。小人欲乘機動摇，殊無足怪。貞元二十一年，正月，德宗崩，順宗立。《舊書·順宗紀》曰：上自二十年九月，風病不能言。暨德宗不豫，諸王、親戚，皆侍醫藥，獨上卧病不能侍。德宗彌留，思見太子，涕咽久之。大行發喪，人情震懼，上力疾衰服見百寮於九仙門。既即位，知社稷有奉，中外始安。發喪後既能力疾而見百寮，彌留時何難自强一視醫藥？《衛次公傳》云：貞元八年，徵爲左補闕。尋兼翰林學士。二十一年正月，德宗升遐。時東宮疾恙方甚，倉卒召學士鄭絪等至金鑾殿。中人或云："内中商量所立未定。"衆未對。次公遽言曰："皇太子雖有疾，地居冢適，内外繫心。必不得已，當立廣陵王。即憲宗，見下。若有異圖，禍難未已。"絪等隨而唱之，衆方定。然則舍適嗣而別謀擁戴，當時已肇其端。太子之不得見，殆有壅遏之者，德宗之涕咽，不惟其疾之憂矣。然則順宗當即位之日，其勢已如贅旒矣。

　　然順宗賢君也，在東宮時，即蓄意欲除宦豎，其計謀業已豫定，故即位後雖嬰痼疾，其局仍不可變也。順宗所信者，爲王叔文及王伾。叔文，山陰人。今浙江紹興縣。以碁待詔。德宗令直東宮。伾，杭州人。杭州見第六章第三節。始爲翰林侍書、待詔，累遷至正議大夫、殿中丞、皇太子侍書。《傳》云：與韋執誼、翰林學士。陸質、本名淳。時徵爲給事中，使爲皇太子侍讀。吕温、左拾遺。李景儉、讓皇曾孫，進士。韓曄、滉族子。尚書司封郎中。韓泰、户部郎中。陳諫、河中尹。柳宗元、劉禹錫等十數人宗元、禹錫，皆爲監察御史。定爲死交，而凌準、員外郎。程异、鹽鐵轉運揚子留後。又因其黨以進，可見賢士大夫與之者之多。《傳》言其直東宮時，每對太子言："某可爲相，某可爲將，幸異日用之"，非虚辭也。《傳》又云：上寢疾久，不復關庶政。深居施簾帷，閹官李忠言、美人牛昭容侍左右，百官上議，自帷中可其奏。叔文居翰林，爲學士。叔文與韋執誼善，請用爲宰相。叔文因伾，伾因李忠言，忠言因牛昭容，轉相結構。事下翰林，叔文定可否，宣於中書，俾執誼承奏於外。蓋帝雖沈痼，諸賢之互相扶翼，思有所作爲猶如此，然其勢危矣。叔文所尤重者，一爲財政，一爲兵權。於是身兼度支鹽鐵副使，以杜佑領使。佑，楊炎相徵入朝，歷工部、金部二郎中，並充水陸轉運使。改度支郎中，兼和糴。時方軍興，餽運之務，悉委於佑。遷户部侍郎，判度支。爲盧杞所惡，出爲蘇州刺史。蘇州見第六章第二節。以范希朝統京西北諸鎮行營兵馬使，韓泰副之。《本紀》：以右金吾衛大將軍范希朝爲右神策統軍，充左右神策京西諸城鎮行營兵馬節度使。蓋以希朝賢將，又久隸神策，欲以收中官之權。然希朝已耄，而宦官又爲之梗。《傳》云：初中人尚未悟。會邊上諸將，各以狀辭中人，且言付屬希朝，中人始悟兵柄爲叔文所奪。中尉乃止諸鎮：毋以兵屬人。希朝、泰至奉天，諸將不至，乃還。於是事勢去矣。内官俱文珍，乃削去叔文學士之職。王伾爲之論，乃許三、五日一入翰林，竟削内職。無幾，叔文母死。《通鑑》曰：自叔文歸第，王伾失據，日詣宦官及杜佑，請起叔文爲相，且總北軍。既不獲，則請以爲威遠軍使、平章事。《注》：據舊郭子儀傳：肅宗上元元年，以子儀爲諸道兵馬都統，令率英武、威遠等禁軍及諸鎮之師取范陽，既而爲魚朝恩所沮，不行，則威遠軍肅宗置也。至德宗時，以左、右威遠營隸鴻臚，賈耽以鴻臚卿兼威遠軍使。至元和二年，勅：左、右威遠營，置來已久，著在國章，其英武軍並合併入左、右威遠營。其後遂以宦官爲使，不復隸鴻臚。宋白曰：左、右威遠營，本屬鴻臚寺，建中元年七月隸金吾。又不得。其黨皆憂悸不自保。是日，伾坐翰林中，疏三上，不報，知事不濟，行且卧。至夜，忽叫曰："伾中風矣!"明日，遂輿歸不出。時七月也。先是，順宗長子廣陵王淳，以三月立爲太子，更名純，即憲宗也。《舊書·宦官傳》云：此事也，俱文珍與中官劉光琦、薛文珍、尚衍、解玉等實爲之。順宗可之。文珍俱文珍。遂召學士衛次公、鄭絪、李程、王涯入金鑾殿，草立儲君詔。此即德宗崩時，中人召之，欲圖廢立者也。《新書·鄭絪傳》曰：順宗病，不得語，王叔文與牛美人用事，權震中外。憚廣陵王雄睿，欲危之。帝召絪草立太子詔。絪不請，輒書曰"立適以長"，跪白之。帝頷，乃定。以欲危廣陵王誣叔文，然則德宗崩時，内中商量所立未定，而有待於次公靜之，絪和之者，亦叔文爲之邪？此時之所行，則次公、絪之志耳。猶未已也。時韋臯遣支度副使劉闢於京師，私謁叔文曰："太尉使致誠於足下：若能致某都領劍南三川，三川，謂劍南東、西及山南西道。必有以相酬；如不留意，亦有以奉報。"叔文大怒，將斬闢以徇。韋執誼固止之。闢乃私去。臯乃上表請皇太子監國。又上皇太子牋，請斥逐羣小。裴均、荆南。嚴綬，河東。

牋表繼至。是月，乙未，二十八日。詔軍國政事，宜令皇太子句當。八月，丁酉朔，遂傳位焉。於是杜黃裳、袁滋、鄭絪等比宦官而毒叔文者，繼踵相矣。叔文用事時，杜佑、賈耽、鄭珣瑜、高郢並爲相。佑雖領度支，權實在叔文。耽屢移病乞骸骨，不許，是歲十月卒。珣瑜亦移疾不起。惟郢依違其間。及憲宗監國，郢、珣瑜並罷。杜黃裳、袁滋爲相。黃裳，韋執誼妻父，然與執誼不合。嘗語執誼，令率百官請皇太子監國，執誼不可，黃裳即拂衣而去。滋，貞元十九年，曾充入南詔使。是年韋皋卒，以滋代爲西川。是時之相之，蓋取其與皋相稔也。鄭絪，是年十二月爲相。叔文貶渝州司戶，渝州見第三章第七節。明年，賜死。伾貶開州司馬，開州，今四川開縣。尋病卒。其黨惟李景儉居喪東都；呂溫使吐蕃，叔文敗方歸；陸質爲皇太子侍讀，尋卒；餘皆遠貶。後復起用者，一程异而已。山人羅令則，詣秦州刺史劉澭，濟弟，見上章第四節。秦州時治普潤，在今陝西麟遊縣西。言廢立之事。澭繫之。令則又云：「某之黨多矣。將以德宗山陵時，伺便而動。」澭械送京師，杖殺之。《舊書·劉怦傳》。此叔文之黨，忠義奮發，之死不變者也。舒王以是年十月卒，史不云其非良死，然其事亦殊可疑也。明年元和元年。正月，順宗崩。

順宗初政，實足媲美德宗。即位後，罷翰林醫工、相工、占星、射覆、冗食者四十二人。二月，諸道除正勅率稅外，諸色雜稅，並宜禁斷。除上供外，不得別有進奉。罷宮市。罷鹽鐵使月進。罷五坊小兒。三月，出宮女三百人，掖庭教坊女樂六百人。李實爲京兆尹號聚斂，即貶通州刺史。追還陸贄、陽城等。贄、城皆未聞追詔而卒。通州，今四川達縣。《舊書·本紀》引韓愈之言：謂其性寬仁有斷。禮重師傅，必先致拜。從幸奉天，賊泚逼迫，常身先禁旅，乘城拒戰。督屬將士，無不奮激。德宗在位歲久，稍不假權宰相，左右幸臣如裴延齡、李齊運、韋渠牟等，因間用事，刻下取功，而排陷陸贄、張滂輩，人不敢言，太子從容論事，故卒不任延齡、渠牟爲相。嘗侍燕魚藻宮，魚藻池，在長安北。池中有山，宮在山上。張水嬉，採艦雕靡，宮人引舟爲櫂歌，絲竹間發，德宗懌甚，太子引詩人好樂無荒爲對。每於敷奏，未嘗以顏色假借宦官。居儲位二十年，天下陰受其賜。《舊書·王叔文傳》言：當其直東宮時，太子嘗與侍讀論政道，因言宮市之弊。太子曰：「寡人見上，當極言之。」諸生稱贊其美。叔文獨無言。罷坐，太子謂曰：「向論宮市，君獨無言，何也？」叔文曰：「皇太子之事上也，視膳問安之外，不合輒與外事。陛下在位歲久，如小人離間，謂殿下收取人情，安能自解？」太子謝之。由是重之，宮中之事，倚之裁決。夫曰天下陰受其賜，則其論爭，必有能行者矣，而至於宮市，獨不敢言，則是太子之志，能行於朝臣，而不能行於宦豎也。然而德宗之詒禍，可謂深矣。然太子雖不敢言宦官，而終不假以顏色，則其惡之甚矣。此其所以爲宦官所深忌，當郤國事敗之日，即欲危之歟？王鳴盛曰：王叔文之柄用，僅五六月耳，《本紀》所書善政，皆在此五六月中，而以范希朝領神策行營，尤爲扼要。《通鑑·昭宗紀》：崔胤奏國初宦官，不典兵與政。天寶已來，宦官寖盛。貞元之末，分羽林衛爲左右神策軍，以便衞從，始令宦官主之，以二千人爲定制。自是參掌機密，奪百司權。上下彌縫，共爲不法。大則橫扇藩鎮，傾危國家；小則賣官鬻獄，蠧害朝政。胤此言是也。但召朱全忠盡誅宦官，宦官去而全忠遂篡唐矣。譬如人有鉅癰，在府藏中，決去其癰，命亦傾矣。假令叔文計得行，則左右神策所統之內外八鎮兵，自屬之六軍，天子可自命將帥，而宰相得以調度，亂何由生哉？如癰尚未成，決之易也。司馬君實論之云：宦官爲國家患久矣！東漢最名驕橫，然皆假人主之權，未有能劫脅天子，如制嬰兒，如唐世者也。所以然者，漢不握兵，唐握兵故也。君實此論，一語道破。而叔文之忠，爲何如哉？奈何昌黎《永貞行》云：“北軍百萬虎與貔，天子自將非他師，一朝奪印付私黨，凛凛朝士何能爲？”以宦官典兵爲天子自將，抑何刺繆甚乎？《十七史商榷》。

第二節　憲宗時藩鎮叛服

憲宗即位之月，韋皋卒。劉闢自爲留後，使將校表求節鉞。朝以袁滋爲西川節度，而徵闢爲給事中。闢不受命。滋逗留不敢進。坐貶，而以闢爲西川節度副使，知節度事。闢又求兼領三川，不許。闢與同幕盧文若善，欲以爲東川，遂圍東川節度使李康於梓州。見第六章第三節。乃以長武城使高崇文爲右神策行營節度使，會李康及山南東道節度使嚴礪討之。時元和元年正月也。闢旋陷梓州，執李康。三月，崇文復之。闢歸康求解。崇文以康敗軍失守，斬之。四月，以崇文爲東川副使，知節度事。闢屯兵鹿頭關，見第七章第四節。崇文敗之。嚴礪前收劍州，見第三章第四節。及是，又遣將敗闢兵於縣州。見第六章第三節。九月，崇文入成都。擒闢，檻送京師，斬之。盧文若自殺。十月，詔割資、今四川資中縣。簡、見第六章第三節。陵、今四川仁壽縣。榮、今四川榮縣。昌、今四川大足縣。瀘見第三章第七節。六州隸東川，以嚴礪爲節度，而以崇文爲西川。崇文不通文字，厭案牘諮稟之煩，求去。明年十月，以爲邠、寧、慶節度，而出宰相武元衡爲西川。《舊書·高崇文傳》云：在長武城，練卒五千，常若寇至；其討劉闢，卯時宣命，辰時出師，器用無闕者；入成都也，珍寶山積，市井不移，無秋豪之犯；則其人頗能將兵。然其去成都也，帑藏之富，百工之巧，舉以自隨，蜀郡一罄；又以不習朝儀，憚於入覲，詔令便道之鎮；則亦一貪橫之武夫耳。《杜黃裳傳》云：劉闢作亂，議者以劍南險固，不宜生事，惟黃裳堅請討除。又奏請不以中官爲監軍，祇以高崇文爲使。似其用兵，頗有成算。然《李吉甫傳》言：劉闢反,帝命誅討之,計未決,吉甫密贊其謀。兼請廣徵江淮之師,由三峽入,以分蜀寇之力。今觀崇文出兵時,朝廷仍許闢自新,及克東川,乃削奪其官爵,則初亦無必勝之把握。韋皋在西川,兵力頗厚,闢雖妄人,未能用,然謂恃崇文一軍,即可取之如摧枯拉朽,事固未易逆覩也。黃裳歿後,賄賂事發,實嘗受四萬五千貫於崇文,則其舉之,豈真以其材武哉?專殺李康,最爲不法。《新書·循吏傳》:韋丹時爲諫議大夫。議者欲釋劉闢,丹上疏,以爲今不誅闢,則可使者惟兩京耳。會闢圍梓州,乃授丹東川節度。至漢中,上言康守方盡力,不可易,召還。此可見康之敗非其罪。即謂不然,亦豈崇文所得擅殺也?據《新書·宦官傳》,其事實出俱文珍,文珍時爲監軍,則不以宦官監軍之言,又不讎矣。憲宗之用兵,亦何以異於德宗哉?

韓全義之敗於淮西也,過闕下,託疾不入朝。憲宗在藩,疾之。既嗣位,全義懼,入覲,令其甥楊惠琳知留後。朝令全義致仕,以右驍衛將軍李演爲節度。惠琳據城叛。詔發河東、天德兵討之。天德軍見第七章第一節。夏州兵馬使張承金斬之。時元和元年三月也。

是歲,武寧節度使張愔被疾,上表請代。順宗即位,名徐州軍曰武寧。十一月,以東都留守王紹代之,復以濠、泗二州隸徐。徐軍喜復得二州,不敢爲亂。愔遂赴京師,未出界卒。

順宗之立也,於潤州置鎮海軍,以李錡爲節度,而罷其鹽鐵轉運。《舊書·錡傳》云德宗,《新書·方鎮表》在元和二年,皆誤。《通鑑》繫貞元二十一年三月。錡雖罷利權,而得節度,反謀未發。憲宗即位二年,諸道崛强者入朝,錡不自安,亦以入朝爲請。乃拜錡左僕射。錡乃署判官王澹爲留後。既而遷延發期,澹與中使頻喻之。遂諷將士,以給冬衣日,殺澹而食之。監軍使聞亂,遣衙將慰諭,又臠食之。復以兵注中使之頸。錡陽驚,救解之,囚於別館。遂稱兵。室五劍,分授管內鎮將,令殺五州刺史。蘇、常、湖、杭、睦。睦州,今浙江建德縣。常、湖二州刺史,皆殺其鎮將。惟蘇州刺史爲鎮將所繫,獻於錡。會錡敗,獲免。遣兵馬使張子良、李奉仙、此據《舊書·錡傳》。《本紀》作李文良。田少卿領兵三千,分略宣、歙、池三州。三將回戈趨城。錡甥裴行立爲內應。執錡,械送京師,斬之。時元和二年十一月也。時詔淮南節度使王鍔討錡,未至,難已平矣。其挽硬蕃落將士,或投井、自縊,紛紛枕藉而死者,不可勝紀焉。

于頔者,後周于謹之七世孫也。性橫暴。貞元十四年,爲山南東道節度使。吳少誠叛,頔乘之,廣軍籍,募戰士,利器甲,偭然專有漢南。又擅興兵據南陽。憲宗即位,頔稍戒懼。爲子季友求尚主。上以女普寧公主妻之,而使人諷之入朝。頔遂奉詔。元和三年九月,以裴均代之。內官梁守謙掌樞密,頗招權利。有梁正言者，自言與守謙宗盟情厚。頔子敏，與之遊處。正言取其財賄，言賂守謙，以求出鎮。久之，無效。敏誘正言之僮，支解投溷中。八年春，事發。敏竄雷州。至商山，賜死。_{商山，在今陝西商縣東。}季友奪二官，頔亦坐貶。

是歲十二月，振武軍亂，_{振武軍，治故單于都護府，見第三章第二節。}逐其帥李進賢。進賢以高貲得幸於嚴綬，署爲衙門將，累遷爲振武節度。辟綬子澈爲判官。年少，治苛刻。回鶻入辟鵜泉，_{見第三章第二節。}進賢發兵討之。吏廩糧不實。軍士怒，還攻進賢，殺澈而屠進賢家。詔以夏州節度使張煦代進賢，率兵二千赴鎮。_{煦，守珪弟守瑜之孫，事見《舊書·獻誠傳》。}河東王鍔，又遣兵會之。明年正月，煦入振武，誅作亂者蘇國珍等二百五十二人。

元和十一年四月，宥州軍亂，_{宥州見第五章第二節。}逐刺史駱怡。夏州節度使田進討平之。《通鑑》。

以上皆憲宗時戡定藩鎮之事也。《舊書·杜黃裳傳》云：黃裳與憲宗語，及方鎮除授，奏曰："德宗自艱難之後，多事姑息。貞元中，每帥守物故，必命中使偵伺其軍動息。其副貳、大將中有物望者，必厚賂近臣，以求見用，帝必隨其稱美而命之。以是因循，方鎮罕有特命帥守者。陛下宜稍以法度，整肅諸侯，則天下何憂不治？"憲宗然其言。誅蜀、夏後，不容藩臣蹇傲，克復兩河，威令復振，蓋黃裳啓其衷也。《新書·李吉甫傳》云：元和二年，杜黃裳罷相，擢吉甫同平章事。吉甫連蹇外遷十餘年，究知閭里疾苦。嘗病方鎮強恣。至是，爲帝從容言："使屬郡刺史，得自爲政，則風化可成。"帝然之。出郎吏十餘人爲刺史。德宗已來，姑息藩鎮，有終身不易地者。吉甫爲相歲餘，凡易三十六鎮。蓋節鎮原非舉不可易，德宗早歲求治太速，晚歲又失之姑息，故憲宗一振起，綱紀即稍樹立也。然此乃藩鎮之弱者，至其強者，則戡定仍不易也。

元和元年閏六月，李師古死，軍中立其異母弟師道。時方討劉闢，即以授之。四年二月，王士真死，子承宗自爲留後。帝欲自除人，宰相裴垍、翰林學士李絳均言不可。而左軍中尉吐突承璀欲用兵。昭義盧從史，遭父喪，久未起復，亦因承璀說上，請發本軍討承宗。上欲以成德授承宗，而割其德、棣二州，更爲一鎮。八月，遣京兆少尹裴武詣恒州宣慰。承宗受詔甚恭，請獻德、棣。九月，以爲成德節度使，恒、冀、深、趙四州觀察使，而以德州刺史薛昌朝爲保信軍節度使、德棣二州觀察使。昌朝，嵩子，王氏壻也。承宗遣騎執昌朝至恒州，囚之。朝廷又以棣州刺史田渙充本州團練守捉使，而令中使諭承宗遣昌朝還鎮。承宗不奉詔。十月，乃削奪其官爵，以吐突承璀爲左右神策、河中、河陽、浙西、宣歙行營招討處置等使。翰林學士白居易言：不可使中人將。諫官、御史，論者相屬。上爲去四道之名，改處置爲宣慰而已。諸鎮中惟盧龍與成德不協，劉濟自將兵七萬擊之。拔饒陽、束鹿二縣。五年正月。饒陽見第二章第六節。束鹿見第七章第二節。然進攻樂壽，見第二章第六節。不能下。李師道、田季安，則各收一縣而止。河東范希朝、易定張茂昭之師，阻於新市。漢縣，唐廢入九門，在今河北新樂縣西南。承璀與承宗戰，屢敗。盧從史逗留不進，陰與承宗通謀。會從史遣裨將王翊元入奏事。裴垍引與語，得其輸誠。垍令還本軍，遂得其都知兵馬使烏重胤要領。時從史屢入承璀營飲博，垍請詔承璀誘執之。上初愕然，後乃從之。遂執從史歸京師。貶爲驩州司馬。驩州見第二章第二節。於是移河陽節度使孟元陽鎮昭義，而以烏重胤鎮河陽。承宗因歸過於盧從史，乞許其自新。李師道、劉濟皆爲之請。朝廷兵力已屈，餽餉又虛，不得已，以爲成德節度使，併德、棣二州與之。時元和五年七月也。吐突承璀還，憲宗仍以爲中尉。羣臣爭以爲言，乃降爲軍器使，內諸司之一。而以內官程文幹爲中尉。此役所得者，昭義爲朝廷所有，足以控制山東而已。然皆裴垍之功也，非承璀之力也。

吳少誠以元和四年十一月死。大將吳少陽，殺其子元慶，自爲留後。朝廷方用兵河朔，遂以授之。赦王承宗之月，劉濟爲其次子總所弒。總又弒其兄綗而自立。河北諸鎮，相承以適長子爲節度副大使，死則襲其位。濟之討王承宗也，以長子綗爲副大使，掌留務，而以總爲瀛州刺史，掌行營都知兵馬使。濟軍瀛州，有疾。總詐使人從長安來，言朝廷以濟逗留，已除綗爲節度矣。濟驚怒，殺大將數十人，及與綗厚者，而召綗、總進毒弒濟，又矯濟命杖殺綗。遂自立。朝廷不知其事，即許其承襲。是歲十月，張茂昭舉族歸朝。遣妻子先行，曰："吾不欲子孫之染汙俗也。"既至，又請遷祖考之骨，墓於京兆。朝以左庶子任迪簡爲義武行軍司馬。茂昭既去，都虞候楊伯玉作亂，拘迪簡。別將張佐元殺伯玉。軍人又殺佐元。據《舊書·本紀》。《迪簡傳》云：迪簡攻殺之。乃以迪簡爲義武節度使。茂昭奢蕩，公私殫罄，迪簡欲饗士而無所取給。乃與士卒同糒食，身居戟門下。凡周月，乃安。七年八月，田季安卒。季安病風，殺戮無度，軍政廢亂。其妻元氏，誼女也。召諸將，立子懷諫爲副大使。時年十五。月餘而季安卒。懷諫知軍務，皆決於家僮蔣士則。數以愛憎，移易將校。軍情不安。田興者，承嗣季父廷悍之孫。父曰庭玠。田悅之叛，玠不肯附和，鬱憤而卒。興爲季安兵馬使。季安忌之，出爲鎮將，欲殺之。興陽爲風痹，乃得免。季安疾篤，召之歸，仍爲兵馬使。及是，諸將擁立之。興與約：勿害懷諫，聽命於朝。諸將許之。乃殺蔣士則等十餘人，遷懷諫於外，後送之歸朝。而請命於朝。上用李絳策，不待中使宣慰之還，即以爲魏博節度使，且出內庫錢百五十萬縞犒軍，遣知制誥裴度往宣慰。六州百姓，給復一年。旋賜興名弘正。於是魏博一鎮，歸心朝廷。此爲討王承宗後河北局勢之一轉機，然出於事勢之推遷，非廟算所能爲也。

元和九年閏八月，吳少陽死。子元濟，匿喪自領軍務。時李吉甫爲相，贊取之。乃割汝州隸河陽，移烏重胤刺焉。以洺州刺史李光顏爲忠武軍節度使，刺許州。光顏，河曲部落稽阿跌之族。父良臣，襲雞田州刺史，隸朔方軍。光顏與兄光進，皆少依姊夫舍利葛旃，稱勇將。光進隸朔方軍，光顏從河東軍。又以泗州刺史令狐通爲壽州防禦使。通，彰子。移山南東道節度使，袁滋於荆南，而以荆南嚴綬爲山南東道。十月，吉甫卒。上悉以兵事委武元衡。宰相張弘靖延賞子。請先遣使弔祭，俟其不順，然後伐之。而元濟不迎勑使，且出兵焚掠四境。使者不得入。乃以嚴綬爲申、光、蔡招撫使，申、蔡州見第四章第二節。光州，今河南潢川縣。時淮西節度領此三州。督諸道兵討之。綬無威略，十年二月，敗退唐州。見第五章第二節。九月，以宣武節度使韓弘爲淮西諸軍都統，而令李光顏、烏重胤實當旗鼓。又分山南東道爲兩節度。以右羽林將軍高霞寓爲唐州刺史，節度唐、隨、見第四章第三節。鄧見第二章第七節。三州，以事攻戰。戶部侍郎李遜爲襄州刺史，節度襄、復、郢、皆見第六章第三節。均、見第四章第五節。房見第四章第二節。五州，調賦餉以給之。霞寓宿將，實因宦官進，無能爲。見第七章第六節。光顏、重胤雖能戰，諸道之師多挫敗，亦不能奏功也。時韓弘實欲養寇自資，史言其每聞獻捷，輒數日不怡。令狐通出兵而敗，朝以左金吾將軍李文通代之，亦無功。鄂、岳觀察使柳公綽，朝命以兵五千授安州刺史李聽。聽，晟之子也。公綽亦自行，戰頗有功，而爲飛語所中，以曹王臯之子道古代之，進攻申州，敗退。鄂州見第七章第四節。岳州見第二章第七節。安州，今湖北安陸縣。時王承宗、李師道屢爲元濟請，皆不許。乃使盜攻河陰轉運院，河陰見第七章第六節。燒錢、帛二十萬貫、匹，米二萬四千八百石。十年三月。十年六月，刺殺宰相武元衡。擊御史中丞裴度，傷首。上以度同平章事，討賊愈亟。初王承宗嘗上表怨咎武元衡。及是，獲賊者又言爲承宗所使，乃下詔數承宗罪惡，絕其朝貢。《舊書・本紀》：元和十年六月庚戌，神策將士王士則、王士平以盜名上言，且言王承宗所使。乃捕得張晏等八人誅之。七月，甲戌，詔數承宗之罪，有云：乃敢輕肆指斥，妄陳表章。潛遣姦人，内懷兵刃，賊殺元輔，毒傷憲臣。《紀》云：先是承宗上表怨咎武元衡，留中不報，又肆指斥。此當時官書中語也。《張弘靖傳》云：盜殺宰相武元衡，京師索賊未得。時王承宗邸中，有鎮卒張晏輩數人，行止無狀，人多意之。詔錄付御史陳中師按之。皆附致其罪，如京中所說。弘靖疑其不直，驟於上前言之。憲宗不聽，竟殺張晏輩。及田弘正入鄆，按簿書，亦有殺元衡者。但事曖昧，互有傳說，卒未得其實。李師道及呂元膺傳則云：爲師道謀擾東都之訾嘉珍、門察，乃賊武元衡者，見下。《新書・武元衡傳》云：王士則、王士平以賊聞，捕得張晏等十八人，言爲承宗所遣，皆斬之。逾月，呂元膺執淄青留邸賊門察、訾嘉珍，自言始謀殺元衡者。會晏先發，故藉之以告師道而竊其賞。帝密誅之。《通鑑》：元和十四年七月丁丑朔，田弘正送殺武元衡賊王士元等十六人。詔使内京兆府、御史臺偏鞫之，皆款伏。京兆尹崔元略以元衡物色詢之，則多異同。元略問其故。對曰：“恒、鄆同謀，遣客刺元衡，而士元等後期，聞恒人事已成，遂竊以爲己功，還冀受賞耳。今自度爲罪均，終不免死，故承之。”上亦不欲復辨正，悉殺之。此事終爲一疑案，惟以爲承宗者似誣，以驅使豪傑之力，師道似優於承宗也。王士則、士平之言，似即據京師人所臆度。王士元等云恒、鄆同謀，亦未必非官吏護前之説也。**時師道置留後院於東都，又潛納兵院中，謀焚宫闕殺掠，爲留守吕元膺所破。**《舊書・師道傳》云：初師道置留邸於河南府，兵謀雜以往來，吏不敢辨。因吴元濟北犯汝、鄭，郊畿多警，防禦兵盡戍伊闕，師道潛以兵數十百人内其邸，謀焚宫闕而肆殺掠。既烹牛饗衆矣，明日將出，會有小將楊進、李再興者，詣留守吕元膺告變。元膺追兵伊闕，兵圍之。半日不敢進攻。防禦判官王茂元殺一人而後進。或毁其墉而入者。賊衆突出殺人，圍兵奔駭。賊得結伍中衢，内其妻子於橐橐中，以甲胄殿而行。防禦兵不敢追。賊出長夏門，轉掠郊墅，東濟伊水，入嵩山。元膺誡境上兵重購以捕之。數月，有山棚鬻鹿於市，賊遇而奪之。山棚走而徽其黨。或引官軍共圍之谷中，盡獲之。窮理得其魁首，乃中岳寺僧圓静。年八十餘，嘗爲史思明將，偉悍過人。初得之，使鉅力者奮鎚，不能折其脛。圓静罵曰：“鼠子，折人脚猶不能，敢稱健兒乎？”乃自置其足，教折之。臨刑，乃曰：“誤我事，不得使洛城流血。”死者凡數十人。留守防禦將二人，都亭驛卒五人，甘水驛卒三人，皆潛受其職賞而爲之耳目。自始謀及將敗，無知者。初師道多買田於伊闕、陸渾，凡十餘處。欲以舍山棚而衣食之。有嘗家珍、門察者，潛部分之，以屬圓静。以師道錢千萬，僞理嵩山之佛光寺。期以嘉珍竊發時，舉火於山中，集二縣山棚人作亂。及窮按之，嘉珍、察乃賊武元衡者。元膺具狀以聞。元膺傳大同。觀此事，可見唐之兵力、緝捕，皆同兒戲，此亂之所以難平。然亦可見收率豪傑，陰謀擾亂，事皆出於師道也。唐伊闕縣，在今洛陽縣南。陸渾縣，在今嵩縣西北。**又使焚柏崖倉，**十月。唐柏崖縣，在今孟津縣西。**襄州佛寺軍儲及獻陵寢宫，**十一月。獻陵，高祖陵。**斷建陵門戟。**十一年正月。建陵，肅宗陵。《舊書・本紀》：十二年二月庚子，勅京城居人，五家相保，以搜姦慝。時王承宗、李師道欲阻用兵之勢，遣人折陵廟之戟，焚芻蒭之積，流矢飛書，恐駭京國，故搜索以防姦。及賊平，復得淄青簿領，中有賞蒲、潼關吏案，乃知容姦者關吏也。搜索不足以爲防。可見當時於此等事，皆以爲承宗、師道二人所爲，實則主之者皆師道也。**承宗又縱兵四掠。幽、滄、定三鎮，皆請討之。上欲許之。**張弘靖、韋貫之皆諫不宜兩役並興，不聽。**十一年正月，削承宗官爵，命河東、幽州、義武、**任迪簡病不能軍，以渾鎬代之，瑊子也。戰敗，又代以易州刺史陳楚，張茂昭之甥也。**横海、程權。魏博、昭義諸鎮討之。**惟昭義郗士美，兵勢較爲鋭整，餘皆無功。是歲六月，高霞寓又大敗於鐵城。在今河南遂平縣西南。**諉過於李遜，**宦者助之，二人同貶。乃以河南尹鄭權代遜，**荆南袁滋爲彰義節度使，申、光、蔡、唐、隨、鄧觀察使。**治唐州。**滋保境不敢戰。李晟子愬，**時爲太子詹事、宫苑閑廏使。**抗表願自效。十二月，又以之代滋。**愬至唐州，閉壁示弱，而以計擒其將李憲、李祐等。更憲名曰忠義，與之謀。又撫用賊諜，益知敵虚實。李光顔、烏重胤力戰。明年四月，取郾城。今河南郾城縣。五月，詔權罷河北行營，專討淮蔡。六月，元濟上表謝罪，請束身歸朝。詔許以不死。而爲左右所制，不得出。七月，以裴度爲彰義節度、淮西宣慰招討處置使。度以韓弘已爲都統，辭招討之名，然實行元帥事。董重質者，吳少誠壻，元濟之謀主也。元濟盡發左右及守城卒屬之，以抗李光顏、烏重胤軍於洄曲。據《舊書·光顏傳》、《元濟傳》作時曲。㵎水回曲處，在今商水縣西南。守蔡者皆市人，疲㾊之卒。李愬乃定計襲之。告於裴度，度許之。十月，愬乘雪夜，以李祐、李忠義爲前驅，襲入蔡，擒元濟送京師。十一月斬之。董重質及申、光二州皆降。於是以李愬爲山南東道節度使，宣慰副使馬總爲彰義節度使。裴度復入相。明年五月，李光顏移鎮義成，永平更名。時謀討李師道也。馬總爲忠武節度、陳、許、㵎、蔡州觀察使。㵎州置於郾城。以申州隸鄂、岳，光州隸淮南，不復以蔡州爲節鎮已。

淮西既平，李師道請遣子入侍，獻海、沂、密三州，許之。時元和十三年正月也。二月，程權自以世襲如三鎮事例，不自安，請入朝。以華州刺史鄭權代之。四月，王承宗請於田弘正，願遣二子入侍，獻德、棣二州。復其官爵，以鄭權爲德州刺史、德、棣、滄、景觀察使。李師道妻魏氏，不欲其子入質，羣婢又爲之謀，乃表言軍情不欲割地、納質。七月，徙李愬於武寧，令與宣武、義成、橫海、魏博同討。淮西之平，烏重胤還鎮河陽，十一月，又移諸橫海。以代鄭權。是月，田弘正自楊劉渡河。在今平原東阿縣北。師道使都知兵馬使劉悟拒之。悟，正臣之孫也，有叛志。師道使副使張暹殺之。暹以告悟。十四年二月，悟襲殺師道以降。命户部侍郎楊於陵宣慰淄青。分其地爲三道：鄆、曹、濮爲一道，馬總帥之。穆宗立，賜軍名曰天平。淄、青、齊、登、萊爲一道，移義成節度使薛平帥之，稱平盧，淄青遂專平盧之名。沂、密、兗、海爲一道，淄青行營供軍使王遂帥之。遂事參看下節。徙劉悟於義成。悟甚失望，然不敢抗命也。烏重胤之至橫海也，上言曰："河朔能拒朝命者，刺史失其職，使鎮將領兵事。若刺史各得職分，又有鎮兵，節將雖有禄山、思明之姦，豈能據一州叛哉？臣所管德、棣、景三州，已舉公牒，各還刺史職事訖。應在州兵，並令刺史收管。又景州本是弓高縣，請卻廢爲縣。"從之。十四年四月，詔諸道節度、都團練、防禦、經略等使所管支郡，除本軍州外，別置鎮遏、守捉、兵馬者，並合屬刺史。如刺史帶本州團練、防禦、鎮遏等使，其兵馬額便隸此使。如無別使，即屬軍事。其有邊於谿洞，連接蕃蠻之處，特建城鎮，不關州郡者，不在此限。蓋亦行重胤之説也。是歲七月，韓弘使入朝，進絹三十五萬匹，絁三萬匹，銀器二百七十件。三上章堅辭戎務。乃以張弘靖代之。史言弘鎮大梁二十餘載，四州征賦，皆爲己有，未嘗上供。有私錢百萬貫，粟三百萬斛，馬七千匹，兵械稱是。詔使宣諭，弘多倨待。齊、蔡平，勢屈入覲，竟以功名始終，人臣之幸也。是月，王

235

遂爲衙將王弁所害。以棣州刺史曹華代之。華至鎮三日，伏甲殺鄆卒千二百人於庭，血流成渠。九月。明年正月，移理於兗。八月，田弘正入朝。三表請留，上不許。既還鎮，悉仕其兄弟子姪於朝。蓋恐一旦身故，其下猶以故事奉之也。平蔡以後，威聲所播，情形大略如此。

第三節　元和朝局

憲宗平蔡以前，宰相用事者，杜黄裳、李吉甫、武元衡、裴垍、李絳、裴度。六人者雖不盡相合，而其主摧抑藩鎮則同。其中持權最久者，實爲李吉甫。乃甫欲伐蔡，而吉甫遽卒，於是代之以武元衡。吉甫以元和二年正月，與元衡並相。三年九月，薦裴垍代己，出鎮淮南。五年冬，垍病免。六年正月，吉甫復相，至九年十月卒。吉甫卒，上乃以討淮西事委元衡，不則當其任者吉甫也。元衡見刺，又代之以裴度。度於平蔡，自爲有功，然吉甫，史言其與絳不合，頗過其實，觀其與絳同相逾二年可知，絳以元和六年十二月相，至九年二月乃罷。《吉甫傳》言吉甫大與絳不協，而絳性剛訐，於上前互有爭論，人多直絳。此亦朋黨之論，不足爲據。絳爲相，並無實際建樹，其才非吉甫之倫也。《絳傳》云：議者以吉甫通於吐突承璀，故絳尤惡之，亦莫須有之論。逮度相而黨禍烈矣。時李逢吉亦爲相。元和十二年二月。史言其忌度成功，密沮之。及度親征，學士令狐楚爲制辭，言不合旨，而楚與逢吉相善，帝皆黜之，罷楚學士，逢吉亦罷政事，出爲東川。《舊書·逢吉傳》。此事真相，未知若何，然帝是時之任度，固不可云不專也。度親征制辭，見《舊書》。度所請改者，以韓弘爲淮西行營都統，不欲更爲招討，乃去仍充淮西宣慰招討處置使中之“招討”二字。因改“遥聽鼓鼙，更張琴瑟，煩我台席，董兹戎斾”之“更張琴瑟，煩我台席”爲“近輟樞衡，授以成算”。此乃兵機，無關朝局，即舊文亦不可謂之失辭也。《舊書·張宿傳》云：宿，布衣諸生也。憲宗爲廣陵王時，出入邸第。及在東宮，宿時入謁。辯譎敢言。監撫之際，驟承顧擢，授左拾遺。以舊恩，數召對禁中。機事不密，貶郴縣丞。徵入，歷贊善大夫、左補闕、比部員外郎。宰相李逢吉惡之，數於上前言其狡譎不可保信，乃用爲濠州刺史。制下，宿自理乞留。乃追制。上欲以爲諫議大夫。逢吉奏曰：“宿細人，不足汙賢者位。陛下必用宿，請先去臣。”上不悅。又逢吉與裴度是非不同，上方委度討伐，乃出逢吉爲東川。觀此，知逢吉之出，緣沮張宿者多，與度不協者較少也。郴縣，郴州治，見第七章第六節。蔡平後，度再入相，與皇甫鎛爭，而眷顧始衰。

憲宗之能討平淮西，與其能整頓財政，頗有關係。時李吉甫撰《元和國計簿》，總計天下方鎮凡四十八，管州、府二百九十五，縣一千四百五十三，户二百四十四萬二百五十四。其鳳翔、鄜坊、邠寧、振武、涇原、銀夏、靈鹽、河東、易定、魏博、鎮冀、范陽、滄景、淮西、淄青十五道，凡七十一州，不申户口。每歲賦入倚辦，止於浙江東、西、宣歙、淮南、江西、鄂岳、福建、湖南等八道。合四十九州，一百四十四萬户，比量天寶，四分有一。天下兵仰給縣官者八十三萬人，比量天寶，三分加一。率以兩户資一兵。其他水旱所損，徵科發斂，又在常役之外。《舊紀》元和二年。《新·食貨志》同。《志》又云：乾元末，天下上計者六十九州，户百九十三萬三千一百二十四，不課者百一十七萬四千五百九十二，口千六百九十九萬三千八百八十六，不課者千四百六十一萬九千五百八十七。減天寶户五百九十八萬二千五百八十四，口三千五百九十二萬八千七百二十三。至長慶，户三百三十五萬，而兵九十九萬，率三户以奉一兵。武宗即位，户二百一十一萬四千九百六十。會昌末，户增至四百九十五萬五千一百五十一。宣宗既復河湟，天下兩税，榷酒、茶鹽錢，歲入九百二十二萬緡。歲之常費，率少三百餘萬，有司遠取後年乃濟。及羣盜起，諸鎮不復上計云。唐中葉後之國計，大略如此。長慶户數，亦見《舊紀》開成二年。如此，財賦所出，自然仍在江淮。德宗末年，李錡居轉運之職，國用日耗。順宗即位，以杜佑判鹽鐵轉運使，理於揚州。元和二年三月，《舊書·食貨志》。《通鑑》在元年四月。以李巽代之。憲宗初即位時，杜佑嘗請用潘孟陽爲鹽鐵轉運副使，以代王叔文。孟陽母，劉晏女也。時爲户部侍郎。憲宗命孟陽巡江淮，省財賦，且察東南鎮之政理。孟陽所歷，但務遊賞；至鹽鐵轉運院，廣納財賄，補吏職而已。及歸，乃罷爲大理卿。此可見理財得人之難，凡史所目爲聚斂者，實皆幹濟之才，無怪人君倚畀之也。大正其事。四年，巽又引程异爲揚子留後。巽居職三載，而李鄘代之。《紀》在五年。其後盧坦判度支，王播爲鹽鐵轉運使。事在六年。十一年，皇甫鎛始判度支。史言自榷筦之興，惟劉晏得其術，而巽次之。然初年之利，類晏之季年，季年之利，則三倍於晏矣。又言舊制每歲運江、淮米五十萬斛至河陰，見第七章第六節。留十萬，四十萬送渭倉，晏歿，久不登其數，惟巽秉使三載，無升斗之闕。《舊書·食貨志》。又言巽精於吏職，而异句檢簿籍，又精於巽。《巽傳》。江、淮錢穀之弊，多所剗革。《异傳》。先是，天下百姓輸賦於州府：一曰上供，二曰送使，三曰留州。建中初定兩税，貨重錢輕，是後貨輕錢重，齊人所出，已倍初征。其留州、送使者，所在長吏，又降省估使就實估。及裴垍爲相，奏請一切令依省估。所在觀察使，以所涖州郡租賦自給，不足然後徵於支郡。其諸州送使額，悉變爲上供。史稱江、淮稍息肩。《垍傳》。蓋取之於官，而寬其在民者也。王播之領使，以程异爲副。十二年依《本紀》。《食貨志》作十三年，誤。正月，請令异出巡江、淮。州府上供錢穀，一切戡問。閏五月，得錢百八十五萬貫以進。《舊書·食貨志》。《紀》在六月，蓋因代王播並書之。史言時淮西用兵，國用不足。异調征賦，且諷有土者以饒羨入貢，不剝下，不浚財，而經費以贏，人頗便之。《舊書》本傳。由是專領鹽鐵轉運使，而王播去職。《舊書·播傳》云：皇甫鎛恐播大用，乃請以使務命异領之，播守本官而已，亦莫須有之辭也。時李鄘爲淮南節度，發楚、壽等州兵二萬餘壓賊境，日費甚廣，未嘗請於有司。及异諭江、淮諸道，鄘乃大籍府庫，一年所蓄之外，咸貢於朝。諸道以鄘爲唱首，悉索以獻。《舊書》本傳。又《韋貫之傳》：貫之爲湖南觀察。异所至方鎮，皆諷令捃拾進獻，貫之謂兩稅外不忍橫賦加人，所獻未滿异意，遂率屬内六州留錢以繼獻。由是罷爲太子詹事，分司東都。此等名爲恤民，實則未能顧全大局也。王遂者，方慶孫，以吏能聞於時。天子用爲宣歙觀察使。淮蔡平，王師東討，召爲光禄卿，充淄青行營諸軍糧料使。師之出也，歲計兵食三百萬石。及鄆賊誅，遂進羨餘一百萬。上以爲能，以爲沂、兗、海等州觀察使。《舊書》本傳。《新書・食貨志》云：憲宗因德宗府庫之積，觀此語，可知憲宗削平藩鎮，未嘗不得德宗蓄聚之力。貞元、元和之政，實相因也。頗約費用。身服澣濯。及劉闢、李錡既平，贓藏皆入内庫。山南東道于頔、河東王鍔，進獻甚厚。翰林學士李絳諫。帝喟然曰：“誠知非至德事。然兩河中夏貢賦之地，朝覲久廢；河湟陷没，烽候列於郊甸；方雪祖宗之恥，不忍重斂於人也。獨不知進獻之取於人者重矣。”斯固然也，然天子不取其進獻，方鎮遂不苛取於民乎？欲止其苛取，勢不能無用兵；欲用兵，又非有財不可；是知唐中葉後，若德宗、憲宗之苛取，固有其不得已者存，未可概目爲橫暴也。是時内庫屢出錢帛供軍；《舊書・本紀》：元和十一年十月，十二年九月，十三年六月、九月。又嘗募人入粟河北、淮西，自千斛已上，皆授以官；《新書・食貨志》。而東畿民户供軍之苦，至於車數千乘，相錯於路，牛皆餧軍，民户多以驢耕；《舊紀》元和十二年。不有斂取，何以供之？《新志》又言：是時度支、鹽鐵與諸道貢獻尤甚，號助軍錢。及賊平，則有賀禮及助賞設物。羣臣上尊號，又有獻賀物。穆宗即位，乃一切罷之，兩稅外率一錢者，以枉法贓論。賊平而進奉不息，何也？不知當時之方鎮，固未全平也。穆宗即位，河朔復叛，終以絀於費，不能討，非其明驗乎？故德、憲二世之聚斂，究可恕也。憲宗不必恭儉之主，然因用兵而省嗇，則確有之。《舊書・潘孟陽傳》，言其嘗發江淮宣慰使、左司郎中鄭敬奉使，辭，上誡之曰：“朕宫中用度，一匹已上，皆有簿籍。”此在嗣世之主，已爲難能矣。又《李翛傳》言其爲京兆尹，莊憲太后崩，憲宗母。爲山陵橋道置頓使，每事減省。靈駕至灞橋頓，灞橋，在長安東。從官多不得食。及至渭城北門，渭城縣，在今咸陽縣東。門壞。先是橋道司請改造，計錢三萬，翛以勞費不從。山陵使李逢吉請免翛官。上以用兵務集財賦，以翛前後進奉，不之責，但罰俸而已。且以爲浙西觀察使，令設法鳩聚財貨。淮西用兵，頗賴其賦。事在元和十一年，見《舊書・本紀》。此真省無益之費，以奉軍國者也。君子聽竽、笙、簫、管之聲，則思畜聚之臣。夫聚之，亦視其用之者何如耳，豈得概以損下益上罪之邪？當時理財之臣，如李巽、李鄘、王遂等，皆不免失之嚴酷，韓弘更無論已。惟程异爲不然，此其所以尤不可及也。

　　皇甫鎛史以爲小人，然言其罪狀，亦皆莫須有之辭。如鎛欲奏減内外官俸錢以贍

國用,其是非,觀上章第六節所論,已可見之矣。十三年八月,憲宗用鐇與程異爲相。崔
羣及裴度攻之。憲宗不聽。度遂求去。其辭甚激訐,非君子之言也。見《舊書》
本傳。無怪憲宗以爲朋黨,竟不省覽也。異以謙遜自牧,月餘日不敢知印、秉筆。知西
北邊軍政不理,建議置巡邊使,請自行,未決而卒。家無餘財。《舊書》本傳。可
謂難矣。亦可見王叔文之黨多賢人也。時元和十四年四月。是月,裴度出鎮
河東。七月,令狐楚相。十二月,崔羣免。史皆云皇甫鐇爲之,亦皆無確據
也。見《舊書・鐇》及《楚傳》。

　　憲宗之節嗇以平藩鎮,雖有可取,然其信任宦官,則殊不可恕。任用吐突
承璀之事,已見上節。當承璀出兵時,即以宦官爲館驛、糧料等使,以言官論
奏暫罷,然其後又蹈故轍。《舊書・薛存誠傳》:爲監察御史,知館驛。元和初,討劉闢,特令中
官爲館驛使,存誠密表論奏,諫官亦論奏,上乃罷之。《新書・吐突承璀傳》:承璀之討王承宗,内侍伯
宋惟澄、曹進玉爲館驛使。自河南、陜、河陽,惟澄主之。京、華、河中至太原,進玉主之。又詔内常侍
劉國珍、馬朝江分領易、定、幽、滄等州糧料使。《舊書・裴潾傳》:元和初,兩河用兵。初憲宗寵任内
官,至有專兵柄者。又以内官充館驛使。有曹進玉者,恃恩暴戾。遇四方使多倨,至有捽辱者。宰相
李吉甫奏罷之。十二年,淮西用兵,復以内官爲使。潾上疏,不用。又嘗以宦者爲和糴使,亦
以諫官論奏而罷。《舊書・鄭覃傳》:元和十四年二月,遷諫議大夫。憲宗用内官五人爲京西北
和糴使,覃上章論罷。嚴綬之討淮西也,崔潭峻監其軍。其後軍久無功,又令梁守
謙宣慰,因留監焉。事在元和十一年十一月。《裴度傳》言:度之督師,奏去諸道監
陳中使。及入蔡,上欲盡誅元濟舊將,又封二劍授守謙,使往蔡州。亦見《度傳》。
度迴至郾城,遇之,復與守謙入蔡州,量罪加刑,不盡如詔。此猶可曰在戰時,情有偏信也。
《裴垍傳》言:楊於陵爲嶺南節度使,與監軍許遂振不和,遂振誣奏於陵,憲宗
令追與慢官,垍不可。嚴綬在太原,政事一出監軍李輔光,垍具陳其事,請以
李鄘代之。則其在平時,亦極跋扈矣。若云德宗之敗,由任宦官過重,則憲宗
之勝,寧非幸致邪?内樞密使之職,始於代宗時。惟受表奏,於内中進呈,人
主有所處分,則宣付中書、門下而已。及德宗末,遂參政事。主書滑渙,久司
中書簿籍,與典樞密劉光琦情通。宰相議事,與光琦異同者,令渙達意,未嘗
不遂所欲。杜佑、鄭絪,皆姑息之。四方書幣賮貨,充集其門。鄭餘慶再入中
書,餘慶本德宗時宰相,憲宗嗣位,又命同平章事。與同僚集議,渙指陳是非,餘慶怒其
僭,叱之,尋罷相。《舊書・餘慶傳》。事在元和元年五月。至李吉甫,乃克去之。又有
僧鑒虛者,自貞元中交結權幸,招懷賂遺,倚中人爲城社,吏不敢繩。帝時,以
于頔、杜黄裳家私事,連逮下獄。薛存誠案鞫,得姦臟數十萬,當大辟。上猶
欲釋之,存誠持不可,乃笞死。《舊書・存誠傳》。又有内官劉希光,受將軍孫璹賂

二十萬貫，以求方鎮，賜死。時吐突承璀以出軍無功，諫官論列，坐希光事出爲淮南監軍。太子通事舍人李涉，知上待承璀意未衰，欲投匭論承璀有功，希光無罪。孔戣爲匭使，得涉副章，不受，面詰責之。涉乃於光順門進疏。戣極論其與中官交結，言甚激切。詔貶涉爲陝州司倉。幸臣聞之側目，人皆爲戣危之。《舊書・戣》附《孔巢父傳》。元稹與宦官爭廳，宦官擊之敗面，稹以監察御史分務，自東都召還，宿敷水驛，内官劉士元與爭廳，排其户。稹襪而走。士元追之，箠擊稹傷面。貶爲江陵府士曹參軍。翰林學士李絳、崔羣面論稹無罪。左拾遺白居易亦累疏切諫，不報。事見舊書稹及居易傳。案稹爲監察御史，四年奉使東蜀，劾奏故東川節度使嚴礪。使還，分務東臺，又劾浙西觀察使韓皋、徐州節度使王沼、河南尹房式等。宦者之爲此，蓋爲諸人報怨？可見其交結之廣。《舊書・宦者傳》，以與稹爭廳者爲仇士良。蓋本《實録》，見《通鑑考異》。案白居易疏明言劉士元，《實録》恐誤。即謂士良亦在其列，亦必以士元爲魁也。而其後稹反與宦官交結，引起軒然大波。事見第五節。士大夫之無恥如此，此宦官所以横行，然非帝之芘右之，宦官亦必不敢如是也。《新書・宦者傳》言：憲宗之立，劉貞亮爲有功，然終身無所寵假。吕如全歷内侍省内常侍、翰林使，坐擅取梓材治第，送東都獄。至閿鄉，自殺。又郭旻醉觸夜禁，杖殺之。五坊朱超晏、王志忠縱鷹隼入民家，榜二百奪職。由是莫不懾畏。貞亮之横，至於擅殺李康，尚安得謂無所寵假？裴寰之獄，裴度爭之，上怒曰："如卿言，寰無罪，即決五坊小使；如小使無罪，即決寰。"此成何語？豈得以偶誅一二無寵者，遂謂其能振紀綱邪？

既信宦官，又多内嬖，遂至罷商臣之酷焉，可謂自作之孽矣。帝二十子。長曰鄧王寧，母紀美人也。以元和四年立爲太子。史謂其謀出於李絳。《新書・寧傳》。案憲宗在東宮時，正妃爲郭氏，曖之女，子儀孫也。生子曰遂王宥。寧以元和六年歿。明年，立宥爲太子。更名恒，即穆宗也。《舊書・澧王惲傳》曰：憲宗第二子也。本名寬，元和七年改今名。時吐突承璀恩寵特異。惠昭太子薨，寧謚。議立儲副，承璀獨排衆議屬澧王，欲以威權自樹。賴憲宗明斷不惑。上將册拜太子，召翰林學士崔羣代澧王作讓表。羣曰："凡事已合當之而不爲則有讓。"上采納之。可見當時臣工，皆以穆宗爲正適。然則寧何以立？取其長乎？則寧薨時年十九，生於貞元九年，而穆宗生於十一年，《舊書・郭后傳》。所長者兩歲耳。《舊書・郭后傳》曰：后以元和元年八月，册爲貴妃。八年十二月，百寮拜表，請立貴妃爲皇后。凡三上章。上以歲暮，來年有子午之忌，且止。帝後庭多私寵，以后門族華盛，慮正位之後，不容嬖幸，以是册拜後時。元和十五年正月，穆宗嗣位。閏正月，乃册爲皇太后。然則惠昭之立，必以母愛故也。其謀而果出於李絳也，絳得謂之正士乎？

憲宗頗貪長生。嘗遣使迎鳳翔法門寺佛骨，刑部侍郎韓愈諫，貶爲潮州刺史。事在元和十四年。潮州見第二章第二節。又信方士柳泌及僧大通，見《舊書·皇甫鎛傳》。《傳》云：鎛與金吾大將軍李道古共進之，乃誣罔之辭，見下。使泌制金丹服之。當時裴潾嘗上疏極諫，以此貶江陵令，見《舊書》本傳。故謂憲宗以服藥致死誣，謂其曾服藥，則必不誣也。潾疏曰："臣願所有金石鍊藥人，及所薦之人，皆先服一年，以考其真偽。"此語頗足破惑。遂爲弑逆者所藉口焉。《舊書·本紀》：元和十五年正月甲戌朔，上以餌金丹小不豫，罷元會。義成軍節度使劉悟來朝。戊戌，上對悟於麟德殿。上自服藥不佳，數不視朝，人情恟懼，及悟出道上語，京城稍安。足見憲宗是時，實無大病，而間一日庚子之夕遽崩。《紀》又云：時以暴崩，皆言內官陳弘志弑逆，史氏諱而不書。《宦官·王守澄傳》：憲宗疾大漸，內官陳弘慶等弑逆。弘慶當即弘志，唐世宦官之名，異同最多。憲宗英武，威德在人。內官祕之，不敢除討，但云藥發暴崩。時守澄與中尉馬進潭、梁守謙、劉承偕、韋元素等定册立穆宗皇帝。《新書》則云守澄亦與弑逆之謀。不與逆謀，安能與於定策？恐當以《新書》爲是。《新書·郭后傳》云：宣宗立，於后諸子也，而母鄭故侍兒，有曩怨，《鄭后傳》云：本李錡侍人。錡誅，沒入掖庭，侍后。憲宗幸之，生宣宗。帝奉養禮稍薄。后鬱鬱不聊。與一二侍人登勤政樓，將自殞。左右共持之。帝聞，不喜。是夕，后暴崩。有司上尊謚，葬景陵外園。太常官王暤請后合葬景陵，以主祔憲宗室。帝不悦，令宰相白敏中讓之。暤曰："后乃憲宗東宮元妃，事順宗爲婦，歷五朝母天下，不容有異論。"敏中亦怒。周墀又責謂。暤終不撓。墀曰："暤信孤直。"俄貶暤句容令。今江蘇句容縣。懿宗咸通中，暤還爲禮官，申抗前論，乃詔后主祔於廟。《通鑑考異》引《實錄》曰：五月戊寅，以太皇太后寢疾，權不聽政。宰臣率百寮問太后起居。己卯，復問起居。下遺令。是日，太后崩。初上篡位，以憲宗遇弑，頗疑后在黨中，至是暴得疾崩，帝之志也。又引裴延裕《東觀奏記》曰：憲宗皇帝晏駕之夕，上雖幼，頗記其事。宣宗生於元和五年，是時年十一歲。追恨光陵商臣之酷，即位後，誅鉏惡黨，無漏網者。《通鑑》：大中八年正月，上自即位已來，治弑憲宗之黨，宦官、外戚，乃至東宮官屬，誅竄甚衆。慮人情不安。丙申，詔長慶之初，亂臣賊子，頃搜摘餘黨，流竄已盡，其餘族從疏遠者，一切不問。郭太后以上英察孝果，且懷慙懼，時居興慶宮，一日，與一二侍兒同升勤政樓，倚衡而望，便欲殞於樓下，欲成上過。左右急持之，即聞於上。上大怒。其日，太后暴崩，上志也。又曰：太后既崩，喪服許如故事。禮院檢討官王暤抗疏請后合葬景陵，配享憲宗廟室。既入，上大怒。宰臣白敏中召暤詰其事。暤對云云。正文：暤曰："太皇太后，汾陽王之孫，憲宗在東宮爲正妃，逮事順宗爲婦。憲宗厭代之夕，事出曖昧。太皇太后母天下歷五朝，豈得以曖昧之事，遽廢正適之禮乎？"敏中怒甚。暤辭氣愈厲。諸相會食，周墀立於敏中之門以俟之。敏中使謝曰："方爲一書生所苦,公第先行。"墀入至敏中廳問其事。見皞爭辯方急,墀舉手加額歎皞孤直。翼日,皞貶潤州句容縣令。周墀亦免相。《考異》云:《實錄》所言暴崩事,皆出於《東觀奏記》。若實有此事,則既云是夕暴崩,何得前一日下詔,云以太后寢疾,權不聽政? 案豈不可先言其有疾而後殺之? 又豈不可死於戊寅而云己卯? 若無此事,廷裕豈敢輒誣宣宗? 或者郭后實以病終,而宣宗以平日疑忌之心,欲黜其禮,故皞爭之。大中二年。說近調停。太后即以病終,又安知非因其病而殺之? 亦無解於穆宗商臣之酷之疑也。利害所係,樞機之内,矛戟生焉。不能克己復禮,而欲餌金石以求長生,適見其惑矣。《舊書·本紀》載元和五年,憲宗與宰臣論神仙事。李藩對曰:"秦皇、漢武受惑,卒無所得。文皇帝服胡僧長生藥,暴疾不救。古詩云:服食求神仙,多為藥所誤。君人者但務求理,四海樂推,社稷延永,自然長年也。"《韓愈傳》:愈諫迎佛骨,憲宗怒甚,將加極法。裴度、崔羣諫。上曰:"愈言我奉佛太過,我猶爲容之,至謂東漢奉佛之後,帝王咸致夭促,何言之乖剌也? 愈爲人臣,敢爾狂妄,固不可赦。"及至潮陽上表,憲宗謂宰臣曰:"昨得韓愈到潮州表,因思其所諫佛骨事,大是愛我。我豈不知? 然愈爲人臣,不當言人主事佛乃年促也。"《皇甫鎛傳》:柳泌言天台山多靈草,願爲長吏,因以求之,遂以爲台州刺史。諫官論奏曰:"列聖亦有好方士者,亦與官號,未嘗令賦政臨民。"憲宗曰:"煩一郡之力,而致神仙長年,臣子於君父何愛焉?"由是莫敢言者。合觀諸文,而憲宗之所求者可知矣,亦可鄙矣。潮陽郡,即潮州。台州見第四章第二節。

　　穆宗既立,吐突承璀及灃王皆見殺。敬宗時,中尉馬存亮論承璀之冤,乃詔雪焉。事在長慶四年四月,見《舊書·紀》。《新書·宦者傳》言:唐世中人,以忠謹稱者,惟存亮、西門季玄、嚴遵美三人,足見承璀之無罪。承璀是時,仍爲左神策中尉,兵權在手,《舊書·宦官傳》内官不敢除討之語,蓋正指承璀言之? 案《舊書·承璀傳》:承璀自淮南召還,事在元和八年。《通鑑考異》引《實錄》同。《實錄》又載承璀出監淮南軍,事在六年十一月。而惠昭之薨,在是年閏十二月,穆宗立爲太子,在七年七月,其時承璀實不在京師。然承璀欲立灃王之說,新、舊《書·灃王》及《崔羣傳》皆同。《通鑑考異》疑憲宗末年,承璀欲廢太子而立灃王,揣測無據。東宫之位久定,是時安可動搖? 承璀、灃王既死,皇甫鎛亦貶崖州司户,崖州見第四章第二節。是年十二月,卒於貶所。制以剝下及恣求方士爲罪,乃誣罔之辭。又云:以矯迹爲孤立,用塞人言,則不畜譽之矣。足見攻之者之誣罔也。胡三省《通鑑注》云:以其附承璀欲立灃王,則近之矣。然鎛依附承璀,亦無確據。竊疑鎛與承璀,是時實有討賊之謀而未及發,《舊書》不敢除討之語,乃就其迹言之,而未及原其心;抑病其當斷不斷也?

第四節　穆宗時藩鎮叛服

　　元和十五年,穆宗既立,改恒州爲鎮州。避諱。是歲,王承宗死。二子爲質在朝，軍中立其弟承元。時年十八。密疏請帥。詔移田弘正於成德，李愬自昭義徙魏博，劉悟自義成徙昭義，而徙承元於義成。又以田布爲河陽、懷、孟節度使。布者，弘正子，弘正使率偏師攻淮西者也。隸嚴綬。鄰鎮以兩河近事諷承元，承元不聽。既聞滑州之命，諸將號哭喧譁。承元諭之曰：“李師道未敗時，議赦其罪，師道欲行，諸將止之，他日殺師道者，亦諸將也。公輩幸勿爲師道之事，敢以拜請。”遂拜。諸將泣涕不自勝。承元乃盡出家財，籍其人以散之。酌其勤者擢之。衙將李寂等十數人固留。承元斬之，軍中始定。此可見唐中葉後將擅於兵之概矣。明年，爲長慶元年。正月，劉總棄官爲僧。初總自弑逆後，每見父兄爲祟，甚慘懼。乃於官署後置數百僧，厚給衣食，令晝夜乞恩謝罪。每公退，則憩於道場。若入他室，則恟惕不敢寐。晚年恐悸尤甚。故請落髮爲僧，冀以脱禍。兼請分割所理之地，然後歸朝。其意：欲以幽、涿、營州爲一道，請張弘靖理之。瀛、莫爲一道，瀛州，今河北河間縣。請盧士玫理之。平、薊、媯、檀爲一道，平州，今河北盧龍縣。薊州見第五章第七節。媯州，今察哈爾懷來縣。檀州見第四章第二節。請薛平理之。平者，嵩子，知河朔之俗而忠於朝廷。士玫時爲京兆尹，與總爲内姻，以文儒進而端厚。可謂人之將死，其言也善矣。穆宗初以總爲天平節度使。既聞落髮，乃賜紫，號大覺師。總行至易州界，暴卒。此從《舊書》。《新書》云：軍中擁留不得進，殺首謀者十人，間道夜去。至定州卒。宰臣崔植、杜元穎，欲重弘靖所授而省其事局，惟割瀛、莫兩州，以士玫爲觀察使，其他郡縣，悉以弘靖爲盧龍軍節度使統之。河朔三鎮，至兹全服矣。然未幾而變起。

《舊書·張弘靖傳》曰：弘靖入幽州，薊人無老幼男女，皆夾道觀。河朔軍帥，冒寒暑多與士卒同，無張蓋安輿之别。弘靖久富貴，又不知風土，入燕之時，肩輿於三軍之中，薊人頗駭之。弘靖以禄山、思明之亂，始自幽州，欲於事初革其俗，乃發禄山墓，毁其棺柩，人尤失望。從事有韋雍、張宗厚數輩，復輕肆嗜酒。常夜飲醉歸，燭火滿街，前後呵叱，薊人所不習。又雍等訴責吏卒，多以反虜名之。謂軍士曰：“今天下無事，汝輩挽得兩石弓，不如識一丁字。”軍中以意氣自負，深恨之。劉總歸朝，以錢一百萬貫賜軍士，弘靖留二十萬貫充軍府雜用。薊人不勝其憤，遂相率以叛。囚弘靖於薊門館，執雍、宗厚輩數人皆殺之。續有張徹者，自遠使迴，軍人以其無過，不欲加害，將引置館中。徹不知其心，遂索弘靖所在，大罵軍人，亦爲亂兵所殺。明日，吏卒稍稍自悔，悉詣館請弘靖爲帥，願改心事之。凡三請，弘靖卒不對。軍人乃相謂曰：“相公無言，是不赦吾曹必矣。軍中豈可一日無帥？”遂取朱洄爲兵馬留後。洄者，滔之孫也。其子曰克融。《舊書·傳》曰：克融少爲幽州軍校，事劉總。總將歸朝，慮有變，籍軍中素有異志者，薦之闕下，克融亦在籍中。崔植、杜元穎謂兩河無虞，遂奏勒歸鎮。幽州軍亂，洄廢疾於家，眾欲立之，洄自以老且病，推克融統軍務焉。《總傳》言：總請分割所理之地，仍籍軍中宿將，盡薦於闕下。因望朝廷升獎，使幽、薊之人，皆有希羨爵祿之意。崔植、杜元穎，不爲久大經略，總所薦將校，在京師旅舍中，久而不問。朱克融輩，僅至假衣丐食，日詣中書求官，不勝其困。及除弘靖，又命悉還本軍。克融輩深懷觖望，其後果爲叛亂。《弘靖傳》同。此等皆成敗論人之辭。河朔諸帥，養尊處優久矣，能冒寒暑與士卒同甘苦乎？習於乘馬，不張蓋安輿或有之，然此可謂同甘苦乎？裴度之入蔡也，李愬具橐鞬候度馬首。度將避之。愬曰："此方不識上下等威之分久矣，請公因以示之。"度乃以宰相禮受愬迎謁，眾皆聳觀。此不甚於肩輿乎？何以蔡人不叛？發祿山墓而失望者，祿山之類乎？幽、薊之民乎？《新書·弘靖傳》：俗謂祿山、思明爲二聖，此必非凡民之語也。蔡之舊令，途無偶語，夜不然燭；人或以酒食相過從者，以軍法論。裴度乃約法：盜賊鬥殺外，餘盡除之。往來者不復以晝夜爲限。當是時，其寮佐，得無有夜飲醉歸者乎？而史云：蔡之遺黎，至是始知有生人之樂，何也？弘靖代韓弘帥宣武，以寬緩稱，其寮佐，何至輕詬責士卒？韋雍、張宗厚，蓋持綱紀最嚴者，故先見殺耳。即張徹亦賢者也。《實錄》、《舊傳》、《韓愈墓志》記徹死事頗異，要之能抗節者也。見《通鑑考異》。然則弘靖寮佐，蓋極一時之選矣，有輕肆嗜酒之理乎？成德之歸命，朝令諫議大夫鄭覃往宣慰，賜錢一百萬貫。劉總請去位，亦請支三軍賞設錢一百萬貫，蓋已視爲事例。時令宣慰使薛存慶與弘靖計會支給。弘靖即不知理體，豈有移充軍府雜用之理？成德之受賜，田弘正奏王承元赴鎮滑州，成德軍徵賞錢頗急，乃命柏耆先往諭之，可見雖有恩命，並非立給。幽鎮之二十萬貫，蓋計會未能充數，非靳而不與也。是歲五月，授幽州大將李參已下十八人，並爲刺史及諸衛將軍，待之不可云薄。度得官者數必不少，史不能盡載耳。若以一夫觖望，即爲措置不善，安得人人而悅之？克融滔之曾孫，其父又居軍職，以當時軍人之驕溢，安有暫客長安，僅至假衣丐食之理？即真至假衣丐食，亦如漢列侯之子貸從軍，盧羣之舉錢豪賈耳。見第七章第六節。與小民舉倍稱之息者大異，安得以是爲深怨？朱洄本叛逆之後，身雖病廢，又使其子統眾，此豈特私壟斷而已，雖更厚酬，能滿其欲乎？故知當時幽州之叛，實緣事勢之艱難，史之歸咎於張弘靖等者，皆所謂自比於逆亂，設淫辭而助之攻也。《舊書·蕭俛傳》云：穆宗即位之始，俛與段文昌，屢獻太平之策。以爲兵以靖亂，時已治矣，不宜黷武，勸穆宗休兵偃武。又以兵不可頓去，請密詔天下軍鎮有兵處，每年百人之中，限八人逃死，謂之消兵。藩籍之卒，合而爲盜，伏於山林。明年，朱克融、王廷湊復亂河朔，一呼而遺卒皆至。朝廷方徵兵諸藩，籍既不充，尋行招募，烏合之徒，動爲賊敗，由是復失河朔。蓋消兵之失也，此亦誣罔之辭。憲宗所力戰而得者，一淮西耳。以此而謂天下已平，俁與文昌，安得如此謬妄？致亂之本，實緣兵多，戰守皆不足恃，而徒靡餉，而竭民力，消兵蓋所以整軍，非以偃武也。且是令之下，藩鎮豈必奉行？《本紀》：長慶元年二月，天平軍節度使馬總奏：當境見管軍士，三萬三千五百人。從去年正月已後，情願居農者放，逃亡者不捕。先是平定河南，及王承元去鎮州，宰臣蕭俛等不顧遠圖，乃獻銷兵之議，請密詔天下軍鎮，每年限百人內破八人逃死，故總有是奏。此蓋正因奉行者少，故特書之耳。即謂藩鎮多能奉行，所裁者潛伏山林，亦豈皆遍於幽、鎮，能一呼即集？遺卒之所求者，口實耳，非蓄意謀叛也。又何以幽、鎮一呼即集，而朝廷召募，則祇得烏合之徒乎？

張弘靖之見囚，事在七月十日，越旬有八日，而成德之變又作。《舊書·田弘正傳》曰：弘正以新與鎮人戰，有父兄之怨，以魏兵二千爲衞從，十一月二十六日至鎮州。元和十五年。仍表請留爲紀綱之僕。其糧賜請給於有司。度支使崔倰，固阻其請。明年七月，歸卒於魏。是月二十八日夜，軍亂，弘正併家屬、參佐、將吏等三百餘口並遇害。《崔倰傳》云：附《崔祐甫傳》。倰固言魏、鎮各有鎮兵，朝廷無例支給。恐爲事例，不可聽從。此事似失之吝。然弘正至鎮州八閱月矣，何以猶不能綏其衆？《弘正傳》又云：其兄弟子姪，在兩都者數十人，競爲崇飾，日費約二十萬。魏、鎮之財，皆輦屬於道。河北將卒，心不平之，故不能盡變其俗，竟以此致亂。則其所以失軍心者，自別有在。崔倰即無吝糧賜，弘正能終安於鎮乎？《新書·倰傳》，亦附《祐甫傳》。言其性介潔，視贓負者若讎，其人自賢者也。結衙兵爲亂者，王承元衙內兵馬使王廷湊。廷湊，回鶻阿布思之種也，世爲王氏騎將。《廿二史考異》：《新五代史·王鎔傳》：其先，回鶻阿布思之遺種，曰沒諾干，爲鎮州王武俊騎將，武俊錄以爲子，遂冒姓王氏。沒諾干子曰末坦活，末坦活子曰昇，昇子曰廷湊。按《舊唐書·王武俊傳》：武俊初號沒諾干。《唐書·張孝忠傳》：燕趙間共推張阿勞、王沒諾干，二人齊名。沒諾干，王武俊也。王廷湊傳：曾祖五哥，王武俊養爲子，故冒姓王。《宰相世系表》：安東王氏。五哥之生末怛活，末怛活子升朝，升朝子廷湊。然則沒諾干與王武俊，乃是一人，而廷湊之曾祖，自名五哥之，非沒諾干也。《五代史》誤矣。案沒諾干乃稱號，非名，武俊與五哥之，共有此稱號耳。既害弘正，遂自稱留後。

幽州之亂，朝以劉悟爲盧龍節度使，悟不肯行。《舊書·悟傳》云：請授之節鉞，徐圖之。乃復以爲澤潞節度使。《新書》云：至邢州，會王庭湊之變，不得入，還屯。進兼幽、鎮招討使，治邢。圍臨城，觀望，久不拔。邢州見第六章第三節。臨城，今河北臨城縣。李愬聞田弘正死，素服以令三軍。又以玉帶、寶劍，與王承宗故深州刺史牛元翼。元翼承命感激，以劍及帶令於軍中，報曰："願以衆從。"愬方有制置，會疾作，不能治軍。十月卒。時田布已移涇原，八月，起復爲魏博節度使，而以牛元翼爲深、冀節度使。時冀州已爲王庭湊所據，遂圍元翼於深州。盧士玫節度瀛、莫，莫州先陷，士玫罄家財以助軍，堅拒累月，亦卒爲其下陰導克融之兵以入，執送幽州。朝廷詔河東裴度,横海烏重胤,義武陳楚,與魏博、昭義同進討。旋以度爲幽、鎮兩道招撫使,牛元翼爲成德節度使。十月,又以度爲鎮州四面行營都招討使。左領軍衛大將軍杜叔良爲深、冀行營節度使。旋以爲横海節度使,代烏重胤。時王涯自東川上書,論兩地用兵,力恐未及,宜先鎮、冀而後幽、薊。朝論蓋採其説,疾重胤進兵之緩,故以叔良代之也。時元稹爲翰林學士,與裴度不協,度上疏論之。有曰:"翰苑舊臣,結爲朋黨。陛下聽其所説,更訪近臣。私相計會,更唱迭和,蔽惑聰明。臣自兵興,所陳章疏,事皆要切,所奉書詔,多有參差。惜陛下委付之意不輕,被姦臣抑損之事不少。昨者臣請乘傳詣闕,面陳戎事。姦臣之徒,最所畏懼。知臣若到御坐之前,必能悉數其過,以此百計止臣此行。臣又請領兵齊進,逐便攻討。姦臣之黨,必加阻礙。恐臣統率諸道,或有成功。進退皆受羈牽,意見悉遭蔽塞。復共一二憸狡,同辭合力。或兩道招撫,逗留旬時。或遣蔚州行營,拖曳日月。蔚州見第二章第七節。但欲令臣失所,使臣無成,則天下理亂,山東勝負,悉不顧矣。爲臣事君,一至於此。"此固朋黨之論,然當時諸道駢進,苦乏統率之人。度故相,嘗有平蔡之功,雖未必將才,以資望則差堪承乏,而又内外乖迕如此,其於攻取,自更不利矣。杜叔良本依宦者進,無方略。十二月,大敗於博野,今河北蠡縣。僅以身免。時李光顔已帥鳳翔,乃又移之忠武,以爲深州行營節度使,以代叔良。朝議以朱克融能保全張弘靖,而王廷湊殺害田弘正,可赦燕而誅趙,遂以克融爲盧龍節度使。然二寇仍相結。《舊書·王庭湊傳》曰:時諸鎮兵十五餘萬,纔出境,便仰給度支。置南北供軍院。既深入賊境,輦運艱阻,芻薪不繼,諸軍多分番樵採。俄而度支轉運車六百乘,盡爲廷湊邀虜,兵食益困。供軍院布帛衣賜,往往在途爲諸軍強奪,而縣軍深鬥者,率無支給。又每軍遣内官一人監軍,悉選驍健者自衛,羸懦者即戰,以是屢多奔北。而廷湊、克融之衆,不過萬餘而已。賊圍深州數重,雖李光顔之善將,亦無以施其方略焉。然則昭義觀望,河東、横海,皆頓不得進,義武雖有戰鬥,而孤軍無濟於事,業已情見勢絀矣,而魏博之變又作。

　　田布之入魏州也,禄俸月入百萬,一無所取;又籍魏中舊産,無鉅細,計錢十餘萬貫,皆出之以頒軍士;蓋其父以聚斂敗,故爲此以挽軍心也,然無及矣。衙將史憲誠,其先奚也,自其父從魏博軍。布用爲先鋒兵馬使,精鋭悉委之。時屢有急詔,促令進軍。布以魏軍三萬七千,結壘於南宮縣之南,十月。南宮,今河北南宮縣。進軍下賊二柵。十二月。憲誠陰有異志;而魏軍驕侈,怯於格戰;又屬雪寒,糧餉不給,愈無鬥志。俄有詔分布軍與李光顔合勢,東救深州,其衆自潰，多爲憲誠所有，布所得者，八千而已。還魏州。《新書》本傳：眾潰，皆歸憲誠，惟中軍不動。布以中軍還魏。會諸將復議興師。將卒益偈。咸曰：“尚書能行河朔舊事，死生以之，若使復戰，皆不能也。”布度眾終不爲用，即爲遺表，授從事李石，入啓父靈，抽刀自刺，曰：“上以謝君父，下以示三軍。”言訖而絶。朝廷無如何，即以憲誠爲魏博節度使。於是形勢愈絀。二月朔，遂洗雪王庭湊，以成德授之，而移牛元翼於山南東道。是月，以元稹同平章事，裴度爲東都留守。參看下節。朱克融、王庭湊合兵攻深州不解，度與書諭之，克融還鎮，廷湊攻城亦緩，元翼乃率十餘騎突圍出。廷湊入，盡殺元翼親將臧平等百八十人。元翼聞之，憤恚卒。其家先在鎮州，朝廷累遣中使取之，廷湊遷延不遣，至是乃盡屠之。《舊書·裴度傳》。可謂好我者必獲禍矣。

　　王庭湊之圍牛元翼也，棣州亦爲賊所窘。棣州，今山東惠民縣。朝委薛平救援。平遣將李叔佐以兵五百救之。居數月，刺史王稷，餽給稍薄。兵士怨怒，宵潰而歸。推突將馬狼兒爲帥。《舊書·薛平傳》，附其父嵩。《本紀》作馬廷釜，《實錄》同，《河南記》作馬廷端，見《通鑑考異》。行劫鎮兵，得七千餘人，逼青州。平悉府庫併家財募精卒二千擊平之。時長慶元年十一月也。

　　《舊書·劉悟傳》云：監軍劉承偕，頗恃恩權，對衆辱悟，又縱其下亂法，悟不能平。異日，有中使至，承偕宴之，請悟。悟欲往，左右曰：“往必爲其困辱矣。”軍衆因亂，悟不止之。乃擒承偕至衙門，殺其二僕。欲併害承偕，悟救之獲免。朝廷不獲已，貶承偕。自是悟頗縱恣，欲效河朔三鎮。朝廷失意不逞之徒，多投寄潞州以求援。往往奏章論事，辭旨不遜。案《舊書》之説，本於《實錄》。見《通鑑考異》。《新書》則云：承偕與都將張問，謀縛悟送京師，以問代節度事。悟知，以兵圍之。《忠義·賈直言傳》云：承偕與慈州刺史張汶謀縛悟。慈州見第七章第一節。杜牧《上李司徒書》云：其軍亂，殺磁州刺史張汶。《通鑑考異》。磁州見第六章第三節。綜觀諸文，承偕之於悟，殆欲效吐突承璀之於盧從史而不克也。《舊書·裴度傳》云：悟因承偕，詔遣歸京，悟託以軍情，不時奉詔。度至京師，上以爲問。度曰：“陛下必欲收忠義之心，使天下戎臣，皆爲陛下死節，惟有下半紙詔書，言任使不明，致承偕亂法，令悟集三軍斬之。如此，則萬方革命，羣盜破膽，天下無事矣。”上俛首良久曰：“朕不惜承偕。緣是太后養子，今被囚繫，太后未知。如卿處置未得，可更議其宜。”度與王播等復奏曰：“但配流遠惡處，承偕必得出。”上以爲然。承偕果得歸。承偕與立穆宗，而爲太后養子，憲宗之所以死，愈可推見。裴度攻之甚烈，可見其不與此曹爲黨，此其所以不獲入相歟？參看下節。承偕之見囚，事在長慶二年二月。

是歲三月，復有王智興之亂。智興，徐州將。抗李納及李師道皆有功。河朔復亂，穆宗以爲武寧軍節度副使，河北行營都知兵馬使，以徐軍三千渡河。徐之勁卒，皆在部下。節度使崔羣，慮其旋軍難制，密表請追赴闕，授以他官。事未行，會赦王廷湊，諸道班師。智興先期入境，斬關而入，此據《舊書·智興傳》。《羣傳》云：徐人開關延入。殺軍中異己者十餘人。然後詣衙謝，曰：「此軍情也。」羣治裝赴闕。智興遣兵士援送羣家屬，至埇橋，見第七章第四節。遂掠鹽鐵院縑幣，及汴路進奉物；商旅貲貨，率十取七八。逐濠州刺史侯弘度。朝廷不能討，遂授以武寧軍節度，徐、泗、濠觀察使。

王日簡者，鎮州小將。事王武俊。承宗歿，軍情不安，自拔歸朝。鎮州殺田弘正，穆宗召問計。日簡極言利害，兼願自效。因授德州刺史。明年，擢拜橫海軍節度使。代杜叔良。賜姓李氏，名全略。旋以李光顏爲橫海，忠武、深翼行營並如故。全略爲德棣節度使。以光顏縣軍討賊，艱於餽運，以滄、景、德、棣等州，俾之兼管，以便飛輓也。時已赦成德。光顏兵聞當留滄、景，皆大呼而走。光顏不能制，因驚懼成疾。上表固辭橫海節，乞歸許州。許之。乃復以全略爲橫海。全略令子同捷入侍。踰歲歸，奏授滄州長史，知州事，兼主中軍兵馬。棣州刺史王稷善撫衆，且得其心，全略忌而殺之，仍挈戮其屬。事在長慶二年九月，見《紀》。稷，鍔子。鍔以爲嶺南富，稷留京師，爲奉權要。《傳》云：是年爲德州刺史，廣齎金寶僕妾以行。全略利其貨而圖之，故致本州軍亂，殺稷。家無遺類。男叔恭，時年五歲，郡人宋忠獻匿之獲免，其室女爲全略所虜，以妓媵處之。凡所爲事，大率類此。

張弘靖之帥盧龍也，以李愿代爲宣武。愿，晟子。弘靖爲汴帥，以厚賞安士心。及愿至，帑藏已竭，而愿恣其奢侈。不恤軍政，而以威刑馭下。又令妻弟竇緩將親兵，亦驕傲黷貨。長慶二年七月，衙將宿直者斬緩。愿走。立衙將李齐爲留後，以邀旄鉞。詔三省官與宰相議其事。皆以爲宜如河北故事，授齐節。李逢吉曰：「河北之事，蓋非得已。今若併汴州棄之，則是江淮以南，皆非國家有也。」議未決，會宋、亳、潁三州皆請別命帥。三州皆宣武巡屬。上大喜，以逢吉議爲然。逢吉因請「以將軍徵齐入朝，以義成節度使韓充鎮宣武。充，弘之弟，素寬厚得衆心。脫齐旅拒，命徐、許攻其左右，而滑軍躡其北，充必得入矣」。從之。齐不奉詔。宋州刺史高承簡，崇文子。乘城拒齐。李光顏、王智興及兗海曹華，各出兵討齐。韓充亦進軍。八月，其都知兵馬使李質，與監軍姚文壽殺齐迎充。浙西觀察使竇易直，聞齐逐愿，欲出官物賞軍。或曰：「賞給無名，卻恐生患。」乃已。軍士已聞之。時江淮旱，水淺，轉運司錢帛委積，不能漕。州將王國清指以爲賞，激諷州兵謀亂。先事有告者，乃收國清下獄。

其黨數千篡出之,因欲大剿。易直登樓謂將吏曰:"能誅爲亂者,每獲一人,賞千萬。"衆喜,倒戈擊亂黨。擒國清等三百餘人,皆斬之。於是以曹華帥義成,而移高承簡於鎮海。韓充入汴,密籍部伍,得嘗構惡者千餘人,一日下令,併父母妻子立出之。

憲宗之平淮西,論史者頗稱之,而訾德宗之失於廟算,穆宗之不能守成,此成敗論人之見也。憲宗之用兵,實無以異於德宗及穆宗,其成敗不同,亦時會爲之耳。且憲宗實未能全服河北。幸而早死,遂成豎子之名,設遲之一、二年,朱克融、王庭湊、史憲誠之變作,亦未必不情見勢絀也。太和時,杜牧作《罪言》,論山東之事曰:"上策莫如自治。當貞元時,山東有燕、趙、魏叛,河南有齊、蔡叛;梁、徐、陳、汝、白馬、孟津、襄、鄧、安、黃、壽春,皆戍厚兵,纔足自護;遂使我力解弛,熟視不軌者,無可奈何。階此,蜀亦叛,吳亦叛。其他未叛者,迎時上下,不可保信。自元和初至今二十九年間,得蜀,得吳,得蔡,得齊,收郡縣二百餘城,所未能得,惟山東百城耳。土地、人户、財物、甲兵,較之往年,豈不綽綽乎? 亦足以自爲治也。不自治,是助虜爲虜。環土三千里,植根七十年,復有天下陰爲之助,則安可以取? 中策莫如取魏。魏能遮趙,既不可越魏以取趙,固不可越趙以取燕,故魏在山東最重。黎陽距白馬津三十里,新鄉距孟津百五十里,黎陽見第二章第五節。白馬津,在今平原滑縣北。新鄉,今平原新鄉縣。孟津,在今平原孟縣南。是二津者,虜能潰其一,則馳入成皋不數日間,故魏於河南亦最重。元和中,舉天下兵誅齊,頓之五年無山東憂者,以能得魏也。昨日誅滄,頓之三年無山東憂者,亦以能得魏也。長慶初誅趙,一日五諸侯兵四出潰解,以失魏也。昨日誅趙,罷如長慶時,亦以失魏也。故河南、山東之輕重在魏。非魏强大,地形使然也。最下策爲浪戰。不計地勢,不審攻守是也。兵多粟多,敺人使戰者,便於守;兵少粟少,人不敺自戰者,便於戰。故我常失於戰,虜常困於守。山東叛且三、五世,後生所見,言語舉止,無非叛也,以爲事理正當如此,沈酣入骨髓,無以爲非者。至有圍急食盡,啖尸以戰。以此爲俗,豈可與決一勝一負哉?"此説於德宗以後,藩鎮叛服形勢,言之殊爲了然。元和之得魏,果自爲之乎? 抑事勢之適然也? 抑少誠、少陽雖悖戾,實自守虜,非希烈狼奔豕突比。而其地實孤立,四面皆唐朝州縣,故取之實不甚難。會昌時,劉稹叛,杜牧與李德裕書,自言嘗問董重質以三州之衆,四歲不破之由。重質以爲由朝廷徵兵太雜,客軍數少,既不能自成一軍,事須帖付地主。勢贏力弱,心志不一,多致敗亡。故初戰二年,戰則必勝,是多殺客軍。及二年已後,客軍彌少,止與陳許、河陽全軍相搏,縱使唐州兵不能因虛取城,蔡州事力,亦不支矣。《通鑑》武宗會昌三年。元和平蔡,關鍵如此,河北情勢,固自不同。徵兵太雜,則杜牧所謂浪戰也。憲宗攻淮西,韓愈嘗言:"兵不多不足以取勝,必勝之師,利在速戰。兵多而戰不速,則所費必廣。欲四道置兵,道率三萬,蓄力伺利,一日俱縱,使蔡首尾不救。"長慶時,白居易亦上言,以爲兵多則難用,將衆則不一。宜詔魏博、澤潞、定、滄四節度,令各守境,以省度支賷餉。每道各出銳兵三千,使李光顏將。光顏故有鳳翔、徐、滑、河陽、陳許軍,無慮四萬,可徑搏賊,開弓高糧路,合下博,縣,在今深縣東。解深州之圍,與牛元翼合。還裴度招討使,使悉太原兵西壓境,見利乘隙夾攻之。間令招諭,以動其心。未及誅夷,必自生變。此爲當時兵事癥結。皆苦兵多不能持久,至勢窮力屈也。此情勢,元和與建中、長慶,有以異乎? 無以異乎? 歷代戡亂之主,孰不以一成一旅興? 兵苟可用,原不在多。憲宗之用吐突承璀,穆宗之用杜叔良,其意原出一轍,而惜乎禁兵之不足用也。然李晟崎嶇二寇間,卒定京邑,亦已小收其效矣,而惜乎後來之無以爲繼也。此則德宗之委任宦官實爲之,然此弊,憲宗亦未能免也。《舊書》言申、蔡之始,人劫於希烈、少誠之虐法,而忘其所歸;數十年後,長者衰喪,而壯者安於毒暴,而恬於搏噬;地雖中州,人心過於夷貉。乃至搜閱天下良銳,三年而後克者? 彼非將才而力備,蓋勢驅性習,不知教義之所致也。此與杜牧所言河朔之俗,曾何以異? 然果能終劫其衆乎? 裴度除苛法而民樂更生,已述如前矣。淄青自正己至師道,大將持兵於外者,皆質其妻子。或謀歸款於朝,事泄,其家無少長皆殺之。此亦以虐法劫其衆者也,可終恃乎? 然欲削平之,固非恃實力不可。此在河北,自遠較淮西爲難。使憲宗而處建中、長慶之時,亦必無以善其後也。

第五節　穆　敬　荒　淫

憲宗之任用宦官,雖爲失政,然其能用孤立之皇甫鎛,則要不失爲英明,以是時朋黨之中,實無佳士也。唐世不黨之士,多爲公忠體國之人,而多蒙惡名,以是時朋黨勢大,史或成於其手,或雖不然,而所據者仍係黨人之説也。英明之君主,未嘗不思擢用不黨之人,但朋黨力大,卒不能勝耳。即君主之信任宦官,亦未必不由於此也。及穆宗立,皇甫鎛貶,則不黨之局破;而宦官以擁立之故,威權愈重,得信任愈專;而穆宗性又頑囂,惟務嬉戲;政事遂至大壞矣。

皇甫鎛既貶,蕭俛、段文昌相。俛與鎛及令狐楚同年登進士第,其相,史云楚援之,雖罪鎛而未嘗累及其朋儕,足徵鎛之不黨也。七月,楚以爲山陵使親吏臧汙事發出，崔植相。明年，爲長慶元年，王播入，俛亦罷。播以元和十三年，出爲西川。《舊傳》云：皇甫鎛貶，播累表求還京師。又《蕭俛傳》云：播廣以貨幣賂中人權幸，求爲宰相。段文昌復左右之。俛性疾惡，於延英面言播之姦邪，納賄誼於中外，不可以汙台司。帝不之省。俛遂三上章求罷相位。蓋穆宗奢侈，故播欲以財利自效。播固才臣，元和時亦嘗見用，然元和能節嗇以事藩鎮，而長慶侈欲無極，則其斂之同而用之者，大不同矣。播既至，拜刑部尚書，領鹽鐵、轉運等使。文昌代爲西川。杜元穎相。十月，播亦兼中書侍郎、同平章事，領使如故。此等更迭，初未足以引起風波也，而裴度、李逢吉之黨，於此時大縱，遂至推波助瀾，紛紜者數十年焉。

《舊書·李宗閔傳》曰：宗閔與牛僧孺，同年登進士第，貞元二十一年。又同年登制科。元和四年。應制之歲，李吉甫爲宰相，當國。宗閔、僧孺對策，指切時政之失，無所迴避。考策官楊於陵、韋貫之、李益等第其策爲中等。《舊書·貫之傳》：貫之與戶部侍郎楊於陵、左司郎中鄭敬、都官郎中李益同爲考策官。貫之奏居上第者三人，同考策者皆難其辭直，貫之獨署其奏。《新書·牛僧孺傳》：考策官亦有鄭敬。不中第者，注解牛、李策語，同爲唱誹。又言翰林學士王涯甥皇甫湜中選，考覈之際，不先上言。裴垍時爲學士，居中覆視，無所異同。吉甫泣訴於上前。憲宗不得已，罷涯、垍學士，出於陵、貫之。僧孺、宗閔，亦久之不調，隨牒諸侯府。七年，吉甫卒，方入朝。穆宗即位，拜中書舍人。長慶元年，子壻蘇巢，於錢徽下進士及第。其年，巢覆落，宗閔涉請託，貶劍州刺史。劍州見第四章第五節。時吉甫子德裕爲翰林學士，錢徽牓出，與同職李紳、元稹連衡，言於上前，云："徽受請託，所試不公，故致重覆。"比相嫌惡，因是列爲朋黨。皆挾邪取權，兩相傾軋。自是紛紜排陷，垂四十年。《舊書·錢徽傳》：長慶元年，爲吏部侍郎。時宰相段文昌出鎮蜀川。文昌好學，尤喜圖書古畫。故刑部侍郎楊憑，兄弟以文學知名，家多書畫。憑子渾，盡以獻文昌，求爲進士第。文昌將發，面託徽。繼以私書保薦。翰林學士李紳，亦託舉子周漢賓於徽。及牓出，渾之、漢賓，皆不中選。李宗閔與元稹，素相厚善。初，稹以直道，譴逐久之。及得還朝，大改前志，由徑以徽進達，宗閔亦急於進取，二人遂有嫌隙。右補闕楊汝士，與徽有舊。是歲，宗閔子壻蘇巢，及汝士季弟殷士俱及第。文昌、紳大怒。文昌辭赴鎮日，內殿明奏，言徽所放進士鄭朗等十四人，皆子弟藝薄，不當在選中。穆宗訪於學士。元稹、李紳對與文昌同。遂命中書舍人王起、主客郎中知制誥白居易重試。詔孔溫業、趙存約、竇洵直試粗通，與及第。裴譔特賜及第。鄭朗等十人並落下。尋貶徽爲江州刺史，宗閔劍州刺史，汝士開江令。初議貶徽，宗閔、汝士令徽以文昌、紳私書進呈，上必開悟。徽曰：苟無媿心，得喪一致。修身慎行，可以私書相證邪？令子弟焚之。人士重徽長者。案徽未必不慮其事牽涉太廣，更致他禍，故不欲深究也。鄭朗，覃之弟，裴譔，度之子也。江州見第二章第七節。開江，今四川開縣。《德裕傳》云：元和初用兵伐叛，始於杜黃裳誅蜀，吉甫經畫，欲定兩河，方欲出師而卒，繼之者武元衡、裴度，而韋貫之、李逢吉沮議，深以用兵爲非，相次罷相。故逢吉常怒吉甫、度，而德裕於元和時久之不調。逢吉、僧孺、宗閔，以私怨恒排擯之。時德裕與李紳、元稹，俱在翰林，情頗欵密，逢吉之黨深惡之。長慶以前黨爭之分野如此。裴度與元稹，固同爲李逢吉所惡者也。而度與稹竟起戈矛，致爲逢吉所乘。以同利爲朋者，其離合變幻，誠匪夷所思矣。

元稹以元和元年應制舉登第，除右拾遺。言事甚銳，爲執政所忌，出爲河南縣尉。河南縣，河南府治。見第四章第三節。丁母憂，服除，拜監察御史。奉使東蜀。還，分務東臺。多所舉劾，以此爲内官所傷，貶江陵府士曹參軍。見第三節。十四年，自虢州長史徵還，虢州見第四章第五節。爲膳部員外郎。穆宗在東宮，聞妃嬪左右誦稹歌詩，嘗稱其善。荆南監軍崔潭峻，甚禮接稹。長慶初，潭峻歸朝，出稹《連昌宮辭》等奏御。穆宗大悦。即日轉祠部郎中，知制誥。朝廷以書命不由相府，甚鄙之。唐人務於進取，有捷足者，每爲人所妬忌。《舊書·武元衡傳》：從父弟儒衡，正拜中書舍人。時元稹依倚内官，得知制誥，儒衡深鄙之。會食瓜閣下，蠅集於上。儒衡以扇揮之，曰：“適從何來？遽集於此？”即此等見解，非知礪廉隅也。居無何，召入翰林，爲中書舍人、承旨學士，中人以潭峻故，爭與稹交。知樞密魏弘簡，尤與相善。裴度三上章攻之。穆宗不得已，以稹爲工部侍郎，弘簡爲弓箭庫使。見《本紀》。然及明年洗雪王庭湊，即罷崔植而相稹，度亦改東都留守矣。《舊書·度傳》云：稹交結内官，求爲宰相。雖與度無憾，然頗忌前達。度方用兵山東，每處置軍事，有所論奏，多爲稹輩所持。其請上罷兵，亦以欲罷度兵柄之故。當時河北形勢，用兵實難堅持，究因欲罷度兵柄而罷兵？抑因罷兵而罷度兵柄？殊難質言，然其主張恐必出於宦官，而稹附和之，非稹自有主張也。諫官相率伏閣，詣延英門者日二三。帝知其諫，不即被召。皆上疏言時未偃兵，度有將相全才，不宜置之散地。乃詔度自太原由京師赴洛。三月，度至京師。以爲淮南節度使。旋徐州奏王智興逐崔羣，乃使度復知政事，以王播代鎮淮南。徐州之變，相一裴度，豈足憚之？明爲言者多，處置不得不中變也。排度者豈能甘心？而于方之獄起矣。

時王庭湊、朱克融尚圍牛元翼於深州。于方者，頔之子，時爲和王傅。干進於稹，言：“有奇士王昭、王友明，此據《舊書·元稹傳》。《實錄》初見作于友明，後作于啟明，見《通鑑考異》。嘗客燕、趙間，頗與賊黨通熟，可反間以出元翼。仍自以家財資其行。又賂兵、吏部令史，爲出告身二十通，以便宜給賜。”稹皆然之。有李賞者，知方之謀，以稹與度有隙，乃告度云：方爲稹所使，欲結王昭等刺度。度隱而不發。及神策中尉奏方事，《元稹傳》。《通鑑》云：賞詣左神策告其事。乃詔三司使韓皋等訊鞫。害裴事無驗，而前事盡露，遂俱罷積，度平章事，而相李逢吉。穆宗即位，逢吉移山南東道。《舊書·傳》云：逢吉於帝有侍讀之恩，遣人密結幸臣，求還京師。長慶二年三月，召爲兵部尚書。度在太原時，嘗上表論積姦邪，及同居相位，逢吉以爲勢必相傾，乃遣人告于方結客，欲爲積刺度。《度傳》云：度自太原入朝，惡度者以逢吉善於陰計，乃自襄陽召入朝。度既復知政事，而魏弘簡、劉承偕之黨在禁中，逢吉用族子仲言之謀，因醫人鄭注，與中尉王守澄交結，内官皆爲之助。五月，左神策軍奏：李賞稱于方受元積所使，結客欲刺裴度。詔左僕射韓皋，給事中鄭覃，與逢吉三人鞫之。獄未竟，罷積爲同州刺史，見第五章第八節。度爲左僕射，逢吉代度爲宰相。案于方之計，元積所以然之者？《舊書》云：以天子非次拔擢，欲有所立以報上；《新書》云：積之相，朝野雜然輕笑，思立奇節報天子，以厭人心；二者俱可有之。深州之圍，豈可不解？欲解圍而不能用兵，不得已而思用間，雖云無策，亦不爲罪。結客刺度，事涉離奇，其必爲虛構可知。度聞之，隱而不發，蓋亦知其不足信？而神策遽爲聞奏，吹皺一池春水，底事干卿？蓋宦官之中，有與積交懽者，亦有與之不快者，度則本無香火，故一舉而並去之也。積引宦官以傾度，而逢吉即襲其術以覆積，此則所謂螳螂捕蟬，黄雀又隨其後者矣。李仲言與鄭注，皆志除宦官之人，謂其爲逢吉介以交守澄，説必不然，別見下章第一節。

長慶三年三月，牛僧孺爲相。李德裕先已罷學士，出爲御史中丞。《舊傳》云：李逢吉既得權位，銳意報怨。時德裕與牛僧孺，俱有相望。逢吉欲引僧孺，懼李紳與德裕禁中沮之，出德裕爲浙西觀察使。尋引僧孺同平章事。由是交怨愈深。《逢吉傳》云：李紳有寵，逢吉惡之，乃除爲中丞。又欲出於外。乃以吏部侍郎韓愈爲京兆尹，兼御史中丞，放臺參。以紳褊直，必與愈爭。及制出，紳果移牒往來。愈性木强，遂至語辭不遜，喧論於朝。逢吉乃罷愈爲兵部侍郎，紳爲江西觀察使。紳中謝日，帝留而不遣。《紳傳》云：紳對中使泣訴，言爲逢吉所排，中謝日，又面自陳訴，乃改授户部侍郎。愈亦復爲吏部侍郎，見本傳。此又見當日翰林中人，皆蟠結深固，不易動搖也。

穆宗好擊鞠，狎俳優，喜觀角抵雜戲。又盤於遊畋，嘗發神策兵浚魚藻池，見第一節。觀競渡。由複道幸咸陽，奉郭太后游華清宫。在今陝西臨潼縣南。幸安國寺觀盂蘭盆。作寶慶、永安殿。盛飾安國、慈恩、開業、章敬等寺，縱吐蕃使者觀之。此隋煬帝之所爲也。其時財政甚艱，軍費尤困，《舊書·本紀》：元和十五年六月，詔："今年五月勑，應給用錢，每貫抽五十文，都計一百五十萬貫，宜併停抽。仍出内庫錢三十七萬五千貫，付度支給用。"然及長慶元年十二月，復勑"諸道除上供外，留州、留使錢内，每貫割二百文,以助軍用"。至二年三月乃停。時王播奏:"江淮鹽估,每斗加五十文,兼舊三百文,又加茶榷,舊額百文,更加五十文。"户部侍郎張平叔請官自賣鹽,韋處厚隨條詰難,乃止。而帝賞軍殊厚;《本紀》:長慶二年三月,詔曰:"武班之中,淹滯頗久;又諸薦送大將,或隨節度使歸朝;自今已後,宜令神策六軍軍使及南衙常参武官,各具歷任送中書門下。素立大功及有才器者,量加獎擢。常参官依月限改轉。諸道軍府帶監察已上官者,限三周年即與改轉。軍士死王事者,三周年内,不得停衣糧。"上於御軍之道,未得其要。常云宜姑息戎臣。故即位之初,傾府庫頒賞之,長行所獲,人至鉅萬。非時賜與,不可勝紀。故軍旅益驕,法令益弛。戰則不克,國祚日危。洎頒此詔,方鎮多以大將文符,粥之富賈,曲爲論奏,以取朝秩者,叠委於中書矣。又《敬宗紀》:即位,詔賞神策諸軍士,人絹十匹,錢十千。畿内諸軍鎮,絹十匹,錢五千。其餘軍鎮,頒給有差。内出綾絹三百萬段,以助賞給。穆宗初即位,在京軍士,人獲五十千,在外軍鎮,差降無幾。至是,宰臣奏議,請量國力頒賞,故差減於先朝。物議是之。案穆宗初亦未嘗不欲削平藩鎮,力不逮耳,何至專以姑息爲務,一反憲宗之節嗇哉? 竊疑其立由弑逆,厚賞以縻軍心,内軍既厚,外軍不得而薄。至二年三月之詔,則以時既罷兵,藉以收武人之心,而消其叛志也。可謂無具矣。然亦可見謂因賞薄以致盧龍之叛者,必非實錄也。更益之以嬉游;賞賜嬖幸亦無度;於是經費益不能支,而河北之師,不得不罷矣。

帝生五子:長曰景王湛,即敬宗也。長慶二年十一月庚辰,擊鞠禁中。有内官,欻然墜馬,如物所擊。上恐,罷鞠。升殿遽足不能履地。風眩就牀。自是外不聞上起居者三日。十二月丁亥朔,庚寅,李逢吉率百寮至延英門請見。上不許。中外與度等蓋謂裴度。三上疏請立皇太子。辛卯,上於紫宸殿御大繩牀見百官。李逢吉奏景王成長,請立爲皇太子。左僕射裴度又極言之。癸巳,詔立景王爲皇太子。《舊書·本紀》。《新書·李逢吉傳》曰:帝暴疾,中外阻遏。逢吉因中人梁守謙、劉弘規、王守澄議,請立景王爲皇太子。帝不能言,頷之而已。蓋議雖決於御殿時,實先因宦官密定之於禁中也。帝亦餌金石之藥。見《舊書·本紀》長慶四年。亦見《張皋傳》,附《裴潾傳》後。四年正月崩。敬宗即位,時年十六。《新書·懿安皇后傳》曰:帝崩,中人有爲后謀稱制者。后怒曰:"吾效武氏邪? 今太子雖幼,尚可選重德爲輔,吾何與外事哉?"蓋郭后原非知政治之人,故亦不欲與聞政事也。但中官圖攬權者,大有人在,則躍然可見矣。

《舊書·李紳傳》曰:中尉王守澄用事,李逢吉命門生故吏結託守澄爲援以傾紳。《通鑑考異》:李讓夷《敬宗實錄》曰:逢吉用族子仲言之謀,因鄭注與守澄,潛結上於東宫。且言逢吉實立殿下。上深德之。劉昫承之,爲《逢吉傳》,亦言逢吉令仲言賂注,求結於守澄。仲言辯譎多端,守澄見之甚悦,自是逢吉有助,事無違者。其《李訓傳》則云:訓自流所還,丁母憂,居洛中,時逢吉爲留守,思復爲相,乃使訓因鄭注結王守澄。然則逢吉結守澄,乃在文宗時,非穆宗時也。二傳自相違。逢吉結守澄,要爲不誣,然未必因鄭注。李讓夷乃李德裕之黨,惡逢吉,欲重其罪,使與李訓、鄭注,皆有連結之迹,故云用訓謀因注以交守澄耳。紳族子虞,文學知名。隱居華陽,唐縣,自成都析置。自言不樂仕進。時來京師省紳。虞與從伯耆、進士程昔範皆依紳。

耆拜左拾遺，虞在華陽，寓書求薦，誤達於紳。紳以其進退二三，以書誚之。虞大怨望。及來京師，盡以紳所密話逢吉姦邪附會之語告逢吉。逢吉大怒。問計於門人張又新、李續之。咸曰："搢紳皆自惜毛羽，孰肯爲相公搏擊？須得非常奇士出死力者。前鄧州司倉劉栖楚，鄧州見第二章第七節。嘗爲吏鎮州，王承宗以事繩之，栖楚以首觸地固爭，承宗竟不能奪。其果銳如此。若相公取爲諫官，令伺紳之失，一旦於上前暴揚其過，恩寵必替。事苟不行，過在栖楚，亦不足惜也。"逢吉乃用李虞、程昔範、劉栖楚，皆擢爲拾遺，以伺紳隙。俄而穆宗晏駕。敬宗初即位，逢吉快紳失勢，慮嗣君復用之。張又新等謀逐紳。會荆州刺史蘇遇入朝。遇能決陰事。衆問計於遇。遇曰："上聽政後，當開延英，必有次對官。謂次宰相之後而得對，見《通鑑》長慶三年胡《注》。欲拔本塞源，先以次對爲慮，餘不足恃。"羣黨深然之。逢吉乃以遇爲左常侍。王守澄每從容謂敬宗曰："陛下登九五，逢吉之助也。先朝初定儲貳，惟臣備知。時翰林杜元穎、李紳勸立深王，憲宗子，名悰。而逢吉固請立陛下。"李續之、李虞繼獻章疏。帝雖沖年，亦疑其事。會逢吉進擬，言"李紳在內署時，嘗不利於陛下，請行貶逐。"帝初即位，方倚大臣，不能自執，乃貶紳端州司馬。端州，今廣東高要縣。正人腹誹，無有敢言。惟翰林學士韋處厚上疏，極言逢吉姦邪，誣搆紳罪。《通鑑考異》：《處厚傳》曰：敬宗即位，李逢吉用事，素惡李紳，方搆成其罪，禍將不測。處厚乃上疏云云。帝悟其事，紳得減死，貶端州司馬。今從《實錄》。處厚上疏，在紳貶端州後。案疏辭云：臣聞朋黨議論，以李紳貶黜尚輕。其在貶後無疑。傳又云：寶曆元年，羣臣上尊號，肆赦，逢吉以紳之故，所撰赦文，但云左降官已經量移者與量移，不言未量移者。處厚又上疏，乃追改赦文。天子亦稍開悟。會禁中檢尋舊事，得穆宗時封書一篋。發之，得裴度、杜元穎與紳疏，請立敬宗爲太子。帝感悟興歎，悉命焚逢吉黨所上謗書。由是讒言稍息，紳黨得保全。觀此，知朋黨之相攻，實因宦官之置君如弈棋而愈甚也。《逢吉傳》曰：朝士代逢吉鳴吠者：張又新、李續之、張權輿、劉栖楚、李虞、程昔範、姜洽、李仲言。八人居要劇，而脅附者又八人，時號八關、十六子。其中虞與昔範，固依附紳者，可見惟利是視者之離合無常。《通鑑考異》曰：宰相之門，何嘗無特所親愛之士，數蒙引接，詢訪得失，否臧人物？其間忠邪渾殽，固亦多矣。疏遠不得志者，則從而怨疾之，巧立名目，以相譏誚。此乃古今常態，非獨逢吉之門，有八關、十六子也。《舊書·逢吉傳》以爲有求於逢吉者，必先經此八人納賂，無不如意，亦恐未必然。但逢吉之門，險詖者爲多耳。此皆出於李讓夷《敬宗實錄》。按栖楚爲吏，敢與王承宗爭事，此乃正直之士，何得爲佞邪之黨哉？蓋讓夷、德裕之黨，而栖楚爲逢吉所善，故深詆之耳。此言於仕途情狀，可謂燭照無遺。惟以劉栖楚爲正士，恐未必然耳。《舊書·栖楚傳》：敬宗坐朝常晚，栖楚出班，以額叩龍墀出血苦諫，久之不已。宰臣李逢吉出位宣曰：劉栖楚休叩頭，候詔旨。栖楚捧首而起。因更陳論，搵頭見血。上爲之動容，以袖連揮令出。栖楚又云：不可臣奏，臣即碎首死。中書侍郎牛僧孺復宣示而出。又《文苑·崔咸傳》：裴度自興元入覲，逢吉不欲度復入中書，栖楚等十餘人駢肩排度。朝士持兩端者，日擁度門。一日，度留客命酒。栖楚矯爲求度之歡，曲躬附度耳語。咸疾其矯。舉爵罰度曰："丞相不當許所由官咕囁耳語。"度笑而飲之。栖楚不自安，趨出。此兩事，可謂醜態畢露矣。即謂亦出造謗，王承宗豈足死之主邪？誣人者固如鳴吠，見誣者亦豈自惜羽毛之士？如塗塗附，兩造皆一丘之貉耳。論人者所以必先德而後才，寧取難進易退之徒，不歆奔走後先之類也。

逢吉雖一時得志，其勢亦未能固。寶曆元年正月，牛僧孺出。《舊書·僧孺傳》云：寶曆中，朝廷政事出於邪幸，大臣朋比，僧孺不奈羣小，拜章求罷者數四。帝曰："俟予郊禮畢放卿。"及穆宗祔廟。郊報後，又拜章陳退。乃於鄂州置武昌軍額，以僧孺爲節度。僧孺在黨人中，避禍之心，似較重於徼利，故覩朝局紛紜，遂奉身而退，爲趨避之計也。僧孺既退，逢吉之勢蓋稍孤？韋處厚遂再乘機援裴度。《度傳》云：逢吉之黨沮度，度之醜譽日聞。俄出爲山南西道，不帶平章事。長慶四年，牛元翼卒，王廷湊屠其家，帝歎宰輔非才，處厚上言，乃下制復兼同平章事。《逢吉傳》云：寶曆初，度連上章請入覲，逢吉之黨，欲沮其來，張權輿撰"非衣小兒"之謠，傳於閭巷，言度有天分，應謠讖，《度傳》：權輿上疏曰："度名應圖讖，宅據岡原，不召自來，其心可見。"先是姦黨忌度，作謠辭云："非衣小兒坦其腹，天上有口被驅逐。"天口言度嘗平吳元濟也。又帝城東西，橫亘六岡，合易象乾卦之數，度平樂里第，偶當第五岡。故權輿取爲語辭。而韋處厚於上前解析，言權輿所撰。又令衛尉卿劉遵古從人安再榮告武昭謀害逢吉。武昭者，有才力，度破淮蔡時獎用之，累奏爲刺史。及度被斥，昭以門吏，久不見用，客於京師，頗有怨言。逢吉冀法司鞫昭行止，則顯裴度任用，以沮入朝之行。逢吉又與同列李程不協。大學博士李涉、金吾兵曹茅彙者，於京師貴游間，以氣俠相許。二人出入程及逢吉之門。水部郎中李仍叔，程之族。謂昭曰："程欲與公，但逢吉沮之。"昭愈憤怒。因酒，與京師人劉審、張少騰說刺逢吉之言。審以告張權輿，聞於逢吉。即令彙召昭相見。厚相結託。自是疑怨之言稍息。逢吉待彙尤厚。及度求覲，無計沮之，即令訐昭事以暴揚其迹。李仲言誠彙曰："言武昭與李程同謀則活，不則死。"彙曰："冤死甘心，誣人以自免，予不爲也。"及昭下獄，逢吉之醜迹皆彰。昭死，仲言流象州。見第四章第一節。彙流巂州。李涉流康州。今廣東德慶縣。李虞自拾遺爲河南士曹。度自漢中召還，復知政事。逢吉出爲山南東道。此事與于方之獄，如出一轍。朋黨之相攻，真無所不至矣。

　　敬宗亦好擊毬。鄆州嘗進驢打毬人。上御三殿，觀兩軍、教坊、内園分朋驢鞠、角抵。戲酣，有碎首折臂者。好深夜自捕狐狸，宮中謂之打夜狐。遣中使至新羅取鷹鷂。屢合樂，陳百戲，賜教坊錢。常幸魚藻宮觀見第一節。競渡。又幸凝碧池，在今長安縣境，唐時在禁苑中。令兵千餘人於池中取大魚，長大者送入新池。嘗欲幸驪山，張權輿諫曰："昔周幽王幸驪山，爲犬戎所殺；秦始皇葬驪山，國亡；玄宗宮驪山而禄山亂；先帝幸驪山，享年不長。"上曰："驪山若此之凶邪？我宜一往，以驗彼言。"卒不聽。又欲幸東都，以裴度諫而止，實則其時朱克融執賜春衣使，又與史憲誠各請助丁匠修東都，爲所懾也。見《舊書·裴度傳》。亦惑佛老，禱福祈年，浮屠、方士，並出入禁中。《新書·李德裕傳》。信道士劉從政、孫準、山人杜景先等。遣中使往各地採藥，求訪異人。性好土木，興作相繼。《本紀》：長慶四年八月，江王府長史段釗言："龍州近郭有牛心山，山有仙人李龍眠祠，頗靈應。玄宗幸蜀時，特立祠廟。"上遣高品張士謙往龍州檢行。迴奏："山有掘斷處。"羣臣言宜須修築。時方沍寒，役民數萬計。九月，波斯大商李蘇沙進沈香亭子材。事亦見《李漢傳》。寶曆元年閏七月，詔度支進銅三千斤，金薄十萬，翻修清思院新殿，及昇陽殿圖障。二年正月，以諸軍丁夫二萬入内穿池、修殿。又多所製造。時令浙西造盝子二十具，計用銀一萬三千兩，金一百三十兩，而當道在庫貯備銀無二三百兩，留使錢惟有五萬貫而已。又詔浙西織造可幅盤條繚綾一千匹，觀察使李德裕不奉詔，乃罷。見《紀》長慶四年及《德裕傳》。羣臣争以進奉希寵。《本紀》：寶曆元年七月，鹽鐵使王播進羨餘絹一百萬匹，仍請日進二萬，計五十日方畢。播自掌鹽鐵，以正入錢進奉，以希寵固位，託稱羨餘物，議者欲鳴鼓而攻之。事亦見《播傳》。又《裴度傳》。度素稱堅正，事上不回，故累爲姦巧所排，幾至顛沛。及晚節，稍浮沈以避禍。王播廣事進奉以希寵，度亦掇拾羨餘以效播。士君子少之。杜元穎爲西川，箕斂刻削，工作無虛日，軍民嗟怨。至南蠻入寇，遣人上表，謂"蜀人怨苦，祈我此行誅虐帥焉"。視朝不時，稍稍決事禁中。宦竪恣放，大臣不得進見。《新書·高元裕傳》。除授往往不由中書，多是内中宣出。寶曆改元大赦，崔發爲中官所毆，已見第七章第六節。是月，右贊善大夫李光現與品官李重實争忿，以笏擊重實流血。《通鑑注》：玄宗天寶十三年，内侍省置高品一千六百九十六人，品官白身二千九百三十二人，皆羣閹也。上以宗屬，罰兩月俸料。又殿中侍御史王源植街行，爲教坊樂伎所侮，帝亦反貶源植。由是綱紀大壞。至於賊入宮門，進登御榻，事在長慶四年四月，見《舊書·本紀》。《新書·宦者·馬存亮傳》曰：元和中，累擢左神策軍副使、左監門衛將軍，知内侍省事。進左神策中尉。敬宗初，染署工張韶與卜者蘇玄明善。玄明曰："我嘗爲子卜，子當御殿食，我與焉。吾聞上書夜獵，出入無度，可圖也。"韶每輸染材入宮，衛士不呵也。乃陰結諸工百餘人，匿兵車中，若輸材者。入右銀臺門。約昏夜爲變。有詰其載者。韶謂謀覺，殺其人，出兵，大呼成列。時帝擊毬清思殿驚，將幸右神策。或曰："賊入宮，不知衆寡，道遠可虞，不如入左軍，近且速。"從之。初帝寵右軍中尉梁守謙，每游幸，兩軍角戲，帝多欲右勝，而左軍以爲望。至是，存亮出迎，捧帝足泣，負而入。以五百騎往迎二太后。比至，賊已斬關入清思殿。升御坐，盜乘輿餘膳，揖玄明偶食，且曰："如占。"玄明驚曰："止此乎？"詔惡之。悉以寶器賜其徒。攻弓箭庫。仗士拒之，不勝。存亮遣左右神策騎兵討賊。日暮，射詔及玄明皆死。存亮於一時功最高，乃推委權勢，求監淮南軍。代還，爲内飛龍使。太和中，以右領衛上將軍致仕。案如所言，張韶乃一妄人，其何能叛？疑内必有爲之主者，而當時不敢深究也。且有品官與妖賊圖不軌，至杖死千四百人焉。《舊書·本紀》：長慶四年八月，妖賊馬文忠，與品官季文德等，凡一千四百人，將圖不軌，皆杖一百處死。此事頗類清代之木清，疑亦内官爲主謀，觀此，而知當時宫禁情勢之危也。

帝既善擊毬，於是毬工得見便殿，内籍宣徽院或教坊。毬工皆出神策隸卒，或里閭惡少年。帝與狎息殿中爲戲樂。四方聞之，爭以趫勇進。所親近既皆凶不逞，又小過必責辱，自是怨望。寶曆二年十二月，帝獵夜還，與宦者劉克明等二十八人羣飲。既酣，帝更衣，燭忽滅，克明與蘇佐明、石定寬弒帝更衣室。二人，《舊紀》云：皆打毬軍將。矯詔召翰林學士路隋作詔書，命絳王悟憲宗第六子。領軍國事。明日，下遺詔。絳王即位。克明等恃力，將易置左右，自引支黨專兵柄。樞密使王守澄、楊承和，中尉梁守謙、魏從簡，與宰相裴度共迎江王涵，穆宗第二子。發左右神策及六軍飛龍兵討之。克明投井死。殺其黨數十人。絳王爲亂兵所殺。江王立，更名昂，是爲文宗。

第九章　文武宣三朝事迹

第一節　甘露之變

穆敬之世，朝局之癥結，果安在乎？曰：宦竪專權，士大夫不能出身犯難，而轉與之相結。

宦竪之專橫，可於劉蕡之策對見之。蕡以太和二年應賢良策對，極言宮闈將變，社稷將危，天下將傾，海內將亂，爲國家已然之兆。其言曰："以褻近五六人，總天下大政，羣臣莫敢指其狀，天子不得制其心。禍稔蕭牆，姦生帷幄，臣恐曹節、侯覽，復生於今日。此宮闈之所以將變也。忠賢無腹心之寄，閽寺持廢立之權。陷先君不得正其終，致陛下不得正其始。況皇儲未建，郊祀未修，將相之職不歸，名分之宜不定。此社稷之所以將危也。操其命而失之，是不君也。侵其命而專之，是不臣也。君不君，臣不臣，此天下所以將傾也。或有不達人臣之節，首亂者以安君爲名，不究《春秋》之微，稱兵者以逐惡爲義，則政刑不由乎天子，攻伐必自於諸侯。此海內之所以將亂也。"其論當時之政事曰："親近貴幸，分曹補署，建除卒吏，召致賓客。因其貨賄，假其氣勢，大者統藩方，小者爲牧守。居上無清惠之政，而有饕餮之害，居下無忠誠之節，而有姦欺之罪。故人之於上也，畏之如豺狼，惡之如讎敵。今海內困窮，處處流散。飢者不得食，寒者不得衣，鰥、寡、孤、獨者不得存，老、幼、疾病者不得養。加以國之權柄，專在左右。貪臣聚斂以固寵，姦吏因緣而弄法。冤痛之聲，上達於九天，下流於九泉。鬼神怨怒，陰陽爲之愆錯。君門萬里，而不得告訴。士人無所歸化，百姓無所歸命。官亂人貧，盜賊並起。土崩之勢，憂在旦夕。即不幸，因之以疾癘，繼之以凶荒，臣恐陳勝、吳廣，不獨起於秦；赤眉、黃巾，不獨起於漢。"於懿、僖時之政局，若燭照而數計焉。又曰："昔漢元帝即位之初，更制七十餘事，其心甚誠，其稱甚美，然而紀綱日紊，國祚日衰，姦宄日强，黎元日困者？以不能擇賢明而任之，失其操柄也。"則欲革政治，非除宦官不可矣。又曰："夏官不知兵籍，止於奉朝請；六軍不主兵事，止於養勳階。軍容合中宮之政，戎律附內臣之職。首一戴武弁，疾文吏如仇讎；足一蹈軍門，視農夫如草芥。謀不足以翦除凶逆，而詐足以抑揚威福；勢不足以鎮衞社稷，而暴足以侵軼里閭。羈縶藩臣，干陵宰輔。墮裂王度，汩亂朝經。張武夫之威，上以制君父；假天子之命，下以御英豪。有藏姦觀釁之心，無伏節死難之義。"則欲除宦官，又非去其兵權不可也。時考官畏中官，不敢取，然士人讀其辭，至有感慨流涕者。諫官、御史、交章論其直。登科人李郃謂之曰："劉蕡不第，我輩登科，實厚顏矣。"上疏請以所授官讓蕡。事雖不行，人士多之。而蕡卒爲宦人所疾，誣以罪，貶柳州司户參軍以卒。即此一端，宦官之專橫可見矣。蕡對策，自言退必受戮於權臣之手；李郃訟蕡，亦曰："萬有一，蕡不幸死，天下必曰陛下陰殺讜直。"然則蕡之貶謫，在宦人，已爲憚於輿論而斂迹矣，尚復成何事體邪？

　　文宗性恭儉儒雅，出於自然。在藩時，喜讀《貞觀政要》。即位後，每延英對宰臣，率漏下十一刻。故事，天子隻日視事。帝謂宰輔曰："朕欲與卿等每日相見，其輟朝、放朝，用雙日可也。"其勤政如此。而其儉德尤爲難及。甫即位，即革除先朝弊政。旋下詔放內庭宮人三千。停廢教坊樂官、翰林待詔伎術官，併總監諸色職掌內冗員千二百七十。停給教坊及諸司衣糧三千分。解放五方鷹鷂。停造別詔所宣不在常貢內者。度支、鹽鐵、户部及州、府百司應供宮禁物，並準貞元元額。放還諸道所進音聲女人。東頭御馬坊毬場，卻還龍武軍。殿亭所司毀撤，餘舍賜本軍。城外墳墓，先有開斸，以備行幸，曉示百姓，任其修塞。其後此類詔旨甚多。並見《本紀》。且欲創建制度，率百官以儉樸，以挽奢侈之風。可參看太和四年四月、七年八月詔，皆見《紀》。史稱其能躬行儉素，以率屬之。亦可謂難能矣。然不能除去宦官，以振紀綱，則終亦徒善、徒法而已。此文宗之所以悉力於此也。

　　文宗即位時，韋處厚與其事，《舊書》本傳：寶曆季年，急變中起。文宗底綏內難，詔命將降，未有所定。處厚聞難奔赴。昌言曰："春秋之法，大義滅親。內惡必書，以明逆順。正名討罪，於義何嫌？不可依違，有所避諱。"遂奉藩教行焉。是夕，詔命制置，及踐阼禮儀，不暇責有司，皆出於處厚之議。遂以爲相。蓋處厚善於裴度，帝之立，度與其謀，故處厚亦與其事也。於是劉栖楚等先後貶斥，李逢吉之黨盡矣。《舊書·栖楚傳》：栖楚在敬宗時，遷起居郎，至諫議。俄又宣授刑部侍郎。丞郎宣授，未之有也。改京兆尹。摧抑豪右，甚有鈎距，人多比之趙廣漢。後恃權寵，常以辭氣陵宰相韋處厚，遂出爲桂州觀察使。逾年，卒於任。又《熊望傳》：望有文辭，而性憸險、有口辯，往往得遊公卿間，率以大言詭意，指抉時政。既由此而得進士第，務進不已，而京兆尹劉栖楚，以不次驟居清貫，廣樹朋黨，門庭無晝夜，填委不悉。望出入栖楚之門，爲伺密機，人無知者。昭憨嬉游之隙，學爲歌詩。以翰林學士崇重，不可褻狎，乃議別置東頭學士，以備曲宴賦詩。令採卑官爲之。栖楚以望名薦送。事未行而昭愍崩。文宗即位，韋處厚輔政，大去姦黨，既逐栖楚，詔可漳州司戶。桂州見第二章第二節。漳州，今福建龍溪縣。太和二年十二月，處厚卒。路隋繼相。三年八月，裴度薦李德裕爲相，召爲兵部侍郎，而李宗閔時爲吏部侍郎。以中人之助同平章事，宗閔之相，《新書·本紀》在八月，《舊書》在七月，蓋《舊紀》有奪文。德裕仍出爲鄭滑節度。四年正月，宗閔復引牛僧孺爲相。至九月，裴度亦出爲興元。《舊書·李德裕傳》云：度於宗閔有恩。征淮西時，請宗閔爲彰義觀察判官。自後名位日進。至是，恨度援德裕，罷度相位。於是朝局一變矣。然牛、李兩黨，皆蹈常習故，但爲身謀，不足膺文宗之任使也。

　　是歲，文宗又以宋申錫爲相。申錫，長慶初拜監察御史。二年，遷起居舍人。寶曆二年，轉禮部員外郎。尋充翰林學士。史稱其始自策名，及在朝行，清慎介潔，不趨黨與。當長慶、寶曆之間，時風囂薄，朋比大扇，及申錫被用，時論以爲激勸。蓋文宗所親擢不黨之士也。時宦官中權最大者爲王守澄。《舊書·本紀》：太和元年二月，右軍中尉梁守謙請致仕，以樞密使王守澄代之。五年，守澄軍虞候豆盧著告申錫與漳王謀反。漳王湊，穆宗第六子，後追贈懷懿太子。即將以二百騎屠申錫之家。內官馬存亮諍之。乃召三相告之。路隋、李宗閔、牛僧孺。又遣右軍差人於申錫宅捕孔目官、家人，又於十六宅及市肆追捕胥吏，以成其獄。《舊書·懷懿太子傳》：鄭注令豆盧著告變，言十六宅宮市典晏敬則、朱訓與申錫親吏王師文同謀不軌。朱訓與王師文言聖上多病，太子年小，若立兄弟，次是漳王，要先結託。乃於師文處得銀五鋌，絹八百匹。又晏敬則於十六宅將出漳王吳綾汗衫一領，熟綾綾一匹，以答申錫。其事皆鄭注憑虛結構，而擒朱訓等於黃門獄，鍛鍊僞成其款。文宗召師、保、僕射、尚書丞、郎、常侍、給事、諫議舍人、御史中丞、京兆尹、大理卿，同於中書及集賢院參驗其事。翼日，開延英，召宰臣及議事官，帝自詢問。初議抵申錫死，僕射竇易直率然對曰：“人臣無將，將而必誅。”聞者愕然。左散騎常侍崔玄亮等十四人伏殿陛，請以獄付外。帝震怒，叱曰：“吾與公卿議矣，卿屬第出。”玄亮固言，執據愈切，涕泣懇到。繇是議貸申錫於嶺表。京兆尹崔琯、大理卿王正雅苦請出著與申錫勘正情狀。帝悟，乃貶申錫開州司馬。開州見第八章第一節。從而流死者數十人。漳王降封巢縣公。而擢豆盧著爲殿中侍御史。是役也，《舊書·申錫傳》謂申錫既得密旨，乃除王璠爲京兆尹，以密旨喻之。璠不能謀，而鄭注與王守澄知之，潛爲其備。豆盧著者，與注親表。《新書》則謂璠漏言而注得其謀。其《璠傳》云：鄭注姦狀始露，宰相宋申錫、御史中丞宇文鼎密與璠議除之，璠反以告王守澄，而注由是傾心於璠。其《李訓傳》謂甘露變後，璠見王涯，恚曰：“公何見引？”涯曰：“君昔漏宋丞相謀於守澄，今焉逃死？”又《舊書·李中敏傳》言：太和六年夏旱，詔求致雨之方。中敏上言曰：“仍歲大旱，非聖德不至，直以宋申錫之冤濫，鄭注之姦弊。致雨之方，莫若斬注而雪申錫。”《新書》則云：天下士皆指目鄭注，何惜斬一注以快忠臣之魂？似申錫之敗，確由注與璠爲之者。然注與璠皆甘露變時助文宗以圖宦官之人，使諸説而可信，注、璠即不惜反覆，文宗豈能復任之？故知其説必不足信也。唐史所憑，乃當時衆口傳述之語，然衆口傳述之語，實不足信也。《舊書·申錫傳》謂時中外屬望大寮三數人廷辯其事，文宗所以博召衆官，蓋亦欲藉公論以折宦竪？乃竇易直有率爾之言，固爭者僅諫官十四人及京兆、大理而已，何其寥寂也？外廷情勢如此，欲爲非常之舉，安得不屬望於孤寒新進之士邪？申錫以七年七月，歿於開州。《舊書傳》云：申錫以時風侈靡，居要位者尤納賄賂，遂成風俗，不暇更方遠害，且與貞元時甚相背矣。自居内廷，及爲宰相，約身謹潔，尤以公廉爲己任，四方問遺，悉無所受。既被罪，爲有司驗劾，多獲其四方受領所還問遺之狀，朝野爲之歎息。李中敏疏亦云：“宋申錫位宰相，生平餽致一不受，其道勁正。”見《新書·中敏傳》。植黨與者必務聲華，務聲華者必難廉儉，此又欲爲非常之舉者，所以必求心腹之士於黨人之外歟？

李德裕以太和四年十月，移帥西川。明年，吐蕃維州守將悉怛謀降，德裕請受之，牛僧孺爲相，令執送還蕃，戮於境上。事見第五節。六年冬，德裕入爲兵部尚書。十二月，僧孺出鎮淮南。《舊書·傳》云：由維州事，謗論沸然，帝亦不以爲直。又云：時中尉王守澄用事，多納繊人，竊議時政，禁中事密，莫知其説。蓋兩説而《傳》兼採之？《德裕傳》云：監軍王踐言入朝，知樞密，於上前言縛送悉怛謀，快戎心，絶歸降之義，上頗尤僧孺。事究如何不可知，然其與宦官有關係，則似無疑義矣。七年二月，德裕遂以本官同平章事。六月，李宗閔亦罷。

鄭注，《舊書·傳》云：本姓魚。始以藥術游長安權豪之門。李愬爲襄陽，得其藥力，署爲衙推。從愬移鎮徐州，又爲職事。軍政可否，愬與之參決。時王守澄監徐軍，深怒注。以軍情患注白於愬。愬曰：“彼奇才也，將軍試與之語。”即令謁監軍。守澄初有難色。及延坐與語，機辯縱横，盡中其意。遂延於内室，促膝投分，恨相見之晚。自是出入守澄之門，都無限隔。注與守澄有關係，自是事實，此説則近東野人之言，其不足信可知。守澄入知樞密，注仍依之。宋申錫之獄，史謂事由於注，其不足信，已辯於前。《傳》又云：太和七年，注罷邠寧行軍司馬，入京師。御史李款閣内彈之，曰：“鄭注内通敕使，外結朝官，兩地往來，卜射財貨，晝伏夜動，干竊化權。人不敢言，道路以目。請付法司。"旬日內彈章十數。文宗不納。尋授注通王府司馬，充右神策判官。亦見《本紀》。《通鑑》云：款奏彈注，守澄匿注於右軍。左軍中尉韋元素、樞密使楊承和、王踐言皆惡注。左軍將李弘楚説元素詐爲有疾，召使治之。來則延與坐，弘楚侍側，伺中尉舉目，擒出杖殺之。中尉因見上請罪，具言其奸。楊、王必助中尉。況中尉有翼戴之功，豈以除奸而獲罪乎？元素以爲然，召之。注至，蠖屈鼠伏，佞辭泉涌。元素不覺執手款曲，諦聽忘倦。弘楚詗伺再三，元素不顧。以金帛厚遺注而遣之。弘楚怒曰："中尉失今日之斷，必不免他日之禍矣。"因解軍職去。頃之，疽發背卒。此説之不足信，與注見守澄旋相投分同，然亦可見是時左右軍相爭之烈也。《鑑》又云：王涯之爲相，注有力焉，且畏王守澄，遂寢李款之奏。守澄言注於上而釋之。尋奏爲侍御史，充右神策判官。案太和元年，播以鹽鐵轉運入相，領使如故，四年正月卒，王涯以吏部尚書，代之充使，及是年七月，以僕射拜相，領使如故。此乃奉行故事，安見其由注之力乎？《舊書・李德裕傳》云：太和七年十二月，文宗暴風病，不能言者月餘。八年，王守澄進鄭注。注初搆宋申錫事，帝深惡之，欲令京兆尹杖殺。至是，以藥稍效，始善遇之。文宗與申錫，相契殊深，注苟與搆申錫，豈易釋然？而守澄亦安敢進之邪？李訓即仲言，坐武昭事長流嶺表，已見上章第五節。會赦得還。丁母憂，居洛中。《舊書・傳》云：時李逢吉爲留守，思復爲相，訓自言與鄭注善，逢吉以爲然，遺訓金帛珍寶數百萬，令持入長安以賂注，注得賂，甚悦。乘閒薦於守澄。守澄乃以注之藥術，訓之《易》道，合薦於文宗。此亦誣説。訓之居洛，蓋交結賢豪甚多？如郭行餘，即在此時與訓相善。其與鄭注合，在於何時不可知，要必非因爲逢吉行賂而致也。是年，太和八年。訓補四門助教。十月，遷國子《周易》博士，充翰林侍講學士。兩省諫官伏閣切諫，不聽。仲言此時更名爲訓，見《紀》。《舊書・李德裕傳》曰：上欲授訓諫官，德裕不可。上顧王涯：别與一官。遂授四門助教。制出，給事中鄭肅、韓佽封之不下。謂封還。涯召肅面諭令下。訓、注惡德裕排己，九月十日，召李宗閔於興元，代德裕。出德裕爲興元。德裕自陳戀闕，不願出藩。追勅，守兵部尚書。宗閔奏制命已行，不宜自便。尋改鎮海軍節度，代王璠。《璠傳》云：李訓得幸，累薦於上，召還復拜右丞。璠以逢吉故吏，自是傾心於訓。亦莫須有之辭也。《德裕傳》又曰：宮人杜仲陽，漳王養母。王得罪，放潤州。九年三月，左丞王璠、户部侍郎李漢進狀，論德裕在鎮，厚賂仲陽，結託漳王，圖謀不軌。案漳王已於八年薨，此追論德裕前在浙西時事。四月，帝召王涯、李固言、御史大夫。路隋、王璠、李漢、鄭注等面證其事。璠、漢加誣搆結，語甚切至。路隋奏曰："德裕實不至此。誠如璠、漢之言，微臣亦合得罪。"羣論稍息。尋授德裕太子賓客，分司東都。其月，又貶袁州長史。袁州，今江西宜春縣。路隋坐證德裕，出鎮浙西。於是賈餗爲相，而鄭注以守太僕卿兼御史大夫。《通鑑》曰：上之立也，右領軍將軍仇士良有功，王守澄抑之，由是有隙。訓、注爲上謀，進擢士良，以分守澄之權。五月，以士良爲左神策中尉。士良不悦。六月，韋元素、楊承和、王踐言居中用事，與王守澄爭權不協，訓、注因之，出承和於西川，元素於淮南，踐言於河東，皆爲監軍。楊虞卿者，李宗閔之黨。時爲京兆尹。是月，京師訛言鄭注爲上合金丹，須小兒心肝，密旨捕小兒無算。李固言奏，語出京兆尹從人。上怒，即令收虞卿下獄。翼日，貶虔州司馬。虔州見第二章第七節。李宗閔坐救虞卿，貶明州，見第七章第四節。再貶虔州。《新書·宗閔傳》云：訓、注又劾宗閔異時陰結駙馬都尉沈�，尚憲宗女宣城公主。內人宋若憲，貝州清陽人。世爲儒學，至其父庭芬，有辭藻，生五女：若莘、若昭、若倫、若憲、若荀，皆聰惠。庭芬始教以經藝，既而課爲詩賦。貞元四年，昭義節度使李抱真表薦之。德宗俱召入宮，不以宮妾遇之，呼爲學士先生。庭芬起家，受饒州司馬。習藝館內，勑賜第一區，給俸料。元和末，若莘卒。自貞元七年已後，宮中記注、簿籍，若莘掌其事。穆宗復令若昭代司其職，拜尚宮，寶曆初卒。若憲代司官籍，至是，幽於外第，賜死。弟、姪、女婿等，連坐者十三人，皆流嶺表。若倫、若荀早卒。清陽，在今河北清河縣東。饒州見第二章第六節。宦者韋元素、王踐言求宰相。《舊書·宗閔傳》云：在宗閔爲吏部侍郎時，但云因沈�結託若憲、承和，二人數稱之於上前，故獲徵用。案宗閔爲吏部侍郎，事在太和二年。且言頃上有疾，密問術家呂華，迎考命曆，曰：惡十二月。而踐言監軍淮南，受德裕賕，復與宗閔家私。乃貶宗閔潮州司户參軍事，潮州見第二章第二節。�逐柳州，見第四章第二節。元素等悉流嶺南，親信並斥。《舊書·本紀》。事在八月。《通鑑》云：詔以楊承和庇護宋申錫、韋元素、王踐言，與李宗閔、李德裕，中外連結，受其賂遺。承和可驩州安置，見第二章第一節。元素可象州安置，見第四章第一節。踐言可恩州安置，今廣東恩平縣。今所在錮送。楊虞卿、李漢、蕭澣刑部侍郎。爲朋黨之首。貶虞卿虔州司馬，漢汾州司馬，見第六章第二節。澣遂州司馬。今四川遂寧縣。尋遣使賜承和、元素、踐言死。時崔潭峻已卒，亦剖棺鞭尸。此時兩黨俱逐，可謂快絶，而皆牽涉左軍，且皆追溯宋申錫之獄，可見守澄之進訓、注，實所以圖左軍，文宗及訓、注，乃克以毒攻毒，盡去楊承和等，且因守澄之不疑而反圖之也。

李宗閔之得罪也，李固言代爲門下侍郎平章事。九月，復出爲興元。舒元輿與李訓並相。《舊書·固言傳》，謂訓、注惡其與宗閔朋黨。《通鑑考異》曰：固言鍛鍊楊虞卿獄，豈得爲宗閔黨從？《開成紀事》，謂鄭注求爲鳳翔，固言不可，乃以固言爲山南西道，注爲鳳翔。案是時文宗與訓、注，實欲并宦官朋黨而悉去之，固言之爲宗閔黨與否，亦無足深論也。中官陳弘慶，自元和末負弑逆之名。時爲襄陽監軍。召至青泥驛，在今陝西藍田縣境。遣人封杖決殺。《舊書·李訓傳》。《本紀》作陳弘志，事在九月。以王守澄爲左右神策觀軍容使，兼十二衛統軍。《舊紀》。貌尊崇之，實罷其禁旅之權也。《舊書·李訓傳》。帝令內養李好古齎鴆賜守澄。《紀》在九月。《舊傳》云在元年，元乃九字之誤。祕而不發。仍贈揚州大都督。其弟守涓，爲徐州監軍，召還，至中牟，誅之。《舊書·守澄傳》。《紀》在十一月。中牟，今河南中牟縣。於是元和逆黨幾盡，《新書·李訓傳》。而甘露之變起矣。

《舊書·李訓傳》云：訓雖爲鄭注引用，及祿位俱大，勢不兩立。託以中外應赴，出注爲鳳翔節度使，俟誅內豎，即兼圖注。約以其年十一月誅中官。乃以大理卿郭行餘爲邠寧節度使，戶部尚書王璠爲太原節度使，京兆少尹羅立言權知大尹事，時以京兆尹李石爲戶部侍郎，判度支，代王璠，故以立言代石。大府卿韓約爲金吾街使，刑部郎中知雜李孝本權知中丞事，皆訓之親厚者。冀王璠郭行餘未赴鎮間，廣令召募豪俠，及金吾、臺、府之從者，俾集其事。是月二十一日，帝御紫宸。韓約奏金吾左仗院樹夜來有甘露。李訓奏：陛下宜親幸左仗觀之。上乘軟輿，出紫宸門，由含元殿東階升殿。《通鑑》胡《注》：紫宸內殿，含元前殿。令宰相、兩省官先往視之。還曰："恐非真甘露。"乃令左右軍中尉、樞密、內臣往視。《新書》曰：顧中尉仇士良、魚弘志等驗之。既去，訓召王璠、郭行餘受勅旨。時兩鎮官健，皆執兵在丹鳳門外，訓已令召之。《通鑑》云：訓已先使人召之，令入受勅。惟璠從兵入，邠寧兵竟不至。中尉、樞密至左仗，聞幕下有兵聲，驚恐走出。《新書》云：會風動廉幕，見執兵者，士良等驚，走出。閽者欲扄鐍之，爲中人所叱，執關而不能下。《通鑑》云：士良叱之，關不得上。內官回奏《通鑑》云：士良等奔詣上告變。曰："事急矣。請陛下入內。"即舉軟輿迎帝。訓殿上呼曰："金吾衛士上殿來。護乘輿者人賞百千。"內官決殿後罘罳，舉輿疾趨。訓攀呼曰："陛下不得入內。"《新書》云：士良曰：李訓反。帝曰：訓不反。士良手搏訓而躓，訓壓之，將引刀韡中，救至，士良免。金吾衛士數十人隨訓而入。羅立言率府中從人自東來，李孝本率臺中從人自西來，共四百餘人，上殿縱擊，內官死傷者數十人。訓時愈急，邐迤入宣政門。內官郗志榮奮拳擊其胸，訓即僵仆於地。帝入東上閤門，門即闔。須臾，內官率禁兵五百人露刃出閤門，《宦官傳》云：士良等率禁兵五百餘人出東上閤門。《新書·訓傳》云：士良遣神策副使劉泰倫、陳君奕等率衛士五百挺兵出。《通鑑》云：士良等命左右神策副使劉泰倫、魏仲卿等各率禁兵五百人，露刃出閤門。遇人即殺。宰相王涯、賈餗、舒元輿方中書會食，聞難出走。諸司從吏，死者六七百人。訓單騎走入終南山，投寺僧宗密。宗密欲髠其髮匿之。從者止之。乃趨鳳翔，欲依鄭注。出山，爲盩屋鎮將宗楚所得。械送京師。盩屋見第四章第二節。訓恐入軍別受榜掠，乃謂兵士曰："所在兵有得我者即富貴。不如持我首行，免被奪取。"乃斬訓，持首而行。《王涯傳》云：涯等倉皇步出，至永昌里茶肆，爲禁兵所擒。並其家屬、奴婢，皆繫於獄。仇士良鞫涯反狀。涯實不知其故，械縛既急，榜笞不勝其酷，乃令手書反狀，自誣與訓同謀。謂涯全不知情，説亦可疑。獄具，左軍兵馬三百人領涯與王璠、羅立言，《通鑑》云：以李訓首引王涯、王璠、羅立言、郭行餘。右軍兵馬三百人領賈餗、舒元輿、李孝本，先赴郊廟，徇兩市，乃要斬於子城西南隅獨柳樹下。《通鑑》云：命百官臨視。《新書·鄭注傳》云：先是王守澄死，以十一月葬滻水。注奏言守澄國勞舊，願身護喪。因羣宦者臨送，欲以鎮兵悉擒誅之。訓畏注專其功，乃先五日舉事。《通鑑》云：始注與訓謀，至鎮，選壯士數百，皆持白梃，懷其斧，以爲親兵。是月戊辰，王守澄葬於滻水，注奏請入護葬事，因以親兵自隨。仍奏令内臣中尉已下盡集滻水送葬。注因闔門，令親兵斧之，使無遺類。約既定，訓與其黨謀：如此，事成則注專其功，不若使行餘、璠以赴鎮爲名，多募壯士爲部曲，並用金吾、臺、府吏卒，先期誅宦官，已而並注去之。案是月壬寅朔，二十一日爲壬戌，離本數先戊辰六日，連本數則先七日。注率五百騎至扶風，見第五章第七節。聞訓敗，乃還。其屬魏弘節《傳》云：勇而多謀，始在邠坊趙儋節度府，爲注所辟。勸注殺監軍張仲清及大將賈克中等十餘人。注驚撓不暇聽。仲清與前少尹陸暢用其將李叔和策，訪注計事，斬其首。兵皆潰去。《通鑑》云：仇士良等使人齎密敕授仲清，令取注。仲清皇惑，不知所爲。押衙李叔和説仲清曰："叔和爲公以好召注，屏其從兵，於坐取之，事立定矣。"仲清從之，伏甲以待注。注恃其兵衛，遂詣仲清。叔和稍引其從兵，享之於外。注獨與數人入。既啜茶，叔和抽刀斬注。因閉門，悉誅其親兵，乃出密敕宣示將士。遂滅注家。並殺副使錢可復，判官盧簡能，觀察判官蕭傑，掌書記盧弘茂等。及其支黨，死者千餘人。《舊書·注傳》云：初未獲注，京師憂恐。至是，人人相慶。《通鑑》云：朝廷未知注死，詔削奪注官爵，令鄰道按兵觀變。以左神策大將軍陳君奕爲鳳翔節度使。張仲清遣李叔和等以注首入獻，梟於興安門，人情稍安。京師諸軍，始各還營。此可見外援之足恃，在京師之神策軍，實無能爲也。《通鑑》：開成三年，初太和之末，杜悰爲鳳翔節度使。有詔沙汰僧尼。時有五色雲見於岐山，今陝西岐山縣。近法門寺。民間譌言佛骨降祥，以僧尼不安之故。監軍欲奏之。悰曰："雲物變色，何常之有？佛若果愛僧尼，當見於京師。"未幾，獲白兔，監軍又欲奏之。悰曰："野獸未馴，且宜畜之。"旬日而斃。及鄭注代悰鎮鳳翔，奏紫雲見。又獻白雉。是歲八月，有甘露降於紫宸殿前櫻桃之上，上親采而嘗之。百官稱賀。其十一月，遂有金吾甘露之變。《通鑑》此文，係據《補國史》，見《考異》。甘露降樹，事極浮淺，何足惑人？而克以此誑宦官者？以先已有此等事故也。文宗躬行恭儉，而在甘露變前，頗有縱侈之事，蓋正以此自晦？《舊書·鄭注傳》：注言秦中有災，宜興工役以禳之。文宗能詩。嘗吟杜甫《江頭篇》云："江頭宮殿鎖千門，細柳新蒲爲誰綠？"始知天寶已前，環曲江四岸，有樓臺、行宮、廨署，心切慕之。既得注言，即命左右神策軍淘曲江、昆明二池。仍許公卿士大夫之家，於江頭立亭館，以時追賞。時兩軍造紫雲樓、彩霞亭，内出樓額以賜之。案此事在太和九年。時又填龍首池爲鞠場。幸左軍龍首殿。因幸梨園含元殿大合樂，皆見《本紀》。此等事皆不似文宗之所爲，而興役以禳災，亦豈鄭注之言邪？其後開成四年正月丁卯，夜於咸泰殿觀燈作樂，二月丙寅，寒食節，御通化門以觀遊人。戊辰，幸勤政樓，觀角抵、蹴鞠，則帝已失權，非其所自爲矣。昆明池，在長安西南。龍首池，在長安東北。觀此，可知金吾甘露，爲謀已夙，必非定於臨時。則謂李訓慮鄭注專其功先期舉事之説，不攻自破。訓且無與注爭功之意，安有並欲圖注之心？其説更不辯自明矣。《新書·訓注傳》贊曰：李德裕嘗言：天下有常勢，北軍是也。訓因王守澄以進，此時出入北軍，若以上意説諸將，易如靡風，而反以臺、府抱關游徼，抗中人以搏精兵，其死宜哉！此説真同聾瞽。邠寧卒召不可至，神策諸將，其可説乎？説之，獨不慮其漏泄事機乎？自王守澄之死，宦官之佼佼者，略已盡矣。殲殪即在目前，爲山祇虧一簣。儻使廡幕不揚，局鑱獲下，宦寺既已駢誅，軍人安敢妄動？即或不知逆順，兩鎮新募及金吾臺府之衆，自足暫拒，鳳翔精卒自外至，去之如摧枯拉朽矣，内外合勢，爲謀不可謂不周，而終於無成，則非人謀之不臧也。

李訓等死後，京城大亂。《新書·李訓傳》：仇士良既遣衛士五百挺兵出，所直輒殺，復分兵屯諸宮門，捕訓黨千餘人，斬四方館，血流成渠。詔出衛騎千餘馳咸陽，奉天捕亡者。大索都城。分掩王涯、李訓等第。兵遂大掠。兩省印簿書輒持去。祕館圖籍，蕩然無餘。明日，京師兵剽劫未止。民乘亂，往往復私怨，相戕擊。人死甚衆。帝遣屯兵大衢，鼓而徇之，兵乃止。是時暴尸旁午。有詔棄都外。男女孩嬰相雜厠。淹旬許，京兆府瘞斂，作二大冢，葬道左右。又《訓傳》後附《顧師邕傳》云：初訓遣宦官田全操、劉行深、周元稹、薛士幹、似先義逸、劉英詡按邊。既行，命師邕爲詔賜六道殺之。會訓敗，不果。師邕流崖州。至藍田，賜死。《舊書·本紀》及《李石傳》云：全操等回，馳馬入金光門，街市譌言相驚，縱橫散走。百官朝退，倉皇駭散，有不及束帶，韈而乘者。無賴之徒，皆戎服兵仗，北望闕門以俟變。内侍連催閉皇城門。金吾大將軍陳君賞不可，率其徒立望仙門。晡晩方定。《通鑑》云：全操在道揚言："我入城，凡儒服者，無貴賤，當盡殺之。"可謂肆無忌憚矣。咸陽見第五章第一節。奉天見第六章第二節。崖州見第四章第二節。藍田見第二章第六節。時以李石、鄭覃爲相。甘露變時，令狐楚爲左僕射，鄭覃爲右僕射。《舊書·楚傳》云：訓亂之夜，文宗召覃與楚宿於禁中，商量制勅。上皆欲以爲宰相。楚以王涯、賈餗冤死，叙其罪狀浮泛，仇士良等不説，故輔弼之命，移於李石。石雖能頗折宦人，《舊書·石傳》：石器度豁如，當官不撓。自京師變亂之後，宦者氣盛，陵轢南司。延英議事，中貴語必引訓，以折文臣。石與鄭覃嘗謂之曰："京師之亂，始自王訓、注，訓、注之起，始自何人？"仇士良等不能對，其勢稍抑。搢紳賴之。實不能戢其凶燄。至欲以神策仗衛殿門；《通鑑》開成元年。神策將吏遷官，多不聞奏，直牒中書，令覆奏施行，遷改殆無虛日；《通鑑》開成三年。朝政幾盡由北司矣。賴有昭義節度使劉從諫，悟子，見第三節。上書請王涯等罪名。言當修飾封疆，訓練士卒，内爲陛下心腹，外爲陛下藩垣，如奸臣難制，誓以死清君側。詔加檢校司徒。從諫復表讓，稱臣之所陳，繫國大體，可聽則涯等宜蒙湔洗，不可聽則賞典不宜妄加，安有死冤不申，而生者荷禄？因暴揚仇士良等罪惡，士良等憚之。由是鄭覃、李石，麤能秉政；天子倚之，亦差以自強。《通鑑》繫開成元年二、三月。《新書·仇士良傳》云：從諫本與李訓約誅鄭注。及訓死，憚士良得志，乃上書言王涯等八人，皆宿儒大臣，願保富貴，何苦而反？今大戮所加，已不可追，而名曰逆賊，含憤九泉。天下義夫節士，畏禍伏身，誰肯與陛下共治邪？即以訓所移書，遣部將陳季卿以聞。季卿至，會李石遇盜，京師擾，疑不敢進。從諫大怒，殺季卿。騰書於朝。又言臣與訓誅注，以注本宦豎所提擢，不使聞知。今四方共傳：宰相欲除内官，而兩軍中尉鬬，自救死，妄相殺戮，謂爲反逆。有如大臣挾無將之謀，自宜執付有司，安有縱俘劫，橫尸闕下哉？且宦人根黨，蔓延在内。臣欲面陳，恐橫遭戮害。謹修封疆，繕甲兵，爲陛下腹心。如姦臣難製，誓以死清君側。書聞，人人傳觀，士良沮恐。即進從諫檢校司徒，欲弭其言。從諫知可動，復言云云。案訓所移書，必從諫所造作。李石遇盜，事在開成三年，見下，從諫請雪王涯，必不能遲至此時，《新書》誤也。蓋至是而非用外兵不能翦除宦官之形勢成，而天復駢誅之局，亦伏於此矣。哀哉！

《新書·仇士良傳》，謂甘露變後，士良與魚弘志謀廢文宗。《傳》云：士良、弘志憤文宗與李訓謀，屢欲廢帝。崔慎由爲翰林學士，直夜。未半，有中使召入。至秘殿，見士良等坐堂上，帷帳周密。謂慎由曰："上不豫已久，自即位，政令多荒闕，皇太后有制更立嗣君，學士當作詔。"慎由驚曰："上高明之德在天下，安可輕議？慎由親族，中表千人，兄弟羣從且三百，何可與覆族事？雖死不承命。"士良等默然。久乃啓後户，引至小殿。帝在焉。士良等歷階，數帝過失。帝俛首。既而士良指帝曰：不爲學士，不得更坐此。乃送慎由出。戒曰："毋泄。禍及爾宗。"慎由記其事，藏箱枕間。時人莫知。將没，以授其子胤。故胤惡中官，終討除之。《通鑑考異》謂其説出皮光業《聞見録》，不可據。《考異》云：按《舊傳》：崔慎由大中初始入朝，爲右拾遺員外郎，知制誥，文宗時未爲翰林學士。蓋崔胤欲重宦官之罪而誣之，新傳承皮録之誤也。案此説亦東野人之言，自不足據。然謂崔胤欲重宦官之罪而誣之，則亦未必然。宦官之罪如山矣！雖不加誣，可勝誅乎？然文宗自是鬱鬱不樂。兩軍毬獵宴會絶矣。《新書·仇士良傳》。每遊燕，雖倡樂雜沓，未嘗歡。顏慘不展。往往瞑目獨語，或裴回眺望，賦詩以見情。自是感疢，至棄天下云。《新書·李訓傳》。又《舒元輿傳》：元輿爲《牡丹賦》，時稱其工。死後，帝觀牡丹，憑殿欄誦賦，爲泣下。《舊書·本紀》：開成四年六月，以久旱，分命祠禱，每憂動於色。宰臣等奏曰："水旱時數使然，乞不過勞聖慮。"上改容言曰："朕爲人主，無德及天下，致兹災旱，又謫見於天。若三日不雨，當退歸南内，更選賢明，以主天下。"並見《天文志》、《五行志》。《新書·仇士良傳》，謂帝是年苦風痹。少間，召宰相見延英殿。退坐思政殿。顧左右曰："所直學士謂誰？"曰："周墀也。"召至。帝曰："自爾所況，朕何如主？"墀再拜曰："臣不足以知，然天下言陛下堯、舜主也。"帝曰："所以問，謂與周赧、漢獻孰愈？"墀皇駭曰："陛下之德，成、康、文、景未足比，何自方二主哉？"帝曰："赧、獻受制強臣，今朕受制家奴，自以不及遠矣。"因泣下，墀伏地流涕。後不復朝，至大漸云。文宗無過，所擢用諸臣，亦莫非公忠體國，起孤寒，有大志，感激主知，思以身任天下之重者，順宗、文宗，志除宦官同，能擢用孤寒新進之人亦同，然順宗所用，皆東宮舊臣，相知有素，而文宗則拔自臨時，此則文宗尤難於順宗也。王叔文之志，在致太平，不獨除宦官，李訓亦然。《舊書·訓傳》謂天下之人，有冀訓致太平者，此當時之真輿論也。《新書·訓傳》云：訓欲先誅宦豎，乃復河湟、攘夷狄，歸河朔諸鎮，此其未量爲何如哉？諸臣蒙謗，蓋不一端？然諦觀史傳，其形迹仍有可見者，且如王涯，《新書》言其性嗇儉，不畜妓妾；惡卜祝及他方技；別墅有佳木流泉，居常書史自怡，使客賀若夷鼓琴娛賓；此豈黷貨者？然又言其財貯鉅萬，取之彌日不盡，何哉？而卒見幽囚，遭屠戮，亦可哀矣。蓋至是而天復騈誅，城社狐鼠，同歸於盡之局定矣。毫毛不拔，將尋斧柯，豈不信哉？

甘露之變，明年，改元曰開成。是歲四月，李固言復爲相。二年四月，陳夷行相，固言出爲西川。夷行，鄭覃黨也。三年正月五日，李石入朝，盜發。引弓追及。矢纔破膚，馬逸而回。盜已伏坊門，揮刀斫石，斷馬尾。竟以馬逸，得還私第。是日，京師大恐，常參官入朝者，九人而已，旬日方安。是役也，迹出禁軍。新舊《書·崔珙傳》。蓋仇士良爲之，天子畏逼不能理。石拜章辭位者三，乃出爲荊南節度使。而楊嗣復、李珏相。嗣復於陵子，與牛僧孺、李宗閔，皆權德輿貢舉門生。珏與固言、嗣復相善，與鄭覃、陳夷行不同。四年五月，覃、夷行罷。七月，崔鄲相。

第二節　武　宣　朝　局

唐自代宗以來，立君多由宦寺，而武宗之立，尤不以正。初，敬宗五子：長曰晉王普，次第二子梁王休復，次第三子襄王執中，次第四子紀王言揚，次第五子陳王成美。晉王，《舊書》云：文宗欲建爲儲貳，《莊恪太子傳》。而以太和二年薨。年五歲。册贈悼懷太子。蓋文宗之位，受之於兄，故欲還諸兄之子也。此在當日，自爲大公。然文宗又不能無牽於內寵。六年十月，册長子魯王永爲太子。永母曰王昭儀。開成二年八月，與昭容楊氏同受册。昭儀爲德妃，昭容爲賢妃。見《舊書·本紀》。明年九月，開延英殿，議廢太子。宰臣及衆官皆不同。御史中丞狄兼謨言之尤切。翼日，翰林學士六人，神策六軍軍使十六人又進表陳論。事乃不果。是夜，太子歸少陽院。殺其宮人左右數十人。十月，太子薨。諡莊恪。《舊書》本傳云：初，上以太子稍長，不循法度，昵近小人，欲加廢黜。迫於公卿之請，乃止。太子終不悛改。至是暴薨。語本《實錄》。見《通鑑考異》。時傳云：德妃晚年寵衰，賢妃懼太子他日不利於己，日加誣譖，太子終不能自辯明也。太子既薨，上意追悔。四年，會寧殿宴，小兒緣橦，有一夫在下，憂其墮地，有若狂者。上問之，乃其父也。上因感泣，謂左右曰："朕富有天下，不能全一子。"遂召樂官劉楚材、宮人張十十等責之曰："陷吾太子，皆爾曹也。今已有太子，時已立成美。更欲蹤前事邪？"立命殺之。則太子之非良死可知矣。然文宗自甘露變後，久同傀儡，能否自殺其子，尚有可疑。《鄭肅傳》云：會昌初，武宗思永之無罪，盡誅陷永之黨，則陷永者漏網甚衆可知。劉楚材、張十十等，特其小焉者耳。太子雖非良死，未必文宗殺之也。陳王成美，以四年十月，立爲太子。文宗二子，次曰蔣王宗儉，開成二年始王，亡薨年，疑是時已薨，見下。梁、襄、紀三王，疑亦已殂謝，故及成美。五年正月二日，己卯。文宗暴卒，《舊書·武宗紀》。王鳴盛曰：卒當作疾。但據《舊紀》，文宗於四年十二月即不康，五年正月戊寅是朔日，而帝以辛巳崩，似未可以言暴。案卒蓋倉卒之義？去年十二月即不康，至此疾驟甚耳。宰相李珏，知樞密劉弘逸奉密旨，以皇太子監國。兩軍中尉仇士良、魚弘志矯詔迎潁王瀍於十六宅，立爲皇太弟。成美復封陳王。四日，文宗崩。瀍立，是爲武宗。末年寢疾，更名炎。成美及穆宗第八子安王溶皆死。穆宗五子：長敬宗，次第二子文宗，次第五子武宗，次第六子懷懿太子湊，次即安王也。至是而穆宗之子盡矣。《舊書·武宗紀》云：初，楊賢妃有寵於文宗，而莊恪太子母王妃失寵怨望，爲楊妃所譖，王妃死，太子廢。及開成末年，帝多疾，無嗣。觀此語，則蔣王是時亦已殂謝。賢妃請以安王溶嗣。帝謀於宰相李珏，珏非之，乃立陳王。至是，仇士良立武宗，欲歸功於己，乃發安王舊事，故二王與賢妃皆死。《通鑑》云：文宗疾甚，命知樞密劉弘逸、薛季稜引楊嗣復、李珏至禁中，欲奉太子監國。中尉仇士良、魚弘志以太子之立，功不在己，乃言太子幼，且有疾，更議所立。李珏曰："太子位已定，豈得中變？"士良、弘志遂矯詔立瀍爲太弟。蓋宦官兵權在手，宰相無如之何也。二月，封仇士良爲楚國公，魚弘志爲韓國公。八月十七日，葬文宗於章陵。劉弘逸、薛季稜率禁軍護靈駕至陵所，欲倒戈誅士良、弘志。鹵簿使兵部尚書王起，山陵使崔棱當作崔鄲。覺其謀，先諭鹵簿諸軍。是日，弘逸、季稜伏誅。貶楊嗣復爲潭州刺史，潭州見第四章第二節。李珏爲桂州刺史，桂州見第二章第二節。御史中丞裴夷直爲杭州刺史。杭州見第六章第三節。皆坐弘逸、季稜黨也。會昌元年三月，再貶嗣復湖州司馬，湖州見第二章第七節。珏瑞州司馬，瑞州見第四章第四節。夷直驩州司戶。驩州見第二章第二節。《舊書·王起傳》云：弘逸、季稜欲因山陵兵士謀廢立。起與山陵使知其謀，密奏皆伏誅。《通鑑考異》引賈緯《唐年補遺錄》亦云：五年八月，季稜、弘逸聚禁兵，欲議廢立。賴山陵使崔鄲、鹵簿使王起拒而獲濟。遂擒弘逸、季稜殺之。《舊書·楊嗣復傳》云：武宗之立，既非宰相本意，甚薄執政之臣。其年秋，李德裕自淮南入輔政。九月，出嗣復爲湖南觀察使。明年，誅薛季稜、劉弘逸。中人言二人頃附嗣復、李珏，不利於陛下。武宗性急，立命中使往湖南桂管殺嗣復與珏。宰相崔鄲、崔珙等亟請開延英。因極言國朝故事,大臣非惡逆顯著,未有誅戮者,願陛下復思其宜。帝良久,改容曰:"朕纘嗣之際,宰相何嘗比數? 李珏、季棱,志在扶册陳王,嗣復、弘逸,志在樹立安王。立陳王猶是文宗遺旨,嗣復欲立安王,全是希楊妃意旨。嗣復嘗與妃書云:姑姑何不效則天臨朝?"珙等曰:"此事曖昧,真虛難辨。"帝曰:"楊妃曾卧疾,妃弟玄思,文宗令入内侍疾月餘。此時通道意旨。朕細問内人,情狀皎然。我不欲宣出於外。向使安王得志,我豈有今日? 然爲卿等恕之。"乃追潭、桂二中使,再貶嗣復潮州刺史。_{潮州見第二章第二節。}《通鑑》則嗣復罷而崔珙相,在開成五年五月。李珏之罷,在是年八月。夷直之出爲杭州,在是年十一月。而嗣復及李珏之出,則但於會昌元年三月追書之。云:弘逸有寵於文宗,仇士良惡之。上之立,非二人及宰相意,故楊嗣復出爲湖南觀察使,李珏出爲桂管觀察使。士良屢譖弘逸等於上,勸上除之。三月乙未,賜弘逸、季棱死,遣中使就潭、桂州誅嗣復及珏。《考異》云:若去年八月已誅弘逸、季棱,不當至此月始再貶嗣復等。《舊紀·王起傳》與《嗣復傳》自相違,今從《實録》。案因山陵而謀變,其事不易子虛。《武宗實録》,纂輯草率,不足據。《考異》引《實録》,又有時有再以其事動帝意者,帝赫然欲殺之之語。明嗣復及珏已先貶。嗣復罷相,在開成五年五月,夷直之出,在其年十一月,《通鑑》應不致誤。蓋又《舊紀》記事不審,嗣復之罷,至八月乃追書;夷直之出,則又逆探其事而終言之也。_{《舊書·李珏傳》。開成五年九月,與楊嗣復俱罷,出爲桂州。《新書·珏傳》,則其罷相,乃以爲山陵使,梓宫至安上門陷於潭,而貶江西在其後。}嗣復、珏所以獲全,蓋由崔鄲、崔珙之諫?《通鑑》叙此事兼采《獻替記》,一似全由李德裕者,恐亦不足信也。裴夷直,《新書》附《張孝忠傳》,云:武宗立,視册牒不肯署,乃出爲杭州刺史,斥驩州司户參軍。《通鑑》從《實録》,云:故事,新天子即位,兩省官同署名,上之即位也,諫議大夫裴夷直漏名,由是出爲杭州刺史,其説亦同。《鑑》又記文宗之崩,敕大行以十四日殯,成服。諫議大夫裴夷直上言期日太遠,不聽;時仇士良等追怨文宗,凡樂工及内侍,得幸於文宗者,誅貶相繼,夷直復上書言之;可知其見斥之由,循常法無可立之君,則人人得申其意,古大詢之法如是。後世庶人無縣議政,朝臣固當周諮。武宗乃舉不援己者而悉逐之,褊矣。抑文宗之立陳王,猶是其欲樹晉王之意。以自周以來久習之繼嗣之法言之,亦較立弟爲正,武宗乃弑而代之,流毒且及於安王,尤悖矣。

　　武宗之用李德裕,非知其材而用之也,亦以文宗末年,僧孺、宗閔之黨在朝,惡其不援己,乃反其道而行之耳。適直是時,回紇衰亂,得以戡定朔方,此乃時會使然,初非德裕之力。至於削平昭義,則其事本不足稱,讀史者亦從而張之，則爲往史之曲筆所欺矣。德裕既相，所引用者皆其黨人。崔珙與德裕，相善者也。會昌元年三月，相陳夷行，乃專與楊嗣復立異者。二年，李紳自淮南入相，尤德裕死黨。陳夷行罷，李讓夷繼之，亦楊嗣復、李珏所惡也。三年，崔珙罷，崔鉉相，史云李讓夷引之。鉉與珙不協，發其領使時事，並謂其嘗保護劉從諫，珙遭貶斥。四年，杜悰自淮南入相，李紳出爲淮南。明年有吳湘之獄，爲後來德裕所由敗，見下。是歲，杜悰、崔鉉罷，李回相，德裕用兵昭義時，以御史中丞奉使河朔者也，事見下節。崔元式相，以爲德裕所疾罷。牛僧孺、李宗閔，皆爲所擠排以死。僧孺在淮南六年。開成二年，爲東都留守。三年，徵爲左僕射。四年，復出爲山南東道。會昌二年，秋，漢水溢，壞城郭，坐不謹防，下遷太子少保，進少師。明年，以太子少傅留守東都。劉稹誅，石雄軍吏得從諫與僧孺、宗閔交結狀，又河南少尹呂述言：僧孺聞稹誅恨歎之，武宗怒，黜爲太子少保，分司東都。累貶循州長史。宣宗立，徙衡、汝二州。還爲太子少師。卒。宗閔，開成三年，楊嗣復輔政，欲拔用之，爲鄭覃、陳夷行所沮，與杭州刺史。四年，冬，還太子賓客，分司東都。時覃、夷行罷，嗣復方再拔用，而文宗崩。會昌三年，德裕以宗閔素與劉從諫厚，上黨近東都，分司非便，乃拜湖州刺史。稹敗，得交通狀，貶漳州長史，流封州。宣宗即位，徙柳州司馬，卒。循州見第二章第七節。衡州，今湖南衡陽縣。汝州見第二章第六節。漳州見上節。封州見第五章第二節。柳州見第四章第二節。然德裕引白敏中，敏中，居易從父弟。武宗夙聞居易名，欲用之，德裕以其衰病，薦敏中。會昌二年，爲翰林學士。而敏中反擠排之。至宣宗立，朝局變，而德裕亦遭竄逐而死焉。其事與德裕在武宗朝所爲者，如出一轍。出爾反爾，其機可謂甚巧，特蹈之者不悟耳。

　　武宗之立也，賜仇士良以紀功碑。會昌元年十月，見《舊書·本紀》。會昌二年四月，羣臣請加尊號。有譖人告士良："宰相作赦書，欲減削禁軍衣糧馬草料。"士良怒曰："必有此，軍人須至樓前作鬧。"此據《舊書·本紀》。《新書·宦者傳》曰：士良宣言："宰相作赦書，減禁軍縑糧芻菽。"語兩軍曰："審有是，樓前可爭。"宰相李德裕等知之，請開延英訴其事。帝曰："奸人之辭也。"召兩軍中尉諭之曰："赦書出自朕意，不由宰相。況未施行，公等安得此言？"士良皇恐謝。明年，士良進觀軍容使，兼統左右軍。以疾辭。罷爲內侍監，知省事。固請老。詔可。尋卒。《舊書·本紀》在六月。死之明年，有發其家藏兵數千物。詔削官爵，籍其家。《新書·宦者傳》。《舊紀》在四年六月。云：中人於其家得兵仗數千件，兼發士良宿罪。會昌三年，崔鉉相。《通鑑》云：上夜召學士韋琮，以鉉名授之，令草制。宰相、樞密，皆不之知。時樞密使劉行深、楊欽義皆願愨，不敢與事。老宦者尤之曰："此由劉、楊懦怯，墮敗舊風故也。"論者頗以是稱武宗能御宦官。然武宗所倚者，一李德裕耳。德裕之入相也，《通鑑》云：初在淮南，敕召監軍楊欽義，人皆言必知樞密，德裕待之無加禮。欽義心銜之。一旦，獨延欽義，置酒中堂，情禮極厚。陳珍玩數牀，罷酒，皆以贈之。欽義大喜過望。行至汴州，見第二章第二節。敕復還淮南。欽義盡以所餉歸之。德裕曰："此何直？"卒以與之。其後欽義竟知樞密。德裕柄用,欽義頗有力焉。然則所謂不與事者何謂也? 世豈有貪樂權位,絕無公天下之心,而能屏抑近習者邪?

　　武宗亦好道術。信道士趙歸真、劉玄靖、鄧元起等,餌其藥得疾。會昌六年三月,大漸。宦官立憲宗第十三子光王怡爲皇太叔,權句當軍國事。武宗崩,怡立,更名忱,是爲宣宗。時年三十七。《舊書·本紀》云:帝外晦而内明。幼時宮中以爲不慧。歷太和、會昌朝,愈事韜晦。羣居遊處,未嘗有言。文宗、武宗幸十六宅宴集,强誘其言,以爲戲劇。謂之光叔。武宗氣豪,尤不爲禮。及監國之日,哀毀滿容,接待羣寮,決斷庶務,人方見其隱德焉。蓋時置君如弈棋,諸王露頭角者或遭忌疾,故帝以韜晦自全也。《新書·后妃傳》:武宗賢妃王氏,邯鄲人。邯鄲見第二章第六節。年十三,善歌舞,得入宮中。穆宗以賜潁王。性機悟。王嗣帝位,妃陰爲助畫,故進號才人。遂有寵。欲立爲后。李德裕曰:"才人無子,且家不素顯,恐詒天下譏。"乃止。及大漸,才人悉取所常貯,散遺宮中。審帝已崩,即自經幄下。宣宗即位,嘉其節,贈賢妃,葬端陵之柏城。《通鑑考異》曰:《唐闕史》曰:武宗王夫人,燕趙倡女也。武宗爲潁王,獲愛幸。文宗於十六宅西别建安王溶、潁王灄院。上數幸其中,縱酒如家人禮。及文宗晏駕,後宮無子,此亦見蔣王早殁。所立敬宗男陳王,年幼且病,未任軍國事,中貴主禁掖者,以安王大行親弟,既賢且長,遂起左右神策軍及飛龍、羽林驍騎數千衆,即藩邸奉迎安王。中貴遥呼曰:"迎大者,迎大者!"如是者數四。意以安王爲兄,即大者也。及兵仗至二王宅首,兵士相語曰:"奉命迎大者,不知安、潁孰爲大?"王夫人竊聞之,擁髻褰裙走出,矯言曰:"大者潁王也。大家左右,以王魁梧頎長,皆呼爲大王。且與中尉有死生之契。汝曹或誤,必赤族矣。"時安王心云其次第合立,志少疑懦,懼未敢出。潁王神氣抑揚,隱於屏間,夫人自後聳出之。衆惑其語,遂扶上馬。戈甲霜擁,前至少陽院。諸中貴知已誤,無敢出言者。遂羅拜馬前,連呼萬歲。尋下詔立爲皇太弟,權句當軍國事。《新書·后妃傳》,蓋亦取於《闕史》? 立嗣大事,豈容繆誤? 今不取。案《闕史》之言,誠爲東野人所難信,然武宗别有爭位之計,而賢妃爲之助畫,則安能斷其必無? 謂《新書》渾括之辭必也取諸《闕史》,則太早計矣。《考異》又引《獻替記》,謂王妃之死,在五年十月。云:自上臨御,王妃有專房之寵。至是,以嬌妒忤旨,一夕而隕。其説與諸書皆不同。王妃以殉死爲名,附葬陵墓,其死期,似不容移至數月之前。豈武宗危篤之際,王妃亦與於立嗣之謀,爲擁立宣宗者所敗,以至不得其死,乃移其死期,以塞人疑歟? 此説誠近億度。然文宗事懿安后甚謹,宣宗顧賊殺之。謂追討憲宗之隱歟?

則腐心於此者乃文宗，非宣宗也。而其所爲相反若此，何哉？豈文宗以懿安與於立己而感之，宣宗則以宮闈之中，別有異圖而怨之歟？《新書·宦者·嚴遵美傳》：父季實，爲掖庭局博士。大中時，有宮人謀弑宣宗。是夜，季實直咸寧門下，聞變入，射殺之。此事也，隱見當日宮闈之内，亦有興廢之謀。懿安即不欲與其事，而身歷五朝母天下，安知不有欲假藉之者？況於才人有專房之寵，危立爲后，或主内政者歟？要之上下交争，不奪不饜，宮禁之中，即陷阱所在也。得國恒於斯，隕命亦於斯，人亦何樂而生帝王家歟？《新書·馬植傳》：會昌中，爲李德裕所抑。宣宗嗣位，白敏中當國，凡德裕所不善，悉不次用之，故植以刑部侍郎領諸道鹽鐵轉運使。遷户部。俄同中書門下平章事。進中書侍郎。初左軍中尉馬元贄，最爲帝寵信，賜通天犀帶，而植素與元贄善，至通昭穆，元贄以賜帶遺之。他日，對便殿。帝識其帶，以詰植。植震恐，具言狀。於是罷爲天平軍節度使。既行，詔捕親吏下御史獄。盡得交私狀，貶常州刺史。見第四章第二節。以太子賓客，分司東都。事在大中四年。《通鑑》云：上之立也，元贄有力焉，由是恩遇冠諸宦者。《新書·武宗紀》，則逕書左神策軍護軍中尉馬元贄立光王。當時擁戴宣宗者，徒黨未知幾何？然元贄實爲之魁，則無疑也。

　　宣宗之立，李德裕蓋未與其謀？而德裕在武宗時，得君頗專，易爲同列所忌。《舊書·本紀》：會昌五年十二月，給事中韋弘質上疏論中書權重，三司錢穀，不合相府兼領。宰相奏論之曰：管子曰：令行於上，而下論可不可，是上失其威，下繫於人也。自太和已來，其風大弊。令出於上，非之於下。此弊不除，無以理國。《傳》曰：下輕其上，賤人圖柄，則國家搖動而人不靜。弘質受人教導，輒獻封章，是則賤人圖柄矣。蕭望之漢朝名儒重德，爲御史大夫，奏云：今首歲日月少光，罪在臣等。上以望之意輕丞相，乃下侍中御史詰問。貞觀中，監察御史陳師合上書云：人之思慮有限，一人不可兼總數職。太宗曰：此人妄有毀謗，欲離間我君臣。師合流於嶺外。古者朝廷之上，各守其官，思不出位。弘質賤人，豈得以非所宜言，上瀆明主？此是輕宰相，撓時政也。昔東漢處士横議，遂有黨錮事起。此事深要懲絶。伏望陛下，詳其姦詐，去其朋徒。弘質坐貶官。又奏曰：天寶已前，中書除機密、遷授之外，其他政事，皆與中書舍人同商量。自艱難已來，務從權便。政頗去於臺閣，事多繫於軍期。決遣萬機，不暇博議。臣等商量：今後除機密公事外，諸侯表疏，百寮奏事，錢穀、刑獄等事，望令中書舍人六人，依故事先密詳可否，臣等議而奏聞。從之。李德裕在相位日久，朝臣爲其所抑者皆怨之。自崔鉉、杜悰罷相後，中貴人上前言德裕太專，上意不悦，而白敏中之徒教弘質論之，故有此奏。德裕結怨之深，由此言也。德裕之爲人，誠不足取，然其論事權當集於中書及朋黨之當去則是也，而卒以此敗，可見朋黨根柢蟠結之深。宣宗本猜忌之主，自不能容。故即位未幾，即罷爲荆南節度使，而白敏中相。九月，德裕又解平章事，爲東都留守。大中元年二月，以太子少保分司。至九月而吴湘之獄起，《新書·李紳傳》：始澧人吴汝納者，韶州刺史武陵兄子也。武陵坐贓貶潘州司户參軍死，汝納家被逐，久不調，時李吉甫任宰相，汝納怨之，後遂附宗閔黨中。會昌時，爲永寧尉。弟湘爲江都尉。部人訟湘受賕狼籍，身娶民顔悦女。紳時節度淮南，使觀察判官魏鉶鞫湘罪明白，論報殺之。議者謂吳氏世與宰相有嫌，疑紳内顧望，織成其罪，諫官屢論列。詔遣御史崔元藻覆按。元藻言湘盜用程糧錢有狀，娶部人女不實。按悦嘗爲青州衛推，而妻王故衣冠女，不應坐。德裕惡元藻持兩端，奏貶崖州司户參軍。宣宗立，德裕去位，紳已卒，崔鉉等久不得志，導汝納使爲湘訟。言湘素直，爲人誣譖。大校重牢，五木被體。吏至以娶妻資賺結贓。且言顔悦故士族，湘罪皆不當死，紳枉殺之。又言湘死紳令却瘞，不得歸葬。按紳以舊宰相鎮一方，恣威權。凡戮有罪，猶待秋分，湘無辜，盛夏被殺。崔元藻衡德裕斥已，即翻其辭。因言御史覆獄還，皆對天子别白是非。德裕權軋天下，使不得對。具獄不付有司，但用紳奏而寘湘死。是時德裕已失權，而宗閔故黨令狐絢、崔鉉、白敏中皆當路。因是逞憾，以利誘元藻等，使三司結紳杖鉞作藩，虐殺良平。準神龍詔書，酷吏殁者，官爵皆奪，子孫不得進宦。紳雖亡，請從春秋戮死者之比。詔削坤三官，子孫不得仕。貶德裕等。擢汝納左拾遺，元藻武功令。《十七史商榷》云：新舊《書》皆言湘之坐贓，乃羣小欲傾紳以及李德裕，而孫光憲北夢瑣言第六卷，則謂紳鎮淮南，湘爲江都尉。有零落衣冠顔氏女，寄寓廣陵，有容色，紳欲納之。湘强委禽焉。紳大怒。因其婚娶聘財甚豐，乃羅織執勘，准其俸料之外，有陳設之具，皆以爲贓，奏而殺之。紳本狂暴，此説恐當得情。程糧錢，《通鑑注》云：《新書・百官志》：主客郎中，主蕃客。東南蕃使還者，給入海程糧，西北蕃使還者，給度磧程糧，至於官吏以公事有遠行，則須計程以給糧，而糧重不可遠致，則以錢準估，故有程糧錢。澧州見第六章第三節。韶州見第四章第五節。潘州見第五章第一節。永寧，今河南洛寧縣。武功見第三章第二節。**德裕貶爲潮州司馬。二年正月，李回左遷湖南觀察使。三年，**《舊傳》誤爲二年，據《李衛公集》當作三年，見《十七史商榷》。**九月，德裕又以湘獄及改《元和實録》，再貶崖州司户。李回亦貶賀州。**見第七章第三節。**四年，**《舊傳》亦誤爲三年。**十二月，德裕卒於貶所。德裕爲人，很愎陰賊，貶謫而死，固其宜也。宣宗時，宰相見信任者：始爲白敏中，後爲令狐絢。敏中，宣宗即位時相，至大中三年三月罷，絢以其明年十月相，終宣宗之世。魏徵五世孫謩，以敢言稱，文宗時累加拔擢，亦相宣宗五年餘。**大中五年十月至十一年二月。**史云：終以剛直，爲令狐絢所忌，故罷。謩初爲李固言、李珏、楊嗣復所引，故武宗時外出。宣宗時，白敏中引之。他相則充位而已。**

　　舊史亟稱宣宗之美，此乃阿私所好之言。《舊書・本紀》贊：史臣曰：臣嘗聞黎老言大中故事。獻文皇帝器識深遠，久歷艱難，備知人間疾苦，自寶曆已來，中人擅權，事多假借；京師豪右，大擾窮民。洎大中臨御，一之日權豪斂迹，二之日姦臣畏法，三之日閽寺讋氣。由是刑政不濫，賢能效用，百揆、四嶽，穆若清風。十餘年間，頌聲載路。上宫中衣澣濯之衣，常膳不過數器。非母后侑膳，輒不舉樂。歲或小飢，憂形於色。雖左右近習，未嘗見怠惰之容。與羣臣言，儼然煦接，如待賓僚。或有所陳聞，虛襟聽納。舊時人主所行，黄門先以龍腦、鬱金藉地，上悉命去之。宫人有疾，醫視之。既瘳，即袖金賜之，誡曰："勿令敕使知，謂予私於侍者。"其恭儉好善如此；帝道皇猷，始終無缺，雖漢文、景，不足過也。惜乎簡籍遺落，舊事十無三四，吮墨揮翰，有所嘿然。**《新書》謂其精於聽斷，而以察爲明，無復仁恩之意，**亦《本紀》贊語。**則頗近於實耳。**《舊紀》謂帝有時微行人間，采聽輿論，亦近小察。《通鑑》云：上聰察强記。宫中厮役給灑掃者，皆能識其姓名、才性所任，呼召使令，無差誤者。天下奏獄吏卒姓名，一覽皆記之。度支奏瀆汙帛，誤書瀆爲清，樞密承旨孫隱中謂上不之見，輒足成之，及中書覆入，上怒，推按擅改者，罰謫之。密令翰林學士韋澳纂次諸州境土、風物，及諸利害爲一書，自寫而上之，雖子弟不知也。號曰《處分語》。他日，鄧州刺史薛弘宗入謝，鄧州見第五章第八節。出謂澳曰：“上處分本州事驚人，”澳詢之，皆《處分語》中事也。大中九年。又云：上詔刺史毋得外徙，必令至京師，面察其能否，然後除之。令狐綯嘗徙其故人爲鄰州刺史，便道之官。上見其謝上表，以問綯。對曰：“以其道近，省送迎耳。”上曰：“朕以刺史多非其人，爲百姓害，故欲一一見之，訪問其所施設，知其優劣，以行黜陟，而詔命既行，直廢格不用，宰相可畏有權。”時方寒，綯汗透重裘。上臨朝，接對羣臣如賓客，雖左右近習，未嘗見其有惰容。每宰相奏事，旁無一人立者，威嚴不可仰視。奏事畢，忽怡然曰：“可以閑語矣。”因問閭閻細事，或談宮中遊宴，無所不至。一刻許，復整容曰：“卿輩善爲之，朕常恐卿輩負朕，後日不復得相見。”乃起入宮。令狐綯謂人曰：“吾十年秉政，最承恩遇，然每延英奏事，未嘗不汗霑衣也。”十二年。雖善參驗摘發，然不能推誠相與，得人之歡心，將誰與共濟艱難乎？《通鑑》又云：上以甘露之變，惟李訓、鄭注當死，自餘王涯、賈餗等無罪，詔皆雪其冤。此視武宗，似差強人意。然又云：上召韋澳，託以論詩，屏左右與之語，曰：“近日外間謂內侍權勢何如？”對曰：“陛下威斷，非前朝之比。”上閉目搖首曰：“全未全未，尚畏之在。卿謂策將安出？”對曰：“若與外廷議之，恐有太和之變，不若就其中擇有才識者與之謀。”上曰：“此乃末策。自衣黃、衣綠至衣緋皆感恩，纔衣紫，則相與爲一矣。”《注》：唐自上元已後，三品已上服紫，四品服深緋，五品服淺緋，六品服深綠，七品服淺綠，八品服綠，九品深青，流外官及庶人服黃。太宗定制，內侍省不置三品。內侍是長官，階四品，其職但在閣門守禦，黃衣廩食而已。至玄宗，宦者至三品將軍，門施棨戟，得衣紫矣。上又嘗與令狐綯謀盡誅宦官。綯恐濫及無辜，密奏曰：“但有罪勿捨，有闕勿補，自然漸耗，至於盡矣。”宦者竊見其奏，由是益與朝士相惡，南北司如水火矣。八年。蔓草非尋烈火，寧可徐圖？當時宦官竊大權者，罪久不容於死矣，尚何待？此輩有闕，能勿補乎？綯之此言，蓋以卸責，亦以避禍也。帝之所行，蓋即此策？故《舊書·宦者傳》謂其誅太甚者，而閹寺仍握兵權之重，則其效可覩矣。然不能推赤心置人腹中，亦安得如王叔文、王伾、李訓、鄭注之臣而用之哉？而順宗與文宗遠矣。

　　然宣宗時庶政確頗修飾，此可於財政見之。王播死太和四年，王涯代之。後亦常任元臣，以集其務，《舊書·食貨志》語。然成效殊鮮。至宣宗乃用裴休。

《舊書·傳》曰：自太和已來，重臣領使者，歲漕江淮米不過四十萬石，能至渭河倉者，十不三四。漕吏狡蠹，敗溺百端。官舟沈溺者，歲七十餘隻。緣河姦吏，大紊劉晏之法。洎休領使，分命僚佐，深按其弊。所過地里，悉令縣令兼董漕事，能者獎之。自江津達渭口，以四十萬之備，歲計縊錢二十八萬貫，悉使歸諸漕吏，巡院無得侵牟。舉新法凡十條，又立稅茶法二十條，奏行之。物議是之。初休典使三歲，漕米至渭河倉者一百二十萬斛，更無沈舟之弊。《食貨志》略同。《新書·南蠻傳》：高駢說僖宗，言宣宗皇帝收三州七關，平江嶺以南，至大中十四年，內庫貲積如山，戶部延資充滿，故宰相敏中領西川，庫錢至三百萬緡，諸道亦然。此決非幸致。帝之才，蓋不減漢宣帝？唐人之亟稱之，亦有由也。

第三節　文武宣三朝藩鎮叛服

唐自穆宗而後，河北三鎮，已成覆水難收之勢。文宗平橫海，武宗平昭義，史家以為豐功，實則殊不足道，且皆竭蹶而後得之者也。

敬宗寶曆元年八月，劉悟卒。子從諫求襲。左僕射李絳請速除近澤潞將帥一人，令倍道赴鎮，所謂疾雷不及掩耳。弗聽。卒以授從諫。明年四月，李全略卒。子同捷擅領留後。五月，幽州軍亂，殺朱克融及其子延齡。次子延嗣立。虐用其人。九月，都知兵馬使李載義殺之。載義，常山愍王後。唐即以為副使，知節度事。文宗太和元年五月，唐於李同捷之請，久置不問。文宗即位，同捷令母弟入朝。詔移諸兗海，而以烏重胤為滄州。同捷託三軍乞留拒命。乃詔重胤及武寧王智興，義成李聽，愬子。平盧康志睦，魏博史憲誠，義武張璠，盧龍李載義討之。同捷賂河北三鎮，以求旄鉞。載義初受朝命，堅於效順，因同捷姪及所賂來獻。張弘靖之囚，幕府多見害，妻子留不遣，及是，載義悉護送至京師。見《新書》本傳。而憲誠與全略婚媾，潛以糧餉助之。王廷湊亦出兵撓魏北境，以援同捷。二年七月，下詔罪狀廷湊。令接界之地，隨便進討。初庭湊之叛，有傳良弼者守樂壽，李寰守博野累歲，議者以為難。《新書·牛元翼傳》。樂壽見第二章第六節。博野見第八章第四節。烏重胤受命未久而卒，寰時為保義，穆宗長慶二年，以晉、慈二州為保義軍。晉州見第四章第一節。慈州見第七章第一節。詔移諸橫海。無功。又代以良弼。未至鎮卒。又代以李祐。十一月。時諸軍在野，朝廷特置供軍糧料使，日費寖多；兩河諸帥，每有小捷，虛張俘級，以邀賞賚；其勢頗窘。先是王智興請出全軍三萬，自備糧餉五月，以討同捷。九月，拔棣州。賊大懼。諸將稍務進取。

是役也，功出於其右厢捉生兵馬使石雄。徐人惡智興之虐，欲逐之而立雄。智興請授雄一郡。朝廷徵雄赴京師，授壁州刺史。今四川通江縣。智興尋殺雄相善將士百餘人。仍奏雄動搖軍情，請行誅戮。文宗知其能，乃長流白州。見第五章第二節。經此頓挫，徐軍又不能進取矣。十二月，王庭湊誘魏博行營將亓志紹叛魏，出兵應之。詔李聽以滄州行營兵進討。三年正月，破之。志紹奔庭湊。後爲庭湊所殺，見《舊書·李聽傳》。四月，李祐收德州。同捷乞降。祐疑其詐。時諫議大夫柏耆軍前宣慰，請以騎兵三百入滄，取同捷與其家屬赴京師。至德州界，諜言廷湊兵來簒，乃斬同捷首，傳而獻捷。諸將疾耆邀功，爭上表論列。文宗不得已，貶耆循州司戶。内官馬國亮，又奏耆於同捷處取婢九人，再命長流愛州。見第二章第七節。尋賜死。《舊書》本傳。《通鑑考異》引《實錄》載詔書，有擅入滄州，專殺大將之語。《新書》本傳謂同捷請降，李祐使萬洪代守滄州，耆以事誅洪，詔蓋指是？耆，《舊書》本傳稱其學縱橫家流，蓋有才氣而無廉隅者？專殺大將，誠爲有罪，然耆曾再説諭王承宗，今又奮勇入滄取李同捷，究應宥其一死，而竟不獲免，蓋迫於諸將使然，可見武人之橫矣。衛尉卿殷侑，嘗爲滄州行軍司馬，及是，以爲滄齊德觀察使。時大兵之後，滿目荆榛。侑不以妻子之官，攻苦食淡，與士卒同勞苦。始至，空城而已。周歲之後，流民襁負而歸。數年之後，户口滋饒，倉廩盈積，人皆忘亡。初州兵三萬，悉取給於度支。侑一歲而自贍其半，二歲而給用悉周，請罷度支給賜。六年，入爲刑部尚書。尋復充天平軍節度。自元和末，收復十二州爲三鎮，朝廷務安反側，征賦所入，盡留贍軍。侑乃上表，起太和七年，請歲供兩税榷酒等錢十五萬貫，粟五萬石。《舊書·本紀》：太和六年九月，淄青初定兩税額，五州一十九萬三千九百八十九貫。自此淄青始有上供，蓋亦受如侑者之夾持而然！此可見方鎮得人，紀綱未始不可以漸飭，而唐於收復之地，不能皆得良將以守之，實爲分崩離析之由。夫欲得良將，必在豫儲於平時，悉以禁軍委宦官，則無此望矣。此又見德宗之措置，實爲鑄成一大錯也。

滄景既平，史憲誠心不自安，遣子孝章入覲。又飛章願以所管奉命。乃移諸河中，而代以李聽。憲誠將以族行，懼魏軍之留，問策於弟憲忠。憲忠教以分相魏請置帥，因以弱魏。復請詔聽引軍聲圖亓志紹，而假道清河。見第二章第六節。帝從之。分相、衛、澶三州，別爲一鎮，俾孝章領之。澶州，在今河南清豐縣西南。五代晉移治濮陽，今濮陽縣。憲誠因欲倚聽公去魏。聽次清河，魏人驚。憲忠曰："彼假道取賊，吾軍無負朝廷，何懼爲？"乃稍安。然魏素聚甲清河。聽至，悉出其甲。將入魏。魏軍聞之，懼。明日，盡甲而出。聽按兵館陶不進。今山東館陶縣。衆謂憲誠賣己，夜攻殺之。並監軍史良佐。而推都知兵馬使何進滔爲帥。時太和三年六月二十六日也。七月，進滔襲聽。聽不爲備，大敗，喪師過半，僅得還滑。時河北久用兵，餽餉不給。八月，乃以進滔爲魏博節度使，復以相、衛、澶三州歸之。是月，亦赦王庭湊。五年，李載義爲後院副兵馬使楊志誠所逐。文宗召宰臣謀之。牛僧孺對曰："自安史之後，范陽非國家所有。前時劉總鄉化，朝廷約用錢八十萬貫，而未嘗得范陽尺布斗粟。今日志誠得之，猶前日載義得之也。且范陽國家所賴者，以其北捍突厥。今若假志誠節鉞，惜其土地，必自爲力。爪牙之用，固不計於逆順。"上大喜，乃即以授志誠。可見是時河北之形勢矣。雖鞭之長，不及馬腹，固事之無可如何者也。八年十月，志誠復爲三軍所逐，而立史元忠。元忠進志誠所造袞龍衣二副，及被服鞍韉，皆繡飾鸞鳳日月之形，成爲王字。因付御史臺鞫問，流嶺南。行至商州，_{見第六章第二節。}殺之。不能收土地甲兵，而惜此虛器，亦無謂矣。是歲十一月，王庭湊卒。軍中立其子元逵。事朝廷頗恭順。朝以絳王悟女壽安公主降之。開成五年，何進滔卒，子重順襲。朝廷遣河中帥李執方，滄州帥劉約，各遣使勸令歸闕，別俟朝旨。不從。竟就加節制。至武宗時，賜名曰弘敬。

王智興，滄景平後入朝。改帥忠武。七年，改授河中。再入朝。九年，又改帥宣武。開成元年，卒。以智興之驕橫，而獲以功名終，可謂天幸，抑亦以其不得士卒之心，不能叛，故朝廷亦不之忌也。先是，_{太和六年。}以李聽爲武寧軍節度。聽有蒼頭，爲徐州將，不欲聽至。聽先使親吏慰勞徐人，爲蒼頭所殺。聽不敢進，固以疾辭。代以高瑀。軍驕難制，士數犯法。又以崔珙代之。_{七年。}居徐二歲，史稱徐人戢畏焉。

《通鑑》：開成三年九月，義武節度使張璠，在鎮十五年，爲幽、鎮所憚。及有疾，請入朝。朝廷未及制置。疾甚，戒其子元益舉族歸朝，毋得效河北故事，及薨，軍中欲立元益。觀察留後李士季不可，衆殺之，又殺大將十餘人。壬申，以易州刺史李仲遷爲義武節度使。十月，易定監軍奏軍中不納李仲遷，請以張元益爲留後。宰相議發兵討易定。上曰："易定地狹人貧，軍資半仰度支，急之則靡所不爲，緩之則自生變，但謹備四境以俟之。"乃除張元益代州刺史。_{代州見第二章第二節。}頃之，軍中果有異議。乃上表，以不便李仲遷爲辭。朝廷爲之罷仲遷。十一月，詔俟元益出定州，其義武將士始謀立元益者，皆赦不問。丁卯，張元益出定州。甲戌，以蔡州刺史韓威爲義武節度使。《考異》曰：《補國史》曰：易定張公璠卒，三軍請公璠子元益，繼統軍務。公璠乃孝忠孫也。公璠彌留之際，誡元益歸闕。三軍復效幽、鎮、魏三道，自立連帥，坐邀制命。廟謀未決。丞相衞公欲伐而克之。貞穆公議未可興師，且行弔贈禮，追元益赴闕。若拒命跋扈，討之不遲。上前互陳短長，未行朝典。貞穆公有密疏進追元益詔意，云："卿太祖孝忠，功列鼎彝，垂於不朽。乃祖茂昭，克荷遺訓，不墜義風。"文宗覽詔意，深協睿謀。詔下定州。元益拜詔慟哭，焚墨衰，請死於衆。三軍將士，南向稽首，蹈舞流涕。扶元益就苫廬。請監軍使幕府進諸道例，各知留後。公瑤遂全家赴闕。詔以神策軍使陳君賞爲帥。所謂貞穆公者，李珏也。按《實錄》：瑤定州衙將，非孝忠孫；又李德裕此年不爲相；《補國史》蓋傳聞之説，不可據。今從《實錄》。案傳聞之誤，史家誠所不免，然《補國史》言之鑿鑿，似不能全出子虛。《新書·本紀》：太和三年三月乙巳，以太原兵馬使傅毅爲義武軍節度使。義武軍不受命。都知兵馬使張瑤自稱節度使。戊申，以瑤爲義武節度使、都知兵馬，蓋即《實錄》所謂衙將？據《通鑑》：太和元年討李同捷。義武節度，已爲張瑤，蓋知留後而未授節鉞？《實錄》僅據其實職書之，又未詳其家世，遂至滋疑也。_{胡三省《注》在鎮十五年句曰：穆宗長慶三年，瑤代陳楚鎮義武，乃以知後與實授無殊，故渾言之，非謂是時已降節度之命也。蓋至太和三年三月戊申之後，瑤乃正授節鉞？楚，茂昭甥。元和討王承宗，渾鎬代任迪簡帥義武，戰敗，以楚代之，見第七章第二節。《舊書》附《孝忠傳》。云：楚家世久在定州，軍中部校，皆其舊卒，人情大悦，軍卒帖然，亦與此軍關係甚深者也。}瑤之自稱節度，殆亦見迫於衆，非本心，故臨殁仍戒其子歸朝。元益奉詔而請死於衆，亦見其遲留之非自由也。《通鑑》：開成五年，義武軍亂，逐節度使陳君賞。君賞募勇士數百人，復入軍城，誅亂者。此條蓋亦本《實錄》？《舊書·本紀》略同。君賞之代韓威，未知在於何時。《補國史》徑言君賞而不及威，度威在鎮必不久。蓋至是而以神策軍將帥義武之本謀遂矣。《新書·裴度傳》云：張瑤卒，軍中將立其子元益，度遣使曉譬禍福，元益懼，束身歸朝。度時節度河東，距易定密邇，此亦其軍士易於就範之由歟？自孝忠至於元益，世篤忠貞，頗爲難得，然易定究近三鎮，故其軍中又數有不安也。

文宗時藩鎮之亂，尚有太和三年九月，安南逐都護韓約。約後與於甘露之役，蓋亦良將而見逐，可見軍士之驕橫也。是歲，李絳出爲山南西道。三年冬，南蠻寇西蜀，詔徵赴援。絳於本道募兵千人赴蜀。及中路，蠻已退，所募皆還。興元兵額素定，悉令罷歸。皆怏怏。監軍楊叔元，怨絳不奉己，衆辭之際，以言激之。募卒遂劫庫兵，入使衙。衙將王景延戰死。絳爲亂兵所害。從事趙存約、薛齊俱死。時四年二月十日也。以尚書右丞溫造爲節度。造因征蠻回兵，下車置宴，圍新軍千人，皆斬首於地，血流四注。楊叔元起求哀，擁造轊以請命,遣兵衛出之,以俟朝旨。勑旨配流康州。見第八章第五節。其親刃絳者斬百斷,號令者斬三斷,餘並斬首。內一百首祭李絳,三十首祭王景延、趙存約等,並投尸於江。平時不能整肅綱紀,而臨事徒藉殺戮以立威,亦可慘矣。唐自軍人驕橫以來,此等大殺戮之事,亦數見不鮮,而卒不能已亂,可見淫刑之無益於治。抑殺戮如是之衆,而獨不能立梟楊叔元,又何以服軍人之心,而寒宦寺之膽也?

武宗會昌元年,史元忠爲偏將陳行泰所殺,邀節制。《新書·藩鎭傳》曰:宰相李德裕,計河朔請帥,皆報下太速,故軍得以安。若少須,下且有變,帝許之。未報,果爲次將張絳所殺。復誘其軍以請。亦置未報。是時回鶻爲黠戛斯所破,烏介可汗託天德塞上,事見下節。雄武軍使張仲武,《地理志》:蓟州有雄武軍。遣其屬吳仲舒入朝,請以本軍擊回鶻。德裕因問北方事。仲舒曰:"行泰、絳皆遊客,人心不附。仲武舊將張光朝子。年五十餘。通書,《傳》言仲武通《左氏春秋》。習戎事。性忠義,願歸款朝廷舊矣。"德裕曰:"即以爲帥,得毋復亂乎?"答曰:"仲武得士心,受命,必有逐絳者。"德裕入白帝曰:"行泰等邀節不可許,仲武求自效,用之有名,軍且無辭。"乃擢兵馬留後,而詔撫王紘領節度。紘,順宗子。詔下,絳果爲軍中所逐。即拜仲武副大使。《新書》本傳。《舊書·本紀》:會昌元年九月,幽州軍亂,逐其帥史元忠,推衙將陳行泰爲留後。三軍上章請符節。朝旨未許。十月,幽州雄武軍使張絳遣軍吏吳仲舒入朝,言行泰慘虐,不可處將帥之任,請以鎭軍加討。許之。十月,誅行泰。遂以絳知兵馬使。二年正月,以撫王紘爲幽州大都督府長史,充幽州、盧龍節度大使。以雄武軍使張絳兼幽州左司馬,知兩使留後。仍賜名仲武。以絳與仲武爲一人,而本傳亦同《新書》,《紀》蓋誤。《通鑑》云:仲武起兵擊絳,乃遣仲舒奉表詣京師,稱絳慘虐,請以本軍討之。德裕奏行泰、絳皆使大將上表脅朝廷,邀節鉞,故不可與。今仲武先自發兵,爲朝廷討亂,與之則似有名。乃以仲武知留後。仲武尋克幽州。二說微異。要之,是時於幽州,業已置之度外,故應之甚緩,而轉可坐觀其變。德裕之處張仲武,實與牛僧孺之處楊志誠無異,以爲有奇策則誤矣。

會昌三年四月,劉從諫卒。《新書》本傳云:昭義自悟時治邢州,而人思上黨。從諫還治潞。悟苛擾,從諫寬厚,故下益附。方年壯,思立功。甘露事起,宰相皆夷族,從諫不平,三上書請王涯等罪,譏切中人。鄭覃、李石,藉其論執,以立權綱。中人憚而怨之。又劾奏蕭本非太后弟。《新書·后妃傳》:穆宗貞獻皇后蕭氏,閩人也。穆宗爲建安王,后得侍,生文宗。文宗立,上尊號曰皇太后。初后去家人長安,不復知家存亡,惟記有弟。帝爲訪之。俄有男子蕭洪,因后姊壻呂璋白見之。太后謂得真弟,悲不自勝。帝拜洪金吾將軍。出爲河陽三城節度使。稍徙鄜坊。始節度自神策出者,舉軍爲辦裝,因三倍取償。洪所代未及償而死,軍中並責償於洪。洪不許。左軍中尉仇士良憾之。會閩有男子蕭本,又稱太后弟，士良以聞。自郿坊召洪下獄按治，乃代人。詔流驩州。不半道，賜死。擢本贊善大夫，寵贈三世。帝以爲真，不淹旬，賜累鉅萬。然太后真弟，庸頓莫能自達，本紿得其家系，士良主之，遂聽不疑。歷衞尉卿、金吾將軍。會福建觀察使唐扶上言：泉州男子蕭弘，自言太后弟。御史臺參治，非是。昭義劉從諫又爲言，請與本辯。有詔三司高元裕、孫簡、崔郇雜問，乃皆妄。本流愛州，弘儋州，而太后終不獲弟。驩州見第二章第二節。愛州見第二章第七節。儋州見第四章第二節。仇士良積怒，唱言從諫志窺伺，從諫亦妄言清君側，因與朝廷猜貳。又云：性奢侈，飾居室輿馬。無遠略。善貿易之算。徙長子道入潞，長子，今山西長子縣。歲榷馬，征商人，又熬鹽、貨銅鐵，收緡十萬。賈人子獻口馬金幣，即署衙將，使行賈州縣，所在暴橫沓貪，責子貸錢，吏不應命，即慭於從諫，欲論奏，或遣客遊刺。故天下怨怒。大將李萬江，本退渾部。李抱玉送回紇道太原，舉帳從至潞州，牧津梁寺。歲入馬價數百萬。子弟、姻婭，隸軍者四十八人。從諫徙山東，懼其重遷，且生變；而子弟亦豪縱，少從諫，不甚禮。因誣其叛，夷三族，凡三百餘家。姬妾有微過，輒殺之。人皆知其將亡。所爲如此，豈似寬厚者？其辭蓋有溢惡焉？彼其聚斂，實因與朝廷猜貳而然，其與朝廷猜貳，則原於甘露之變，故從諫雖可誅，宦寺非可誅從諫之人也。然從諫實負氣，少謀略，故志雖正而遇日窮。疾病，謂妻裴氏曰：“吾以忠直事朝廷，而朝廷不明我志，諸道皆不我與。我死，他人主此軍，則吾家無炊火矣。”《通鑑》。弟子稹，從諫以爲嗣，乃令主軍事，而置大將王協、郭誼等爲佐，其意僅在自全可知也。或謂如此，則何不釋甲歸朝？然文宗之世，政由宦寺；武宗、李德裕，又務反文宗之所爲；此豈可於廷尉望山頭邪？背唐室爲逆，仇仇士良，不可云逆，因仇仇士良而唐室欲加誅，豈能責其不自救？順逆之節，固不可以一端論也。

　　從諫既卒，稹祕不發喪，而使請醫於朝。時則王協爲之謀，曰：“嚴奉監軍，厚遺敕使，四境勿出兵，城中暗爲備而已。”其意亦仍在自全也。朝廷早知其詐，乃令護從諫之喪歸洛陽。稹拒朝旨。詔宰臣、百寮議。皆以塞上用兵，不宜中原生事，請以親王遙領，令稹權知兵馬事。獨李德裕不可，曰：“澤潞內地，不同河朔。前後命帥，皆用儒臣。李抱真成立此軍，身歿之後，德宗尚不許繼襲。洎劉悟作鎮，長慶中頗亦自專。屬敬宗因循，遂許從諫繼襲。開成初於長子屯軍，欲興晉陽之甲，以除君側。與鄭注、李訓，交結至深。外託效忠，實懷窺伺。自疾病之初，便令劉稹管兵馬。不加討伐，何以號令四方？若因循授之，則藩鎮相效，自茲威令去矣。”謂澤潞不可不討，似也，然謂其與鄭注、李訓交結，欲興晉陽之甲，一若以仇士良之是非爲是非者，何哉？德裕又言：“劉稹所恃者，河朔三鎮耳。但得魏、鎮不與稹同，破之必矣。請遣重臣一人，傳達聖旨。言澤潞命帥，不同三鎮。自艱難已來，列聖皆許三鎮承襲，已成故事。今國家欲加兵誅積，禁軍不欲出山東。其山東三州，委鎮、魏出兵攻取。”上然之。乃命御史中丞李回使三鎮諭旨。賜魏、鎮詔書云：卿勿爲子孫之謀，欲存輔車之勢。至幽州，則以張仲武與太原劉沔不協，諭以和協之旨。夫唐自代宗已來，膏肓之疾，河北三鎮也。若德裕之所爲，是以山東三州賂鎮、魏，益使强大也。雖克昭義，又何利焉？而爲之者，何哉？真以澤潞内地，不同河朔邪？抑武宗怨文宗末命之不逮己，德裕怨其時曾見貶斥，務反太和之政，雖爲仇士良快意而不恤也？難言之矣！

　　戰伐之謀既定，乃移忠武王茂元於河陽，以王智興之子宰代帥忠武。使茂元與河東劉沔、河中陳夷行及王元逵、何弘敬同討之。以武寧李彥佐爲晉絳行營節度招討使。晉州見第四章第一節。絳州見第六章第二節。山南東道盧鈞，寬厚能得衆，命兼節度昭義。德裕又奏：貞元、太和間，諸道兵纔出界，便費度支供餉。遲留逗橈，以困國力。或密與賊商量，取一縣一柵，以爲勝捷。今請處分：元逵、弘敬，只令收州，勿攻縣邑。帝然之。《舊書·德裕傳》。《通鑑》：是時指令元逵取邢州，弘敬取洺州，茂元取澤州，李彥佐劉沔取潞州。案此説誠是，然元逵、弘敬，實未如其所指示，山東諸州之下，乃積黨内離，而《舊書》本傳謂弘敬、元逵收洺、磁而積黨遂離，以至平殄，皆如其算，亦誣矣。李彥佐逗留，德裕請以石雄爲之副，至軍即令代之。王元逵密表何弘敬懷兩端。德裕請遣王宰逕魏博攻磁州。弘敬果懼，自趨磁州。而河陽兵爲積將薛茂卿所敗，王茂元又攖疾，乃改使宰援河陽。茂元卒，即統其萬善營兵。《通鑑注》：《九域志》：懷州河内縣有萬善鎮。茂卿通於宰，僞北，棄天井關在今山西晉城縣南。入澤州，召宰兵，請爲内應。宰疑之，不敢進。積召茂卿誅之。以兵馬使劉公直代將。復取天井關。劉沔與張仲武不協，徙之義成，以李石爲河東。《新書》云：先時河北諸將死，皆先遣使弔祭，次册贈，次近臣宣慰，度軍便宜，乃與節。軍中不許出，乃用兵。大抵不半歲不能定。故瞥將、逆子，皆得爲之備。積初不意帝怒即見討，及王茂元録詔示積，舉族號慟，而愚懦不決。又云：李石領河東，積因石兄洺州刺史恬移書乞降。其意終在於自全，灼然可見。石以聞，右拾遺崔碣表請納之。帝怒，斥碣鄧城令。鄧城縣，在今襄陽縣北。詔敢言罷兵者，戮賊境上。其奉行仇士良之旨，何其決也？初劉沔以兵三千戍橫水。其將王逐軍榆社，今山西榆社縣。請濟師。李石召橫水卒千五百歸太原，令別將楊弁率之以赴。舊例，發軍人給二縑，石以支計不足，量減其一，便催上路。時近歲暮，軍人聚怨。四年正月朔，逐石，與積連和。積諸將建議：我求承襲，彼叛卒，若與之，是與反者。械其使送京師。使敗太原兵，生擒卒七百。帝猶不赦。監軍呂義忠招榆社戍兵，復太原，擒楊弁，送京師誅之。四月，王宰攻澤州，不克。閏七月，從諫妻弟裴問，以邢州降王元逵。洺州王釗，磁州安玉，《舊紀》。《通鑑》同，《新書・藩鎮傳》作高玉。亦降於何弘敬。郭誼、王協，乃謀叛稹。誼令稹所親董可玉說稹，以誼爲留後而歸朝。稹許之。稹宅內兵馬使李士貴攻誼，敗死。誼遂殺稹。又悉取從諫子在襁褓者二十餘，並從子稹、匡周等殺之。夷張谷、張沿、陳揚庭、《新書・傳》云：皆有文，時時言古今成敗，以佐從諫。李仲京、王渥、王羽、韓茂章、茂實、賈庠、郭台、甄戈十一族。甄戈，《新書・傳》云：頗任俠，從諫厚給卹，坐上坐，自稱荆卿。從諫與定州戍將有嫌，命戈取之。因爲逆旅上謁，留飲三日，乘間斬其首。它日，又使取仇人，乃引不逞者十餘輩劫之。從諫不悅，號僞荆卿。軍中素不附者皆殺。而函稹首送王宰。劉公直亦降於宰。仲京，訓之兄，渥，璠之子，羽，涯族孫，茂章、茂實，約之子，庠，餗子，台，行餘子，甘露難作，皆羸服奔從諫，從諫衣食之。《新書》本傳。《舊書・本紀》，王璠子名珪，與仲京，羽，茂章，茂實，郭誼，劉公直，王協，劉稹母阿裴，稹弟、妹、從兄、張谷男、陳揚庭弟、甄戈並處斬於獨柳。蓋誼族其家，而送其身於朝也？《通鑑》云：李德裕復下詔，稱逆賊王涯、賈餗等，已就昭義誅其子孫，宣告中外，識者非之。甘露之變，王涯子仲翔匿侍御史裴鐓家，鐓執以赴軍。仲翔曰：“業不見容，當自求生，奈何反相噬邪？”聞者哀之。見利則以宦寺之好惡爲好惡，洩忿則以宦寺之是非爲是非，所謂士君子者，幾何其不爲宦寺之孝子順孫也？《舊書・傳》云：初稹拒命，裴氏召集大將妻同宴，以酒爲壽，泣下不能已。諸婦請命。裴曰：“新婦各與汝夫文字，案不云語之而云與文字，似諸將妻皆質稹宅中者，亦可見軍人之懍懍不自保也。勿忘先相公之拔擢。莫效李丕，背恩走投國家。丕，稹將首降唐者。子母爲託，故悲不能已也。”諸婦亦泣下。故潞將叛志益堅。稹死，裴亦以此極刑。似其情眞罪當者。然《新書・傳》云：從諫妻裴，以弟立功，詔欲貸其死。刑部侍郎劉三復執不可，於是賜死。以尸還問。裴寬厚有謀。每勸從諫入朝，爲子孫計。從諫有姜韋，願封夫人，許之。詔至，裴怒，毀詔不與。從諫它日會裴黨，復出詔。裴抵去，曰：“淄青李師古，四世阻命。不聞側室封者。君承朝廷姑息，宜自黜削，求洗濯，欲以婢爲夫人，族不日滅耳。”從諫赧然止。及韋至京師，乃言李丕降，裴會大將妻號哭曰：“爲我語若夫，勿忘先公恩，願以子母託。”諸婦亦泣下，故潞諸將叛益堅，由是及禍。然則《舊書》所著，乃當日爰書之語，而其所用者，實嬖妾之言也。可謂淫刑矣。

王茂元之死也，李德裕奏，王宰止可令以忠武節度使將萬善營兵，不可使兼領河陽。恐其不愛河陽州縣，恣爲侵擾。又河陽節度，先領懷州刺史，嘗以判官攝事，割河南五縣租賦隷河陽。建中二年，以李芃爲河陽、懷州節度，割東畿五縣隷焉。五縣：河陽，在今河南孟縣南。河清，在今孟縣西南。濟源、溫，今皆爲縣，屬河南。王屋，在濟源西。不若遂置孟州，其懷州別置刺史。俟昭義平日，割澤州隷河陽節度。則大行之險，不在昭義，而河陽遂爲重鎮，東都無復憂矣。上采其言，以河南尹敬昕爲河陽節度、懷孟觀察使。孟州治河陽，至明降爲縣。王宰將行營以扞敵，昕供餽餉而已。及邢、洺、磁三州降，德裕請以盧弘止爲三州留後。弘止，兩《唐書》皆附其兄《簡辭傳》。《舊書》作弘正，《本紀》同。《新書》紀傳皆作弘止。《實録》同《新書》，見《通鑑考異》。曰：“萬一鎮、魏請有三州，朝廷難於可否。”上從之。郭誼降，德裕奏：今不須復置邢、洺、磁留後，但遣盧弘止宣慰三州及成德、魏博兩道。罷盧鈞山南西道，專爲昭義節度使。九月，詔以澤州隷河陽節度。大行之險，在南與在北實同，視國家能否控馭耳。邢、洺、磁三州，以是時河朔三鎮，皆無遠圖，得未入於鎮、魏，亦幸也。

　　劉稹之死也，石雄以兵守境，軍大掠，郭誼移書責之，雄銜怒。李德裕建言：“亂由誼始，及兵在境，宜悉取逆黨送京師。”乃詔雄率兵入，縛送誼等。有詔：從諫且死，乃署稹軍，宜剖棺，暴尸於市三日。雄發視，三斬之。稹將白惟信，率餘卒三千保潞城。今山西潞城縣。雄召之，使往十餘輩皆死。盧鈞次高平，今山西高平縣。惟信獻款。雄欲盡夷潞兵。鈞不聽。坐治堂上，左右皆雄親卒，擊鼓傳漏，鈞居甚安。雄引去，乃召惟信，送至闕下，餘衆悉原。雄之暴戾而肆無上如此，無怪王智興欲除之矣。明年，興士五千戍代北。鈞坐城門勞遣。戍卒驕，顧家屬，不欲去。酒酣，反攻城。迫大將李文矩爲帥。鈞倉卒奔潞城。文矩投地僵卧，稍諭叛者，衆乃悔服。即相與謝鈞，迎還府，斬首惡，乃定。詔趣戍者行，密使盡戮之。鈞請徐乘其變，而使者不發須報。時戍人已去潞一舍，鈞選衙卒五百，壯騎百，以騎載兵夜趨。遲明，至太平驛，盡殺之。是時君相皆務殺戮以立威，而承之以郭誼等軍人，可謂慘無人理。而《獻替記》云：上信任宰臣，無不先訪問，無獨斷之事，惟討誅澤潞，不舍赴振武官健，及誅翦党項，此二事並禁中發詔處分，更不顧問，《通鑑考異》。則又知其事有慝德，而歸過於君也，真乃凶德參會矣。宣宗立，石雄徙鎮鳳翔。王宰於雄故有隙，數欲沮陷。會德裕罷相，因代歸。白敏中曰：功所酬已厭。拜神武統軍。失勢怏怏卒。

　　武宗之平昭義，論者或譽其能斷，且以德裕爲有謀。然時逾一載，僅乃克之；芻糧踰太行餉軍，環六七鎮；初詔盧商以户部侍郎判度支，又詔杜悰兼鹽鐵、度支，並二使財以贍軍，軍乃不乏；《舊書·本紀》會昌四年，《新書·盧商傳》。其勢

285

亦殊竭蹶矣。以力服人者，非心服也，力不贍也。當時朝廷之餘力，尚幾何哉？若能赫然誅仇士良，雪王涯、賈餗、李訓、鄭注之冤，明先君之志，聞風内鄉者，又豈特一昭義也？

宣宗大中三年四月，張仲武卒，子直方襲。五月，武寧軍亂，逐其節度使李廓。《舊書·本紀》。盧弘止代之。徐方自王智興之後，軍士驕恣。有銀刀都者，尤勞姑息。前後屢逐主帥。弘止在鎮期年，皆去其首惡，諭之忠義。訖於交代，軍旅無譁。《舊書》本傳。《通鑑》：都虞候胡慶方復謀作亂，弘止誅之，撫循其餘。張直方動多不法，慮爲將卒所圖，是年冬，託以游獵赴闕。《舊書》本傳。軍人推衙將周綝爲留後。四年九月，綝卒。軍人立衙將張允伸。《舊書·本紀》。《新書·本紀》：四年八月，盧龍軍亂，逐其節度使張直方，衙將張允伸自稱留後。《傳》同。《舊書·允伸傳》云：戎帥周綝寢疾，表允伸爲留後，則《新書》誤也。《通鑑》從《舊書》。九年正月，王元逵卒，子紹鼎襲。《新書·本紀》。《傳》云：元逵八年卒，《紀》蓋據赴日書之。七月，浙西東道軍亂，逐其觀察使李訥。《新書·本紀》。《傳》云：性疏卞，遇士不以禮，故爲下所逐。《通鑑》同。《舊書·本紀》：訥遷浙東觀察在十年春，恐誤。以沈詢代之。《通鑑》。十一年七月，王紹鼎卒。紹鼎淫湎自放，性暴，厚哀斂，升樓彈射路人以爲樂。衆忿其虐，欲逐之。會病死。子幼，未能事事，弟紹懿襲。《新書》紀傳。十二年三月，鹽州監軍使楊玄价殺其刺史劉皋。《新書·本紀》。四月，嶺南軍亂，逐其節度使楊發。《新書·本紀》。《舊傳》云：發爲福州刺史，耆老以善績聞，朝廷以發長於邊事，移授廣州。屬前政不率，蠻夏咸怨。發以嚴爲理，軍亂，爲軍人所囚，致於傳舍。五月，湖南軍亂，逐其觀察使韓琮。《新書·本紀》。詔山南東道節度使徐商討平之。《通鑑》。六月，江西都將毛鶴逐其節度使鄭憲。《新書·本紀》。以光禄卿韋宙爲江西觀察使，發鄰道兵討平之。十二月。《通鑑》。七月，容州將來正反。《新書·本紀》。容州見第六章第三節。經略使宋涯捕斬之。《通鑑》。八月，宣歙將康全泰逐其觀察使鄭薰。淮南節度使崔鉉兼宣歙池觀察處置使以討之。十月，全泰伏誅。《新書·本紀》。《通鑑》：全泰之叛在七月，《紀》蓋因崔鉉之討追書之。十三年四月，武寧軍節度使康季榮爲士卒所逐。上以左金吾大將軍田牟弘正子。嘗鎮徐州，有能名，復以爲武寧節度使。一方遂安。《通鑑》。

第四節　回紇亂亡

回鶻奉誠可汗，以貞元十一年死。無子，國人立其相骨咄禄。冊拜愛滕里邏羽録没密施合胡禄毗伽懷信可汗。骨咄禄本跌跌氏。少孤，爲大首領所養。辯敏材武。當天親時，數主兵，諸酋尊畏。至是，以藥葛羅氏世有功，不敢自名其族。案此語欠明顯。《通鑑》云：冒姓藥葛羅氏，較清晰。而盡取可汗子孫，内之朝廷。《通鑑》云：自天親可汗以上子孫幼稚者，皆内之闕庭。永貞元年，死。册所嗣爲滕里野合俱録毗伽可汗。《通鑑》同，《舊書》闕。元和三年，死。册拜愛登里囉汨密施合毗伽保義可汗。《舊書》亦闕保義之立。下文稱爲藹德曷里禄没弭施合蜜毗伽可汗。於其死時，又稱爲毗伽保義可汗。再請婚，未報。可汗以三千騎至鸊鵜泉。見第三章第二節。禮部尚書李絳以北邊空虛；吳少陽垂死，可乘其變，南事淮右；請許之，而有司度費當五百萬，帝方内討强節度，故遣宗正少卿李誠、太常博士殷侑往諭不可。《新書·回鶻傳》載絳之言曰：我三分天下賦，以一事邊。今東南大縣賦，歲二十萬緡，以一縣賦爲婚貲，非損寡得大乎？今惜婚費不與，假如王師北征，兵非三萬，騎非五千，不能扞且馳也；又如保十全之勝，一歲輒罷；其餽餉供擬，豈止一縣賦哉？其言似辨，然與有司度費當五百萬之説，大相徑庭。蓋好絳者億爲之辭，而不悟其不合實際也。於此，可見唐代史料，多不可信。《舊書·殷侑傳》，亦云當時計費爲五百萬緡也。穆宗立，又固求婚，許之，而可汗死。册所嗣爲登囉羽録没密施句主毗伽崇德可汗。《舊書》闕崇德二字。下文又作登邏骨没密施合毗伽可汗。以太和公主下降。憲宗女。以上據《新書·回鶻傳》。裴度討幽、鎮，回鶻請以兵從。朝議以寶應初回鶻恃功驕恣，難制，咸以爲不可。命中使止之。會其已上豐州北界，不從。詔發繒帛七萬匹賜之。乃還。《舊書·回紇傳》。豐州見第四章第三節。敬宗即位之年，可汗死。其弟曷薩特勒立，册爲愛登里囉汨没密施合毗伽昭禮可汗。《通鑑》繫寶曆元年三月。《舊書》：長慶二年五月，命使册立登囉骨没密施合毗伽禮可汗，當即此可汗，誤繫於前。太和六年，爲其下所殺。從子胡特勒立。明年，册爲愛登里囉汨没密施合句録毗伽彰信可汗。《新書·回鶻傳》。《舊書》云：太和七年三月，回紇李義節等將駝馬到，且報可汗三月二十七日薨，已册親弟薩特勒。《通鑑》從《新書》。復强死，而回鶻不可支矣。

　　開成四年，回鶻相掘羅勿作難，引沙陀共攻可汗。可汗自殺。國人立厖馱特勒爲可汗。《舊書》云：開成初，其相有安允合者，與特勒柴革欲簒薩特勒可汗。可汗覺，殺柴革及安允合。掘羅勿擁兵在外，怨，又殺薩特勒，以厖馱特勒爲可汗。《通鑑》同。方歲飢，遂疫。又大雪，羊馬多死。武宗即位，渠長句録莫賀與黠戞斯合騎十萬攻回鶻城，殺可汗，誅掘羅勿，焚其牙。諸部潰。其相馺職與厖特勒十五部奔葛邏禄。殘衆入吐蕃、安西。於是可汗牙部十三姓《舊書》云：近可汗牙十三部。奉烏介特勒爲可汗，南保錯子山。《新書·回鶻傳》。胡三省曰：《新志》：鸊鵜泉北十里入磧。經麚鹿山、鹿耳山至錯甲山。《舊書》云：南來附漢。黠戞斯，乾元中爲回紇所破。回鶻授其君長阿熱官爲毗伽頓頡斤。回鶻稍衰，阿熱即自稱可汗。回鶻遣宰相伐之，不勝。挈鬥二十年不解。句録莫賀導阿熱破殺回鶻可汗。諸特勒皆潰。阿熱身自將，焚其牙及公主所廬。乃悉收其寶貨。並得太和公主。《新書·黠戛斯傳》。自以李陵後，與唐同宗，使達干奉主來歸。《舊書》云：令達干十人送公主至塞上。烏介怒，追擊達干，殺之。劫主南度磧。《新書·回鶻傳》。先是天德軍使田牟，監軍韋仲平，奏稱回鶻叛將嗢没斯等侵逼塞下，吐谷渾、沙陀、党項，皆世與爲仇，請出兵驅逐。李德裕以天德城兵纔千餘，詔牟約勒將士及雜虜，毋得先犯回鶻，又詔河東、振武嚴兵以備之。《通鑑》。天德軍見第七章第一節。振武軍見第三章第二節。於是其相赤心與王子嗢没斯、特勒那頡啜將其部欲自歸，而公主亦遣使者來，言烏介已立，因請命。又大臣頡干伽思等表假振武居公主、可汗。帝使慰撫其衆，輸糧二萬斛，而不許借振武。《新書·回鶻傳》。時會昌元年十二月也。二年正月，遣兵部郎中李拭巡邊。三月，還。言劉沔有威略，可任大事。時河東節度使苻澈疾病，乃以沔代之，而以金吾大將軍李忠順爲振武。遣將作少監苗鎭册命烏介可汗。使徐行，駐於河東，俟可汗位定然後進。既而可汗屢侵擾邊境，鎭竟不行。《通鑑》。嗢没斯以赤心奸桀，難得要領，密約田牟，誘赤心斬帳下。《舊書》云：赤心與連位相姓僕固者，與特勒那頡啜擁部衆不賓烏介。赤心欲犯塞。烏介遣嗢没斯先布誠於田牟，然後誘赤心同謁烏介，戮赤心於可汗帳下，並僕固二人。案《新書》此處，叙事太略，一似嗢没斯但以己意約田牟殺赤心者，且似殺諸田牟帳下者矣。那頡啜收赤心衆七千帳，東走振武、大同。大同軍見第五章第二節。因室韋、黑沙，蓋謂黑沙城地方之部落也。黑沙城見第四章第四節。南闚幽州。節度使張仲武破之，悉得其衆。那頡啜走，烏介執而殺之。然烏介兵尚强，號十萬。駐牙大同北閭門山。而特勒龐俱遮、阿敦寧等凡四部，及將軍曹磨衆三萬，因仲武降。嗢没斯亦附使者送款。《新書·紀》在五月。帝欲使助可汗復國，而可汗已攻雲州。見第二章第二節。劉沔與戰，敗績。《新書·紀》在六月。嗢没斯率三部及特勒大酋二千騎詣振武降。以天德爲歸義軍，《通鑑》云：以嗢没斯所部爲歸義軍。即拜軍使。既朝，皆賜李氏。名嗢没斯曰思忠，阿歷支曰思貞，習勿啜曰思義，烏羅思曰思禮，此三人，《通鑑》云：嗢没斯弟，當即上所云三部。愛邪勿曰弘順，愛邪勿，《通鑑》云國相。即拜歸義軍副使。指弘順言之，見《舊紀》。以上據《新書·回鶻傳》。《舊傳》云：有特勒嗢没斯、阿歷支、習勿啜三部，回鶻相愛邪勿弘順，回鶻尚書呂衡等諸部降振武。三部首領皆賜姓李氏，及名思忠、思貞、思惠、思恩、充歸義使。上少烏羅思，而下賜名仍有四人，足見其文有奪誤。思惠、思恩，當即思義、思禮，不同者？或賜名亦有更易也。愛邪勿弘順，賜名與舊名連舉，文亦不完，或弘順二字爲分注也。可汗遣使者藉兵，欲還故廷，且假天德城。帝不許。可汗恚，進略大同川，謂大同境內有川流之處也。民居必依於川，故古稱某地方民所聚居之處曰某川。轉戰攻雲州。《舊紀》在八月。詔益發諸鎭兵屯太原以北。《舊紀》云：許、蔡、汴、滑等六鎭。《通鑑》云：陳、許、徐、汝、襄陽等兵。以劉沔爲回鶻南面招撫使，張仲武爲東面招撫使。李思忠爲西党項都將、西南面招討使。沔營雁門。見第二章第四節。又詔銀州刺史何清朝，銀州見第七章第一節。蔚州刺史契苾通，蔚州見第二章第七節。以蕃、渾兵出振武，與沔、仲武合，稍逼回鶻。《舊紀》在九月。云：詔太原起室韋、沙陀三部落，吐渾諸部，委石雄爲前鋒。易、定兵千人守大同軍、契苾通、何清朝領沙陀、吐渾六千騎趨天德。李思忠率回紇、党項之師屯保大柵。三年正月，勅何清朝分領沙陀、吐渾、党項之衆赴振武，取劉沔處分。《通鑑》云：何清朝、契苾通分將河東蕃兵詣振武，受李思忠指揮。要之，此役所用蕃兵甚多也。思忠數深入，諭降其下。沔分沙陀兵益思忠。河中軍以騎五百益弘順。沔進次雲州。思忠屯保大柵。率河中、陳、許兵與回鶻戰，敗之。《通鑑》：八月，可汗突入大同川。轉鬥至雲州。詔發陳、許、徐、汝、襄陽等兵屯太原及振武、天德，候來春驅逐回鶻。李德裕等上言：若如前詔，幽州兵宜令止屯本道，以俟詔命。若慮河冰既合，回鶻復有馳突，須早驅逐，則當及天時未寒，決策於數月之內。望今公卿集議。詔從之。議者多以爲宜俟來春，於是有三道招撫使之命。德裕等旋奏：河東奏事官孫儔適至，云回鶻移營近南四十里。據此事勢，正堪驅除。臣等問孫儔：若與幽州合勢，迫逐回鶻，更須益幾兵？儔言不須多益兵，惟大同兵少，得易定千人助之足矣。上皆從之。詔幽州、振武、天德各出大兵，移營稍前，以迫回鶻，李思忠請與契苾、沙陀、吐谷渾六千騎合勢擊回鶻。於是命何清朝、契苾通分將河東蕃兵詣振武，受思忠指揮。劉沔、張仲武固稱盛寒未可進兵，請待歲首。李忠順獨請與李思忠俱進，十二月，李德裕奏請遣思忠進屯保大柵。此時劉沔、張仲武，實不免於玩寇，轉不如蕃將之能奮勇也。明年，又爲弘順所破。沔與天德行營副使石雄料勁騎及沙陀、契苾等雜虜，夜出雲州，走馬邑。見第二章第二節。抵安衆塞，逢虜，與戰，破之。烏介方薄振武，雄馳入，夜穴壘出鏖兵。烏介驚，引去。雄追北至殺胡山，烏介被創走。雄遇公主，奉主還。降特勒以下衆數萬。《新書·回鶻傳》。時會昌三年正月也。雄流白州後，太和中，河西党項擾亂，召還，隸振武劉沔軍爲禆將。是役，沔謂雄曰：“黠虜離散，不足驅除，國家以公主之故，不欲急攻，若秉朝旨，恐或依違，我輩捍邊，但能除患，專之可也。公可選驍健，徑趨虜帳，彼必棄公主亡竄。事苟不捷，吾自繼進，亦無患也。”雄乃選勁騎，襲得公主。唐是時以兵力不足，未敢貿然與回紇絕，此謀必出邊將可知，乃《李德裕傳》，謂其以出奇形勢授劉沔，沔乃令石雄擊可汗敗之，迎公主還，可謂攘善無恥矣。於是下詔罪狀回鶻，令諸道兵馬進討。《舊書·本紀》。可汗收所餘往依黑車子。《舊傳》云：依和解室韋下營。詔弘順、清朝窮躡。弘順厚啗黑車子以利，募殺烏介。初從可汗亡者，既不能軍，往往詣幽州降。留者皆飢寒瘡痍，裁數千。《舊書》云三千已下。黑車子幸其殘，即殺烏介。其下又奉其弟遏捻特勒爲可汗。《舊書》云：烏介嫁妹與室韋，託附之。回鶻相逸隱啜逼諸回鶻，殺烏介於金山，以其弟特勒遏捻爲可汗。哀殘部五千，仰食於奚大酋碩舍朗。大中初，張仲武討奚，破之。回鶻寖耗滅。所存名王、貴臣五百餘，轉依室韋。仲武諭令羈致可汗等。遏捻懼，挾妻子馳九騎夜委衆西走。部人皆慟哭。室韋七姓析回鶻隸之。黠戛斯怒，與其相阿播《通鑑》作遣其相阿播。將兵七萬擊室韋，悉收回鶻還磧北。遺帳伏山林間，狙盜諸蕃自給。稍歸厐特勒。《新書·回鶻傳》。《舊書》云：經三宿，阿播領諸蕃兵，從天德北界，來取遏捻及諸回鶻。大敗室韋。回鶻在室韋者，阿播皆收歸磧北。在外猶數帳，散藏諸山深林，盗劫諸蕃。則黠戛斯兵已先出，非聞室韋析隷回鶻而怒。伏山林間之回鶻，亦不必曾隷室韋。《新書》云遺帳，則似隷室韋之回鶻，黠戛斯亦取之不悉矣。《新書》此等措辭欠審處，難以徧舉也。

　　回紇本非大部，屬突厥敗亡，中國又遭安史之亂不振，得坐大。其遇中國甚驕，詳見第六章第二節。猶可諉曰：方助平安史，故恃功驕恣也。元和時，距其立功之時稍遠矣，而殷侑往使，可汗盛陳兵甲，欲臣之，而不答拜，侑堅立不動。可汗則責其倨，欲留而不遣，此何為者邪？猶可諉曰：請昏未得，故憤恣恨也。穆宗時，太和公主既下降矣，胡證送主，《舊書·證傳》曰：行及漠南，虜騎繼至，狼心犬態，一日千狀，欲以戎服變革華服，又欲以王姬疾驅徑路，此又何為者邪？《李載義傳》曰：回鶻每遣使入朝，所至强暴。邊城長史，多務苟安，不敢制之以法。虜益驕悍，或突入市肆，暴橫無所憚。至是，有回鶻將軍李暢者，曉習中國事，知不能以法制御，益驕恣。鞭捶驛史，貪求無已。載義召與語曰：“若將軍之部伍不戢，剽掠廬舍，載義必殺為盗者，將軍勿以法令可輕而不戒屬。”遂罷防守之兵，而使兩卒守其門。虜知其不為下，無敢犯令。李暢亦見《柳公綽傳》，其人實尚可理諭，否則更不可問矣。蓋循北狄之獷悍，而益以西胡之狡黠，故至於此。西胡之入北狄，實有鑿渾沌七竅之功，然不必為北狄之福也。故其敗也，中國不肯援助，而汲汲為取亂侮亡之謀，不可謂非自取之也。鐵勒之衆，本自西來，突厥再盛，回紇又久處甘、涼間，故其與西胡關係甚深。其亡也，遺衆入中國者甚多，散入諸蕃者亦不少，除前所叙外，《舊書》本傳：張仲武破那頡，全收七千帳，殺戮、收擒老小近九萬人。後有特勒龐俱遮、阿敦寧二部，回鶻公主密羯可敦一部，外相諸洛阿跌固一部，及牙帳大將曹磨你等七部，共三萬衆，相次降於幽州。詔配諸道。有特勒葉被沾、兄李二部，南奔吐蕃。有特勒可質力二部，東北奔大室韋。有特勒荷勿啜，東討契丹戰死。《新書》本傳：嗢没斯之降，請留族太原，率昆弟為天子扞邊。帝命劉沔為列舍雲、朔間處其家。其後思忠等以國亡，皆願入朝，見聽，遂罷歸義軍，分其兵賜諸節度。虜人憚隷食諸道，據滹沱河叛，劉沔阬殺三千人。此等皆敗亡後散入中國及諸蕃者；又《本紀》：烏介之亡，摩尼寺廢，在京外宅及東都修功德回紇，並勒冠帶，各配諸道收管，則其本在中國者也。而惟入西域者為能自立，至今為其地一大族，有以也。遏捻之敗，厖特勒已自稱可汗，居甘州，見第四章第四節。有磧西諸城。宣宗遣使者抵靈州，省其酋長。回鶻因遣人隨使者來。帝即册拜温禄登里邏汨没密施合俱録毗伽懷建可汗。厖特勒，《通鑑》大中二年作厖勒，云先在安西，亦自稱可汗，總磧西諸城。大中十年三月，詔以回鶻有功於國，世為婚姻。近有降者，云已厖歷今為可汗，尚寓安西，俟其歸復牙帳，當加册命。十月，上遣使詣安西鎮撫回鶻。使者至靈武，會回鶻可汗遣使入貢。十一月，册拜為嗢禄登里羅日没密施合俱録毗伽懷建可汗。胡三省曰：已厖歷，即厖勒，以華言譯夷言語轉耳。後十餘年，一再獻方物。懿宗時，大酋僕固俊自北廷擊吐蕃，斬論尚熱。事見下節。盡取西州、輪臺等城。使達干米懷玉朝，且獻俘，因請命。詔可。其後王室亂，貢會不常，史亡其傳。《通鑑》：僖宗乾符元年十二月，初回鶻屢求册命，詔遣册立使郝宗莒詣其國。會回鶻為吐谷渾、嗢末所破，逃遁不知所之。詔宗莒以玉册國信授靈鹽節度使唐弘夫掌之，還京師。二年，回鶻還至羅川。十一月，遣使者同羅榆禄入貢。賜拯接絹萬匹。胡三省曰：宣宗大中二年，回鶻西奔，至是方還。案胡意指遏捻特勒也，然自開成四年喪亂已來，回紇部落西走者甚多，乾符元年爲吐谷渾、嗢末所破，二年還至羅川者，恐未必是遏捻部落也。昭宗幸鳳翔，天復二年。靈州節度使韓遜表回鶻請率兵赴難。翰林學士韓偓曰："虜爲國讎舊矣。自會昌時伺邊，羽翼未成，不得逞。今乘我危以冀幸，不可開也。"遂格不報。然其國卒不振，時時以玉馬與邊州相市云。《新書·回鶻傳》。《舊書》云：其後嗣君弱臣强，居甘州，無復昔時之盛。到今，時遣使人朝，進玉馬及本土所產，交易而退。則朝貢仍通也。

　　黠戛斯既破回鶻，徙牙牢山之南《新書》本傳。又曰：牢山，亦曰賭蒲，距回鶻舊牙馬行十五日。胡三省曰：回鶻舊居薛延陀北娑陵水上，開元中，破突厥，徙牙烏德鞬山昆河之間，見《通鑑》會昌二年《注》。案此道里皆太遠。此所云舊牙，恐當在其居鬱督軍山時。參看第三章第二節。會昌二年十月，遣將軍踏布合祖等至天德軍，言先遣都呂施合等奉公主歸之大唐，至今無聲問。不知得達，或爲奸人所隔。案此即爲烏介所殺之達干也。今出兵求索，上天入地，期於必得，又言將徙就合羅川，居回鶻故國。此當係回紇居鬱督軍山時舊牙。兼已得安西、北廷、達靻等五部落。三年二月，遣使者注吾合索獻名馬。詔大僕卿趙蕃飲勞之。上欲令蕃就求安西、北庭。李德裕等上言：借使得之，當復置都護，以唐兵萬人戍之，以實費易虛名，非計。乃止。《舊書·李德裕傳》：趙蕃奏黠戛斯攻安西、北庭都護府，宜出師應援。德裕奏曰：據《地志》，安西去京七千一百里，北庭去京五千二百里。承平時向西路，自河西、隴右出玉門關，迤邐是國家州縣，所在皆有重兵。其安西、北庭要兵，便於側近徵發。自艱難已後，河、隴盡陷吐蕃，若通安西、北庭，須取回紇路去。今回紇破滅，又不知的屬黠戛斯否，縱令救得，便須卻置都護，須以漢兵鎮守，每處不下萬人。從何徵發？餽運取何道路？今天德、振武，去京至近，兵力常苦不足，無事時貯糧不支三年，況保七千里安西哉？臣恐蕃戎多計，知國力不及，僞且許之，邀求中國金帛。陛下不可中悔。此則將實費以換虛事，即是滅一回紇而又生之。恐計非便。乃止。案云黠戛斯攻安西、北庭，則其地尚未屬黠戛斯，武宗之欲求之，亦如宋初使金，欲其攻得石晉所割地後，歸之中國耳。趙蕃請出師應拔，蓋但欲拔出其人？而武宗則欲得其地。此自非此時中國之力所及。故咸通時黠戛斯欲討回鶻，使安西已來悉歸唐，中國亦不之許也。黠戛斯求册命。三月，以趙蕃爲安撫使。命李德裕草賜書，諭以回鶻殘兵，散投山谷，須盡殲夷。待趙蕃回日，別命使展禮。六月，遣將軍溫仵合入貢。又賜之書，諭以速平回鶻、黑車子，乃行册命。四年三月，遣將軍諦德伊斯難珠等入貢。言欲徙居回鶻牙帳，此當指回鶻東還後牙帳。請發兵之期，集會之地。上賜詔，諭以今秋可汗擊回鶻、黑車子之時，當令幽州、太原、振武、天德四鎮出兵要路，邀其亡逸，便申册命，並依回鶻故事。《舊書·本紀》，諦德伊斯難珠之來在去年八月，蓋賜詔在此月，《通鑑》追書之。朝廷以回鶻衰微，吐蕃內亂，議復河湟四鎮、十八州。胡三省曰：開元之盛，隴右、河西，分爲兩鎮而已，蓋淪陷之後，吐蕃分爲四鎮也。十八州，秦、原、河、渭、蘭、鄯、階、成、洮、岷、臨、廓、疊、宕、甘、涼、瓜、沙也。參看第六章第二節。乃以給事中劉濛爲巡邊使。使先備器械、糗糧，及訊吐蕃守兵衆寡。又令天德、振武、河東，訓卒礪兵，俟今秋點戛斯擊回鶻，邀其南來潰衆。皆委濛與節度、團練使詳議以聞。五年夏，以陝虢觀察使李拭爲使，册其可汗爲宗英雄武誠明可汗。六年九月，使者以國喪未行。是年三月，武宗崩。或以爲僻遠小國，不足與之抗衡；回鶻未平，不應遽有建置。詔百官集議。事遂寢。大中元年六月，以鴻臚卿李業爲册點戛斯英武誠明可汗使。當即宗英雄武誠明可汗。不知史文不具，抑此時去兩字？咸通四年八月，遣其臣合伊難支表求經籍，及每年遣使走馬請厤。又欲討回鶻，使安西以來悉歸唐。不許。七年十二月，遣將軍乙支連入貢，奏遣鞍馬迎册立使，及請亥年曆日。《注》：是年丙戌，亥明年也。以上皆據《通鑑》。《新書》云：大中元年受册後，逮咸通間三來朝。後之朝聘册命，史失其時。點戛斯是時，頗爲興盛，故屢自通上國。然《新書》謂其卒不能取回鶻。可見回鶻西遷者，力實不弱，此其所以能遂據其地。點戛斯蓋終未能取安西、北庭？會昌二年所云，乃得其一二部落，非得其地。故其東殄回紇殘衆及討黑車子之師，亦終未能出。唐是時所願在此。漠南北一時遂無强部矣。

此時塞北部落之健鬥者，當推沙陀，然其人受羈於中國，所覬覦者自在内地，而中國人亦時時用之内地，遂不克向北展拓矣。沙陀之附吐蕃也，吐蕃徙其部甘州，以朱邪盡忠爲軍大論。吐蕃寇邊，常以沙陀爲前鋒。久之，回鶻取涼州。吐蕃疑盡忠持兩端，議徙沙陀於河外。舉部愁恐。盡忠與其子執宜謀，元和三年，悉衆三萬落，循烏德韃山而東。烏德韃山見第五章第二節。吐蕃追之。行且戰。並洮水，奏石門，關名，在今固原縣北。轉鬥不解。部衆略盡。盡忠死，執宜袁瘠傷，士才二千，騎七百，《通鑑考異》引趙鳳《後唐懿祖紀年錄》云：有馬三千，勝兵萬，蓋誇侈之辭？款靈州塞。節度使范希朝以聞。詔處其部鹽州。置陰山府，以執宜爲府兵馬使。沙陀素健鬥，希朝欲藉以扞虜，爲市牛羊，廣畜牧，休養之。其童羍自鳳翔、興元、太原道歸者，皆還其部。盡忠弟葛勒阿波，率殘部七百，叩振武降。授左武衛大將軍，兼陰山府都督。沙陀歸唐，《通鑑》亦繫元和三年。《後唐懿祖紀年錄》：貞元十三年，回紇奉誠可汗收復涼州。沙陀歸唐在十七年。《考異》云：《德宗實錄》，貞元十七年無沙陀歸國事。《范希朝傳》，德宗時爲振武節度使，元和二年，乃爲朔方靈鹽節度。今從《實錄》、《舊傳》、《新書》。然議者以靈武迫吐蕃，恐反覆生變。又濱邊，益口則食翔價。頃之，希朝鎮太原，元和四年六月，見《舊紀》。因詔沙陀舉軍從之。希朝乃料其勁騎千二百，號沙陀軍，置軍使。而處餘衆於定襄川。執宜乃保神武川之黄花堆。定襄見第二章第六節。神武，北魏郡，北周廢爲縣，唐省。故城在今山西神池縣東北。黄花堆，在今山陰縣北。更號陰山北沙陀。王鍔節度太原，建言朱邪族孳熾，散居北川，恐啓野心，願析其族隸諸州，勢分易弱也。遂建十府，以處沙陀。太和中，四年。柳公綽領河東，奏陘北沙陀，素爲九姓、六州所畏。六州見第五章第二節。請委執宜治靈、朔塞下廢府十一。胡三省曰：《舊書》作廢柵，當從之，考之《唐志》，靈朔塞下，無十一府也。料部人三千禦北邊，號代北行營。授執宜陰山府都督代北行營招撫使。隷河東節度。死，子赤心嗣。以上據《新書·沙陀傳》。執宜自歸中國。再從討鎮州。王承元。王庭湊。伐吳元濟。赤心從劉沔擊回鶻，隷石雄誅劉稹。稹平，遷朔州刺史。仍爲代北軍使。大中初，吐蕃合党項及回鶻殘衆寇河西、太原。王鍔，又以其兵進討云。

塞北部族，强者爲沙陀，大者則奚、契丹也。安禄山之强，與奚、契丹劇戰鬥，兩蕃嘗遭破壞，又其衆多入中國，故一時寡弱。畏回紇，常臣屬之。《新書·安禄山傳》：廣平王偪向長安，張通儒等衰兵十萬陳長安中。賊皆奚，素畏回紇，既合，驚且踊，遂敗。蓋是時之奚、契丹，尚非如回紇之習於戰鬥也。《舊書·張仲武傳》言：奚、契丹皆有回鶻監護使，督以歲貢，且爲漢諜。仲武遣裨將石公緒等諭意，兩部凡戮八百餘人，可見回紇待屬部之酷。一旦土崩，諸部遂莫爲之輔，絶無如西州王衆之耶律大石者，亦以此邪？然於中國，朝貢亦不絶。見新舊《書》本傳。《舊紀》於大曆七年，十二年，元和二年，十年，十一年，十三年，長慶四年，皆書奚、契丹入貢。開成二年，會昌六年，則僅有契丹。故事，常以范陽節度使爲押奚、契丹兩蕃使。自至德之後，藩臣多擅封壤，朝廷優容之，彼務自完，不生邊事，故二蕃亦少爲寇。每歲朝賀，常各遣數百人至幽州。則選其酋渠三五十人赴闕，引見於麟德殿，錫以金帛，遣還。餘皆駐而館之。率爲常。《舊書》本傳。此時實奚、契丹休養生息之好機會，其坐大蓋由此也。《新書·契丹傳》曰：天子惡其外附回鶻，不復官爵渠長。會昌二年，回鶻破，契丹酋屈戌始復內附。拜雲麾將軍，守右武衛將軍。於是幽州節度使張仲武爲易回鶻舊印，賜唐新印，曰奉國契丹之印。《舊書》云：會昌二年九月，制契丹新立五屈戌，可雲麾將軍，守右武衛將軍，員外置，同正員。幽州節度使張仲武上言：屈戌等云：契丹舊用回紇印。今懇請聞奏，乞國家賜印。許之。以奉國契丹之印爲文。上云五屈戌，下云屈戌等，則屈戌乃稱號，非人名，《新書》實誤，《遼史世表》以屈戌當彼中傳說之耶瀾可汗，亦非也。奚犯塞時較多。見新舊《書》本傳。《舊紀》，貞元四年，十一年，元和五年，皆有奚入寇之事。然元和元年，其君梅録嘗身入朝，拜檢校司空，歸誠郡王。《新書》本傳。《舊紀》作饒樂郡王。三年，又以部酋索低爲左威衛將軍，檀、薊州游奕兵馬使，没辱孤平州游奕兵馬使，檀州見第四章第二節。薊州見第五章第七節。平州見第八章第四節。皆賜李氏。而回鶻平後，未嘗受封印如契丹，則其勢已稍弱於契丹矣。奚五部，契丹八部，則契丹部衆，本較奚爲盛；此時契丹文明程度，似亦稍優於奚；故其後奚遂爲之隷屬矣。

第五節　吐蕃衰亂

自尚結贊死後，吐蕃無大侵寇。憲宗時嘗通朝貢。《新書·李吉甫傳》曰：吐蕃遣使請尋盟。吉甫議：德宗初未得南詔，故與吐蕃盟，自異牟尋歸國，吐蕃不敢犯塞，誠許盟，則南詔怨望，邊隙日生。帝辭其使。復請獻邊塞亭障南北數千里求盟。吉甫謀曰："邊境荒岨，犬牙相吞，邊吏按圖覆視，且不能知，今吐蕃縣山跨谷，以數番紙而圖千里，起靈武，著劍門，要險之地，所亡二三百所，有得地之名，而實喪之，陛下將安用此？"帝乃詔謝贊普不納。《錢徽傳》言：憲宗時內積財圖復河湟；其後河湟自歸，羣臣請上尊號，宣宗言憲宗常念河湟，業未就而殂落，今當述祖宗之烈，其議上順、憲二廟謚號；《新書·吐蕃傳》。則憲宗實有恢復河湟之志，以困於內亂而未皇也。《新書·吐蕃傳》云：元和十二年，贊普死，使者論乞髯來。可黎可足立爲贊普。《舊傳》云：十二年四月，吐蕃以贊普卒來告，而不記立者爲誰。《通鑑》則於十一年二月，書西川奏吐蕃贊普卒，新贊普可黎可足立。案後來劉元鼎入蕃，見下。其都元帥尚書令尚綺心兒謂之云：回紇小國也。我以丙申年踰磧討逐，去其城郭二日程，計到即破滅矣，會聞本國有喪而還。《舊傳》。丙申爲元和十一年，則西川之奏報不誤，而彼國告喪之使，踰歲始至也。十三年十月，吐蕃圍宥州，見第五章第二節。入河曲。靈武、夏州、西川，皆有戰事。然時仍有使來，勅言其言旋纏及近旬，蓋其中樞不能節制邊將，一如往日也。是歲，平涼鎮遏使郝玭收復原州城。見第六章第二節。十四年十月，其節度使論三摩及宰相尚塔藏，中書令尚綺心兒圍鹽州，見第五章第八節。党項首領，亦發兵、驅羊馬以助，凡二十七日乃退。《舊書·吐蕃傳》。始沙州刺史周鼎，爲唐固守，沙州見第四章第四節。贊普徙帳南山，蓋謂沙州南之山。使尚綺心兒攻之。鼎請救回鶻，踰年不至。議焚城郭，引衆東奔。皆以爲不可。鼎遣都知兵馬使閻朝領壯士行視水草。朝執鼎，縊殺之。自領州事。城守者八年。出綾一端，募粟一斗，應者甚衆。又二歲，糧械皆竭。登城而譟曰："苟無徙他境，請以城降。"綺心兒許諾。於是出降。自攻城至是，凡十一年。贊普以綺心兒代守。後疑朝謀變，置毒韀中而死。州人皆胡服臣虜，每歲時祀父祖，衣中國之服，號慟而藏之。《新書·吐蕃傳》。於此，可見吐蕃謀俘略之亟，人民憚遷徙之深。然白居易《新樂府》曰："縛戎人，縛戎人。耳穿面縛驅入秦。面縛，通行本皆作面破，影宋本有作面縛者。天子矜憐不忍殺，詔徙東南吳與越。黃衣小使録姓名，領出長安乘遞行。身被金創面多瘠，扶病徒行日一驛。朝飧飢渴費杯盤，夜臥腥臊汙牀席。忽逢江水憶交河，垂手齊聲嗚咽歌。其中一虜語諸虜：爾苦非多我苦多。同伴行人因借問。欲說喉中氣憤憤。自言鄉貫本涼原，大曆年中沒落蕃。一落蕃中四十載，遣著皮裘繫毛帶，惟許正朝服漢儀，斂衣整巾潛淚垂。誓心密定歸鄉計，不使蕃中妻子知。暗思幸有殘筋力，更恐年衰歸不得。蕃候嚴兵鳥不飛，脫身冒死奔逃歸。晝伏宵行經大漠，雲陰月黑風沙惡，驚藏青塚寒草疏，偷渡黃河夜冰薄。忽聞漢軍鼙鼓聲，路旁走出再拜迎。游騎不聽能漢語，將軍遂縛作蕃生。配向江南卑溼地，料無存恤空防備。念此吞聲仰訴天，若爲辛苦度殘年？涼原鄉井不可見，胡地妻兒虛棄捐。"則仍有冒死逃歸者，而反爲邊將執以要功，亦可哀矣。德宗既遣韋倫，蜀帥上所獲戎俘，有司請準舊事，頒爲徒隸，上曰："要約著矣，言庸二乎？"乃各給縑二匹、衣一襲歸之。《舊書·吐蕃傳》。則徙蕃俘江嶺之法，德宗初已廢，然觀白居易之詩，則憲宗時又復矣。其君是惡，其民何罪？奴役蕃人，已爲非理，終乃自奴役其民，不尤可哀乎？穆宗立，遣使告哀，並告册立。彼亦遣使來弔祭。然侵寇仍不絕。長慶元年九月，乃遣使請盟。十月，宰臣等與盟。又使劉元鼎入蕃。自此朝貢時至。太和五年九月，其維州守將悉怛謀來降。維州見第三章第四節。西川節度使李德裕差兵鎮守。《舊書·本紀》。時牛僧孺當國，沮議。乃詔德裕卻送一部之人還維州。贊普得之，皆加虐刑。維州爲控扼要地，韋皋雖敗論莽熱，終未能取，及是乃既得而復失之。僧孺謂新與吐蕃盟，不宜敗約，似也。然從古以來，誓盟不信，無如吐蕃者。德裕後奏論此事，謂此役前一年，吐蕃猶圍魯州，六胡州之一。見第五章第二節。其信義安在？吐蕃是時實弱，而僧孺曰：聞贊普牧馬茹川，蔚茹水，今清水河，在固原北，至中衞入河。俯於秦隴，若東襲隴阪，徑走回中，不三日抵咸陽橋，發兵枝梧，駭動京國，事或及此，雖得百維州何補？顯係聳聽之辭。又云：吐蕃疆土，四面萬里，失一維州，無損其勢，則此原爲一道控扼之計，德裕奏論，謂得此可減八處鎮兵，其說必不能誣罔也。德裕又言：累表上陳，乞垂矜救，答詔嚴切，竟令執還。加以桎梏，舁於竹畚。及將就路，冤叫呼天。將吏對臣，無不流涕。其部送者，便遭蕃帥譏誚：既已降彼，何須送來？卻將降人，戮於漢界。恣行殘虐，用固攜離。乃至擲其嬰孩，承以槍槊。此誠從古以來，未有此事，徒快私意，大失政刑，黨爭之禍國，亦可見矣。德裕之爲人，陰賊險詖，實較僧孺爲更惡，然就此事言之，則斷不能是牛而非李也。《新書·循吏傳》：薛元賞時爲漢州刺史，上書極言可因而撫之，潰腸膚腹，不可失，此當時之公論也。《舊書·德裕傳》：德裕奏論維州事曰：初河、隴盡沒，此州獨存。吐蕃潛將婦人，嫁與此州門子。二十年後，兩男長成，竊開壘門，引兵夜入。此說頗近東野人言。上文叙事中亦言之，云：至德後河、隴陷蕃，惟此州尚存。吐蕃利其險要，將婦人嫁於此州閫者。《地理志》則云：上元元年後，河西、隴右，州縣皆陷。吐蕃贊普更欲圖蜀川，累急攻維州，不下，乃以婦人嫁維州閫者。據《新書·地理志》，維州陷於廣德元年，上距上元元年僅三載，距至德元年，亦僅七載耳。

　　《新書》云：贊普立幾三十年，病不事，委任大臣，故不能抗中國，邊候晏然。死，以弟達磨嗣。達磨嗜酒，好畋獵，喜內，且凶愎少恩，政益亂。開成四年，遣太子詹事李景儒往使。吐蕃以論集熱來朝，獻玉器、羊馬。自是國中地震裂，水泉涌，岷山崩，洮水逆流三日；鼠食稼，人飢疫，死者相枕藉。鄯、廓間夜聞鼙鼓聲，人相驚。鄯、廓州皆見第三章第四節。會昌二年，死。論贊熱來告喪。天子命將作監李璟弔祠。《舊書》至會昌二年始書贊普卒，則似繼死於元和十一年之贊普者，至此始死，不惟佚可黎可足之名，並闕達磨一世矣。《通鑑》據《補國史》，於開成三年，書吐蕃彝泰贊普卒，弟達磨立。又於會昌二年十二月，書吐蕃遣其臣論普熱來告達磨贊普之喪。《考異》云：彝泰卒，達磨立，《實錄》不書，《舊傳》、《續會要》皆無之。《實錄》於會昌二年云：贊普立僅三十餘年，有心疾，不知國事，委政大臣。彝泰以元和十一年立，即可黎可足。至此二十七年，達磨立至此五年，云僅三十年，亦是誤以達磨爲彝泰，疑《實錄》闊略，他書皆因而誤也。達磨既死，吐蕃遂大亂。初，達磨有佞幸之臣，以爲相。達磨卒，無子，佞相立其妃綝氏兄尚延力之子乞離胡，纔三歲。佞相與妃共制國事。吐蕃老臣數十人，皆不得與。首相結都那，見乞離胡不拜，曰："贊普宗族甚多，而立綝氏子，國人誰服其令？鬼神誰享其祀？國必亡矣。比年災異之多，乃爲此也。"拔刀剺面，慟哭而出。佞相殺之，滅其族。《新書》無佞相之說，但云：乞離胡始三歲，妃共治其國。於結都那之死，則云用事者共殺之。國人憤怒。又不遣使詣唐求冊立。洛門川討擊使論恐熱，《注》：洛門川，在渭州隴西縣東南。漢來歙破隗純於落門，即此。案隴西縣，今屬甘肅。《考異》：《補國史》曰：恐熱姓末，名農力。吐蕃國法，不呼本姓，但王族則曰論，官屬則曰尚，其中字即蕃號也。熱者，例皆言之，如中華呼郎。案論恐熱起兵，以誅綝氏爲名，而與之敵者爲尚思羅、尚婢婢，似當時王族與異姓之間，實有爭鬨。屬其徒告之曰："賊舍國族，立綝氏，專害忠良，以脅衆臣。且無大唐冊命，何名贊普？此當係其告唐人之語。吾當與汝屬舉義兵，入誅綝妃及用事者。"遂說三部落，得萬騎。《注》：三部落，吐蕃種落之分居河、隴者。或云：吐渾、党項、嗢末。《新書·吐蕃傳》云：嗢末，亦曰嗢没，吐蕃奴部也。虜法，出師必發豪室，皆以奴從，平居散處耕牧。及恐熱亂，無所歸，共相嘯合數千人，以嗢末自號。居甘、肅、瓜、沙、河、渭、岷、廓、叠、宕間。其近蕃牙者最勇，而馬尤良云。甘州、肅州、瓜州見第四章第四節。河州、渭州見第五章第四節。岷州見第三章第四節。叠州、宕州見第六章第二節。與青海節度使同盟，舉兵，自稱國相。至渭州，遇國相尚思羅屯薄寒山。恐熱擊之。思羅棄輜重，西奔松州。見第三章第四節。恐熱遂屠渭州。思羅發蘇毗、吐谷渾、羊同等兵合八萬，保洮水，焚橋拒之。恐熱至，隔水語蘇毗等曰：「賊臣亂國，天遣我來誅之，汝曹奈何助逆？我今已爲宰相，國內兵皆得制之。汝不從，將滅汝部落。」蘇毗等疑不戰，恐熱引驍騎涉水，蘇毗等皆降。思羅西走。追獲殺之。恐熱盡並其衆，合十餘萬。自渭川至松州，所過殘滅，尸相枕藉。《通鑑》。恐熱謀篡國，恐鄯州節度使尚婢婢襲其後，欲先滅之，兵挐仍歲不解。《新書·吐蕃傳》。大中三年二月，秦、原、安樂三州及石門等七關來降。《通鑑》。秦州見第二章第三節。安樂州見第四章第四節。七關，謂原州之石門、驛藏、木峽、制勝、六盤、石峽六關及蕭關也，見《舊書·本紀》。蕭關，在今固原縣東南。《新書》叙三州七關之復於恐熱來降後。《通鑑考異》曰：《實錄》：涇原節度使康季榮奏吐蕃宰相論恐熱殺東道節度使，奉表以三州、七關來降。《獻祖紀年錄》亦云：殺東道節度使奉表。國史叙論恐熱事甚詳，至五年五月始來降，此際未降也。又不云殺東道節度使。且恐熱若以三州、七關來降，朝廷必官賞之，何故但賞邊將而不及恐熱？蓋三州、七關，以吐蕃國亂自來降，非恐熱帥以來，《實錄》誤耳。十月，西川節度使杜悰奏取維州。《通鑑》。《新書·本紀》同。《舊紀》在九月。悰，佑孫，事亦見《舊書·佑傳》。十二月，吐蕃以扶州歸於有司。《新書·本紀》。扶州見第七章第一節。四年九月，論恐熱遣僧莽羅藺真擊尚婢婢軍於白土嶺。《注》：《水經注》：左南津西六十里有白土城，城西北有白土川水，其地在唐河州鳳林縣西。案唐鳳林縣，在今甘肅臨夏縣西南。婢婢遣其將尚鐸榻藏拒之，不利。復遣磨離羆子、燭盧鞏力拒之。鞏力請按兵拒險，勿與戰，以奇兵絶其糧道，不過旬月，其衆必潰。羆子不從。鞏力稱疾歸鄯州。羆子逆戰，敗死。婢婢糧乏，留拓跋懷光守鄯州，帥部落三千餘人就水草於甘州西。恐熱大掠河、西、鄯、廓等八州。殺其丁壯，劓刖其羸老及婦人，以槊貫嬰兒爲戲。焚其室廬。五千里間，赤地殆盡。《通鑑》。沙州人張義潮，陰結豪傑謀歸唐。一旦帥衆被甲譟於州門。唐人皆應之。吐蕃守將驚走。義潮遂攝州事，奉表來降。五年正月，以爲沙州防禦使。義潮略定瓜、伊、西、甘、肅、蘭、鄯、河、岷、廓十州，伊州、西州見第三章第六節。蘭州見第二章第六節。遣其兄義澤奉十一州圖籍入見。於是河湟之地，盡入於唐。十一月，置歸義軍於沙州，以義潮爲節度使。十一州觀察使。又以義潮判官曹義金爲歸義軍長史。《通鑑》。《考異》曰：《唐人補錄》、《舊紀》，義潮降在五年八月。《獻祖紀年錄》及《新紀》在十月。按《實錄》：五年二月壬戌，天德軍奏沙州刺史張義潮、安景旻及部落使閻英達等差使上表，請以沙州降。十月，義潮遣弟義澤以本道瓜、沙、伊、肅等十一州地圖、户籍來獻。河、隴陷没百餘年，至是悉復故地。十一月，建沙州爲歸義軍，以張義潮爲節度使，河、沙等十一州觀察、營田、處置等使。《新紀》：五年十月，沙州人張義潮以瓜、沙、伊、肅、甘、河、西、蘭、岷、廓十一州歸於有司。《新傳》：三州七關降之明年，沙州首領張義潮奉十一州地圖以獻。擢義潮沙州防禦使。俄號歸義軍，遂爲節度使。參考諸書，蓋二月義潮使者始以得沙州來告，除防禦使。十月，又遣義澤以十一州圖籍來上，除節度使也。今從《實錄》。《新傳》云三州降之明年，誤也。

論恐熱殘虐，所部多叛。拓跋懷光使人説誘之。其衆或散居部落，或降於懷光。恐熱勢孤，乃揚言於衆曰："吾今入朝於唐，借兵五十萬，來誅不服者，然後以渭州爲國城，請唐册我爲贊普，誰敢不從？"五年五月，入朝。求爲河、渭節度使。上不許。恐熱怏怏而去。復歸洛門川，聚其舊衆，欲爲邊患。會久雨，乏食，衆稍散，纔有三百餘人，奔於廓州。《通鑑》。其後河、渭州虜將尚延心以國破亡，亦獻款。《新書·吐蕃傳》。《通鑑》：大中十一年十月，以秦成防禦使李承勛爲涇原節度使。承勛，光弼之孫也。先是尚延心以河、渭二州部落來降，拜武衞將軍，承勛利其羊馬之富，誘之入鳳林關，居秦州之西。承勛與諸將謀執延心，誣云謀叛，盡掠其財，徙其衆於荒遠。延心知之。因承勛軍宴，坐中謂承勛曰："河、渭二州，土曠人稀，因以飢疫，唐人多内徙三川，吐蕃皆遠遁於叠、宕之西，二千里間，寂無人煙。延心欲入見天子，請盡率部衆，分徙内地，爲唐百姓，使西邊永無揚塵之警，其功亦不愧於張義潮矣。"承勛欲自有其功，猶豫未許。延心復曰："延心既入朝，部落内徙，但惜秦州無所復恃耳。"承勛與諸將，相顧默然。明日，諸將言於承勛曰："明公首開營田，置使府，擁萬兵仰給度支，將士無戰守之勞，有耕市之利，若從延心之謀，則西垂無事，朝廷必罷使府，省戍兵，還以秦州隸鳳翔，吾屬無所復望矣。"承勛以爲然。即奏延心爲河渭都游奕使，使統其衆居之。《考異》曰：此事出《補國史》。按張義潮以十一州降，河、渭已在其間，今延心復以河、渭降者？義潮所率者漢民，延心所率者蕃族也。又《補國史》不云延心以何年月降，《新傳》但云：張義潮降，其後河、渭州虜將尚延心以國破亡，亦獻款。秦州刺史高駢誘降延心及渾末部萬帳，遂收二州。拜延心武衞將軍，駢收鳳林關，以延心爲河渭等州都游奕使。按《舊傳》：高駢懿宗時始爲秦州刺史，《新傳》誤也。今從《補國史》，因承勛移鎮涇原，並延心事置於此。案《新書·駢傳》，其爲秦州刺史，亦在懿宗時，而云：取河、渭二州，略定鳳林關，降虜萬餘人，則或延心爲都游奕使，雖在駢刺秦州之前，而河、渭二州之大定，實在駢刺秦州之後；又或李承勛雖奏使延心居秦州之西，而未以之爲都游奕使也。鳳林關，在鳳林縣，縣以關得名。三川，胡《注》云：平涼川，蔚茹川，洛門川也。咸通二年，義潮奉涼州來歸。《新書·吐蕃傳》。七年，北庭回鶻僕固俊擊取西州，收諸部。《新書·吐蕃傳》。《通鑑》：七年二月，張義潮奏北庭回鶻固俊克西州、北庭、輪臺、清鎮等城。《注》：固俊，《新書》及《考異》正文皆作僕固俊。蓋《傳》本奪僕字也。《考異》曰：《實錄》：義潮奏俊收西河及部落，胡漢皆歸伏，並表賀收西州等城事。按大中五年，義潮以十一州圖籍來上，西州已在其中，今始云收西州者？蓋當時雖得其圖籍，其地猶爲吐蕃所據耳。清鎮軍城，在輪臺西二百九十里，見《新書·地理志》。鄯州城使張季顒與尚恐熱戰，破之，收器鎧以獻。吐蕃餘衆犯邠寧，節度使薛弘宗卻之。會僕固俊與吐蕃大戰，斬恐熱，傳首京師。《新書·吐蕃傳》。論恐熱寓居廓州，糾合旁側諸部，皆不從。所向盡爲仇敵，無所容。仇人以告拓跋懷光於鄯州，懷光引兵擊破之。十月，以五百騎入廓州，生擒恐熱。先刖其足，數而斬之。傳首京師。其部衆東奔秦州，尚延心邀擊破之。悉奏遷於嶺南。《通鑑》。《考異》引《實錄》：張義潮奏鄯城使張季顒押領拓跋懷光下使到尚恐熱，並隨身器甲等，並以進奉，爲《新書》所本，而《鑑》不之取，亦未叙僕固俊斬恐熱事，似以論恐熱、尚恐熱爲一人，此恐誤。當時僕固俊兵力，未必能去北庭甚遠，而論恐熱居廓州，僅三百人，亦未必能犯鄯州，更不能與僕固俊戰。尚恐熱蓋別爲一人，其衆必較多，故爲張季顒所敗後，餘衆尚能東犯邠寧，身又能西北走，與僕固俊大戰。若論恐熱，則始終窮居廓州，而爲拓跋懷光所就殺耳。此吐蕃亂後，諸將紛挐，見於中國史籍者也。其中樞，則《新書·傳》云：會昌三年，國人以贊普立非是，皆叛去；而《通鑑》云：乞離胡君臣，不知所終；蓋自會昌三年後，遂無聞焉耳矣。《新書·吐蕃傳》曰：初太宗平薛仁杲，得隴上地。虜李軌，得涼州。破吐谷渾、高昌，開四鎮。玄宗繼收黃河、磧石、宛秀等軍。黃河軍，當即九曲軍，與宛秀軍皆見第五章第四節。磧石軍，在今甘肅臨夏縣西。中國無斥候警者幾四十年。輪臺、伊吾屯田，禾菽彌望。伊吾見第三章第六節。開遠門揭候署曰：西極道九千九百里，示戍人無萬里行也。乾元後，隴右、劍南、西山三州、七關，軍、鎮、監、牧三百所皆失之。大中後，雖幸吐蕃微弱，故地自歸，然《地理志》謂宣、懿德微，不暇疆理，惟名存有司而已。

　　吐蕃雖微，西北初未遽靖，以是時爲患者實多諸雜種，吐蕃惟爲之率將而已。諸雜種中，以吐谷渾、党項爲大。吐谷渾自吐蕃取安樂州，殘部徙朔方、河東，多在今山西北境。党項則多在陝、甘、寧夏，故其爲西北之患尤深。初吐蕃寖盛，拓跋畏偪，請內徙，詔慶州置靜邊等州以處之。慶州見第三章第一節。其在西北者，天授中內附，散在靈、夏間。《舊書》云二十萬口，《新書》云戶凡二十萬。禄山之亂，河、隴陷吐蕃，乃徙党項州存者於靈、慶、銀、夏之境。《新書·地理志》。蕭、代時與吐谷渾、奴刺等共爲邊患，已見第六章第二節。郭子儀兼統西北諸鎮，以党項、吐谷渾部落，散處鹽、夏等州，地與吐蕃濱近，易相脅，表徙靜邊州、夏州、樂容等六府党項於銀州之北，夏州之東，樂容州都督府，本隸靈州。寧朔州吐谷渾住夏西，寧朔州，初隸樂容都督府，代宗時隸夏州。以離沮之。六州部落，在慶州者號東山部，夏州者號平夏部。《通鑑》宣宗大中五年胡《注》曰：平夏，地名。宋朝李繼遷之叛，徙綏州吏民之半置平夏，以爲巢穴，蓋銀夏之要地也。案靜邊州及六州部落，蓋党項之兩大宗，皆遷於夏東，而六州部落，又有分居慶州者也。永泰後稍徙石州，見第二章第七節。後爲永安將阿史那思暕賦索無極，遂亡走河西。《通鑑》繫貞元十五年。胡《注》云：唐蓋置永安鎮將於石州，以綏御党項。至太和中，寖强，數寇掠。然器械鈍苦，畏唐兵精，則以善馬購鎧，善羊貿弓矢。鄜坊道軍糧使李石表禁商人不得以旗幟、甲胄、五兵入部落，告者舉罪人財畀之。至開成末，種落愈繁富。賈人齎繒寶粥羊馬，藩鎮乘其利，强市之，或不得直，部人怨，相率爲亂。至靈、鹽道不通。武宗以侍御史爲使招定，分三部：邠、寧、延屬崔彦曾，鹽、夏、長澤屬李鄠，靈武、靈、勝屬鄭賀，不克。延州見第七章第七節。長澤縣，在今陝西靖邊縣東。勝州見第二章第二節。《通鑑》：會昌三年十一月，邠寧奏党項入寇。李德裕奏：党項愈熾，不可不爲區處。聞党項分隸諸鎮，剽掠於此，則亡逃歸彼，節度使各利其馳馬，不爲擒送，以此無由禁戢。臣屢奏不若使一鎮統之。陛下以爲一鎮專領權太重。臣今請以皇子兼統諸道，擇中朝廉幹之臣爲副，居於夏州，理其辭訟，庶爲得宜。乃以克王岐爲靈夏等六道元帥，兼安撫党項大使。又以御史中丞李回爲安撫党項副使，史館修撰鄭亞爲元帥判官，令齎詔往安撫党項及六鎮百姓。《注》云：六鎮，鹽州、夏州、靈武、涇原及振武、邠寧也。以三侍御史爲使之事，《通鑑》不載，而云：朝廷雖爲党項置使，党項侵盜不已，攻陷邠寧、鹽州界néng城堨，屯屯利寨。宰相請遣使宣慰。上決意討之。六年二月，以夏州節度使米暨爲東北道招討党項使。爲党項置使，《注》以爲即指崔彦曾等三人。宣宗大中四年，内掠邠寧、詔鳳翔李業、河東李栻合節度兵討之。宰相白敏中爲都統。帝出近苑，或以竹一個植舍外。帝屬二矢，曰："党項窮寇，仍歲暴吾鄙。今我約：射竹中，則彼當自亡。不中，我且索天下兵翦之。終不以此賊遺子孫。"觀此言，可知党項侵寇之烈矣。帝一發，竹分，矢徹諸外。左右呼萬歲。不閲月，羌果破殄。餘種竄南山。《新書·党項傳》。《通鑑注》云：党項居慶州者號東山部，居夏州者號平夏部，其竄居南山者爲南山党項。趙珣《聚米圖經》：党項部落在銀夏以北居川澤者，謂之平夏党項，在安鹽以南居山谷者，謂之南山党項。然無幾復爲患，以畢誠爲邠寧節度使，乃平之。事見《新書·誠傳》，甚略。《通鑑》叙述較詳，今錄如下：大中四年九月，党項爲邊患，發諸道兵討之，連年無功，戍餽不已。右補闕孔温裕上疏切諫。上怒，貶柳州司馬。十一月，以翰林學士劉瑑爲京西招討党項行營招討使。五年正月，上頗知党項之反，由邊帥利其羊馬，數欺奪之，或妄誅殺，乃以右諫議大夫李福爲夏綏節度使。自是繼選儒臣，以代邊帥之貪暴者，行日復面加戒勵。党項由是遂安。上以南山、平夏党項久未平，頗厭用兵。崔鉉建議，宜遣大臣鎮撫。三月，以白敏中爲司空同平章事，充招討党項行營都統制置等使，南北兩路供軍使，兼邠寧節度使。敏中請用裴度故事，擇廷臣爲將佐，許之。四月，敏中軍於寧州。定遠城使史元破党項九千餘帳於三交谷。敏中奏党項平。詔平夏党項，已就安帖。南山党項，聞出山者迫於飢寒，猶行鈔掠。平夏不容，窮無所歸。宜委李福存諭。於銀夏境内，授以閑田。向由邊將貪鄙，致其怨叛，自今當更擇廉良撫之。若復致侵叛，當先罪邊將，後討寇虜。八月，白敏中奏南山党項亦請降，時用兵歲久，國用頗乏，詔並赦南山党項，使之安業。十月，制以党項既平，罷白敏中都統，但以司空平章事，充邠寧節度使。六年四月，以敏中爲西川節度使。党項復擾邊。上欲擇可爲邠寧帥者而難其人。從容與翰林學士中書舍人畢誠論邊事。誠援古據今，具陳方略。上悦曰："吾方擇帥，不意頗、牧近在禁廷。卿其爲朕行乎？"誠欣然奉命。上欲重其資履，六月，先以爲刑部侍郎，乃除邠寧節度使。十月，誠奏招諭党項皆降。九年三月，詔誠還邠州。先是以河湟初附，党項未平，移邠寧軍於寧州，至是南山、平夏皆安，威、鹽、武三州軍食足，故令還理所。柳州，見第四章第二節。三交谷，《注》云：在夏州界。武州，大中五年以蕭關置。**然其部落實熾盛，故後拓跋思恭，復以討黃巢起云。**

第十章 唐室亂亡上

第一節 懿僖荒淫

《舊書·帝紀》贊,謂唐之亡決於懿宗,以其時雲南侵寇不息,調兵運餉,騷動甚鉅,加以龐勛之亂,"徐寇雖殄,河南幾空"。《舊書·懿宗紀》。又引起黃巢之亂也。然以唐中葉後藩鎮之跋扈,不能戢其士卒,而恣意暴虐人民,終必至怯於公戰,勇於私鬥而後已。雲南之寇,徐方之變,安得不作?而中樞政令,悉爲宦寺所把持,又斷不能大振紀綱,削平藩鎮也。故唐自德宗、憲宗,志平藩鎮而未成,順宗、文宗,欲除宦寺而不克,而其勢已不可爲,敗壞決裂,特待時焉而已。懿宗之驕泆,僖宗之童昏,夫固不能爲諱,亦如木焉,本實先撥,疾風甚雨,特促其傾僕而已,謂其傾僕之即由於是,固不然也。

繼嗣之不以正,自肅、代來久然,然未有若懿宗之尤可疑者。新、舊《書·本紀》皆云:懿宗爲宣宗長子,封鄆王。其《諸子傳》則云:宣宗子十一人。然合懿宗數之,實得十二。《舊書·諸子傳》,例皆著其長幼。其叙宣宗諸子:曰靖懷太子漢,曰第二子雅王涇,曰衛王灌,曰第三子夔王滋,曰第四子慶王沂,曰第五子濮王澤,曰第六子鄂王潤,曰第七子懷王洽,曰第八子昭王汭,曰康王汶,曰廣王澭,靖懷及衛、康、廣三王之次闕焉。《新傳》於諸子,例不著其長幼。其叙次,衛王次廣王下,又夔王作通王,云會昌六年封,懿宗立乃徙王,餘與《舊傳》同。《宗室表》:鄂王次懷王下,其餘亦同《舊傳》。諸子封年:新舊《傳》皆云:靖懷以會昌六年封雍王,夔、慶二王同封,雅王封於大中元年,濮王封於二年,鄂王封於五年,懷、昭、康三王封於八年,衛、廣二王封於十一年。封爵常例,合依長幼之次。雅王既長於夔、慶二王,何以受封反在其後?衛王既與廣王同封,何以《舊傳》列諸雅、夔之間?其事皆有可疑。考諸《本紀》:則《舊書》會昌六年四月制:皇長男溫可封鄆王,二男涇可封雅王,第三男滋可封蘄王,第四男沂可封慶王。大中元年二月制:第五子澤爲濮王,第六子潤爲鄂王。五年正月制：第七子洽封懷王，第八子汭爲昭王，第九子汶爲康王。十一年六月制：皇第三男灌封衛王，十一男瀍封廣王。封年與兩《傳》乖違。《舊紀》既據制書，似當以之爲準。夔王究封於夔，抑初封蘄後乃徙王，無可參證，亦不足深論。鄂、懷、康、廣，次第皆有明文，既可補《舊傳》之闕，亦足證《新表》之誤。衛王不應云第三，《廿二史考異》謂爲第十之誤，其説極確。惟雍王之封闕焉。謂其人爲子虛，則並懿宗數之，宣宗之子，恰得十一，與新、舊《傳》都數可謂巧合，然於理終未安也。更考諸《新紀》：則衛王之封在十年，而會昌六年之封，多一雍王渼。衛王封年之異，蓋奪一一字，無足惑。靖懷之名，《通鑑》亦作渼，疑與漢因相似而誤，亦不足深論，其必爲一人，似無可疑。然則《舊紀》獨闕靖懷之疑釋，然宣宗之子，仍得十二人矣。此究何説邪？案宣宗未嘗立后，故其子無嫡庶之殊，惟有長幼之異。《新書·后妃傳》云：宣宗元昭皇后晁氏，懿宗追册。少入邸，最見寵答。及即位，以爲美人。大中中薨。贈昭容。詔翰林學士蕭寘銘其窆，具載生鄆王、萬壽公主。後夔、昭等五王居内院，而鄆獨出閣，及即位，是爲懿宗，外頗疑帝非長，寘出銘辭以示外廷，乃解。皇子誕生，耳目昭著，何至疑其長幼？志銘通例，雖著所生子女，未必詳其生年。《傳》云具載鄆王及萬壽公主之生，不云著其生於何歲，亦隱見所證明者，乃懿宗之爲誰子，而非在其次第。蓋懿宗實非宣宗子？宣宗長子，實爲靖懷？武宗以弟繼兄，宣宗以叔父繼猶子，固非承嗣之正，究爲先君遺體。懿宗蓋族屬已疏，無可立之理，宦官既擁立之，乃强名之爲宣宗長子，使蕭寘僞造銘辭，以著其爲宣宗之體，又改國史，或去靖懷而以鄆王代之，又或增一鄆王而忘其都數之不合。新、舊《紀》之文，亦各有所本也。

　　《新書·崔慎由傳》曰：宣宗餌長年之藥，病渴，且中躁，而國嗣未立。帝對宰相欲肆赦，患無其端。慎由曰：“太子天下本，若立之，赦爲有名。”帝惡之，不答。蓋雖攖疾，實未自知其將死也。然變遂起於倉卒之間。《新書·懿宗紀》曰：宣宗愛夔王滋，欲立爲皇太子，而鄆王長，久不決。大中十三年八月，宣宗疾大漸。以夔王屬内樞密使王歸長、馬公儒，宣徽南院使王居方等。而左神策護軍中尉王宗實、副使亓元實矯詔立鄆王爲皇太子。癸巳，即皇帝位於柩前。王宗實殺王歸長、馬公儒、王居方。《通鑑》云：上餌醫官李玄伯、道士虞紫芝、山人王樂藥，懿宗立後，三人皆伏誅。疽發於背。八月，疽甚。宰相及朝士皆不得見。上密以夔王屬歸長、公儒、居方使立之。三人及右軍中尉王茂元，皆上平日所厚也，獨左軍中尉王宗實，素不同心。三人相與謀，出宗實爲淮南監軍。宗實受敕將出，亓元實謂曰：“聖人不豫踰月，中尉止隔門起居，今日除改，未可辨也，何不見聖人而出？"宗實感寤復入。諸門已躍故事，增人守捉矣。元實翼道宗實，直至寢殿。則上已崩，東首環泣矣。宗實叱歸長等，責以矯詔。皆捧足乞命。乃遣宣徽北院使齊元簡迎鄆王。壬辰，下詔立鄆王爲皇太子，權句當軍國政事。仍更名漼。此事蓋因宦官相爭，危及國本。宗實之入，恐不免憑藉兵力，必非徒一亓元實翼道之也。不然，王歸長等安肯束手受縛邪？

　　《通鑑》云：上長子鄆王溫無寵，居十六宅，餘子皆居禁中，而《新書・后妃傳》言夔、昭等五王居内院，而鄆獨出閣。其《通王滋傳》云：帝初詔鄆王居十六宅，餘五王處大明宮内院，以諫議大夫鄭漳、兵部郎中李鄴爲侍讀，五日一謁乾符門，爲王授經。《新書》所據材料，蓋但就受經者言之，故不數康、衛、廣三王。自夔至昭凡六王而云五者？或其中一王已没，又或別夔王於自慶至昭五王也。靖懷薨於大中六年，雅王史亡其薨年，若此時亦已薨，則宣宗之欲立夔王，正合長幼之序，誣爲欲廢長立愛，其説殊不譌矣。《新書・令狐綯傳》：懿宗嗣位後，左拾遺劉蛻、起居郎張雲劾綯大臣，當調護國本，而大中時引諫議大夫豆盧籍、刑部侍郎李鄴爲夔王侍讀，亂長幼序，使先帝詔厥之謀，幾不及陛下。又《杜悰傳》：宣宗大漸，王歸長、馬公儒等以遺詔立夔王，而王宗實等入殿中，以爲歸長等矯詔，乃迎鄆王立之，是爲懿宗。久之，遣樞密使楊慶詣中書，獨揖悰，他宰相畢諴、杜審權、蔣伸不敢進。乃授悰中人請帝監國奏，因諭悰劾大臣名不在者抵罪。悰遽封授使者復命。謂慶曰："上踐阼未久，君等秉權，以愛憎殺大臣，禍無日矣。"慶色沮去。帝怒亦釋。大臣遂安。《廿二史考異》云：《懿宗紀》及《宰相表》，悰以咸通二年二月相，距懿宗踐阼之始，已兩年矣。使帝銜怒諸大臣，欲置之死地，當不俟此日，《傳》所云未可深信。《通鑑》載此事，與《新書》辭異意同。胡三省謂其辭旨抑揚，疑出悰家傳。又引《容齋隨筆》，謂懿宗即位之日，宰相四人：曰令狐綯，曰蕭鄴，曰夏侯孜，曰蔣伸，此時惟伸在。畢諴、杜審權乃懿宗自用，不當有此事。二説所疑誠當，然或悰實有此事，特不在其爲相之時。要之懿宗之立，殆全出中人，而宰相絶未與聞其事，則隱然可見。此則視王守澄之立文宗，尚奉一裴度以行之者，又不大同矣。事變之亟，可謂降而愈烈也。

　　夔王，《舊書》本傳云：咸通四年薨。《新書・傳》云：懿宗立，徙王通。昭宗時，與諸王分統安聖、奉、宸、保寧、安化諸軍，爲韓建所殺。而其《本紀》於咸通四年，亦書夔王滋薨。《通鑑》亦同。則其人非特未至昭宗時，並無徙王通之事，昭宗時之通王，《舊史》不著其名，《通鑑》亦名滋。《廿二史考異》謂

《新書》妄合之，德宗子有通王諶，韓建所殺者，殆諶之後嗣王也。參看第十一章第二節。

懿宗爲荒淫之主。好音樂、燕遊。殿前供奉樂工，常近五百人。每月宴設，不減十餘，水陸皆備。聽樂、觀優，不知厭倦。賜與動及千緡。曲江、昆明、灞、滻、南宮、北苑、昭應、咸陽，所欲遊幸即行，不待供置。曲江見第七章第一節。昆明見第九章第一節。昭應見第七章第三節。有司常具音樂、飲食、幄帟，諸王立馬，以備陪從。每行幸，内外諸司扈從十餘萬人，所費不可勝紀。《通鑑》咸通七年。《新書·宦者·楊復恭傳》：昭宗言我見故事，尚衣上御服日一襲，太常新曲日一解，今可禁止。復恭頓首稱善。帝遂問遊幸費。對曰：“聞懿宗以來，每行幸，無慮用錢十萬，金帛五車，十部樂工五百，犢車、紅網、朱網畫香車百乘，諸衛士三千。凡曲江、温湯若畋獵曰大行從，宫中、苑中曰小行從。”帝乃詔類減半。又佞佛。於禁中設講席，自唱經，手録梵夾。於咸泰殿築壇，爲内寺尼受戒。《通鑑》咸通三年。胡《注》曰：蓋宫人捨俗者，就禁中爲寺以處之。數幸諸寺，施與無度。咸通十二年五月，幸安國寺，賜講經僧沈香高坐，見《舊書·本紀》。又於兩街、四寺各置戒壇、度人，凡三七日。亦見《通鑑》咸通三年。三七二十一日。遣使詣鳳翔法門寺迎佛骨，其所費遠甚於元和時。事在咸通十四年三月。《通鑑》云：廣造浮圖寶帳、香轝、幡花、幢蓋以迎之，皆飾以金玉、錦繡、珠翠。自京城至寺三百里間，道路車馬，晝夜不絶。四月，至京師，導以禁軍兵仗，公私音樂，沸天燭地，綿亙數十里。元和之時，不及遠矣。富室夾道爲採樓及無遮會，競爲侈靡。上御安福門，降樓膜拜，流涕霑臆。賜僧及京城耆老嘗見元和事者金帛。迎佛骨入禁中。三日，出置安國崇化寺。宰相已下，競施金帛，不可勝紀。寵郭淑妃。生同昌公主，下嫁韋保衡，傾宫中珍玩，以爲資送。事在咸通十年。《通鑑》云：賜第於廣化里。窗户皆飾以雜寶。井闌、藥臼、槽匱，亦以金、銀爲之。編金縷以爲箕筐。十一年八月，主薨。十二年正月葬。韋氏之人，爭取庭祭之灰，汰其金銀。凡服玩，每物皆百二十輿。以錦繡珠玉爲儀衛。明器輝焕，三十餘里。賜酒百斛，餅餤四十纍馲，以飼體夫。主薨，帝殺翰林醫官二十餘人。悉收捕其親族三百餘人繫京兆獄。宰相劉瞻、京兆尹温璋諫，皆遭貶斥。璋仰藥死。伶官李可及，善爲新聲，帝以爲威衛將軍，宰相曹確執奏，不聽。事在咸通八年。主除喪後，帝與淑妃思念不已，可及乃爲歎百年舞曲，舞人珠翠盛飾者數百人，畫魚龍地衣，用官紬五千匹，曲終樂闋，珠璣覆地焉。《舊唐書·曹確傳》。《通鑑》云：以紬八百匹爲地衣。縱恣殘虐如此，豈似奉佛者？豈亦如劉總及吾所疑之代宗，繼嗣之際，有大不可以告人者，不慊於心，乃思奉佛以求解免，而其姿性庸下，又不知縱恣殘虐之大悖於佛道邪？然國脈之爲所斲喪者則多矣。

懿宗之立，令狐綯既未與聞其事，而其當國久，威權足忌，故即加罷斥，而相白敏中。咸通元年二月。未幾，以入朝墜陛傷要卧家，久之復罷。事在是年九月。此後諸相多碌碌。惟楊收，於南蠻用兵時，建議於豫章募兵，且試行海運，於邊事頗有裨益，見下節。而後爲韋保衡所搆，流死。收以四年五月相，七年十月罷。《舊傳》云：其相也，以與中尉楊玄玠相結，其罷也，以玄玠屢有請託，收不能盡從傾之，未知信否。又云：韋保衡作相，發收陰事。明年八月，貶爲端州司馬。尋盡削官爵，長流驩州，賜死。《通鑑考異》云：是時保衡未作相，不之取。然云保衡作相誤，云其搆之未必誤也。端州見第八章第五節。驩州司户見第二章第二節。劉瞻，史亦云爲保衡及路巖所排。瞻貶驩州司户參軍。巖等將遂殺之，幽州節度使張公素上疏申解，巖等乃不敢害。案觀溫璋之自殺，則知瞻之勢亦甚危也。巖以咸通五年十一月相，持權頗久，史極詆爲姦邪，然初未見實迹。于琮者，尚宣宗女廣德公主。以八年七月相。韋保衡者，本爲左拾遺，既尚同昌公主，進爲左諫議大夫，充翰林學士，十一年三月亦爲相。是年八月，主薨。《舊書·傳》云：自此恩禮漸薄，《新書》則云：主薨而寵遇不衰，觀其持權如故，《新書》之説殆信。十二年四月，路巖出爲西川。《新書·巖傳》云：巖與韋保衡同當國，二人勢動天下，權侔則爭，故還相怨，此説殆不足信，見下。十三年二月，于琮罷爲山南東道節度使。五月，國子司業韋殷裕於閤門進狀，論郭淑妃弟敬述陰事。上怒甚，即日下京兆府決殺，籍没其家。其季父及妻之父兄皆遠貶。閤門使司，以受殷裕文狀亦獲罪。殷裕之死，決非由論郭敬述，而閤門使司以此獲罪者，所以掩人耳目，使若以論敬述獲罪然也。其明日，于琮罷爲普王傅，分司，親黨坐貶逐者十四人。琮旋貶韶州刺史。史言廣德公主與之偕行，行則肩輿門相對，坐則執琮之帶，琮由是獲全。《通鑑》。《通鑑考異》引《續寶運録》，謂韋殷裕擬傾皇祚，別立太子，説雖不詳，以當時置君如弈棋及懿宗之荒淫殘虐言之，疑若可信。蓋有陰謀內禪者，而琮以貴戚遭忌邪？觀此，知楊收、劉瞻等之獲罪，與韋保衡之見信，亦必別有其由。蓋懿宗之立，實大悖於正，加以荒淫殘虐，故仍有欲覆之者也。雖慝未克作，然其勢則甚危矣。

懿宗以咸通十四年七月崩。大漸之際，立第五子普王儼爲太子，改名儇。帝崩，儇立，是爲僖宗。時年十二。左軍中尉劉行深、右軍中尉韓文約居中執政，並封國公。《舊書·本紀》。《通鑑考異》曰：范質《五代通録》：梁李振謂陝州護軍韓彝範曰：懿皇初升遐，韓中尉殺長立少，以利其權，遂亂天下，今將軍復欲爾邪？彝範即文約孫也。按懿宗八子，僖宗第五。餘子新、舊《書》不載長幼，又不言所終，不知所殺者果何王也。今案《舊傳》，懿宗八子：曰僖宗，曰昭宗，曰魏王佾，曰涼王健，曰蜀王佶，曰威王侃，曰吉王保，曰睦王倚。昭宗，《新書·本紀》言其次爲第七，其封壽王，在咸通十三年。魏、涼、蜀三王之封在三年。威王初封郢王在六年，十年改封。吉、睦二王之封，皆在十三年。《昭宗紀》云：僖宗大漸之夕，羣臣以吉王最賢，又在壽王之上，將立之。惟楊復恭請以壽王監國。然則懿宗諸子，魏王爲長，涼王次之，蜀王、威王又次之，其次爲僖宗，又其次爲吉王，又其次爲昭宗，睦王最幼。涼王，《新傳》云：乾符六年薨，涼王尚獲善終，蜀、威二王，未必强死。文約所殺，殆魏王邪？帝雖爲行深、文約所立，然始爲王時，與小馬坊使田令孜同卧起，及立，政事一委之，呼爲父。《新書·令孜傳》。故行深、文約之權漸落。《舊書·本紀》：乾符元年冬，右軍中尉韓文約以疾乞休致，從之。四年三月，以開府、行内侍監致仕劉行深爲内侍省、觀軍容、守内侍監致仕。《新書·田令孜傳》曰：僖宗即位，擢令孜左神策軍中尉。是時西門匡範位右中尉，世號東軍、西軍，蓋兵權移而政柄隨之矣。僖宗未必能自減行深、文約，必令孜之陰計也。

　　僖宗既立，韋保衡貶賀州，賀州，今廣西賀縣。崖州見第四章第二節。再貶崖州，賜自盡。于琮自岳州刺史復爲山南東道，岳州見第二章第七節。緣琮貶逐者並放還。朝局一變矣。《新書·路巖傳》云：巖之爲西川，承蠻盜邊後，力拊循。置定邊軍於邛州，扼大度治故關。取壇丁子弟教擊刺，使補屯籍。由是西山八國來朝。以勞遷兼中書令。封魏國公。始爲相時，委事親吏邊咸。會至德令陳蟠叟奏書，願請間言財利。至德，今安徽至德縣。陳蟠叟乃議海運，爲楊收所用者，事見下節。其攻路巖，蓋亦朋黨相攻也。帝召見，則曰：“臣願破邊咸家，可佐軍興。”帝問咸何人？對曰：“宰相巖親吏也。”帝怒，斥蟠叟。自是人無敢言。咸乃與郭籌者相依倚爲姦。巖不甚制。軍中惟邊將軍、郭司馬耳。妄給與以結士心。嘗閱武都場，咸、籌蒞之，其議事以書相示則焚之。軍中驚以有異圖，恟恟遂聞京師。巖坐是徙荆南節度使。事在咸通十四年十月。至江陵，免官流儋州，籍入其家。捕誅咸、籌等。巖至新州，今廣東新興縣。詔賜死，剔取喉上有司。或言巖嘗密請三品已上得罪誅殛，剔取喉驗其已死，俄而自及。觀此，知巖之出帥西川，實爲倚畀之深，非與韋保衡相擠。觀是時朝廷忌巖之甚，彌可見其局勢之危也。參看下節。

　　《新書·田令孜傳》云：僖宗沖騃，喜鬥鵝、走馬。數幸六王宅、興慶池，與諸王鬥鵝。一鵝至五十萬錢。《通鑑》云：好蹴鞠、鬥雞。與諸王賭鵝，鵝一頭至五十緡。《考異》云：鵝非可鬥之物，至直五十萬錢，亦恐失實，《新傳》誤也，今從續寶運錄。見廣明元年。與内園小兒尤昵狎，倚寵暴橫。荒酣無檢，發左藏、齊天諸庫金幣賜伎子、歌兒者日鉅萬，國用耗盡。令孜與内園小兒尹希復、王士成等勸帝籍京師兩市蕃旅、華商寶貨，舉送内庫，使者監閟櫃坊、茶閣。有來訴者，皆杖死京兆府。《通鑑》云：度支以用度不足，奏借富户及胡商貨財。敕借其半。鹽鐵轉運使高駢上言：“天下盜賊蜂起，皆出於飢寒，獨富户，胡商未耳。”乃止。亦見廣明元年。令孜知帝不足憚，則販粥官爵，除拜不待旨，假賜緋紫不以聞。荒淫無異懿宗，而大權旁落過之，而寰內驛騷，民窮無告，土崩瓦解之期遂至矣。

第二節　中葉後南蠻之患

《新書·南蠻傳》贊曰："唐北禽頡利，西滅高昌、焉耆，東破高麗、百濟，威制夷狄，方策所未有也。交州漢之故封，其外瀕海，諸蠻無廣土堅城，可以居守，故中國兵未嘗至。及唐稍弱，西原、黃洞，繼爲邊害，垂百餘年。及其亡也以南詔。《詩》曰：惠此中國，以綏四方，不以夷狄先諸夏也。"此言唐之亡，與南方之驛騷，深有關係也。南蠻貪小利，不爲大患，韓愈語，見下。而能敝唐者？以其調兵轉餉，所牽動者大也。此則政理之不臧，亦未可盡咎蠻夷之犯順矣。

南詔異牟尋，以元和三年卒，子尋閣勸立。明年卒，子勸龍晟立。《新書》、《通鑑》同。《舊書》：尋閣勸作苴蒙閣勸，勸龍晟作龍蒙盛。淫虐不道。十一年，弄棟節度使王嵯巔弑之。《通鑑注》：南詔置弄棟節度使於嵯巔，唐姚州之地。《舊紀》太和三年及《杜元穎傳》皆作篡巔。立其弟勸利。勸利德嵯巔，賜姓蒙氏，謂之大容。容，蠻言兄也。蠻患肇於此矣。長慶三年，勸利卒，弟豐祐立。勇敢善用其衆。始慕中國，不與父連名。太和三年，西川節度使杜元穎治無狀，嵯巔襲陷嶲、戎二州，遂陷邛州，《通鑑》云：元穎專務蓄積，減削士卒衣糧。戍卒衣食不足，皆入蠻境鈔盜自給。蠻反以衣食資之。由是蜀中虛實，蠻皆知之。嵯巔以蜀卒爲鄉導，襲陷嶲、戎二州。元穎遣兵與戰於邛州南，大敗。邛州遂陷。嶲州見第三章第一節。戎州見第二章第二節。邛州，今四川邛崍縣。徑抵成都，陷其外郭。詔發諸鎮兵往救。時先發東川、興元、荆南兵，繼以鄂、岳、襄、鄧、陳、許，又以董重質爲神策諸道西川行營節度使，又發太原、鳳翔兵赴之。以東川節度使郭釗爲西川。南詔寇東川。釗兵寡弱不能戰，以書責嵯巔。嵯巔修好而退。蠻留成都西郭十日，大掠子女、百工數萬人及珍貨而去。蜀人恐懼，往往赴江，流尸塞江而下。嵯巔自爲軍殿。及大度水，謂蜀人曰："此南吾境也，聽汝哭別鄉國。"衆皆慟哭，赴水死者以千計。此據《通鑑》。《新書》云：赴水死者什二三。《鑑》云：自是南詔工巧，埒於蜀中。《新書》云：南詔自是工文織，與中國埒。蓋於諸工尤重織也。《舊書·李德裕傳》：德裕帥西川，遣人入南詔求其所俘工匠，得僧、道、工巧四千餘人，蓋所俘什之一耳。有文事而無武備者，亦可哀矣。詔諸道兵皆還。郭釗至成都，與南詔立約，不相侵擾。詔遣中使以國信賜嵯巔。四年十月，釗求代，以李德裕爲西川。練士卒，葺堡鄣，積糧儲，蜀人稍安。是歲，嵯巔以表自陳，兼疏杜元穎過失。《舊書》本傳。比年使者來朝。開成、會昌間再至。《新書》本傳。蓋蠻志僅在虜掠。故所欲既遂，旋即戢兵也。蠻人最利俘掠，蓋所以益其衆也。觀第六章第五節所述吐蕃事可見。《新書·元結傳》：西原蠻入道州，掠居人數萬去，遺户裁四千，亦其一證。然安南之地，慢藏誨盜，復啟戎心。

唐初定南海，於交趾之地置交州。高宗時，又立安南都護府。《舊紀》在永隆二年即開耀元年八月。《新舊·志》皆在調露元年。《志》又云：至德二年，改爲鎮南都護。《新志》云：大曆三年，復爲安南。《舊志》則在永泰二年。其地爲利藪，而居官者多貪暴，故數有不安。垂拱三年，有李思慎等之亂，見新舊《書·文苑·劉延祐傳》。開元十年，有梅叔鸞之亂，見《舊紀》及新舊《書·宦者·楊思勗傳》。《舊傳》作梅玄成。《通鑑》又作梅叔焉。《考異》云從《舊紀》，然今《舊紀》作叔鸞。貞元七年，有杜英輔之叛，見《新舊·紀》及《李復傳》。十九年，經略使裴泰爲州將王季元所逐，見新舊《紀》。時占婆稍强，頗與安南相攻，梅叔鸞之亂，《舊書》即云其與林邑、真臘通謀，見《楊思勗傳》。《舊紀》：元和四年八月，安南都護張舟奏破環王三萬餘人，獲戰象、兵械，並王子五十九人。《新紀》云：環王寇安南，都護張舟敗之。其《環王傳》云：元和初，不朝獻。安南都護張舟執其偽驩、愛州都統，斬三萬級，虜王子五十九，獲戰象、舠、鎧。合觀三文，知當時環王既陷驩、愛，又進犯安南，張舟特禦敵之師也。《新書·裴行立傳》：遷安南經略使。環王國叛人李樂山謀廢其君，來乞兵。行立不受，命部將杜英策討斬之。行立乃好戰之徒，而不乘環王内釁，蓋力有所不及也。驩州見第二章第二節。愛州見第二章第七節。而黃洞蠻爲患尤烈。黃洞者，西原蠻之屬黃氏者也。據《通鑑》元和十四年《注》。《新書·裴行立傳》稱爲“黃家洞賊”。西原蠻者，居廣、容之南，邕、桂之西。廣州見第二章第七節。容州見第六章第三節。邕州見第三章第七節。桂州見第二章第二節。有甯氏者，相承爲豪。又有黃氏，居黃橙洞，其隸也。其地西接南詔。天寶初，黃氏强，與韋氏、周氏、儂氏相脣齒，爲寇害，據十餘州。韋氏、周氏恥不肯附，黃氏攻之，逐於海濱。至德初，首領黃乾曜、真崇鬱與陸州武陽、朱蘭洞蠻皆叛。陸州，在今廣東欽縣西南。推武承斐、韋敬簡爲帥，僭號中越王。廖殿爲桂南王，莫淳爲拓南王，相支爲南越王，梁奉爲鎮南王，羅誠爲戎城王，莫潯爲南海王，合衆二十萬，縣地數千里，署置官吏，攻桂管十八州，所至焚廬舍，掠士女。更四歲不能平。乾元初，遣中使慰曉諸首領，賜詔書赦其罪約降。於是西原、環、古等州西原州見第六章第三節。環州在今廣西境内。古州在今越南諒山東北。首領五百餘人請出兵討承斐等，歲中戰二百，斬黃乾曜、真崇鬱、廖殿、莫淳、梁奉、羅誠、莫潯七人。承斐等以餘衆面縛詣桂州降。盡釋其縛，差賜布帛縱之。其種落張侯、夏永與夷獠梁崇牽、覃問及西原酋長吳功曹復合兵内寇，陷道州，見第七章第一節。據城五十餘日。桂管經略使邢濟擊平之，執吳功曹等。餘衆復圍道州，刺使元結固守不能下。進攻永州，陷邵州，永州見第六章第三節。邵州，今湖南寶慶縣。留數日而去。貞元十年，黃洞首領黃少卿攻邕管。經略使孫公器請發嶺南兵窮討之。德宗不許，命中人招諭。不從。俄陷欽、橫、潯、貴四州。欽州見第二章第二節。橫州，今廣西橫縣。潯州見第五章第一節。貴州見第四章第三節。少卿子昌沔趫勇，前後陷十三州，氣益振。乃以唐州刺史陽旻爲容管招討經略使。引師掩賊，一日六七戰，皆破之，侵地悉復。元和初，邕州擒其別帥黃承慶。明年，少卿等歸款。拜歸順州刺史。未幾復叛。又有黃少度、黃昌驥二部，陷賓、巒二州，賓州，今廣西賓陽縣。巒州，在今廣西永淳縣北。據之。十一年，攻欽、橫二州。邕管經略使韋悅破走之，取賓、巒。是歲，復屠巖州。當在廣西境。桂管觀察使裴行立輕其軍弱，首請發兵盡誅叛者。憲宗許之。兵出擊更二歲，旻奏斬獲二萬罔天子爲解。自是邕、容兩道，殺傷疾疫，死者十八以上。十四年十月，安南都護李象古貪縱不法，使衙門將蠻酋楊清討黃洞蠻，清還襲安南，殺象古。詔赦清，以爲瓊州刺史。瓊州見第四章第二節。以唐州刺史桂仲武爲都護。清拒命。而其刑戮慘虐，人不聊生。仲武使人諭其酋豪。數月間，歸附繼至，得兵七千餘人。朝廷以爲逗留。十五年二月，時穆宗已即位。以裴行立代之。三月，安南將士開城納仲武，執清斬之，夷其族。行立至海門而卒。《通鑑》。《注》：海門鎮，在白州博白縣東南。案博白縣，今屬廣西。復以仲武爲都護。楊清之平，《新紀》在三月，《通鑑》同。《舊紀》書於六月。八月，乃奏報到及獻清首之日也。長慶初，以容管經略使留後嚴公素爲經略使。復上表請討黃氏。兵部侍郎韓愈建言："黃賊皆洞僚，無城郭，依山險，各治生業，急則畏死屯聚。前日邕管經略使，德不能綏懷，威不能臨制，侵詐係縛，以致憾恨。夷性易動而難安，然劫州縣，復私讎，貪小利，不爲大患。自行立、陽旻建征討，生事詭賞，邕、容兩管，日以彫敝。今公素復尋往謬，誠恐嶺南未有寧時，願因改元，普赦其罪，爲選材用威信者，委以經略。"不納。後侵寇仍不絕。長慶二年五月，邕州刺史李元宗叛，奔黃洞蠻。三年七月，黃洞蠻陷欽州。寇邕州，破左江鎮。十月，寇安南。四年八月，又寇安南。十一月，與環王合勢陷陸州，殺刺史葛維。見新舊《書·本紀》及《通鑑》。左、右江二鎮，皆在今南寧縣境。寶曆元年，安南李元喜奏移都護府於江北岸，《舊紀》。交州本治交趾。《新志》云：寶曆元年，徙治宋平。可見其侵軼之甚矣。

　　大中時，安南都護李涿，《通鑑》。《考異》曰：《實錄》或作琢，或作涿，《蠻書》亦作涿。《實錄》及《新書》皆有《李琢傳》，聽之子也。不云曾爲安南都護，疑作都護者別一李涿，非聽子。爲政貪暴，又殺蠻首杜存誠，據《考異》引《實錄》，存誠爲愛州刺史，兼土軍兵馬使。羣蠻怨怒，導南詔侵盜邊境。峯州有林西原，舊有防冬兵六千。胡三省曰：峯州在安南西北，林西原當又在峯州西南。南方炎瘴，至冬瘴輕，蠻乘此時爲寇，故置防冬兵。其旁七綰洞蠻，酋長曰李由獨，常助中國戍守，輸租賦，《新書》云：安南桃林人，居林西原七綰洞，首領李由獨主之。《通鑑考異》引《蠻書》稱爲桃花蠻，云屬由獨管轄，亦爲界上戍卒。知峯州者言於涿，請罷戍兵，專委由獨防遏，蠻書事在大中八年。於是由獨勢孤，南詔柘東節度使誘之，以甥妻其子,補柘東押衙,胡三省曰:南詔於東境置柘東節度,言將開柘東境也。《新志》:自戎州開邊縣七十里至曲州,又一千九百七十五里至柘東城。柘從木。案曲州見第三章第七節。柘東城見第五章第六節。由獨遂臣南詔,安南始有蠻患。《通鑑》繫大中十二年。然朝貢猶歲至。《新書·南詔傳》。初韋皋在西川,開青溪道以通羣蠻,胡三省曰:即清溪關路。案清溪關見第五章第六節。使由蜀入貢。又選羣蠻子弟,聚之成都,教以書數,欲以慰悅羈縻之。業成則去,復以他子弟繼之。如是五十年。羣蠻子弟,學於成都者,殆以千數。軍府頗厭於稟給。又蠻使入貢,利於賜與,所從傔人浸多。杜悰爲西川節度使,奏請節減其數。詔從之。豐祐怒。其賀冬使者留表付巂州而還。又索習學子弟,移牒不遜。自是入貢不時,頗擾邊境。會宣宗崩,遣中使告哀,豐祐適卒,子酋龍立,置使者於外館,禮遇甚薄。上以酋龍不告喪,又名近玄宗諱,遂不行冊禮。酋龍乃自稱皇帝。國號大禮。遣兵陷播州。見第五章第一節。咸通元年十月,安南都護李鄠復之。鄠之至,殺杜存誠之子守澄,十二月,其宗黨誘導羣蠻及南詔乘虛陷交趾。鄠奔武州。在今安南境。二年六月,集土軍復之。朝廷以杜氏宗強,家兵多,務在姑息,贈杜存誠金吾將軍,流鄠崖州。見第四章第二節。初廣、桂、容三道共發兵三千人戍邕州,三年一代。邕管經略使段文楚請以其衣糧募土軍以代之。纔得五百許人。繼者李蒙,利其闕額衣糧以自入,遽罷遣戍卒。七月,蠻乘虛入寇。時蒙已卒。經略使李弘源至鎮纔十日,無兵以禦之,奔巒州,二十餘日,蠻去,乃還。坐貶,復以文楚爲經略使。至鎮,城邑居人,什不存一,復坐變更舊制左遷。謂募土軍以代戍卒。時杜悰爲相,上言西川兵食單寡,請遣使弔祭,曉諭清平官等以新王名犯廟諱,待其更名謝恩,然後遣使冊命。上從之。使未發,而南詔寇巂州,攻邛崍關,在今四川滎經縣西邛崍山西麓。遂不行。三年二月,南詔復寇安南。經略使王寬,數來告急。以前湖南觀察使蔡襲代之。仍發許、渭、徐、汴、荆、襄、潭、鄂等道兵合三萬人授襲。蠻引去。左庶子蔡京,制置嶺南,還奏事稱旨,復充荆襄以南宣慰安撫使。京請分嶺南爲兩道。乃以廣州爲東道,以嶺南節度使韋宙爲節度使,邕州爲西道,以京爲節度使。嶺南舊分五管:廣、桂、邕、容、安南,皆隸嶺南節度使,京之爲此,蓋以重邕管之權也。《新書·孔巢父傳》:從子戣,拜嶺南節度使。自貞元中,黃洞諸蠻叛,久不平,容、桂二管利虜掠,幸有功,請合兵討之,戣固言不可。憲宗不聽。大發江湖兵合二管入討,土被瘴毒,死者不勝計。安南乘之,殺都護李象古。桂管裴行立、邕管陽旻,皆無功憂死。獨戣不邀一旦功,交、廣晏然,當時邕、桂用兵,廣州應接甚少,自主安靜者言之爲有功,自主征討者言之,則憾其坐視矣。蔡襲將諸道兵在安南,京奏武夫邀功,妄占戍兵,虛費餽運,請各罷還本道。襲乞留五千人,不聽。作十必死狀申中書,不省。京爲政苛慘,設炮烙之刑,爲軍士所逐。代以桂管觀察使鄭愚。十一月,南詔率羣蠻寇安南。蔡襲告急。敕發荊南、湖南兵二千,桂管義征子弟三千詣邕州,受鄭愚節度。十二月,又發山南東道弩手千人赴之。四年正月,交趾陷,蔡襲死之。諸道兵赴安南者悉召還,分保嶺南西道。南蠻寇左、右江,浸逼邕州。鄭愚自陳儒臣,無將略,請任武臣。四月,代以義成節度使康承訓。發荊、襄、洪、鄂兵萬人與俱。六月,廢安南都護府,置行交州於海門鎮,以右監門將軍宋戎爲刺史,承訓兼領安南及諸軍行營。七月,復置安南都護府於行交州,以宋戎爲經略使。發山東兵萬人鎮之。時諸道兵援安南者屯聚嶺南,江西、湖南餽運者,皆沂湘江入澪渠、灘水,勞費艱澀,諸軍乏食。潤州人陳磻石,請造千斛大舟,自福建運米泛海,不一月至廣州。軍食以足。然有司以和雇爲名,奪商人舟,委其貨於岸側;舟入海,或遇風濤没溺,則因繫綱吏、舟人,使償其米;人頗苦之。五年正月,南詔寇嶲州。詔發右神策兵五千及諸道兵戍之。以容管經略使張茵兼句當交州事。益海門鎮兵滿二萬五千人,令茵進取安南。三月,康承訓至邕州,蠻寇益熾,詔發許、滑、青、汴、兖、鄆、宣、潤八道兵以授之。承訓不設斥候,南詔率羣蠻近六萬寇邕州,將入境,承訓乃遣六道兵萬人拒之。五道兵八千人皆没,惟天平軍後一日至得免。有天平小校,將勇士三百,夜縋而出,散燒蠻營。蠻驚,間一月,解圍去。承訓乃遣諸軍數千追之。所殺虜不滿三百,皆溪獠脅從者。承訓遽騰奏告捷。奏功受賞者,又皆子弟親暱,燒營將校,不遷一級。軍中怨怒,聲流道路。韋宙具知所爲,以書白宰相。七月,乃以張茵爲嶺南西道節度使,而以驍衛將軍高駢爲安南都護,^{駢,崇文孫。}以茵所將兵授之。六年,楊收建議:兩河兵戍嶺南,冒瘴霧物故者十六七。請於江西積粟,募強弩三萬人,以應接嶺南,仍建節以重其權。從之。五月,置鎮南軍於洪州。^{洪州見第二章第三節。}《新書‧收傳》曰:悉教蹋張,戰必注滿,蠻不能支。高駢治兵海門。監軍李維周惡駢,趣使進軍。駢以五千人先濟。維周擁餘衆,不發一卒以繼之。九月,駢掩擊峯州蠻之收穫者,大破之,收所穫以食軍。監陳敕使韋仲宰將七千人至,駢乃得益其軍,進擊南詔,屢破之。維周匿其捷奏,而奏駢玩寇不進。上怒,以右武衛將軍王晏權代駢。^{晏權,智興從子。}七年六月,駢大破南詔蠻,圍交趾。十餘日,得晏權牒,即以軍事授仲宰北歸。而先與仲宰所遣告捷之使得達。上復以駢鎮安南。駢遂破交趾。^{《舊紀》於六年秋書高駢自海門進軍,破蠻軍,收復安南府,蓋因其進軍終言之,其平定實在七年,故又於七年十月書駢奏蠻寇悉平。此爲奏報到日,《新紀》書於八月,則其收復之時也。}十一月,置靜海軍於安南,以駢爲節度使。至九年八月乃歸。駢從孫潯,常爲駢軍先鋒,冒矢石,駢薦以自代焉。

唐自有蠻患以來,西川兵備,始終未能整飭,安南尤爲鞭長莫及,故於南詔，常懷和意。咸通七年三月，劉潼爲西川節度使。初南詔遣清平官董成等詣成都。故事，南詔使見節度使，拜伏於庭。成等以酋龍已稱帝，欲與節度使抗禮。傳言往返，自旦至日中不決。節度使李福怒，捽而毆之，械繫於獄。福以五年二月節度西川。潼至，釋之，奏遣還國。詔召至京師，見於別殿，厚賜勞而遣之。而貶福爲蘄王傅。其欲和之心，可謂切矣。及高駢克交趾，遂詔安南、邕州、西川諸軍，各保疆域，勿復進攻。委劉潼曉諭：如能更修舊好，一切不問。然南詔殊無和意。九年六月，鳳翔少尹李師望上言：嶲州控扼南詔，爲其要衝，成都道遠，難以節制，請建定邊軍，屯重兵於嶲州，以邛州爲理所。時析邛、蜀、嘉、眉、黎、雅、嶲七州爲定邊軍。史云：師望利於專制方面，故建此策，其實邛距成都纔百六十里，嶲距邛千里，其欺罔如此。案此無可以欺罔之理，疑屯駐邛州，實非本意，初計當治嶲州，故朝廷亦以師望爲嶲州刺史也。嘉州，今四川樂山縣。眉州見第四章第二節。黎州見第三章第四節。雅州見第二章第四節。朝廷以爲然。以師望爲嶲州刺史，充定邊軍節度。南詔使楊酋慶來謝釋董成之因，師望殺之，而貪殘，聚私貨以百萬計。成卒怨怒，欲生食之。師望以計免。徵還，以太府少卿竇滂代之。貪殘又甚於師望。西川大將恨師望分裂巡屬，陰使人致意南詔使入寇。十年十月，酋龍傾國入。十二月，陷嘉州。進陷黎、雅。滂奔導江。唐縣，在今四川灌縣東。西川之民，聞蠻寇將至，爭走入成都。人所占地，不過一席許。雨則戴箕盎以自庇。井竭，即共飲摩訶池，隋蜀王秀所鑿。至爭捽溺死。或取泥汁澄而飲之。死不能具棺，即共瘞埋。節度使盧耽，召彭州刺史吳行魯，使攝參謀，與前瀘州刺史楊慶復共修守備。彭州，今四川彭縣。瀘州見第三章第七節。先是西川將士，多虛職名，亦無稟給，至是，揭牓募驍勇之士，補以實職，厚給糧賜，慶復選三千人，號曰突將，皆憤鬱求奮。盧耽遣使見南詔用事之臣杜元忠，與之約和。又使告急於朝，請遣使與和，以紓一時之急。朝命知四方館事太僕卿支詳爲宣諭通和使。先是命左神武將軍顏慶復赴援。十一年，以爲東川節度使。援蜀諸軍，皆受節制。竇滂自以失地，欲西川相繼陷没，以分其責。每援師自北至，輒說之曰：“蠻衆多於官軍數十倍，官軍遠來疲弊，未易遽前。”諸將信之，皆狐疑不進。蠻攻成都，不克。慶復破蠻於新都。今四川新都縣。宋威以忠武二千人至，又大敗之。蠻急攻成都，不克，乃燒攻具遁去。初朝廷使顏慶復救成都，宋威屯緜、漢爲後繼，緜、漢州皆見第六章第三節。而威乘勝先至成都城下，破蠻軍功居多，慶復疾之，威飯士欲追蠻軍，城中戰士，亦欲合勢俱進，而慶復牒威奪其軍，勒歸漢州。蠻至雙流，今四川雙流縣。阻新穿水，狼狽失度，三日橋成乃得過，斷橋而去，蜀人甚恨之。時已廢定邊軍，蠻軍既去，以吳行魯爲西川留後，旋以爲節度。明年四月，以路巖代之，其治績已見上節。十四年五月，南詔寇西川。又寇黔南。黔中經略使秦匡謀奔荊南。敕斬之，籍沒其家貲，親族應緣坐者，令有司搜捕以聞。蓋頗欲以威刑，整飭邊事矣。是歲七月，懿宗崩，僖宗立。十一月，路巖徙荊南，牛叢代爲西川。乾符元年十一月，南詔來寇。黎州刺史黃景復禦諸大度河，先勝後敗。蠻陷黎州，入邛崍關，遂攻雅州。大度河潰卒入邛州，成都驚擾。民爭入城。蠻兵及新津而還。今四川新津縣。詔發河東、山南西道、東川兵救之。高駢時鎮天平，使詣西川制置蠻事。二年正月，復以爲西川節度。駢停突將職名稟給，突將作亂，駢初牓謝還之，已而遣人掩捕，並老幼殺之。修復邛崍關、大度河諸城柵，又築城於戎州馬湖鎮及沐源川，各置兵戍之。馬湖鎮，今四川屏山縣。沐源川，胡三省曰：在嘉州羅目縣界。麟德二年，開生僚，置羅目縣及沐州。後廢沐州，以羅目屬嘉州。宋朝又廢羅目爲鎮，屬峨眉縣。又今嘉州犍爲縣有沐川鎮。案峨眉、犍爲二縣，今皆屬四川。沐州，在今四川峨邊縣境。《新書》云：駢結吐蕃尚延心、嗢末褕目等爲間，築戎州馬湖、沐源川、大度河三城，列屯拒險，料壯卒爲平夷軍，南詔氣奪。案時吐蕃雖衰亂，其殘部猶多。《通鑑》：太和四年，李德裕鎮西川，奏言聞南詔以所掠蜀人二千及金帛遺吐蕃，若使二虜知蜀虛實，連兵入寇，誠可深憂。又《新書》載咸通十四年，西川節度使牛叢以書責酋龍曰：爾祖嘗奴事西蕃，爲爾仇家，今顧臣之，何恩讎之�邪？則時南詔與吐蕃，仍有交結。故駢撫用之而南詔爲之氣奪也。自是蠻不復入寇。案南詔之志，僅在剽掠，其兵力亦無足長，故唐邊備少飭，即不復來。然唐之力，亦終不足以懲創之，其局遂復歸於和矣。

先是南詔督爽，《新書・南蠻傳》：爽，猶言省也。督爽，主三省也。屢牒中書，辭語怨望，中書不答，盧攜奏稱如此則蠻益驕。宜數其十代受恩以責之。然自中書發牒，嫌於體敵。請賜高駢及嶺南節度使辛讜詔，使錄詔白牒與之。胡三省曰：錄詔白，今謂之錄白。從之。此隱開其交涉之路也。三年，南詔遣使者詣高駢求和，而盜邊不息。駢斬其使。蠻之陷交趾也，虜安南經略判官杜驤妻李瑤。瑤，宗室之疏屬也。蠻遣瑤還，遞木夾以遺駢。胡三省曰：遞牒以木夾之，故曰木夾。范成大《桂海虞衡志》曰：紹興元年，安南與廣西帥司及邕通信問，用兩漆板夾繫文書，刻字其上，謂之木夾。按宋白續通典：諸道州府巡院傳遞敕書，皆有木夾。是中國亦用木夾也。駢送瑤京師，復牒南詔，數其罪，暨安南、大度覆敗之狀折辱之。此等皆無可質證，不知其書中措辭究如何也。八月，駢築成都羅城，恐南詔揚聲入寇，役者驚擾，乃奏遣僧景仙託游行入南詔，説諭驃信，夷語君也。使歸附中國，仍許妻以公主，因與議二國禮儀。先是西川將吏入南詔，驃信皆坐受其拜，駢以其俗尚浮屠，故遣景仙往，驃信果率其大臣迎拜，信用其言。據《通鑑》。《新書》云：自南詔叛，天子數遣使至其境，酋龍不肯拜使者，遂絕。駢以其俗尚浮屠法，故遣景仙攝使往。酋龍與其下迎謁，且拜，乃定盟而還。案《通鑑》云託爲遊行，則非以使人往，酋龍迎拜，乃拜僧，非拜使者也。《鑑》亦無定盟而還之説。《新書》措辭恐不審。此實先遣使入蠻議和耳。事雖若出於駢，豈能不得朝旨而爲之？觀此，愈見唐望和之切也。乾符四年，酋龍卒，僞諡景莊皇帝，子法立。《新書》云：酋龍年少嗜殺戮，親戚異己者皆斬。兵出無寧歲，諸國更讎怨，屢覆衆，國耗虛。蜀之役，男子十五已下悉發，婦耕以餉軍。法年少，好畋獵，酣逸，國事顓決大臣。其國亦浸衰矣。是歲，閏二月，辛讜奏南詔遣陁西段瑳寶等來請和。《新傳》：陁西若判官。且言諸道兵戍邕州歲久，餽餉之費，疲弊中國，請許其和。許之。謹遣大將杜弘齋書幣送瑳寶還。但留荆南、宣歙請軍戍邕州，自餘諸道兵，什減六七。五年，遣其酋望趙宗政來請和親。無表，但令督爽牒中書。請爲弟而不稱臣。詔百僚議之。禮部侍郎崔澹等以爲南詔驕僭無禮，高駢不識大體，反因一僧，呫囁卑辭，誘致其使，若從其請，恐垂笑後代。駢聞之，上表與澹爭辯。詔諭解之。是歲正月，駢移帥荆南。時相盧攜欲與和親，鄭畋不可。《實錄》云：畋、攜因此忿爭，俱罷相，其説恐不足信，見第五節。宗政還，中書不答督爽牒，但作西川節度使崔安潛書意，使安全答之。時同崔澹議者，尚有諫議大夫柳韜。安潛亦上言：安可以賤隸尚貴主？故至陳敬瑄代安潛，和議乃成。杜弘踰年還，辛讜復遣攝巡官賈宏、大將左瑜、曹朗往使，相繼卒於道。六年正月，讜復遣攝巡官徐雲虔往見驃信。驃信不肯稱臣奉表，而欲與唐約爲兄弟若舅甥。時驃信見大使抗禮，受副使已下拜。雲虔還，驃信授以二木夾：一上中書、門下，一牒嶺南西道。是歲十二月，盧攜再相。廣明元年三月，陳敬瑄代崔安潛爲西川，乃作詔賜敬瑄，許其和親，不稱臣。令錄詔白並移書與之。以嗣曹王龜年爲宗正少卿，充使。中和二年，南詔上書，請早降公主。詔報以方議禮儀。三年七月，南詔遣布爕楊奇肱來迎公主。詔陳敬瑄與書，辭以鑾輿巡幸，儀物未備，俟還京邑，然後出降。奇肱不從，直前至成都。十月，以宗女爲安化長公主，妻南詔。布爕，亦清平官。《新傳》云：帝以宗室女爲安化長公主，許婚。法遣宰相趙隆眉、楊奇混、段義宗朝行在，迎公主。高駢自揚州上言：三人者，南詔心腹也。宜止而鴆之，蠻可圖也。帝從之。隆眉等皆死。自是謀臣盡矣。蠻益衰。中和元年，復遣使者來迎主。帝以方議公主車服爲解。後二年，又遣布爕楊奇肱來迎。詔檢校國子祭酒張讜爲禮會五禮使，徐雲虔副之，宗正少卿嗣虢王約爲婚使。未行而黃巢平，帝東還，乃歸其使。楊奇混即楊奇肱。鴆殺三人之説，顯係東野人言，傳誤採之耳，當時雖許以公主下降，然婚實未成也。法死，僞諡聖明文武皇帝，子舜化立。遣使款黎州修好。昭宗不答。後中國亂，不復通。新書本傳。唐之於南蠻，失之於專用兵力，不能簡良吏撫綏，又不能用土兵，而專恃北兵屯戍，於是調發、轉輸，騷動全國矣。治南方者，首在清廉有恩，次則能撫用其人，不煩客兵遠戍，若馬總、馬植、鄭讜等其選也。可參看《舊書》本傳。楊思勗之討梅叔鸞，至於盡誅其黨，積尸爲京觀，如此殘虐，安能服人？而兵力亦豈可終窮邪？《舊書·四夷傳》脱略殊甚，《新書·南詔傳》亦多舛誤，故此節多用《通鑑》。其訂正新舊《書》處，具見《考異》。

西原蠻：當敬宗時，黃氏、儂氏、據州十八。經略使至遣一人詣治所。少不得意，輒侵掠諸州。橫州當邕江官道，嶺南節度使常以兵五百戍守，不能制。太和中，經略使董昌齡遣子蘭討平峝穴，夷其種黨。諸蠻畏服。有違命者，必嚴罰之。十八州歲輸貢賦，道路清平。其後儂洞最強。結南詔爲助。懿宗與南詔約和，二洞數構敗之。辛讜以從事徐雲虔使南詔結和，齎美貨啗二洞首領，與之通驩云。《新書》本傳。

第三節　懿僖時之内亂上

論者每謂内重之世，草澤之雄，易於崛起，外重之世則不然，以漢、唐已事爲證，其實非也。漢世州郡之權，不可謂不重，然赤眉、黃巾何嘗不橫行千里？即唐之亡，亦豈非黃巢爲之邪？要之剥削殘酷，民窮無告，則必有奮起圖紓死者，徒陳兵而誰何，必無用也。況乎兵之屯聚久者，又必驕橫而怯戰，弭亂不足而造亂則有餘邪？

爲黃巢之亂之先聲者，仇甫也。仇甫，新舊《書》同。《通鑑》依《平剡録》作裘甫。據《考異》，《實録》亦作仇甫。甫以咸通元年正月，起於浙東，陷明州，見第三章第四節。攻越州。見第二章第七節。明越觀察使鄭祗德不能討，以安南經略使王式爲浙東觀察使，八月，討平之，是役式聞甫用騎兵，乃閲所部，得吐蕃、回鶻遷隸數百用之，此又啓用沙陀以攻黃巢之先聲矣。式之受命，左右宦要，皆憚兵衆而餽餉多，式曰：“不亟決，東南征賦闕矣。”乃益以許、滑、淮南兵。蓋唐自肅、代來，久恃江淮財賦以爲命，故其重之如此也。甫之亂幸獲戡定。然黃巢亂後，卒至兩河、江淮，賦不上供，而唐遂瓦解矣。見第六節。

民亂將作，乃藉兵變爲前驅。初王智興得徐州，召募强壯之卒二千人，號曰銀刀、鵰旗、門槍、挾馬等軍，《舊書》本傳云凡七軍。《通鑑》同。番宿衙城。自後寖驕，節度使姑息不暇。田牟鎮徐日，每與衙卒雜坐，酒酣撫背，時把板爲之唱歌。其徒日費萬計，每有賓宴，必先厭食飫酒，祁寒暑雨，厄酒盈前，然猶誼譟要求，動謀逐帥。咸通二年，溫璋爲節度使。驕卒知其嚴酷，深負憂疑。璋開懷撫諭，終爲猜貳，給與酒食，未嘗瀝口。三年七月，遂逐璋。乃移王式於武寧。詔率忠武、義成之師往。三日，犒勞令還。既擐甲執兵，即命環衙卒殺之。三千餘人，是日盡殺。《通鑑考異》曰：《舊傳》曰：璋咸通末爲徐泗節度使。徐州衙卒曰銀刀軍，頗驕橫。璋至，誅其凶惡者五百人。自是軍中畏法。按誅銀刀軍者王式也，《舊傳》誤。今案璋初至時，或曾誅其最激烈者，而思更撫其餘，故其卒終忌之也。《舊傳》不必定誤，惟咸通末之末字，則必誤耳。於是罷武寧軍節度使，改置團練。《舊書·本紀》：咸通四年四月，勅徐州罷防禦使，爲文都，隸兗州。文都，蓋當時俗語，指不置軍之州郡。武寧軍時領徐、泗、濠、宿四州。《新書·方鎮表》：咸通三年，罷武寧軍節度，置徐州團練防禦使，隸兗海。又置宿泗等州都團練觀察處置使，治宿州。四年，罷徐州防禦使，以濠州隸淮南節度。五年，置徐泗團練觀察處置使，治徐州。徐卒逃亡者衆，詔赦之。五年五月，又募其人赴邕管防戍。《舊紀》：咸通四年七月，制曰：徐州銀刀官健，先有逃竄者，累降勅旨，不令捕逐。其今年四月十八日草賊頭首，已抵極法，其餘徒黨，各自奔逃，所在更勿捕逐。五年五月，制曰：比因罷團之日，或有被罪奔逃。雖朝廷頻下詔書，並令一切不問，猶恐尚懷疑懼，未委招攜，結聚山林，終成詿誤；況邊方未靜，深藉人才；宜令徐泗團練使選揀召募官健三千人，赴邕管防戍。待嶺外事寧之後，即與替代歸還。仍令每召滿五百人，即差軍將押送。蓋徐州士卒，逃匿山林者多，思以是靖之也。然既以虐殺除之矣，則宜別籌安撫之策，而不宜再招使爲兵，此詔實鑄一大錯也。仍成養癰之局矣。

時則徐將孟球，召募二千人往。據《舊書·崔彥曾傳》。《傳》云球爲節度使，是時無節度使，必誤。分其八百人戍桂州。初約三年而代。至咸通九年，已六年矣。戍卒求代。時徐泗觀察使爲崔彥曾，性嚴刻。都押衙尹戡，教練使杜璋，兵馬使徐行儉用事，軍中怨之。戡以軍帑匱乏，難以發兵，請戍桂之卒，更留一年。戍卒聞之，怒。都虞候許佶，軍校趙可立、姚周、張行實作亂。殺都將王仲甫。推糧料判官龐勛爲主，劫庫兵北還。所過剽掠。時七月也。朝廷聞之，遣使赦其罪，部送歸徐州。剽掠乃止。九月，勛等至湖南。監軍以計誘之，使悉輸其甲兵。山南東道節度使崔鉉，嚴兵以守要害，戍卒不能入境。泛舟沿江東下。許佶等各以私財造甲兵旗幟。過浙西，入淮南。時令狐綯爲節度使，都押衙李湘請伏兵高郵擊之，弗聽。高郵見第二章第七節。至泗州，刺史杜慆悰弟。有備，勛等不敢爲亂，申狀於崔彥曾：乞停尹戡、杜璋、徐行儉職。戍還將士，別置二營，共爲一將。彥曾命都虞候元密以三千人討之。十月，勛等陷宿州。掠大船，欲入江湖爲盜。元密追之，敗死。勛等遂陷徐州。囚彥曾，殺尹戡、杜璋、徐行儉，滅其族。勛使求節鉞。又遣其將劉行及陷濠州，李圓圍泗州。辛雲京之孫讜，寓居廣陵，喜任俠，與杜慆有舊，入泗州，與之共守。詔以康承訓爲義成節度使、徐州行營都招討使，王晏權爲徐州北面行營招討使，戴可師爲徐州南面行營招討使。承訓奏乞沙陀朱邪赤心及吐谷渾、達靼、契苾酋長，各率其衆以自隨。龐勛以李圓攻泗州久不克，遣吳迥代之。又遣劉佶往助。劉行及亦自濠州遣王弘立助之。鎮海節度使杜審權遣將翟行約以兵四千救泗州，敗死。勅使郭厚本以淮南兵千五百救泗州，至洪澤，今洪澤本一小湖，在未成大湖時，其地名洪澤鎮。不敢進。辛讜往求救，厚本分兵五百與之。令狐綯遣李湘以數千人與厚本合。又爲賊所敗，及厚本皆被執。賊據淮口，泗水入淮之口。漕驛路絕。又南寇舒、廬，北侵沂、海，破沭陽、今江蘇沭陽縣。下蔡、今安徽鳳臺縣。烏江、今安徽和縣。巢縣。今安徽巢縣。陷滁州。攻和州。見第四章第三節。戴可師以兵三萬渡淮，爲王弘立所敗，可師死，時汴路既絕，江淮往來，皆出壽州，今安徽壽縣。賊破可師，遂乘勝圍之，掠諸道貢獻及商人貨，其道復絕。惟泗州藉辛讜屢出城護淮、浙，兵糧以入，得不陷。康承訓駐宋州，諸道兵漸集。十年二月，承訓以七萬餘人南。使朱邪赤心以三千騎爲前鋒。王弘立擊之，大敗。仍請取泗州以補過。三月，承訓又敗姚周兵。周走宿州，賊守將梁丕殺之。先是朝以王晏權數退衄。代以泰寧節度使曹翔。出兵圍滕縣。今山東滕縣。魏博節度使何全暤，亦屢出兵攻豐縣。今山東豐縣。四月，龐勛殺崔彥曾，斷郭厚本、李湘手足，勛前此猶向朝廷求節鉞，至此乃決叛。自出兵解豐縣之圍。曹翔兵亦退。朝又以馬舉代令狐絢。舉將精兵三萬救泗州，王弘立死。吳迴走，泗州圍解。六月，舉進攻濠州。龐勛遣迴助劉行及守。朝以宋威爲徐州西北面招討使。將兵三萬屯豐、蕭間。蕭，今蕭縣。曹翔復引兵會之。七月，拔滕縣。進攻豐、沛。沛，今江蘇沛縣。康承訓亦進抵宿州之西。初龐勛怒梁丕專殺，黜之。使徐州舊將張玄稔代治州事。以其將張儒、張實等將城中兵數萬拒守。據《通鑑》。《新書·康承訓傳》張實作張行實。承訓圍之。實潛以書白勛："令出不意掠宋、亳之郊。彼必解圍而西，將軍設伏要害擊其前，實等出城中兵躡其後。"勛從之。留其父舉直與許佶共守徐州，身率兵而西。九月，張玄稔斬張儒等降。因請詐爲城陷，引兵趨符離及徐州。唐符離縣，今安徽宿縣北符離集。許佶聞之，嬰城守。玄稔攻克之。斬舉直及佶。悉捕戍桂州卒親族殺之，死者數千人。龐勛襲宿州，陷其南城。康承訓追之。勛走渡汴，南掠亳州，今安徽亳縣。爲沙陀所及，勛死。十月，吳迴突圍走死。亂平。勛之初據徐，徐人謂旌節之至，不過旬月，願效力獻策者，遠近輻湊，光、蔡、淮、浙、兗、鄆、沂、密羣盜，皆倍道歸之，闐溢郛郭，旬月間，米斗直錢二百，《通鑑》咸通九年。而倉庫素無貯蓄，乃令羣凶四出，於揚、楚、廬、壽、滁、和、兗、海、沂、密、曹、濮等州界，剽牛馬輦運糧糗，以夜繼晝。招致亡命，有衆二十萬。男女十五已上，皆令執兵。《舊書·本紀》咸通十年。口實不給，遂至食人。《舊書·令狐絢傳》：穀食既盡，淮南之民多爲賊所噉。李湘之敗，淮卒五千人皆被生繫送徐州，蒸而食之。又《本紀》：濠州之陷，刺史盧望回僕妾數人皆爲賊蒸食。《新書·康承訓傳》：吳迴守濠州，糧盡亦食人。然其募兵也，人利於剽掠，爭赴之，至父遣其子，妻勉其夫，皆斷鉏首而銳之，執以應募，《通鑑》咸通九年。蓋捨此實無生路也。朝以王晏權智興猶子，授之節以冀招懷，數月，卒無革心者，蓋知反正亦無生路也。《舊紀》咸通十年。《紀》云由徐人怨王式之誅。夫怨王式之誅者，驕卒之黨耳，民何與焉。戍卒初擅歸時，尚非不可收拾，以詔釋其罪，故諸將莫敢擊。賊之其攻和州也，刺史崔雍登城樓謂吳迴曰："城中玉帛子女不敢惜，只勿取天子城池。"賊許之。遂剽城中居民。殺判官張琢，以琢治城壕故也。《舊紀》咸通九年。雍與賊頭吳約於鼓角樓上飲酒。認軍事判官李譙爲親弟，表狀驅使官張立爲男，只乞二人併身，其餘將士，一任處置，至束手就戮者，八百餘人。同上十年。閭閻之困窮如彼，綱紀之廢弛如此，雖與之天下，安能一朝居哉。亂既平，復改徐州都團練使爲感化軍節度使，蓋以重其地也。康承訓以功授河東節度使。明年，路巖、韋保衡劾其討賊逗橈，貪虜獲，不時上功，貶蜀王傅，分司東都，再貶恩州司馬。恩州見第九章第一節。可見勛之平，實其自敗。以用兵論，則有同兒戲矣。

　　咸通四年十二月，昭義節度使沈詢奴歸秦與詢侍婢通，詢欲殺之，未果，歸秦結衙將作亂，殺詢。五年正月，以京兆尹李蠙爲昭義節度使，取歸秦心肝以祭詢。據《通鑑》。《新書·本紀》亦云：咸通四年十二月，昭義軍亂，殺其節度使沈詢。殿本考證云：《舊書》：是年正月，河東節度使盧簡求致仕，以昭義節度劉潼代，三月，以李蠙爲昭義節度，是潼之後蠙，蠙之後詢矣，而《新書·沈傳師傳》乃云：詢遇害，潼代爲節度，誅害詢者，豈潼本在詢後邪？當是年月《傳》誤耳。今案《舊紀》紀事，疑誤前一年，潼誅亂者不盡，而蠙又繼之也。八年七月，懷州民訴旱，刺史劉仁規揭牓禁之，民怒，逐仁規，久之乃定。十年六月，陝州民訴旱。觀察使崔蕘指亭樹曰："此尚有葉，何旱之有？"民怒，逐之。蕘，寧弟密之曾孫，新舊《書》皆附《寧傳》，云爲軍人所逐。其《楊嗣復子損傳》云：嗣復子損，繼蕘爲使，誅亂者。據《通鑑》，則損所誅乃僖宗時逐崔碣者，恐《舊傳》誤而《新傳》又誤承之也。參看第五節。此等皆亂事之較小者也。逮僖宗立而一發不可收拾矣。

第四節　懿僖時之內亂中

　　僖宗乾符元年正月，翰林學士盧攜上言：關東去年旱災，自虢至海，虢州見第四章第五節。海州見第二章第七節。麥纔半收。秋稼既無，冬菜至少。貧者礱蓬實爲麪，蓄槐葉爲虀。或更衰羸，亦難收拾。常年不稔，則散之鄰境，今所在皆飢，無所投依，坐守鄉閭，待盡溝壑。其蠲免餘稅，實無可徵，而州縣以有上供及三司錢，三司，謂戶部、度支、鹽鐵。督促甚急。雖徹屋伐木，雇妻粥子，止可供所由酒食之費，未得至於府庫也。或租稅之外，更有他徭。朝廷儻不撫存，百姓實無生計，乞敕州縣，應所欠殘稅，並一切停徵，以俟蠶麥。仍發所在義倉，亟加振給，至深春之後，有菜葉、木芽，繼以桑椹，漸有可食。在今數月之間，尤爲窘急，行之不可稽緩。民至望菜葉、木芽以續命，而官司之苛求尚如此，亂安得不作哉？

是歲，十二月，感化軍奏羣盜寇掠，州縣不能禁，救兗、鄆等道出兵討之，蓋徐方承大戰之後，民益無以爲生也。而關東又遭水旱。於是濮州人王仙芝，聚衆起於長垣，今河南長垣縣。仙芝之起，《通鑑》繫乾符元年末。《考異》曰："仙芝之反，《實錄》在二年五月。"《續寶運録》：仙芝傳檄諸道，末稱乾符二年正月三日，則其起必在二年前，因繫元年歲末。明年，冤句人黃巢亦起兵應之。冤句，今山東菏澤縣。宋威時爲平盧節度，朝廷以爲宿將，倚以爲諸道行營招討草賊使。三年七月，威敗仙芝於沂州，見第七章第二節。奏仙芝已死，縱遣諸道兵，身還青州，而仙芝實未死，剽掠如故。九月，仙芝西陷汝州，見第二章第六節。執刺史王鐐，宰相鐸之從父昆弟也。救赦仙芝及其黨尚君長罪，除官以招諭之。十月，仙芝南攻唐、見第五章第二節。鄧，見第二章第七節。陷郢。見第六章第三節。復擾及淮南。蘄州刺史裴偓，蘄州見第五章第八節。王鐸知舉時所擢進士也，王鐐以書爲仙芝説偓，偓與約，斂兵不戰，爲之奏官。諸宰相多言不可。王鐸固請許之。乃以仙芝爲左神策軍押衙兼監察御史，遣中使以告身授之。黃巢以官不及己大怒，曰："始者共立大誓，橫行天下，今獨取官赴左軍，使此五千餘衆安歸乎？"因毆仙芝傷首。其衆誼譟不已。仙芝畏衆怒，遂不受命。大掠蘄州，乃分其軍三千餘人從仙芝、君長，二千餘人從巢，分道而去。已而復合於查牙山。《舊紀》在四年七月。《通鑑考異》引《實錄》：三年十二月，招討副都監楊復光奏尚讓據查牙山，官軍退保鄧州。四年四月，黃巢引其衆保查牙山。案查牙山，在今河南遂平縣西。四年七月，圍宋威於宋州。忠武節度使崔安潛，使將張自勉以七千人解其圍。先是宰相鄭畋，以威衰老多病，招討副使曾元裕奉命守東都，而擁兵蘄、黃，黃州見第二章第七節。欲以安潛爲行營都統，李琢爲招討使代威，琢，晟孫。自勉爲副使代元裕。及是，盧攜亦爲相，與王鐸俱欲使自勉受威節度，畋以威與自勉，已有疑忿，在其麾下，必爲所殺，不肯署奏，各求罷，皆不許。畋復請罷黜威，不聽。十一月，招討副都監楊復光遣人諭誘仙芝，仙芝遣尚君長等請降。宋威遣兵於道劫取，奏稱戰於潁州西南所擒。潁州見第六章第三節。復光奏辯。命侍御史與中人即訊，不能明，竟斬之。五年正月，仙芝寇荊南，節度使崔知溫不能禦，山南東道李福悉衆救卻之。曾元裕又破仙芝於申州東。申州見第四章第二節。乃以元裕爲招討使代宋威，威還青州，九月卒。張自勉副之，而移西川高駢於荊南。二月，元裕破仙芝於黃梅，追斬之。《舊紀》、新舊《傳》皆云宋威斬仙芝，此據《通鑑》。《考異》曰從《實錄》。黃梅，今湖北黃梅縣。黃巢方攻亳州，見第二章第七節。尚君長之弟讓，以仙芝餘衆歸之。巢襲陷沂、濮。濮州見第四章第六節。遣天平節度使張楊書，請奏之。詔以爲武衛將軍，令就鄆州解甲。鄆州見第二章

第七節。巢竟不至。三月，自滑州略宋、汴，攻衞南，縣名，在今河南滑縣東。遂攻葉、今河南葉縣。陽翟。今河南禹縣。詔發河陽、宣武兵衞宮闕，東都宮闕。又詔曾元裕還東都，且發義成兵守轘轅、在今河南偃師縣南。伊闕、見第四章第二節。河陰、見第七章第六節。武牢，見第二章第六節。大爲巢所致。已王仙芝舊余黨王重隱陷饒州，見第二章第六節。轉略湖南。重隱死後，其將徐唐莒據洪州。四月，饒州將彭令覺復饒州，唐莒伏誅。見《新紀》。別將曹師雄略宣、見第六章第三節。潤。見第四章第二節。詔曾元裕、楊復光救宣、潤。其黨復剽浙西，乃又移高駢於鎮海，黃巢亦南渡江，陷虔、見第二章第七節。吉、今江西吉安縣。饒、見第二章第六節。信。今江西上饒縣。七月，寇宣州，不克。剽浙東，開山路七百里入福建。十二月，陷福州。今福建閩侯縣。高駢遣將張璘、梁纘分道擊之。巢趨廣南。王鐸自請討賊，詔以爲荊南節度使、南面行營招討都統。《舊紀》《傳》在五年，云爲諸道行營都統。《通鑑》從《實錄》及《新紀》、《表》。鐸奏李係爲副，係，晟曾孫。兼湖南觀察使，將精兵五萬並土團屯潭州。見第四章第二節。巢與浙東觀察使崔璆、嶺南節度使李迢書，求天平節鉞。二人爲奏聞，朝廷不許。巢復上表求廣州，亦不許。而除巢率府率。《新傳》云：巢求爲天平，鄭畋欲許之，盧攜、田令孜不可，乞廣州，僕射于琮以爲廣州市舶寶貨所聚，乃拜巢率府率。《舊傳》云：鄭畋與樞密使楊復恭請授同正員將軍，盧攜駁其議。乃授率府率。《實錄》但載于琮議，又云：或云以正員將軍縻之，宰相亦沮其議，乃除率府率。見《通鑑考異》。時六年六月也。巢怒，攻陷廣州。未幾，士卒罹疫。乃自桂州編大栿，乘暴水沿湘而下。歷衡、見第九章第二節。永，見第二章第二節。陷潭州。李係奔朗州。見第二章第三節。尚讓乘勝逼江陵。王鐸留其將劉漢宏守，自率衆欲會山南東道劉巨容之師。漢宏大掠江陵，率其衆北歸爲羣盜。巢遂趨襄陽，巨容與江西招討使曹全晟淄州刺史，見下。破之荊門。今湖北荊門縣。巢復渡江，攻鄂州，見第七章第四節。轉掠饒、信、池、見第七章第四節。宣、歙、見第二章第七節。杭見第六章第三節。等州。詔罷王鐸，以高駢爲諸道行營都統。《舊·盧攜傳》。《本紀》繫廣明元年三月。明年，爲廣明元年，高駢遣張璘擊之。巢復請降。駢許爲求節鉞。時昭義、感化、義武等軍皆至，駢奏賊不日當平，請悉遣歸。許之。巢告絕於駢。駢怒，使張璘擊之，敗死。巢遂陷宣州。七月，自採石渡江。駢上表告急。詔責其散遣諸道兵。駢遂稱風痹，不復出戰。唐四易統率，悉皆敗北，巢遂長驅北上矣。高駢之散遣諸道兵，深爲後世士人訾議。其實即留之，亦無濟於事。巢專避實擊虛，力不敵則走山險，官軍追擊則非其敵，圍困力又不足，即能戰亦不足用，況是時之兵，多不能戰，諸鎮雜集，又不易指揮邪？此時之事勢，已衹可議撫。駢豈不知巢之詐，蓋亦出勢不得已。至巢渡江而北，則已氣完力厚，而駢大將新折於外，即欲迎戰，亦不可得矣。駢後來誠偃蹇，蓋正由此時縱賊渡江，負大釁於朝廷，欲自贖而無其路，日莫途遠，乃倒行而逆施之。謂其在此時已畜異志，欲坐觀成敗，則未必然也。

巢既渡江，詔諸道發兵屯溵水。見第七章第四節。泰寧節度使齊克讓屯汝州。乾符二年，兗海軍賜號泰寧。先是張裼卒，乾符六年三月。衙將崔君裕自知州事，淄州刺史曹全晸討誅之。參看第十一章第三節。淄州見第三章第五節。及是，以全晸爲天平節度使、東面副都統。全晸以眾寡不敵，退屯泗上。徐州兵三千赴溵水，過許昌，見第四章第五節。謂供備疏闊，大譟。忠武將周岌亦赴溵水，聞之，夜還，襲殺徐卒，遂殺節度使薛能，自稱留後。克讓恐爲所襲，引兵還兗州。諸道兵屯溵水者皆散。巢遂悉眾渡淮。克讓退保潼關。

僖宗朝，諸相紛紜，意見不一，而田令孜實陰握大權。是歲三月，以其兄陳敬瑄爲西川節度使。令孜本陳氏。旋又以楊師立爲東川，牛勗爲山南西道，皆令孜腹心，左神策將也。及是，令孜陰懷幸蜀之計，而陽請率神策軍守潼關。乃以爲左右神策內外八鎮及諸道兵馬都指揮制置招討等使，以飛龍使楊復恭爲副。復恭本林氏子。宦者楊志廉，貞元末爲中尉，子欽義，大中朝爲中尉。欽義子三人：玄翼，咸通中掌樞密。玄寔，乾符中爲右軍中尉。玄价，河陽監軍。復恭玄翼子，復光玄价子也。神策軍士，皆長安富族，世籍兩軍，自少迄長，不知戰陳，聞科集，父子聚哭，各於兩市出直萬計，雇負販、屠沽及病坊窮人代行。令選弩手，僅得二千八百人。令左軍將張承範率以赴之。齊克讓之卒，亦僅萬人，且皆飢疲。而巢眾號六十萬。十二月，克讓及承範之師先後潰，潼關遂陷。令孜以神策兵五百奉帝走興元。明年爲中和元年七月，至成都。黃巢入長安，稱帝，國號齊。

第五節　懿僖時之內亂下

僖宗時，不徒內有黃巢之亂也，外又有沙陀之患。沙陀以殘部依中國，本非大敵，而唐養兵百萬而不能戰，每倚其軍爲選鋒，於內亂用之尤亟，卒使之入據中原，亦可哀矣。

沙陀酋長朱邪赤心，嗣其父爲陰山都督、代北行營招撫使。回鶻爲黠戛斯所破，犯塞，劉沔嘗以其眾擊之於殺胡山。伐潞，隸石雄。潞平，遷朔州刺史，仍爲代北軍使。大中初，吐蕃合党項及回鶻殘眾寇河西，太原王宰統代北諸軍進討，沙陀常深入冠諸軍。宣宗復三州、七關，征西戍皆罷，乃遷赤心蔚州刺史、雲州守捉使。平龐勛，進大同軍節度使。賜氏李，名國昌。回鶻叩榆林，擾靈、鹽，詔國昌爲鄜延節度使。又寇天德，乃徙節振武。以上據《新書·沙陀傳》。咸通十三年，以恃功恣橫，專殺長吏，徙爲大同軍防禦使。國昌稱疾不赴。是歲，盧龍節度使張允伸卒，子簡會，爲平州刺史張公素所逐，平州見第八章第四節。朝廷因而授之。幽州與吐渾、契苾共攻沙陀，不利。朝以前河東節度使李業能安集代北部落，以其子鈞爲靈武節度使，使宣慰沙陀及六州蕃、渾。卞州見第五章第二節。時乾符元年也。《舊書·本紀》。二年，張公素爲其將李茂勳所逐，茂勳，回鶻阿布思之族，降張仲武，仲武使戍邊，屢有功，賜姓名。朝廷又因而授之。三年，茂勳請致仕，以子可舉知留後。五年二月，雲州沙陀兵馬使李盡忠執大同防禦使段文楚，召國昌子沙陀副兵馬使克用於蔚州。克用至，殺文楚。《通鑑考異》曰：後唐張昭遠《莊宗功臣列傳》及《舊紀》，克用殺文楚，在咸通十三年十二月，歐陽《五代史記》取之。趙鳳《後唐太祖紀年録》在乾符三年，薛居正《五代史》、《新·沙陀傳》取之。不著撰人姓名之《唐末三朝見聞録》在乾符五年二月，《新紀》取之。惟《實録》在乾符元年，不知所據何書。克用既殺文楚，豈肯晏然安處，必更侵擾邊垂，朝廷亦須發兵征討，而自乾符四年以前，皆不見其事。《唐末見聞録》叙月日，今從之。案沙陀若絶無違犯，幽州何事與吐渾、契苾攻之？《新書·沙陀傳》曰：王仙芝佔荆、襄，朝廷發諸州兵討捕，國昌遣劉遷統雲中突騎擊之，數有功。《舊書·本紀》：李福之援江陵，實用沙陀軍五百騎，蓋即此軍？然則自乾符四年以前，沙陀不特未嘗犯順，且仍聽驅使也。豈時朝廷姑息，文楚雖死，幽州一討之不克，即使李鈞撫安之，而沙陀亦遂聽命歟？《考異》之説，雖亦有見，《實録》、《舊紀》所記年月，終當存疑。朝以太僕卿盧簡方代文楚。《舊紀》在咸通十三年十二月，《實録》在乾符元年十二月。旋以爲振武節度使，移國昌於大同。國昌欲父子並據兩鎮，不受代。與克用合兵，陷遮虜軍，在今五寨縣西北。進擊寧武軍及岢嵐軍。皆山西今縣。簡方行至嵐州而卒。嵐州見第三章第二節。河東節度使竇瀚，以都押衙康傳圭爲代州刺史。又發土團千人至代州。至城北，妓隊不發，求優賞。時府庫空竭，瀚遣馬步都虞候鄧虔往慰諭之。土團咼虔，牀輿其尸入府。瀚與監軍自出慰諭，人給錢三百，布一端，《通鑑》。《舊紀》云：借率富户錢五萬貫以賞之。衆乃定。押衙田公鍔給亂軍錢布，衆遂劫之以爲都將，赴代州。六月，以前昭義節度使曹翔爲河東節度使。七月，翔至晉陽。捕土團殺鄧虔者十三人殺之。義武兵至晉陽，不解甲，譁譟求優賞。翔斬其十將一人，乃定。於是發忠武、昭義、河陽之兵，會於晉陽，以禦沙陀。九月，翔自率軍赴忻州，中風而卒。諸軍皆退。昭義兵掠晉陽坊市，民自共擊之，殺千餘人，乃潰。十月，詔昭義節度使李鈞及李可舉與吐谷渾酋長赫連鐸、白義誠，安慶、薩葛酋長米海萬合兵討國昌父子於蔚州。據《通鑑》。《新紀》同。《舊紀》繫四年十月，蓋誤前一年。安慶、薩葛，舊紀作沙陀安慶、薛葛。《新五代史·唐紀》：僖宗以李鈞爲靈武節度使，宣慰沙陀六州三部落使。注云：六州三部落，皆不見其名處，據《唐書》除使有此語耳。疑安慶、薩葛與朱邪，即所謂三部落也。後降李琢時，安慶都督

爲史敬存，《通鑑》、《舊紀》同。此處安慶下疑奪酋長史敬存五字。十一月，岢嵐軍翻城應沙
陀。是月，以河東宣慰使崔季康爲河東節度、代北行營招討使。十二月，季
康、李鈞與克用戰於洪谷，地屬岢嵐軍，見《舊紀》。敗績。鈞死。昭義兵還至代州，
士卒剽掠。代州民殺之殆盡。《通鑑》從《舊紀》，《實錄》略同，見《考異》。《新五代史》在六年
冬，以情事覈之，恐誤。《舊紀》及《新史》皆云鈞中流矢卒，《通鑑》云戰死，蓋依《實錄》。《實錄》又載廣
明元年八月，河東奏鈞爲猛虎軍所殺。又曰：“與賊戰敗，歸而其下殺之。”《唐末見聞錄》云：代州軍變
時，爲百姓捉到，而不云如何處之。並見《通鑑考異》。六年二月，河東軍迴至静樂，今山西静
樂縣。作亂，崔季康逃歸。都頭張鍇、郭㫈率行營兵攻殺季康。以陝虢觀察使
高潯爲昭義節度使，邠寧節度使李侃爲河東節度使。五月，河東衙將賀公雅
所部士卒作亂。焚掠三城。北都城左汾右晉，汾東曰東城，兩城之間有中城。執孔目官王
敬送馬步司。侃與監軍自出慰諭，爲之斬敬於衙門，乃定。都虞候每夜密捕
公雅士卒族滅之。餘黨近百人，稱報冤將，大掠三城。焚馬步都虞候張鍇、府
城都虞候郭㫈家。侃曲順軍情，令收鍇、㫈斬於衙門，並逐其家，以公雅爲馬
步都虞候。鍇、㫈臨刑，泣言於衆曰：“所殺皆捕盜司密申，今日冤死，獨無義
士相救乎？”軍士復大譟，篡鍇、㫈歸都虞候司。尋下令復其舊職，並召還其
家。收捕盜司元義宗等三十餘家誅滅之。以馬步都教練使朱玫等爲三城斬
斫使，將兵分捕報冤將，悉斬之，軍城始定。侃稱疾。敕以康傳圭爲河東行軍
司馬，徵侃詣京師。八月，以東都留守李蔚充河東節度使。閏十月，蔚有疾。
以供軍副使李邵權觀察留後，監軍李奉皋權兵馬留後。蔚薨，都虞候張鍇、郭
㫈署狀紲邵。胡三省曰：狀，奏狀。以少尹丁球知觀察留後。十一月，以康傳圭爲
河東節度使。傳圭自代州赴晉陽，張鍇、郭㫈出迎。亂刀斫殺之。至府，又族
其家。十二月，以朱玫爲代州刺史。廣明元年正月，沙陀入雁門關，寇忻、代，
二月，逼晉陽，陷太谷。今山西太谷縣。遣汝州防禦使諸葛爽率東都防禦兵救河
東。康傳圭遣前遮虜軍使蘇弘軫擊沙陀，不利。傳圭怒，斬之。沙陀還代北。
傳圭又遣都教練使張彥球將兵三千追之。至百井，鎮名，在陽曲。軍變，還殺傳
圭。三月，以宰相鄭從讜爲河東節度使。從讜知張彥球有方略，百井之變，非
其本心，獨推首亂者殺之，召彥球慰諭，悉以兵柄委之，軍中由是遂安。可見
治驕兵者當用文臣，不當用武夫之好殺者矣。四月，以太僕卿李琢爲蔚、朔等
州招討都統行營節度使。琢，聽子，晟之孫。旋以爲蔚朔節度使。仍充都統。以
諸葛爽爲北面行營副招討。五月，又以爲振武節度使。未之鎮移夏綏，見下。琢與
李可舉、赦連鐸共討沙陀。李克用遣大將高文集守朔州，自將拒可舉。鐸遣
人說文集。七月，文集與克用族父李友金、薩葛都督米海萬、安慶都督史敬存

皆降於琢。克用還擊文集，李可舉遣兵邀敗之。李琢、赫連鐸進攻蔚州。李國昌戰敗，部衆皆潰，獨與克用及宗族入達旦。《舊紀》云：克用使傅文達守蔚州，至是文達降，不云國昌戰敗。於是以赫連鐸爲雲州刺史，大同軍防禦使，白義成爲蔚州刺史，米海萬爲朔州刺史。以上據《通鑑》，參用新舊《書·本紀》。此時朱邪部落，已迫潰亡，非唐更召之，實不易復振也。

　　僖宗時，宰相中之露頭角者，爲鄭畋、王鐸及盧攜。黃巢之亂，畋頗主撫，鐸與攜皆主剿。鐸自出師而敗，攜倚高駢而亦敗，此蓋事勢使然，未可盡歸咎於主謀者。史謂攜之敗撫議，由其倚高駢，欲其立功；又初薦宋威而王鐸代之，攜疾鐸，欲激怒巢；乃好黨爭者私見測度之辭，未可據爲信史也。畋、攜嘗以忿爭同日罷相。《舊紀》、《傳》在乾符六年五月，云由爭黃巢剿撫。《新紀》、《表》及《實錄》在五年五月。《新傳》與《舊書》同。《實錄》云：由攜欲降主和南蠻，畋不可。《通鑑》亦繫其事於五年五月。然恐當以《舊書》爲是。爭南蠻尚主事，未必如此激烈也。巢入京師，斲攜棺，磔尸於市，足見其恨攜之深。巢之將渡淮也，宰相豆盧瑑計救師未至，請假巢天平節，使無得西，而以精兵戍宣武，塞汝、鄭路。攜請召諸道兵壁泗上，以宣武節度統之，巢且還攻東南，徘徊山浙，救死而已。此時之巢，豈復天平所能餌？然高駢不能扼巢使無渡江，諸道烏合之衆，又能守泗乎？且召之可皆至乎？齊克讓戰實頗力，然不能守汝、鄭，並不能守潼關，他軍其能守泗乎？故曰事已無可爲也。然以攜之主剿爲負國固不可。潼關既陷，攜罷相，即飲藥死。亦可謂能引咎，與偷生苟活視虎兕出柙而晏然自以爲無與者不同矣。攜死，王徽、裴澈相，更無可爲。時鄭畋爲鳳翔節度使。謁上道次，請留，不許，乃密約鄰道討賊。鄰道皆遣兵往會，禁兵分鎮關中者數萬，亦皆往從，軍勢略振。中和元年三月，詔以畋爲京城四面諸軍都統，涇原節度使程宗楚副之，前朔方節度使唐弘夫爲司馬，隱然繫恢復之重矣。

　　關輔而外，諸軍之抗巢者亦多。代北之平也，詔鄭從讜以本道兵授諸葛爽及朱玫，使南討巢。又以李琢爲河陽節度使。旋以神策將羅元杲代之。爽以代北行營兵屯櫟陽。在今陝西臨潼縣北。黃巢將朱温屯東渭橋，巢使説勸爽，爽降巢，巢以爲河陽節度使，羅元杲奔行在。已而爽復來降，詔仍以爲河陽節度。河中都虞候王重榮作亂，逐其帥李都，朝即以爲留後。據《通鑑》。事在廣明元年十一月。《舊書·重榮》及《王處存傳》，均謂李都降賊，而重榮逐之，《新傳》則李都之後，尚有一竇滔，亦爲重榮所逐，説出《北夢瑣言》，皆不足信。見《通鑑考異》。黃巢破潼關，重榮降之，旋亦反正，與義武節度使王處存合兵，營於渭北。党項拓跋思恭起兵，思恭，《新五代史》作思敬。《通鑑考異》曰：歐公意謂薛《史》避國諱耳，思敬別是一人，歐公誤。與鄜延節度使李孝昌會。詔使權知夏綏。周岌既殺薛能，朝即以爲忠武節度。長安陷，岌亦降巢。監軍楊復光屯鄧州，巢使朱溫攻之。復光走許州，説岌反正。岌從之。岌之亂許，薛能將秦宗權在蔡州，託辭赴難，選募蔡兵，逐刺史據其地，岌爲節度，即以爲刺史。宗權不從岌命，復光又往説之，宗權乃遣將以兵三千從復光。逗留不進。復光殺之，並其兵。遂以忠武之師復鄧州。於是唐弘夫屯渭北，王重榮屯沙苑，在今大荔縣西南。王處存屯渭橋，拓跋思恭屯武功，見第三章第二節。而鄭畋屯盩厔。見第四章第二節。巢四面皆敵矣。

　　然烏合之衆之不易用久矣。是歲四月，巢使尚讓、王播攻鳳翔。唐弘夫敗之。乘勝進迫長安。巢走。弘夫與程宗楚、王處存入城，不整，且諸軍不相繼。巢偵知之，還襲。弘夫、宗楚皆死。巢復入長安。巢以王玫爲邠寧節度使，邠寧將朱玫殺之。讓節度於別將李重古，而自率兵討巢。六月，屯於興平。見第五章第四節。忠武兵三千屯武功。巢使王播圍興平，玫走。李孝昌與拓跋思恭移屯東渭橋，巢使朱溫拒之。八月，孝昌、思恭戰不利，亦引去。王重榮先與高潯合兵，克華州，是月，巢將李詳亦復陷之。蓋鄭畋之於諸軍，實不能統率，故心力不齊，無由進取也。十月，鳳翔行軍司馬李昌言作亂，畋以留務委之，身赴行在。京西討賊遂成瓦解之勢。十二月，王鐸率荊襄之師至。二年正月，代畋爲都統，而畋入相。鐸之將，亦與畋無異。諸將環伺京城而不能進。然巢亦不能進取。使朱溫陷同州。九月，溫降於王重榮。李詳聞之，亦欲降。巢知，殺之，以弟思鄴守華州。十一月，爲詳舊卒所逐，亦降於重榮。巢兵勢彌蹙矣。然諸軍之不能進取如故。而沙陀遂入。

　　先是代北監軍陳景思率李友金及薩葛、安慶、吐谷渾諸部入援。至絳州，刺史瞿稹，亦沙陀也，謂景思曰：“賊勢方盛，未可輕進，不若且還代北募兵。”景思從之，與還雁門。募兵得三萬人。皆北方雜胡。屯於崞西。今山西崞縣。獷悍暴橫，稹與友金不能制。友金乃説景思，請赦李國昌、克用，召以爲帥。詔許之。中和元年三月，景思齎詔入達旦，召克用軍屯蔚州。克用因大掠雁門以北。五月，率蕃漢兵萬人南出石嶺關。在陽曲東北。鄭從讜塞其道，不得前。克用儳道至太原，營城下，縱兵大掠。從讜求援於振武。振武節度使契苾璋自將赴之。克用乃北還。陷忻、代，因留居代州。蔚州刺史蘇祐會赫連鐸欲攻之。二年，克用先襲陷蔚州。鐸與李可舉攻之。克用燔府庫，棄而去。祐投鎮州，爲節度使王景崇所殺。成德王紹懿，咸通七年卒，傳兄紹鼎之子景崇。國昌亦自達旦歸代州。契苾璋奏與天德、大同共討克用。詔鄭從讜與相知應接。初朝廷以龐勛降將湯羣爲嵐州刺史。羣潛通沙陀。朝廷疑之，徙之懷州。十月，羣據城叛附沙陀。鄭從讜遣張彥球討斬之。時李克用據忻、代，數侵掠並、汾，爭樓煩監。見第二章第四節。王處存與克用，世爲婚姻。詔處存諭克用："若誠心款附，宜且歸朔州俟朝命。若暴橫如故，當與河東、大同軍共討之。"此時朝廷之於克用，尚未必倚其力也。而楊復光養父玄價，見上節。與國昌善，亦欲召之，言於王重榮。王徽爲東面宣慰使，亦以爲然。時王鐸在河中，乃以墨敕召克用，諭鄭從讜。十一月，克用將沙陀萬七千，自嵐、石路趨河中。不敢入太原境，獨與數百騎過太原城下，與從讜別。從讜以名馬、器幣贈之。《新書·沙陀傳》云：從讜不肯假道，案從讜不肯假道，而克用兵遂不敢入境，可見從讜之能拒克用也。十二月，乃以克用爲雁門節度使。《舊紀》在元年四月，《舊五代史》同。《通鑑考異》曰：此際蓋止赦其罪，復爲大同防禦使，及陷忻、代，自稱留後，朝廷再召之，始除雁門。《新表》：中和二年，以忻、代二州隸雁門節度，更大同節度爲雁門節度其證也。以上兼據《舊紀》、《新·沙陀傳》及《通鑑》。沙陀本非强大，前此河東數內亂，故任其鴟張，此時鄭從讜之力，已足以禦之，乃唐反抑從讜而必召克用，可謂放虎自衞矣。

　　克用既至河中，自夏陽渡河，軍於同州。夏陽，在今陝西郃陽縣東。三年正月，進屯沙苑。王鐸承制，以克用爲東北面行營都統，楊復光、陳景思爲監軍。復光東面，景思北面。制以鐸爲義成節度使，令赴鎮。於是非以主軍用客軍，反以客將爲元帥矣。二月，克用合河中、易定、忠武之兵敗尚讓。黃巢弟揆與黃璠襲據華州，克用圍之。三月，巢使尚讓救之，不克。四月，克用與河中、忠武之兵進取長安。義成、義武之兵繼之。巢棄長安，自藍田東出。使其將孟楷以萬人爲先鋒，攻蔡州。秦宗權與戰，不勝，遂降之。楷進攻陳州，刺史趙犨擒斬之。楷，巢愛將也，巢怒，與宗權合兵圍之，時六月也。七月，李克用自長安引兵還雁門。尋有詔，以爲河東節度使，召鄭從讜赴行在，而以李國昌爲代北節度使，鎮代州。《舊書》、《舊五代史》。《唐末見聞録》，國昌死於中和三年。《新書·沙陀傳》、《太祖紀年録》、《實録》死於光啓三年，見《通鑑考異》。此時克用雖有功，實無遽授以河東之理。以從讜守北門，縱不能懾服沙陀，亦必不遽至陷沒，且安知不可合契苾、吐渾等徐圖之乎？而遽自撤藩籬，開門揖盜，可謂失計之甚矣。朱溫之降也，詔賜名爲全忠。黃巢既平，以爲宣武節度使。時溥者，感化將，迫走其節度使支詳，朝廷遂以代之。事在中和元年十二月。全忠、溥、周岌共救趙犨，黃巢兵勢尚盛，不能敵，共求救於李克用。四年二月，克用出天井關。諸葛爽以河橋不完爲辭拒之，乃更自蒲、陝濟。四月，會許、汴、徐、兗之師於陳州。陳州之圍始解。五月，巢趨汴州。克用追破之於中牟北。見第九章第一節。巢將多降於全忠，尚讓降於時溥。巢奔兗州。克用追至冤句，以糧盡而還。六月，時溥將李師悦追敗巢於瑕丘。在今山東滋陽縣西。巢衆殆盡。至狼虎谷，在泰山東南，萊蕪縣界。自刎，以首畀其甥林言，使將詣時溥。遇沙陀博野軍，奪之。並斬言以獻於溥。巢亡，始末凡十年。

　　黃巢之用兵，可謂極飄忽之致，此固自古已來所謂流寇者皆然，然未有若巢之尤甚者也。或者謂流寇之兵力，實不足畏，特以其到處裹脅，如水之流，使官軍無從措手，終至不可收拾耳。其實不然。有見裹脅者，必有裹脅之者。使裹脅人者而亦散亡，亂即遄已矣。然則流寇初起時，看似所至皆遭擊散，實則其衆初未嘗壞，此即向來史籍所謂眞賊者也。此其亂之所以終不能弭也。於此，可見向來史籍所傳官軍克捷之說皆不實。何則？不能潰敵之中堅，即擊散其脅從，亦不可云克捷，況所謂擊散其脅從者，亦什九爲誇張之辭也。財富萃於城市，其原實在鄉村。苟無鄉村，城市安能自立？故用兵者恒以困守孤城爲非計。據鄉村以困城市，確爲革命軍之良策。《新書·巢傳》言：巢之起，關以東大抵畏賊嬰城守，而賊得放兵四略，此唐敗績失據之由也。革命軍之起也，既無政柄可以號令，又無資糧械器，其徒黨亦寡少，非藉裹脅何以自強？王仙芝之起，“無少壯虜之”，黃巢渡淮，不剽財貨，猶驅丁壯以爲兵，由此。欲裹脅，則非劫之以威，且破壞其閭井，以絕其顧望不可，故恒不免於殘酷。黃巢之攻潼關，至於驅民填塹者以此。然非特此也，貴賤、貧富，其當平均，爲人心之所同然。故世所謂空想社會主義者，其由來實甚舊。人人知其當平均，而所目擊身受者，其不平均乃特甚，則怨恨之心生，怨恨深而殘殺隨之矣。王仙芝之起也，其檄文自稱天補平均大將軍，《通鑑考異》引《續寶運錄》。黃巢渡江時，猶以天補大將軍爲號，廣明元年十一月齊克讓奏，亦見《通鑑》。其懷挾空想社會主義可知。史言巢衆尤憎官吏，得者皆殺之。其在長安，有書尚書省門爲詩以嘲賊者。尚讓怒。應在省官員及門卒，悉抉目倒懸之。大索城中，能爲詩者盡殺，識字者給賤役，凡殺三千餘人。即藏怒蓄怨之已久，有以致之也。夫欲革命，必藉衆力，今若此，寧非驅民以資敵？爲之魁者，寧不知之？故初起時雖恣殘殺迫脅以自強，以取悅於其徒黨，至其聲勢已盛，則亦必思立紀律。黃巢渡淮，即整衆而行，不剽財貨，入東都，坊市晏然，《舊紀》。即由於此。夫欲立紀律，循空想必不如修舊法之易行也。爲之魁者，亦寧不知之？故其徒黨雖疾官吏與士人，而其魁又恒思撫用之。黃巢之入閩。俘民紿稱儒者皆釋；入福州，焚室廬，殺人如薙，過崇文館校書郎黃璞家，令曰“此儒者，滅炬弗焚”，又求處士周朴；得之。朴不肯從，巢怒，斬。此爲巢之不能自克，然不害其本意之欲求士人也。其事也。不特此也，《舊書·巢傳》言：其起也，士人從而附之。其馳檄四方，章奏論列，皆指目朝政之弊，蓋士不逞者之辭？則巢之用士人舊矣。

夫欲修舊法，固莫如用官吏與士人，然其法卒不能立者，何也？曰：其所由來者遠矣。言中國人之分職者，曰士、農、工、商。士不能執兵，抑士、工、商人數皆少，又非受暴政最酷者。暴政恒施諸爲數最多之農民，故非至農民皆思亂，亂必不作，作亦不烈。故農民者，革命軍之本也。然農民之所知者，身受之苦耳。其所憤恨欲斬刈之者，被此苦於其身之官吏豪强耳。官吏豪强，非能毒我也，必有陰相之者。故欲革命，非顛覆王室不可。此非農民所知也。且其足迹不出里閈，鄰境之事，即非所知。故雖思亂者衆，亦不能相結合。故農民者，大亂之資，而身不能爲大亂者也。合從討伐，軼於三代，必非輟耕隴畔者之所能爲也。然則爲之者誰也？曰：士、農、工、商，國之石民耳。世之不士、不農、不工、不商者則多矣，其有以武斷用爲食，其徒必相結合，且其聲氣所通頗廣者，則世所謂江湖上人，言其不土著也，此等人古稱之曰亡命、曰惡少年，今稱之曰無賴、棍徒等，上海人稱之曰流氓，其結合則曰幫、曰會、曰黨。其魁則古所謂豪傑也。劉邦不事家人生產作業，劉秀藏匿死亡，吏不敢到門郭，解七國亂時，隱然若一敵國，以至竇建德、劉黑闥之徒皆是也。黃巢世粥鹽，富於貲，喜養亡命，亦其倫也。大亂之起也，爲之徒衆者必農民，爲之率將者多豪傑。江湖上人，亦喜言平均。此等人或無家室，或雖有而不之顧；身亦不如恒人倚家室以爲生，而多藉朋輩周給；故其好言平均，較各色人爲甚。農民則正相反。然本以武斷耽佚，樂習縱恣，故其所謂紀律者，特存於其徒黨之間，而不能推諸全社會。此理易明。彼以其紀律結合其徒黨，劫奪人以爲食，則必有爲其劫奪者而後其紀律存焉。若推諸全社會，則無可以劫奪之人，其徒無以自存，其黨亦將離散矣。故此等人可以爲盜，不可以爲兵，以軍紀必禁劫奪也，爲政立法更無論矣。帝王亦起於羣雄，其能否成功，正視其能否自製馭其徒黨，廢棄其黨中舊有之紀律，而改用全社會共認之法耳。巢衆入長安，遇窮民於路，爭行施遺，甫數日，即大掠縛箠居人索財，號淘物，賊酋有閱甲第以處，爭取人妻女亂之者。巢既稱號，下令軍中禁妄殺，悉輸兵於官，史言其下皆盜賊，不能從也。即巢亦不能自守法。召王官無至者，即大索里閈。張直方者，素豪傑，士多依之，或告賊："直方謀反，納亡命者。"巢攻之，夷其家，大臣死者百餘人。自是遂酷虐族滅居人。其再入長安也，怒坊市百姓迎唐師，乃下令洗城，丈夫丁壯，殺戮殆盡，流血成渠。《舊書·黃巢傳》：其《王處存傳》云：召集兩市丁壯七八萬並殺之，血流成渠。《新書·巢傳》云：縱擊殺八萬人，血流於路可涉也，語亦本於《舊書》，然縱擊二字已失實，血流成渠，人人知爲形容之語，不責其實，改爲叙述之辭，則不成語矣。豈以血流成渠爲信然邪？此何爲者邪？社會之演進必有其定律，陳義雖高，非至其時則不能行。故空想終爲空想，不如復舊之易循。歷代革命，只能傾覆舊朝，不能革易帝制者以此。此社會演進定律使然，不能以自私無識等責之也。黃巢、王仙芝，屢欲受撫。或曰：此非其本心，特蓄力以俟時耳。然仙芝之降，至於遣尚君長，謂非真欲降唐得乎？即君長亦必有降意，不然，仙芝不能遣之也。巢入長安，遽稱尊號，且陳符命。《舊書·巢傳》：巢僭位，御樓宣赦，且陳符命，曰：唐帝知朕起義，改元廣明，以文字言之，唐已無天分矣。唐去丑口而著黃，天意令黃在唐下，乃黃家日月也。土德生金。予以金王，宜改年爲金統。其爲本懷，尤顯而易見。此固不足，然空想既不能行，則復舊不能亟，而欲復舊，亦其難如此，然則羣雄之中，獲成功而爲帝王者，亦自有其由，而非盡由於徼倖也。

　　謂豪傑之起，徒徇私欲者非也，彼固未嘗無拯民於水火之心，此陳龍川之論不誣也。然始焉非藉殘殺迫脅，不足以自立，既足以自立矣，又不能建立紀律；至於官軍，則本與盜賊無異，非舊朝官吏將卒皆與盜賊無異，天下原不至於大亂也。而民之生其間者苦矣。黃巢之據長安也，京畿百姓，皆砦於山谷，累年廢耕耘。賊坐空城，賦輸無入。穀食騰踴，米斗三十千。賊食樹皮，以金玉買人於行營之師。官軍皆執山砦百姓粥於賊，人獲數十萬。其走關東也，地仍歲無耕稼，人餓倚牆壁間。賊俘人而食，日殺數千，有春磨砦，爲鉅碓數百，生納人於臼，碎之，合骨而食，周余黎民，靡有孑遺，豈虛語哉？此皆全社會所造之惡業，待時而發，亦不能專爲一二人咎也。

　　是時之草寇，尚非獨黃巢也。乾符三年正月，嘗敕福建、江西、湖南諸道觀察、刺史，皆訓練士卒。又令天下鄉村，各置弓刀鼓板，以備羣盜。先是浙西狼山鎮遏使王郢等六十九人有戰功，狼山，在今江蘇南通縣南。節度使趙隱，賞以職名，而不給衣糧。郢等論訴不獲，遂劫庫兵作亂。行收黨衆，近萬人。攻陷蘇、常，乘舟往來，泛江入海，轉掠二浙，南及福建，大爲人患。是歲七月，以前巖州刺史高傑充緣海水軍都知兵馬使討之。郢因溫州刺史魯寔請降。溫州，今浙江永嘉縣。寔屢爲之論奏。敕郢詣闕。郢擁兵遷延，半年不至，固求望海鎮使。今浙江鎮海縣。朝廷不許，以郢爲右率府率，仍令左神策軍補以重職。其先所掠之財，並令給與。四年正月，郢誘魯寔入舟中，執之。乃以右龍武大將軍宋皓爲江南諸道招討使。先徵諸道兵外，更發忠武、宣武、感化三道，宣、泗二州兵，新舊合萬五千餘人，並受皓節度。二月，郢攻破望海鎮。掠明州。又攻台州，臨海郡見第四章第二節。陷之。詔二浙、福建各出舟師以討之。鎮海節度使裴璩，嚴兵設備不與戰，而密招其黨朱實降之。散其徒六七千人，輸器械二十餘萬，舟航粟帛稱是。於是郢黨離散。郢收餘衆，東至明州甬橋。鎮遏使以筒箭射殺之。餘黨皆平。以上據《通鑑》。案王郢，《新書·本紀》稱爲突陳將，《通鑑考異》引《實錄》及程匡柔《唐補記》同，而《舊紀》稱爲海賊。是年三月，以草賊大舉進攻河南、山南，下詔招撫，歷述投降受官爵者以歆動之，中有朱實之名，蓋即郳黨之降者。郳雖身爲軍官，爲之徒黨者，實皆海賊也。多陷緣海緣江郡縣，至發數道之兵以討之，亦可云東南之劇賊矣。時又有賊帥柳彦璋剽掠江西。乾符四年六月，襲陷江州，見第二章第七節。執刺史陶祥。使祥爲之上表。彦璋亦自附降狀。敕以爲右監門將軍，令散衆赴京師。以左武衛將軍劉秉仁爲江州刺史。彦璋不從，以戰艦百餘固溢江爲水寨，剽掠如故。十二月，秉仁單舟入其寨，賊出不意迎拜。秉仁斬彦璋，散其衆。亦據《通鑑》。廣明元年，有江華人蔡結陷道州，江華，今湖南江華縣。道州見第七章第一節。宿州賊魯景仁陷連州。宿州，今安徽宿縣。連州，今廣東連縣。景仁本從黃巢，巢北上時，以病留連州，遂據其地。後與蔡結皆爲馬殷所破，見第十一章第五節。中和元年，有鄞賊鍾季文陷明州，鄞縣，今浙江鄞縣。臨海賊杜雄陷台州，永嘉賊朱褒陷溫州，溫州永嘉郡，今浙江永嘉縣。遂昌賊盧約陷處州。遂昌，今浙江遂昌縣。處州見第六章第四節。約後爲錢鏐所平，見第十一章第五節。以上皆據《新書·本紀》。此等皆其較大者，其較小而名不著於史傳者，則不知凡幾矣，可謂羣盜如毛矣。

　　非徒草寇也，藩鎮奸命者亦不絕。乾符元年，感化軍發兵詣靈武防秋。會南詔寇西川，敕往救援。蠻退，遣還。二年三月，至鳳翔。欲擅歸徐州。內養王裕本、都將劉逢搜唱率者八人斬之。衆然後定。此事若不能遏止，又一龐勛也。十月，昭義軍亂，大將劉廣逐其節度使高湜。據《通鑑》。《通鑑》係據《實錄》，見中和元年《考異》。《新紀》誤繫乾符四年二月。《舊紀》：中和元年八月，昭義節度使高湜與賊將李詳戰於石橋，敗，歸河中。九月，衙將劉廣擅還據潞州。是月，天井關戍將孟方立攻廣，殺之，方立遂自稱留後。誤。高湜敗後，殺之而據潞州者，乃成麟也。見第十一章第一節。《新書·王徽傳》、《新五代史·孟方立傳》，誤皆與《舊紀》同。十二月，王仙芝寇沂州，天平軍奏遣將士張晏等救之。三年正月，還至義橋，聞北境復有盜，留使扞禦。晏等不從，誼譟趣鄆州。都將張思泰、李承祐走馬出城，裂袖與盟，以俸錢備酒肴慰諭，衆然後定。詔本軍宣慰，一切無得窮詰。四月，原州刺史史懷操貪暴，軍亂，逐之。十二月，青、滄軍士戍安南者還至桂州，逐觀察使李瓚。《新紀》在四年十二月，《通鑑》依《實錄》繫三年。以右諫議大夫張禹謨爲桂州觀察使。桂管監軍李維周驕橫，與於逐帥之謀，詔禹謨並按之。四月，陝州軍亂，逐其觀察使崔碣。貶碣懷州司馬。五月，以給事中楊損爲觀察使。損至，誅首亂者。忠武都將李可封戍邊，還至邠州，迫脅主帥，索舊欠鹽糧，留止四日，闔境震驚。七月，還至許州，節度使崔安潛悉按誅之。八月，鹽州軍亂，逐刺史王承顏。據《通鑑》。《新紀》在九月。詔高品牛從珪往慰諭之。貶承顏象州司戶。象州見第四章第一節。承顏及崔碣，素有政聲,以嚴肅爲驕卒所逐,朝廷與貪暴致亂者同貶,時人惜之。軍中請以大將王宗誠爲刺史。詔宗誠詣闕,將士皆釋罪,仍加優給。十月,邠寧節度使李侃奏遣兵討宗誠,斬之,餘黨悉平。四年十月,河中軍亂,逐其節度使劉侔。五年三月,湖南軍亂,都將高傑逐其觀察使崔瑾。廣明元年三月,安南軍亂,節度使曾袞出城避之。諸道兵戍邕管者,往往自歸。九月,東都奏汝州所募軍李光庭等五百人自代州還,過東都,燒安喜門,焚掠市肆,由長夏門去。十月,先是徵振武節度使吳師泰爲左金吾大將軍,代以諸葛爽,師泰使軍民上表留己,乃復以爲振武,而以爽爲夏綏。中和元年二月,清平鎮使陳晟執睦州刺史韋諸,自爲刺史。睦州見第八章第二節。二年九月,桂州軍亂,逐其節度使張從訓。以上兼據《通鑑》及《新紀》。此等皆旋即平定,或不甚關係大局者,其推波助瀾,與於割據之局者,別叙於後。要之唐至此時,已成不可收拾之勢矣。

第六節　僖宗再播遷

　　僖宗入蜀,既由田令孜扈從,是時爲西川者又係陳敬瑄,政權自仍在令孜之手。史言令孜,容有溢惡,其人亦匪無才,然局量太狹,與南北司皆如水火,宦官秉政,本爲人情所不與,盡力協和,猶懼不濟,而更專以鉤心鬥角爲務。一人之智,安能勝天下之力邪?

　　高駢之去西川也,崔安潛代之。安潛謂蜀兵怯弱,乃募陳、許壯士,與蜀人相雜訓練。得三千人,分爲三軍。忠武故有黃頭軍,是軍亦戴黃帽,遂襲其號。《通鑑》繫乾符六年。僖宗入蜀,田令孜爲行在都指揮處置使。四方貢金帛,輒賜從駕諸軍,而不及蜀軍。中和元年七月,黃頭軍使郭琪作亂。陳敬瑄討平之。先是左拾遺侯昌業上疏,言令孜專權,召至内侍省賜死。事在廣明元年二月。及是,上與令孜保東城,羣臣皆不得見。左拾遺孟昭圖又上疏極言之。疏言:"君與臣一體相成,安則同寧,危則共難。昔日西幸,不告南司,故宰相、御史中丞、京兆尹悉碎於賊,惟兩軍中尉以扈乘輿得全。昨昔黃頭亂,火照前殿,陛下惟與令孜閉城自守,不召宰相,不謀羣臣,欲人不得,求對不許。天下者高祖、太宗之天下,非北司之天下,陛下者九州之天子,非北司之天子,安有天子播越,而宰相無所與,羣司百官,棄若路人"云云。令孜匿不奏,而矯詔貶昌圖嘉州司馬,使人沈諸蠶頤津。在今四川眉山縣東。其毒害士大夫如此。三年,京城之平,就加楊復光同、華等州制置使。六月,復光卒於河中。令孜聞之,甚悦。遂罷其兄復恭樞密使。復恭稱疾歸藍田。於是北司之中,復相水火矣。復光之以忠武兵擊鄧州,分其八千人以爲八都,使衙將鹿晏弘、晉暉、王建、韓建、張造、李師泰、龐從等八人將之。據《通鑑考異》云：劉恕十國紀年上云八都，而下只有七人姓名，諸書不可考故也。復光死，晏弘等去河中，逐牛勗，據興元。朝廷不得已，四年正月，以爲留後。晏弘猜忌，衆心不附。令孜密遣人以利誘之。十一月，王建、韓建、張造、晉暉、李師泰率衆數千，逃奔行在。令孜皆養爲子，使各將其衆，號爲隨駕五都。不隸神策。而遣兵討晏弘。晏弘走。先是陳敬瑄多遣人歷縣、鎮詗事，謂之尋事人。所至多所求取。有二人過資陽鎮，胡三省曰：時蓋置鎮於資陽縣。案唐資陽，今四川資中縣。獨無所求，鎮將謝弘讓邀之，不至，自疑有罪，夜亡入羣盜中。捕盜使楊遷誘使出首，而執以送使，節度使。云討擊擒獲，敬瑄不問，杖弘讓脊二十，釘於西城二七日。十四日。煎油潑之，又以膠麻挈其創，備極慘酷。邛州衙官阡能，邛州見第三章第五節。因事違期，避杖亡命爲盜。遷復誘之。能方出首，聞弘讓之冤，乃大罵遷，發憤爲盜。驅掠良民，不從者舉家殺之。踰月，衆至萬人。橫行邛、雅間。雅州見第二章第四節。攻陷城邑，所過塗地。蜀中先少盜賊，自是紛紛競起，州縣不能制。據《通鑑》。又有涪州刺史韓彥昇，涪州，今四川涪陵縣。彥昇爲涪州刺史，見《新書·高仁厚傳》。作亂峽中，致道路梗絕，百官乏俸，民亦闕鹽。案敬瑄所司察者，蓋尚重於有位，故叛者以軍人爲多。然其爲禍已如此，可見司察之不足以爲治矣。敬瑄遣兵討阡能，多敗。後遣衙將高仁厚，乃討平之。以仁厚爲眉州刺史。眉州見第四章第二節。又許以爲東川節度，令討平韓彥昇。事在中和二年。楊師立聞之怒。是年，徵師立爲右僕射，師立遂反，以討敬瑄爲名。又遣仁厚討平之。即以爲東川節度。兩川暫歸於令孜、敬瑄矣。然北歸後變故旋作。

中和四年，黃巢平。明年，改元曰光啓。正月，僖宗自蜀還京。三月至。時國命所制者，河西、山南、劍南、嶺南西道數十州，餘皆自擅兵賦，迭相吞噬。江淮轉運路絕。兩河、江淮，賦不上供，但歲時供奉而已。《舊書·本紀》。田令孜在蜀，招募新軍，以千人爲一都，凡五十四都。分隸左右神策，各二十七都，爲五軍。令孜爲左右十軍使。軍旅既衆，南衙北司，官屬萬餘，三司轉運，無調發之所，度支惟以關畿稅賦，支給不充，賞勞不時，軍情咨怨。《舊紀》。乃不得不爲救急之計。安邑、解縣兩池安邑見第三章第七節。解，今爲縣，屬山西。榷鹽稅課，本鹽鐵使特置鹽官，以總其事。黃巢亂離，王重榮兼領榷務歲出課鹽三千車，以獻朝廷。令孜舉廣明前舊事，請以兩池榷務歸鹽鐵使，以贍禁軍，而自兼兩池榷鹽使。重榮上章論訴，不省。徙諸泰寧，以泰寧節度使齊克讓爲義武，而徙王處存於河中。五月。蓋以處存、重榮，皆李克用之黨，爲此處置，以免其有違言也。亦可謂煞費苦心矣。然仍無濟於事。處存亦不欲徙，上章爲重榮申理，言其有大功，不宜輕有除改。不聽。至晉州，見第四章第一節。刺史不納，遂還。八月。初李昌言卒，弟昌符代爲鳳翔。令孜使與靜難節度使朱玫時賜邠寧軍號靜難。共討重榮。李克用救之。玫、昌符與戰，大敗，各走歸本鎮。時十二月也。克用進逼京城。令孜以帝夜如寶雞。見第四章第二節。羣臣無知者。惟翰林學士承旨杜讓能，太子少傅孔緯等數人追至。上以緯爲御史大夫，使還召百官。宰相蕭遘、裴澈，皆疾令孜不肯行。而朱玫、李昌符亦恥爲令孜用，且憚蒲、晉之强，更與之合，遘、澈詒玫書，令迎車駕。令孜再以帝走興元。時楊復恭已復爲樞密使，令孜乃薦以自代，用爲左神策中尉、觀軍容使，而自除西川監軍，往依陳敬瑄。

令孜雖去，仍不足以迴人心。朱玫之迎駕也，嗣襄王熅襄王僙，肅宗子，熅僙之曾孫。以疾不能行，爲所得。以之歸鳳翔，欲立之。蕭遘不可。玫不聽。遂以熅監國，還長安。遘稱疾，往依弟永樂令遷。唐永樂縣，在今山西永濟縣東南。玫以兵部侍郎鄭昌圖代之，十月，以熅稱帝。從《新紀》及《通鑑》。《舊書》在五月朔誤。藩鎮多受其僞署。而李昌符與玫不合，更通表興元。時杜讓能爲相，請使楊復恭諭王重榮。重榮即請討玫，李克用將蓋寓，亦說克用討玫以自湔洗。見《通鑑》。據《考異》，說出《後唐太祖紀年錄》。六月，乃命扈蹕都將楊守亮出金州，扈蹕都，五十四都之一。守亮，本姓訾，名亮，與弟信俱從王仙芝，仙芝死，從徐唐莒，復恭平江西，俱養爲子，更名守亮、守信。金州見第六章第三節。與重榮、克用共討之。玫使其將王行瑜追帝，復恭復使說之。十二月，行瑜還長安，殺玫。裴澈、鄭昌圖以襄王熅走河中。王重榮殺熅，囚澈、昌圖。詔殺之。亦殺蕭遘於永樂。朱玫誠爲悖戾，然士夫亦或與之合，可以見人心之離矣。皆宦豎專權之禍也。

朱玫既平，以王行瑜爲靜難節度使，楊守亮爲山南西道節度使。三年三月，車駕還京師。至鳳翔，李昌符以宮室未完，請駐蹕府舍。從之。六月，天威都頭楊守立天威，亦五十四都之一。守立亦復恭假子。本姓名曰胡弘立。與昌符爭道，麾下相毆。昌符擁兵燒行宮。守立擊敗之。昌符走隴州。見第三章第六節。李茂貞者，本姓名曰宋文通。爲博野軍卒。此博野軍屬鎮州。軍戍京師，屯奉天。黃巢之亂，鄭畋使敗尚讓。以功爲神策指揮使。朱玫亂，從駕山南，拜武定節度使，時以洋州爲武定軍。洋州見第四章第一節。賜姓名。及是，使討昌符。八月，破斬之，以爲鳳翔節度使。驕將闒茸，徧布畿甸，亂源又潛伏矣。

第十一章　唐室亂亡下

第一節　昭宗征河東

　　光啓四年二月，僖宗不豫，自鳳翔還京。既至，改元曰文德。三月，崩。羣臣欲立吉王保。楊復恭請立壽王傑。更名敏，又更名曄，是爲昭宗。昭宗亦唐室賢主。史稱其意在恢復舊業，號令天下，觀其所爲，信爲不誣，而惜乎其時之不可爲也。

　　時勢之最逼者，爲關內諸將及河東。然關內諸將，逆迹未顯，河東則異族也；且自乾符已來，久肆悖鷔；苟有機會，圖先除之固宜。然朝廷實無其力，其不得不有賴於藩鎮者又勢也。

　　李克用之追黃巢也，還至汴州，朱全忠犒之。克用乘醉任氣，全忠不平，使將圍驛火之。克用縋城得脫。歸河東，求討全忠。詔和解之。然汴、晉自此遂爲深讎矣。沙陀兵力，於一時爲最強，材武能制之者，蓋舍全忠莫屬，然全忠是時，尚爲秦宗權所困，力未足與河東敵也。

　　黃巢之亂，實非巢死而即平，其繼之者，則秦宗權也。宗權遣其將秦彥亂江淮，秦賢亂江南，秦誥陷襄陽，孫儒陷孟洛、陝虢，至於長安，張晊陷汝鄭，盧塘攻汴州。《舊書·宗權傳》、《通鑑》同。此乃總叙之辭，非一時事。《新傳》又益遣弟宗言寇荆南，宗衡亂鄂岳二語。賊首皆慓銳慘毒，所至屠殘人物，燔燒郡邑。西至關內，東及青齊，南出江淮，北至衛滑，魚爛鳥散，人煙斷絕，荆榛蔽野。賊既乏食，啖人爲儲。軍士四出，則鹽尸而從。其所爲，全與黃巢初起及其將敗時無異。蓋皆巢餘黨之所爲也。縻爛鄉村以困城市，誠爲革命軍初起時之良策。然初起時如此可也，終始如此，則敵雖喪其所資，已亦無所根據，安能成事？如黃巢渡淮之後，所以欲大變其所爲歟？而惜乎其終不能建立綱紀以至於敗亡也。時河南惟朱全忠及趙犨，足以自守，而天平亦與爲犄角。

　　曹全晟既帥天平，與賊戰死。軍中立其兄子存實。中和元年十月。朝亦以節度使授之。二年五月。魏博何弘敬，傳子全皞。咸通七年。年少好殺戮，爲其下所殺。十一年。立大將韓君雄。僖宗立，賜名允中。卒，子簡繼之。乾符元年。中和二年八月，簡攻河陽。諸葛爽棄城走。簡留兵戍之，而攻鄆州。曹存實逆戰，敗死。都將朱瑄，收餘衆拒守，簡不能下。三年正月，朝以瑄爲節度使。二月，諸葛爽復取河陽。簡釋瑄，引兵還擊。李罕之者，初爲盜隨黃巢，渡江後降於高駢。駢表知光州事。爲秦宗權所迫，收餘衆依諸葛爽。爽署爲懷州刺史。及是，爽使罕之拒簡。時簡欲引魏人入關，三軍屢諫不從。偏將樂行逢，因衆心搖，説激之。衙軍奔歸魏州。爽軍乘之。簡鄉兵八萬大敗。行達先歸，衆共立爲留後。簡爲其下所殺。四年正月，朝以行達爲留後，賜名彥禎。

以上皆據《通鑑》。新舊《唐書》及《五代史》，記天平事舛誤殊甚。《舊書·本紀》：張禓之爲天平，在乾符二年七月。禓傳則在三年冬，以四年卒於鎮。《本紀》：四年三月，黃巢陷鄆州，逐節度使薛崇。《新紀》則云：巢陷鄆、沂二州，節度使薛崇死之，而五年又書天平節度使張禓卒，衙將崔君裕自知州事。疑張禓死後，薛崇嘗繼其任，而後君裕代之，以閲時不久，故諸書或不之及，而徑以君裕承禓，致《新紀》有五年之誤筆，一若禓反承崇之後也。全晸之殺君裕，《新書·本紀》繫年與《通鑑》同。《舊書·朱瑄傳》云：宋州人。父慶，盜鹽抵法。瑄逃於青州，爲王敬武衙卒。中和初，黃巢據長安，詔徵天下兵。敬武遣衙將曹全晸率兵三千赴關西，以瑄爲軍候。會青州警急，敬武召全晸還，路由鄆州，時鄆帥薛崇，爲王仙芝所殺，鄆將崔君裕權知州事。全晸知其兵寡，襲殺君裕，據有鄆州，自稱留後。以瑄有功，署爲濮州刺史，《新書》同。《舊五代史》則云：中和二年，諫議大夫張濬徵兵青州，敬武遣將曹全晸率軍赴之。賊敗出關，全晸以本軍還鎮。會鄆帥薛崇卒，部將崔君預據城叛，全晸攻之，殺君預，自爲留後。《新史》全晸作全晟，薛崇作薛宗，餘與《舊史》同。敬武之據青州，事在中和元年，張濬之徵兵青州，則事在二年，説見第三節。賊敗出關而後東還，其事必在四年三月以後，此時存實既已死，安得更有全晸，其誤不待更辯，然王仙芝之死在乾符五年，而《舊書》云薛崇爲其所殺，實隱見《新紀》謂崇死在四年之確。新舊《史》知其不合，乃改爲仙芝所殺爲卒，雖善彌縫，恐非實録也。《新書·紀》云：中和二年十月，韓簡寇鄆州，天平節度使曹全晸死之，部將崔用自稱留後。《舊書·韓簡傳》云：簡攻鄆，鄆帥曹全晸敗死，鄆將崔君裕，收合殘衆保鄆州。用與君裕，蓋即一人？用其名，君裕其字。此皆未知存實、全晸相繼之事，乃誤以韓簡所殺者爲全晸，而又誤以全晸所承之君裕爲在全晸之後。《新書·本紀》，於中和三年書曹存實克鄆州，四年書濮州刺史朱宣逐天平節度使曹存實，自稱留後，其誤蓋又因此而來。《舊五代史·朱瑄傳》，並謂光啓中韓允中攻鄆，全晸爲其所害，其支離蔓衍，真乃不可究詰矣。今故概以《通鑑》爲據。朱瑄，《新唐書》、《新五代史》皆作宣。《新五代史注》云：流俗以宣瑾兄，於名加玉者非也。《通鑑》亦作瑄。《考異》云：從《舊傳》、《薛史》、《實録》。韓允中，《舊傳》作允忠。《通鑑》依《實録》、《新傳》作中。簡之死，新舊《傳》皆云疽發背卒。《舊紀》云爲部下所殺。《諸葛爽傳》云爲衙軍所殺。《新紀》與《舊紀》同。《通鑑》亦同《舊紀》。《考異》云從《實録》也。朱瑄弟瑾，爲天平衙將。求婚於泰寧節度使齊克讓。親迎之夕，衷甲竊發，逐克讓而代之。朝亦以爲泰寧節度使。時光啓二年也。先是僖宗還蹕，憚秦宗權之强，下詔招撫之。宗權顧稱帝。乃以時溥爲蔡州四面行營都統討之，而以趙犨爲蔡州節度使。

宗權攻汴之兵，屢爲朱全忠所破。三年五月，自將精兵會之。全忠求救於兗、鄆，朱瑄、朱瑾皆來赴。先是義成節度使安師儒，委政於兩廂都虞候夏侯晏、杜標。二人驕恣，軍中忿之。小校張驍潛出，聚衆二千攻州城。師儒斬晏、標首諭之，軍中稍息。朱瑄謀取滑州，遣濮州刺史朱裕誘殺驍。而全忠先遣其將朱珍、李唐賓襲滑州，克之，虜師儒以歸。以衙將胡真知留後。據《通鑑》。事在光啓二年十一月。《舊紀》繫十二月，云：滑州軍亂，逐其帥安師儒，推衙將張驍主留後。師儒奔汴州，朱全忠殺之。遂以兵攻滑，斬張驍。以告行在。朝廷以全忠領義成軍節度使。《通鑑考異》謂命全忠兼領義成之文，出於《實錄》。大順元年，始以全忠兼宣義，全忠猶辭，以授胡真，《實錄》誤也。參看第三節。及是，其兵亦至。全忠以四鎮兵攻宗權，大破之。宗權宵遁。蔡人之守東都、河陽、許、汝、懷、鄭、陝、虢者皆棄去。宗權之勢，自是稍衰。然全忠先以朱珍爲淄州刺史，募兵東道，至是，謂瑄招誘宣武軍士，移書誚讓，瑄復書不遜，全忠遣珍與葛從周攻曹、濮，遂與兗、鄆啓釁矣。楊行密與孫儒爭淮南，見第五節。使來求援。全忠爲奏於朝。制授全忠兼淮南節度使行營兵馬都統。《舊紀》在閏十一月。全忠以行密爲副使，宣武行軍司馬李璠爲留後，使衙將郭言將千人送之。假道於時溥。溥自以於全忠爲先進，顧不得領淮南，意甚恨望，不許。璠至泗州，以兵襲之。郭言力戰，乃免而還。文德元年正月，朝廷又以全忠爲蔡州四面行營都統代溥，徐、汴之怨益深。

　　曹全晸之定江陵也，朝以泰寧都將段彥謨代爲江西招討使。全晸北還，荆南監軍楊復光以忠武都將宋浩權知府事。復光父嘗監忠武軍，浩已爲大將，見復光，少之，遂有隙。彥謨亦恥居浩下。復光曰：胡不殺之，彥謨遂引慓士擊殺浩。復光奏浩罪，薦彥謨爲朗州刺史。朝以工部侍郎鄭紹業節度荆南，以復光監忠武軍。紹業憚彥謨，踰半歲乃至。僖宗入蜀，召紹業還行在。復光更引彥謨代爲節度。與監軍朱敬玫不協。敬玫別選壯士三千人，號忠勇軍，自將之。彥謨謀攻敬玫，敬玫先攻殺之。時中和二年六月也。朝復以鄭紹業爲荆南。紹業逗留不進。敬玫署押衙陳儒領府事。明年，朝即以爲節度。四年九月，鹿晏弘棄興元東出。秦宗權遣其將秦誥、趙德諲會之，共陷襄州。劉巨容走成都。宗權署德諲爲山南東道留後。晏弘轉掠，復還許州。周岌聞其至，棄鎮走。據《通鑑》。《舊紀》云：晏弘殺岌。朝不能討，即以爲忠武節度。後爲秦宗權所殺。事在光啓二年七月。忠勇軍暴橫，陳儒不能制。鄭紹業嘗遣大將申屠琮率兵五千援京師，光啓元年正月，軍還，儒告使除之，琮復專軍政。雷滿據朗州，見第五節。三以兵薄城，厚啖以利乃去。淮南將張瓌、韓師德叛高駢，據復、岳二州，復州見第六章第三節。岳州見第二章第七節。自署刺史。儒請瓌攝行軍司馬，師德攝節度副使，共擊滿、師德引兵上峽，大掠，歸於岳州。瓌還逐儒。儒將奔行在，瓌又劫還囚之。荆南故將，夷戮殆盡。朱敬玟數殺大將、富商，取其財。朝使楊玄晦代之。敬玟留居荆南。瓌遣卒賊之，盡取其財。郭禹者，本成氏，青州人。乘醉殺人，爲讎家所捕，落髮爲僧。後入蔡賊中，爲賊帥假子，更姓名爲郭禹。當戍江陵，亡爲盜。後詣陳儒降。瓌欲殺之。禹率千人襲據歸州。今湖北秭歸縣。是歲九月，秦宗權弟宗言來寇，馬步使趙匡欲奉儒出，瓌覺之，殺匡，而絶儒食，七日死。三年十二月，趙德諲陷荆南。瓌留其將王建肇守城而去。據《通鑑》。《新書》云：瓌死。文德元年，四月，郭禹擊荆南。建肇奔黔州。見第二章第七節。詔以禹爲荆南留後。禹復故姓，更名汭。趙德諲既失荆南，又度秦宗權必敗，五月，舉地附朱全忠。全忠方爲蔡州四面行營都統，舉以自副。制以山南東道爲忠義軍，以德諲爲節度使。全忠之勢彌盛矣。

是月，全忠遂大發兵擊秦宗權，圍之蔡州。八月，拔其南城。留大將胡元琮圍之，而身還汴。宗權聞許州無備，襲取之。元琮引兵復收許。十二月，宗權爲其將申叢所囚，折其一足，降於全忠。蔡將郭璠復殺叢，送宗權於汴。明年，爲龍紀元年二月，全忠送諸京師，斬之。三月，以趙犫爲忠武節度使，以陳州爲理所。忠武軍本治許州。犫弟昶、珝，本與犫同在行間。及是，犫有疾，以事授昶。詔即以爲節度。犫德全忠之援，委輸調發，常先他鎮，昶亦能繼之，全忠更得近助。然兗鄆、徐泗未平，仍未能悉力北向也。

河東之聲勢，則是時頗盛。沙陀之起也，甚之最甚者爲幽州，爲之內主者，爲河中及易定，及其得太原，則當其東出之道者爲鎮州，東南出之道者爲澤潞，而居河南北之間，舉足重輕者，則魏博也。王景崇嘗以兵附王處存入關討賊。中和三年，卒，子鎔繼之。光啓元年，與李可舉約，滅王處存而分其地。鎔時尚幼，鎔立年十歲。主之者蓋可舉也。可舉遣將李全忠攻入易州，處存復取之。鎔遣兵攻無極，今河北無極縣。亦爲李克用所敗。全忠懼罪，收餘衆還襲幽州。可舉自焚死。衆推全忠爲留後。樂彥禎驕汰，子從訓，又召亡命之徒五百餘輩，出入臥內，號爲子將。軍人藉藉。從訓聞而忌之，易服遁出。彥禎命爲六州都指揮使。未幾，又使兼相州刺史。軍府疑貳。彥禎危慴而卒。《舊傳》。《新傳》云：囚之，迫爲桑門，尋見殺。衆推都將趙文㺹知留後。《舊紀》作羅宗弁，蓋誤以羅弘信之姓冠文㺹，而又譌其名。從訓領兵三萬至城下，文㺹按兵不出，衆疑懼，復害之。推羅弘信爲帥。出戰，敗從訓。又遣將討擊殺之。時文德元年也。是役也，從訓求救於朱全忠。全忠爲之出兵攻內黄，今平原內黄縣。然不能救也。

高潯之敗於李詳也，十將成麟殺潯，入於潞州。成將孟方立又殺麟，自稱留後。《新書·本紀》。中和元年。成麟，《孟方立傳》作成鄰。《王徽傳》誤以爲劉廣，已見上章第五節。方立引還邢州。潞人請監軍吳全勗知留後。王鐸墨制假方立知邢州事。方立不受，而囚全勗。以書請鐸，願得儒臣守潞。鐸使其參謀中書舍人鄭昌圖知昭義。軍中多附方立，昌圖不能制。宰相請以重臣鎮之。乃用舊相王徽。徽固讓於昌圖。而昌圖不三月輒去。方立遂稱留後於邢州，而表其將李殷銳爲潞州刺史。於是大將家及富室，皆徙山東。潞人不悅。監軍祁審誨，因人心不安，使乞師於李克用，請復軍府於潞。中和三年十月，克用遣弟克修取潞州，殺李殷銳。克修，《五代史·唐家人傳》云克用弟，《唐書·孟方立傳》則云從父弟，參看第十二章第一節。四年八月，奏以克修爲昭義節度使，許之。自是澤、潞與邢、洺、磁，分爲兩鎮矣。皆以昭義爲名。而澤州實入於河陽。張全義者，濮州臨濮人。今濮縣南之臨濮集。少以田家子役於縣，爲縣令所辱，亡入黃巢軍。巢入長安，以爲吏部尚書水運使。巢亡，依諸葛爽。及是，爽表爲澤州刺史。初，爽奏李罕之爲河南尹、東都留守，使捍蔡。光啓元年，孫儒攻之。罕之走保澠池。見第二章第四節。東都陷。儒焚宮闕、剿居民去。爽遣將收東都，罕之逐出之，爽不能制。二年十月，爽卒。大將劉經與張全義共立其子仲方。經自引兵鎮洛陽。襲罕之於澠池，爲所敗。棄洛陽，走歸河陽。罕之軍於鞏，將渡河。經遣全義拒之。全義反與罕之合。攻河陽，不勝，走保懷州。而河陽爲孫儒所陷，諸葛仲方奔大梁。《舊紀》誤爲爽。全義據懷州，罕之據澤州以拒之。三年，宗權爲朱全忠所敗，孫儒亦棄河陽。罕之據河陽，全義據東都，共求援於李克用。克用以其將安金俊爲澤州刺史助之，而表罕之爲河陽節度使，全義爲河南尹東都留守。罕之性猜暴，部卒日剽人以食。全義善積聚，勸民力耕，儲廥稍集。罕之食乏，求之無涯，全義不能厭。是歲六月，王重榮爲衙將常行儒所殺。重榮兄重盈，時爲陝虢節度使，詔以其子珙知留後，而移諸河中。重盈至，執行儒殺之。罕之陷絳州，又攻晉州。重盈密結全義，文德元年，全義襲取河陽，俘罕之家。罕之奔澤州，求救於李克用。克用遣康君立攻河陽。朱全忠使丁會、葛從周、牛存節救郤之。表會爲河陽留後。復以全義爲河南尹。自昭義之分，孟方立倚朱全忠爲助。李克用擊之無虛歲。龍紀元年，克用復大發兵，遣李存孝與李罕之攻之。拔磁、洺，進攻邢州。方立猜忌，諸將多怨，不爲用，自殺。衆奉其從弟遷。據《新書·方立傳》。《舊書·昭宗紀》、《新五代史·唐莊宗紀》云遷方立弟，蓋渾言之。《舊五代史·唐武皇紀》云方立姪，恐誤。朱全忠救之。假道於魏博，羅弘信不許。乃遣大將王虔裕將精甲數百入邢州。大順元年正月，遷食盡，執虔裕以降。克用表安金俊爲邢、洺、磁團練使。於是昭義全入河東，魏博又不與汴，朱全忠雖得河陽，亦不易爭衡河北矣。

李全忠得盧龍，旋卒，子匡威嗣。匡威頗有才氣。大順元年二月，李克用攻赫連鐸。鐸求救於匡威。匡威自將兵三萬赴之，大敗其兵。是役：《舊紀》云：克用遣大將安金俊攻雲州，爲燕軍所執。《實錄》同，見《通鑑考異》。《通鑑》從《太祖紀年錄》《唐末見聞錄》，云金俊戰死。又云：此役克用自將。《舊書·張濬傳》：濬敗後克用上書論訴，云：臣昨遇燕軍，以禮退舍，匡威淺昧，厚自矜誇，乃言臣中矢石，覆士卒。致內外吠聲一發，短謀競陳，誤陛下君臣之分，可見其爲甚敗矣。遂與鐸共上表請討克用。朱全忠亦請率汴、滑、河陽之兵，與河北三鎮共舉。乞命大臣爲統帥。下三省、御史臺四品已上官議。宰相張濬、孔緯主之，杜讓能、劉崇望以爲不可。上從濬、緯議。五月，以濬爲河東行營都招討制置宣慰使，京兆尹孫揆副之。朱全忠爲南面招討使。李匡威爲北面招討使，赫連鐸副之。先是克用巡潞州，怒供具不厚，笞克修，克修悒憤成疾死。克用表其弟克恭代之。爲潞人所殺，附於朱全忠。全忠使河陽留後朱崇節入之，權知留後。克用使康君立、李存孝圍之。六月，詔削李罕之官爵，以孫揆爲昭義節度使。七月，全忠使葛從周犯圍入潞州，李讜、李重胤、鄧季筠攻澤州，請揆赴鎮。於是張濬合宣武、鎮國、靜難、鳳翔、保大、定難諸軍於晉州。保大，鄜坊軍名。八月，分兵三千，命揆赴鎮。李存孝伏兵擒之，送諸克用。克用誘以爲河東副使，不屈，鋸殺之。存孝又救澤州。擒鄧季筠。李讜、李重胤遁去。後全忠誅之。朱崇節、葛從周亦棄潞州。於是宣武之兵敗，而幽、雲師亦無功。《舊紀》云幽、雲攻雁門，《通鑑》據《實錄》，云李匡威攻蔚州，赫連鐸攻遮虜軍，蓋數處有戰事。可見兵雖不利，戰非不力。克用遣薛志勤、李存孝兩道攻晉、絳。諸軍惟鎮國韓建力戰，而爲存孝所敗。靜難、鳳翔、保大、定難之軍，皆不戰而歸。張濬獨與禁軍及鎮國、宣武之師合萬餘人守晉州。十一月，亦棄之去。王師全局瓦解。明年正月，遂貶濬及孔緯，而復李克用、李罕之官爵矣。此役之敗，蓋由朱全忠連兵徐、鄆，身未能至行營，求兵糧於鎮、魏，鎮、魏又皆不之助。説本《舊書·昭宗紀》。蓋時人議論如此，自與情事相合。全忠視克用，似失之太輕。然亦由官軍之敗太速，其不能戰太甚，使全忠無所用力。此則合諸鎮之兵以成軍，心力不齊，不易統率之故。郭子儀尚以此致敗，況張濬素文臣乎？然以征河東爲失策固不可。濬之言曰：「先朝再幸山南，實沙陀之罪。比慮河北諸侯，與之膠固。今兩河大藩，皆欲誅討，不因其離而除之，是當斷失斷也。」其説果有以易乎？無以易乎？鎮、魏不能同心，宣武未由陳力，燕、雲師出無功，豈事先所能逆覩哉？濬初以楊復恭薦，自處士爲太常博士，而力主聲討河東，與復恭立異，正見其一心君國，卓然不黨。史顧誣以依附田令孜。《舊書·濬傳》曰：濬初發迹依復恭，復恭失勢，乃依田令孜，以至重位，而反薄復恭。及再幸山南，復恭代令孜爲中尉，罷濬知政事。昭宗初在藩邸，深疾宦官。復恭有援立大勳，恃恩任事，上心不平之。當時趨向者，多言濬有方略，能畫大計。復用爲宰相，判度支。此説述昭宗心事是也，謂濬依附田令孜，則絶無證據。且濬以光啓三年相，至此亦未嘗罷相也。且云：朝議之際，上本然復恭之言，而朱全忠密遣濬之親黨賂濬，濬恃全忠之援，論奏不已，天子黽勉從之。昭宗英斷，或失之愎，豈劫於宰相者乎？只見其時之人，惟黨争賄賂之知也。

第二節　河東與邠岐華之争

　　討河東之兵，雖挫於外，然仍能裁抑楊復恭，可見昭宗之英斷矣。復恭自輔立昭宗後，專典禁兵，頗擅朝政。昭宗稍裁抑之。復恭誠非正人，然史言其罪狀，亦有近誣者。如昭宗之舅王瓌，史云復恭奏爲黔南節度使，至吉柏江，覆舟而没。《舊書》但云物議歸咎復恭而已，《新書》則云：守亮陰勒利州刺史爲之，顯以揣測之辭爲事實。然則謂孔緯出守，復恭使人劫之，斬其旌節，貲貯皆盡者，亦顯係歸惡之談也。《新傳》又云：復恭養子六百人，監諸道軍，恐其數亦太多。《舊傳》云：僖宗再幸山南，復用復恭爲樞密使。尋代田令孜爲右軍中尉。車駕還京，授觀軍容使。僖宗晏駕，迎壽王踐阼。文德元年，加開府金吾上將軍，專典禁軍。既軍權在手，頗擅朝政。昭宗惡之，政事多訪於宰臣。故韋昭度、張濬、杜讓能，每有陳奏，即舉大中故事，稍抑宦者之權。此是當時真相。復恭承田令孜之後，襲當時宦者積習，自不甘於退讓，於是干戈之釁生矣。復恭本與河東交關，然張濬之討河東，復恭雖持異議，竟不能沮，即可見其權力，去田令孜甚遠也。利州見第六章第三節。吉柏江在州境。其假子守立，勇武冠軍，上撫而用之，賜姓名曰李順節。大順二年九月，罷復恭兵，出爲鳳翔監軍，不肯行，因丐致仕。詔許之。復恭遁居商山。見第八章第二節。俄入居昭化坊第。第近玉山營，其假子守信爲軍使。或告其父子且謀亂。此事《舊傳》亦云係誣告。《新傳》云：許其致仕，賜几杖，使者還，遣腹心殺之於道，至是詔治殺使者罪，蓋加討時之口實也。乃使李順節與神策軍使李守節討之。守信擁其衆，以復恭走興元。十二月，兩軍中尉劉景宣、西門君遂傳詔召李順節入，令部將斫殺之。賈德晟者，與順節俱掌天威軍。明年爲景福元年四月，又爲君遂所殺。内官之禍稍澹，然畿輔驕將，乘之而起。

　　楊守亮之爲興元也，復恭又以其假子守貞爲龍劍節度使。領龍、劍、利、閬四州。龍、劍州見第四章第五節。閬州，今四川閬中縣。守忠爲武定節度使，領洋、果、階、扶四州。洋州見第四章第一節。果州，今四川南充縣。階州見第六章第二節。扶州見第七章第一節。守厚爲緜州刺史。緜州見第六章第三節。僖宗之走寶雞，置感義軍於興、鳳二州，以楊晟爲節度使，守散關，在寶雞西南。王行瑜追乘輿，晟與戰，敗績，棄關走。虢州刺史滿存，以兵赴闕，收復二州，即以爲防禦使，昭宗又擢爲節度使，亦復恭之黨也。復恭既走興元，守亮等同舉兵，以討李順節爲名，景福元年正月，鳳翔李茂貞、靜難王行瑜、鎮國韓建、匡國王行約、匡國，同州軍名。行約，行瑜弟。天雄李茂莊天雄，秦州軍名。秦州見第二章第三節。請討守亮。乞加茂貞山南西道招討使。朝議不可。乃詔兩解之。《舊紀》云：內臣皆不可其奏。昭宗亦以茂貞得山南之後，有問鼎之志，久之不下。《新書·楊復恭傳》云：宦者惜類執不可。帝亦謂茂貞得山南必難制，詔兩解之。二月，茂貞、行瑜擅興兵。茂貞表求招討使不已，朝廷不得已與之。《舊書·牛徽傳》：茂貞恃強，章疏不已。昭宗延英召諫官、宰相議可否。以邠鳳皆有中人內應，不敢極言，相顧辭遜。上情不悅。徽奏曰："兩朝多難，茂貞實有翼衛之功，惡諸楊阻兵，意在嫉惡，所造次者，不俟命而出師也。近聞兩鎮兵入界，多有殺傷，陛下若不處分，梁漢之民盡矣。須授以使名，明行約束，則軍中爭不畏法。"帝曰："此言極是。"乃以招討之命授之。蓋當時已勢不可已，欲謀整飭，惟有徐圖討伐矣。七月，茂貞克鳳州，滿存走興元。八月，又拔之。復恭與守亮、守信及存共奔閬州。《通鑑》：出奔者尚有守貞、守忠，恐非是。守貞、守忠抗命後，未聞其至興元也。參看第六節。閬州，今四川閬中縣。茂貞求帥興元。二年正月，詔以爲山南西道兼武定節度使，以果、閬二州隸武定，而以宰相徐彥若帥鳳翔。茂貞欲兼據鳳翔，不奉詔。上表不遜。與宰相杜讓能書，辭又悖戾。上與讓能謀討之。八月，以嗣覃王嗣周見下。爲京西招討使，神策將李鐬副之，送徐彥若赴鎮。《舊書·杜讓能傳》：京師百姓，聞茂貞聚兵甲，羣情恟懼。數千百人守闕門，俟中尉西門重遂出，擁馬論列，曰："乞不分割山南，請姑息鳳翔，與百姓爲主。"重遂曰："此非吾事，出於宰相也。"昭宗怒，詔讓能只在中書調發畫計，不歸第月餘。宰相崔昭緯陰結邠、岐爲城社，凡讓能出一言，即日達於茂貞。行瑜、茂貞令健兒數百人雜市人於街，崔昭緯、鄭延昌歸第，市人擁局興訴曰："岐帥無罪，幸相公不加討伐，致都邑不寧。"二相輿中諭之曰："大政聖上委杜太尉，吾等不與。"市豪寨篲熟視，又不之識。因投瓦石擊二相之輿。崔、鄭下輿散走，匿身獲免。是日喪堂印、公服。天子怒，捕魁首誅之。由是用兵之意愈堅。京師之人，相與藏竄，嚴刑不能已。讓能奏曰："陛下初臨大寶，國步未安。自艱難已來，且行貞元故事，姑息藩鎮。茂貞邇在國門，不宜起怨。臣料此時未可行也。"帝曰："政刑削弱，詔令不出城門，此賈生慟哭之際也。書不云乎？藥不瞑眩，厥疾弗瘳。朕不能屢屢度日，坐觀凌弱，卿爲我主張調發，用兵吾委諸王。"讓能對曰："陛下愼藩臣之倔強，必欲強幹弱枝，以隆王室，此則中外大臣，所宜戮力以成陛下之志，不宜獨任微臣。"帝曰："卿位居元輔，與朕同休共戚，無宜避事。"讓能泣辭曰："臣待罪台司，未乞骸骨者，思有以報國恩耳。安敢愛身避事？況陛下之心，憲祖之志也。但時有所不便，勢有所必然，他日臣雖受晁錯之誅，但不足以珍七國之患，敢不奉詔，繼之以死。"一似征討之意，全出昭宗，讓能始終以爲不可者，此誣辭也。茂貞求兼領山南，《舊紀》書於七月，乃因征伐之計決於是時而追書。茂貞急於得山南，無至此時始求之之理，其移鎮而以徐彥若代之之命，《新紀》書於正月是也。《舊紀》：是歲三月，以捧日等五都頭爲節度使，並加特進同平章事，各令赴鎮，並落軍權，時朝議以茂貞傲侮王命，武臣難制，欲用杜讓能及親王典禁兵，故罷五將之權，兼以平章事悅其心。可見其調度業已早定。《牛徽傳》：師出，上召徽謂之曰："卿能斟酌時事。岐軍烏合，朕料必平，卿以爲捷在何日？"雖所億不中，然亦可見岐軍無足深畏。茂貞使兵士雜市人，布謗言以聳動京師之人，蓋亦欲沮敗其事？惟畏之，乃欲沮敗之也。覃王何以敗績，史乘闕焉。然昭宗非賞罰不明之主，後仍任以軍事，則知敗非其罪。兵之勝敗，原有難於逆料者，要不得謂敗績爲必然之勢，昭宗而外，杜讓能輩皆能豫燭也。不獨史所傳讓能之事不足信，即崔昭緯，史謂其陰結邠、岐，以害讓能，《新書》至入之《姦臣傳》，亦毫無實迹。昭緯與讓能，同處相位，若黨邠、岐，讓能豈有全無所知之理，而猶對之漏洩機密乎？百姓擁訴，中尉曰："此非吾事，出於宰相可也。"昭緯、延昌，身亦爲相，而曰："大政聖上委杜太尉，吾等不與，則勢所不可。"唐人史料，可笑往往如此，實則昭緯特不附太原，因受惡名耳。九月，茂貞、行瑜遣兵逆戰，官軍潰。茂貞乘勝逼京師。上爲殺觀容軍使西門君遂、内樞密使李周潼、段詡，令收兵歸。茂貞仍陳兵臨皐驛，在長安西。迫上殺杜讓能，而以駱全瓘、劉景宣爲左右軍中尉。茂貞遂以鳳翔兼山南，行瑜賜號尚父，賜鐵券。朝廷動息，皆爲兩鎮所制矣。

　　時則韋昭度、崔胤並相。胤亦唐末忠臣，然此時尚未大顯頭角。昭宗求治心切，乾寧元年，復相鄭綮二月。及李谿。六月。《舊書·綮傳》曰：時議以昭宗命台臣，張濬、朱朴、綮三人尤謬，季末之妖也。唐人興論，直是豪無是非，非背公之黨論，則無知之讕言耳。傳言綮爲廬州，黃巢自嶺表還，經淮南剽掠，綮移巢文牒，請不犯郡界，巢笑而從之。一郡獨不被寇。天子嘉之，賜緋魚袋。罷郡，有錢千緡寄州帑。後郡數陷，盜不犯，鄭使君寄庫錢。至楊行密爲刺史，送所寄於京師還綮。度其政績必有大過人者。《新書·楊行密傳》云：合肥人。年二十，亡入盜中，刺史鄭綮捕得，異其貌，曰："而且富貴，何爲作賊。"縱之。僖宗在蜀，刺史遣通章行在，日走三百里，如約而還。此文蓋采自兩書，故不言遣其通章者爲何人。《北夢瑣言》謂鄭綮嘗以楊行密爲本州步奏官，則此刺史亦即綮也。可見其知人之明矣。《傳》又云：僖宗自山南還，以宰相杜讓能弟弘徽爲中書舍人。綮時爲給事中，以弘徽兄在中書，弟不宜同居禁近，封還制書。天子不報。綮即移病休官。無幾，以左散騎常侍徵還，朝政有闕，無不上章論列，事雖不行，喧傳都下。執政惡之，改國子祭酒。物議以綮匡諫而置之散地不可。執政懼，復用爲常侍。此可見其風節。又云：綮善爲詩，多侮劇時，故落格調，時號鄭五歇後體，此長慶諷諫之倫也。又云：光化初，昭宗還宮，庶政未愜，綮每形於詩什而嘲之。中人或誦其語於上前。昭宗見其激訐，謂有蘊藉，就常奏班簿側注云：鄭綮可禮部侍郎平章事，昭宗之用綮，必非如此輕率，此乃委巷之言耳。既入視事，侃然守道，無復恢諧，得視爲東方朔之流乎？三月餘移疾乞骸，尤明哲保身之君子也。谿之相也，知制誥劉崇魯出班掠麻慟哭，言其依附楊復恭、西門君遂，竟罷之。此事《舊書·崇魯》及《韋昭度傳》均謂爲崔昭緯所使，並謂李茂貞等之稱兵，乃昭緯所召，亦莫須有之辭也。崇魯則自非正士。綮亦不久退。七月。二年二月，上終相李谿。行瑜、茂貞攻之，並及韋昭度。三月，谿復罷。四月，昭度亦致仕。此時之邠、岐，可謂志得意滿，然黃雀復隨其後矣。

　　昭宗討太原之無功，實緣鎮、魏之未能協力，而魏當南北之衝，所係尤鉅。故朱全忠於其年大順元年。十月，即出兵攻之。及明年正月而羅弘信服。然幽、鎮顧爲晉弱。安金俊之喪也，克用代以安知建。潛通於朱全忠。克用知之，又代以李存孝。事在大順二年三月。知建奔青州，朝廷以爲神武統軍，將詣京師，過鄆州，朱瑄與克用方睦，伏兵河上殺之。存孝負擒孫揆功，自謂當得昭義，而克用以康君立爲之，怨。又與克用假子存信不睦。存孝亦克用假子。其本姓名曰安敬思，其先蓋西胡？存信，回鶻張君政子。景福元年十月，以邢、洺、磁三州自歸於朝廷。《舊紀》在大順元年十月，誤。今從《通鑑》。且結王鎔、朱全忠爲援。二年二月，克用攻鎮州，李匡威救卻之。匡威之出兵也，家人會別，酒酣，報其弟匡籌之妻。匡籌怒，據城拒匡威。匡威部下多亡歸。王鎔德其援己，迎而館之。匡威顧利其幼弱，謀奪其位。爲鎮軍所殺。匡籌以此爲名攻鎔。其將劉仁恭又叛於其後。不克，奔河東。七月，克用再攻鎮州。王鎔既失援，請助攻邢州以乞和。克用許之。是歲，十二月，克用納劉仁恭於幽州。李匡籌奔京師，道爲滄州節度使盧彥威所殺。彥威，滄州衙將，光啓元年，逐其節度使楊全玫。制以保鑾都將曹誠爲義昌節度使，未之任。大順元年，討河東，王鎔、羅弘信爲論請，乃以爲義昌節度。保鑾，亦五十四都之一。義昌，滄州軍名。乾寧元年三月，克用遂取邢州，殺李存孝。先是已下雲州，赫連鐸奔吐谷渾。據《通鑑》。事在大順二年七月。是歲六月，又破吐谷渾，殺鐸。於是自河以北，無與克用抗者，遂有餘力以問鼎於關中矣。

　　乾寧二年正月，王重盈卒，軍中立重榮養子珂。史云：重榮兄重簡子。王珙等則云本其家蒼頭。重盈子保義節度使珙、保義，陝虢軍名。絳州刺史瑤攻之，言其非王氏子。與朱全忠、王行瑜、李茂貞、韓建相結。珂急，使請婚於李克用。克用許之。王行瑜平後，克用以女妻之。薦之天子，許嗣鎮，而以崔胤尸節度使之名。行瑜、茂貞、建爲珙請，不得。五月，行瑜使其弟行約攻河中，而與茂貞、建各將兵數千人入朝。殺韋昭度、李谿及樞密使康尚弼。迫上以王珙爲河中，移王行約於陝虢，而以王珂代鎮同州。行瑜、茂貞各留兵二千宿衛京師，乃歸鎮。《舊紀》云：或云：三帥本謀廢上立吉王保，聞太原兵起，乃止。克用大發兵聲討三人。攻絳州，殺王瑤。七月，至河中。王行約棄同州走京師，行約弟行實爲左軍指揮使，謀劫上幸邠州。李茂貞假子繼鵬本姓名閻圭。爲右軍指揮使，謀劫上幸鳳翔。兩軍合謀承天門街。上登樓欲諭止之。捧日都頭李筠，《舊五代史·李茂貞傳》作李雲。將本軍於樓前侍衛。繼鵬攻筠，矢及樓扉。上懼，下樓，時鹽州六都兵屯京師，素爲兩軍所憚，上急召以自衛，兩軍乃退走，各歸本鎮。此所謂左右軍，即行瑜、茂貞所留，至此各走歸本鎮，非故禁衛之左右軍也。《新書·本紀》，以同州節度使爲王行約，左軍指揮使爲王行實。《王重榮傳》同，《通鑑》亦同，而其《兵志》及《王行瑜傳》、《宦者傳》，均以帥同州者爲行實，留宿衛者爲行約，恐誤。討楊守亮時，帥同州者即行約也。又《王重榮傳》，謂是役駱全瓘與王行實謀劫天子幸邠州，劉景宣與李繼鵬欲劫全瓘請幸鳳翔。《宦者傳》則謂全瓘與繼鵬欲劫上狩岐，又謂繼鵬與劉景宣子繼晟縱火剽東市。《通鑑》與《宦者傳》同。全瓘苟本欲幸岐，則與繼鵬意合，繼鵬無庸以兵劫之，恐當以《重榮傳》爲是。《舊紀》云：景宣附鳳翔，明全瓘不附也。兩軍合謀承天門街，語本《新書·重榮傳》。《通鑑》云：繼鵬連奏請車駕出幸，行約引左軍攻右軍，蓋與繼鵬爭劫駕，而繼鵬又因劫駕不得而攻李筠也。或傳行瑜、茂貞將自來迎駕，帝慮爲所迫，時扈蹕都頭李居實繼至，乃以李筠及居實之兵自衛，幸石門，鎮名，在南山中。詔李克用、王珂討行瑜，彰義張璠扼鳳翔。彰義，涇原軍名。克用入同州，遣兵攻華州，聞行瑜、茂貞將迎駕，乃舍之，移兵渭橋。李茂貞懼，殺李繼鵬及駱全瓘、劉景宣，上表請罪。乃舍茂貞，專討行瑜。十一月，行瑜棄州走，爲其下所殺。克用請遂討茂貞。或曰："茂貞復滅，則沙陀不可制矣。"乃弗許。克用亦還河東。此固事勢使然，然茂貞及韓建，實未受懲創，武夫豈知自戢？故不轉瞬而播遷之禍復作矣。

上夙有用諸王練兵以自强之意，《通鑑》乾寧二年云：上以郊畿多盜，欲令宗室諸王將兵巡警，又欲使之四方撫慰藩鎮。南北司用事之臣，恐其不利於己，交章論諫。上不得已，四月，下詔悉罷之。諸王奉使將兵，於北司誠有不利，南司何與焉？蓋恐其激變，不欲操之過急也。然及石門還後，上卒行其志。於神策兩軍之外，更置安聖、捧宸、保寧、宣化等軍，選補數萬人，使諸王將之。嗣延王戒丕、見下。嗣覃王嗣周又自募麾下數千人。李茂貞以爲欲圖己，勒兵揚言欲詣闕訟冤。士民爭亡匿山谷。上命通王滋及嗣周、戒丕分將諸軍，以衛近畿。茂貞引兵逼京畿。嗣周與戰於婁館，胡三省曰：蓋在興平西？案興平見第五章第四節。敗績。七月，茂貞逼京師。戒丕請自鄜州濟河幸太原，而身先往告之。上出至渭北，韓建遣其子奉表請幸華州。上不許。而建奉表相繼，至富平，見第七章第三節。建自來見，乃許之。蓋至河東亦非善地，或尚不如韓建之易與也。河東足以懾華州，華州不足以懾河東。於是上居華州者二年。

上之在華州，仍不忘自强。初韋昭度李谿死，上起孔緯爲相。又以張濬爲兵部尚書、租庸使，欲復用之。而李克用上言：若朝相濬，暮請以兵見，乃止。緯已老，一從上至石門，還京師遽卒。時則崔胤爲相。至華州，罷胤而相陸扆。扆蓋處事較和平者也。覃王送徐彥若赴鳳翔，扆嘗言其不可，後天復元年，駕自鳳翔還京，赦後諸道皆降詔書，獨不及鳳翔，扆亦諫正，可以見其宗旨。當時諸臣，處置藩鎮，有主激烈者，亦有較和平者。如扆及牛徽、韓偓是也。昭宗所用，乃其較激烈者。史家頗不謂然，然和平亦於事無濟，緩進之措施，且勢不及待，亦不得責昭宗及其所任諸臣爲魯莽也。八月，帝又以朱朴爲相。朴亦負大志，且有才能者。《舊書·朴傳》云：乾寧中爲國子博士。腐儒木强，無他才技。道士許巖士，出入禁中，嘗依朴爲姦利，從容上前薦朴有經濟才，昭宗召見。對以經義，甚悅。即日拜諫議大夫平章事，在中書，與名公齒，筆札議論，動爲笑端。數月，巖士事敗，俱爲韓建所殺。謂許巖士依朴爲姦利，乃韓建語耳。巖士爲姦利待依朴，安能薦朴？若謂在朴爲相之後，又豈得曰巖士因倚朴爲姦利而薦之也？何其自比於逆亂，設淫辭而助之攻，而又理不可通也？《新書》載朴議還都南陽，似迂而實切於務，説見下節。又云：帝益治兵，所處可一委朴。朴移檄四方，令近者出甲士，資餽餉，遠者以羨餘上。此豈腐儒所能爲乎？而謫其無他才技，筆札議論，動爲笑端，此乃浮薄之士輕視經生之論。其實唐代經生，學以致用，風節凜然，如劉賁及朴者，豈浮薄之進士，所能望其萬一邪？《新傳》云：朴三貶郴州司户參軍卒，不云爲韓建所殺，《舊傳》亦恐誤。郴州見第七章第六節。九月，朱全忠與河南尹張全義及關東諸侯表請遷都洛陽。全忠又言崔胤不宜出外，乃復相胤而貶陸扆。此等舉動，雖足以懾岐、華，究不能遂戢其悖逆也。時李茂貞方與王建相攻，見第六節。詔以建爲鳳翔西面行營招討使。八月。旋又以宰相孫偓爲鳳翔四面行營都統，前定難節度使李思諫爲靜難節度使副之，以討茂貞。茂貞上表請罪。請獻錢十五萬，助修宮室，上出幸後，茂貞入長安，燔宮室、市肆。韓建復左右之，師遂不行。明年正月，罷偓、思諫正副都統。蓋時茂貞逆狀太昭著，不聲討之，無以自解於天下，爲此以緩諸侯問罪之師也，然建之悖戾，亦不減於茂貞。四年正月，建奏防城將告睦、濟、韶、通、彭、韓、儀、陳八王謀殺臣，劫車駕幸河中，請勒歸十六宅。所領軍士，並縱歸田里。八王依《舊紀》。《諸子傳》同。《新書》儀王作沂王，恐誤，說見下。遂罷殿後四軍。此依《通鑑》。《注》云：即安聖、奉宸、保寧、宣化也。《舊書·紀》云：殿後侍衛四軍二萬餘人皆放散，說與之同。《新書·李巨川傳》云：帝在石門，數遣嗣延王。通王將親軍。大選安聖、奉宸、保寧、宣化四軍，又置殿後軍，合士二萬，建惡衛兵強不利己，與巨川謀，即上飛變，告八王欲脅帝幸河中，因請囚十六宅，選嚴師傅督教。盡散麾下兵。書再上，帝不得已，詔可，又廢殿後軍，且言無示天下不廣。詔留三十人爲控鶴排馬官，隸飛龍坊。自是天子爪牙盡矣。則殿後軍在四軍之外。《舊書·諸子傳》云：三都軍士，放還本道，殿後都亦與三都元繞行官扈蹕，至是並急詔散之，則又似安聖等四軍時闕其一，故合殿後軍爲四。天子衛士盡矣。建復脅上殺李筠。召還諸王之銜命四方者。禁止諸方士出入禁廷。請立上長子德王祐爲太子，更名裕，蓋爲廢立萬一之備也。太子詹事馬道殷以天文，將作監許巖士以醫得幸於上。二月，建誣以罪，殺之。且言孫偓、朱朴與二人交通，罷其相。天子真若贅旒然矣。六月，李茂貞表王建攻東川，連兵累歲，不聽詔命。貶建爲南州刺史。南州，在今四川綦江縣南。以茂貞爲西川，覃王嗣周爲鳳翔。茂貞不受代，圍覃王於奉天。韓建爲之移書，乃解。七月，徙天雄、李繼徽於靜難，繼徽，茂貞養子，本姓名曰楊崇本。反並邠寧亦爲其所有矣。八月，延王戒丕還自晉陽。建與知樞密劉季述矯制發兵圍十六宅。殺通、沂、睦、濟、韶、彭、韓、陳、覃、延、丹十一王。《新書·十一宗諸子傳》：通王滋，會昌六年始王夔，懿宗立，徙王。昭宗乾寧三年，領侍衛諸軍，是時誅王行瑜，而李茂貞怨，以兵入覲。詔滋與諸王分統安聖、奉宸、保寧、安化軍衛京師。與睦王、濟王、韶王、彭王、韓王、沂王、陳王、嗣延王戒丕、嗣丹王允、嗣覃王並爲韓建所殺。濟、韶、彭、韓、沂、陳、延、覃、丹九王，史逸其胄系云。《本紀》：四年八月，韓建殺通王滋、沂王禋、韶王、彭王、嗣韓王、嗣陳王、嗣覃王嗣周、嗣延王戒丕、嗣丹王允。以通王爲宣宗子誤，已見第九章第一節。《廿二史考異》云：彭王愓憲宗子，沂王禋昭宗子，吳縝已糾之矣。然昭宗子沖孺，未握兵柄，何至爲韓建所忌。且禋在昆弟中次居第四，使建欲害諸皇子，又不應全長而及幼。舊史昭宗紀有儀王無沂王，疑沂乃儀之譌。《新紀》作沂王禋，又史家妄益之也。《通鑑考異》云：順宗子經封郯王，會昌後避武宗諱改郯作罩,則嗣罩王嗣周,當是經之後,予謂嗣丹王允,當是代宗子丹王逾之後。嗣延王戒丕,當是玄宗子延王玢之後。嗣韓王當是高祖子韓王元嘉之後。元嘉後改封郇,懿宗以郇王即位,復其故名。玄宗子有濟王環,代宗子有韶王暹,敬宗子有陳王成美,濟、韶、陳三王,疑亦嗣王也。九月,以彰義節度使張璉爲鳳翔、西川行營招討使,以討李茂貞。璉璠子。復以王建爲西川。削茂貞官爵,復姓名曰宋文通。十二月,匡國節度使李繼瑭奔鳳翔。以韓建兼匡國節度使。建遂兼有同、華。光化元年正月,下詔罪己息兵。二月,復李茂貞姓名、官爵,復以爲鳳翔節度使。蓋仍所以掩飾天下之耳目也。此時朱全忠之勢,已日益强大,非復空言塗飾,所能戢其雄心。李茂貞既無以自解,韓建劫制乘輿,亦將來天下之兵,乃俱致書於李克用請修好,而於八月奉上歸長安。蓋又思結河東以抗汴梁也。然無及矣。

第三節　岐汴之争

乾寧、光化之間,李茂貞、韓建,所以能横行無忌者,以朱全忠、李克用方劇爭,莫能過問關中之事也。克用日弱,而全忠驟强,形勢遂一變矣。

全忠最切近之敵,爲時溥及朱瑄、朱瑾。全忠之取之,皆用持久徼極之策。《新書·宣傳》語。自光啓至大順六七年間,汴軍四集,徐、泗、濠三州之民,不得耕稼,又頻歲水災,人喪什六七。時溥窘蹙求和,全忠要以移鎮。溥許之。全忠奏聞。景福元年二月,以宰相劉崇魯爲感化節度使。溥慮出城見害,不受代。是歲十一月,濠、泗皆附於全忠。全忠初使子友裕,繼使將龐師古攻徐州。二年四月,拔之。溥自焚死。兵力萃於兗、鄆,全忠先遣兵春秋入其境劋掠,人不得耕織,爲俘者什五六,如是者數年,瑄、瑾勢亦日蹙。乾寧二年四月,朱友恭圍兗州。友恭,全忠養子,本姓名曰李彥威。瑾求救於河東。河東將史儼、李承嗣入鄆,友恭乃退。十月,全忠,復使葛從周往攻,而自以大軍繼之。李克用又使儼、承嗣往。三年,續遣李存信以萬騎往救。假道於魏,存信御軍無法,侵其芻牧。羅弘信怒,襲敗之。全忠乘機,深結弘信,弘信遂歸心焉,汴、晉强弱之勢一變矣。三月,全忠又使龐師古伐鄆。旋令葛從周守之。全忠之攻瑄,凡十興師,四敗績,而瑄才將俱盡,氣益沮,乃專爲守禦計。四月,克用攻魏以救鄆。全忠又使龐師古守鄆,而召葛從周還拒克用。六月,大敗其兵。擒其子落落。《新五代史·唐家人傳》:克用八子,莊宗其長,而《舊史·武皇紀》,落落爲克用長子,見擒時爲鐵林指揮使。又《梁太祖紀》:天復二年,嘗擒克用子廷鸞,見下。沙陀史皆不著,蓋諱之也。送羅弘信殺之。所以堅魏、晉之釁也。從周復還攻鄆。克用兵之往援者,皆阻於魏，不得前。十一月，再自將以攻魏。全忠又使從周往救，自以大軍繼之。克用度不敵，引還。從周再攻鄆。四年正月，瑄出走，爲野人所執，獻諸全忠，殺之。朱瑾出城求食，留其將康懷貞守。後避末帝諱，改名懷英。從周至，懷貞降。瑾無所歸，與史儼、李承嗣奔淮南。初平盧將王敬武逐其節度使安師儒，自爲留後。朝廷因而授之。敬武之逐安師儒，《新紀》在中和二年九月。《通鑑》同。《舊紀》在元年十月。《新書・敬武傳》云：隸平盧軍爲偏校，事節度使安師儒。中和中，盜發齊、棣間，遣敬武擊定。已還，即逐師儒，自爲留後。時王鐸方督諸道行營軍復京師，因承制授敬武平盧節度使，趣其兵使西。《舊書・張濬傳》云：拜諫議大夫。其年冬，王鐸至滑臺，兼充天下行營都統。方徵兵諸侯，奏用濬爲都統判官。時王敬武初破弘霸郎，軍威大振。累詔徵平盧兵，敬武獨不赴援。鐸遣濬往說之。敬武已受僞命，復怙强不迎討使。濬責之。並召將佐集於鞫場諭之。諸將改容引過。謂敬武曰：“諫議之言是也。”即時出軍，從濬入援京師。《新書》略同。王鐸之爲都統及義成節度使，事在中和二年正月。《舊書・張濬傳》所謂其年冬者，必不得爲元年。然若敬武之逐安師儒在二年九月，則似不得遽受僞命，而其間亦不容有累詔徵兵，則《舊紀》謂在元年十月者，似足信也。《五代史・王師範傳》云：父敬武，初爲平盧衙將。廣明元年，無棣人洪霸郎合羣盜於齊、棣間，安師儒遣敬武討平之。其事已在一年前，似不得云初破。《舊書・僖宗紀》：乾符四年三月，下詔招草賊，述投降受賞者，有弘霸郎受職禁營之語，則其事更在前矣。弘霸郎之事，疑其平實在乾符四年以前，敬武有功焉，廣明元年，乃其遷裨將之歲，叙其破弘霸郎，蓋原其所自起，已爲追溯之辭，距張濬之徵兵，則益遠矣。《舊書・濬傳》述此，不合加一時字，遂至滋疑也。無棣，在今山東無棣縣北。卒，子師範自稱留後。龍紀元年。師範時年十六。棣州刺史張蟾不從。詔以崔安潛充平盧節度使。蟾迎安潛至州，與共討師範。師範遣都指揮使盧弘擊蟾。弘還攻師範。師範以重賂迎之，而使小校劉鄩伏甲殺之。自將攻棣州，殺張蟾。崔安潛逃歸。朝遂以師範爲平盧節度使，大順二年。全忠已併兗、鄆，遣兵攻師範。師範下之。討李克用也，更命義成軍曰宣義，以朱全忠爲節度。全忠請以胡眞爲之。然制於全忠，一如巡屬。竟以全忠兼鎮。於是鄆、齊、曹、棣，天平。兗、沂、密，泰寧。徐、宿，感化。陳、許，忠武。鄭、滑、濮，宣義。皆入於全忠，淄、青亦納款，河以南無與全忠抗者已。河北劉仁恭，姿頗桀驁。李克用興其兵攻魏州，救朱瑄，皆不答。以書讓之，又嫚罵，執其使。盡囚太原兵之在燕者。《新五代史・高行周傳》云：嫣州人。世爲懷戎戍將，父思繼，兄弟皆以武勇雄於北邊。爲李匡威戍將。匡威爲弟匡籌所篡，晉王將討其亂，遣人招之。思繼兄弟從。爲晉兵前鋒。克用以劉仁恭守幽州，以其兄某爲先鋒都指揮使，思繼爲中軍都指揮使，弟某爲後軍都指揮使。高氏兄弟，分掌燕兵。克用臨訣，謂仁恭曰：“思繼兄弟，勢傾一方，爲燕患者，必高氏也，宜善爲防。”克用留晉兵千人爲仁恭衛。多犯法，思繼等數誅殺之。克用責仁恭，仁恭以高氏爲訴，由是晉盡誅思繼兄弟。仁恭以其兄某子行珪爲衙將，思繼子行周，年十餘歲，亦收之帳下，稍長，補以軍職。蓋當時與晉齮齕最甚者爲幽州，克用思弱之，乃先以順己之高氏兄弟統其衆，又授意劉仁恭使除之，而不意仁恭轉借己力以除高氏，而撫用燕兵也。仁恭之不順克用，自不得謂爲非計。然既如此，則宜襲李匡威之遺策，與鎮、魏、汴梁交好，共拒河東。而乃恃其兵力，到處啓釁，是則爲狂妄、不度德、不量力也已。嬀州見第八章第四節。懷戎見第二章第七節。是歲，克用擊之，敗績。盧彥威殘虐。光化元年三月，仁恭使子守文襲取之。兵勢益盛。全忠與之修好。是歲四月，全忠使葛從周攻洺州，拔之。五月，又取邢、磁。即以從周爲昭義留後守之。十月，克用使李嗣昭攻之，不克。十二月，河東所奏昭義節度使薛志勤卒。李罕之屢求方鎮於克用，克用不與。及是，自以兵據潞州。請於克用，克用又不許。罕之降於全忠。克用使李嗣昭伐之，取澤州。先是羅弘信卒，子紹威立。九月。二年，劉仁恭攻之。三月，全忠救之，大敗其兵。所喪失者孔多，仁恭由是不振。全忠使丁會取澤州。五月，克用使李君慶攻潞州，全忠使丁會往救，大破之。克用殺君慶，代以李嗣昭。李罕之疾亟，全忠表爲河陽節度，罕之旋卒。以丁會代之，而使張歸霸守邢州。七月，召葛從周還，代以賀德倫。八月，李嗣昭陷澤、潞。九月，克用表孟遷爲留後。先是克用使李嗣昭助王珂攻王珙。珙戰頻敗，性又慘刻，爲衙將李璠所殺。十一月，軍校朱簡又殺璠，附於全忠。全忠録以爲子，更名友謙。三年四月，葛從周擊劉仁恭。五月，拔德州，圍滄州。守文求救於克用。克用使周德威攻邢、洺。又繼之以李嗣昭。八月，陷洺州。九月，全忠復之。以王鎔與克用交通，移兵伐之。鎔服。全忠又遣張存敬會魏博兵擊劉仁恭，下二十城。自瓦橋趨幽州。瓦橋關，在今河北雄縣南。道潭不得進，乃還。王處存子郜，處存以乾寧二年卒，郜襲。厚於守光，使處存弟處直以兵擾其後。存敬敗之。遂圍定州。郜奔晉陽。軍中立處直請和。天復元年正月，全忠使存敬攻河中，取晉、絳，克用救之，不得進。珂又使求救於李茂貞及韓建，皆不能應。二月，存敬圍河中。珂降。遷於大梁。後全忠使入朝，殺諸幽州傳舍。先是全忠乘破幽州之勢，已使葛從周自土門攻河東。光化二年三月。土門關，即井陘關，在今河北井陘縣東北。及河中服，克用請成。全忠不許。三月，使氏叔琮、葛從周等討之。合兗鄆、成德、義武之師，數道並下。降潞州，逼晉陽。克用登城備禦，不遑飲食。五月，以芻糧不給，又久雨士卒癘利，乃還。以丁會守昭義，已兼帥河中，而表孟遷爲河陽，後見殺。丁會帥昭義，落邢、洺、磁，但以澤州爲屬郡，孟遷帥河陽，但以懷州爲屬郡，見《舊紀》。

昭宗之還長安也，崔胤罷而陸扆相。一年之間，朝局安靜。三年二月，出胤爲廣州節度。朱全忠表論之。至湖南，召還。六月，復相。宰相王摶，勸上勿急除宦官，罷，旋賜死。駱全瓘、劉敬宣之死，景務脩、宋道弼代爲左右中尉，亦見殺。朝局復不安矣。宦官知汴梁不可力抗，乃圖與之交結。時則劉季述、王仲先爲左右中尉。疾崔胤尤甚。季述乃外約朱全忠爲兄弟。遣從子希正與汴邸官程巖謀廢帝。會全忠遣天平節度副使李振上計京師。巖因曰：

"主上嚴急，內外惴恐，左軍中尉欲廢昏立明，若何？"振曰："百歲奴事三歲主，常也。亂國不義，廢君不祥，非吾敢聞。"希正大沮。先是皇子病，季述引內醫工車讓、謝篘，久不出。季述等共白帝："宮中不可妄處人。"帝不納。詔著籍不禁。由是疑帝與有謀。帝夜獵苑中，醉，殺侍女三人。明日，午漏上，門不啟。季述見胤曰："宮中殆不測。"與仲先率王彥範、薛齊偓、李師虔、徐彥回總衛士千人毀關入。謀所立未決。是夜，宮監竊取太子以入。季述等因矯皇后令曰："車讓、謝篘，勸上殺人，禳塞災咎，皆大不道，兩軍軍容知之。今立皇太子以主社稷。"黎明，陳兵廷中，謂宰相曰："上所爲如此，非社稷主，今當以太子見羣臣。"即召百官署奏。胤不得對。季述衛皇太子至紫廷院。左右軍及十道邸官俞潭、程巖等詣思玄門請對。士皆呼萬歲。入思政殿，遇者輒殺。季述出百官奏。宮監掖帝出思政殿，入囚少陽院。十一月六日。太子即位於武德殿。更名縝，帝復位後，復還東宮，降爲德王，復名裕。崔胤告難於朱全忠，使以兵除君側。全忠封胤書與季述，曰："彼翻覆，宜圖之。"季述以責胤。胤曰："姦人僞書，從古有之。必以爲罪，請誅不及族。"季述易之，乃與盟。胤謝全忠曰："左軍與胤盟，不相害，然僕歸心於公。並送二侍兒。"全忠得書。恚曰："季述使我爲兩面人。"自是始離。季述子希度至汴言廢立本計。又遣李奉本齎示太上皇誥。全忠狐疑不決。李振入見曰："豎刁、伊戾之亂，以資霸者。今閹奴幽劫天子，公不討，無以令諸侯。"乃因希度、奉本，遣振至京師與胤謀。都將孫德昭、董從實盜沒錢五千緡，仲先衆辱之，督其償，株連甚衆。胤間其不逞，曰："能殺兩中尉迎太上皇而立大功，何小罪足羞？"又遣客密告德昭，割帶納蜜丸通意。德昭邀別將周承誨。期十二月晦伏士安福門待旦。仲先乘肩輿造朝。德昭等劫之，斬東宮門外，叩少陽院呼曰："逆賊斬矣。"帝疑未信。皇后曰："可獻賊首。"德昭擲仲先頭以進。宮人毀扉出。御長樂門。羣臣稱賀。承誨馳入左軍，執季述、彥範至樓前。胤先戒京兆尹鄭元規集萬人持大梃，帝詰季述未已，萬梃皆進，二人同死梃下。遂尸之。兩軍支黨，死者數十人。中官奉太子遁入左軍。齊偓死井中，出其尸斬之。全忠檻送巖京師，斬於市。季述等夷三族。初延英宰相奏事，帝平可否，樞密使立侍，得與聞。及出，或矯上旨謂未然，數改易，橈權。至是詔如大中故事：對延英，兩中尉先降，樞密使候旨殿西。宰相奏事已畢，案前受事。師虔請於屏風後錄宰相所奏。帝以侵官不許。下詔與徐彥回同誅。史所言劉季述廢立事如此。據《新書·宦者傳》。朱全忠與崔胤久有謀，豈有是時狐疑，反賣胤於季述之理？蓋季述等日暮途窮，挺而走險，明知全忠不己與，亦不暇顧？程巖小人，季述蓋餌之以利？巖不知利害，遂與通謀耳。《舊五代史・李振傳》謂季述遣養子希度以唐之社稷，輸於太祖，此時唐之社稷，豈季述等所能輸邪？不以兵力，安能得之？若用兵力，何待宦豎？《通鑑考異》謂此説出於敬翔所撰之《大唐編遺録》，殊不足信也。薛《史》又謂張濬謂太祖：同中官則事易濟，且得所欲，據《考異》，説出梁貞明中所撰《太祖實録》。蓋謂濬亦同此，欲自掩其憝德耳，其不足信更甚矣。

　　帝既反正，賜孫德昭姓名曰李繼昭，周承誨曰李繼誨，董從實曰李彥弼。並同平章事，遙領節度使，留宿衛。崔胤請主神策左軍，以陸扆主右。時李茂貞來朝，語人曰："崔胤志滅藩鎮矣。"帝召李繼昭等問。對曰："臣世世在軍。不聞書生主衛兵。且罪人已得，持軍還北司便。"蓋德昭等本宦官黨，特以盜官錢謀自救，非有匡輔王室之心，故欲仍舊貫也。乃以韓全誨爲左神策中尉，張彥弘爲右。袁易簡、周敬容爲樞密使。全誨、彥弘，並曾監鳳翔軍，蓋皆茂貞之黨也。崔胤怒，約鄭元規遣人狙殺之，不克。全誨等諷茂貞留選士四千宿衛，以養子李繼筠、繼徽總之。朝權仍爲鳳翔所把持矣。《新書・韓全誨傳》。《傳》又云：胤亦諷朱全忠内兵三千，居南司，以婿敬恩領之。韓偓聞岐、汴交成，數諫止胤。胤曰："兵不肯去耳。"偓曰："初何爲召邪？"胤不對。《偓傳》則云：初李繼昭等以功進同中書門下平章事，時謂三使相。後稍稍更附韓全誨、周敬容，皆忌胤，胤聞，召李茂貞入朝，使留族子繼筠宿衛。偓聞，以爲不可，胤不納。《通鑑》同。據《考異》：謂胤請朱全忠納兵，説出《唐補記》。謂其召李茂貞使留兵，則出韓偓《金鑾密記》。《考異》曰：《舊紀》、《梁實録》、《編遺録》、薛居正《五代史・梁紀》諸書，皆不言全忠嘗遣兵宿衛京師，若如《唐補記》所言，岐、汴各遣兵數千人戍京師，則昭宗欲西幸時，兩道兵必先門於關下，不則汴兵皆爲宦官所誅，不則先遁去。今皆無此事，蓋程匡柔得於傳聞，又黨於宦官，深疾崔胤，未足信也。然胤所以欲留茂貞兵爲己援者，蓋以茂貞自以誅劉季述爲功，必能與己同心，讎疾宦官，以利誘之，遂復與宦官爲一耳。今從《金鑾記》。知《唐補記》之不足信，卓矣，以《金鑾記》爲可信，猶未免千慮一失。是時茂貞之兵，豈猶胤所能召邪？　全誨、彥弘及彥弼合勢恣暴，中官倚以自驕，帝不平。有斥逐者，皆不肯行。胤固請盡誅之。始張濬判度支，楊復恭以軍貲乏，奏假鹽麴一歲入，以濟用度，遂不復還。至胤，乃白度支財盡，無以稟百官，請如舊制。全誨摘李繼筠訴軍中匱甚，請割三司隸神策。帝不能卻，罷胤鹽鐵使。全誨等與繼誨、彥弼、繼筠交通謀亂。《通鑑》曰：繼昭獨不肯從。帝問令狐渙。渙請召胤及全誨等宴内殿和解之。韓偓謂不如顯斥一二柄臣，許餘人自新，妄謀必息。不然，皆自疑，禍且速。雖和解之，凶燄益肆。帝乃止。渙中書舍人，偓給事中，時並爲翰林學士。《偓傳》曰：帝疾宦人驕横，欲盡去之。偓曰："陛下誅季述時，餘皆赦不問。今又誅之，誰不懼死？天子威柄，今散在方面，上下同心，攬領權綱，猶冀天下可治。宦人忠厚可任者，假以恩倖，使自翦其黨，蔑有不濟。今食度支者乃八千人，公私牽屬，不減二萬，雖誅六七鉅魁，未見有益，適固其逆心耳。"此説亦不可信。爲梗者正在鉅魁，苟能去之，即權綱振矣。然取以干戈，猶且不克，豈假小豎以恩寵，即可翦除邪？　是時全忠並河中，胤爲急詔令入朝。全忠得詔，還汴，悉師討全誨，而禍不可迡矣。

昭宗復位，改元天復。元年十月，全忠發大梁。至河中，表請幸東都。十一月，趨同州。韓建幕僚司馬鄴知留後，迎降。韓全誨等遂劫帝如鳳翔。全忠至華州，韓建降。署爲忠武節度使，以兵援送之。建入梁，拜司徒。後鎮許州，太祖崩，軍亂，見殺。全忠入長安，遂至鳳翔。詔令還鎮。乃移兵北攻邠州。蓋慮急攻或生內變，負迫脅之名也。李繼徽時守邠州，降。復姓名曰楊崇本。質其妻於河中，仍令守邠州。韓全誨遣中使徵江淮兵屯金州，以脅全忠。金州見第六章第三節。金州刺史馮行襲，均州人也。均州見第四章第五節。逐刺史據州。劉巨容表爲刺史。中和四年。楊守忠爲武定，表爲行軍司馬，使領兵扼谷口，以通秦、蜀。李繼鵬據金州，行襲攻拔之，昭宗即授金州防禦使。後又立昭信軍，以爲節度使。光化元年，天祐二年，改曰戎昭軍。至是，行襲盡殺中使，收其詔敕送全忠。全誨又以詔命徵兵河東。李克用使李嗣昭以騎五千趣晉州。二年正月，陷慈、隰，皆見第七章第一節。逼晉、絳。全忠還河中。使兄子友寧與晉州刺史氏叔琮禦之。三月，大敗其兵，禽克用子廷鸞。乘勝攻河東，圍晉陽。克用議走雲州。未果，而汴軍疾疫，乃還。《舊五代史·武皇紀》、《李嗣昭傳》皆謂克用與嗣昭、周德威謀奔雲州。李存信等堅請入北番。嗣昭爭之，克用妻劉氏亦以爲言，乃止。《新書·沙陀傳》、《新五代史·唐家人傳》、《嗣昭傳》略同，惟《沙陀傳》誤以劉氏爲李國昌妻。《嗣昭傳》云：存信等勸奔契丹。四月，崔胤如河中，告全忠：茂貞將劫天子入蜀，勸速迎駕。全忠從之。六月，復至鳳翔，然仍不急攻。十一月，保大節度使李茂勳來援。茂勳，茂貞從弟。全忠遣兵襲取鄜坊，茂勳遁去。旋來降，更名曰周彝。茂貞出戰屢北，城中食又盡，乃密謀誅宦官，遺全忠書，許其迎駕。三年正月，遂殺韓全誨、張彥弘、袁易簡、周敬容，及李繼筠、李繼誨、李彥弼等，而奉車駕詣全忠營。遂歸長安，大誅宦官。《舊書·本紀》云：第五可範已下七百人。《新書·宦官傳》云八百餘人。內諸司一切罷之。諸道監軍使已下，及管內經過並居停內使，仰隨處誅夷。準故事，量留三十人，各賜黃絹衫一領，以備宮內指使。仍不得輒有養男。左右神策軍，並令停廢。宣傳詔命，即令官人出入。三百年來之狐兔，一朝俱盡，而城社亦隨之崩摧矣。

東諸侯中，王師範雅好儒術，故其志趣，究與尋常武夫不同。是月，師範乘關東兵多在鳳翔，分遣諸將，詐爲貢獻及商販，以入汴、徐、兗、鄆、齊、沂、河南、孟、滑、河中、陝、虢、華等州，期以同日俱發。適諸州者多事泄被擒，獨行軍司馬劉鄩取兗州。時泰寧節度使葛從周屯邢州。青州衙將張居厚，亦殺華州刺史婁敬思而旋敗。留守大梁節度判官裴迪聞變，使朱友寧東巡。友寧召葛從周,與共攻師範。全忠聞變,亦分兵先歸,使友寧並將之。三月,從周圍兗州,友寧攻青州。全忠引四鎮及魏博兵十萬繼之。六月,師範與淮南將王茂章擊殺友寧,全忠自將兵二十萬兼行赴之。茂章度衆寡不敵,引還。全忠使楊師厚守青州。九月,師範降。《舊書·本紀》。《舊五代史·劉鄩傳》皆在十一月。《通鑑》從《舊史·梁紀》。《梁太祖實錄》、《唐實錄》在此月。仍使權淄青留後。劉鄩得師範命乃降。天祐二年正月,命李振代師範。二月,師範舉族西遷。既受唐禪,友寧妻訴讎人於朝,乃族師範於洛陽。

第四節　梁太祖代唐

　　昭宗自鳳翔回京,運祚之遷移,已成必然之勢,然唐室仍能再三與梁相抗者,則昭宗能用人之效也。

　　是時在鳳翔所命相蘇檢、盧光啓皆見殺,韋貽範前卒。處事和平如陸扆,雖參機密而不肯爲相如韓偓者,亦遭貶斥,大權盡歸崔胤矣。時則神策兩軍及內外鎮兵,悉屬六軍,胤兼判六軍、十二衛事。《新書·胤傳》云:胤自鳳翔還,揣全忠將篡奪,顧己宰相,恐一日及禍,欲握兵自固。謬謂全忠曰:“京師迫茂貞,不可無備,須募兵以守。”今左右龍武、羽林、神策,播幸之餘無見兵,請軍置四步將,將二百五十人,一騎將,將百人,使番休遞侍。以京兆尹鄭元規爲六軍諸衛副使,陳班爲威遠軍使,募卒於市。全忠知其意,陽相然許。胤乃毀浮圖取銅鐵爲兵仗。全忠陰令汴人數百應募。以其子友倫入宿衛。案友倫爲全忠次兄存之子。會爲毬戲,墜馬死。全忠疑胤陰計,大怒。時傳胤將挾帝幸荊襄,而全忠方謀脅乘輿都洛,懼其異議,密表胤專權亂國,請誅之。即罷爲太子少傅。全忠令其子友諒案友諒爲全忠長兄全昱之子,友倫死後,全忠使典宿衛。以兵圍開化坊第,殺胤。汴士皆突出,市人爭投瓦礫擊其尸。元規、班等皆死。實天復四年正月。胤罷凡三日死,死十日,全忠脅帝遷洛。《本紀》:胤罷在天復四年正月乙巳,己酉見殺,戊午,全忠遷唐都於洛陽,則三日當作五日。《通鑑》胤見殺在戊申,與三日之説合。《舊紀》:胤死在三年十二月,必誤。發長安,居人悉東,徹屋木自渭循河下。老幼係路,啼號不絶。皆大罵曰:“國賊崔胤,導全忠,賣社稷,使我及此。”先是全忠雖據河南,顧彊諸侯相持,未敢決移國,及胤開內隙與相結,得梯其禍取朝權,以成彊大,終亡天下。案唐祚果移,胤一人握兵,安能自固? 此不待辯。此時即練兵,豈能與全忠爲敵?《宦者傳》言:李茂貞請殺韓全誨等,帝既惡宦人脅遷,而茂貞又其黨,全忠雖外示順,終悖逆,皆不可倚,欲狩襄漢依趙匡凝,然不得去，乃定計歸全忠，以紓近禍。匡凝者，德諲子，以景福元年繼其父。其《傳》亦言昭宗有意都襄陽，依凝以自全。又言天祐元年，封匡凝爲楚王，時諸道不上供，惟匡凝歲貢賦天子。則匡凝之忠於唐實篤，其與唐有成謀且舊。時傳胤將挾帝幸荆襄，蓋非虛語？全忠陰令汴卒應募，説出《唐太祖紀年録》，殊不足信。見《通鑑考異》。胤是時，決無與汴爲敵之理。欲敵汴，殺友倫亦何益？《舊紀》云：友倫卒，全忠怒，殺同鞠將校數人，可知全忠亦未疑胤。不然，此時當圖胤，何止殺同鞠將校。其練兵，蓋欲以爲適荆襄之衛也。帝如鳳翔時罷胤詔，已云始將京兆府官錢，委元規召卒，後用度支使權利，令陳班聚兵，《舊書·胤傳》。則二人之爲胤爪牙已舊，用之未必啓全忠之疑。《新書·韓偓傳》：偓侍宴，與元規、班並席。辭曰：“學士不與外班接。”主席者固請，乃坐。既元規、班至，終絕席。後朱全忠欲召偓殺之，元規曰：“偓位侍郎學士承旨，公無遽。”全忠乃止。此雖小節，亦可見元規之賢。全忠之誅胤，蓋實以其幸荆襄之謀，其如何泄露，則不可知耳。唐之不能自立，此時勢已顯然。即微全忠，茂貞、克用，亦豈不足亡唐？全忠欲亡唐，亦何待胤之召？以唐之亡，由胤導全忠賣社稷，蓋長安憚遷者之辭，於朝事實無所知，而史遂據爲實録，入胤於《姦臣傳》，世尚有真是非哉？

　　胤既得罪，崔遠與柳璨並相。璨時爲左拾遺。《舊書·傳》曰：昭宗好文。初寵待李谿頗厚。洎谿不得其死，心常惜之。求文士似谿者。或薦璨高才，召見，試以詩，甚喜。無幾，召爲翰林學士。崔胤得罪前一日，召璨入內殿草制勅。胤死之日，既夕，璨自內出，前驅傳呼相公來。人未見制勅，莫測所以。《通鑑》：崔胤以乙巳得罪，璨以丙午相，則此事即在召入內殿草制之日，云胤死之日誤也。《新傳》誤同。翼日，對學士，上謂之曰：“朕以柳璨奇特，似可獎任，若令與政事，宜授何官？”承旨張文蔚曰：“陛下拔用賢能，固不拘資級。若循兩省遷轉，拾遺超等入起居郎，臨大位非宜也。”帝曰：“超至諫議大夫可乎？”文蔚曰：“此命甚愜。”即以諫議大夫平章事，改中書侍郎。任人之速，古無兹例。《新傳》云：璨起布衣，至是不四歲。昭宗之任李谿，豈真以其能文？蓋亦如其任馬道殷、許巖士，特以是爲名耳。其任璨亦猶是也。《舊書·本紀》：帝以天祐元年正月發京師。次陝州，全忠迎謁於路。二月，辭赴洛陽親督工作。四月，帝遣晉國夫人可證傳詔諭全忠，言中宮誕蓐未安，取十月入洛陽宮。全忠意上遲留俟變，怒甚。謂衙將寇彥卿曰：“亟往陝州，到日便促官家發來。”閏四月，車駕發陝州，次穀水行宮。時崔胤所募六軍兵士，胤死後散亡並盡，從上東遷者，惟諸王小黃門十數，打毬供奉內園小兒共二百餘人。全忠在陝，仍慮此輩爲變，欲盡去之，以汴卒爲侍衛。至穀水頓，全忠令醫官許昭遠告內園等謀變，因會設幄，酒食次並院之。乃以謀逆聞。由是帝左右前後侍衛職掌，皆汴人也。既至東都，又殺醫官閻祐之，國子博士歐陽詩，云言星讖也。此可見帝左右前後，志存匡輔者之多，柳璨爲帝所特擢，其爲人亦可想見矣。《通鑑》云：全忠令醫官許昭遠告醫官使閻祐之，司天監王墀，内都知韋周，晉國夫人可證等謀害全忠，悉收殺之。時楊崇本復叛，全忠使子友裕擊之。六月，全忠至洛陽。七月，如河中。八月，昭宗遇弑。《舊紀》云：全忠令左龍武統軍朱友恭、右龍武統軍氏叔琮、樞密使蔣玄暉爲之。又云：自帝遷洛，李克用、李茂貞、王建、趙匡凝連盟舉義，以興復爲辭。全忠方事西討，慮變起於中，故害帝以絕人望。《新書·蔣玄暉傳》云：帝駐陝州，命衛官高璨持帛詔賜王建，告以脅遷。且言全忠以兵二萬治洛陽，將盡去我左右。君宜與茂貞、克用、行密同盟，傳檄襄、魏、幽、鎮，使各以軍迎我還京師。令判官李振自河中至洛陽，與友恭等圖之。玄暉選龍武衙官史太等百人入弑帝，復執何皇后。后求哀於玄暉，玄暉以全忠止令害帝，釋后而去。十月，全忠還洛。殺友恭、叔琮。復友恭本姓名曰李彥威。《紀》言河南尹張廷範收彥威等，臨刑大呼曰：“賣我性命，欲塞天下之謗，其如神理何？操心若此，欲望子孫長世，得乎？”呼廷範謂曰：“公行當及此，勉自圖之。”此等語未必實。玄暉、廷範，後皆效忠唐室，此時未必肯與弑逆之謀。玄暉，史固謂其事全忠爲腹心，《新書》本傳。然友恭、叔琮，亦皆戰將也，雖欲弭謗，肯輕棄乎？然則玄暉是時，必未與弑逆之謀，特身爲内樞密，龍武入宮不能拒，人遂億爲與謀，且謂史太等由其選用耳。抑謂玄暉與弑昭宗不實，而謂其救全何后則真，故後來后與之有謀；亦或玄暉此時，早與唐有密謀，后乃從而哀之；亦或后未嘗哀之，而玄暉特全后以爲後圖也。一時之忠臣義士，可謂多矣。然亦可見昭宗之能得人心也。

　　既弑昭宗，立其子輝王柷，更名祝，是爲哀帝。時年十三。哀帝與德王，並何后所生，見《舊書》本傳。《舊紀》：天祐二年二月，社日，樞密使蔣玄暉宴德王裕已下九王於九曲池，既醉，皆絞殺之，竟不知其瘞所。《諸子傳》昭宗十子，哀帝外爲德王裕、棣王祤、虔王禊、沂王禋、遂王褘、景王祕、祁王祺、雅王禛、瓊王祥，蓋即所謂九王，《新書》別有端王禎、豐王祁、和王福、登王禧、嘉王祜、潁王禔、蔡王祐，則其幼未見殺者也。《舊紀》云莫知瘞所，而《諸子傳》云投尸九曲池，則其事亦傳聞不審。是時昭宗新喪，諸王可否燕集，事亦可疑。欲殺之，其道多矣，何必邀燕，行之於衆見之地？此事真相，恐已不傳，爲玄暉所爲以否，更無以言之矣。

　　《舊書·張濬傳》云：濬雖退居山墅，朝廷或有得失，必章疏上言，德王廢立之際，濬致書諸藩，請圖匡復。然則豈有勸全忠同宦官之理？《梁太祖實錄》之説，其不足

信明矣。王師範青州起兵，欲取濬爲謀主。事雖不果，其迹頗泄。朱全忠將圖
篡代，懼濬構亂四方，不欲顯誅，密諷張全義令圖之。乃令衙將楊麟率健卒五
十人，有如劫盜，圍其墅而殺之，天復三年十二月晦夜也。此慮唐臣之害己而
爲之，猶可曰：革易之際，不得不然也，天祐二年三月，罷宰相獨孤損、裴樞、崔
遠，五月，與陸扆、吏部尚書。王溥、工部尚書。趙崇、守太保致仕。王贊兵部侍郎。同
貶，六月，令所在賜自盡。時七人已至滑州，皆並命於白馬驛。全忠令投尸於
河。《舊紀》。《通鑑》云：全忠聚樞等及朝士貶官者三十餘人於白馬驛，一夕盡殺之，投尸於河，與《柳
璨傳》云璨疏三十餘人者相合，見下。此事則殊無謂。蓋汴人之傾險者所爲，全忠雖狡
譎，究武夫寡慮，爲其所誤。然唐士大夫好黨爭，務進趣，相賊害，不恤競豪毛
之利，快睚眦之怨，而縱滔天之禍，亦不得辭其責也。《舊五代史·蘇循傳》
云：遷洛之後，唐室舊臣，陰懷主辱之憤，名族之冑，往往有違禍不仕者，此蓋
全忠蓄憾之由。《新五代史·唐六臣傳》云：梁王欲以嬖吏張廷範爲太常卿，
裴樞以爲太常卿唐常以清流爲之，廷範乃梁客將，不可，梁王由此大怒，曰：
"吾常謂裴樞純厚，不陷浮薄，今亦爾邪?"則其所以激之使發者也。《舊史·
李振傳》云：昭宗遷都之後，王室微弱，朝廷班行，備員而已，振皆頤指氣使，旁
若無人。朋附者獎升，私惡者沈棄。每自汴入洛，朝中必有貶竄，唐朝人士，
目爲鴟鶚。柳璨譖殺裴樞等，振自以咸通中嘗應進士舉，累上不第，尤憤憤。
乃謂太祖曰："此輩自謂清流，宜投於黃河，永爲濁流。"太祖笑而從之。唐之
亡，爲册禮等使者，張文蔚、蘇循、楊涉、張策、薛貽矩、趙光逢六人。《新史·唐六
臣傳》。文蔚等五人，全身免禍而已。惟循子楷，乾寧二年登進士第遭覆落，懷
憤，乃駁昭宗之諡，獻媚新朝。清流之禍，蓋皆此等人所爲，於當路之人無與。
《舊書·柳璨傳》云：裴樞、獨孤損、崔遠，皆宿素名德，與璨同列，意微輕之，璨
深蓄怨。昭宗遷洛，諸司內使，宿衛將佐，皆朱全忠腹心也。璨皆將迎，接之
以恩，厚相交結，故當時權任皆歸之。天祐二年五月，西北長星竟天，掃太微
文昌帝坐諸宿。占者云：君臣俱災，宜刑殺以應天變。蔣玄暉、張廷範謀殺衣
冠宿望難制者。璨即首疏素所不快者三十餘人，相次誅殺。班行爲之一空。
此説不獨厚誣璨，並恐誣玄暉、廷範，特以玄暉、廷範爲汴人，而璨與汴人相交
結，遂億度以爲如此耳。璨名族，若謂驟進，則當時不次拔擢者甚多，裴樞等
何事輕之哉? 或曰：既如是，璨何以坐視其禍而不救。並不引退? 此則勢無
可爲，欲就大謀，固不得不忍人之所不能忍。然遂以此蒙謗於天下後世矣。
此則其遇可哀，而其心亦愈苦矣，而可以成敗論之哉?

　　此時欲圖篡奪，仍非先耀兵威不可，全忠固深知之，故遷唐無幾，即復出

兵。初成汭之敗，趙匡凝取江陵，表其弟匡明爲留後。是歲八月，全忠使楊師厚攻匡凝，而自將大兵繼之。匡凝戰敗，奔揚州。匡明走成都。全忠遂有荆南。十月，乘勝攻淮南。十一月，至壽州。壽人堅壁清野以拒之，乃還。而洛中之變復作。《舊書·本紀》：全忠以十一月丁卯十三日。至大梁。時哀帝以此月十九日親祠圜丘。戊辰，裴迪自大梁回，言全忠怒蔣玄暉、張廷範、柳璨等謀延唐祚，而欲郊天改元，玄暉、璨大懼。庚午，勅南郊改取來年正月上辛。辛巳，授全忠相國，總百揆，進封魏王，全忠先已封梁王。備九錫。先是北院宣徽使王殷使壽州行營，構蔣玄暉於全忠。全忠怒，急歸大梁。上令刑部尚書裴迪齎詔慰勞全忠。全忠忿恨，語極不遜。故行相國百揆之命，以悅其心，蔣玄暉自至大梁陳訴，怒猶不解。十二月甲午，十日。上召三宰相議事。柳璨曰："人望歸元帥，陛下揖讓釋負，今其時也。"乃賜璨茶藥，便令進發。乙未，勅樞密使蔣玄暉宜削在身官爵，送河南府處斬。豐德庫使應頊，尚食使朱建武，送河南府決殺。庚子，勅樞密使及宣徽南北院並停。樞密公事，令王殷權知。《通鑑》云：省樞密使及宣徽南院使，獨置宣徽使一員，以王殷爲之，趙殷衡爲副使。兩院人吏，並勅歸中書。諸司、諸道人，並不得到宣徽院。凡有公事，並於中書論請。延義、千秋兩門，只小黃門三人句當，其官健勅歸本軍。辛丑，勅每月只許一、五、九日開延英，計九度。又勅每遇延英坐朝日，只令小黃門祇候引從，宮人不得擅出內門。《舊紀》：昭宗遷洛後，勅除留宣徽兩院、小馬坊、豐德庫、御厨、客省、閤門、飛龍、莊宅九使外，其餘並停，仍不差內夫人傳宣。此次之勅則云：宮嬪女職，本備人任。近年已來，稍失儀制。宮人出內宣命，采御參隨視朝，乃失舊規，須爲永制。今後每遇延英坐朝日，只令小黃門祇候引入，宮人不得擅出內門。庶循典儀，免至紛雜。《通鑑》記昭宗至洛後事曰：勅內諸司惟留宣徽等九使，餘皆停廢，仍不以內夫人充使。《考異》曰：初誅宦官後，內諸司使皆以內夫人領之，至此始用外人。《實錄》改充使爲宣事，誤也。記此事曰：勅罷宮人宣傳詔命及參隨視朝。胡三省《注》曰：既宣傳詔命，則《實錄》云宣事，亦未爲誤，但天祐三年方罷宮人宣傳詔命，故以爲誤。觀《舊書》之文，則宮人宣事，實罷於遷洛之初。此時所罷，只是參隨視朝。勅云出內宣命，特連及前事，與參隨視朝，並指爲有失舊規耳。非謂至此始罷。《實錄》不誤，《通鑑》自誤也。乙巳，汴州別駕蔣仲伸決殺，玄暉季父也。又勅蔣玄暉追削爲凶逆百姓，仍委河南府揭尸於都門外聚衆焚燒。玄暉死後，王殷、趙殷衡又譖於全忠云：內人相傳，玄暉私侍積善宮，何太后所居。與柳璨、張廷範爲盟誓，求興唐祚。戊申，全忠令王殷害皇太后。又殺宮人阿秋、阿虔，言通導蔣玄暉。己酉，追廢皇太后爲庶人。庚戌，勅以宮闈內亂，播於醜聲。難以憸惡之容，入於祖宗之廟。其明年上辛親謁郊廟宜停。癸丑，柳璨責授朝議郎，守登州刺史。登州見第五章第一節。太常卿張廷範責授萊州司户。萊州見第二章第七節。少卿裴碩青州北海尉。北海見第五章第一節。溫鑾臨淄尉。

臨淄，今山東臨淄縣。祠部郎中知制誥張茂樞博昌尉。博昌，在今山東博興縣南。並員外置。甲寅，柳璨貶密州司户，再貶長流崖州百姓，密州見第八章第二節。崖州見第四章第二節。委御史臺賜自盡。是日，斬於上東門外，張廷範除名，委河南府於都市集衆以五車分裂。温巒、裴�、張茂樞並除名，委御史臺於所在賜自盡。柳璨弟瑀、瑊，送河南府決殺。三年正月戊午，勅右拾遺柳瑗貶洺州雞澤尉，璨疏屬也。雞澤，今河北雞澤縣。郊天何以能延祚？説殊可疑。《新五代史·蔣殷傳》云：待諸侯助祭者，以謀興復，蓋爲近之。是年三月，勅貶西都留守判官左諫議大夫鄭賨崖州司户，尋賜死，亦見《舊紀》。疑亦與於是謀者也。哀帝尚幼，此謀必何太后主之。蔣玄暉、張廷範皆全忠腹心。觀全忠怨毒之深，則知謂其謀延唐祚，必非虛語。玄暉，《新書·傳》云：少賤不得其系，廷範且故優人，然其所爲，乃皎然爲全軀保妻子之士大夫所不及，人豈可以類限哉？抑廷範、全忠欲以爲太常卿，雖出私意，然亦可見其人足與於士大夫之列，不徒非優伶，並非武夫也。此真所謂小人而有士君子之行者矣。以視王殷、趙殷衡何如哉？而皆獲罪以死，而殷、殷衡是用，以是可知梁祚之不長矣。豈沙陀之能亡梁哉？誠百世之龜鑑也。王殷，本姓蔣。幼爲王重盈養子。梁祖取河中，以王氏舊恩，錄其子孫，表爲衛將。末帝時叛梁。事見後。趙殷衡，不知其家世。少孤，流落汴州。富人李讓得之，養爲子。梁祖鎮宣武，以讓爲養子，乃冒姓朱氏。稍長，給事太祖帳下。太祖諸兒乳母有愛之者，養爲子。乳母夫姓趙，又冒姓趙氏。入梁後改姓名曰孔循。又事唐。權知汴州，明宗叛，自魏而南，莊宗東出汜水，循持兩端，遣迎明宗於北門，莊宗於西門，供帳牲餼如一，戒其人曰：「先至者人之。」此等人乃真嬖幸耳。或曰：玄暉、廷範既君子，始何以事梁？此則其境遇爲之，不足責也。或又曰：昔所謂君，皆民賊耳，助梁篡唐亡謂，拒朱存李，又何取焉？此則時代爲之，不能以今日之義責古人也。抑有功德於民者，當處帝王之位，此在昔日，理勢皆然。故丁喪亂之世，真能戡定羣雄，撫寧黎庶者，正人自亦與之。若梁祖，則未戡定者實止河南，其民且未蘇息，此外更無論矣。遽以暴戾求大位，安怪助之者皆小人？國於天地，必有與立，盈朝皆小人，誰與立哉？再世而亡，非不幸也。昭宗之見弑也，夫人裴貞一，昭儀李漸榮死之。《舊紀》：蔣玄暉選龍武衙官史太等百人叩內門，言軍前有急奏，面見上。至椒殿院，貞一夫人啓關，謂玄暉曰：「急奏不應以卒來。」史太執貞一殺之。急趨殿下。玄暉曰：「至尊何在？」昭儀李漸榮臨軒謂玄暉曰：「院使莫傷官家，寧殺我輩。」帝方醉，聞之，遽起。史太持劍入椒殿。帝單衣旋柱而走。太追而弑之。漸榮以身護帝，亦爲太所殺。觀此，知玄暉當日，實無弑逆之心，故貞一、漸榮，皆與之有言，而何后亦向之求哀也。及是，阿秋、阿虔，又以身殉國。據《通鑑》，則尚有晉國夫人可證。是知婦人之不與政事，特其處境使然，苟或與之，其才智義烈，固無殊於男子也。柳璨臨刑呼曰：「負國賊柳璨，死其宜矣。」《舊書》本傳。此蓋自憾所謀之未成，忠臣義士無窮之心也，而史又以此語，定其愛書，猶爲有目人乎？

內難既夷，全忠復用兵於外。初田承嗣召募軍中子弟，置之部下，是爲魏之衙軍。年代寖遠，父子相襲，親黨膠固。其凶戾者，强買豪奪，踰法犯禁，長吏不能禁。變易主帥，有同兒戲，小不如意，則舉族被害。羅紹威懲其往弊，心銜之。天祐二年七月，衙軍裨校李公佺作亂，奔滄州。紹威愈懼，使求援於全忠。全忠遣李思安會魏博軍攻滄州。全忠女妻威子廷規，先是卒。全忠遣長直軍校馬嗣勳選兵千人，密於輿中實兵甲入魏，言助女葬事。三年正月五日至。全忠親率大軍濟河，言視行營於滄、景。威欲因而出迎，假全忠帳下銳卒，入而夾攻之。衙軍頗疑，堅請不出。威恐泄其事，慰納之。是月十四夜，率厮養百十輩，與嗣勳合攻之。時宿於衙城者千人。遲明，殺之殆盡。凡八千家。皆夷其族。《新書》云：紹威遣人潛入庫，斷弦解甲。軍趨庫，得兵不可戰，因夷滅。嗣勳重傷，旬日而卒，見《舊五代史》本傳。魏軍攻滄州者聞之，作亂。累月乃平之。八月，全忠攻滄州，劉仁恭自將救之。不敢進。使求救於李克用。克用使李嗣昭與共攻潞州。十二月，丁會降敵，全忠乃還。四年正月，至大梁。三月，遂受唐禪，國號梁，更名晃，是爲梁太祖。奉唐帝爲濟陰王，遷於曹州。明年二月，害之，諡曰哀皇帝。後唐自以爲繼唐室，明宗時，改諡曰昭宣光烈孝皇帝，廟號景宗。中書覆奏：“少帝行事不合稱宗，存諡而已。”《舊書》仍稱爲哀帝，曰：“知禮者亦以宣、景之諡非宜，今只取本諡。”《新書》及《通鑑》，皆取後唐所定諡。《新書》目錄，仍作哀皇帝。《綱目》則簡稱爲昭宣帝。唐係出何族不可知，然自隋世去西魏賜姓以來，久自儕於華夏矣。神不歆非類，似不應用異族所定之諡。自漢已下，廟號、諡法皆一字，惟東晉、蕭梁、北魏、北齊有兩字，唐始累數字爲諡，佶屈不可誦，讀史者於諸帝乃多稱其廟號。哀帝無廟號可稱，截取首兩字稱之，雖合簡易之理，究非完具之辭，自不如仍稱之爲哀帝之得也。《舊書·哀帝紀》云：全忠自弒昭宗之後，岐、蜀、太原，連兵牽制，關西日削。幸羅紹威殺衙軍，全獲魏博六州。將行篡代，欲威臨河朔，乃再興師臨幽、滄、冀仁恭父子乞盟，則與之相結，以固王鎔、紹威之心。而自秋迄冬，攻滄州無功，及丁會失守，燒營遽還。蓋譏其師出之無成績。《通鑑》謂其威望大沮，恐中外因此離心，欲速受禪以鎮之。此皆太過。梁祖在當日，已席莫强之勢，潞州小挫，何至遂沮人心？然河東未平，遽謀禪代，要不免易盈欲速之誚也。又百代之龜鑑矣。

第五節　唐末割據上

唐自肅、代以來，藩鎮徧佈，久成分裂之勢，然中樞名分猶存，藩鎮所擅之地,亦究不甚大,故自河北而外,迄未有能久據土自專者也。逮黃巢起而情勢一變矣。

　　高駢之罷都統及鹽鐵轉運使也,史稱其既失兵柄,又落利權,攘袂大詬,累上章論列,語辭不遜。由是貢賦遂絕。駢好神仙,信方士呂用之。用之又引其黨張守一、諸葛殷,共相蠱惑。間駢舊將。又說以絕俗累,賓客、將吏,皆不得見。又請置使巡察,駢即以用之領之。用之乃擢廢吏百餘,號爲察子,令居衢閧間,誅所惡者數百族。募卒二萬,爲左右莫邪都,與守一分將之。於是太阿倒持矣。畢師鐸者,黃巢將,降駢。駢使以騎三百戍高郵。見第二章第七節。高郵戍將張神劍,師鐸爲子娶其女,亦惡用之。兩人謀自安之計。用之伺知之,亟請召師鐸還。師鐸母在廣陵,遣信令師鐸遁去。鄭漢璋者,師鐸歸順時副使,時爲淮寧軍使,《新書·駢傳》:駢置淮寧軍於淮口。師鐸潛往見之,又與俱至高郵見神劍。乃發兵,以誅用之、守一、殷爲名。神劍留高郵,而師鐸、漢璋,以兵三千至廣陵城下。用之自督戰。令曰:“斬一級,賞金一餅。”士多山東人,堅悍頗用命。師鐸懼,退舍自固。秦彥者,亦黃巢將,降駢。駢以爲和州刺史。和州見第四章第三節。彥襲宣州據之。宣州見第六章第三節。師鐸使乞師焉。彥遣衙將秦稠以三千人助之。城陷。用之亡走。駢撤備與師鐸相見。署爲節度副使。漢璋、神劍,亦皆署職事。時光啓三年四月也。秦稠閱府庫監守之,密召彥,或謂師鐸,還政高公,自典兵馬,阻彥渡江。師鐸猶豫未決而彥至。乃自爲節度使,而署師鐸行軍司馬。師鐸不悦。初秦宗權寇廬、壽間,廬州刺史募殺賊,差首級爲賞。楊行密以功補隊長。行密殺都將,自爲八營都知兵馬使。刺史走淮南。高駢因表行密爲廬州刺史。呂用之恐其難制,遣俞公楚以兵五千屯合肥陰圖之。行密擊殺公楚。畢師鐸兵起,用之以駢命署行密行軍司馬,督其兵進援。至天長而揚州陷。天長,今安徽天長縣。行密薄城而屯,用之引兵歸之。張神劍亦運高郵糧以給。海陵鎮遏使高霸,亦以兵屬焉。海陵見第二章第七節。衆至萬七千人。秦彥出擊之,大敗。彥遂殺高駢。十月,廣陵食盡。彥與師鐸皆出走。行密遂入廣陵,自稱淮南留後。而秦宗權之兵至。

　　是時江東之地,亦甚紛擾。高駢之移淮南也,涇原周寶繼之帥鎮海。寶與駢同隸右神策軍,駢以兄事寶。後駢先貴,意輕之,遂有隙。居鄰鎮,交惡殊甚。劉漢宏之降,朝以爲宿州刺史。漢宏恨賞薄,有望言,會浙東觀察使得罪,遂使代之。事在廣明元年。宿州見第十章第五節。浙東觀察使,治越州,見第二章第七節。初王郢之亂,臨安人董昌,臨安,今浙江臨安縣。以土團討賊有功,補石鏡鎮將。石鏡鎮,在臨安南。《新五代史》作石鑑。《舊五代史》云:昌爲於潛鎮將,蓋唐時其地屬於潛。曹師雄寇兩浙，杭州募諸縣鄉兵各千人以討之，號杭州八都，昌爲之長。錢鏐者，亦臨安人。初販鹽爲盜。後爲昌偏將，以功爲石鏡都知兵馬使。中和元年，昌引兵入杭州。杭州刺史路審中將之官，懼而還。周寶不能制，即表爲杭州刺史。僖宗之在蜀也，劉漢宏貢輸踵驛而西。三年，升浙東爲義勝軍，以漢宏爲節度使。漢宏謀并浙西，與董昌搆兵，屢爲錢鏐所敗。光啓二年五月，鎮海衙將張郁作亂，陷常州。見第四章第二節。六月，周寶使衙將丁從實擊之。郁奔海陵依高霸。十一月，錢鏐克越州，劉漢宏奔台州。見第四章第二節。杜雄執送昌，殺之。雄據台州，見第十章第五節。詔即以爲觀察使，而以錢鏐知杭州。周寶募親軍千人，號後樓兵，稟給倍於鎮海。三年二月，鎮海將劉浩作亂。後樓兵亦叛。寶奔常州依丁從實。浩迎度支催戙使薛朗，推爲留後。初感化偏將張雄、馮弘鐸見疑於時溥，合兵三百，渡江襲據蘇州。見第六章第三節。雄自稱刺史。稍聚兵至五萬，戰艦千餘，自號天成軍。徐約者，亦黄巢將，降高駢。駢使爲六合鎮過使。今江蘇六合縣。四月，寶誘約使擊雄，雄逃入海。五月，錢鏐遣兵討薛朗。十月，陷常州。丁從實奔海陵。鏐以周寶歸杭州，旋卒。《新五代史》云病卒。《新唐書·本紀》云鏐殺之。鏐遂克潤州。劉浩走。擒薛朗以歸，殺之。

秦宗權遣弟宗衡渡淮，孫儒爲副，劉建鋒爲前鋒。光啓三年，十一月，至廣陵，營於楊行密故寨。張雄之敗也，匿其衆海中，而使別將趙暉入據上元。見第七章第四節。行密圍揚州，畢師鐸厚齎寶幣，啗雄連和。雄率軍浮海屯東塘。城中芻糧盡，相約交市，金一斤，通犀帶一，得米五升。此據《舊書》。《新書》云：以銀二斤易斗米。雄軍得貨，不戰而去。揚州陷，秦彥、畢師鐸投雄，雄不納。將趨宣州。秦宗衡召之，乃還，與宗衡合。未幾，宗權召宗衡還蔡拒朱全忠。孫儒稱疾不往。宗衡屢促之。儒怒，與飲酒，手刃之，傳首於全忠。蓋儒知宗權非全忠敵，故絕之而結好於全忠，冀專力於淮南也。儒時有騎七千。分兵掠鄰州，不淹旬，衆至數萬。以城下乏食，與秦彥、畢師鐸襲高郵。張神劍奔揚州。楊行密殺之。又令高霸率兵民歸府城。霸與丁從實俱往，行密又皆殺之。旋又殺張守一。孫儒亦殺秦彥、畢師鐸、鄭漢璋。於是擾亂淮南者皆盡，惟儒與行密劇爭矣。行密亦求援於朱全忠。制以全忠兼淮南節度使、行營兵馬都統。《舊紀》在十一月，《舊史》在八月，《通鑑》從《實錄》在閏十一月。全忠遣張廷範致朝命，以行密爲副使，而以宣武行軍司馬李璠爲留後。遣衙將郭言將千人送之，爲時溥所拒，乃還。文德元年二月，全忠奏以行密爲淮南留後。此時全忠隔於時溥，力亦不能及淮南也。

孫儒兵鋒甚銳，是歲四月，陷揚州。行密走歸廬州。儒又與時溥連和。

秦彥之去宣州也，以池州刺史趙鍠自代。池州見第七章第四節。行密南攻之。明年，爲龍紀元年六月，克之。詔以行密爲宣歙觀察使。歙州見第二章第七節。大順元年，賜宣歙軍號曰寧國，以行密爲節度。而盧州爲孫儒所陷，兵鋒又轉向江南。

先是錢鏐遣將攻徐約，約敗死，鏐遂有蘇州。是歲十月，行密將田頵攻常州。十一月，取之。十二月，孫儒又渡江攻陷之，使劉建鋒守。建鋒又攻取潤州。朱全忠之帥淮南，以劉瓚爲楚州刺史，楚州見第二章第一節。使朱珍以五千人送之。爲時溥所拒。珍拔蕭縣，見第十章第三節。與徐兵相拒。珍與同列李唐賓交惡，殺之。全忠至蕭，誅珍，代以龐師古。是月，全忠使師古擊孫儒。明年，爲大順元年，正月，下天長、高郵。二月，戰於陵亭，在興化縣境。爲儒所敗，乃還。行密乘虛取潤州。進攻常州。儒使以卑辭厚幣求好於全忠。全忠表爲淮南節度使。未幾，全忠殺儒使者，復爲仇敵。八月，行密取蘇州。閏九月，劉建鋒取常州，遂圍蘇州。十二月，拔之。行密將守潤州者亦遁去。二年二月，儒悉衆濟江。行密城戍望風奔潰。儒軍於黃池。鎮名，在今安徽當塗縣境。五月，大水，諸營皆没，乃還。留兵據滁、和州。滁州見第六章第三節。行密擊取之。七月，全忠使於行密，約共攻儒。儒乃悉衆再濟江。盡焚揚州廬舍，殺老弱以充食。行密將張訓、李德誠入揚州。十二月，儒焚掠蘇、常，引兵逼宣州。行密堅守，而分兵斷其糧道。儒軍食盡，又大疫，使劉建鋒及裨將馬殷分兵掠諸縣。行密知其兵少，縱擊，大破之。儒疕作不能戰，爲行密所擒。斬之。時景福元年六月也。劉建鋒、馬殷收餘衆南走。行密歸揚州。八月，朝以爲淮南節度使。行密與田頵，少同里閈，相善，其得盧州，多頵之力。安仁義者，沙陀將，歸行密。行密寵異之，使將騎兵，居頵右。卒藉二人之力，以破孫儒。於是以頵爲宣州留後，使仁義守潤州。先是徐兵南侵，至楚州，張訓、李德誠敗之。遂取楚州，執劉瓚。二年六月，克盧州。八月，克歙州。乾寧元年，泗州來降。二年，拔濠州。遂取壽州，使妻弟朱延壽守之。又遣兵襲取漣水。在今江蘇漣水縣北。三年五月，朱延壽取蘄、光州。蘄州見第五章第八節，光州見第八章第二節。行密遂全有淮南矣。

孫儒之去蘇、常也，錢鏐遣兵復取蘇州，而潤州入於楊行密，彼此爭常州。景福二年九月，朝以鏐爲鎮海節度使。鎮海軍治潤，鏐此時居杭爲之。至光化元年，遂徙軍額於杭。董昌姿狂妄，好託神以詭衆。初爲治廉平。時天下貢輸不入，昌獨賦外獻常三倍，得封隴西郡王。昌求爲越王，不許。客倪德儒此據《新唐書》。《新五代史》云衙將。曰：“咸通末，《越中祕記》言有羅平鳥，主越禍福。中和時，鳥見吳越，四目而三足，其鳴曰羅平天册，民祀以禳難。今大王署名，文與鳥類。”即圖以示昌。昌大喜。乾寧二年，昌僭號。國曰大越羅平，建元天册。鏐討之。昌求救於楊行密。行密遣兵攻蘇、杭、嘉興以救之，不克。嘉興，今浙江嘉興縣。爲請於朝。詔赦昌罪。鏐不從。三年四月，行密陷蘇州。鏐將顧全武圍越，鏐使召之，全武不肯。卒克越，禽昌殺之。據《新唐書》。《新五代史·吳越世家》云：昌投水死。《舊五代史·鏐傳》云：擒昌以獻。於是改威勝軍曰鎮東，以鏐兼鎮海、鎮東兩節度。鏐遂兼有浙東西。鏐遣顧全武攻蘇州。四年九月，取之。湖州刺史李師悦，湖州見第二章第七節。與董昌連和，亦結好於楊行密。卒，子繼徽代。及是，亦奔揚州。其將沈攸，以州歸鏐。

王仙芝之寇江西也，高安人鍾傳，高安，今江西高安縣。鳩夷僚依山險爲壁，衆至萬人。柳彥璋略撫州而不能守，傳入據之。詔即以爲刺史。中和元年，江西將閔勗，從《新傳》。《實錄》同。《通鑑》依程匡柔表唐補紀作勗。防秋安南，還過潭州，見第四章第二節。逐觀察使，自爲留後。鍾傳逐江西觀察使，據洪州。見第二章第三節。二年五月，詔復置鎮南軍，初置鎮南軍見第十章第二節。以勗爲節度使，欲藉其力以討傳。勗知其意，辭不行。七月，從高駢請，以傳爲江西觀察使。傳既去撫州，南城人危全諷復據之。南城，今江西南城縣。又使其弟仔倡據信州。見第十章第四節。三年八月，升湖南爲欽化軍，以閔勗爲節度使。初高駢鎮荊南，補武陵人雷滿爲裨將，領蠻軍。從駢至淮南，滿文身斷髮。鑿深池於府中，客有過者，召宴池上，酒酣，取坐上器擲水中，因裸而入取器，久之乃出，蓋古之越族也。《舊史》稱爲武陵洞蠻。《新史》云：聚諸蠻爲土團軍，駢召隸麾下。逃歸，聚衆千人，襲朗州，殺刺史。詔即以爲兵馬留後。後昭宗以澧朗爲武貞軍，拜滿爲節度使。陬溪人周岳，胡三省曰：陬溪，當在武陵界。武陵郡郎州見第六章第三節。亦聚衆據衡州。見第九章第二節。石門洞酋向瓖，石門縣，屬澧州，今湖南石門縣。亦集夷僚陷澧州。見第六章第三節。以上三事，《通鑑》皆繫中和元年末。四年，鄂州刺史崔紹卒，鄂州見第七章第四節。路審中時客居黃州，見第二章第七節。募兵三千入據之。鄂州將杜洪，亦據岳州，見第二章第七節。逐刺史。光啓元年，南康賊帥南康，今江西南康縣。盧光稠佔虔州，虔州見第二章第七節。自稱刺史。以其里人譚全播爲謀主。秦宗權使其弟宗言寇荊南。圍江陵，不能克。二年六月，周岳攻潭州。閔勗招黃皓入城共守。皓殺勗。岳攻拔州城，擒皓殺之。七月，更命欽化軍曰武安，以岳爲節度使。十二月，安陸人周通攻鄂州，安陵郡安州見第八章第二節。路審中亡去。杜洪乘虛入鄂。湘陰賊帥湘陰，今湖南湘陰縣。鄧進思又乘虛陷岳州。三年，趙德諲陷荊南。張瓖留其將王建肇守城而去。文德元年，成汭攻之。建肇奔黔州，汭據江陵。已見第一節。鄧處訥者，與閔勗俱防秋安南，同歸過潭州。勗既帥潭，署爲邵州刺史。見第十章第二節。勗死，處訥誓爲報讎，與雷滿相結。景福二年，攻潭州，克之。殺周岳。朝即以爲武安節度使。此僖、昭時江西、湖南紛亂之情形也。

　　孫儒之亡也，劉建鋒、馬殷收餘衆七千南走。推建鋒爲主，殷爲先鋒，以張佶爲謀主。略虔、吉等州，有衆數萬。吉州見第十章第四節。乾寧元年，入湖南。鄧處訥使邵州土豪蔣勛防之。殷使説勛，勛即夜去。殷以邵軍旗幟襲入潭州，殺處訥。勛求邵州，建鋒不許。即起兵據州。建鋒使殷攻之，未克，而建鋒私御者陳瞻妻，爲瞻所櫥殺。時三年四月也。諸將共殺瞻，推佶爲留後。佶讓於殷，而代之攻邵州。四年二月，克之。時楊師遠據衡州，唐世旻據永州，見第二章第六節。《九國志》云：皆以郡人起兵據郡。蔡結據道州，見第五節。《新書》：據道州者又有何庚，云與結皆蠻酋。陳彥謙據郴州，見第七章第六節。彥謙，亦郴人。魯景仁據連州，見第十章第五節。殷所有者，潭、邵而已。光化元、二兩年，殷遣將討諸寇，悉平之。又下桂州，有桂管。《通鑑》：乾寧二年十二月，安州防禦使家晟，與朱全忠親吏蔣玄暉有隙，恐及禍，與指揮使劉士政、兵馬監押陳可瑶將兵三千襲桂州，殺經略使周元静而代之。晟醉侮可瑶，可瑶手刃之。推士政知軍府事，可瑶自爲副使。詔即以士政爲經略使。光化三年，殷遣兵擊士政，擒可瑶，士政降，桂、宜、巖、柳、象五州，皆降於湖南。《新唐書·本紀》：乾寧二年，安州防禦使宣晟陷桂州，静江軍節度周元静，部將劉士政死之。然光化三年，亦書馬殷陷桂、宜、巖、柳、象五州，《劉建鋒傳》亦云：殷攻桂管，執士政，則乾寧二年之記事必誤。惟家晟與宣晟，未知孰爲誤字耳。又殷取桂管，《五代史·楚世家》云在乾寧三年，亦非。宜州，今廣西宜山縣。巖州見第十章第二節。柳州見第四章第二節。象州見第四章第一節。割據之勢成矣。

　　劉瓚爲朱全忠所署，而張訓、李德誠執之，揚、汴似應因此啓釁，然是年十一月，舒、廬二州求援於全忠，舒州，今安徽懷寧縣。廬州刺史蔡儔，本行密使守廬州者，後叛降孫儒。及是，與舒州刺史倪章相結，共拒行密。全忠尚牒報行密。蓋楚州實爲時溥所逼，行密不甯取之於徐也。逮泗州降而揚、汴始隙。乾寧元年，永興土團帥吳討，駱殷據黃州，降於行密，永興，今湖北陽新縣。黃州時隸鄂岳，杜洪討之，行密遣朱延壽救之。洪引還。討畏逼請代，行密使翟章知州事。駱殷棄永興走。後歸杜洪，仍守永興。時錢鏐亦畏淮南之逼。三年，與鍾傳、杜洪俱求援於朱全忠。全忠使朱友恭以萬人渡淮。四年，朝以杜洪絶東南貢獻之路，命行密討之。五月，朱友恭陷黃州，執翟章。九月，全忠大舉擊行密。使龐師古自清口趨揚州，葛從周自安豐趨壽州，安豐縣，在今壽縣西南。而自將屯宿州，行密與朱瑾拒師古。十一月，大敗之。師古死。從周亦爲朱延壽所敗。全忠引還。光化二年正月，行密與朱瑾攻徐州，軍於吕梁。在徐州東南。全忠自將救之，行密還。七月，行密取海州。見第二章第七節。初趙暉據上元，數剽江道，張雄擊殺之，自屯上元。大順初，以上元爲昇州，授雄刺史。卒，《通鑑》在景福二年七月。馮弘鐸代之。倚其兵艦完利，欲求潤州。行密不許。而田頵陰圖之。天復二年，弘鐸悉軍南向，聲討鍾傳，實襲頵。爲頵所敗。收殘衆欲入海。行密懼其復振，使迎犒於東塘，劫與俱歸，而使李神福刺昇州。是歲，行密自將攻全忠。至宿州，以糧運不繼，引還。明年正月，使李神福、劉存擊杜洪。取永興，駱殷走。遂圍鄂州。洪求救於全忠。初成汭據江陵，得秦宗權故將許存，任之。與俱下夔州。見第二章第七節。時在文德元年，夔州爲宗權別將常厚所據。又泝江西上，逐王建肇，取渝、涪二州。渝州見第三章第七節。涪州見第七章第四節。以存爲萬州刺史。今四川萬縣。旋遣兵襲之。存與王建肇俱降於王建。建以存爲養子，名宗播。汭聲勢頗振。時馬殷新得湖南，附於全忠。全忠乃使人説殷、汭及雷滿子彥威共救洪，滿以天復元年卒，彥威繼之。而使韓勍屯瀟口。在今湖北黃陂縣南。汭以鉅艦下，馬殷遣將許德勳會彥威將襲江陵，掠其人及貨財而去。汭將士聞之，皆無鬥志。五月，神福敗之君山。在今岳陽縣西南洞庭湖中。汭赴水死。韓勍亦引去。於是杜洪束手待斃矣，而淮南之内變起。

　　田頵與楊行密故等夷，安仁義則異族也，狼子野心，其無足怪。孫儒平後，錢鏐仍與行密歲相攻，勝負略相當。天復元年八月，或告行密：鏐爲盜所殺。行密使李神福攻杭州。鏐使顧全武拒之。輕神福。神福偽退，全武追之，爲所擒。遂攻臨安。城堅，久不拔，而知鏐定不死，乃於要路多張旗幟，爲虛寨。鏐謂淮南兵大至，請和。神福受其犒賂而還。鏐之兵勢一挫。孫儒之死也，士卒多奔浙西。鏐愛其驍悍，以爲中軍，號武勇都。鏐起臨安，既貴，唐名其所居曰衣錦營，後又升爲衣錦城，鏐常遊之，宴故老。二年八月，武勇都左右指揮使許再思、徐綰乘鏐往遊叛，逼衙城。鏐夜微服踰城入。再思、綰召田頵。時顧全武已復歸，乾寧四年全武之攻蘇州，淮南將周本救之。秦裴以三千人據崑山。蘇州既下，援師亦退，裴久之乃降，行密既獲全武，歸之以易裴。建策求救於行密。鏐使與子傳璙往。行密以女妻傳璙，而使召頵，曰："不還，吾且使人代鎮宣州矣。"鏐又以子傳瓘爲質於頵。十二月，頵乃以再思、綰歸宣州。是役也，非行密召頵，杭州其殆矣。三年八月，頵與安仁義俱叛行密，且與朱延壽通謀。行密召延壽殺之，《舊五代史》云：頵使進士杜荀鶴於延壽，且自閒道至大梁。事微洩，行密先以公牒徵延壽，次悉兵攻亳城。延壽飛騎赴命。邇揚州一舍，行密使人殺之。其説最近事情。《新唐書·延壽傳》云：行密紿病目，行觸柱僵，妻掖之。行密泣曰："吾喪明，諸子幼，得舅代我，無憂矣。"遣辯士召之。延壽疑不肯赴。姊遣婢報，故延壽疾走揚州。拜未訖，士擒殺之，而廢其妻。《新五代史·吳世家》及《通鑑》略同。《五代史補》且謂行密詐稱失明僅三年，又謂奮袖中鐵椎擊殺延壽。束野人之言也。而召李神福於鄂，使攻頵。神福敗頵水軍。行密又使臺濛助之。十一月，頵率死士出戰，敗，死。濛克宣州。王茂章攻潤州，至天祐二年正月，乃克之，斬仁義。

田頵既敗李神福，以天祐元年三月，再擊杜洪。八月，以疾病還，劉存代之。十月，光州叛行密，行密遣兵圍之，與鄂州皆告急於朱全忠。十一月，全忠自將兵五萬渡淮，軍於霍丘，今安徽霍丘縣。分兵救鄂州。淮南兵釋光州之圍，而汴兵之救鄂州者不克。明年二月，州陷。執杜洪送廣陵，殺之。全忠屢與行密爭無功，實因北方多故，不克專力於南故也。

楊行密與錢鏐，雖因內患暫息干戈，且相救助，然及內患既平，即兵爭復起。田頵之攻臨安，築壘以絕往來之道。鏐患之，募能奪其地者，賞之以州。衢州制置使陳璋，將卒三百，出城奮擊，遂得其地。鏐即以爲衢州刺史。衢州，今浙江衢縣。胡三省曰："觀此，則當時制置使在刺史之下。"頵退，越州客軍指揮使張洪，以徐綰之黨自疑，率部兵三百奔衢州。胡三省曰："客軍，亦孫儒散卒。"璋納之。初朱褒與兄敖，俱爲溫州衙校。褒逐刺史而代之。見第十章第五節。及卒，敖繼其任。事在天復二年。至是，又爲其將丁章所逐。田頵遣使招之，道出衢州，璋聽其往。鏐由是恨之。天祐元年，鏐使衢州羅城使葉讓殺璋，事泄，璋殺讓，降於行密。二年正月，鏐遣兵圍之，行密使將陶雅救之。敗其兵，擒鏐從弟鎰及將王球。陳詢者，兄晟，初爲餘杭鎮使，餘杭見第二章第五節。逐睦州刺史而代之。睦州見第八章第二節。事在中和四年。朝即以爲刺史。卒，詢繼其任。事在光化三年。武勇都之亂，詢與田頵通，亦叛鏐。四月，陶雅合衢、睦之兵攻婺州。今浙江金華縣。九月，取之。行密以雅爲江南都招討使，歙、婺、衢、睦觀察使。陳璋爲衢、婺副招討使。璋攻暨陽，今浙江諸暨縣。兩浙將方習敗之。進攻婺州，十一月，行密卒，子渥立。十二月，陳詢不能守睦州。奔廣陵。陶雅入據之，渥之入立，行密使王茂章代爲宣州觀察使。三年，渥遣兵襲之。茂章奔兩浙。錢鏐以爲鎮東節度副使，更其名曰景仁。雅懼茂章斷其歸路，引兵還歙。陳璋聞之，自婺州退保衢州。兩浙兵攻之。楊渥遣周本迎璋，璋歸於本。婺、衢、睦三州，皆入於錢氏。天復三年，丁章爲木工李彥所殺。其將張惠代之。天祐二年，盧約使弟佶陷溫州，惠奔福州。開平元年，鏐遣子傳璙、傳瓘討佶。佶悉衆拒之。兩浙兵襲陷溫州，斬佶。移兵攻處州，約降。約據處州，見第十章第五節。湖州刺史高澧殘忍，鏐欲誅之。澧附於淮南。鏐遣兵討之。四年二月，澧率麾下奔廣陵。兩浙之疆域遂定。自天復已來，錢氏頗爲淮南弱，終能鞏固兩浙者，則行密死後，渥不能用其衆，爲之驅除難也。

然楊渥在兩浙，雖不克與錢氏爭，其在上流，則仍頗得勢。初鄧進思卒，弟進忠繼之。天復二年。許德勳襲江陵，還過岳，劫之，舉族遷於長沙。馬殷遂有岳州，以德勳爲刺史。天祐三年，楊渥使陳知新攻岳州，取之。是歲，鍾傳卒，子匡時立，傳初以養子延規從《通鑑》。《新五代史》同。《新唐書》作次子匡範。爲江州刺史，江州見第二章第七節。恨不得立，降淮南。渥使秦裴擊匡時，虜之。吉州刺史彭玕，赤石洞蠻，而傳之健將也，降湖南。開平元年，渥使劉存等將水軍三萬攻湖南。殷使秦彥暉破之。遂取岳州。又遣兵會彭玕攻洪州，不克。雷彥威弟彥恭，逐彥威而代之。自其父滿，即以殺掠爲事，荊湖間歲被其患。朱全忠取荊南，以賀瓌爲留後。瓌閉門自守。全忠以爲怯，以高季昌代之。季昌，汴州富人李讓家僮。梁祖鎮宣武，讓以入貲得幸，養爲子，易姓名曰朱友讓。季昌以友讓故得進見，太祖奇其材，命友讓以子畜之，因冒姓朱氏。後乃復姓爲高。是歲九月，詔削彥恭官爵，命季昌、殷討之，楊渥救之，不克。二年五月，朗州陷。彥恭奔淮南。向瓌亦降於殷。殷遂有澧、朗。季昌遣兵屯漢口，絕殷朝貢之路。殷使許德勳以水軍擊之。季昌懼，請和。殷又遣兵擊嶺南，取昭、賀、梧、蒙、龔、富六州，昭州見第四章第六節。賀州見第十章第一節。梧州見第六章第三節。蒙州，在今廣西蒙山縣南。龔州，今廣西平南縣。富州，今廣西昭平縣。疆域益恢廓矣。三年，危全諷自稱鎮南節度使，率撫、信、袁、吉之兵，號十萬，攻洪州。袁州見第九章第一節。撫、信、袁、吉，皆鎮南軍巡屬。又請兵於殷。袁州刺史彭彥章，玕之兄也。殷遣將會之圍高安，以助全諷。淮南將周本敗全諷，擒之。乘勝克袁州，執彥章。進攻吉州，玕奔湖南。歙州刺史陶雅遣兵襲饒、信，饒州見第二章第六節。危仔倡請降，已而奔兩浙。饒州刺史唐寶亦棄城走。盧光稠亦以虔州來附。初光稠攻嶺南，取韶州，見第四章第五節。事在天復二年。使子延昌守之。四年十二月，光稠疾病。欲以位授譚全播。全播不受，而立延昌。渥使拜爲虔州刺史。延昌受之。亦因馬殷通表於梁。曰：「我受淮南官，以緩其謀耳。必爲朝廷經略江西。」梁以延昌爲鎮南留後。延昌表其將廖爽爲韶州刺史。乾化元年十二月，延昌以遊獵無度，爲百勝軍指揮使黎球所殺。梁以球爲虔州防禦使。旋死。衙將李彥圖代知州事。劉巖攻韶州，取之。廖爽奔湖南。二年十二月，李彥圖卒。州人奉譚全播知州事。遣使內附。梁以爲百勝防禦使、虔韶二州節度開通使。以上皆據《通鑑》。與《新五代史·光稠全播傳》合。惟《傳》光稠之卒，在開平五年，黎球作求球耳。《新唐書·昭宗紀》：光稠之卒，在天祐元年，云衙將李圖自稱知州事，《劉知謙傳》亦謂光稠卒在天祐初，又云：子延昌自稱刺史，爲其下所殺，推李圖總州事，恐皆誤。《五代史·光稠全播傳》云：梁初，江南、嶺表，悉爲吳與南漢分據，而光稠獨以虔、韶二州請命於京師，願通道路，輸貢賦。太祖爲置百勝軍，以光稠爲防禦使，兼五嶺開通使。又建鎮南軍，以爲留後。據《通鑑》，則開通之命，始於全播。然是時，韶州已失矣，使名豈得虛加？疑其名實始光稠時，因循以授全播也。貞明四年正月，淮南將王祺以洪、撫、袁、吉之兵擊全播。久不下。軍中大疫。祺亦病，代以劉信。全播求援於兩浙、閩、楚。

諸國救之，皆不克。而虔仍不下。九月，信取質納賂而還。時徐溫執吳政，以兵三千授信子英彥，使往白其父曰："全播守卒皆農夫，重圍解，相賀而去，聞大兵再往，必逃。"十一月，信引兵還擊，虔人果潰。執全播歸廣陵。卒，年八十五矣。江西皆入於吳。

第六節　唐末割據下

陳敬瑄之平東川，實藉高仁厚之力。光啓二年，仁厚復據梓州絶敬瑄。梓州見第六章第三節。楊師立降將鄭君雄，時爲遂州刺史，遂州見第九章第一節。亦陷漢州，攻成都。漢州見第六章第三節。敬瑄使部將李順之逆戰，君雄死。又發維、茂州羌軍擊仁厚，斬之。維、茂州皆見第三章第四節。東川復歸掌握矣。未幾，王重榮叛，田令孜自除西川監軍，往依敬瑄，楊復恭復爲觀軍容使，而形勢又一變。

復恭斥令孜之黨，出王建爲利州刺史。依《通鑑》。新舊《史》皆作璧州。利州見第六章第三節。璧州見第九章第三節。時又出晉暉爲集州，張造爲萬州，李師泰爲忠州。見第四章第七節。萬州見上節。忠州見第七章第一節。三年，又以右衛大將軍顧彥朗爲東川。至劍門，敬瑄使吏奪其節。彥朗不得入，保利州。敬瑄誣劾其擅興兵略西境。僖宗下詔申曉講和，乃得到軍。楊守亮爲山南，忌王建，屢召之。建不安其郡，襲據閬州。見第二節。守亮不能制。田令孜以其故養子，以書召之。建與顧彥朗雅舊，乃留其家於梓州，而自以兵二千西。至鹿頭關。見第七章第四節。敬瑄中悔，遣人止之。建怒，破關而進。拔漢州。彥朗以其弟彥暉爲漢州刺史，發兵助建攻成都。蓋時彥朗亦有覬覦西川之志也。文德元年三月，昭宗立。建疏敬瑄罪，請討之。因求邛州。見第三章第五節。彥朗亦爲之請。六月，以韋昭度爲西川節度使，兼兩川招撫制置等使，而徵敬瑄爲龍武統軍。敬瑄不受代。十二月，詔削官爵，以昭度爲行營招討使，楊守亮副之，顧彥朗爲行軍司馬，割邛、蜀、見第五章第一節。黎、見第三章第四節。雅見第六章第四節。置永平軍。治邛州。四州本屬西川。以王建爲節度使，充行營都指揮使以討之。敬瑄堅守成都，不能克，而屬州多降於建。大順元年九月，建克邛州。二年三月，朝議欲息兵，乃復敬瑄官爵，令建、彥朗各率兵歸鎮。建不聽，而謂韋昭度曰："京洛已東，羣侯相噬，腹心之疾也，相公宜亟還京師。敬瑄小醜，責建可辦。"昭度未決。建陰令東川將擒其親吏，於行府門前臠食之。謂其盜軍糧。昭度懼，稱疾，以印節授建東還。建即絶棧道，而急攻敬瑄。成都城中，餓殍狼籍，軍民強弱相陵，將吏斬之不能禁。更爲酷法，死者相繼，而爲者不止。初楊晟棄散關，襲文

州，見第七章第一節。逐其刺史，并據成、龍、茂等州。成州，今甘肅成縣。龍州見第四章第
五節。王建攻成都，田令孜以晟故將，與連和，使守彭州。見第十章第二節。晟時餽
敬瑄食。建以兵據新都，見第十章第二節。其道又絕。令孜不得已，攜西川印節
詣建營授之。明旦，敬瑄啓關迎建。時八月也。十月，朝以建爲西川節度使，
而罷永平軍。建表敬瑄子陶爲雅州刺史，使敬瑄隨之之官。明年，乃罷之，寓
居新津。後及令孜皆爲建所殺。

　　成都降之翼月，顧彦朗卒，彦暉自稱留後。十月，昭宗討楊復恭。復恭與
其假子守信走興元。於是守亮、守貞、守忠、守厚等同起兵，以討李順節爲名。
見第二節。十二月，朝以顧彦暉爲東川節度使，遣中人送之節，守亮使守厚奪之，
而發兵攻梓州。彦暉求救於王建。建使其養子宗侃等救之，宗侃本姓名爲田師侃。
密戒之曰："兵退，彦暉必犒師，爾等於行營報晏，因執之，無煩再舉矣。"宗侃
以告彦暉，彦暉不出。景福元年，楊晟與楊守亮等約攻王建，又使其將吕堯以
兵二千會守厚攻梓州。建遣將擊斬堯。別遣兵圍晟。晟遣守貞、守忠、守厚
書，使攻東川，以解彭州之圍。時神策督將竇行實戍梓州，守厚密誘之爲内
應。未至。謀泄，行實見殺，守厚遁去。守貞、守忠軍至，無所歸，盤桓緜、劍
間，緜州見第六章第三節。劍州見第四章第五節。及守厚皆爲建所破。八月，李茂貞拔
興元，復恭與守亮、守信、滿存皆奔閬州。茂貞欲撫用彦暉，二年正月，奏請更
賜之節。詔以爲東川節度使。茂貞又遣兵救梓州。建遣兵敗之於利州。彦
暉求和，請與茂貞絕，許之。乾寧元年五月，建克彭州，楊晟見殺。七月，李茂
貞遣兵攻閬州，拔之。楊復恭、守亮、守信奔河東，道爲韓建兵所獲，獻之，皆
伏誅。從《通鑑》。《舊紀》云：韓建殺復恭、守亮，傳首闕下。《宦者傳》云：執送京師，梟首於市，皆不
及守信。蓋略之也。《新傳》云：建斬復恭、守信，檻車送守亮京師，梟首長安市。《守亮傳》同。復恭固
非純臣，然謂其欲專權則可，謂其有叛志則不可。《舊傳》云：李茂貞收興元，進復恭前後與守亮私書六
十紙。内訴致仕之由云：承天是隋家舊業，大姪但積粟訓兵，不要進奉。吾於荆榛中援立壽王，有如此
負心，門生天子，既得尊位，乃廢定策國老，必茂貞誑之也。守厚適卒，其將以城降王建。亦
據《通鑑》。《新書·守亮傳》云：守厚死巴州。又云：滿存奔京師，爲左武衛大將軍。巴州見第四章第
二節。二年，李克用討李茂貞，建乘之，使王宗侃取利州。鳳翔將之守闐、蓬、
渠、通等州者，皆降於建。蓬州，在今四川儀隴縣東南。渠州，今四川渠縣。通州見第八章第一
節。是歲十二月，建攻東川。三年七月，李茂貞逼京師，上走華州。八月，以建
爲鳳翔西面行營招討使。四年正月，赦茂貞。二月，建使假子宗滌、本姓名曰華
洪。宗祐以兵五萬攻東川。又使宗侃取渝州，見第三章第七節。宗阮取瀘州，宗阮，
本姓名曰文武堅。瀘州見第三章第七節。峽路始通。五月，建自將攻東川。六月，茂貞

表建攻東川，連兵累歲，不聽詔命。詔貶建爲南州刺史。以茂貞爲西川，覃王嗣周爲鳳翔，茂貞不受代。已見第二節。九月，建圍梓州。是月，討李茂貞，復以建爲西川。亦見第二節。十二月，建入梓州，顧彦暉自殺。建以王宗滌爲東川留後。朝廷初以劉崇望爲東川，聞建已用宗滌，即以授之，而召崇望還。宗滌以東川封疆五千里，文移往返，動踰數月，請分遂、合、瀘、渝、昌五州，別爲一鎮。合州見第五章第六節。昌州見第八章第二節。建表言之。光化二年，置武信軍於遂州，以五州隸之。以建養子宗佶爲節度使。宗佶本姓甘。三年七月，以建兼東川、武信都指揮制置等使。

天復元年十一月，韓全誨劫帝如鳳翔，徵兵於建。朱全忠亦使來乞師。建外修好於全忠，罪狀李茂貞，而陰勸茂貞堅守，許之救援。以王宗佶、宗滌爲扈駕指揮使，將兵五萬，聲言迎駕，實襲山南諸州。二年八月，拔興元。九月，武定節度使拓跋思敬以洋州降於建。洋州見第四章第一節。十月，建拔興州。今陝西略陽縣。三年，四月，出兵攻秦、隴。八月，建養子宗本本姓名曰謝從本。請取荆南，從之。使將兵下峽。十月，定夔、施、忠、萬四州。夔州見第二章第七節。施州見第四章第二節。以宗本爲武泰留後。武泰軍舊治黔州，宗本以其多瘴癘，請徙治涪州，見第七章第四節。許之。或勸建攻取鳳翔。建曰："茂貞雖常才，然名望夙素，與朱公力爭不足，守境有餘，韓生所謂入爲扞蔽，出爲席藉者也。適宜援而固之，爲吾盾鹵耳。"據《舊五代史》。《通鑑》以爲建判官馮涓之謀。乃與茂貞修好。以女妻其侄天雄軍節度使繼勳。天祐二年，建遣將擊馮行襲。行襲奔均州。其將全師朗以城降。建更其姓名曰王宗朗，據《通鑑》。全師朗，《新書·行襲傳》作金行全。補金州觀察使，以渠、開、巴三州隸之。開州見第八章第一節。宗朗不能守，焚城邑奔成都。行襲復取金州。奏金州荒殘，乞徙理均州，從之。更以行襲領武定軍。明年，廢戎昭軍，并均、房隸山南東道，以行襲爲匡國節度使。三年，唐封建爲蜀王。是年，建取歸州，見第一節。盡有三峽。明年，唐亡。建馳檄四方，合兵討梁。四方知其非誠，皆不應。《新五代史·世家》。建又遣使於李克用，請各王一方，俟破賊之後，訪唐宗室嗣帝位，然後各歸藩守。《舊五代史·唐武皇紀》。克用時方失勢，亦不敢從也。建遂自稱帝，國號蜀。

王建之初起也，其兵實合溪、峒酋豪而成。《新書·顧彦朗傳》。《傳》又曰：韋昭度爲招討使，彦暉、建皆爲大校，彦暉詳緩有儒者風，建左右髠髮黥面若鬼，見者皆笑。及彦暉敗，錄笑者皆殺之。髠髮黥面，則越人之飾也。是處剽掠，與盜賊無異。建取閬、利二州時，即所至殺掠。及攻成都，又大剽蜀土，十一州皆罹其毒，民不聊生。皆見《舊五代史》本傳。《通鑑》：陳敬瑄惡顧彦朗與建相親，謀於田令孜。令孜曰："建吾子也，不爲楊興元所容，故作賊耳。"及建爲敬瑄所拒，令孜登城慰諭，建與諸將，於清遠橋上髡髮羅拜，曰："今既無歸，且辭阿父作賊矣。"當時視建皆如賊，建亦以賊自居，敬瑄之拒之，蓋亦以此？用此等兵以除敬瑄，轉使川局不可收拾，實失策之大者。此楊復恭不顧大局，徒快私忿之罪也。《新書·陳敬瑄傳》：建好謂軍中曰："成都號花錦城，玉帛子女，諸兒可自取。"謂票將韓武等："城破，吾與公遞爲節度使一日。"其所以用其衆者如此。其後城破，雖以張勍爲斬砍使，禁殺掠，然前此巴蜀之民，爲所殺掠者，已不知凡幾矣。且是時建之衆恐皆已富裕，故可禁其殺掠。正如黃巢之衆入長安後，能舍施窮人，故渡淮後可整衆而行也。亦可哀也。陳敬瑄守成都凡三年，兵力不可謂弱，楊晟、楊守亮等，疾建亦不可謂不甚，然竟不能與之一決，而皆束手坐待圍殲，所謂藩鎮者，其禦侮之力，可以想見。而尚有謂外重則盜賊不能起夷狄不能入者，不亦大相刺繆乎！戡亂禦外則不足，戕賊人民則有餘。敲骨吸髓，繼以非刑，而生人幾於盡矣！哀哉！《新書·陳敬瑄傳》：敬瑄之拒建，使富人自佔貲多少，佈鉅梃搒不實者，不三日，輸錢如市。有謀降者，田令孜支解之以怖衆。城中糧盡，以筒容米，率寸粥錢二百。人至相暴以相啖。敬瑄不能止。乃行斬、劈二法，亦不爲戢。坐困如此，竟不能背城一決，可謂有人氣乎？而於斬刈其民，何其決哉？

　　王潮者，光州固始人。光州見第八章第二節。固始，今河南固始縣。爲縣佐史。王潮先世，新舊《五代史》皆云農民。《舊史》又謂審知起自隴畝，故能以節儉自處。《新唐書》謂其五世祖爲固始縣令，因家焉，乃誤採天祐三年閩中所立審知德政碑，見《十七史商榷》，惟《新書》謂其世以瞀顯，說當不誣，故王緒署爲軍正，使主廩庾。潮蓋農民之豪也。中和元年，壽州屠者王緒，與其妹夫劉行全聚衆據本州。復陷光州。秦宗權表爲刺史。緒以潮爲軍正。光啟元年，宗權責租賦於緒，緒不能給，宗權發兵擊之。據《通鑑》。《新史·閩世家》云：召其兵會擊黃巢，緒逗留不行，宗權發兵攻緒。案緒之南走，事在光啟元年，黃巢已先一年死，宗權更先降巢矣。緒悉二州兵五千，驅吏民渡江，自江西入福建，陷汀、漳，汀州，今福建長汀縣。漳州見第九章第一節。然不能守也。緒性猜忌好殺，潮執之。《通鑑》云：劉行全亦死，王潮說前鋒將，伏壯士篁竹中擒之。說本路振《九國志》，見《注》。《新書·潮傳》，則執緒者即劉行全。緒後自殺。攻陷泉州。今福建晉江縣。事在光啟二年八月。《新書》及新舊《史》皆云：泉州刺史廖彥若貪暴，州人迎潮，此亦飾辭。《十七史商榷》云：果爾，則潮爲民除害，碑當誇美，何乃諱而不言？潮攻殺范暉，碑乃言陳巖病不能視事，軍士等懼無所統御，皆願有所依從，潮遂以泉郡委仲弟審邽，而與審知偕赴，則於攻殺彥暉亦諱之，其誣明矣。初建州人陳巖，建州，今福建甌縣。聚衆保鄉里，號九龍軍。福建觀察使鄭鎰奏爲團練副使。黃巢將據福州，官軍不能下，巖率衆拔之。《新書·潮傳》。鎰畏逼，舉巖自代。《通鑑》繫中和四年。潮遣使降於巖。巖表潮爲泉州刺史。大順二年，巖卒。妻弟都將范暉自爲留後。《通鑑考異》云：《十國紀年》在大順二年。《昭宗實錄》在明年三月，恐約奏到。又云：薛《史》、《閩中錄》、《閩書》皆云暉巖壻，餘書皆云妻弟。林仁志《王氏啓運錄》載監軍程克諭表云妻弟，此最得實，今從之。景福元年二月，潮使弟審知與從弟彥復攻之。至二年五月乃克。暉走死。昭宗假潮福建等州團練使，俄遷觀察使。乾寧中，以福州爲威武軍，即拜節度使。四年十二月，卒。舍其子延興、延虹、延豐、延休而命審知。審知讓於兄審邽，審邽不受，審知遂主閩事。

劉隱，其先上蔡人。今河南上蔡縣。祖仁安，始徙嶺表。《舊史》云：仕唐爲潮州長史，因家嶺表。《新史》作安仁，云徙閩中，商賈南海，因家焉。父知謙，從《新書》。新舊《史》、《通鑑》皆但作謙。《新書·循吏·韋宙傳》亦作謙。《廿二史考異》云：疑後人避漢祖諱去之。爲嶺南小校。節度使韋宙以兄子妻之。擊羣盜，屢有功。黃巢攻破廣州，去略湖、湘間，廣州表謙爲封州刺史、賀江鎮遏使，以禦梧、桂以西。封州見第二章第二節。梧州見第六章第三節。歲餘，有兵萬人，戰艦百餘艘。乾寧元年卒。嶺南節度使劉崇龜表其子隱刺封州。二年，賜嶺南軍額曰清海，以薛王知柔爲節度使。仍權知京兆，俟反正日赴鎮。時駕在石門。三年十二月，知柔行至湖南，廣州衙將盧琚、譚弘玘拒之。使弘玘守端州。見第八章第五節。弘玘欲結隱，許妻以女。隱僞許之。託親迎，伏甲斬弘玘。遂襲廣州，斬琚。而迎知柔。知柔表隱爲行軍司馬。據《通鑑》。《新史·世家》譚弘玘作單玘。光化元年，韶州刺史曾袞舉兵攻廣州，廣州將王瓌率戰艦應之。隱擊破之。韶州將劉潼據湞洺，隱討斬之。胡三省曰：湞洺，當在韶州湞昌縣界。或曰：據湞陽、洭涯二縣間。案唐湞昌縣，故城在今南雄縣西南。湞陽，在英德縣東。洭涯，今英德縣西之洸光鎮。三年，宰相徐彥若出爲清海，代知柔。天復元年十二月，彥若薨。遺表薦隱權留後。朝以兵部尚書崔遠爲節度使。遠至江陵，聞嶺南多盜，且恐隱不受代，不敢前。天祐元年，朝廷召遠還。隱使以重賂結朱全忠，全忠乃奏以隱爲清海節度使。據《通鑑》。《新書》同。《新史》：隱拜節度在天復二年，恐誤。

以上吳、吳越、楚、前蜀、閩、南漢六國，當唐末雖未稱尊，實已自立爲國；河東梁之深讎，幽州僭稱尊號，鳳翔亦開府稱王，李茂貞之封岐王，《舊五代史》本傳在光化中，《新史》在昭宗居華州後，《通鑑》在天復元年。《舊書·昭宗紀》：景福元年，即云以岐王李茂貞爲興元尹山南西道節度使。二年十一月，又云：制以鳳翔節度使李茂貞守中書令，進封秦王，則其封岐王且進封爲秦已舊。然新舊《史·茂貞傳》，皆云梁祖建號後，茂貞開始王府。《新史》云：莊宗以破梁，茂貞稱岐王上牋，以季父行自處。及聞入洛，乃上表稱臣，遣其子從曮來朝。莊宗以其耆老，甚尊禮之，改封秦王。《舊史》雖無稱岐王上牋之事，亦有進封秦王之文。其事，《通鑑》繫同光二年二月。《考異》云：《實錄》：同光元年十一月，已稱秦王茂貞遣使賀收復。自後皆稱秦王。至二年，制秦王李茂貞可封秦王。豈有秦王封秦王之理？必是時始自岐王封秦王也。案此說未諦。梁初之岐王，蓋茂貞所自稱，非用唐封爵，故初與莊宗抗禮時猶稱之，及稱臣則去之耳。自稱之岐王既去，唐所封之秦王，亦廢棄已久，則茂貞是時無爵。後唐自以爲繼唐之後，乃稽唐舊封而稱之，繼又下制復之。故《考異》所引《實錄》之文，除可封秦王外，餘秦王之上，皆當增一故字，則不致啓後人之疑，而亦不致來不辭之誚矣。而未計及此，則執筆者之疏也。封號雖循唐舊，據其自稱岐王而言，自亦可云改封。歐《史》措語多疏，此處卻不誤也。茂貞雖僅稱王，而妻稱皇后，視朝出入擬天子，其不以人臣自居亦明矣，故既稱臣於後唐，其岐王之號，即不得不去也。若用唐封爵，豈有釋進封之秦，而用初封之岐之理哉？皆非梁所能臣也。《職方考》云：西有岐、蜀，北有燕、晉，乃據其實言之。紛紛之局，起自黃巢。巢身雖喪敗乎，然秦宗權固繼其後者。馬殷，孫儒將，儒，宗權將；王潮所用者，王緒之衆，緒亦嘗隸宗權；其有所成就，猶巢有所成就也，而梁祖親巢將，遂霸有中原，尤不必論矣。抑且不僅此。楊行密以抗孫儒起，然其所用之黑雲都，實儒之衆也。錢鏐亦以抗巢起，然其所用之武勇都，亦儒之衆也。此外强兵悍將，出自巢軍者，尚未易悉數。巢之用兵，所長在飄忽，在剽悍，在堅凝。馬殷、王緒，間關千里，莫之能遏，巢飄忽之遺風也。黑雲都，武勇都之剽悍，蓋巢衆之中堅。有此剽悍之衆，而不堅守一地者，兵權謀形勢則然，非不能也。梁祖之至汴州也，連年阻饑，公私俱困。外爲强敵所攻，内則驕軍難制，人皆危之，而帝銳氣益振，《舊五代史·本紀》。此則極堅凝之長，蓋巢因處境有異，而未能發揮之以盡其用者。然則巢之旋轉大局者，豈特陳勝、吳廣之於嬴秦而已。而謂有州郡藩鎮之兵，即足遏閭巷阡陌方張之燄，不愈疏乎？

第十二章　五代十國始末上

第一節　梁唐盛衰

梁太祖既即位，升汴州爲開封府，建爲東都，以唐東都爲西都，改西都爲雍州大安府。開平三年正月，遷於西都。以養子博王友文爲東都留守。

唐末，梁祖已席莫强之勢，然即位之後，兵威轉挫者，則丁會之降敵實爲之。蓋其時欲逼晉陽，莫捷於澤潞一路也。故梁祖於開平元年五月，即使康懷英以兵八萬，合魏博之兵攻潞。晉將李嗣昭堅守，晉亦以傾國之師援之，懷英久攻不克，帝代以李思安。七月。於潞州城下，更築重城，内以防奔突，外以拒援兵，謂之夾寨。二年正月，李克用死，子存勗嗣。克用假子甚多，齒皆長於存勗，_{存勗時年二十四。}各縮强兵，不服。北狄真子假子，區別不嚴。《新五代史·唐家人傳》：太祖四弟：曰克讓、克脩、克恭、克寧，皆不知其父母名號。夫苟親太祖弟，安得不知父名？《唐書·宰相世系表》：國昌子凡四人：曰克恭、克儉、克用、克柔，無克讓、克脩、克寧之名，而《孟方立傳》云：克脩、克用從父弟，則世系表所舉，又不足信也。《義兒傳》云：太祖養子多矣，其可紀者九人：其一是爲明宗，其次曰嗣昭、嗣本、嗣恩、存信、存孝、存進、存璋、存賢，然《傳》中嗣昭爲克柔養子，《舊史》亦同。克用弟克寧，時爲管内蕃漢馬步都知兵馬使，克用假子李存顥説之。諸假子又各使其妻，入説克寧妻孟氏。張承業者，故河東監軍，昭宗誅宦官，克用匿之，唐亡，乃復請爲監軍，頗與政事。李存璋者，亦克用養子，爲義兒軍使。與承業同受克用遺顧立存勗。存顥與克寧謀殺之，執存勗子母送汴。_{此語不知存勗輩誣之，抑係實録？}事泄，存勗伏甲殺克寧及存顥。時梁圍潞州久不克，梁祖欲召兵還，恐爲晉人所躡，乃自至澤州應接。且召匡國節度使劉知俊至澤州，_{時匡國軍名移於許州，見下。}以爲潞州行營招討使。_{代李思安。}諸將以上黨孤城無援，請更留旬月，知俊亦請留攻之。帝以關中空虛，慮岐人乘釁，命知俊退屯晉州。四月，帝自澤州還。時存勗亦召援潞之將周德威還晉陽，梁師益怠。而存勗遽自將赴援。五月，攻夾寨，破之。乘勝攻澤州。劉知俊救之，乃退。此

373

時晉之兵力，絕非梁敵，又有內釁，而梁既不能乘機大舉，並不能增兵攻潞，頓兵堅城，坐致敗衄，蓋不徒諸將莫肯展力，即梁祖亦不免暮氣矣。潞州圍解，城中士民餓死者業已大半，增兵猛攻，必克可知。若能大舉以攻晉陽，則潞州更可不攻而下矣。難得之機，失之實深可惜也。

　　當時所以不能乘機者，邠、岐之牽制，實其一因。唐僖宗光啟三年，嘗置佑國軍於洛陽。昭宗遷洛，移諸長安，以韓建爲節度，而以劉知俊爲匡國節度使代建。知俊本時溥將。天祐三年，徙建於淄青，以淄青王重師爲佑國。重師本秦宗權將，後歸梁祖。自王師範平後守青州。是歲九月，李繼徽寇夏州。劉知俊赴救，敗之。乘勝取鄜州。閏十二月，廢鎮國軍，以隸匡國，割金、商隸佑國軍，蓋欲厚其力以扞邠、岐也。開平二年五月，更忠武軍曰匡國，匡國軍曰忠武，保義軍曰鎮國。攻潞之兵既敗，岐、蜀乘之攻雍州，張承業亦以兵會之，劉知俊擊岐兵，破之，晉、蜀之兵乃還。初李茂貞以其將胡敬璋爲保塞節度使。中和二年，於延州置保塞軍。是歲卒，李繼徽以其將劉萬子代之。萬子凶虐，失士心，且謀貳於梁。三年二月，繼徽使延州衙將李延實殺之。騎將高萬興、萬金兄弟來降。梁人乘之，取鄜、坊、丹、延。梁祖因命劉知俊乘勝取邠州。知俊辭以闕食，乃召還。時又召王重師，代以左龍虎統軍劉捍。捍譖重師於梁祖，謂其通於邠、岐。梁祖殺重師，夷其族。知俊懼。先是以山南東道節度使楊師厚兼潞州四面行營招討使，及是，又徵知俊還，欲伐河東。知俊叛降岐，執劉捍送岐，殺之，又襲取華州。命師厚率劉鄩討之。知俊奔岐，以鄩權佑國留後，改軍名曰永平。李茂貞使知俊攻靈、夏，又約河東攻晉、絳。楊師厚救晉州，河東兵還。康懷英攻邠寧，知俊亦還。四年七月，岐、晉圍夏州。九月，梁兵救卻之。邠、岐是時，初不能爲梁患，然梁兵力爲其所分，遂不克專力河東矣。而河北之變復起。

　　開平四年五月，魏博羅紹威卒，子周翰襲。梁祖乘機，欲除移鎮、定。會燕兵屯淶水，今河北淶水縣。欲侵定州，乃命供奉官杜廷隱、丁延徽監魏博兵三千，分屯深、冀，聲言助定守禦。旋殺其兵，乘城拒守。王鎔求援於燕、晉，燕人不許，而晉使周德威屯趙州。梁祖先使王景仁屯魏州，以伐潞爲名，而實圖鎔，及是，命景仁擊之。李存勖自至趙州，王處直亦遣兵從之。乾化元年正月，敗梁兵於柏鄉。今河北柏鄉縣。杜廷隱等聞之，亦棄深、冀而還。晉攻邢，遂攻魏。梁以楊師厚爲北面都招討使，救卻之，進屯邢州。九月，梁祖聞晉、趙謀入寇，自將拒之。至魏縣，晉、趙之兵不出，乃還。而幽州復告警。初，梁祖之將代唐也，先使李思安伐幽州。劉仁恭從方士學長年，築館於大安山，在今河北房山縣西北。掠子女充之。又以堇土爲錢，斂真錢，穴山藏之，而殺匠以滅口。

思安至城下，仁恭猶在山中，子守光率兵出戰，思安去。守光迴兵攻山，執仁恭幽之。梁即以爲節度使。其兄守文攻之。開平三年五月，爲守光所擒。<small>後殺之。</small>遂攻滄州。四年正月，取之。梁、晉知其狂妄，乾化元年六月，李存勗與王鎔、王處直等共推爲尚書令。尚父，梁亦以爲河北道採訪使。守光使僚屬草尚父、採訪使受册儀。曰：“何得無郊天、改元事？”僚屬曰：“尚父雖貴，人臣也，安有郊天、改元者乎？”守光怒，投之於地。八月，遂稱帝。<small>國號燕。</small>十一月，守光攻易、定。晉使周德威伐之。二年正月，至幽州。守光求救於梁。二月，梁祖自將伐鎮、定。疾作還。五月，至洛陽，疾遂亟。

梁祖八子：長郴王友裕，早卒，次博王友文，次郢王友珪，次福王友璋，次均王友貞，次賀王友雍，次建王友徽，次康王友孜。<small>新舊《史》同，《通鑑》及《五代會要》皆作友敬。</small>博王，養子也。本姓康，名勤。幼美風姿，好學，善談論，頗能爲詩。梁祖之爲四鎮，兵車、賦稅、諸色課利，置建昌院以總之。及即位，以友文爲開封尹，判院事。旋以東京舊宅爲建昌宮，改稱建昌宮使。<small>友珪弑逆，廢建昌宮，以張宗奭爲國計使，主其事。宗奭，即全義改名。</small>及遷都，又使之留守東都。友文蓋於諸子爲最才，帝之愛之，頗見其大公也。友珪爲左右控鶴都指揮使。友貞爲東都馬步都指揮使。帝疾亟，使召友文，而出友珪爲萊州刺史。六月，友珪與左龍虎統軍韓勍謀，以其兵雜控鶴士入弑帝。<small>《新史·梁家人傳》曰：友文多材藝，太祖愛之，而年又長，太子即世，適嗣未立，心嘗屬友文。太祖自張皇后崩，無繼室，諸子在鎮，皆邀其婦入侍。友文妻王氏有色，尤寵之。太祖病久，王氏與友珪妻張氏嘗專房待疾。太祖病少間，謂王氏曰：“吾知終不起，汝之東都召友文來，吾與之訣。”蓋心欲以後事屬之？乃謂敬翔曰：“友珪可與一郡，趣使之任。”乃以友珪爲萊州刺史。太祖素剛暴，既病而喜怒難測，是時左降者必有後命，友珪大懼。其妻張氏曰：“官家以傳國寶與王氏，使如東都召友文，君今受禍矣。”夫婦相對而泣。左右勸友珪曰：“事急計生，何不早自爲圖？”友珪乃與勍謀弑逆。案太祖固多色過，此事則莫須有。太祖欲見友文，豈不可發使召之，而必使其妻親往邪？</small>乃馳使東都，命友珪殺友文，而矯太祖詔：稱其謀逆，友珪誅之，疾因震驚，以致沈篤。友珪遂即位。於是楊師厚入魏州，制即以爲節度使，而徙羅周翰於宣義。朱友謙叛附於晉。三年，<small>末帝即位，仍稱乾化。</small>正月，駙馬都尉趙巖，<small>犖子，尚太祖女長樂公主。</small>奉使東都，與友貞謀誅友珪。巖曰：“得楊令公一言，事必濟。”友貞乃使人說師厚。袁象先者，太祖之甥，<small>象先父敬初，尚太祖妹萬安大長公主。</small>時爲左龍虎統軍、侍衛親軍都指揮使，師厚使至洛陽與謀。先是龍驤軍戍懷州者潰亂剽掠，友珪搜捕其黨，獲則族之，經年不已。其軍有戍大梁者，友貞僞作詔召之，激使趨洛。袁象先率兵突入宮中。友珪自殺。象先遣趙巖迎友貞。友貞曰：“夷門創業之地，何必洛陽？”乃即位於大梁。改名鍠。後又改名瑱。是爲末帝。<small>新舊《史》同，《五代會要》稱爲少帝。</small>

第二節　梁室之亡

末帝之遷汴，蓋以其於梁祖舊臣，多有疑忌，而汴則爲其素守之地也。然汴地平夷無險，異時唐兵來襲之禍，伏於此矣。梁祖之起也，參帷幄之謀最密者爲敬翔，次則李振。及即位，以翔知崇政院事，即唐樞密使之職也。實較宰相爲尤親。《通鑑》：梁太祖即位，以翔知崇政院事，以備顧問。參謀議於禁中，承上旨宣於宰相而行之。宰相非奏對時有所奏請，及已受旨應復請者，皆具記事因崇政院以聞，得旨則復宣於宰相。五月，詔廢樞密院，其職事皆入於崇政院。以知院事敬翔爲使。末帝以李振代之。然所信任者，爲趙巖及張德妃之兄弟漢鼎、漢傑等。德妃，張歸霸女。歸霸與弟歸厚，皆黃巢將，降太祖。末帝爲均王時，娶其女爲妃。即位，欲立爲后，以帝未南郊辭。貞明元年，疾甚，册爲德妃。是日卒。振每稱疾不與事。功臣宿將，本非嗣主所易駕馭，末帝不能推心置腹，歆之以賞，威之以刑，而徒與二三矜小智、無遠略者謀之，上下相猜，綱紀不飭，國勢之陵夷，固其宜矣。

末帝既立，朱友謙復稱藩，然實陰貳於晉。王殷素與友珪善，友珪篡立，使守徐州，及是叛，與淮南連結，討平之。事在乾化三年秋。時以福王友璋鎮徐州，殷不受代。華州刺史王繼懼連坐，上言殷本姓蔣。乃下詔削奪官爵，令卻還本姓。命牛存節、劉鄩等討之。殷求救於淮南。楊溥遣朱瑾往援。存節等擊敗之。貞明元年春，攻下徐州，殷舉族自燔死。而幽州爲晉所克，晉攻幽州，自乾化三年四月至十一月，乃克之。以劉仁恭、守光歸晉陽。明年正月，皆殺之。梁以內亂不能救。以周德威守之，河北局勢益急矣。乾化三年四月，梁以邢、洺、磁三州爲保義軍，使戴師遠鎮之。四月，楊師厚攻鎮州。初劉守光下滄州，使子繼威主留務，裨將張萬進輔之。繼威凶虐類其父，淫於萬進之家，萬進殺之，來降，又使降於晉。及是，師厚擊之。萬進降。師厚表爲青州節度使。旋移諸兗州。賜名守進。後叛。制削官爵，復其本名。四年七月，晉寇邢州。師厚救卻之。貞明元年三月，師厚卒。師厚之鎮魏，專割財賦，置銀槍效節軍數千人，縱恣豢養，復故時衙軍之態。末帝藉師厚而立，封爲鄴王，下詔不名，以官呼之，事無鉅細，必先謀焉，師厚益驕。及卒，帝於私庭受賀。趙巖請分魏爲兩鎮。乃以賀德倫爲天雄軍節度使，而別置昭德軍於相州，以澶、衛二州隸之，以宣徽使張筠爲節度使。分魏州府庫、將士之半於相州。使劉鄩將兵六萬，以討鎮定爲名，自白馬渡河以脅之。白馬津見第八章第四節。魏兵不欲徙。四月，軍校張彥作亂，劫賀德倫降晉。李存勗自往受之。德倫密使告以彥凶狡之狀。彥入見，存勗殺之。六月，存勗入魏。徙德倫爲大同軍節度使。至太原，張承業留之。王檀攻太原,德倫麾下多奔檀。承業恐德倫爲變,殺之。貝州刺史張源德不從。晉襲取德州,又陷澶州以迫之。梁兵在河北者,惟劉鄩一軍。銳氣既挫,自難與晉爭鋒。鄩乃自黃澤在今山西遼縣東南。西襲晉陽。行二日,晉人覺,發騎兵追之。黃澤道險,會陰雨積旬,士卒皆腹疾足腫,死者什二三。晉將李嗣恩倍道先入晉陽。城中知之,勒兵爲備。鄩至樂平,今山西昔陽縣。糗糧且盡,聞晉有備,追兵在後,衆懼將潰。鄩諭之曰:“今去家千里,腹背有兵,山谷高深,如墜井中,去將何之? 惟力戰庶幾可免,不則以死報君親耳。”衆泣而止。周德威聞鄩西上,自幽州引千騎救晉陽。至土門,見第十一章第三節。鄩已整衆下山,自邢州踰漳而東。時晉軍乏食,鄩知臨清有蓄積,欲據之以絶晉糧道,而軍往還,馬死殆半,德威急追,遂先入之。鄩乃軍於莘。今平原莘縣。末帝讓鄩不速戰。鄩具奏其狀。且言敵兵多,便習騎射,未可輕。帝復問鄩決勝之策。鄩曰:“臣無奇術,但人給糧十斛,盡則敵可破矣。”帝怒,遣中使督戰。鄩乃將萬餘人薄鎮、定營。果不利。先是梁遣天平節度使牛存節屯楊劉,在今平原東阿縣北。爲鄩聲援。存節卒,代以匡國節度使王檀。檀與宣義留後賀瓌攻澶州,拔之,然不能救貝州,爲晉李存審所圍。二年二月,李存勖勞軍貝州,劉鄩奏請襲魏。存審以兵躡之,李嗣源以城中兵出戰,存勖亦自貝州至。鄩戰,不利。晉兵追之,至河,步卒七萬,殺溺殆盡。鄩收散卒,自黎陽渡河保滑州。王檀密疏請發河中、陝、同、華諸鎮兵合三萬襲晉陽。晉陽無備,發諸司丁匠,驅市人以守,幾陷者數四。昭義衙將石君立《舊史》本傳:一名家財。《王檀傳》作家才,《莊宗紀》作嘉才。以騎五百來救,檀乃大掠而還。晉陷衞、磁、三月。洺、四月。相、邢、八月。滄,遂陷貝州。九月。《五代史·死事傳》:貝人聞晉已盡有河北,城中食且盡,勸張源德出降。源德不從,遂見殺。源德已死,貝人謀曰:“晉圍吾久,窮而後降,懼不免也。”乃告於晉曰:“吾欲被甲執兵而降,得赦而後釋之,如何?”晉軍許諾。貝人三千出降。已釋甲,晉兵四面圍而盡殺之。屈志於異族以求全者,可以鑒矣。末帝屢召劉鄩不至,即以爲宣義節度使,將兵屯黎陽。事在三月。河北惟餘此一孤據矣。晉是時傾國以爭勝於前,後路實空虛無備,與之相持,而發兵以襲其後,確爲良策。劉鄩之師,以天時、地利之不諧而無成,王檀之師,又遇五百騎之救兵而遽退,實爲可惜。然亦由於梁朝之不能赴機。梁之兵多於晉,是時河北已失大半,亟宜以傾國之力應之,分兵撓之於旁,出奇以襲其後,晉必應接不暇,正面之兵,不攻而自破矣。而惟使劉鄩一軍與之相持,實廟算之大失。蓋末帝與宿將之間,猜忌甚深,不敢放手用之? 而不悟以此,遂使敵燄如火之然也。

魏州既喪,攻戰乃在緣河。三年九月,劉鄩入朝。朝以失守河北責之,左遷亳州團練使。十二月，李存勗乘冰合渡河，陷陽劉。敬翔見末帝，乞於邊垂自試。趙、張輩言翔怨望，遂不聽。此實梁之又一失策。蓋時兵力尚非不足，特苦朝廷不能用，敬翔久參帷幄，爲諸將所夙知，使之調度，必能勝於趙、張輩也。時梁以賀瓌爲北面招討，河陽節度謝彥章爲排陳使，以禦晉兵。四年二月，彥章攻陽劉，不克。八月，晉合幽、滄、鎮、定、邢、洺、麟、勝、雲、朔十鎮之師，及奚、契丹、室韋、吐谷渾之衆十餘萬，大閱於魏州。瓌、彥章與之相持於濮州。十二月，瓌伏甲殺彥章，以謀叛聞。《舊史》本傳曰：時謂瓌能將步軍，彥章能領騎士，既名聲相軋，故瓌心忌之。又瓌欲速戰，彥章欲持重，瓌疑其與晉人通。又爲行營馬步都虞候朱珪所誣。瓌遂與珪協謀，因享士，伏甲以殺彥章。存勗乘之，起師趨汴。瓌躡之。至胡柳陂，在濮州西。戰，晉兵大敗，周德威死。存勗收兵再戰，瓌復爲所敗。晉軍至德勝渡。五年，築南北兩城而守之。北城即今平原濮陽縣。南城在其東南五里。瓌攻南城，不克。八月，瓌卒。代以王瓚。十二月，又代以戴思遠。張萬進送款於晉，遣劉鄩討平之。《舊史·本紀》：貞明五年三月，削奪張守進官爵，以其叛故也。命劉鄩領兵攻之。《萬進傳》云：貞明四年冬，據城叛命，遣使送款於晉王。遣劉鄩討之。五年冬，拔其城。萬進族誅。《劉鄩傳》亦云：五年，萬進反，北結晉人爲援，遣鄩攻之，是冬拔其城。《通鑑考異》引《莊宗實錄》云：天祐十五年八月，萬進歸於我。疑其叛在四年冬，討之在五年三月，其歸晉在是年八月，平之在是年冬也。《新史·本紀》四年書守進叛附晉，恐非。六年四月，朱友謙襲取同州，降於晉。使劉鄩攻之。晉救之，鄩退。以疾請解兵柄。詔許於西都就醫。明年，卒。或曰：“朝令留守張宗奭酖之也。”鄩之用兵，時稱其一步十計，梁用之實不盡其才。此後所恃者，遂惟王彥章等一勇之夫矣。

　　梁是時，已但能憑河以爲固，而河北之機會復來。張文禮者，劉仁恭衙將，從守文鎮滄州，守文省其父於幽州，文禮據城作亂，不克，奔鎮州，王鎔養爲子，名德明，使將兵從李存勗，後使都指揮使符習代之，還，以爲防城使。鎔晚年好事仙佛，盛飾館宇於西山，每徑遊焉，將佐士卒陪從者不下萬人，軍民皆苦之。貞明六年十二月，鎔自西山還，臣者李弘規，遣親事軍將蘇漢衡殺宦者石希豪。鎔還府，殺弘規、漢衡，窮治黨與。親軍大恐。明年，爲龍德元年。二月，文禮激之使殺鎔，而滅王氏之族。復姓名，自爲留後。晉方與梁爭，不欲多樹敵，亦即以留後授之，而文禮不自安。初契丹久附回鶻，回鶻亡後，其酋屈戍，始復內附，然蠶食達靼、奚、室韋，語見《舊史》本傳。稍以盛強。唐末，其酋耶律阿保機併諸部爲一，其勢愈盛。契丹興起之事，於《宋遼金元史》中詳述之①。開

─────────────

　　① 《遼宋金元史》即作者計劃中的繼《先秦史》、《秦漢史》、《兩晉南北朝史》和《隋唐五代史》之後的第五部斷代史，可惜未撰成。

平四年，與李克用會於雲中，約爲兄弟。克用乞其精騎二萬，同收汴、洛。而阿保機又使求封册於梁。梁亦約其共滅晉，行封册，爲甥舅之國。克用死，存勗使告哀，賂以金繒，求騎軍以救潞州。阿保機許之。會潞州下而止。貞明二年，契丹自麟、勝陷振武，麟州，在今陕西神木縣北。長驅雲、朔，北邊大擾。存勗自赴援於代，契丹乃退。是歲，阿保機稱帝，是爲契丹太祖。存勗以叔父事之，以叔母事其妻述律氏。《通鑑》。案外夷無君臣之分，其視父子、兄弟、伯叔父姪之稱，即爲尊卑之判，存勗以叔父事契丹，實已甘爲之下，沙陀本附塞小部，宜其不以是爲恥也。劉仁恭之亡也，晉使周德威守幽州。德威棄渝關之險，今山海關。契丹遂得芻牧營、平間。《通鑑》貞明三年。北方之大患，實肇於此。盧文進者，本劉守光騎將，降晉，仁勗與劉鄩相拒於莘，使其弟新州刺史存矩募兵南下。新州，今察哈爾涿鹿縣。兵不樂行，殺仁矩，推文進爲主，叛入契丹，引其衆陷新州。周德威攻之，大敗。契丹乘勝攻幽州，號三十萬。存勗使李嗣源、符存審、閻寶援之。苦衆寡不敵，並山而行。契丹不意其猝至，不整，爲所敗，乃還。時貞明三年也。及是，文禮因文進以求援於契丹。又遣使於梁，請發兵自德、棣渡河。敬翔曰：“陛下不乘此釁以復河北，則晉人不可復破矣。宜徇其請，不可失也。”趙、張輩沮之，乃止。晉以符習爲成德留後，討文禮。文禮適卒，子處瑾秘喪拒之。戴思遠乘之攻德勝，不克。王處直養子都，本姓劉，小字雲郎，爲妖人李應之養子。處直有疾，應之以左道治之得愈。處直神之，假以幕職，漸以爲行軍司馬，軍府之事，咸取決焉。應之以都遺處直，處直復養爲子。應之爲將士所殺，又逼衙帳求都。處直堅靳之。而陰疏甲士姓名，藏於別籍，因事誅之，凡二十年，略無子遺。處直孽子郁，與部俱奔晉，李克用以女妻之。存勗討文禮，處直曰：“鎮，定之蔽也。鎮亡，定不獨存。”使請存勗無發兵。存勗不聽。乃使郁招契丹入塞，以牽制晉兵，許召爲嗣。都作亂，囚處直。明年，龍德二年。正月，殺之。而阿保機攻圍幽州，長驅陷涿郡，進攻易、定。存勗自將赴之。會大雪，野無所掠，馬無芻草，凍死者相望，契丹乃還。戴思遠乘之攻魏州及德勝，亦不克。晉閻寶攻鎮州，敗績。李嗣昭繼之，中矢死。李存進繼之，又戰歿。更繼以符存審，乃克之。殺處瑾，以符習爲節度使。旋由存勗兼領，而移習於天平。是役也，鎮、定抗晉之志皆堅，力亦甚強，加以契丹入擾，梁若以大兵渡河，形勢必可一變，然特循常應之，得一衞州而已，殊無補於大局也。主弱臣庸，將驕卒惰，危亡迫於眉睫而不能自奮，追憶梁祖之居夷門，四面皆敵，而勇氣彌厲，真不勝盛衰今昔之感已。然機會之來，猶未已也。

《新五代史·任圜傳》云：李嗣昭節度昭義，辟圜觀察支使。梁兵築夾城，圍潞州踰年，而晉王薨，晉兵救潞者皆解去，嗣昭危甚，問圜去就之計。圜勸嗣昭堅守以待，不可有二心。已而莊宗攻破梁夾城。聞圜爲嗣昭畫守計，甚嘉之。其後嗣昭與莊宗有隙，圜數奉使往來，辯釋讒構。嗣昭卒免於禍，圜之力也。觀此，知嗣昭當日，實未嘗無二心，此彌見梁不力攻之可惜。而莊宗亦未嘗不疑之，特其叛謀未果，外觀之有堅守之功，不可動，且當時軍心易變，亦不敢動耳。及嗣昭死，則更易之機至矣。於是命其諸子護喪歸葬晉陽。其第五子繼能不聽，率銜兵數千，擁喪歸潞。次子繼韜，囚其兄繼儔，自爲留後。晉人不得已，許之。龍德三年，後唐莊宗同光元年。三月，繼韜降梁。梁以爲節度使。是時晉更昭義之名曰安義，梁更曰匡義，皆以避嗣昭諱也。澤州將裴約不聽。梁遣將董璋攻之。此時梁若能大舉出澤、潞以脅晉陽，仍可牽制晉在河北之兵，然亦不過以偏師應之而已，其失機可謂甚矣。

是歲四月，李存勗僭號於魏州。自以爲繼唐後，國號唐。是爲後唐莊宗。後唐所謂七廟者，唐高祖、太宗、懿宗、昭宗、沙陀獻祖國昌，太祖克用，莊宗存勗，見《文獻通考》。所以存懿宗者？以國昌賜姓在此時也。上辛祈穀以高祖配，孟夏雩祀以太宗配，見《舊史·莊宗紀》同光元年。其時奏議，多自稱中興，稱唐爲本朝。劉昫修《舊唐書》，亦沿是稱。此尚是晉、南北朝來外夷攀附中國之舊，遼以後則無是矣。時戴思遠守鄆州，屯德勝，留其將盧順密守。順密覩北軍日盛，亡降之。備言鄆空虛狀。存勗使李嗣源襲取之。於是瀕河又失一重鎮，其勢益危。乃罷思遠，代以王彥章，以段凝爲副。《新史·彥章傳》云：晉取鄆州，敬翔顧事急，以繩內袖中，入見末帝。泣曰：「先帝取天下，不以臣爲不肖，所謀無不用。今強敵未滅，陛下棄忽臣言，臣身不用，不如死。」乃引繩將自經。末帝使人止之，問所欲言。翔曰：「事急矣，非彥章不可。」乃召彥章爲招討使，以段凝爲副。此近東野人之言。彥章僅一戰將，豈能恃之挽回危局？翔若有所規畫，必不止於此也。彥章既受命，三日，破德勝南城。存勗命併棄北城，併力守陽劉。彥章沿河下攻之。時五月也。六月，存勗自救之。梁壍壘嚴，不能入。乃使郭崇韜築壘於博州，以通鄆州之路。彥章攻之。存勗趨救。七月，彥章復趨陽劉。存勗又趨救之。彥章戰敗，退保楊村。在德勝上游。唐兵復守德勝。梁徵彥章還，使與董璋攻澤州，八月克之。而以段凝爲招討使。自酸棗決河，東注鄆，以隔絕唐兵，謂之護駕水。《新史·段凝傳》。此即郭崇韜所謂汴人決河，自滑至鄆者也，見下。酸棗，今平原延津縣。彥章之罷，史以爲段凝與趙、張比而傾之，此不必然。彥章僅一戰將，攻戰雖猛，所謂強弩之末，不能穿魯縞，夫固不可專任。然段凝確非正人，又出彥章之下。恃以禦敵，宜其亡也。澤州既下，復使彥章將保鑾騎士及他兵萬人屯兗、鄆境，謀復鄆州，以張漢傑監其軍。然兵力實薄，不能進取也。《新史·段凝傳》：事太祖爲軍巡使，又以其妹納太祖。妹有色，後爲美人。凝爲人憸巧，善窺迎人意，又以妹故，太祖漸親信之。常使監諸軍。爲懷州刺史，太祖北征過懷州，凝獻餉甚豐，太祖大悦。過相州，刺史李思安獻餉如常禮。太祖怒，思安因此得罪死。還凝鄭州刺史，使監兵於河上。李振亟請罷之。太祖曰："凝未有罪。"振曰："待其有罪，則社稷亡矣。"然終不罷也。莊宗已下魏博，與梁相距河上。梁以王彦章爲招討使，凝爲副。是時末帝昏亂，小人趙巖、張漢傑等用事。凝依附巖等爲姦。彦章爲招討使三日，用奇計破唐德勝南城。而凝與彦章，各自上其功。巖等從中匿彦章功狀，悉歸其功於凝。凝因納金巖等，求代彦章。末帝惑巖等言，卒以凝爲招討使。《彦章傳》云：是時段凝已有異志，與趙巖、張漢傑交通。彦章素剛，憤梁日削，而嫉巖等所爲，嘗謂人曰："俟吾破賊，還誅姦人，以謝天下。"巖等聞之，懼，與凝協力傾之。其破南城也，彦章與凝各爲捷書以聞。凝遣人告巖等，匿彦章書而上己書。末帝初疑其事。已而使者至軍，獨賜勞凝而不及彦章。軍士皆失色。及楊劉敗，凝乃上書，言彦章使酒輕敵而至於敗。趙巖等從中日夜毁之。乃罷彦章，以凝爲招討使。此所言恐不盡實。破敵上狀，豈容使副各自爲之？是時將帥驕蹇，朝廷御之，惟恐失其意，安得獨賜勞凝而不及彦章邪？然凝之爲人，大體可見，要之憸巧善事人，非正士也。彦章誠勇將，然徒勇亦足償事，以張漢傑監其軍蓋爲此，亦非盡出於猜忌也。

　　梁雖挫衂，唐力亦罷。《舊五代史·莊宗紀》云：梁先鋒使康延孝來奔，延孝，本塞北部落人。初隸太原。因得罪，亡命於汴。自隊長積勞至部校。時隸段凝，爲右先鋒指揮使。梁亡後，唐賜姓名爲李紹琛。帝引見，屏人問之。對曰："段凝、王彦章獻謀，欲數道併舉。令董璋以陝、虢、澤、潞之衆趨石會關，在今山西榆社縣西。以寇太原。霍彦威統關西、汝、洛之衆，自相、衛以寇鎮、定。彦威，存養子，時爲陝州留後。降唐後，賜姓名曰李紹真。段凝、杜晏球領大軍以當陛下。晏球本姓王，爲汴州富人杜氏養子，冒姓杜。太祖鎮宣武，選富家子材武者，置之帳下，號廳子都，晏球爲指揮使。此時爲行營馬步軍都指揮使。令王彦章、張漢傑統禁軍以攻鄆州。決取十月内大舉。又自滑州南決破河隄，使水東注曹、濮之間，至於汶陽，以陷北軍。臣惟汴人兵力，聚則不少，分則無餘。陛下但待其分兵，領鐵騎五千，自鄆州兼程，直抵於汴。不旬日，天下事定矣。"時澤、潞叛，衛州、黎陽爲梁人所據。州以西，相以南，寇鈔日至，編户流亡。計其軍賦，不支半年。又王郁、盧文進召契丹南侵瀛、涿。聞梁人將圖大舉，帝深憂之。召將吏謀大計。或曰："自我得汶陽以來，須大將固守，城門之外，元是賊疆，細而料之，得不如失。今若馳檄，告諭梁人，卻衛州、黎陽以易鄆州，指河爲界，約且休兵。我國力稍集，則議改圖。"《郭崇韜傳》以此爲宣徽使李紹宏之謀。紹宏閹官，本姓馬。莊宗寵之，賜姓李，以爲中門使，事見下節。帝曰："嘻，行此謀，則無葬地矣。"《郭崇韜傳》云：莊宗不悦，獨卧帳中，召崇韜問之。崇韜言："聞汴人決河，自滑至鄆，非舟楫莫濟。又聞精兵獨在段凝麾下。王彦章日寇鄆境。彼既以大軍臨我南鄙，又憑恃決河，謂我不能南渡，志在收復汶陽。此汴人之謀也。臣謂段凝保據河壖，苟欲持我。請留兵守鄴，保固陽劉，陛下親御六軍，長驅倍道，直指大梁。汴城無兵，望風自潰。若使僞主授首，賊將自然倒戈。半月之閒，天下必定。今歲秋稼不登，軍糧纔支數月，決則成敗未知，不決則坐見不濟。臣聞作舍道邊，三年不成，帝王應運，必有天命，成敗天也，在陛下獨斷。"莊宗蹶然而興曰："正合我意。丈夫得則爲王，失則爲虜，行計決矣。"即日下令：軍中家口，並還魏州。莊宗送劉皇后與子繼岌至城西野亭，泣別曰："事勢危蹙，今須一決。苟不濟，無復相見。"乃留李紹宏及租庸使張憲守魏州。大軍自陽劉濟河。延孝之言，不知信否？梁人是時，似未必有意於大舉。<small>若能大舉，豈待此日？</small>然延孝之意，猶待梁人分兵而後乘之，若崇韜則祇量段凝之不易赴救，而徼倖於一決耳。汴州固無重兵，然攻者不足，守者有餘，輕騎掩襲，爲數有幾？設使梁人憑城堅守，又或遷都以拒，唐人豈能旦夕戡定？四方藩鎮，必有聞風來赴者。即段凝亦豈終不能至？<small>杜晏球已追唐兵矣，見下。</small>陽劉即使可守，孤軍豈能北渡乎？則崇韜之計，冒昧殊甚，真乃行險徼倖之小人也。存勗遽聽用之，亦可見事勢之危矣。十月，存勗至鄆。以李嗣源爲先鋒。王彥章戰敗，與張漢傑俱見擒。存勗使嗣源誘之，不屈死。嗣源率前軍倍道趨大梁，存勗繼之。末帝無所爲計。或勸幸洛陽，收集諸軍。晉雖得都城，不能久留。或又勸幸段凝軍。趙巖曰："一下此樓，誰心可保？"乃使控鶴都指揮使皇甫麟進刃於己。麟亦自殺。嗣源兵至，開封尹王瓚以城降。敬翔自殺。張宗奭、李振皆降。其後宗奭以詔事莊宗劉皇后獲全，<small>趙在禮叛，宗奭亦主遣李嗣源討之，嗣源叛，宗奭憂懼不食卒。</small>而振旋見殺。溫昭圖者，本名韜。事岐，爲李茂貞養子，易姓名曰李彥韜。降梁，復姓溫，名昭圖。爲匡國節度使。<small>許州。</small>趙巖待之厚。及是奔之。昭圖殺之，獻其首。張漢鼎前死。漢傑與從父兄弟漢倫、漢融同見殺。袁象先鎮宋州，率先入覲。輦珍幣數十萬，徧賂權貴及劉皇后、伶官、巷伯，復居元職，賜姓名曰李紹安。梁主兄弟皆死。<small>末帝兄弟：康王友孜，貞明元年，張德妃將葬時謀叛，使腹心數人匿寢殿，爲末帝所覺，誅之。福王友璋，賀王友雍，建王友徽，《新史・傳》云不知所終。太祖二兄：長廣王全昱，三子：曰衡王友諒，後嗣爲廣王。曰惠王友能，曰邵王友誨，次兄存。二子：曰友寧，曰友倫。友寧與王師範戰死，友倫在長安，以擊鞠墜馬死，事皆見前。友能爲陳州刺史。龍德元年反，敗降，降封房陵侯。友誨時爲陝州節度，亦欲以州兵爲亂。召還京師。坐廢，與友諒、友能皆見幽。</small>李存勗入汴，皆見殺。杜晏球以兵追李存勗。至封丘，<small>今平原封丘縣。</small>聞末帝已崩，即解甲降。賜姓名曰李紹虔。段凝以精兵五萬降，賜姓名曰李紹欽。梁諸藩鎮，亦皆釋甲，梁遂亡已。此全非力之不敵，而竟不祀忽諸者？則"一下此樓，誰心可保"八字實爲之；而郭崇韜徼倖之計之獲成，其關鍵，亦祇在"僞主若使授首，賊將自然倒戈"二語耳，此內潰之所以爲酷也。豈一朝一夕之故哉？其所由來者漸矣。

　　梁祖之爲人，不惟韜略，即以政事論，亦遠勝於李克用。試觀梁祖所用者：趙犨、張全義，皆頗能恤民，而克用則庇一李罕之，任其縱兵剽掠，至於河內之地，煙火斷絕可知。秦宗權滅後，趙犨即休兵課農。陳、許流亡之民，襁負歸業，犨皆設法招撫。張全義在河南，初窮民不滿百戶，數年後編戶五六萬。罕之在澤州，日以兵鈔懷、孟、晉、絳、河內。百姓相結屯寨，或出樵汲，即爲俘馘。甚至奇峯絕磴，梯危架險，亦爲其部衆所攻取。數州之民，屠啖殆盡。荊棘蔽野，煙火斷絕者十餘年。皆見新舊《史》本傳。梁祖固亦不免淫暴，然《舊史·陳元傳》：言克用性剛暴，樂殺人，無敢言者。康君立，初起時疏附之臣也，以一言不合而賜酖；其殘忍爲何如？李克修以供帳不豐而遭笞辱，事已見前。《蓋寓傳》：言寓家珍膳，窮極海陸，精於府饌，武皇非寓家所獻不食，每幸寓第，其往如歸。寓之侈如此，克用可知。《傳》又言寓自武皇鎮撫太原，最推親信。中外將吏，無不景附。朝廷藩鄰，信使結託，先及武皇，次入寓門，此蓋其致富之由？然其人實無所建白，不過嬖幸之流。或擬諸敬翔、李振，非其倫矣。《宋史·張永德傳》言：克用鎮太原，急於用度。嚴選富家子掌帑庫，或調度不給，即坐誅，沒入貲財，其剝民以自奉如此。《舊史·武皇紀》云：親軍萬衆，皆邊部人，動違紀律，人甚苦之。左右或以爲言。武皇曰："比年以來，國藏空竭。諸軍之家，賣馬自給。今四方諸侯，皆懸重賞以募勇士。吾若束之以法，急則棄吾，吾安能獨保此乎？"天復三年。此等語史家以爲美談，實則皆無恥之臣，爲之文飾。核其實，則縱兵虐民耳。存勗立後，存璋爲河東馬步都虞候。《傳》云：初，武皇稍寵軍士，藩部人多干擾廛市，肆其豪奪，法司不能禁。莊宗嗣位，銳於求理，存璋得行其志，抑強扶弱，誅其豪首。期月之間，紀綱大振。存勗豈真能求治者？而史猶云如此，克用之縱兵虐民，不愈可見哉？梁、晉之成敗，實緣存勗年少敢行險，而其部下起自北方，羣思南下，頗有剽銳之氣。而梁則末帝柔弱，將帥又多偃蹇不用命，上下乖迕，遂至日蹙百里，坐待危亡耳，綜觀兵事始末可知。然其原，亦未嘗不自梁祖開之。蓋梁祖之篡唐也太速。使其大誅宦官之後，身入長安，挾天子以令諸侯，則邠、岐旦夕可平，專力河東，不虞牽制，蒲津、上黨，兩路會師，沙陀真將無穴矣。《舊史·李存孝傳》：昭宗討河東之役，汴人攻澤州，呼李罕之曰："相公常恃太原，輕絕大國。今張相公圍太原，葛司空已入潞府，旬日之內，沙陀無穴自處，相公何路求生邪？"存孝聞其言不遜，選精騎五百，繞汴營呼曰："我沙陀求穴者，俟爾肉饌軍，可令肥者出門。"烏乎！一時則志得意滿矣！他日坐困孤城，卒遭維縶，車裂以徇者，不知沙陀之披其穴邪？抑漢兒爲之也。不此之圖，而急於謀篡，遂至兩面牽制，不得大舉掃蕩，抑且備多力分，盛衰轉燭之機，伏於此矣。嘗謂梁祖之入關而不能留，與宋武帝之平姚秦而急於南歸絕相似，皆所謂一日縱敵，數世之患者也。孟子論浩然之氣曰："是集義所生者，非義襲而取之也。"豈特聖賢之學？

雖豪傑之建樹,亦何獨不然? 人之功業,必如其所豫期,所期者遠,而格於事勢,志不克就者,則有之矣。所求者小,而所就者大,未之前聞。宋、梁二祖之所求,惟止於身登九五,故及其可取而代。遂乃志得意滿,而於後事不暇深慮矣。豈獨其身然? 其後先奔走之士,蓋亦莫不然? 故其帷幄之臣,止於劉穆之、敬翔輩,真自任以天下之重者無有也。其將率亦然。願止於攀龍鱗、附鳳翼,所願既遂,則不可復用矣。當其盛時,兵力可謂橫絕一世,逮於胡馬飲江,夾河而戰,南朝諸將,遂五合六聚而不能救,職此之由。即以政事論,其紀綱之廢弛,或亦不如"夷狄之有君"。凡一新朝或一軍閥之興,其初綱紀必頗整飭,而後或縱恣淫洪,則必至於敗亡,因果相尋,從無幸免。典午即其殷鑑。雖近世之北洋軍、國民黨亦莫不然也。《舊史·袁象先傳》云:梁祖領四鎮,擁兵十萬,威震天下,關東藩守,皆其將史。方面補授,由其保薦。四方興金輦璧,駿奔結轍,納賂於其庭,如是者十餘年。藩侯牧守,下逮羣吏,罕有廉白者,率皆掊斂剝下,以事權門。象先恃甥舅之勢,所至藩府,侵刻誅求尤甚。以此家財鉅萬。其後賂唐以求免,事已見前。《郭崇韜傳》云:初收汴、洛,稍通賂遺。親友或規之。崇韜曰:"偽梁之日,賂遺成風,今方面藩侯,多梁之舊將,皆吾君射鉤、斬袪之人也。一旦革面,化爲吾人,堅拒其請,得無懼乎? 藏予私室,無異公帑。"及郊禋,崇韜悉獻家財,以助賞給。比而觀之,非所謂藉寇兵齎盜糧者乎?《張承業傳》云:莊宗在魏州垂十年,太原軍國政事,一委承業。積聚庫帑,收市兵馬,招懷流散,勸課農桑,成是霸基者,承業之忠力也。時貞簡太后、韓德妃、伊淑妃、諸宅王之貴,泊王之介弟在晉陽宮,或不以其道,干於承業,悉不聽,踰法禁者必懲,由是貴戚斂手。或有中傷承業於莊宗者,言專弄威柄,廣納賂遺。莊宗歲時還晉陽宮省太后,須錢蒱博,給伶官。嘗置酒於泉府。莊宗酣飲。命繼岌爲承業起舞既竟,承業出寶帶幣馬奉之。莊宗指錢積謂承業曰:"和哥無錢使,七哥與此一積,寶馬非殊惠也。"承業謝曰:"郎君哥勞,承業自出己俸錢。此錢是大王庫物,準擬支贍三軍,不敢以公物爲私禮也。"莊宗不悅,使酒侵承業。承業曰:"臣老勑使,非爲子孫之謀,惜錢爲大王基業。王若自要散施,何妨老夫? 不過財盡兵散,一事無成。"莊宗怒,顧元行欽曰:"取劍來。"承業引莊宗衣泣曰:"僕荷先王遺顧,誓爲本朝誅汴賊,爲王惜庫物。斬承業首,死亦無愧於先王。今日請死。"閻寶解承業手令退。承業訴寶曰:"黨朱溫逆賊。未嘗有一言效忠,而敢諂附?"揮拳踣之。太后聞莊宗酒失,急召入。莊宗性至孝,聞太后召,叩頭謝承業曰:"吾杯酒之閒,迕於七哥,太后必怪吾。七哥爲吾痛飲兩卮,分謗可乎?"莊宗連飲四鍾,勸承業,竟不飲。莊宗歸宮,太后使人謂承業曰:"小兒迕特進,已笞矣,可歸第。"翼日,太后與莊宗俱幸其第慰勞之。自是私謁幾絕。《張瑾傳》云:同州車渡村人。承業之猶子也。承業佐事武皇、莊宗,甚見委遇。瑾聞之,與昆仲五人,自故里奔於太原。莊宗皆任用之。瑾,天祐十三年,補麟州刺史。承業治家嚴毅,小過無所容恕。一姪爲磁州副使,以其殺河西賈羊客,立捕斬之。嘗誡瑾等曰:"汝車渡村百姓,劉開道下賊,慣作非爲。今須改行。若故態不除,死無日矣。"故瑾所至不敢誅求。承業小人,猶有小人之道焉,若梁則併此而無之矣。國必自伐,而後人伐之,不亦信乎? 以不仁遇不仁,固將剽悍者勝。此則沙陀入據之禍,所以終不可弭也,可勝嘆哉。

　　汴州既下,李繼韜亦降。繼韜母楊氏,善積聚。居積、行販,貲至百萬。齎重賂與之入朝。厚賂宦官、伶人及劉后。在京月餘,屢從畋遊,寵待如故。

繼韜求還鎮，莊宗不許。使遺弟繼遠書，令起變於軍中，冀遣己安緝之。事泄，見殺。併其二子。本質於梁。遣人斬繼遠，以繼儔知潞州事，繼達充軍城巡檢。已而召繼儔還京師。繼儔據繼韜之室，料選算校，不時上路。繼達怒，殺之。將奔契丹，從騎皆散，乃自到。嗣昭七子，繼儔、繼韜、繼達、繼忠、繼能、繼襲、繼遠。繼達外皆楊氏所生。至明宗時，繼能坐笞殺其母主藏婢，婢家告變，言其反，與弟繼襲皆見殺，惟繼忠僅免，可謂凶德參會矣。楊立者，潞州小校，事嗣昭及繼韜，皆畜養甚厚。繼韜誅，憤憤失志。同光二年四月，有詔以潞兵三萬人戍涿州以東。其衆叛。命李嗣源攻討，一月拔之。生擒立及其同惡十餘人，送於闕下，並磔於市。潞州城峻而隍深，命剗平之。因詔諸方鎮撤防城之備焉。《舊史·本紀》書於六月丙子，乃立等到闕之日也。然五月己酉，已書詔天下收拆防城之具，不得修濬城隍，則令實發於五月中。記楊立事者追書之，修史者又併採之耳。

第三節　後唐莊宗亂政

後唐莊宗爲人，頗似唐太宗，其用兵之剽悍，或且過之。初立時之救潞州胡柳之戰，戰敗而複振，以及後來之決策襲汴，不必皆合於兵法，而不能謂其無勇氣。太宗之用兵，亦不過剽悍善乘機而已，其所遇皆非大敵，尚不如梁兵之堅凝也。攻遼一役竟蹈隋煬帝之覆轍，尤可見其不知兵法。然政事之材則遠落其後，此天之降材爾殊，蓋民族之文化爲之。唐先世雖出夷狄，至隋末漸漬於中國者已久，若李存勗則仍是北狄中人物也。

後唐莊宗同光元年，即梁末帝龍德三年也。十二月，遷於洛陽。存勗之僭位，以魏州爲東京，太原爲西京，鎮州爲北都。滅梁後，以太原爲北都，永平爲西都，廢梁東京，仍稱汴州。三年三月，復以洛陽爲東都，改魏州曰鄴都。古鄴邑，漢爲鄴縣，晉避懷帝諱，改爲臨漳，魏武帝稱魏王居之，其後石虎、慕容儁、東魏、北齊相繼居之，今平原之臨漳縣是也。唐相州稱鄴郡，然實治安陽，今平原安陽縣。魏州治元城，後唐此時改爲興唐府，置興唐縣，乃今河北之大名縣，非古鄴地也。明宗天成四年六月，復以鄴都爲魏州。唐是時雖滅梁，然梁故藩鎮，皆未移易，中原情勢，實未有變，不過以空名加於其上而已。而遽驕奢淫佚不知尚文治，而又失其剽悍之氣。所謂離乎夷狄而未即乎中國者也。

莊宗正室曰魏國夫人韓氏，其次燕國夫人伊氏，其次魏國夫人劉氏。劉氏，攻魏時裨將掠得，納之晉宮。莊宗所生母曹氏，以賜莊宗。戰河上十餘年，常從。已僭位，宰相豆盧革、樞密使郭崇韜希旨，請立爲皇后。同光二年四月。后自以出於賤微，踰次得立，以爲佛力。又好聚斂，分遣人爲商賈，至於市肆之間，薪芻果茹，皆稱中宮所賣。《舊史·張廷蘊傳》：同光初，充魏博三城巡檢使。時皇后劉氏在鄴，每縱其下擾人，廷薀多斬之，聞者壯焉，蓋即此類商賈也。四方貢獻，必分爲二：一以上天子，一以入中宮。宮中貨賄山積，惟寫佛書、餉僧尼而已。克用正室劉氏，無子。曹氏封晉國夫人。莊宗僭位，册尊曹氏爲皇太后，劉氏爲皇太妃。太后及皇后，交通藩鎮，太后稱誥令，皇后稱教令，兩宮使者，旁午於道。梁降臣如張全義、段凝等，皆厚賂后以自託。同光三年，秋，大水。兩河之民，流徙道路。京師賦調不充。六軍之士，往往殍踣。乃豫借明年夏秋租税。百姓愁苦，號泣於路。莊宗方與后畋於白沙，在洛陽東。皇子、後宮畢從。時大雪，軍士寒凍。金槍衛兵萬騎，所至責民供給，壞什器、徹廬舍而焚之。縣吏畏恐，亡竄山谷。明年三月，占星者言御前當有急兵，宜散積聚以禳之。宰相請出庫物以給軍。莊宗許之。后不肯。宰相論於延英，后於屏間耳屬之，因取妝匳及皇幼子滿喜置帝前，曰：“諸侯所貢，給賜已盡，宮中所有惟此耳，請粥以給軍。”宰相皇恐而退。《通鑑》此事繫開成元年三月，時李嗣源已入鄴矣。《舊紀》同。及趙在禮作亂，出兵討魏，始出物以賚軍。軍士負而詬曰：“吾妻子已餓死，得此何爲？”《新史·唐家人傳》。剝民以奉軍，已非立國之道，況又不能奉軍乎？《通鑑》：同光二年二月，上祀南郊。先是宦官勸帝分天下財賦爲內外府。州縣上供者入外府，充經費，方鎮貢獻者入內府，充宴遊及給賜左右。外府常虛竭無餘，而內府山積。及有司辦郊祀，乏勞軍錢。郭崇韜請出內府之財。上默然久之，曰：“吾晉陽自有儲積，可令租庸輦取以相助。”於是取李繼韜私第金帛數十萬以益之。軍士皆不滿望，始怨恨，有離心矣。莊宗初入洛，居唐故宮室，而嬪御未備。閹宦希旨，多言宮中夜見鬼物，相驚恐。莊宗問所以禳之者。因曰：“故唐時後宮萬人，今空宮多怪，當實以人乃息。”莊宗欣然。其後幸鄴，乃遣伶人景進等採鄴美女千人，以充後宮。而進等緣以爲姦。軍士妻女，因而逃逸者數千人。莊宗還洛，載鄴女千人以從。《新史·伶官傳》：案事在同光三年，見《舊史·本紀》。《紀》云：東京副留守張憲奏諸營家口一千二百人逃亡，以艱食故也。《通鑑》云：遠至太原、幽鎮，所採者不啻三千人。張憲奏諸營婦女亡逸者千餘人，慮扈從諸軍挾取以行，其實皆入宮矣。蓋又有奪自軍人者也。自唐末喪亂，后妃之制不備。至莊宗時，後宮之數尤多。有昭儀、昭容、昭媛、出使、御正、侍真、懿才、咸一、瑤芳、懿德、宣一等。其餘名號，不可勝記云。《新史·唐家人傳》。

　　莊宗之好遊畋，蓋亦夷人積習。《舊史·本紀》：同光三年，正月，車駕至鄴。命青州刺史符習修酸棗河隄。三月，習奏畢功。帝召郭崇韜謂曰：“朕思在德勝寨時，霍彦威、段凝，皆予之勁敵，終日格鬥，戰聲相聞，安知二年之間，在吾廡下？朕有時夢寢，如在戚城。在濮陽北。思念曩時，挑戰鏖兵，勞則勞矣，然而揚旌伐鼓，差慰人心。殘壘荒溝，依然在目。予欲按德勝故寨，與卿再陳舊事。”於是至德勝城，渡河，南觀廢栅舊址，至楊村寨，沿河至戚城，置酒作樂而罷。《郭崇韜傳》云：是歲夏雨，河大水，壞天津橋。是時酷暑尤甚。莊宗常擇高樓避暑，皆不稱旨。宦官曰："今大內樓觀，不及舊時卿相之家。"莊宗即令宮苑使經營。盧崇韜諫止，使謂曰："朕頃在河上，五六月中，與賊對壘，行宮卑濕，介馬戰賊，恒若清涼，今晏然深宮，不耐暑毒，何也？"崇韜奏："願陛下思艱難創業之際，則今日之暑，坐變清涼。"莊宗默然。王允平等竟加營造。彼其不樂安居宮殿，亦猶元恂、楊勇、李承乾之不樂安居東宮也。《新史·伶官傳》云：莊宗好田獵。獵於中牟，見第九章第一節。踐民田。縣令當馬切諫，莊宗怒，將殺之。伶人敬新磨知其不可。乃率諸伶走追縣令，擒至馬前，責之曰："汝爲縣令，獨不知吾天子好獵邪？奈何縱民稼穡，以供稅賦？何不飢汝民而空此地？汝罪當死。"因前請亟行刑。諸伶共唱和之。莊宗大笑。縣令乃得免去。此等事傳者或以爲美談，而不知民間受蹂躪之酷也。《舊史·李周傳》：王彥章之攻楊劉，周守，使人馳告莊宗，請百里趨程，以紓其難。莊宗曰："李周在內，朕何憂也？"遂日行二舍，不廢畋獵。此等事，讀者或又以爲美談，所謂成敗論人也。楊劉戰時如此，況入汴之後乎？世豈有小器而難盈者哉？

莊宗既好俳優，又知音，能度曲，自其爲王，至於爲天子，嘗身與俳優雜戲於庭，伶人由此用事。其敗政亂國者，有景進、史彥瓊、郭門高三人爲最。門高名從謙，門高其優名也。諸伶人出入宮掖，侮弄搢紳。羣臣憤嫉，莫敢出氣，或反相附託，以希恩幸。四方藩鎮，貨賂交行。而景進最居中用事。莊宗遣進等出訪民間事，無大小皆以聞。每奏事，殿中左右皆屏退。軍機、國政，皆與參決。三司使孔謙兄事之，呼爲八哥云。其戰於胡柳也，嬖伶周匝，爲梁人所得。其後滅梁入汴，匝謁於馬前。莊宗喜甚，賜以金帛，勞其良苦。匝對曰："身陷仇人，而得不死者，教坊使陳俊、內園栽接使儲德源之力也。願乞二州，以報此兩人。"莊宗皆許以爲刺史。郭崇韜格其命踰年，而伶人屢以爲言。莊宗謂崇韜曰："吾已許周匝矣。使吾慚見此二人。公言雖正，當爲我屈意行之？"卒以俊爲景州、德源爲憲州刺史。《新史·伶官傳》。亦見《舊史·莊宗紀》同光二年。憲州，今山西靜樂縣。其不知理體如此，此所謂沐猴而冠者非邪？

唐昭宗誅宦者，多爲諸鎮所藏匿。是時方鎮僭擬，悉以宦官給事，而吳越最多。李克用匿張承業，事已見前。又有張居翰者，本幽州監軍，劉仁恭匿之。天祐三年，使率兵隨晉攻潞州。丁會降，克用使李嗣昭守之，居翰遂留監其軍。莊宗同光二年正月，敕前朝內官及諸道監軍并私家先所畜者，不以貴賤，並送詣闕。時在左右者已五百人，至是殆及千人。皆給贍優厚，委之事任，以爲腹心。内諸司使，自天祐已來，以士人代之，至是復用宦者，浸干政事。既而復置諸道監軍。節度使出征或留闕下，軍府之政，皆監軍決之。陵忽主帥，怙勢争權，由是藩鎮皆憤怨云。《詩》云：殷鑑不遠，在夏后之世。今則惟亡國之法，是循李存勖。夷狄不足責，輔相之者之知識則可知矣。故曰：亡國之大夫不可與圖存。嘗見民國初年，亡清之士大夫日誦清代陋習自以爲知法，實則於清代故事亦無所知也，更無論揚榷古今矣。此等人可謂無心肝無廉耻也。

莊宗僭位，以門第故，相豆盧革、韋説及盧程，皆伴食而已。郭崇韜者，本李克修帳下親信，克用以爲教練使。貞明三年，以爲中門副使，與孟知祥、李紹宏俱參機要。知祥者，遷猶子。遷以澤潞降梁，知祥父道，獨留事晉。知祥壯，克用以弟克讓之女妻之。俄而紹宏出典幽州留事。先是中門使吴洪、張虔厚獲罪，知祥求爲外任。莊宗曰："公欲避路，當自舉其代。"知祥因舉崇韜。自是專典機務。莊宗僭位，守兵部尚書，充樞密使。至汴，豆盧革在魏，令權行中書事。俄拜侍中，兼樞密使。初崇韜與李紹宏同爲内職，及莊宗即位，崇韜以紹宏素在己上，舊人難制，即奏澤潞監軍張居翰同掌樞密，以紹宏爲宣徽使。紹宏失望，涕泣憤鬱。崇韜乃置内句使，應三司財賦，皆令句覆，令紹宏領之，冀塞其心。紹宏終不悦。於是奏請立魏國夫人爲皇后，冀得其助，而禍機反潛伏矣。孔謙者，本魏州孔目官，魏博入晉，莊宗以爲度支使。設法箕斂，七八年中，軍儲獲濟。莊宗僭號，謙自謂當爲租庸使，而物議以其人地尚卑，崇韜乃奏用魏博觀察判官張憲。謙怏怏。莊宗滅梁，謙從入汴，謂崇韜："鄴北都也，宜得重人鎮之，非張憲不可。"崇韜以爲然，以憲留守北都，而以豆盧革判租庸。謙彌失望。乃陰求革過失。革懼，求解職。崇韜奏復用張憲。謙謂革曰："租庸錢穀，悉在目前，委一小吏可辦。鄴都天下之重，不可輕以任人。"革以語崇韜。崇韜罷憲不召，以興唐尹王正言爲租庸使。謙益憤。因求解職。莊宗怒其避事，欲寘之法。景進救解之，乃止。已而正言病風不任事。景進數以爲言。乃罷正言，以謙爲租庸使。事在同光二年八月。唐時，户部、度支、鹽鐵各爲一司。梁置租庸使，專天下泉貨。同光二年正月，詔鹽鐵、度支、户部，並委租庸使管理。見《舊史·本紀》。莊宗初即位，除百姓田租，放諸場務課利欠負，謙悉違詔督理。故事，觀察使所治屬州，事皆不得專達，上所賦調，亦下觀察使行之，而謙直以租庸帖調發諸州。觀察使交章論奏，以爲制敕不下支郡，刺史不專奏事，唐制也，租庸直帖，僞梁之弊，不可爲法。詔從其請。而謙不奉詔。又請減百官俸錢。省罷節度、觀察判官、推官等員數。鄣塞山谷徑路，禁止行人，以收商旅征算。遣大程官放豬羊柴炭。占庇人户。更制括田竿尺。盡率州使公廨錢。

由是天下皆怨苦之。謙敢於顯違詔旨而多斂怨者，必莊宗意在聚斂，故縱之，且陰使之然也。《舊書·食貨志》曰："梁祖之開國也，屬黃巢大亂之後，以夷門一鎮，外嚴烽堠，內闢汙萊，厲以耕桑，薄以租賦。士雖苦戰，民則樂輸。二紀之間，俄成霸業。及末帝與莊宗對壘於河上，河南之民，雖困於輦運，亦未至流亡。其義無他，蓋賦斂輕而田園可戀故也。及莊宗平定梁室，任吏人孔謙爲租庸使，峻法以剝下，厚斂以奉上。民產雖竭，軍食尚虧。加之以兵革，因之以饑饉。不三四年，以致顛隕。其義無他，蓋賦役重而寰區失望故也。"梁、唐之優劣可見矣。

第四節　後唐滅前蜀

王建盜賊，乘時竊據全蜀，已爲非分，然其貪欲頗甚。梁、唐嬗代之際，初思連岐以取關中，已而兵出不利，則又乘岐之削弱而思兼併，而二國之兵釁啟焉。《通鑑》云：蜀主女普慈公主，嫁岐王從子秦州節度使繼崇。公主遣宦者宋光嗣以絹書遺蜀主，言繼崇驕矜嗜酒，求歸成都。蜀主召主歸寧，留之。岐王怒，與蜀絕，聚兵臨蜀東鄙。乾化元年。《新五代史·前蜀世家》云：茂貞自山南入蜀，地狹勢孤。遂與建和，以其子娶建女，因求山南故地。建怒，不與。二書所言，自以《新史》爲近實。狡焉思啟，何國蔑有？未必因一女而啟釁也。乾化元年三月，建以王宗侃爲都統，宗祐、宗賀、唐道襲爲招討使，率步騎十二萬伐岐。岐使劉知俊與繼崇擊之。戰於青泥嶺，在今陝西略陽縣西北。蜀兵敗績。道襲奔興元。宗侃、宗賀保安遠軍。前蜀置於西縣，在今陝西沔縣西。知俊、繼崇追圍之。建如興元，使王宗弼本許人魏弘夫。救安遠，敗岐兵。岐兵乃還。茂貞左右石簡顒讒劉知俊，茂貞奪知俊兵。繼崇言於茂貞，茂貞乃誅簡顒以安之。繼崇召知俊，舉族居於秦州。二年十二月，蜀王宗汾攻岐，取文州。四年二月，梁以岐人數爲寇，徙感化陝州。康懷英於永平。十二月，李繼徽爲其假子彥魯毒殺。明年，爲貞明元年，四月，繼徽假子保衡殺彥魯，以邠、寧二州降梁。梁以爲感化節度使，而移霍彥威鎮靜難。茂貞使劉知俊圍邠州，彥威固守拒之。八月，蜀使王宗綰、本姓名曰李綰。宗播即許存。攻秦州，宗瑤、本姓名曰姜郅，燕人。宗翰攻鳳州。見第七章第一節。十一月，興州刺史王宗鐸克階州。興州見第十一章第六節。階州見第六章第二節。宗綰克成州。見第二章第二節。李繼崇降蜀。劉知俊妻子皆遷於成都。知俊聞之，解圍還鳳翔。旋奔蜀。宗綰亦會宗瑤克鳳州。李彥韜者，本華原賊帥，華原，今陝西耀縣。茂貞以爲養子，以華原爲耀州，美原爲鼎州，今陝西富平縣美原堡。置義勝軍，以彥韜爲節度使。十二月，彥韜降梁。梁以華原爲崇州，置靜勝軍，美原爲裕州，爲其屬郡，以彥韜爲節度使。復姓温，名之曰昭圖。蜀於鳳州置武勝軍，割文、興二州隸之。二年八月，遣王宗綰及集王宗翰，本姓孟，建姊子。嘉王宗壽許州人，本亦姓王。將兵十萬出鳳州，王宗播、劉知俊、王宗儔、唐文裔將兵十二萬出秦州以伐岐。十月，宗綰等取寶雞。今陝西寶雞縣。宗播等至隴州，見第二章第六節。岐保勝軍節度使李繼岌岐人置保勝軍於隴州。畏茂貞猜忌，棄軍來降。復姓名曰桑弘志。劉知俊會宗綰等圍鳳翔，大雪，建召之還。三年七月，建使桑弘志、王宗宏、宗侃、劉知俊等伐岐。諸將皆舊功臣，不用命，無功而還。宦者唐文扆數毀知俊，建亦陰忌之，師還，誣以謀叛，收斬之。四年二月，建復以王宗侃爲都統。四月，岐使求好於蜀。六月，建死，岐、蜀之干戈始息。

王建本不知政治。《新史·世家》云：蜀恃險而富，當唐之末，人士多欲依建以避亂。建雖起盜賊，而爲人多智詐，善待士，故其僭號所用，皆唐名臣世族，此亦沐猴而冠耳。僭號之初，以韋莊爲左散騎常侍，判中書、門下事。明年，復相張格，格者，濬之子，濬之見殺，永寧縣吏葉彥素與之厚，豫告之。濬使格去之，以存宗祀，遂自荆南入蜀。永寧見第九章第二節。莊，唐宰相見素之孫也。然紀綱實不立，諸將多跋扈。建患之，乃與嬖幸謀之，又多内寵，任宦寺，政事遂大紊矣。建多假子，至百二十人。宗佶最長，建僭號時爲中書令，與韋莊同判中書、門下事。唐道襲者，始以舞童事建，後寖與謀畫，爲親隨馬步軍都指揮使，及僭號，以爲樞密使，嬖幸中最握權者也。建十一子，衛王宗仁最長，幼以疾廢。其次曰簡王宗懿。開平二年二月，以宗佶爲太師，罷政事。宗佶上表，以爲“臣官與大臣，親則長子，國家之事，休戚是同。今儲貳未定，必生屬階。陛下若以宗懿材堪繼承，宜早行册禮，以臣爲元帥，兼總六軍。儻以時方艱難，宗懿冲幼，臣安敢持謙，不當重事？陛下既正位南面，軍旅之事，宜委之臣下。臣請開元帥府，鑄六軍印，征戍徵發，臣悉專行。太子視膳於晨昏，微臣握兵於環衛，萬世基業，惟陛下裁之。”此表不知果出宗佶，抑造作之以成其罪也。建於其入見時，命衛士撲殺之，蓋出其不意也。六月，立宗懿爲太子。後更名元坦，又更曰元膺。元膺與唐道襲不協。四年七月，出道襲爲山南西道節度使。乾化三年三月，復入爲樞密使。元膺疏其過惡，乃復以爲太子太保。七月，元膺以兵攻道襲，殺之。建召王宗侃等，使發兵討亂者，元膺亦死。十月，立幼子鄭王宗衍爲太子。史云：建本以雅王宗輅類己，信王宗傑才敏，欲擇一人立之，而衍母徐賢妃，使唐文扆諷張格，格夜以表示王宗侃等，云受密旨，衆皆署名，建以爲衆人實欲立宗衍，不得已許之，其後宗傑暴卒，事在貞明四年二月。建猶深疑之焉。張格雖云憸邪，然建之昏耄而牽於内寵，亦大可見矣。貞明二年十二月，建改國號曰漢。四年，復曰蜀。是歲五月，疾革。王宗弼時爲北面行營招討使，召還，以爲馬步都指揮使。王宗宷遣人守宫門。宗弼等排闥入，言其罪，流貶之。太子即位後殺之。以宋光嗣爲内樞密使，與宗弼、宗瑤、宗綰、宗夔並受遺詔輔政。建初雖因唐制置樞密使，專用士人，至此始用宦者矣。六月，建卒，衍立。張格亦遭貶斥。内外遷除，皆出宗弼。宋光嗣亦以判六軍事讓之。

　衍頗知學問，能爲浮豔之辭。建正室周氏，後建數日卒。衍因尊其母徐氏爲太后，后妹淑妃爲太妃。太后、太妃，以教令賣官，自刺史以下，每一官闕，必數人并爭，而入錢多者得之。通都大邑，起邸店以奪民利。衍年少荒淫，委政於宦者宋光嗣、光葆、景潤澄、王承休、歐陽晃、田魯儔等。《新史·世家》。《通鑑》云：蜀主以内給事王廷紹、歐陽晃、李周輅、朱光葆、宋承蘊、田魯儔等爲將軍及軍使，皆干與政事，驕縱貪暴，大爲蜀患。光葆，光嗣之從弟也。《注》云：朱光葆，當作宋光葆。《鑑》又云：仗内教坊使嚴旭，强取士民女子内宫中，或得厚賂而免之，以是累遷至蓬州刺史。皆見貞明四年。蓬州見第十一章第六節。而以韓昭、潘在迎、顧在珣、彥朗子。嚴旭等爲狎客。起宣華苑，與諸狎客、婦人，日夜酣飲其中。每微服出遊民間。嘗與太后、太妃遊青城山，在今四川灌縣西南。宫人衣服，皆畫雲霞，飄然望之若仙。衍自作《甘州曲》述其狀，上下山谷，常自歌而使宫人皆和之。貞明六年，衍下詔北巡。八月，發成都。旌旗兵甲，亘百餘里。至安遠。十一月，使王宗儔等伐岐，以食盡引還。十二月，衍至利州。見第六章第三節。閬州團練使林思諤來朝。閬州，今四川閬中縣。請幸所治。從之。泛江而下，龍舟畫舸，輝映江渚。所在供億，人不堪命。内外乖迕，上下酣嬉，敵兵一臨，遂如摧枯拉朽矣。

　唐莊宗同光二年，使客省使李嚴使蜀。嚴乃行險徼幸之徒，還言蜀可取，於是二國之兵機潛伏。旋復使李彥稠往。蜀亦使歐陽彬報聘，用敵國禮。李嚴之至，臣下言唐有侵犯之心，頗置兵於邊以爲備。已而以爲既通好，復罷之。明年九月，唐以魏王繼岌爲西川四面行營都統，郭崇韜爲東北面行營招討，高季興爲東南面行營招討，李紹琛爲馬步軍都指揮使，李嚴爲招撫使，伐蜀。先是，李茂貞卒，子從曮襲。同光二年四月。及是，以爲都供軍轉運應接等使。初，蜀置駕下左右龍武軍，兵械給賜，皆優於他軍，以王承休爲都指揮使。安重霸者，雲州人。與李嗣源俱事李克用，以罪奔梁，復以罪奔蜀。蜀以其蕃人善騎射，用爲親將，諂事承休，乃用爲副。舊將無不愧恥。旋又以承休爲天雄軍節度使，以龍武軍爲其衛兵。承休繩秦州之美，請衍往遊焉。十月，唐李紹琛與李嚴以驍騎三千、步兵萬人爲先鋒，降威武城，當在鳳州東。又降鳳州。時李繼曮竭鳳翔蓄積以餉軍，不能充。軍入大散關，在寶雞西南。無十日之糧。《新史·繼曮傳》。至是，得軍儲四十萬，遂無飢乏之虞。衍之出遊也，鳳州告唐兵西上。衍以爲羣臣同謀沮己，不之省。及至利州，威武城敗卒奔還，始信唐兵之至。以王宗勳、宗儼、宗昱爲招討，將兵三萬，逆戰於三泉，今陝西寧羌縣。敗績。乃命王宗弼守利州，倍道而還。蜀諸節度、刺史，紛紛迎降。王承休以賂買道於羌人，自扶、文而南。扶州見第七章第一節。爲所鈔，士卒凍餒。衆萬二千，比至茂州，二千而已。高季興攻施州，爲蜀峽路招討使張武所敗。武聞北路陷敗，亦使詣繼曮降。《舊史·莊宗紀》：高季興收復歸、夔、忠等州，恐誤。天成元年《通鑑考異》引《明宗實錄》：六月，季興奏去冬先朝詔命攻取峽內屬郡，尋有施州官吏，知臣上峽，率先歸投，忠、萬、夔三州，且夕期於收復，被郭崇韜專將文字，約臣回歸云云，可見諸州之未下也。王宗弼引兵西歸，劫遷蜀主於西宮，自稱權西川兵馬留後。李紹琛入利州。至緜州，見第六章第三節。蜀人斷緜江浮梁。紹琛與李嚴乘馬浮度。從兵得濟者幾千人，步兵溺死者，亦千餘人。入鹿頭關。見第七章第四節。進據漢州。見第六章第三節。三日，後軍始至。宗弼以蜀主書遺李嚴，曰：“公來，吾即降。”嚴欣然，馳入成都。宗弼稱蜀君臣久欲歸命，內樞密使宋光嗣、景潤澄、宣徽使李周輅、歐陽晃營惑蜀主，皆斬之，函首送繼曮。又梟韓昭於坊門。繼曮至，衍遂降。自出師至此，凡七十日而已。《通鑑考異》云：《實錄》：自興師出洛至定蜀城，計七十五日。薛《史》同，按唐軍九月戊申離洛城，十一月丁巳，已入成都，止七十日耳。王宗弼求爲西川節度使，郭崇韜陽許之。宗弼久不得命，乃率蜀人列狀見繼曮，請留崇韜爲帥。師之出也，莊宗使宦者李從襲監中軍，李廷安、呂知柔爲典謁。崇韜故爲宦寺所嫉，及是，從襲等皆言其志難測，詳見下節。崇韜欲自明，乃白繼曮，收宗弼誅之，籍没其家。又明年，同光四年，明宗天成元年。正月，繼曮遣李從曮、李嚴部送王衍及其宗族、百官數千人詣洛陽。四月，至秦川驛。時鄴都叛，景進等勸莊宗除之。乃遣中使向延嗣齎敕至長安誅之。敕曰：王衍一行，並從殺戮。樞密使張居翰就殿柱揩去行字，改爲家字，由是蜀百官及衍僕從獲免者千餘人。衍母且死呼曰：吾兒以一國迎降，不免族誅，信義俱棄，吾知汝行亦受禍矣！夫沙陀則豈足與言信義哉？然而多行不義必自斃，則天網恢恢疏而不失也。

第五節　後唐莊宗之亡

莊宗之伐蜀，其用意果何在乎？《舊五代史·本紀》云：帝令李嚴往市蜀中珍玩,蜀法嚴峻,不許奇貨東出,其許市者謂之入草物,嚴不獲珍貨,歸而奏之。帝怒曰:"王衍寧免爲入草之人邪?"由是伐蜀之意銳矣。《新史·後蜀世家》云:莊宗以孟知祥爲西川,知祥馳至京師,知祥時留守太原,見下。莊宗戒有司盛供帳,多出內府珍奇諸物以宴勞之。酒酣,語及平昔,以爲笑樂。歎曰:"繼岌前日乳臭兒耳,乃能爲吾平定兩川,吾徒老矣,孺子可喜,然益令人悲耳。吾憶先帝棄世時,疆土侵削,僅保一隅,豈知今日奄有天下,九州四海,奇珍異産,充牣吾府?"因指以示知祥曰:"吾聞蜀土之富,無異於此,以卿親賢,故以相付。"合此二事,及聞宦者言郭崇韜私蜀財賄而怒見下。觀之,其意之所在,昭然可見。李嚴蓋明知其然而逢其惡? 謂其急於功名,尚視之太高也。使其君臣果有拓疆土一天下之志,豈有不先事吳、楚,并荆南亦任其離邊,顧勤兵於蜀者乎?

北夷天澤之分,本不甚嚴,用兵之際,真子與假子,尤相去無幾,莊宗所以能君臨晉土,過於十年,卒以滅梁者,以是時太原貧窘,睨梁之廣土衆民而思奪之也。一朝遂志,則爭攘之鴆,在此不在彼矣,所謂外寧必有內憂也。

《舊史·郭崇韜傳》云:莊宗與崇韜議伐蜀,擇大將。時明宗爲諸道兵馬總管,本符存審職。存審卒,嗣源代之,見下。當行。崇韜自以宦者相傾,欲立大功以別之,乃奏曰:"契丹犯邊,全倚總管鎮禦。繼岌德望日隆,大功未著,宜依故事,以親王爲元帥,成其威望。"莊宗曰:"小兒幼稚,安能獨行? 卿當擇其副。"崇韜未奏,莊宗曰:"無逾於卿。"乃以繼岌爲都統,崇韜爲招討使。將發,奏曰:"若西川平定,陛下擇帥,如信厚善謀,事君有節,則孟知祥有焉。如宰輔闕人,張憲有披榛之勞,爲人謹重而多識;其次李琪、崔居儉,中朝士族,富有文學;可擇而任之。"軍發,招懷制置,官吏補置,師行籌畫,軍書告諭,皆出於崇韜,繼岌承命而已。莊宗令內官李廷安、李從襲、呂知柔爲都統府紀綱。見崇韜幕府繁重,將吏輻湊,降人爭先賂遺,都統惟大將省謁,衙門索然,大爲詬恥。及王宗弼歸款,行賂先招討府。王衍以成都降,崇韜居宗弼之第,宗弼選衍伎妾、珍玩,以奉崇韜,求爲蜀帥,崇韜許之。又與崇韜子廷誨謀,令蜀人列狀見魏王,請奏崇韜爲蜀帥。李從襲等謂繼岌曰:"郭公收蜀部人情,意在難測,王宜自備。"由是兩相猜察。莊宗令中官向延嗣齎詔至蜀促班師。崇襲謂之曰:"魏王貴太子也,主上萬福,郭公專弄威柄,旁若無人。昨令蜀人請己爲帥。郭廷誨擁徒出入,貴擬王者。所與狎游,無非軍中驍果,蜀中凶豪,晝夜伎樂歡宴,指天畫地。父子如此,可見其心。今諸軍將校,無非郭氏之黨,魏王懸軍孤弱,一朝班師,必恐納亂,吾屬莫知暴骨之所矣。"因相向垂涕。延嗣使還具奏。皇后泣告莊宗,乞保全繼岌。莊宗復閱蜀簿,曰:"人言蜀中珠玉金銀,不知其數,何如是之微也?"延嗣奏曰:"臣問蜀人,知蜀中寶貨,皆入崇韜之門。言崇韜得金萬兩,銀四十萬,名馬千匹,王衍愛妓六十,樂工百,犀玉帶百;廷誨自有金銀十萬兩,犀玉帶五十,藝色絕妓七十,樂工七十,他財稱是;魏王府蜀人賂遺,不過匹馬而已。"《舊史·莊宗紀》:同光四年三月甲子,西川輦運金銀四十萬至闕,分給將士有差,其數與延嗣所奏崇韜所有金銀數相合。不云四十一萬者,舉成數也。豈崇韜死後,金銀盡入魏王哉?即謂然,當日蜀人何由知其的數?疑此所言金銀之數,實後來輦運而東之數,傳述者因而附會之也。《紀》又載莊宗自汜水還師,過罌子谷,道路險狹,每遇衛士執兵仗者,皆善言撫之,曰:適報魏王又進納西川金銀五十萬,到京當盡給爾等。此時未必敢爲虛言。《新史·南平世家》云:繼岌得蜀金銀四十餘萬,自峽而下。莊宗難作,繼興悉邀留之,而殺其使者韓珙等十餘人。然則繼岌所括西川貨財,實不少也。王衍、王宗弼等,取之盡錙銖以遺敵,而李存勗等又以身殉之,豈不哀哉?汜水見第二章第四節。罌子谷,在鄭州。莊宗初聞崇韜欲留蜀,心已不平。又聞全有蜀之妓樂、珍玩,怒見顏色。即令中官馬彥珪馳入蜀視崇韜去就。如班師則已,如實遲留,則與繼岌圖之。《通鑑》:孟知祥將行,帝語之曰:"聞郭崇韜有異志,卿到爲朕誅之。"知祥曰:"崇韜國之勳舊,不宜有此。俟臣至蜀察之。苟無他志則遣還。"帝許之。尋復遣彥珪馳詣成都,觀崇韜去就。莊宗當日,似不得使知祥逕誅崇韜,蓋亦使之觀其去就耳,已又恐其不足信,乃更遣彥珪也。彥珪見皇后曰:"禍機之發,閒不容髮,何能數千里外,復稟聖旨哉?"皇后再言之。莊宗曰:"未知事之實否,詎可便令果決?"皇后乃自爲教與繼岌,令殺崇韜。時蜀土初平,山林多盜,孟知祥未至,崇韜令任圜、張筠分道招撫,圜時參繼岌軍事,筠以京兆尹從征,見下。慮師還後部曲不寧,故歸期稍緩。四年正月六日,馬彥珪至軍,決取十二日發。令任圜權知留事,以俟知祥。以事體論,本應俟知祥至蜀,然後遣還,崇韜之不遽言還,蓋亦以待知祥也。使俟知祥至而後發,禍必不作。不信大臣而任近習,其招禍如此。諸軍部署已定,彥珪出皇后教以示繼岌。繼岌曰:"大軍將發,他無釁端,安得爲此?"從襲等泣曰:"聖上既有口勅,王若不行,苟中途事泄,爲患轉深。"繼岌曰:"上無詔書,徒以皇后教令,安得殺招討使?"從襲等巧造事端以閒之。繼岌既無英斷,俛俛從之。詰旦,從襲以繼岌之命召崇韜計事。繼岌登樓避之。崇韜入,左右檛殺之。崇韜有子五人:廷信、廷誨,隨父死於蜀。廷說,誅於洛陽。廷讓,誅於魏州。廷議,誅於太原。家產籍沒。夷夏冤之。是時之情勢,與後來孟知祥據蜀時大異,決無可作劉備之理。《傳》言崇韜諸子,驕縱不法,既定蜀川,輦運珍貨,實於洛陽之第,籍沒之日,泥封尚濕,果有異謀,安得如此?崇韜獻家財以助郊祀賞給,已見上節,崇韜固非正士,然決非貪財之人。在蜀稍受貨賄,殆亦與其受梁舊將之賂遺同意也。使其父子與軍中驍果,蜀中凶豪,果有交結,一朝駢戮,歸軍豈得晏然?此可見宦官之多疑而寡慮也。然亦不必皆出於私意。彼其所謂忠謀，固不過如此，此小人之所以不可用也。劉后教不必令繼岌必殺崇韜，度不過云：崇韜如叛，爲自全計，不可拘泥耳。從襲等謂莊宗有口勅，未知信否，即有之，度亦不過如此。不然，繼岌中軍之力，豈足以殺崇韜哉？莊宗久親軍旅，縱昏憒不應至此。故知殺崇韜之謀，必決於宦豎也。崇韜之意，蓋誠不過欲立大功，以閉執讒慝之口；或并欲弼成繼岌，以獻媚於劉后耳，而轉爲其所賊，豈不哀哉？夸者死權，況乃失身外族？亦百世之龜鑑矣，莊宗弟存乂，崇韜之女夫也，宦官構，并殺之。

孟子曰："得道者多助，失道者寡助，寡助之至，親戚叛之。"非虛言也。失道則自覺其寡助，自覺其寡助，則猜疑甚而欲戕賊人，猜疑甚而欲戕賊人，則人人與之爲敵矣，一國謀之，何以不亡？莊宗之信嬖幸而務誅戮是也。莊宗之滅梁也，朱友謙覲於洛陽。莊宗置宴享勞，寵錫無算。郊禮畢，以友謙爲守太師尚書令。同光三年，賜姓，名繼麟，編入屬籍。賜之鐵券，恕死罪。以其子令德爲遂州節度使，遂州見第九章第一節。令錫爲許州節度使。諸子爲刺史者六七人。將校剖竹者又五六人。恩寵之盛，時無與比。巷伯、伶官，干與國事，方面諸侯，皆行賂遺，或求賂於繼麟，雖俛僂應奉，不滿其請，由是羣小咸怨，遂加誣構。郭崇韜討蜀，徵師於河中，繼麟使令德赴之。景進與其黨搆曰："昨王師初起，繼麟以爲討己，頗有拒命之意。若不除移，如國家有急，必爲後患。"崇韜既誅，宦官愈盛，遂搆成其罪。曰："崇韜强項於蜀，蓋與河中響應？"繼麟聞之懼。四年正月，入覲。景進謂莊宗曰："河中人有告變者，言繼麟與崇韜謀叛。聞崇韜死，又與李存乂搆逆。當斷不斷，禍不旋踵。"羣閹異口同辭。莊宗駭惑不能決。是月二十三日，授繼麟滑州節度使。是夜，令朱守殷以兵圍其第，擒之，誅於徽安門外。詔繼岌誅令德於遂州，王思同誅令錫於許州，命夏魯奇誅其族於河中。思同，劉仁恭外孫。仁恭爲守光所囚，歸晉。時爲鄭州刺史。夏魯奇，本梁軍校，與主將不協，奔晉，莊宗賜姓名曰李紹奇，時爲河陽節度使。友謙舊將史武等七人，時皆爲刺史，並以無罪族誅，籍沒家產。晝移鎮而夜行誅，可見其舉措之亂。是時崇韜已死，友謙且離河中，復何所懼而倉黃如此？蓋實疑其與存乂有謀，慮變起於肘腋之間也。亦可見其情勢之危矣。朱守殷者，小字會兒。莊宗就學，以廝養之役，給事左右。及即位，爲長直軍使。雖列戎行，不聞戰攻。每搆人之短長，中於莊宗。漸以心腹受委。河上對壘，稍遷蕃漢馬步都虞候。守德勝寨，爲王彥章所攻，無備，南寨遂陷。莊宗聞之，曰："駑才大誤予事。"因徹北寨，往固楊劉。明宗在鄆州，密請以覆軍之罪罪之。莊宗私於腹心，忍而不問。同光三年，爲振武節度使。不之任，仍兼領蕃漢馬步軍。與景進互相表裹。此等人是任,安得不亡國敗家哉?

　　莊宗之克滅梁,肇於魏師之叛,而其亡也亦由之。魏之叛梁也,效節軍入於晉。莊宗自將之。與梁戰河上數有功。許以滅梁厚賞。及梁亡,雖數賜與,而驕縱無厭,常懷怨望。《新史·房知溫傳》。莊宗固吝賞,然即使不吝,亦不能滿驕軍之欲壑也。郭崇韜之平蜀也,表董璋爲東川節度使,璋本梁將,與高繼興同事李讓。得隸太祖帳下。梁末,李季韜降,末主使取澤州,因守之。梁亡降唐。爲郭崇韜所信,使守邠州。征蜀時爲右厢馬步都虞候。而莊宗以孟知祥爲西川。知祥時知北都留守事,選代者。樞密承旨段個蓋亦宦者?不欲張憲在朝廷,薦之,乃授憲北都留守,而以王正言代憲知鄴都事。正言病風,多忽忘,則以史彦瓊監其軍。鄴都失重臣而益一宵小,危機遂潛伏矣。初莊宗令魏博指揮使楊仁晟戍瓦橋,見第十一章第三節。同光四年代歸,有詔令駐於貝州。時郭崇韜誅,人未測其禍始,皆云崇韜已殺繼岌,自王西川,故盡誅郭氏。先是有密詔令史彦瓊殺朱友謙之子澶州刺史建徽。彦瓊夜半出城,不言所往。蓋欲祕其事也。譌言云:劉皇后以繼岌死於蜀,已行弑逆,帝已晏駕,故急徵彦瓊。其言播於鄴都。貝州軍士,有私親寧於都下者,掠此言傳於貝州。軍士皇甫暉等作亂。劫楊仁晟。仁晟不從,殺之,而劫裨將趙在禮趨臨清。見第三節。在禮少事劉仁恭爲軍校,仁恭遣佐守文襲取滄州,守文死,奔晉。二月五日晚,有自貝州至鄴者,言亂兵將犯都城,都巡檢使孫鐸等趨史彦瓊第,請給鎧仗,彦瓊疑鐸等有他志,拒之。是夜三更,賊果攻北門。彦瓊時以部衆在北門樓。聞賊呼譟,即時驚潰。彦瓊單騎奔京師。孫鐸巷戰不勝,攜其母自水門出。王正言迎賊。衆推在禮爲兵馬留後,草奏以聞。帝怒,命宋州節度使元行欽率騎三千赴鄴都招撫。詔徵諸道之師進討。行欽者,本劉守光將。守光之奪父位,使攻大安山。又令殺諸兄弟。周德威攻幽州,守光令於山北募兵,與李嗣源劇戰,後乃降。嗣源養以爲子。莊宗東定趙、魏,選驍健置之麾下。因索行欽,嗣源不得已遣之。賜姓,名紹榮。寵冠諸將。由是頗爲莊宗盡力。時鄴都衆知莊宗不赦,皆死守。行欽再攻不克。邢州兵士趙太作亂,霍彦威平之。以兵五千至城下,亦無功。而河朔州縣,告亂者相繼,乃不得不用李嗣源矣。

　　周德威之死也,莊宗使符承審守幽州。時緣邊險要既失,幽州實不足控制,故契丹仍歲入寇。每使李嗣源禦之。同光二年,承審以老病求去,代以李存賢。克用養子,本姓王,名賢,許州人。旋卒,又代以李紹斌。本姓趙,名行實,幽州人。事劉守文。守文死,事守光。莊宗伐幽州,歸晉。賜姓名。明宗立,復本姓,改名德鈞。先是郭崇韜兼領鎮州,及是辭。三年二月,乃以嗣源爲之,爲紹斌聲援。是歲十二月,朝於洛陽。《舊史·明宗紀》云：是時莊宗失政，四方饑饉，軍士匱乏，有賣兒帖婦者，道路怨咨，帝在京師，頗爲謠言所屬。洎朱友謙、郭崇韜無名被戮，中外大臣，皆懷憂懼。朱守殷奉密旨伺帝起居。陰謂帝曰：“德業震主者身危，公可謂震主矣，宜自圖之，無與禍會。”初帝善遇樞密使李紹宏，_{郭崇韜死，紹宏爲樞密}_{使。}及帝在洛陽，羣小多以飛語謗毀，紹宏每爲庇護。會元行欽兵退，河南尹張全義密奏請委帝北伐，紹宏贊成之，遂遣帝將兵渡河。《新史·宦者傳》云：明宗自鎮州入覲，奉朝請於京師。莊宗頗疑其有異志，陰遣紹宏伺其動静。紹宏反以情告明宗。紹宏、守殷，未必欲叛莊宗，知嗣源勢大，不易動搖，乃爲兩面人，佞人之常態，固如此也。並舉其赴鄴者，以其在河北威名較著，冀燎原之勢，易於收拾耳，觀張全義亦以是爲請可知。嗣源叛後，全義至憂惶不食以死，可見莊宗疑忌之深。然卒遣之行，又可見請之者之力。當時河北亂勢，實已不易收拾矣。

　　《舊史·明宗紀》云：三月六日，帝至鄴都。趙在禮等登城謝罪，出牲餼以勞軍。帝亦慰納之。營於鄴城之西南。下令九日攻城。八日夜，軍亂。從馬直軍士有張破敗者，號令諸軍，各殺都將，縱火焚營，讙譟雷動。至五鼓，亂兵逼帝營。親軍搏戰，傷夷者殆半。亂兵益盛。帝叱之，責其狂逆之狀。亂兵對曰：“昨貝州戍兵，主上不垂厚宥。又聞鄴城平定之後，欲盡阬全軍。某等初無叛志，直畏死耳。已共諸軍商量，與城中合勢，擊退諸道之師。欲主上帝河南，請令公帝河北。”帝泣而拒之。亂兵呼曰：“令公欲何之？不帝河北，則爲他人所有。苟不見機，事當不測。”抽戈露刃，環帝左右。安重誨_{時爲中門使，見}_{下節。}請霍彦威躡帝足，詭隨之。因爲亂兵迫入鄴城。縣橋已發，共扶帝越濠而入。趙在禮等歡泣奉迎。是日，享將士於行宮。在禮等不納外兵，軍衆流散，無所歸向。帝登南樓謂在禮曰：“欲建大計，非兵不能集事，吾自於城外招撫諸軍。”帝乃得出。夜至魏縣，部下不滿百人。時霍彦威所將鎮州兵五千人獨不亂，聞帝既出，相率歸帝。詰朝，帝登城掩泣曰：“國家患難，一至於此，來日歸藩上章，徐圖再舉。”安重誨、霍彦威曰：“此言非便。元行欽狂妄小人。彼在城南，未聞戰聲，無故棄甲。如朝天之日，信其奏陳，何所不至？若歸藩聽命，便是强據要君，正墮讒慝之口也。正當星行歸闕，面叩玉階。讒閒阻謀，庶全功業。”從之。十一日，發魏縣。至相州，獲官馬二千匹，始得成軍。元行欽退保衛州，果以飛語上奏。帝上章申理。莊宗遣帝子從審_{《新史·唐家人}_{傳》作從璟，云：初名從審，爲元行欽所執，將殺之。從璟呼曰：“我父爲亂兵所逼，公等不亮其心，我亦}_{不能至魏，願歸衛天子。”行欽釋之。莊宗憐其言，賜名從璟，以爲己子。}莊宗聞明宗已渡黎陽，復欲遣從璟通閭。行欽以爲不可,遂殺之。《舊史》本傳但作從審,無賜名從璟之説。《通鑑》亦作從璟。及內官白從訓齎詔諭帝。從審至衛州,爲行欽所械。帝奏章亦不達。帝乃趨白皋渡,駐軍河上。山東上供綱載絹數船適至,乃取以賞軍,軍士以之增氣。二十六日,至汴州。史記明宗叛莊宗之事如此。明宗老於軍旅,士卒讙譟竟夜,竟坐待其來攻;親兵傷夷殆半,亂兵不推戈剗刃,而仍請其爲帝;皆情理所必無。趙在禮之所憚者,明宗也,非張破敗也。《通鑑》云:城中不受外兵,皇甫暉遂擊張破敗,斬之,外兵皆潰,此時獨不能并殺明宗乎? 若謂明宗既無兵,不必殺,又有縱其出城招撫之理乎? 從馬直者,莊宗之親軍,選諸軍驍勇者爲之,分置四指揮,亦見《通鑑》。是歲二月十六日,其軍士王溫等五人謀亂,爲衛兵所擒,礫於本軍之門,蓋其兵已懷叛志? 然究爲莊宗親軍,且紀律已壞,不可用。故藉與城內通謀,而又密告城內叛軍,使於其入門時擊潰之,而專用鎮州之兵也。《晉高祖紀》云:諸軍請明宗帝河北,明宗陽諾,諸軍恐事不果,散者甚衆,明宗所全者,惟常山一軍,其明證也。《元行欽傳》云:明宗爲亂兵所迫,惟行欽之兵不動,按甲以自固。明宗密令張虔釗戒之曰:"且堅壁勿動,計會同殺亂軍,莫疑錯誤。"行欽不聽。將步騎萬人,棄甲而退。當時若不退,必爲亂兵及霍彥威之兵所攻矣。《晉高祖紀》又曰:明宗西次魏縣,帝密言曰:"猶豫者兵家之大忌。必若求訴,宜決其行。某願率三百騎先趨汴水,以探虎口。如遂其志,請大軍速進。"明宗至相州,遂分驍騎三百付之,遣帝由黎陽濟河,自汴西門而入,遂據其城。明宗當時之用兵,在整而速,原不藉乎多也。

　　元行欽既退衛州,遣兵扼河陽橋,而自至洛陽,言亂兵欲渡河襲鄆、汴,哀哉,此莊宗取梁之路也。勸莊宗幸關東招撫。關,謂汜水關。莊宗從之。至汜水,嗣源已入汴矣,諸軍多叛,莊宗至滎澤,以龍驤馬軍八百爲前鋒,遣姚彥溫董之,至中牟,率所部奔於汴。潘璟守王村寨,有積粟數萬,亦奔汴。王村寨,在今平原濮縣。乃復還洛。嗣源命石敬瑭趨汜水,而身繼之。時河北皆已歸嗣源,時齊州刺史李紹虔,即王晏球,泰寧節度使李紹欽,即段凝,貝州刺史李紹英,即房知溫屯瓦橋。北京右廂馬軍都指揮使安審通屯奉化軍。嗣源皆遣使召之。嗣源家在真定,虞候將王建立先殺其監軍,由是獲全。嗣源子從珂,先伐石門,將所部兵與建立軍合,倍道從嗣源。石門鎮,即唐之橫水柵。奉化軍,置於泰州,泰州時治清苑。莊宗所望者,繼岌之歸師耳。自元行欽再攻鄴都不克,即連發中使促之。然繼岌爲叛將所牽,駐利州不得東。初康延孝與董璋不協,郭崇韜奏璋爲東川節度使,延孝已不平。繼岌既殺崇韜,命任圜代總軍政而東,延孝以萬二千人爲後軍。至武連,在四川劍閣縣西南。遇敕使,命繼岌誅朱令德,繼岌遣董璋往,延孝益自疑。而其所將多河中兵,聞朱友謙死,皆號哭。延孝亦曰:"友謙與我,同背梁歸唐,友謙死,禍次及我矣。"遂自劍州西還,移檄成都,稱奉詔代孟知祥。繼岌使任圜討之。與知祥合勢,擒之漢州。_{莊宗遣向延嗣誅之鳳翔,時莊宗已死矣。}乃東還。時三月九日也。於是宰相、豆盧革,_{韋説。}樞密使李紹宏。奏西軍將至,車駕宜控扼汜水,收撫散兵以俟之。莊宗從之,定四月朔發,而難又作。初郭從謙雖以優進,而嘗有軍功,故以爲從馬直指揮使。從謙以姓郭,拜崇韜爲叔父,而皇弟存乂,又以從謙爲養子。崇韜死,存乂見囚,從謙置酒軍中,憤然流涕,稱此二人之寃。王溫誅,莊宗戲從謙曰:"汝黨存乂、崇韜負我,又教王溫反,復欲何爲乎?"從謙恐,退而激其士曰:"罄爾之貨,食肉飲酒,無爲後日計也。"士問其故。從謙曰:"上以王溫故,俟破鄴盡阬爾曹。"軍士信之,皆欲爲亂。及是而亂作。_{《通鑑》云:從謙不知存乂已死,欲奉以爲亂。}莊宗率諸王、衛士擊之,中矢死。莊宗弟七人:存美、存霸、存禮、存渥、存乂、存確、存紀。存乂爲莊宗所殺,已見前。存霸,歷昭義、天平、河中節度使,存渥,歷義成、天平節度使,皆居京師,食其祿而已。趙在禮反,乃遣存霸於河中。再幸汜水,徙北京留守,而以存渥爲河中。宣麻未訖,郭從謙反。存渥從莊宗拒賊。莊宗死,存渥與劉皇后同奔太原。至風谷,_{在太原西。}爲部下所殺。后至太原,削髮爲尼。明宗入立,遣人賜之死。存霸聞京師亂,亦自河中奔太原。先是朝命內官二人居太原,一監軍,一監倉庫。魏州軍亂,又命汾州刺史李彥超符存審子。_{存審亦克用假子,以女爲宋太宗后,故歐《史》不入《義兒傳》。}赴北京。存霸與內官謀殺彥超。彥超欲先之,張憲不可。彥超遂殺之。并二內官。憲奔忻州。明宗以棄城之罪誅之。_{合新舊《史‧張憲》、《符彥超傳》觀之,其事當如此。《舊史‧憲傳》誤存霸爲存渥,《彥超傳》謂存霸并謀殺憲,皆非。}存確、存紀奔南山,安重誨使霍彥威即所匿民家殺之。存美素病風,居太原,與存禮及莊宗四子繼嵩、繼潼、繼蟾、繼嶢,皆不知所終。《新史‧唐家人傳》云:太祖之後遂絕。其薦居上國也,正其自絕其種也。郭從謙之叛也,朱守殷將騎兵在外,中使急召之,守殷按甲不進。逮聞凶問,乃入內,選嬪御、珍寶以歸。恣軍士劫掠東都,翼日方定。乃率諸校迎嗣源於東郊。

繼岌東歸,至興平,聞洛陽亂,復引兵西,欲保據鳳翔。至武功,_{見第三章第二節。}李從襲曰:"禍福未可知,退不如進,請王亟東行,以救內難。"從之。至渭水。初京兆尹張筠從郭崇韜伐蜀,留弟籛守京兆。及是,籛斷其浮梁。繼岌循河而東。至渭南,_{見第三章第一節。}左右皆潰。從襲曰:"大事已去,王宜自圖。"繼岌徘徊流涕。乃自伏於牀,命僕夫李環縊殺之。環即櫉殺郭從韜者也。歐《史》曰:繼岌之存亡,於張籛無所利害,籛何爲拒之不使東乎?豈其有所使而爲之乎?然明宗於符彥超深以爲德,而待籛無所厚,此又可疑也。不然,好亂之臣,望風而響應乎? 使籛不斷浮橋而繼岌得以兵東,明宗未必能自立。則繼岌之死,由籛之拒,其所繫者豈小哉? 張籛之拒繼岌,未必受命於明宗,此正所謂天下叛之者也。

第六節　後唐明宗時內外形勢

李嗣源以四月三日至洛陽。先以羣臣諸將之請監國。旋請改國號,不許。而以李琪之議,援唐睿宗、文宗、武宗弟兄相及之例,即位於莊宗樞前,是爲明宗。蓋時崇尚門第之風未殄,明宗世本夷狄,無姓氏,《新史·本紀》。不足以君臨中土,而在北狄中,沙陀尚爲貴種,故不得不繼朱邪之緒也。《新史·康福傳》:福世本夷狄,而夷狄貴沙陀,故常自言沙陀種也。福嘗有疾,臥閤中,寮友入問疾,見其錦衾,相顧竊戲曰:"錦衾爛兮。"福聞之,怒曰:"我沙陀種也,安得謂我爲奚?"聞者笑之。時明宗年已六十矣。既嘗歷艱難,故狂縱稍減。《歐史·本紀》贊云:長老爲予言:明宗雖出夷狄,而寬仁愛人。嘗夜焚香仰天而祝曰:"臣本蕃人,豈足治天下? 世亂久矣,願天早生聖人。"自初即位,減罷宮人、伶官;廢內藏庫,四方所上物,悉歸之有司。數問宰相馮道等民間疾苦。聞道等言四方穀帛賤,民無疾疫,則欣然曰:"吾何以堪? 當與公等作好事,以報上天。"吏有犯贓,輒寘之死,曰:"此民之蠹也。"以詔書褒美廉吏孫岳等,以風示天下。其即位時,春秋已高,不邇聲色,不樂遊畋。在位十年,實止八年。於五代之君,最爲長世。兵革驟息,年穀豐登,生民實賴以休息云。此等煦煦之仁,豈遂足以爲治? 贊又云:夷狄性果,仁而不明,屢以非辜,誅殺臣下,則仍未脱北狄獷悍之習也。《新史·安重誨傳》:明宗爲人雖寬厚,然其性夷狄,果於殺人。馬牧軍使田令方,所牧馬瘠而多斃,坐劾當死。重誨諫曰:"使天下聞以馬故殺一軍使,是謂貴畜而賤人。"令方因得減死。明宗遣回鶻侯三馳傳至其國。侯三至醴泉縣,縣素僻,無驛馬,其令劉知章出獵,不時給馬。侯三遽以聞。明宗大怒,械知章至京師,將殺之。重誨從容爲言,知章乃得不死。《舊史·宗室傳》:秦王從榮入爲河南尹。一日,明宗謂安重誨曰:"近聞從榮左右,有詐宣朕旨,令勿接儒生,儒生多懦,恐鈍志相染。朕方知之,頗駭其事。予比以從榮方幼,出臨大藩,故選儒雅,賴其裨佐。今聞此姦憸之言,豈朕之所望于? "鞫其言者,將戮之。重誨曰:"若遽行刑,又慮賓從難處,且望嚴誡。"乃止。夫此其因諫而止者耳。其諫而不止,或莫之諫者,則史不能紀矣。號稱寬仁者如此,而其暴虐者可知矣。當此之時,中國之士大夫,爲夷狄所虐殺者亦多矣。但較之克用、存勗輩,則自賢耳。

明宗監國,即誅孔謙,廢其聚斂之政。又大誅宦官。《通鑑》:天成元年,近侍爲諸道監軍者,皆恃恩與節度使爭權。及鄴都軍變,所在多殺之。《新史·宦者傳》云:明宗入立,又詔天下:悉捕宦者而殺之。宦者亡竄山谷,多削髮爲浮屠。其亡至太原者七十餘人,悉捕而殺之都亭驛,流血盈庭。夫宦者當唐末，遭芟夷之禍，亦可謂酷矣，一朝復用，仍不知鑒，而驕縱賈禍如此，可謂不仁者難與言也。天成二年，以郭從謙爲景州刺史。既至，乃遣使族誅之。此等舉措，似足矯莊宗之失。然不知治體，不能用人。繼岌之死也，任圜代總其衆而東，明宗用爲相，兼判三司。圜能揀拔賢俊，杜絕幸門，旬月之內，府庫充贍，朝廷修茸。《舊史》本傳。不可謂之非才。然此時之大權，不在宰相而在樞密使。明宗監國，張居翰乞罷，即以孔循爲之。天成二年正月，遂加循同平章事。循與圜交惡。安重誨少事明宗。及鎮邢州，以爲中門使。隨從征討，凡十餘年。鄴城之變，佐命之功，獨居其右。踐阼，領樞密使。四五年間，獨綰大任。環衛酋長，貴戚近習，無敢干政者。其任用可謂特專。重誨亦與圜不協。圜遂罷職。後竟爲所殺。見下。重誨忠於明宗，思爲之除去隱患。然頗失之操切；明宗又年老氣衰，不能英斷；措施未竟，旋見誅夷，遂致不能弭患，轉以召禍矣。

斯時之大患，果何在乎？曰：首在於兵之驕。此固歷世之積弊，然至鄴都變後，則愈勢成橫流矣。天成元年五月，麟州奏指揮使張延寵作亂，焚剽市朝，已殺戮訖。是月，以趙在禮爲滑州節度使，在禮以軍情不順爲辭，不之任。實爲其下所制也。《通鑑》。詔發汴州控鶴指揮使張諫等三千人戍瓦橋。六月，丁酉，出城，復還作亂，焚掠坊市。殺權知州推官。逼馬步都指揮使符彥饒爲帥。彥超弟。彥饒曰："欲吾爲帥，當用吾命，禁止焚掠。"衆從之。己亥旦，彥饒伏甲於室，諸將入賀，執張諫等四人斬之。其黨張審瓊率衆大譟。彥饒勒兵擊之，盡誅其衆四百人。詔以樞密使孔循知汴州，收爲亂者三千家悉誅之。滑州都指揮使于可洪等攻魏博戍兵三指揮，逐出之，互相奏云作亂。遣使按驗得實。七月，斬可洪於都市。其首謀滑州左崇衙全營族誅。助亂者右崇衙兩長劍建平將校百人亦族誅。鎮州留後王建立奏涿州刺史劉殷肇不受代，謀叛，昨發兵收掩，擒之。殷肇及其黨十三人，見折足戕詰。八月，同光中，符習爲青州節度使。宦官楊希望爲監軍，專制軍政。趙在禮據魏州，習奉詔以本軍進討。明宗爲亂軍所劫，即罷歸。希望遣兵邀之。習懼而還。至滑州，明宗遣人招之。習至，從入汴。希望聞魏兵亂，遣兵圍守習家，欲盡殺之。青州指揮使王公儼圍希望之第，擒而殺之。遂與都將李謹等謀據州城，以邀符節。除爲登州刺史，不時赴任。乃以霍彥威代習，聚兵淄州，以圖進取。公儼乃赴所任。彥威懲其初心，遣人擒諸北海縣。今山東濰縣。與同黨李謹、王居厚八人斬於州東。十月，靜難節度使毛璋，驕僭不法。訓卒繕兵，有跋扈之志。詔以潁州團練使李承約爲節度副使以察之。徙璋爲昭義節度使。莊宗改潞州昭義軍爲安義軍，旋復舊。璋欲不奉詔。承約與觀察判官邊蔚從容說諭，久之，乃肯受代。

二年二月，先是房知温爲北面招討使，戍盧臺軍，今河北寧河縣蘆臺鎮。以備契丹。及是，以冀州刺史烏震爲副招討使代之。三月，趙在禮謀脱禍，陰遣腹心詣闕求移鎮。初在禮除皇甫暉、趙進爲馬步都指揮使，明宗乃除暉陳州刺史，進貝州刺史，徙在禮爲橫海，而以皇子從榮鎮鄴都，命宣徽北院使范延光將兵送之，且制置鄴都軍事。乃出奉節等九指揮三千五百人，使軍校龍晊部之戍盧臺。不給鎧仗，但繫幟於長竿，以別隊伍。由是皆俛首而去。中途，聞孟知祥殺李嚴，見下。軍中藉藉，已有譌言。及至，會朝廷不次擢烏震爲副招討使，譌言益甚。房知温怨震來代己，震至未交印。震召知温及先鋒馬軍都指揮使安審通博於東寨，知温誘龍晊所部兵殺震。審通脱身走，奪舟濟河，將騎兵按甲不動。知温恐事不濟，亦上馬出門。亂兵攬其轡曰：“公當爲士卒主，去欲何之？”知温紿之曰：“騎兵皆在河西，不收取之，獨有步兵，何能集事？”遂躍馬登舟濟河，與審通合謀擊亂兵，亂兵遂南行，騎兵徐踵其後。亂者相顧失色。列炬宵行，疲於荒澤。詰朝，騎兵四合擊之，得免者十無一二。以上據《通鑑》。《舊紀》略同。惟不云房知温誘龍晊所部爲亂。然《知温傳》與《通鑑》同。《紀》又云：夜竄於山谷，稍奔於定州。及王都之敗，乃無遺類矣。四月，勅盧臺亂兵在營家屬，並全門處斬。勅至鄴都，闔九指揮之門，驅三千五百家凡萬餘人悉斬之。永濟渠爲之變赤。自有藩鎮以來，覆轍相尋，誅戮慘毒，未有如魏軍之甚者也。趙在禮歷鎮泰寧、匡國、天平、忠武、武寧、歸德、晉昌，所至邸店羅列，積貲鉅萬。晉出帝時，爲北面行營馬步都虞候，以擊契丹。未嘗有戰功。其在宋州，人尤苦之。已而罷去，宋人喜，相謂曰：“眼中拔釘，豈不樂哉？”既而復受詔居職，乃籍管内，口率錢一千，自號拔釘錢。晉亡，契丹入汴，在禮自宋馳至洛陽，遇契丹拽剌等，拜於馬前。拽剌等兵共侵奪之，誅責貨財。在禮不勝憤。行至鄭州，聞晉大臣多爲契丹所鎖，中夜皇惑，解衣帶就馬櫪自經而卒。皇甫暉，終唐世常爲刺史。晉天福中，以衛將軍居京師。在禮已乘旄節，罷鎮來朝。暉往候之，曰：“與公俱起甘陵，卒成大事，然由我發也。公今富貴，能恤我乎？不然，禍起坐中。”在禮懼，遽出器幣數千與之。而飲以酒。暉飲自若，不謝而去。久之，爲密州刺史。契丹犯闕。暉率其州人，奔於江南。李景以爲歙州刺史，奉化軍節度使，鎮江州。周師征淮，景以爲北面行營應援使。爲周師所敗，被擒。世宗召見，金創被體，哀之，賜以金帶鞍馬。後數日卒。在禮之以暉爲都指揮也，暉擁甲士數百，大掠城中。至一民家，問其姓，曰：“姓國。”暉曰：“吾當破國。”盡殺之。又至一家，問其姓，曰：“姓萬。”暉曰：“吾殺萬家足矣。”又盡殺之。此等人真所謂妖孽者也。十月，明宗如汴州。丁亥，至滎陽。時朱守殷帥汴，守殷之迎明宗，授河南尹，判六軍諸衛事。後移汴州節度使。驅市人閉壁以叛。明宗遣范延光往諭之。延光曰：“不早擊之，則汴城堅矣，願得五百騎與俱。”從之。延光暮發，未明，行二百里，抵城下。戊子，明宗至京水，遣石敬瑭將親兵倍道繼之。或謂安重誨曰：“失職在外之人，乘賊未破，或能爲患，不如除之。”重誨以爲然。奏遣使賜任圜死。己丑，明宗至大梁，四面進攻。吏民縋城出降者甚衆。守殷知事不濟,盡殺其族,引頸命左右斬之。明宗兵入城,索其黨盡誅之。守殷何能爲? 而明宗赴之如此其急,又因之而殺任圜,則知莊宗舊臣,不服明宗者必多也。王都之降晉也,莊宗爲繼岌取其女,恩寵特異。同光中,都奏部下將校爲祁、易二州刺史,祁州,今河北安國縣。不進戶口,租賦自贍本軍。安重誨用事,稍以朝政釐之。時契丹犯塞,諸軍多屯幽、易間。大將往來,都陰爲之備,屢廢送迎,漸成猜閒。鎮州節度使王建立與安重誨不協。朱守殷反,都遣人説建立謀叛。建立僞許之,密以狀聞。烏震之死,以王晏球代之。三年四月,命晏球討都。都與王郁謀,引契丹爲援。契丹禿餒率驍騎萬人來,爲晏球所敗,以二千餘騎奔入定州。其惕隱以七千騎來,又爲晏球所敗。還,趙德鈞邀諸路,擒之。定州遂被圍。十一月,捧聖指揮使何福進招收到安州作亂兵士五百人。安州見第八章第二節。自指揮使已下至節級四十餘人併斬,餘衆釋之。竇廷琬者,世爲青州衙將。梁祖擢在左右。同光中,請制置慶州鹽池,莊宗以爲慶州防禦使。及是,以課利不集,詔移金州。廷琬叛。詔邠州節度使李敬周攻之。十二月,夷其族。四年二月,王晏球克定州。王都自焚死。府庫妻孥,一夕俱燼。《舊史・都傳》曰:李繼陶者,莊宗初略地河朔得之,收養於宮中,名曰得得。天成初,安重誨知其本末,付段個養之爲兒。個知其不稱,許其就便。都潛取以歸。呼爲莊宗太子。及都叛逆,僭其服裝,時俾登城,欲惑軍士。人知爲僞,競詬辱之。城陷,晏球獲之,送於闕下。行至邢州,遣使戮焉。繼陶果莊宗假子,養諸段個之家,有何不稱? 曰聽其自便,則重誨非使個子之,乃使個監之也。焉知繼陶之必爲假子哉? 軍士亦何知真僞? 即知其僞,當時之軍士,亦何人不可奉? 競加詬辱,特事勢使然。使内兵勢盛,安知不釋甲而從之乎? 莊宗之爲民所棄久矣。身且戕之,何有於子? 都欲以此惑衆,其計亦殊無聊。然觀其欲以此惑衆,亦可見莊宗固不爲人所與,明宗亦未必爲人所戴也。諸方亂事,皆未有成,蓋以其力微而地近? 荆南、西蜀,兵力稍厚,且苦鞭長,遂終於離析矣。

　　荆南當唐末,爲諸道所侵,高季昌始至江陵,一城而已。季昌招輯綏撫,人士歸之。梁太祖崩,季昌謀擁兵自固。末帝優容之,封爲渤海王。後唐莊宗入洛,季昌更名季興,朝於洛陽。莊宗欲留之。郭崇韜曰:"今四方諸侯,相繼入貢,不過遣子弟、將吏,季興以身述職,而反縻之,示天下以不廣,且絶四方内向之意,不可。"乃止。同光三年,封爲南平王。四年三月,季興請割峽内夔、忠、萬三州,卻歸當道,依舊管係。又請雲安監。在今四川雲陽縣東北。俞其請。詔命未下,莊宗遇弒。天成元年六月,季興又求三州。詔可之。後朝廷除刺史，季興上言：已令子弟權知，請不除。不許。夔州刺史潘炕罷，季興輒遣兵突入州城，殺戍兵而據之。朝廷除奉聖指揮使西方鄴爲刺史，不受。又遣兵襲涪州。韓珙之死，朝廷詰之，對曰：“宜按問水神。”二年二月，以襄州節度使劉訓爲南面招討使，東川董璋爲東南面招討使，西方鄴副之。璋未出兵。鄴克夔、忠、萬三州，又取歸州。見《舊史·鄴傳》。已而歸州又爲季興所取。見《通鑑》。劉訓遇霖潦，糧運不繼，人多疾疫。時又令馬殷攻季興。殷僅遣兵屯岳州。許助軍儲弓甲，亦無至者。乃罷兵。季興以荊、歸、峽三州臣於吳。吳册爲秦王。三年，冬，季興卒。年七十一。長子從誨立。吳以爲荊南節度使。從誨懼復見討，使聘於楚，馬殷爲之請命，從誨亦奉表自歸，《紀》在天成四年六月。明宗納之。長興元年正月，拜爲節度使，追封季興楚王。三月，封從誨渤海王。閔帝應順元年，封爲南平王。荊南遂自立爲國矣。荊南距吳遠，距唐近，唐大興兵，吳安能救？楚亦未敢與中原啓釁，而明宗終於罷兵者？內外情勢，可憂者甚多，固不容專力一隅也。

西川之情勢，則又與荊南異。孟知祥亦宿將，且娶李克讓女，其於明宗，實亦等倫，故易啓疑忌。繼岌之班師也，留其將李仁罕、張業、趙廷隱等，以精兵戍蜀，知祥皆撫而用之。時則知祥率成都富人及王氏故臣家，得錢六百萬緡以犒軍。其餘者猶二百萬。任圜入相，兼判三司，以太僕卿趙季良爲三川制置使，督蜀犒軍餘錢送京師，且制置兩川征賦。知祥不奉詔。然與季良有舊，遂留之，請爲節度副使，事無大小，皆與參決。知祥北産，初入蜀，未必能用其人，後唐之斂怨於蜀深矣，其人亦未必爲知祥用。既撫用李仁罕、趙季良等，則文武輔佐，咸有其人矣。知祥之鎮蜀，莊宗以宦者焦漢賓爲監軍。明宗誅宦者，諸道監軍皆罷，李嚴復自請爲之，云必能制知祥。安重誨乃用爲西川都監。爲知祥所殺。時天成二年正月也。知祥遣人迎其家屬於太原。至鳳翔，李從曮聞其殺李嚴，以爲反矣，留之。明宗遣客省使李仁矩慰諭，并送其妻及子昶等歸之。蓋知其不易制，故欲羈縻之也。而安重誨欲圖之。《舊史·董璋傳》曰：重誨采人邪謀，言孟知祥必不爲國家用，璋性忠義，可特寵任，令圖知祥。璋子光業爲宮苑使，又結託勢援，爭言璋之善，知祥之惡。恩寵既優，故璋益恣其暴戾。初，奉使東川者，皆言璋不恭於朝廷。四年夏，明宗將議郊天，遣李仁矩齎詔示諭兩川，又遣重誨馳書於璋，以徵貢奉。時徵東川錢五十萬，璋許貢十萬。西川錢百萬，知祥許貢五十萬。璋設宴召仁矩。仁矩擁倡婦，與賓客酣酒驛亭，日中不至。璋怒，領數百人，執戈入驛，欲殺之。涕淚拜告，僅而獲免。仁矩復命，遂益言璋不法。《舊史》謂重誨因是兼與璋隙。案重誨即偏

聽，亦未必信任璋。蓋以其究較知祥爲易制，姑用之以牽制知祥耳。然亦非
專倚璋。先是已用親信，分守兩川管內諸州。每除守將，則以精兵爲其衛隊，
多者二三千人，少者不下五百。是歲，復以夏魯奇爲武信節度使。分東川之
閬州爲保寧軍，以李仁矩爲節度使。又以武虔裕爲緜州刺史。虔裕，重誨之
外兄也。由是璋與知祥皆懼。自璋鎮東川，未嘗與知祥通問，至是，乃使人求
婚以自結。知祥欲不許。趙季良謂宜合從以拒唐，乃許之。於是連表請罷還
所遣節度刺史等。明宗優詔慰諭之。而璋與光業書曰："如朝廷再發一騎入
斜谷，吾必反矣！"而朝又發中使荀咸乂將兵赴閬州。光業請停之。重誨不
從。長興元年九月，璋反。知祥繼之。璋追武虔裕，囚諸衙署。攻破閬州，擒
李仁矩，殺之。知祥遣李仁罕、張業、趙廷隱將兵三萬，會璋攻遂州，侯弘實以
四千人助璋守東川，弘實，康延孝將。前蜀故將張武下峽。唐以石敬瑭爲都招討
使，夏魯奇副之，王思同爲西京留守，充先鋒指揮。董璋趨利州，遇雨，糧運不
繼，還閬州。唐先鋒攻劍門，破之。遂入劍州。以大軍不繼，復還劍門。知祥
聞劍門破，大懼。已聞唐軍棄劍州，乃喜。遣李肇以兵五千據劍州。肇亦康延孝
將。又命趙廷隱分萬五千人而東。十二月，石敬瑭與廷隱戰於劍門，敗績。是
時唐軍涉險，餉道維艱。自潼關以西，民苦轉餉，每費一石，不能致一斗，道路
嗟怨。明宗憂之。以責安重誨。重誨請自行。翼日，即領數騎出。日馳數百
里。所在錢帛糧料，星夜輦運。人乘斃踣，不可勝計。蓋知事勢之危急，欲速
赴之也。然已無及矣。二年正月，李仁罕陷遂州，夏魯奇自殺。川局益急，而
重誨遂罹於禍。

明宗四子：長從璟，爲元行欽所殺，已見前。次從榮，次從厚，次從益。據
《新史·家人傳》；《愍帝紀》云：明宗第五子。《廿二史考異》云：《五代會要·帝號篇》，從厚亦第三子，
而於《諸王篇》則云明宗第二子從璟，第三子從榮，第四子從璨，第五子從厚，第六子從益。蓋其時以從
珂爲長子，又以姪從璨列於昆弟之次，則從厚當居第五，而從益爲第六矣。從榮狂悖，而從厚、
從益皆幼。養子從珂，本平山王氏子，今河北平山縣。明宗爲騎將，並其母掠得
之。時年十歲矣。及長，數從征伐，頗有威名。明宗入立，拜河中節度使，封
潞王。長興元年，從珂閱馬黃龍莊。其衙內指揮使楊彥溫據城叛。從珂詰
之。稱奉樞密院宣。從珂走虞鄉，今山西虞鄉縣。以其事聞。明宗命西京留守索
自通、侍衛步軍都指揮使藥彥稠攻之，而詔從珂赴闕。明宗戒彥稠：生致彥
溫，吾將自訊之，而彥稠等斬之傳首。宰相趙鳳、馮道等奏從珂失守，合行朝
典，重誨又自論之，皆不聽。時議謂重誨忌從珂威名，欲傾陷之。《舊·明宗紀》。
又云：從珂與重誨在常山，因杯盤失意，以拳擊重誨，中其櫛，走而免，從珂雖

悔謝，重誨終銜之。《舊・末帝紀》。又云：重誨以從珂非李氏子，欲陰圖之。《新・重誨傳》。恐當以後說爲得其實也。《新史・重誨傳》云：錢鏐據有兩浙，號兼吳、越而王，自梁及莊宗，常異其禮，以羈縻臣屬之而已。明宗即位，鏐遣使朝京師。寓書重誨，其禮慢。重誨怒，未有以發。乃遣其嬖吏韓玫、副供奉官烏昭遇復使於鏐。而玫恃重誨勢，數辱昭遇。因醉使酒，以馬箠擊之。鏐欲奏其事。昭遇以爲辱國，固止之。及玫還，反譖於重誨曰："昭遇見鏐舞蹈稱臣，而以朝廷事私告鏐。"昭遇坐死御史獄。乃下制削奪鏐官爵，以太師致仕。錢氏遂絕於唐矣。明宗幸汴州，重誨建議，欲因以伐吳。明宗難之。其後戶部尚書李鏻得吳諜者，言徐知誥欲舉吳國以稱藩，願得安公一言以爲信。鏻即引諜者見重誨。重誨大喜，以爲然，乃以玉帶與諜者，使遺知誥爲信。初不以其事聞。其後踰年，知誥之問不至，始奏貶鏻行軍司馬。已而捧聖都軍使李行德、十將張儉告變，言樞密承旨李虔徽語其客邊彥溫云：重誨私募士卒，繕治甲器，欲自伐吳。又與諜者交私。明宗以問重誨。重誨皇恐，請究其事。明宗初頗疑之。大臣、左右，皆爲之辯，既而少解。始告重誨以彥溫之言。因廷詰彥溫，具伏其詐。於是君臣相顧泣下。彥溫、行德、儉皆坐族誅。重誨因求解職。明宗慰之曰："事已辨，慎無措之胸中。"重誨論請不已。明宗怒曰："放卿去，朕不患無人。"顧武德使孟漢瓊至中書，趣馮道等議代重誨者。馮道曰："諸君苟惜安公，使得罷去，是紓其禍也。"趙鳳以爲大臣不可輕動。遂以范延光爲樞密使，而重誨居職如故。《舊傳》云：重誨至鳳翔，節度使朱弘昭謹事之。重誨坐中言及昨有人讒構，賴聖上保鑑，苟獲全族，因泣下。弘昭遣人具奏重誨怨望，出惡言，不可令至行營，恐奪石敬瑭兵柄。而宣徽使孟漢瓊自西回，亦奏重誨過惡，重誨已至三泉，復令歸闕。《弘昭傳》云：弘昭密遣人謂敬瑭曰："安公親來勞軍，觀其舉措孟浪，儻令得志，恐士心迎合，則不戰而自潰也，可速拒之。"敬瑭聞其言，大懼，即日燒營東還。《新・重誨傳》云：重誨還至鳳翔，弘昭拒而不納。重誨懼，馳趨京師。未至，拜河中節度使。重誨已罷，希旨者爭求其過。宦者安希倫，坐與重誨交私，常爲重誨陰伺宮中動息，事發棄市。重誨益懼，因上章告老。以太子太師致仕。而以李從璋爲河中節度使。遣藥彥稠率兵如河中虞變。重誨二子：崇韜、崇贊，宿衛京師。聞制下，即日奔其父。重誨見之，驚曰："二渠安得來？"已而曰："此非渠意，爲人所使耳！吾以一死報國，餘復何言？"乃械送二子於京師。行至陝州，下獄。明宗又遣翟光鄴至河中視重誨去就。戒曰："有異志，則與從璋圖之。"光業至，從璋率兵圍重誨第，入拜於庭。重誨降而答拜。從璋以楇擊其首。重誨妻走抱之，又擊其首。夫妻皆死，流血盈庭。從璋檢責其家貲，不及數千緡而已。明宗下詔，以其絕錢鏐，致孟知祥、董璋反，議伐吳爲罪。並殺其二子。其餘子孫皆免。重誨得罪，知其必死，歎曰：“我固當死，但恨不與國家除去潞王。此其恨也。”夫重誨欲除從珂，安能不得明宗陰許？彥溫之變，從珂卒無恙者？蓋明宗知其權勢大，未易搖動，故不欲操切。然亦既召之歸，令居私第矣。使其事皆誣罔，且實出樞密院，安得如此？兩國相接，爭實利非重虛文，重誨即褊淺，何至因書辭之慢而絕錢鏐？至於伐吳，尤勢所不可，南平尚聽其自立，而暇伐吳乎？汴州之適，蓋誠意在朱守殷，守殷之自疑，非妄億也。邊彥溫等既誅，則其言舉不可信。君臣相泣，可見其相契之深。<small>彥溫等之誣告，必有使之者。君臣相泣，非泣彥溫等之譖張爲幻，乃泣所欲除者之根柢盤互耳。</small>其兼用范延光，蓋亦如馮道之意，欲以緩衆人之攻擊耳，安得遽搖其信任？若果不信重誨，安得更令其西征？然至三泉而遽召之還者，蓋弘昭是時，已與敬瑭相結；重誨行師，又因欲速而騷擾過甚，授以可乘之隙；設不召還，關中將有他變，故不得不爲是措置也。然仍使居河中，實有令其監制關中之意，其任之仍不可謂不重。明宗之失，在爲宵小所挾，不能剛斷，又代之以從璋，且重之以翟光鄴耳。《新史·唐家人傳》云：明宗兄弟，皆不見於世家，而有姪四人：曰從璨、從璋、從溫、從敏。從璨，初爲右衛大將軍，重誨忌之。明宗幸汴州，以從璨爲大內皇城使。嘗於會節園飲，酒酣戲登御榻，重誨奏其事，貶房州司戶參軍，賜死。從璋蓋亦重誨所忌？朱弘昭，史言其與重誨有隙。《新史》本傳。翟光鄴，史亦言其素惡重誨。《通鑑》。弘昭之恐動敬瑭，蓋專欲以傾重誨？重誨欲爲明宗後嗣計，則貴戚功臣，舉其所忌，而貴戚功臣，亦未嘗不深忌之，故敬瑭得弘昭之訊而遽燒營歸，非必不審弘昭之詐也。至於殺害重誨，則純係從璋、光鄴所爲，明宗無如之何，乃轉以絕淮、浙等爲其罪狀耳。大權旁落如此，從珂、敬瑭等相爭奪之禍，已可豫燭其難免矣。然重誨欲爲明宗後嗣計，所慮者豈徒一從珂？恨不除去潞王之言，恐轉係愛重誨者所造作也。

石敬瑭既還利州，李彥亦棄城走。張武取渝、瀘州。病卒，副將袁彥超代之，取黔州。及是，李仁罕又取夔州，西川兵勢益張。安重誨死，明宗遣西川進奏官蘇愿、東川軍將劉澄各歸本道招諭之。孟知祥邀董璋，欲同謝罪。時唐已誅璋子光業及其族，璋曰：“孟公家屬皆存，而我子孫獨見殺，我何謝爲？”知祥三遣使，璋不聽。又遣觀察判官李昊説璋。璋益疑知祥賣己。因發怒，以語侵昊。昊乃勸知祥攻之。而璋先襲破知祥漢州。時長興三年五月也。知祥自將擊之。璋大敗。走至梓州，見殺。先是王思同以入劍門功，移鎮山南東道。及是，樞密使奏："近知兩川交惡，如令一賊兼有兩川，撫衆守隘，恐難討除。欲令思同以興元之師，伺便進取。"詔從之。事未行而璋敗。范延光奏："知祥兼有兩川，彼之軍衆，皆我之將士，料其外假朝廷形勢以制之，然陛下苟不能屈意招攜，彼亦無由革面也。"明宗曰："知祥吾故人也，撫吾故人，何屈意之有？"李克寧妻，知祥妹也。莊宗殺克寧，歸於知祥。其子璲，留事唐爲供奉官。明宗即遣璲歸省其母。因賜知祥詔書招慰之。四年二月，制以爲兩川節度使，封蜀王。於是蜀中自立之局定矣。是歲十一月，明宗死。明年正月，知祥稱帝，國號蜀。

外藩變亂相尋，而內兵亦驕恣特甚。天成二年二月，明宗將如鄴都。時扈駕諸軍家屬，甫遷大梁，聞之皆不悅，訽訽有流言。乃不果行。長興四年五月，明宗暴得風疾。六月甲戌，復不豫，旬日不見羣臣，都人恟懼，或潛竄山野，或寓止軍營。七月庚辰，帝力疾御廣壽殿，人心始安。軍士猶有流言。乙酉，賜在京諸軍優給有差。八月戊申，羣臣上尊號，大赦，在京及諸道將士，各等第優給。時一月之間，再行優給，由是用度益窘，然不能恤也。

要而言之：此時之情勢，已如厝火積薪之下而寢其上矣。

第七節　從榮從厚敗亡

明宗四子，從璟死後，從榮爲長。初爲鄴都、北京留守。長興元年，入爲河南尹，兼判六軍諸衛事，封秦王。從榮、從厚，同母夏氏，明宗未僭位死。曹氏，生一女，封晉國公主，即石敬瑭妻也。從珂母魏氏，明宗掠得之，數年而死。王淑妃者，邠州餅家子也。有美色。少賣爲劉鄩侍兒。鄩卒，無所歸，安重誨告明宗而納之。後宮有生子者，命妃母之，是爲許王從益。明宗之僭位，立曹氏爲后。然宮中之事，皆主於妃。孟漢瓊者，本王鎔小豎。明宗鎮常山，得侍左右。僭位後，自諸司使累遷宣徽南院使。明宗病，妃與漢瓊出內左右，遂專用事。初安重誨爲樞密使，明宗專屬任之。從榮、從厚，自襁褓與之親狎。雖典兵，常爲所制，畏事之。趙延壽者，德鈞養子也。本姓劉氏。父邟，常山人。常爲蓚令。劉守文陷其邑，時德鈞爲偏將，並其母掠得之，養爲子。蓚見第二章第六節。尚明宗女興平公主。重誨死，與范延光並爲樞密使。從榮皆輕侮之。太僕少卿何澤上書，請立從榮爲太子。從榮見延光、延壽等曰："是欲奪吾兵柄，幽之東宮耳。"延光等患之。乃加從榮兵馬大元帥。升班在宰相上。從榮大宴元帥府諸將，皆有頒給。又請嚴衛、捧聖千人爲衛兵。其意，蓋專欲擁兵以自固也。然其爲人，輕佻峻急，名聲顧出從厚下。而從厚亦弱而在外。從珂自安重誨死，留守西都，復移鳳翔，議者多屬意焉。《新史·范延光傳》。石敬瑭自蜀回，兼六軍諸衛副使。其妻與從榮異母，素相憎疾。敬瑭不欲與從榮共事，常思外補以避之。會契丹欲入寇，明宗命擇帥臣鎮河東。延光、延壽皆曰：“當今帥臣可往者，石敬瑭、康義誠耳。”義誠，代北三部落人。鄴都兵變，勸明宗南向。明宗以爲樸忠，親任之。敬瑭亦欲行。明宗即命除，而不落六軍副使。敬瑭又辭。乃以宣徽使朱弘昭知山南東道，代義誠詣闕。已而權樞密直學士李崧崧，本事繼发。從伐蜀。郭崇韜死，崧召書吏，登樓去梯，夜以黃紙作詔書，倒用都統印，明旦，告諭諸軍，人心乃定。范延光居鎮州，辟掌書記。延光爲樞密使，崧拜拾遺，直樞密院。累遷戶部侍郎、端明殿學士。以爲非敬瑭不可。乃以敬瑭爲北京留守，河東節度使，兼大同、振武、彰國、威塞等軍蕃漢馬步總管。彰國軍，治應州，明宗所置。威塞軍，治新州，莊宗所置。應州，今察哈爾應縣。新州見第三節。而以康義誠爲親軍都指揮使。范延光、趙延壽亦慮禍及，求罷。馮贇者，太原人。父璋，爲明宗閽者。贇爲兒時，以通黠，爲明宗所愛。明宗爲節度使，以爲進奏官。僣位，爲客省使、宣徽北院使。歷河東、忠武節度使、三司使。延光、延壽既罷，乃以贇及朱弘昭爲樞密使。明宗病甚，大臣希復進見，大事皆決於贇、弘昭、孟漢瓊、王淑妃四人。康義誠度不能自脫，乃令其子事秦王，務以恭順持兩端，冀得自全。長興四年十一月戊子，十六日。雪，明宗幸宮西士和亭，得疾。己丑，從榮與弘昭、贇入問起居，帝不能知人。既去，聞宮中哭聲，以爲帝已崩矣。乃謀以兵入宮。使其押衙馬處鈞告弘昭等，欲以衞兵入宿衞，問何所可居？弘昭等對曰：“宮內皆王所可居，王自擇之。”因私謂處鈞曰：“聖上萬福，王宜竭力忠孝，不可草率。”處鈞具以告從榮。從榮還遣語弘昭等曰：“爾輩不念家族乎？”弘昭、贇及孟漢瓊入告王淑妃謀之。曰：“此事須得侍衞兵馬爲助。”乃召康義誠。義誠竟無言，但曰：“義誠將校耳，惟相公所使。”弘昭疑義誠不欲衆中言之，夜邀至私第問之，其對如初。壬辰，從榮自河南府常服將步騎千人，陳於天津橋。是日黎明，從榮使馬處鈞至馮贇第語之曰：“吾今日決入。且居興聖宮。公輩各有宗族，處事亦宜詳允。禍福在須臾耳。”又遣處鈞詣康義誠。義誠曰：“王來則奉迎。”贇馳入右掖門，見弘昭、義誠、漢瓊及三司使孫岳方聚謀於中興殿門外。贇具道處鈞之言。因讓義誠曰：“秦王言禍福在須臾，其事可知。公勿以兒在秦府，左右顧望。使秦王兵得入此門，置主上何地？吾輩尚有遺種乎？”義誠未及對。監門白：“秦王已將兵至端門外。”漢瓊拂衣起曰：“今日之事，危及君父，吾何愛餘生？當自率兵拒之耳。即入殿門。”弘昭、贇隨之。義誠不得已，亦隨之入。漢瓊見帝曰：

"從榮反,兵已攻端門矣。"宮中相顧號哭。帝問弘昭等:"有諸?"對曰:"有之。適已令門者闔門矣。"帝指天泣下。謂義誠曰:"卿自處置,勿驚百姓。"控鶴指揮使李重吉,從珂子也。時侍側。帝曰:"吾與爾父,冒矢石定天下,數脫吾於厄,從榮輩得何力? 今乃爲人所教,爲此悖逆。我固知此曹不足付大事,當呼爾父,授以兵柄耳。汝爲我部閉諸門。"重吉即率控鶴兵守宮門。孟漢瓊被甲乘馬。召馬軍都指揮使朱洪實,使將五百騎討從榮。從榮走歸府。僚佐皆竄匿。衞兵掠嘉善坊潰去。從榮與妃劉氏匿牀下。皇城使安從益就斬之,並殺其子,以其首獻。一子尚幼,養宮中,諸將請除之。帝泣曰:"此何罪?"不得已,竟與之。明宗此時,真若贅旒然矣。孫岳者,冀州人。強幹有材用。從榮欲以爲元帥府府押衙,事未行,馮贇舉爲三司使。時豫密謀。贇與朱弘昭患從榮之橫,岳曾極言其禍之端。康義誠聞之,不悦。及從榮敗,義誠召岳同至河南府檢閱府藏,密遣騎士射殺之。從厚時鎮鄴,使孟漢瓊徵之,即留權知後事。戊戌,明宗死。二十九日,從厚至。十二月朔,發喪。僭位。是爲閔帝。《舊史》、《通鑑》同。《新史》作愍帝。

明年,改元爲應順。從珂又改爲清泰。以康義誠判六軍諸衞事。孟漢瓊請入朝。時范延光帥成德,朱弘昭、馮贇議使代漢瓊,而以石敬瑭代延光,從珂代敬瑭。從珂反。使其掌書記李專美作檄書,言朱弘昭、馮贇幸明宗病,殺秦王而立閔帝;侵弱宗室,動搖藩方;將問罪於朝。遣使者馳告諸鎮。諸鎮皆懷向背,以聞而不絶其使。獨西京留守王思同執其使送京師。而隴州防禦使相里金遣其判官薛文遇詣從珂計事。《新史·劉延朗傳》。乃以思同爲西面行營都部署,藥彥稠副之。河中節度使安彥威爲兵馬都監。三月,彥威與洋州孫漢韶、重進子。重進,振州人。爲李克用養子,名從進。興元張虔釗、涇州張從賓、邠州康福合兵。十四日,思同與虔釗會於岐下。十五日,進收東西關城。城中戰備不完,然死力扞禦,外兵傷痍者十二三。十六日,復進攻。虔釗血刃以督軍士。軍士反,攻虔釗。虔釗躍馬避之。右羽林都指揮使楊思權本梁控鶴軍使。從榮鎮太原,以爲步軍都指揮使。嘗勸從榮招致部曲。首唱倒戈,引軍自西門入。思同未之知,猶督士登城。俄而嚴衞右廂都指揮使尹暉呼曰:"西城軍已入城受賞矣。"暉,魏州人。本事楊思厚爲軍士。莊宗入魏,擢爲小校。從征河上有功。僭位,改諸軍指揮使。於是棄仗之聲,振動天地。暉引軍自東面入城。張從賓、康福、安彥威皆遁去。十七日,思同與藥彥稠至長安,副留守劉遂雍閉門不納,乃奔潼關。是日,從珂率居民家財,以賞軍士,《舊紀》。《通鑑》云:至於鼎釜,皆估直以給之。整衆而東。二十日,次長安,遂雍降。率居民家財犒軍。《舊紀》。《通鑑》云:遂雍悉出府庫之財於外,軍士前至者,即給賞令過。比潞王至,率民財以充賞。康義誠請自往關西。《通鑑》云:帝遣使召石敬瑭,欲令將兵拒之,義誠固請自行。閔帝召侍衛都將以下,出銀、絹、錢厚賜諸軍。《舊紀》。《新康義傳》曰:人絹二十匹,錢五千。是時方有事山陵,復有此賜,府藏爲之一空。軍士猶負賞物揚言於路曰:“到鳳翔更請一分。”《舊紀》。初秦王以朱洪實驍果,寵待之。及朱弘昭爲樞密使,洪實以宗兄事之,意頗相協。弘昭將殺秦王,以謀告之,洪實不以爲辭。及秦王兵叩端門,洪實爲孟漢瓊所使,率先出逐。自是康義誠陰銜之。《舊·洪實傳》。及是,弘實見士無鬥志,而義誠盡將以西,疑其有二心。謂之曰:“西師小衄,而無一騎來者,人心可知。不如以見兵守京師以自固。彼雖幸勝,特得張虔釗一軍耳,案《舊紀》獨書山南軍潰,蓋當時洛中所得奏報如此。諸鎮之兵在後,其敢徑來邪?”義誠怒曰:“如此言,弘實反矣。”弘實曰:“公謂誰欲反邪?”其聲厲,聞於閔帝。閔帝召兩人訊之。兩人爭於前,帝不能決。遂斬弘實,以義誠爲招討使,悉將禁軍而西。《新·義誠傳》。二十二日,從珂至昭應,前鋒執王思同來獻。二十三日,殺之。《舊·思同傳》云:潞王欲用之,而楊思權之徒,恥見其面。尹暉盡得思同家財,屢啓於劉延朗,言思同不可留。屬王醉,不待報殺之。王醒,怒延朗,嗟惜累日。二十四日,次華州。收藥彥稠繫獄。後亦殺之。二十五日,閔帝宣諭西面行營將士:俟平鳳翔日,人賞二百千,府庫不足,以宮闈服玩增給。《舊紀》。詔侍衛馬軍都指揮使安從進京城巡檢。是日,從進已得潞王書檄,潛布腹心矣。從進,振武索葛部人。父祖皆以騎將事唐。從進爲莊宗馬軍都指揮使。二十六日,從珂次靈寶,見第二章第六節。安彥威來降,宥之,遣歸鎮。陝州節度使康思立,有捧聖、羽林屯兵千五百人,以羽林千人屬王思同。思同至鳳翔,軍叛,降於從珂,思立聞之,欲盡誅羽林家屬,未及,而從珂兵已至。思立以捧聖兵城守。從珂兵傳其城,呼曰:“西兵七萬策新天子,爾五百人其能拒邪? 徒陷陝人於死耳。”捧聖兵聞之,皆解甲。思立遂開門迎從珂。二十七日,從珂次陝州。二十八日,康義誠軍前兵士相繼來降。義誠指軍門請罪。閔帝欲奔馳,召孟漢瓊,欲令先入於鄴。漢瓊藏匿。初潞王勒歸第,王淑妃恒令漢瓊傳教旨於王,王善待之,漢瓊謂王於己有恩,乃單騎至澠池竭王。澠池見第二章第四節。是日,戮於路左。閔帝手詔召朱弘昭。弘昭疑將罪之,自投於井。安從進尋殺馮贇於其第,斷弘昭首,俱傳於陝州。是夜,閔帝以百騎出。二十九夜,至衛州東七八里,遇石敬瑭。敬瑭與帝回入衛州,盡誅帝從騎五十餘輩,獨留帝於驛,乃馳騎趨洛。《舊·閔帝紀》云:帝遇敬瑭,敬瑭曰:“衛州王弘贄,宿舊諳事,且就圖之。”即馳騎前見弘贄,弘贄曰:“天子避狄,古亦有之,然於奔迫之中,亦有將相、國寶、法物,所以軍士瞻奉,不覺其亡也。今以五十騎奔竄,安能興復? 所謂蛟龍失雲雨者也。”遂與弘贄同謁於驛亭。宣坐謀之。敬瑭以弘贄所陳聞。弓箭庫使沙守榮、奔洪進前謂敬瑭曰："主上明宗愛子，公明宗愛壻，富貴既同受，休戚合共之。今謀於戚藩，欲期安復，翻從臣索國寶，欲以此爲辭，爲賊算天子邪？"乃抽佩刀刺敬瑭。敬瑭親將陳暉扞之。守榮與暉單戰而死。洪進亦自刎。是日，敬瑭盡誅帝之從騎五十餘輩，獨留帝於驛，乃馳騎趨洛。《晉高祖紀》云：閔帝左右將不利於帝，帝覺之，因擒其從騎百餘人。閔帝知事不濟，與帝長慟而別。帝遣刺史王弘贄安置閔帝於公舍而去。《漢高祖紀》云：閔帝左右謀害晉高祖，帝密遣御士石敢袖鎚立於晉高祖後。及有變，敢擁高祖入一室，以鉅木塞門。敢尋死焉。帝率衆盡殺閔帝左右。遂免晉高祖於難。據《通鑑考異》：三文皆出《實錄》。閔帝此時，無欲害敬瑭之理，蓋敬瑭向索國寶，以至爭鬩。夫播越而欲謀興復，自貴以恩義結人心，豈在國寶、法物？蓋敬瑭遇閔帝而謀於弘贄，弘贄教之索國寶以迎潞王？云以弘贄所陳聞，即謂其迫索國寶，史特婉其辭耳。閔帝所從百騎，蓋鬥死者半，見執者半？孑然一身，遂爲弘贄所拘繫，坐以待斃矣。四月三日，從珂入洛。四日，皇太后令：降閔帝爲鄂王。又令從珂監國。六日，從珂僭位。是爲末帝。從《舊史》。《五代會要》同。《新史》作廢帝。七日，遣殿直王巒如衛州。巒，弘贄子也。九日，鄂王遇鴆而死。年二十一。后孔氏，循女，生四子。閔帝出奔，后病、子幼，皆不能從，並遇害。末帝二子：重吉、重美。一女，爲尼，號幼澄。閔帝僭位，不欲重吉掌親兵，出之爲亳州團練使。居幼澄於禁中。末帝反，閔帝執重吉，幽於宋州。長安陷後殺之。又殺幼澄。而重美，其後晉兵將至，與末帝俱自焚死。哀哉！此所謂聯袂而趨陷阱者也。末帝在岐下，許軍士入洛人賞百千。《舊紀》。及入，閱實金帛，不過三萬兩、匹，而賞軍之費，應用五十萬緡。《通鑑》。自諸鎮至刺史，皆進錢帛，猶不足。三司使王玫請率民財以佐用。乃使權知河南府事盧質與玫等共議配率。而貧富不均，囚繫滿獄。六七日間，所得不滿十萬。《新史·盧質傳》。《通鑑》云：僅得六萬。又命借民屋課五月。亦據《新史·盧質傳》。《舊紀》作房課。《通鑑》云：無問士庶，自居及僦者，豫借五月僦直。蓋自居者亦按僦直取之？時竭左藏舊物及諸道貢獻，乃至太后、太妃器服、簪珥皆出之，纔及二十萬緡。屋課當在此外。李專美言："雖有無窮之財，終不能滿驕卒之心。不改覆車之轍，臣恐徒困百姓，存亡未可知。宜據所有均給之，何必踐初言乎？"末帝以爲然。是月二十二日，乃詔禁軍在鳳翔歸命者，自楊思權、尹暉等各賜二馬、一駝、錢七十緡。下至軍人，錢二十緡。其在京者各十緡。軍士猶怨望，爲謠言曰："除去菩薩，扶立生鐵。"以閔帝仁弱，帝剛嚴，有悔心也。《通鑑》。他日自焚之禍，又伏於此矣。

繼岌之平蜀也，使李繼曮部署王衍一行東下。至岐，監軍柴重厚不與符印，促令赴闕。至華州，聞莊宗之難，乃西歸。明宗爲誅從厚，而賜繼儼及其弟季昶、季照上改稱從，視如猶子。長興元年，明宗有事南郊，從曮入覲。禮畢，改鎮汴州。四年，復入覲。改天平。末帝起兵，盡取從曮家財器仗以助軍。發離岐城，吏民擁馬，乞以從曦爲帥。許之。清泰初，以爲鳳翔節度使。
晉天福三年，卒於鎮。自李茂貞據鳳翔，至是始絕。孫漢韶、張虔釗皆送款於
蜀。末帝之起，召興州刺史劉遂清，遲疑不至。聞帝入洛，乃悉集三泉、西縣、
金牛、桑林戍兵以歸。西縣，在今甘肅天水縣西南。金牛縣，在今陝西寧羌縣東北。桑林，未詳。
自散關以南，城鎮悉棄之，皆爲蜀人所有。入朝，帝欲治罪，以其能自歸，赦
之。蜀又取成州。階、文二州亦附於蜀。成州見第二章第二節。階州見第六章第二節。
文州見第七章第一節。

413

第十三章　五代十國始末中

第一節　唐晉興亡

　　末帝之代閔帝，非其力足以滅閔帝也，乃閔帝所有之兵，舉不爲用也。此等情勢，當末帝時，實未有改，而其所遇者，乃爲氣完力厚之契丹，遂更無可以徼幸矣。

　　契丹當太宗入援石敬瑭之前，實未嘗大舉入寇。然同光二年，嘗遣使就莊宗求幽州以處盧文進。《通鑑》。莊宗死，明宗遣供奉官姚坤告哀。阿保機曰："我兒既没，理當取我商量，新天子安得自立？"阿保機曰："晉王與我約爲兄弟，河南天子，即吾兒也。"又曰："與我幽州，則不復侵汝矣。"《新史·四夷附録》。《通鑑》曰："若與我大河以北，吾不復南侵矣。"契丹此時，所求似不得如是之奢。其有大欲於中國，躍然可見。是歲，太祖死，太宗立。盧文進來奔。時明宗使説文進，以易代之後，無復嫌怨。文進所部皆華人，思歸。乃殺契丹戍平州者，率其衆十餘萬，車帳八千乘來奔。天成三年正月，契丹陷平州。《通鑑》。胡三省曰：天成元年冬，文進來奔，唐得平州，至是，復爲契丹所陷。閏八月，其刺史張希崇復來奔。《舊紀》。希崇本劉守光裨將。周德威使守平州，没於契丹。新舊《史》本傳皆云：盧文進南歸，契丹使希崇繼其任。《舊史》云：希崇涖事數歲，殺契丹監者來歸，《新史》云歲餘，皆與《通鑑》云是歲正月契丹始陷平州，而閏八月希崇即來歸者不合。蓋文進來歸，希崇即繼其任，至是歲正月，乃取平州城也。是歲，契丹使禿餒、惕隱援定州，皆爲中國所俘，已見上章第六節。惕隱等五十人留於親衛，餘契丹六百人皆斬之。《舊紀》天成三年閏八月。禿餒父子二人，並磔於市。《舊紀》天成四年二月。契丹遣捺括梅里等來取其骸骨，復斬之。是年四月，亦見《舊紀》。明宗之待契丹，可謂甚爲嚴厲。然《舊史》長興三年《本紀》云：契丹累遣使求歸則刺、惕隱等。趙德鈞奏請不俞。帝顧問侍臣，亦以爲不可。帝意欲歸之。會冀州刺史楊檀罷郡至闕，帝問其事。奏曰："若歸之，必復南向放箭。既知中國事情，爲患深矣。"帝然之。既而遣則骨舍利隨使歸蕃，不欲全拒其請也。檀即光遠。以明宗名亶，偏旁字犯之，改名。其《傳》載明宗之言曰："蕃人重盟誓，既通歡好，必不相負。"契丹誓盟不信，明宗豈不知之？當時叛軍駢戮，動輒千萬，何愛於愓隱一行五十人？蓋亦知契丹方强，而中國疲敝，未可全以力馭，苟有機緣，亦欲從而撫之矣。先是太宗之兄突欲，自海道來奔。長興元年十一月。賜姓東丹，名慕華。以爲懷化節度使，瑞、慎等州觀察使。二年三月。瑞州，威州改名，與慎州俱見第三章第三節。後復賜姓李，九月。以爲義成、三年四月。昭信節度使。四年九月。胡三省曰：唐末於金州置昭信節度，五代兵爭，不復以爲節鎮。《五代會要》：長興二年，升虔州爲昭信節度。時虔州屬吳，吳以爲百勝節度。贊華所領節，抑虔州之昭信軍歟？又是年十一月，改慎州懷化軍爲昭化軍，抑以贊華領昭化節，而信字乃化字之誤歟？留諸洛陽。蓋亦欲以爲萬一之用也。

　　《新史・劉延朗傳》曰：廢帝起於鳳翔，與共事者五人：節度判官韓昭胤，掌書記李專美，衞將宋審虔，客將房暠，而延朗爲孔目官。時遣使者馳告諸鎮，皆不應，獨相里金遣薛文遇計事。帝得文遇，大喜。既立，以昭胤爲左諫議大夫、端明殿學士，專美爲比部郎中、樞密院直學士，審虔爲皇城使，暠爲宣徽北院使，延朗爲莊宅使。久之，以昭胤、暠爲樞密使，延朗爲副使，審虔爲侍衞步軍都指揮使，而文遇亦爲職方郎中、樞密院直學士。由是審虔將兵，專美、文遇主謀議，而昭胤、暠及延朗掌機密。《傳》又云：延朗與暠共掌機密，延朗專任事。諸將當得州者，不以功次爲先後，納賂多者得善州，少及無賂者得惡州，或久而不得，由是人人皆怨。暠心患之，而不能爭也，但日飽食高枕而已。《通鑑》云：延朗及文遇等居中用事，暠與趙延壽雖爲使長，其聽用之言，什不三四。暠隨勢可否，不爲事先，啓奏除授，一歸延朗。諸方鎮、刺史自外入者，必先賂延朗，後議貢獻。賂厚者先得內地，賂薄者晚得邊垂。由是諸將帥皆怨恨。帝不能察。案延朗好賄，事或有之，然當時之將帥，視置君如弈碁久矣，苟爲後義而先利，不奪不厭，豈除授公平，遂能輓之內鄉邪？暠，史言其好鬼神巫祝之説。有瞽者張濛，自言事太白山神，末帝起兵時，嘗使暠問濛即位之日，又詫濛所傳神言之驗，蓋特借以惑衆耳，其才本非延朗、文遇之倫也。史所言諸人，見任用當以延朗、文遇爲最要，故惡名亦皆歸之。皆恩怨毀譽之辭，雜以揣測附會之語耳，不足信也。《呂琦傳》：琦，明宗時爲禮部郎中、史館修撰。廢帝罷居左清化坊，與琦同巷，數往過之。入立，待琦甚厚。拜知制誥、給事中、樞密院直學士、端明殿學士。與李崧俱備顧問，亦末帝帷幄之臣也。

　　《延朗傳》又云：帝與晉高祖俱事明宗，而心不相悅。帝既入立，高祖不得已來朝，而心頗自疑。欲求歸鎮，難言之，乃陽爲羸疾，灸灼滿身。延朗等多言敬瑭可留京師。昭胤、專美曰："敬瑭與趙延壽皆尚唐公主，不可獨留。"乃復授高祖河東而遣之。時清泰元年五月也。明年五六月，契丹寇北邊。敬瑭奏懷、孟租税，請指揮於忻、代州，詔河東户民積粟處，量事抄借，仍於鎮州支絹五萬匹，送河東充博采之直。是月，北面轉運副使劉福配鎮州百姓車子一千五百乘運糧至代州。時水旱民飢，河北諸州，困於飛輓，逃潰者甚衆，軍前使者繼至，督促糧運，由是生靈咨怨。七月，敬瑭奏斬挾馬都指揮使李暉等三十六人。時敬瑭以兵屯忻州，一日，軍士喧譟，遽呼萬歲，乃斬暉等以止之。以徐州節度使張敬達充北面行營副總管。時契丹入邊，敬瑭屢請益兵，朝廷軍士，多在北鄙，俄聞忻州諸軍呼譟，帝不悦，乃命敬達爲北軍之副，以減敬瑭之權也。十一月，以敬達爲晉州節度使，依前充大同、振武、威塞、彰國等軍兵馬副總管。《舊紀》。此時事勢，蓋敬瑭藉口契丹入寇，脅朝廷資以兵糧，以爲叛計，其勢可謂至危。《通鑑》云：時契丹屢寇北邊，禁軍多在幽、并，敬瑭與趙德鈞求益兵運糧，朝夕相繼，則尚不止敬瑭一人。《新史·呂琦傳》云：琦言太原必引契丹爲助，不如先事制之，與契丹通和。如漢故事，歲給金帛，妻之以女。使强藩大鎮，外顧無所引援，可弭其亂心。李崧以語三司使張延朗。延朗欣然曰：“苟紓國患，歲費縣官十數萬緡，責吾取足可也。”《通鑑》：延朗曰：“如學士計，不惟可以制河東，亦省邊費什之九。”案且可使敬瑭、德鈞等無辭以求益兵增糧。此策之所以爲善也。因共建其事。廢帝大喜。《通鑑》曰：帝大喜，稱其忠。二人私草遺契丹書以俟命。他日，以問薛文遇。文遇大以爲非。因誦戎昱“社稷依明主，安危託婦人”之詩，以誚琦等。《通鑑》：文遇曰：“虜若循故事，求尚公主，何以拒之？”則不謂琦等建議妻之以女。廢帝大怒。急召崧、琦等，問和戎計如何？琦等察帝色怒，亟曰：“臣等爲國計，非與契丹求利於中國也。”帝即發怒曰：“卿等佐朕欲致太平，而若是邪？朕一女尚幼，欲棄之夷狄；金帛所以養士而扞國也，又輸以資虜；可乎？”崧等皇恐拜謝。拜無數。琦足力乏不能拜而先止。帝曰：“呂琦强項，肯以人主事我邪？”琦曰：“臣數病羸，拜多而乏，容臣少息。”頃之，喘定，奏曰：“陛下以臣等言非，罪之可也，屢拜何益？”帝意少解，曰：“勿拜。”賜酒一卮而遣之。其議遂寢。因遷琦御史中丞。《通鑑》曰：蓋疏之也。此事《通鑑》繫天福元年清泰二年。三月，云因石敬瑭盡收其貨之在洛陽及諸道者歸晉陽而起，其真相未知若何。然是時邊將援引契丹，確爲不可輕視之事，固不得不先伐其謀。疑琦等是謀爲契丹求利，末帝未必憤憤至是。史所載文遇之説，亦必不足以動末帝。史文蓋不足信？然其事未必子虛。因情勢顯然，智者皆能豫慮也。不用是謀，要爲失策之大者也。可見武夫終寡慮矣。

是歲五月，遂移敬瑭於鄆州。《新史·劉延朗傳》云：高祖悉握精兵在北，餽餉匱糧，遠近勞弊，帝與延朗等日夕謀議，而專美、文遇，迭宿中興殿廬，召見訪問，常至夜分。是時帝母魏氏，追封宣憲皇太后，而墓在太原，有司議立寢宮。高祖建言陵與民家墓相雜，不可立宮。帝疑高祖欲毀民墓，爲國取怨。帝由此發怒。罷高祖總管，徙鎮鄆州。蓋欲以欲毀民墓罪之，爲之取怨。延朗等多言不可。司天趙延義亦言天象失度，宜安靜以弭災。其事遂止。後月餘，文遇獨直，帝夜召之，語罷敬瑭事。文遇曰："臣聞作舍道邊，三年不成，國家之事，斷在陛下。且敬瑭徙亦反，不徙亦反，遲速耳，不如先事圖之。"帝大喜曰："術者言朕今年當得一賢佐，以定天下，卿其是邪？"乃令文遇手書除目，夜半下學士院草制。明日宣制。文武兩班皆失色。居五六日，敬瑭以反聞。此事之真相，亦必非如此。文遇勸末帝一決，其說未知如何，然徙亦反，不徙亦反，則當時情勢固顯然也。《傳》又謂帝至懷州，夜召李崧，問以計策，文遇不知而繼至，帝見之色變，崧躡其足，文遇乃出。帝曰："我見文遇肉顫，遽欲抽刀刺之。"此亦妄說，末帝縱懦弱，不至是也。

敬瑭之叛，其掌書記桑維翰、都押衙劉知遠實贊之。《通鑑》云：敬瑭令維翰草表，稱臣於契丹主，且請以父禮事之，約事捷之日，割盧龍一道及雁門關以北諸州與之。劉知遠諫曰："稱臣可矣，以父事之太過。參看第三節。厚以金帛賂之，自足致其兵，不必許以土田，恐異日大爲中國之患，悔之無及。"敬瑭不從。案契丹自此以前，雖未嘗無覬覦中國土地之心，然實未嘗決意吞噬；太宗羼才，更非有遠略者比；金帛可致，其言甚確，而敬瑭不之省，可謂飢不擇食。敬瑭本出西夷，敬瑭父名臬捩雞。《新史·本紀》云：本出於西夷。從朱邪入居陰山。以善騎射，常從晉祖征伐。生敬瑭，其姓石氏，不知其得姓之始也。於中國自無所愛，然身亦受無家之累，至於卒覆其宗，亦百世之殷鑑也。敬瑭既叛，末帝以張敬達爲都部署討之，楊光遠爲副。敬達居晉安鄉，在晉陽南。築長圍以困晉陽。敬瑭親當矢石，人心雖固，廩食漸困。《舊史·晉高祖紀》。九月，契丹太宗自將衆五萬來援。至之日，即敗唐兵。圍晉安寨。末帝聞之，遣侍衛步軍都指揮使符彥饒屯河陽。又命范延光自太原趨榆次，見第二章第六節。趙德鈞自飛狐出敵後。飛狐見第七章第三節。輝州防禦使潘環合防戍軍出慈、隰，以援敬達，輝州，今平原單縣。隰州見第七章第一節。劉延朗及張延朗勸帝親征。帝發洛陽。遣劉延朗、符彥饒軍赴潞州，以爲大軍後援。諸軍自鳳翔推戴以來，驕悍不爲用，彥饒恐其爲亂，不敢束之以法，末帝至河陽，召宰相、樞密使議方略，宰相盧文紀言："國家根本，大半在河南。胡兵倏來忽往，不能久留。晉安大寨甚固，況已發三道兵救之。河陽天下津要，宜留此鎮撫南北。且遣近臣往督戰，苟不能解圍，進亦未晚。"張延朗曰："文紀言是也。"乃議近臣可使北行者。延朗與翰林學士和凝等皆曰："趙延壽父德鈞，以盧龍兵來赴難，宜遣延壽會之。"乃遣延壽將兵二萬如潞州。史言帝心憚北行，文紀希旨爲是言，而張延朗欲因事令延壽解樞密，《通鑑》。意以是爲失策。然兵苟能戰，不在親征，苟其不能，自將何益？是時之將士，豈復如承平時有尊君親上之心，人主一御戎車，即能使之效命邪？且河南豈保無變？故文紀之言，實非無見，諸鎮兵力，蓋以趙德鈞爲最厚，且禦蕃頗有成勞，《舊傳》云：德鈞鎮幽州，於閻溝築壘，以兵戍守之，因名良鄉縣。又於幽州東築三河城，北接薊州，頗爲形勝。部民由是稍得樵牧。良鄉，今河北良鄉縣，舊治在今房山縣東。在當時固不得不屬望焉。至其懷挾異圖，甘心俱斃，《舊傳》：德鈞累奏乞授延壽鎮州節度。末帝不悦，謂左右曰："趙德鈞父子，堅要鎮州。苟能逐退蕃兵，要代予位，亦所甘心。若翫寇要君，但恐犬兔俱斃。"固非是時所能逆料。且即能逆料，亦復如何？末帝既遣延壽，又進次懷州，命右神武統軍康思立率扈從騎兵赴團柏谷，在今山西祁縣東南。蓋亦知延壽之不可專恃矣。然則謂末帝畏懦，文紀希旨，實皆成敗論人之辭，非其實也。然是時敗徵必已畢見，故史言帝自是酣飲悲歌，形神慘沮，臣下勸其親征，則曰："卿輩勿説石郎，使我心膽墮地。"《舊紀》。夫豈真畏石郎？蓋亦知將帥莫與分憂，親征又士不用命，勢已無可挽回也。十月，詔天下括馬。又詔民十户出兵一人，器甲自備。《舊紀》。是謀也，張延朗爲之。蓋知舊兵之不可用而新是圖？然其無濟於事，則無待再計矣。十户，《通鑑》作七户。《考異》云：從《廢帝實録》。又云：期以十一月俱集。命陳州刺史郎萬金教以戰陳。凡得馬二千餘匹，征夫五千人。實無益於用，而民間大擾。時北面行營都指揮使趙州刺史劉在禮戍易州，趙德鈞過之，使率其衆自隨。至鎮州，又迫節度使董温琪偕行。范延光以兵二萬屯遼州，德鈞又欲并之，奏請與之合軍。延光不可，乃止。然卒以德鈞爲諸道行營都統，依前東北面招討使。延壽爲南面招討使，劉延朗副之。延光爲東南面招討使，宣武帥李周副之。延壽悉以兵屬德鈞。德鈞累表爲延壽求成德節度，末帝不許。德鈞屯團柏谷口，按兵不戰。時契丹主雖軍柳林，胡三省曰：當在晉安寨南。其輜重老弱，皆在虎北口，在汾北，契丹主初至時居此。每日暝，輒結束，以備倉卒遁逃。德鈞厚以金帛賂契丹主，云若立己爲帝，請即以見兵南平洛陽，與契丹爲兄弟之國，仍許石氏常鎮河東。契丹主自以深入敵境，晉安未下，德鈞兵尚强，范延光在其東，又恐山北諸州要其歸路，欲許德鈞之請。石敬瑭聞之，大懼。使桑維翰見契丹主，跪於帳前，自旦至暮，涕泣爭之，乃止。《通鑑》。此時德鈞亦未賂以土地，可見敬瑭之飢不擇食。十一月十二日，契丹主册敬瑭爲晉帝。册文稱子晉王。又云：朕永與爲父子之邦。見《舊史·本紀》。晉割幽、薊、瀛、莫、涿、檀、順、今河北順義縣。新、嬀、儒、今察哈爾延慶縣。武、今察哈爾宣化縣。雲、應、寰、在今察哈爾朔縣東。朔、蔚十六州以賂之。且許歲輸帛三十萬匹。閏十一月，楊光遠殺張敬達，降於契丹。康思立憤惋而死。契丹主遂與敬瑭南下。遣其將高謨翰爲前鋒，與降卒俱進。至團柏谷，趙德鈞、延壽先遁，符彦饒、張彦琪、河陽節度使，時爲馬步軍都指揮使。

劉延朗、劉在明繼之，士卒大潰。時議以魏府軍尚全，契丹必憚山東，未敢南下，東駕可幸鄴城。李崧請帝還京，從之。至河陽，張延訓又請幸滑州，庶與魏博聲勢相接。末帝不能決。趙德鈞、延壽南奔潞州。敬瑭先遣昭義節度使高行周還具食。至城下，語德鈞父子，城中無粟不可守。敬瑭及契丹主至，德鈞父子遂迎降。契丹主鎖之，送歸其國。德鈞鬱鬱不多食，踰年而死。符彥饒、張彥琪至河陽，言“胡兵大至，河水復淺，人心已離，此不可守”。乃命河陽節度使萇從簡與劉在明守河陽南城，斷河梁歸洛陽。敬瑭至，從簡迎降。劉在明爲彰武軍所執以降。契丹主至潞州而止，敬瑭獨南下。末帝歸洛陽，使殺李贊華於其第。命宋審虔、符彥饒、張彥琪、劉延朗將千餘騎至白司馬阪行戰地。白司馬阪見第四章第三節。有五十餘騎奔於北軍。諸將謂審虔曰：“何地不可戰？誰肯立於此？”乃還。又與四將議復向河陽，而將校皆飛狀迎敬瑭。敬瑭慮末帝西奔，遣契丹千騎扼澠池。末帝乃與曹太后、劉皇后、雍王重美及宋審虔等携傳國寶登玄武樓自焚。是晚，敬瑭遂入洛陽。殺張延朗、劉延朗及末帝后弟劉延皓。時惟三人不赦。張延朗判三司，不欲河東多蓄積，凡財賦，應留使之外，盡收取之，敬瑭以是恨。入洛之日，百官入見，即收延朗付御史臺，旋斬之。劉延朗將奔南山，捕得殺之。劉延皓自經死。房暠、李專美、呂琦皆事晉。韓昭胤、薛文遇不知所終。

　　末帝之敗，全由於兵不用命，與閔帝正同。契丹主之入援也，兵不過五萬，而張敬達敗後，兵亦五萬，馬萬匹，鎧仗俱全，則其力初不弱於契丹，何遂束手受圍？《新史‧死事傳》云：契丹兵圍敬達者，自晉安寨南，長百餘里，闊五十里。敬達軍中望之，但見穹廬連屬如岡阜。四面互以毛索，挂鈴爲警，縱犬往來。敬達軍中有夜出者，輒爲契丹所得。由是閉壁不敢復出。夫以五萬人散布於長百餘里闊五十里之地，而云不可突圍而出，有是理乎？觀楊光遠等輕殺之而降，則知敬達實不能令其衆。心力不一，故不能決戰也。不特此也，《通鑑》云：末帝聞契丹許敬瑭以仲秋赴援，屢督敬達急攻晉陽，不能下。每有營構，多直風雨。長圍復爲水潦所壞，竟不能合。則當契丹未至之先，敬達兵勢，本已不振，不惟未能猛攻，并亦未能合圍，暮氣之深，可以想見。敬達死時，馬猶近五千，鎧仗五萬，則被圍之後，力尚不弱，故盧文紀策其可以堅守。閔帝在懷州時，吏部侍郎龍敏獻策，言駕前兵，尚萬餘人，馬近五千匹，請選千人，與郎萬金將，由介休路今山西介休縣。夜冒敵騎，循山入大營。千騎之內，但得半濟，寨即無虞。張敬達特不知援兵遠近。若知大兵在團柏谷，雖鐵障可衝踏，況敵騎乎？亦信其力之足用也。敬達之兵如此，益以趙德鈞、范延光、潘環、符彥饒之衆，豈不倍而不止？而竟不能內外合擊，則其敗也，豈在其寡弱也？不特此也，契丹孤軍深入，後路堪虞。當明宗時，蔚州刺史張彥超沙陀人，嘗爲明宗養子。與石敬瑭有隙。聞敬瑭爲總管，舉城附於契丹。契丹以爲大同節度使。然並不能有其地。太宗親將入寇，彥超不過頗擾鎮、魏而已。其時大同節度使爲沙彥珣，持兩端。契丹主還時，彥珣迎之，契丹主留之。而其節度判官吳巒不肯臣契丹，衆推領州事拒守。契丹攻之，半歲不能下，卒因晉高祖詒書爲請釋之。代州刺史張朗、忻州刺史丁審琦，則當契丹入時，皆嬰城自守。朗至晉安寨已降，契丹遣使諭之，猶斬其使。此等雖因兵力不足，未能邀截，究亦契丹之後患也。末帝之在懷州，龍敏又嘗獻策，請立李贊華爲契丹主，令天雄、盧龍，分兵援送入蕃，則契丹主有後顧之憂，不能久在漢地，然後選精銳擊之。夫贊華之失其衆久矣，似未足以恐動契丹，然使天雄、盧龍，果能發兵援送，則其勢自不同。《通鑑》載趙德鈞見述律后，述律后謂之曰：“吾兒將行，吾戒之曰：‘趙大王若引兵北向渝關，亟須引歸，太原不可救也。’汝欲爲天子，何不先擊退吾兒？徐圖亦未晚。”此非述律后所能言，蓋華人醜德鈞者附會之辭，《鑑》云：德鈞見述律太后，悉以所齎寶貨，并籍其田宅獻之。太后問曰：“汝近者何爲往太原？”德鈞曰：“奉唐主之命。”太后指天曰：“汝從吾求爲天子，何妄語邪？”又自指心曰：“此不可欺也。”此明爲漢人語。又云：又問“器玩在此，田宅何在？”德鈞曰：“在幽州。”太后曰：“幽州今屬誰？”曰：“屬太后。”太后曰：“然則又何獻焉？”此義亦非述律氏之所知也。述律氏乃一偏私狂悖之婦人，初無才智，史述其事，實多溢美。然事勢自如此。則龍敏之計，初非迂闊，所爭者，天雄、盧龍，肯否出兵耳。城非不高也，池非不深也，兵革非不堅利也，米粟非不多也，委而去之，是地利不如人和也，豈不信哉！此阻兵者之所以終窮，抑亦不戢者之所以自焚歟？

第二節　晉高祖時內外形勢

末帝時，將士之紛紛離叛者，尚不止如上節所述也。應順元年正月，安州節度使符彥超爲部曲王希全所害，謀附於吳。副使李超率州兵討誅之。清泰三年五月，石敬瑭既叛，雄義都指揮使安元信屯代州，說代州刺史張朗持兩端，朗不聽。時安重榮爲振武西北巡檢使，敬瑭使人誘之；安審信爲先鋒都指揮使，與敬瑭有舊；審信，金全弟。皆附敬瑭。元信聞之，亦率部曲奔太原。據《舊史·元信傳》。《本紀》云：元信謀殺張朗，事泄，成兵自潰，奔審信軍，審信與之入太原。詔安審信及雄義兵士妻男並處斬，家產沒官。五月，鄴都屯駐捧聖都虞候張令昭謀應河東，逐節度使劉延皓。六月，汴州節度使范延光討平之。斬令昭，誅其部下五指揮及忠銳、忠肅兩指揮。七月，雲州步軍指揮使桑遷奏應州節度使尹暉即

叛應末帝之尹暉也，參看下文。逐雲州節度使沙彥珣，收其兵應河東。彥珣表遷謀叛
應河東，引兵圍子城。彥珣犯圍走。明日，收兵入城擊亂兵。遷敗走，軍城復
安。是日，尹暉執遷送洛陽，斬之。是月，彰聖指揮使張萬迪以部下五百騎叛
入太原。詔誅其家屬於懷州本營。十一月，時括馬及義軍延州節度使楊漢
章，率步騎數千人，將赴軍期。前坊州刺史劉景巖，延州人也，多財而喜俠。
潛使人撓之曰：“契丹強盛，汝曹有去無歸。”衆懼，殺漢章，奉景巖爲留後。朝
廷不得已，因而授之。丹州刺史康承詢奉詔率義軍赴延州，義軍亂，承詢奔鄜
州。十二月，同州小校門鐸殺節度使楊漢賓，焚掠州城。東崩西應，幾成燎原
之勢，自非徒恃兵力所能鎮攝，況晉祖藉外力以入中原，益激人心之憤，而授
之以口實邪？

　　末帝之敗也，范延光率兵歸遼州。延光女爲末帝子重美妃，晉祖立，賀表
又遲至，不自安。時董溫祺與趙德鈞俱沒契丹。溫祺貪暴，積貨巨萬，及沒，
衙內都虞候祕瓊，盡殺其家人而取其貨，自稱留後，以軍亂聞。延光使潛結
之，欲與爲亂，瓊不報。延光恨之。天福二年，朝以安重榮爲成德節度使，除
瓊齊州防禦使。瓊不敢拒。之齊，過魏境，延光遣兵邀殺之，奏稱捕盜兵誤
殺。朝以爲反狀明白。桑維翰乃贊高祖遷都。四月，託以洛陽漕運有闕，東
巡汴州。其後遂定都焉。是歲九月，延光平。十月，以汴州爲東京，復爲開封府，以東都爲西
京，西都爲晉昌軍節度。石晉之遷汴，與梁末帝不同。梁末帝徒以猜忌舊臣，樂居
潛邸，石晉則以幽、薊割棄，河北無復控扼之所，敵騎朝發，暮至鄴都，遷居汴
梁，庶此一路形勢較重。晉高祖雖因急於救亡，飢不擇食，貿然將燕、雲割棄，
然其後未嘗不陰圖補救，即桑維翰亦同此心，特勢不易爲耳，固不得以其初計
之失，并其後意而抹殺之。然自重貴至於宋之徽宗，卒未能收漕運暢通、赴敵
近便之利，而皆以淺露，坐遺人禽，則又可見形勢一失，挽回非易，舉措不可不
慎也。是歲六月，延光有疾。衙校孫銳，素專軍府之政，召澶州刺史馮暉，與
共迫延光反。延光皇惑從之。晉使侍衛馬軍都指揮使白奉進屯白馬津，見第八
章第四節。東都巡檢使張從賓爲魏府西南面都部署，侍衛諸軍都指揮使楊光遠
屯滑州，護聖都指揮使杜重威屯衛州。旋以光遠爲魏府四面都部署，從賓副
之。昭義節度使高行周爲西面都部署，屯相州。延光使説從賓，從賓亦反。
入河陽，殺皇子節度使重信。又入洛陽，殺皇子權東都留守重乂。參看下節。引
兵扼汜水關。白奉進在滑州，軍士有夜掠者，獲五人，其三隸奉進，其二隸節
度使符彥饒，奉進皆斬之。彥饒怒。奉進自往謝，彥饒帳下殺之，彥饒不之
止。奉國都指揮使侯益與杜重威討張從賓，克之。從賓走渡河，溺死。楊光

遠趨滑州，聞滑亂，士卒欲擁爲主，光遠不肯。《舊傳》：光遠曰："天子豈公輩販弄之物？晉陽之降，勢窮所迫，今若爲之，直反賊也。"然晉陽之降，可不謂之反乎？何其顏之厚也？駐滑奉國左廂都指揮使馬萬初惑亂欲從亂，右廂都指揮使盧順密不可。乃共攻衛城，破之。執符彥饒送大梁，賜死於路。彥饒實非叛，第不忍一時之忿耳，且事出帳下，順密遽攻而殺之，實不免要功犯上，晉祖顧從而賞之，亦迫於勢也。亂勢乃稍戢。馮暉、孫銳渡河，爲楊光遠所敗，走還。延光知事不濟，族孫銳請降。不許。馮暉，明年因出戰來降。光遠遂圍魏州。期年不克。高祖復遣使入城諭之，許以不死。三年九月，延光乃降，以爲天平節度使，賜鐵券。十一月，入朝。以太子太師致仕。至五年七月而見殺。《新史・延光傳》曰：延光致仕居京師，歲時宴見，高祖待之，與羣臣無閒，然心終不欲使在京師。歲餘，使宣徽使劉處讓載酒夜過延光，謂曰："適有契丹使至，北朝皇帝問晉魏博叛臣何在？恐晉不能制，當鎖以來，免爲中國後患。"延光聞之泣下，莫知所爲。處讓曰："當且之洛陽，以避契丹使者。"延光曰："楊光遠留守河南，吾之仇也。吾有田宅在河陽，可以往乎？"處讓曰："可也。"乃挈其孥歸河陽。其輜重盈路。楊光遠利其貲，果圖之。因奏曰："延光反覆姦臣，非北走胡，則南走吳越，請拘之洛陽。"高祖猶豫未決。光遠兼鎮河陽，其子承勳知州事，乃遣承勳以兵脅之，使自裁。延光曰："天子賜我鐵券，許之不死，何得及此？"乃以壯士驅之上馬，行至浮橋，推墮水死。以延光自投水死聞。高祖以適會其意，不問。是時延光以匹夫居大梁，何能爲？何必置之於洛，監察反覺不嚴？則謂高祖無意於殺延光，而光遠所爲，適會其意者，非也。蓋高祖所爲，實有慙德，不敢明目張膽以正其下，乃不得不陰謀詭計，貌爲寬大，以平臣下之氣。然身爲大君，至不敢明正其臣之罪，而假北朝皇帝之名以行之，亦可羞矣。時楊光遠以手握重兵，亦驕蹇。延光既平，光遠爲天雄節度使。桑維翰畫策：加光遠太尉、西京留守兼河陽節度使，而分魏博之衆，建鄴都爲廣晉府，唐於魏州置興唐府，此時改爲廣晉。置彰德軍於相州，以澶、衛隸之，永清軍於貝州，以博、冀隸之。延光死後，光遠入朝，徙諸平盧。光遠心懷怨望，遂爲他日勾結契丹之根。此則高祖之教猱升木也。

不惟北結胡也，南連吳越者，亦有之。初楊思權之入鳳翔也，謂唐末帝曰："臣既赤心奉殿下，京城平定，願與臣一鎮，勿置在防禦使、團練使內。"乃出懷中紙一幅，謂末帝曰："願殿下親書臣姓名以志之。"末帝即命筆，書可邠寧節度使。及即位，果以授之。其屈意以撫驕將，亦可謂至矣。《尹暉傳》云：末帝約以鄴都授之。及即位，高祖入洛，遇暉於通衢，暉馬上橫鞭以揖，高祖忿之，因謁謂末帝曰："尹暉常才，以歸命稱先，陛下欲令出鎮名藩，外論皆云不當。"末帝乃授暉應州節度使。此非實錄。蓋鄴都名藩，末帝不欲輕授，乃借外論以挫之耳。然暉之不能滿望，則無待再計矣。思權，清泰三年，入爲右龍武軍統軍。高祖即位，除左衛上將軍，天福八年卒。暉，高祖即位，改右衛大將軍。范延光以暉失意，密使人齎蠟彈，以榮利啖之。暉得延光文字，懼而思竄。欲沿汴水奔於淮南。高祖聞之，降詔召喚。未出皇畿，爲人所殺。《新史·本紀》，事在天福二年七月。此等苟有隙可乘，亦皆肘腋之憂，此高祖所以不欲范延光居京師歟？初盧文進之歸唐也，唐以爲安州節度使。晉祖立，不自安，奔吳。天福元年十二月。晉以周瓌爲節度使。范延光叛，屯將王暉殺之。晉遣右領軍上將軍李金全以騎兵千人赴之。暉大掠奔吳，爲其下所殺，時高祖與金全約，不戮一人，仍許以王暉爲唐州刺史，蓋以其地邊吳，不敢濫殺以招怨也。金全未及境，暉已見殺。金全至，聞軍校武彥和等劫掠郡城，所獲財貨，悉在其第，殺而奪之。亂軍數百人皆不安。金全説遣赴闕，密伏兵於野，盡殺之。高祖不究其事，反授以旄節。天福二年九月。金全以親吏胡漢筠爲中門使，貪殘。高祖以廉吏賈仁紹代之。據《舊史·金全傳》。《新史》作仁沼，《通鑑》同。《考異》云：從《實錄》。召漢筠，欲授以他職。漢筠酖殺仁紹。金全奏漢筠病未任行。天福五年四月，以前橫海節度使馬全節爲安遠節度使。漢筠説金全拒命，自歸於唐。命全節以汴、洛、汝、鄭、單、宋、陳、蔡、曹、濮、申、唐之兵討之。據《通鑑》：《舊傳》無申、唐，云十州。單州，唐末所置，朱全忠改爲輝州。見上節。前保大節度使安審暉爲之副，唐遣鄂州屯營使李承裕、段處恭將兵三千逆之。金全南走，承裕以淮兵二千人守，爲全節所敗，掠城中資貨而遁。審暉追敗之，處恭戰死。承裕及其兵二千人見虜。全節殺千五百人，以其餘兵并承裕獻於京師。承裕謂全節曰："吾掠城中，所得百萬計，將軍皆取之矣。吾見天子，必訴此而後就刑。"全節懼，殺之。高祖置之不問。可謂紀綱掃地矣。

乘時思逞者雖多，要未有若安重榮之藉口抗禦契丹，足以動人者，此則高祖有以自取之也。《通鑑》云：帝事契丹甚謹，奉表稱臣，謂契丹主爲父皇帝。每契丹使至，帝於別殿拜受詔敕。歲輸金帛三十萬之外，吉凶慶弔，歲時贈遺，玩好珍異，相繼於道。乃至應天太后，元帥、太子、偉王、南北二王、韓延徽、趙延壽等諸大臣皆有賂。小不如意，輒來責讓。帝常卑辭謝之。晉使者至契丹，契丹驕倨，多不遜語。使者還以聞，朝野咸以爲恥，而帝事之曾無倦意。初契丹既得幽州，命曰南京，以唐降將趙思溫爲留守。思溫子延照《遼史》作延昭。在晉，帝以爲祁州刺史。思溫密令延照言："虜情終變，請以幽州內附。"帝不許。天福三年七月，上尊號於契丹主及太后。以馮道爲太后冊禮使，左僕射劉昫爲契丹主册禮使，備鹵簿、儀仗、車輅詣契丹行禮。四年閏七月，初義武節度使王處直子威，避王都之難，亡在契丹。至是，義武闕帥，契丹主遣使來，請使威襲父土地，如我朝之法。胡三省曰：我朝，契丹自謂也。帝辭以中國之法，必自刺史、團練、防禦序遷，乃至節度使。請遣威至此，漸加進用。契丹主怒，復遣使來言曰：“爾自節度使爲天子，亦有階級邪？”帝恐其滋蔓不已，厚賂契丹，且請以處直兄孫彰德節度使廷胤爲義武節度使，以厭其意。其甘於屈辱如此。安重榮者姿狂悖，每謂人曰：“天子，兵强馬壯者當爲之，寧有種邪？”嘗因怒殺部校賈章，章有女一，時欲舍之。女曰：“我家三十口，繼經兵亂，死者二十八，今父就刑，存此何爲？”再三請死。亦殺之。其暴橫如此。每見蕃使，必箕踞慢罵。有梅里數十騎由其境内，交言不遜，即盡殺之。然實密令人與契丹幽州帥劉晞結託，蓋武人惟利是視，實無真欲攘夷狄者也。陘北既喪，吐谷渾皆屬契丹。苦其貪虐，思歸中國。重榮復誘之。於是吐谷渾率部落千餘帳自五臺來奔。今山西五臺縣。契丹大怒，遣使讓帝以招納叛人，天福六年正月，帝遣供奉官張澄將兵二千，索吐谷渾在并、鎮、忻、代四州山谷者，逐之使還故土。據《通鑑》。吐谷渾帥部落千餘帳句，吐谷渾下，疑奪白承福三字。《新史·安重榮傳》曰：是時吐渾白氏，役屬契丹，苦其暴虐，重榮誘之入塞，契丹數遣使責高祖。高祖對使者，鞠躬俯首，受責愈謹，多爲好辭以自解。而姑息重榮不能請，乃遣供奉官張澄，以兵二千，搜索并、鎮、忻、代山谷中吐渾，悉驅出塞，吐渾去而復來。重榮卒納之。《通鑑》：是歲，十月。劉知遠遣親將郭威以詔旨説吐谷渾酋長白承福，令去安重榮歸朝廷，許以節鉞。承福率其衆歸於知遠。知遠處之太原東山及嵐、石之間，表承福領大同節度使。重榮勢大沮，當時吐渾部落，以白承福爲大宗，參看第十五章第三節。嵐州見第三章第一節。石州見第二章第七節。是歲夏，契丹使者拽剌過鎮，重榮侵辱之。拽剌言不遜。重榮怒，執拽剌，以輕騎掠幽州南境之民，處之博野。見第八章第四節。乃上表言吐渾、渾、契苾、兩突厥、沙陀皆來歸，緣河党項及山前、山後逸利、越利諸族，並送契丹所授官告、職牒、旗號。又朔州節度副使趙崇，與本城將校殺僞節度使劉山，乞歸朝廷，據《舊史·重榮傳》。《通鑑》但云崇逐劉山。願早決計。表數千言，大抵指斥高祖稱臣奉表，罄中國珍異，貢獻契丹，陵虐漢人，竟無厭足。又以此意爲書遺諸朝貴及諸侯。桑維翰時鎮彰德，密上疏言契丹有未可與争者七。疏見《舊史》。大旨：一言契丹方强。二言中國貧敝，且敗衂之後，心沮膽怯。三言契丹雖多求取，未至侵陵。先啓釁端，克則後患仍存，敗則追悔何及？四言漢於匈奴，唐於突厥，皆因釁而克，今契丹無釁。五言引弓之民之長技，非中國所與。六言契丹騎士，利於坦途，中國徒兵，喜於險險。趙、魏之北，燕、薊之南，地平如砥。若與契丹相持，則必屯兵邊上，少則懼强敵之衆，多則患飛輓之勞，逐寇速返，我歸彼出，我出彼迴，疲於奔命。七言徵發、轉輸之費，更甚於奉事，兵戈既起，將帥擅權，屈辱更多。高祖乃自幸鄴都，以詔諭之。略謂：“吾因契丹而興基業，爾因吾而致富貴,吾不敢忘,爾可忘邪? 吾以天下臣之,爾欲以一鎮抗之,大小不等,毋自辱焉。"此等廉恥道喪之言,安能杜反側者之口? 益使之振振有辭耳。時安從進爲山南東道,亦懷異志,與重榮相結託。高祖欲徙諸青州,使人謂之。從進報曰:"移青州在漢江南,臣即赴任。"高祖亦優容之,及幸鄴,兄子鄭王重貴留守。宰相和凝曰:"從進必反,何以制之?"高祖曰:"卿意若何?"凝曰:"臣聞兵法先人者奪人,願爲空名宣敕十數通授鄭王,有急則命將以往。"從之。從進果反,重貴遣將就申州刺史李建崇討敗之。是歲,鎮州大旱蝗。重榮聞從進反,集境内飢民數萬,驅以向鄴,聲言入覲。遣杜重威擊敗之。明年正月,斬之。漆其頭,函送契丹。乃改鎮州爲恒州,成德軍曰順德軍,以重威爲節度使。高行周圍襄陽,至八月乃克之。從進自焚死。重榮徒驕悍,無謀略,故言雖順而事卒敗,然舉中國以事契丹,究爲人心所不服,故高祖死後,景延廣卒大反其所爲,以亡其族矣。

其時將帥之叛者,尚有:天福二年三月,兗州李從温奏節度副使王謙搆軍士作亂,尋已處置。四年三月,靈州戍將王彦忠據懷遠城叛。懷遠城,在靈州北百餘里。遣供奉官齊延祚乘驛往。彦忠率衆出降,延祚矯制殺之。詔除名決杖配流,彦忠則贈官收葬。蓋邊遠之地,控制不易,故以柔道行之也。五年七月,河中節度使安審信奏軍校康從受等以所部兵爲亂,尋平之,死者五百人。六年正月,同州指揮使成殷謀亂,事泄,伏誅。其雖未反叛,而桀驁不可駕馭者,則有如張彦澤。彦澤,其先突厥部人,後徙居陰山,又徙太原,與高祖連姻。彦澤爲人,驍悍而殘忍。高祖時,爲護聖右廂都指揮使、曹州刺史。與討范延光,拜鎮國軍節度使。歲中,徙彰武。爲政暴虐,常怒其子,數笞辱之。其子逃至齊州。州捕送京師。高祖以歸彦澤。彦澤上章請殺之。其掌書記張式不肯爲作奏,屢諫止之。彦澤怒。引弓射式。式走而免。式素爲彦澤所厚,多任以事,左右小人,皆素疾之,因共讒式,且迫之曰:"不速去,當及禍。"式乃出奔。彦澤遣指揮使李興以二十騎追之。戒曰:"式不肯來,當取其頭以來。"式至衍州,在今甘肅寧縣南。刺史以兵援之。邠州節度使李周留式,馳騎以聞。詔流式商州。彦澤遣司馬鄭元昭詣闕論請。期必得式。且曰:"彦澤若不得張式,患在不測。"高祖不得已,與之。彦澤得式,剖心決口,斷手足而斬之。高祖遣王周代彦澤,周河陽節度使,事在天福七年二月。以爲右武衛大將軍。周奏彦澤所爲不法者二十六條,并述涇人殘弊之狀。式父鐸,詣闕訴冤。諫議大夫鄭受益、曹國珍,尚書刑部郎中李濤、張麟,員外郎麻麟、王禧伏閣上疏,論彦澤殺式之冤,皆不省。濤見高祖,切諫。高祖曰:"彦澤功臣,吾嘗許其不死。"

濤厲聲曰："彥澤罪若可容，延光鐵券何在？"高祖怒，起去。濤隨之諫不已。高祖不得已，召式父鐸、弟守貞、子希範等，皆拜以官，爲蠲涇州民稅，免其雜役一年；下詔罪己；然彥澤止削階降爵而已。國珍等復與御史中丞王易簡率三院御史詣閤門連疏論之，不報。夫相忍爲國，亦必有其限極，今若此，綱紀何存？高祖取天下不順，常以此憮藩鎮，多務過爲姑息，《新史·安從進傳》語。此固亦天良所迫，然引夷狄以殘中國之罪，豈如此遂可湔除？憮彥澤而不能治，而彥澤復引夷狄以覆其宗，則其去自覆之也，一閒耳。

第三節　石晉之亡

天福七年，契丹以晉招納吐谷渾，遣使來讓。高祖憂悒，不知爲計。五月己亥，始有疾。六月乙丑，殂。《通鑑》。兄子齊王重貴立，是爲少帝。《舊五代史》。《五代會要》同。歐《史》稱爲出帝，蓋援衛輒、魯哀公之例以名之也。《出帝紀》云：父敬儒，高祖兄也。爲唐莊宗騎將，早卒。高祖以其子重貴爲子。高祖六子，五皆早死，而重睿幼，故重貴得立。《家人傳》：高祖二叔父、一兄、六弟、七子、二孫。子曰重貴、重信、重義、重英、重胤、重睿、重杲，而上文叙其弟，又有重胤之名，下文云：重胤，高祖弟也，不知其親疏，高祖愛之，養以爲子，故於名加重，而下齒諸子，則去重貴、重胤，實止五子。《舊史》及《五代會要》，高祖尚有子重進。歐《史》總序七子時，雖未及其名，然下文云：高祖叔兄與弟敬殷、子重進，皆前即位卒。重英，高祖起太原時爲右衛將軍，重胤爲皇城副使，皆見殺。二人時匿民家井中，捕得誅之，并族所匿之家，其濫刑如此。薛《史·末帝紀》重胤作重裔，《通鑑》同。重信、重義爲張從賓所殺，已見上節。後追封贈時，亦皆及重進，則高祖確有是子。據《舊史》及《五代會要》：重英爲高祖長子，重信第二，重義作重义，第三，重進第五，重睿第七。重杲，歐《史》云：小字馮六，未名而卒，重杲追封時賜名。蓋其次居六？重信死時年二十，生於貞明三年，重義死時年十九，生於貞明四年，新舊《史》同。重貴生於天祐十一年，《舊紀》。即乾化四年，無反居其次之理。則《家人傳》云高祖七子者，其第四當爲重胤。去重胤言之，則《出帝紀》之六子，重貴要不在其列也。《家人傳》云：高祖卧疾，宰相馮道入見卧內，重睿尚幼，高祖呼出，使拜道於前，因以宦者抱持，寘道懷中。高祖雖不言，左右皆知其以重睿託道也。高祖崩，晉大臣以國家多事，議立長君，而景延廣已陰許立出帝，重睿遂不得立。《高祖紀》：天福三年十二月丙子，封子重貴爲鄭王。《出帝紀》：天福八年五月丁亥，追封皇伯敬儒爲宋王。論曰：禮，兄弟之子，猶子也，重貴書子可矣，敬儒出帝父也，書曰皇伯者，何哉？出帝立不以正，而絕其所生也。蓋出帝於高祖，得爲子而不得爲後者？高祖自有子也。方高祖疾病，抱其子重睿，實於馮道懷中而託之，出帝豈得立邪？晉之大臣，既違禮廢命而立之，以爲出帝。爲高祖子則得立，爲敬儒子則不得立，於是深諱其所生而絕之，以欺天下，爲眞高祖子也。《禮》曰：爲人後者爲其父母服。使高祖無子，出帝得爲後而立以正，則不待絕其所生以爲欺也。然則高祖本無以重貴爲子之事。云以重貴爲子者，乃其篡立時欺世之談也。景延廣者，本梁將，後事唐。明宗時，朱守殷以汴州反，晉高祖爲六軍副使，誅從守殷者，延廣爲汴州軍校，當誅，高祖惜其才，陰縱之使亡。蓋自以爲有恩焉？故後録以爲客將。即位，以爲侍衛步軍都指揮使。是時爲馬步軍都指揮使。馮道等蓋爲其所脅也？於是武人干政之局成，而晉高祖一生，忊忊倪倪，以事契丹者，其局亦一變矣。高祖六子，重信爲李皇后所生，餘皆不知其母。二孫：曰延煦、延寶。歐《史》云：出帝以爲子。後延煦等從帝北遷，不知其所終。《舊史》云：重信有子二人，皆幼，長於公宮，及少帝北遷，不知其所終，疑即延煦、延寶也。

耻臣契丹而反前人之所爲，是也，然出帝與景延廣，則皆非其人。用兵自有形勢。燕、雲既喪，河東尚有雁門内險可扼，河北則已無險可守。此時欲攘契丹，縱不能更取山後，亦必當恢復幽州。欲復幽州，則自汴北出之兵必極强，河東之兵，又必能東出井陘以爲之援，且北出雁門，以撓敵後。然是時皆不能也。敵兵一出，即抵鄴都。兵有利鈍，戰無百勝，豈能專以浪戰爲務？況不能戰邪？高祖頗稱節儉，而出帝則適相反。天福八年，秋，幸大年莊。還，置酒景延廣第。延廣所進器服、鞍馬、茶牀、椅榻皆裹金銀，飾以龍鳳。又進帛五千匹，綿一千四百兩，馬二十二匹，玉鞍、衣襲、犀玉、金帶等，請賜從官。自皇弟重睿，下至伴食刺史，重睿從者各有差。帝亦賜延廣及其母、妻、從事、押衙、孔目官等稱是。時諸鎮爭爲聚斂，趙在禮所積巨萬，爲諸侯王之最。出帝利其貲，乃以延煦娶在禮女。聘幣百五十牀。在禮謂人曰："吾此一婚，所費千萬。"時爲開運三年，國勢已危如累卵矣。重胤妻馮氏，帝於居喪中納之，以爲后。羣臣皆賀。帝顧謂馮道等曰："皇太后之命，與卿等不任大慶。"羣臣出，帝與皇后酣飲歌舞。過梓宮前，釂而告曰："皇太后之命，與先帝不任大慶。"左右皆失笑。帝亦自絕倒。顧謂左右曰："我今日作新女壻何似？"皇后與左右皆大笑，聲聞於外，帝自期年之後，即於宮中閒舉細聲女樂。及親征日，於左右召淺蕃軍校奏三絃胡琴，和以羌笛，擊節鳴鼓，更舞迭歌，以爲娛樂。陽城之捷，見下。謂天下無事，驕侈益甚。四方貢獻珍奇，皆歸内府。多造器玩，廣宮室，崇飾後庭，近朝莫之及，作織錦樓以織地衣，用織工數百，期年乃成。賞賜優伶無度。桑維翰諫曰：“鄉者陛下親禦胡寇，戰士重傷者，賞不過帛數端，今優人一談一笑稱旨，往往賜束帛、萬錢、錦袍、銀帶，戰士見之，能不觖望？”帝不聽。《通鑑》開運二年。中渡敗後，見下。危亡已在旦夕，仍幸沙臺射兔。桑維翰求見，帝方調鷹苑中，不暇見。景延廣一出西京，見下。度必不能支契丹，乃爲長夜之飲，大治第宅，園置伎樂，惟意所爲。君若臣，皆全無心肝者也，此而可以攘夷狄邪？

斯時之中國，則仍歲旱蝗、大水，民餓死及流亡，見於奏報者，動輒千萬。見《舊史》天福八年，開運二、三年《本紀》及《通鑑》。而政府屢遣使括民穀，《舊史·本紀》：天福八年六月，遣內外臣僚二十八人往諸道州府率借民穀。《通鑑》云：分遣使六十餘人。《紀》又云：時使者希旨，立法甚峻。民有碨磑泥封之，隱其數者皆斃之。九月，諸州郡括到軍食，以籍來上。吏民有隱落者，並處極法。《新史·本紀》：是歲八月，檢民青苗。十月，括借民粟。率民財，《舊史·本紀》：開運元年四月，分命文臣僚三十六人往諸道括率錢帛，以資軍用。《通鑑》云：各封劍以授之。使者多縱吏卒，攜鎖械刀杖入人家。小大驚皇，求死無地。州縣吏復因緣爲姦。又遣使率民馬，《舊紀》：開運元年正月，詔率天下公私馬，以資騎軍。二年八月，分遣使臣於諸道率馬。抽鄉民爲兵，《舊紀》：開運元年三月，詔天下抽點鄉兵。凡七戶出一士，六戶資之。仍自具兵仗，以武定爲軍號。二年正月，改爲天威軍。《通鑑》云：凡得七萬餘人。時兵荒之餘，復有此擾，民不聊生。吏又乘之爲姦，致羣盜蜂起。天福八年，朝廷以恒、定飢甚，獨不括民穀，杜威奏稱軍食不足，請如諸州例，許之。威即重威，避出帝諱去重字。威用判官王緒謀，檢索殆盡。得百萬斛，威止奏三十萬斛，餘皆入其家。令判官李沼稱貸於民，復滿百萬斛。來春糶之，得緡錢二百萬，將帥之全無心肝又如此，縱無敵國外患，亦豈可以一朝居邪？

北狄隆氏族而未能建國家，故不甚知君臣之義、尊卑之分，準諸族衆，則以父子、兄弟、伯叔、父姪爲稱而已。然劉知遠諫晉高祖，謂“於契丹稱臣可矣，以父事之太過”，一若父子與君臣，有尊卑之異者？蓋爾時之所謂臣，僅如《遼史》所謂屬國，朝貢無常，有事則遣使徵兵，助軍衆寡，各從其便，《遼史·兵志》屬國軍。稱子則有進於此也。然其後高祖事契丹謹，契丹太宗乃請高祖不稱臣，不上表，來往緘題，止用家人禮，但云兒皇帝，《舊史·契丹傳》。《通鑑》天福三年同。則漸於中國之俗，以君臣之分，爲嚴於父子矣。出帝即位，大臣議奉表稱臣告哀於契丹。景延廣請致書稱孫而不稱臣。李崧及馮道依違其間。卒從延廣議。契丹大怒，遣使來讓。且言何得不先承稟，遽即帝位？延廣復以不遜語答之。初河陽牙將喬榮，從趙延壽入契丹，契丹以爲回圖使，《通鑑》。《考異》

云：喬榮，《漢隱帝實錄》作喬燊，《陷蕃記》作喬瑩，從晉少帝、漢高祖《實錄》、《景延廣傳》、《契丹傳》。回圖，《舊史·景延廣傳》作回國。《契丹國志》同。往來販易於晉，置邸大梁。及契丹與晉有隙，延廣説帝囚榮於獄，悉取邸中之貨。凡契丹之人，販易在晉境者，皆殺之，奪其貨。大臣皆言契丹有大功，不可負。乃釋榮，慰賜而歸之。天福八年九月。榮辭延廣，延廣大言曰：“歸語而主：‘先帝北朝所立，故稱臣奉表。今上乃中國所立。所以降志於北朝者？正以不敢忘先帝盟約故耳。爲鄰稱孫足矣，無稱臣之理。北朝皇帝，勿信趙延壽誑誘，輕侮中國。中國士馬，爾所目覩。翁怒則來戰。孫有十萬橫磨劍，足以相待。他日爲孫所敗，取笑天下，毋悔也。’”榮自以亡失貨財，恐歸獲罪，且欲爲異時據驗，乃曰：“公所言頗多，懼有遺忘，願記之紙墨。”延廣命書其語以授之。榮具以白契丹主。契丹主大怒，入寇之志始決，稱孫，出帝一人與契丹主之關係耳，稱臣則以國下之，延廣所持之義，未爲不正，然啓釁必有其備，戎事不飭，而徒爲大言，則近於兒戲矣。

時楊光遠心懷觖望，密召契丹，言中國可取。趙延壽又説之。契丹主乃以延壽及趙延昭爲先鋒，自將入寇。開運元年正月，陷貝州。晉以高行周爲北面行營都部署。時河北危蹙，諸州求救者相望。乃以景延廣爲御營使，下詔親征。至澶州，使高行周先發。契丹圍之戚城，見第十二章第三節。博州刺史周儒降契丹，引契丹濟河攻鄆州，以援楊光遠。帝使李守貞擊敗之。自將救高行周。契丹解去。契丹主攻澶州。帝出兵與戰。亦退去。四月，契丹主留趙延昭守貝州。北歸，帝亦留高行周鎮澶州歸大梁。延昭棄城，屯於瀛、莫，阻水自固。帝命李守貞攻楊光遠。十二月，青州食盡。光遠子承勲等劫其父以降。命李守貞便宜處置。守貞遣人拉殺之。是役也，契丹未嘗大舉，故晉幸而獲濟。然戰場即在河北，已如末帝時梁、唐間之形勢矣。

五代時，機要之職，無過樞密。晉高祖之僭位，趙瑩與桑維翰並相，而維翰實兼密使。及入洛，以馮道爲相，常務一以委之。時李崧逃匿民間。帝以出鎮河東得崧之力，德之，以爲兵部侍郎，判户部。旋亦用爲相。與維翰並兼樞密。天福二年正月。自郭崇韜死，宰相罕有兼樞密者，故宣徽使劉處讓及宦官皆不悦。楊光遠圍廣晉，處讓數以軍事銜命往來。光遠奏請多踰分，帝常依違，維翰獨以法裁折之。光遠對處讓有不平語。處讓曰：“是皆執政之意。”光遠由是怨執政。范延光降，光遠密表論執政過失。高祖不得已，皆罷維翰、崧樞密，而以處讓爲之。天福三年十月。後復出維翰爲彰德節度使。四年閏七月。至八年三月，乃入爲侍中。少帝自澶州歸，以景延廣爲西京留守。高行周代爲侍衞馬步軍都指揮使。六月，出馮道帥同州。復置樞密院，以維翰爲中書令，充樞密使。

史謂親征時號令方略，一出延廣，延廣乘勢使氣，陵侮諸將，爲上下所惡，即帝亦憚其不遜難制，而維翰使親黨有寵者薦己，故有是命。然恐不僅如此。少帝未出師時，即遣使持書詣契丹。契丹已屯鄴都，不得通而返。旋復遣譯語官孟守忠致書契丹，求修舊好。契丹主復書曰："已成之勢，不可改也。"帝蓋復欲求和也。亦可見其輕率矣。是歲閏十二月，契丹之師復至，遂無復轉旋之地。

　　時則契丹主與趙延壽俱圍恒州，前鋒至邢州。少帝欲親征，而有疾，遣馬全節等屯邢州，趙在禮屯鄴都。諸軍稍退。六年正月，契丹蹂之。至安陽水。皇甫遇與濮州刺史慕容彦超前覘敵，與戰，破之。契丹主在邯鄲，見第二章第六節。傳言晉軍大至，倉皇北還。攻相州之兵亦退。少帝疾愈，馬全節等奏據降者言：虜衆不多，宜乘其散歸種落，大舉徑襲幽州。帝以爲然。徵兵諸道，下詔親征。諸軍以次北上。復詔杜威與之會。三月，下泰州。遂取滿城、遂城。滿城，今河北滿城縣。遂城，在今河北徐水縣西。契丹主至古北口，在今河北密雲縣東北。聞之，復迴兵而南。杜威等聞之退。契丹蹂其後，至陽城。在今清苑縣東南。次日，南行十餘里，至白團衛村。據《通鑑》。《考異》云：《漢高祖實錄》作白檀，今從《晉少帝實錄》。歐《史》但作衛村。東北風大起。契丹圍晉軍。契丹主命拔鹿角以入。杜威欲待風定徐觀形勢。李守貞曰："彼衆我寡，黑風之內，莫測多少，若候風止，我輩無噍類矣！"與張彦澤、符彦卿、皇甫遇等奮擊，大敗之。乃獲整衆至定州。遂入恒州。是役也，契丹以輕敵致敗。然晉師亦僅克自免。少帝於四月還京。襲取幽州之計，遂成畫餅矣。此時即襲得幽州，而不能得北方之險，契丹必大舉攻之，亦不易守也。

　　此時朝局，復有變動。馮玉者，馮皇后之兄，少帝用爲户部侍郎。李彦韜者，本閻寶僕夫，後隸晉高祖帳下，高祖自太原入洛，以少帝留守，留彦韜侍之，遂見寵任，是時爲宣徽北院使、馬步都虞候。二人皆惡桑維翰。李守貞之殺楊光遠，光遠孔目官宋顏，盡以光遠財寶、名姬、善馬告守貞，守貞因而得之，置顏於帳下。維翰搜索光遠同惡甚急，或告顏匿守貞所，朝廷取而殺之。守貞由是怨維翰，又憚之。與玉、彦韜輩竭力排斥。是年二月，遂以玉爲户部尚書、樞密使，以分維翰之權。時復以鄴都爲天雄軍。杜威久鎮恒州，多不法。每以備邊爲名，斂吏民錢帛，以充私藏。又畏懦過甚。契丹數十騎入境，威已閉門登陴。或數騎驅所掠華人千百過城下，威但瞋目延頸望之，無意邀取。由是虜無所忌憚。屬城多爲所屠。威竟不出一卒救之。千里之間，暴骨如莽，村落殆盡。威見所部殘敝，爲衆所怨，又畏契丹之強，累表請入朝。帝不許。五月，威不俟報，遽委鎮入朝。朝廷聞之驚駭。桑維翰言："宜因此時廢之。"帝不悦。維翰曰："陛下不忍，宜授以近京小鎮，勿復委以雄藩。"帝不聽。維翰自是不敢復言國事，以足疾辭位。威又令公主白帝，求天雄節鉞。帝許之。六月，以威爲天雄節度使，鄴都留守。以鄴都留守馬全節爲恒州節度使。卒，以定州王周代之。是月，帝假開封軍將張暉供奉官，使奉表稱臣，詣契丹卑辭謝過。契丹主曰："使景延廣、桑維翰自來，仍割鎮、定兩道隸我，則可和。"朝廷以契丹語忿，謂無和意，乃止。此時契丹所求，尚止鎮、定，足見謂太祖欲盡割河北者不確。是時既欲與契丹和，何以復替維翰？足見少帝惟宵小之言是用，進退大臣，不以國家大計也。八月，和凝罷。馮玉以中書侍郎同平章事。十二月，維翰罷爲開封尹。史云：初帝疾未平，會正旦，維翰遣女僕入宮起居太后，因問皇弟睿近讀書否？帝聞之，以告馮玉。玉因譖維翰有廢立之志。帝疑之。玉與李彥韜、李守貞合謀排維翰。以中書令行開封尹趙瑩柔而易制，共薦以代維翰。以瑩爲中書令，李崧爲樞密使，守侍中。維翰遂稱足疾，希復朝謁，杜絶賓客。蓋少帝立不以正，終不免惴惴之心，而讒間遂乘之而入也。維翰亦非正士，然與高祖關係深，頗有威望，尚能調度將帥，維翰去，則朝局益非矣。

　　開運三年正月，詔李守貞率師巡撫北邊。六月，定州奏蕃寇壓境。詔守貞爲北面行營都部署，皇甫遇副之。前歲車駕駐於河上，曾遣邊將遺書趙延壽，勸令歸國。延壽尋有報命，依違而已。是歲三月，復遣杜威致書延壽。且述朝旨，啖以厚利。洺州軍將趙行實，曾事延壽，遣齎書往。七月，行實自燕迴，得延壽書。且言久陷邊庭，思歸中國，乞發將應接，即拔身南去。朝廷欣然，復遣行實計會大軍應接之所。有瀛州大將，遣所親齎蠟書至闕下，云欲謀翻變，以本城歸命未幾，彼有告變者，事不果就。九月，契丹瀛州刺史詐爲書與樂壽將軍王巒。《舊紀》。《通鑑》作瀛州刺史劉延祚。《考異》云：歐《史》作高牟翰，《陷蕃記》前云延祚詐輸誠款，後云大軍至瀛州，偵知蕃將高謨翰潛師而出，蓋延祚爲刺史，謨翰乃戍將耳。願以本城歸順。且言城中蕃兵，不滿千人，請朝廷發兵襲取，己爲内應。又云：今秋苦雨，川澤漲溢，自瓦橋以北，水勢無際，契丹已歸本國，若聞南夏有變，地遠阻水，雖欲奔命，無能及也。又巒繼有密奏，苦言瀛、莫可取之狀。少帝深以爲信，遂有出師之議。十月，以杜威爲北面行營都指揮使，李守貞爲兵馬都監，會兵廣晉北行。十一月，至瀛州，城門洞開，寂若無人。威等不敢進。聞契丹將高謨翰先已引兵潛出，遣梁漢璋將二千騎追之，遇敵敗死。威等遂將軍而退。至武强，今河北武强縣。聞契丹入寇，欲取直路自冀、貝而南。會張彥澤領騎自鎮、定至，言契丹可破之狀，乃復趨恒州。駐中渡橋。契丹以大軍當其前,潛遣騎出其後,斷其糧道及歸路。中渡寨遂隔絕。晉徒詔高行周、符彥卿領後軍駐河上,使景延廣戍河陽而已。奉國指揮使王清請以步卒奪橋開道,求入恒州。杜威遣與宋彥筠往。彥筠敗還。清戰甚銳,敵小却。威不之援,戰死。威遂與李守貞降敵。并諭降順國節度使王周。契丹主遂入恒州。引兵自邢、相而南。遣張彥澤將二千騎先趨大梁。《舊史·皇甫遇傳》云:杜重威送款於契丹,遇不與其議,及降,心不平之。契丹欲遣遇先入汴,遇辭之。因私謂人曰:"我身荷國恩,位兼將相,既不能死於軍陳,何顏以見舊主?更受命圖之,所不忍也。"明日,行至趙郡,絕亢而殂。彥澤倍道疾驅,自封丘門斬關而入。少帝初欲赴火,爲親校薛超所持。俄而彥澤傳契丹主與太后書慰撫之。乃與太后俱作降表,遣延煦、延寶奉傳國寶以降。高行周、符彥卿自澶州來降。張彥澤遷少帝於開封府舍,凡内帑、奇貨,悉輦歸私邸。仍縱軍大掠,兩日方止。少帝謀自全之計,以桑維翰在相時,累請與契丹和,慮契丹到京,窮究其事,則顯己過,欲殺維翰以滅口,令張彥澤圖之。彥澤乃稱少帝命召維翰害之,而盡取其家財。景延廣狼狽還。時契丹主至安陽,相州治。見第十二章第三節。遣別部隊長率騎士數千,與晉兵相雜,趨河橋入洛,以取延廣。戒曰:"如延廣奔吳走蜀,便當追而致之。"延廣顧慮其家,未能引決。契丹既奄至,乃輕騎謁契丹主於封丘。見第十二章第二節。契丹責之曰:"致南北失歡者,良由爾也。"召喬榮質證前事。凡有十焉。延廣始以他語抗對。榮出其文以質之。延廣頓爲所屈。每服一事,則受牙籌一莖。此契丹法也。延廣受至八莖,但以面伏地。契丹遂咄之。命鎖延廣臂,將送之北上。至陳橋,在開封東北。夜分,伺守者怠,引手自扼其亢死。張彥澤恣行殺害。或軍士擒獲罪人至前,不問所犯,但瞋目出一手豎三指而已,即出外斷其要領。《舊史》本傳。《通鑑》胡《注》曰:三指,中指也。示以中指,言中斷之,即要斬也。此蓋五代軍中虐帥,相承爲此,以示其下,漢史弘肇掌兵,有抵罪者,以三指示吏,即要斬,正此類也。按弘肇事見歐《史》本傳。彥澤與閤門使高勳不協,乘醉至其門,害其仲父季弟,暴尸於門外。及契丹帳泊於北郊,勳往訴其冤。時契丹主已怒彥澤剽掠京城,遂令鎖之。仍以其罪惡,宣示百官及京城士庶。且云:"合誅否?"百官連狀,具言罪在不赦。市肆百姓,亦爭投狀疏其罪。遂令棄市。召楊承勳至京師,責其劫父,臠而食之,而以其弟承信爲平盧節度使。降晉少帝爲光禄大夫、檢校太尉,封負義侯。於黃龍府安置。今吉林農安縣。與皇太后李氏、皇太妃安氏、少帝所生母。皇后馮氏、皇弟重睿、皇子延煦、延寶俱北行。宰臣趙瑩、樞密使馮玉、侍衛馬軍都指揮使李彥韜隨帝入蕃。乾祐元年六月,契丹國母召帝一行往懷密州。在黃龍府西北千餘里。至遼陽,又行二百里,會國母爲永康王所執。永康王請帝卻往遼陽城駐泊。後太后求於漢兒城側近賜養種之地。_{契丹太祖爲漢人所置，蓋非一所？}永康許諾，令於建州駐泊。_{在今熱河朝陽縣境。}二年，帝自遼陽赴建州。中路，太妃得疾而死。至建州，割寨地五十餘頃，令一行人築室分耕。三年八月，太后死。《郡齋讀書志》云：范質《晉朝陷蕃記》，謂出帝北遷凡十八年而卒，則宋太祖之乾德二年也。趙瑩之北徙，與子易從俱。後病將卒，告於契丹，願以尸還中國。契丹許之。及卒，遣易從護其喪南歸。馮玉子傑，自幽州不告父而亡歸，玉懼譴責，以憂恚卒。馮后、重睿、延煦、延寶，不知所終。安太妃臨卒，謂少帝曰："當焚我爲灰，南鄉颺之，庶幾遺魂得返中國也。"李太后疾革，謂帝曰："我死，焚其骨送范陽佛寺，無使我爲虜地鬼也。"夫爲封豕長虵，薦食上國，聞人譏沙陀之無穴而勃然，何其壯也？及其見辱北蕃，乃復游魂願依中國，又何憊也？噫！

第四節　契丹北去

契丹太宗既滅晉，明年，正月朔日，至汴。是日入宮，至昏復出，次於赤岡。_{在開封東北。}五日，降晉少帝爲負義侯。七日，復入，居於大内。以李崧爲西廳樞密使，馮道爲太傅，左僕射和凝及北來翰林學士承旨張礪爲宰相。二月朔日，服漢法服，出崇元殿，受蕃漢朝賀。改晉國爲大遼國。《舊五代史·趙延壽傳》云：契丹主委延壽以圖南之事，許以中原帝之。諸軍既降於中渡，契丹主命延壽就寨安撫，仍賜龍鳳赭袍，使衣之而往。謂之曰："漢兒兵士，皆爾有之，爾宜親自慰撫。"_{《通鑑》云：亦以赭袍衣杜威，以示晉軍，其實皆戲之耳。案以章服別權位，庸非契丹主所知，此未必意存戲弄。特降軍統屬，究竟如何，未見明文耳。亦見其措置之乖方也。}及契丹入汴，降兵數萬，皆野次於陳橋。契丹主慮有變，欲盡殺之。延壽聞之，請見，曰："皇帝百戰，始得晉國，不知自要治之乎？爲他人取乎？"契丹主變色曰："爾何言之過也？朕以晉人負義，舉國南征，五年相殺，方得中原，豈不自要爲主，而爲他人邪？"延壽曰："皇帝知吳、蜀與晉相殺不？"曰："知。"延壽曰："今中原南自安、申，西及秦、鳳，緣邊數千里，並是兩界守戍之所，將來皇帝歸國，時又漸及炎蒸，若二寇交侵，未知許大世界，教甚兵馬禦捍？苟失隄防，豈非爲他人取乎？"契丹主曰："我弗知也。爲之奈何？"延壽曰："臣知上國之兵，當炎暑之時，緣吳、蜀之境，難爲用也。未若以陳橋所聚降兵，團并別作軍額，以備邊防。"契丹主曰："念在壺關失斷，_{壺關，在今山西長治縣東南。此指其送石敬瑭南下至潞州時言之。}陽城時亦曾言議，未獲區分，致五年相殺，此時入手，如何更不翦除?"延壽曰:"晉軍見在之數,還似從前。盡在河南,誠爲不可。臣請遷其軍,並其家口於鎮、定、雲、朔間,每歲分番於河外緣邊防戍,上策也。"契丹主忻然曰:"一取大王商量。"由是陳橋之衆,獲免長平之禍焉。《舊史·馮道傳》:契丹主從容問曰:"天下百姓,如何可救?"道曰:"此時百姓,佛再出救不得,惟皇帝救得。"其後衣冠不至傷夷,皆道與趙延壽陰護之所至也。觀此,知契丹之入中原,殺機頗重,而延壽較之張彦澤等,亦爲彼善於此矣。延壽在汴久之,知契丹主無踐言之意,乃遣李崧達語,求立爲皇太子。崧不得已言之。契丹主曰:"我於燕王,無所愛惜。但我皮肉,堪與燕王使用,亦可割也,何況他事? 我聞皇太子天子之子合作,燕王豈得爲之也?"因命與燕王加恩。張礪擬延壽爲中京留守、時契丹以恒州爲中京。大丞相、録尚書事、都督中外諸軍事、樞密使燕王如故。契丹主覽狀,索筆圈卻録尚書事都督中外諸軍事字,乃付翰林院草制焉。此説可疑。契丹主豈知漢文邪? 蓋亦周諸漢人,非能自覽狀也。李崧、張礪,似皆欲以漢地大權,陰移之於延壽。他漢人承問者,則不敢盡同其説耳。又以其子匡贊爲河中節度使,觀此,知契丹主本無占據中原之意,而後忽變計也。

欲據中原,必有占據中原之方略,而契丹主則殊非其人。是時契丹主分遣使者,以詔書賜晉之藩鎮。晉之藩鎮,爭上表稱臣,被召者無不奔馳而至,不受命者,惟彰義節度使史匡威,又雄武節度使何重建,以秦、階、成三州降蜀,且導蜀兵取鳳州而已。然其地偏遠,未足以威契丹。契丹蓋以是謂中國遂可占據,故變計,欲自取之,然人民羣起而攻,契丹卒不能禦,則可見民力之大可恃,而中原淪陷,轉皆壞法亂紀之武人招致之矣。《通鑑》云:契丹主廣受四方貢獻,大飲酒作樂。趙延壽請給上國兵廩食。契丹主曰:"吾國無此法。"乃縱胡騎四出,以牧馬爲名,分番剽掠,謂之打草穀。契丹兵制,人馬不給糧草,日遣打草穀騎四出鈔掠以供之。每正軍一名,有馬三匹,打草穀、守營鋪家丁各一人。見《遼史·兵志》。鈔掠祇可行之戰時,此時戰事已停,故以牧馬爲名也。丁壯斃於鋒刃,老弱委於溝壑。自東西兩畿及鄭、滑、曹、濮,數百里間,財畜殆盡。契丹主謂判三司劉昫曰:"契丹兵三十萬,既平晉國,應有優賜。速宜營辦。"時府庫空竭,昫不知所出,請括借都城士民錢帛,自將相已下皆不免。又分遣使者數十人詣諸州括借,皆迫以嚴誅,人不聊生。其實無所頒給,皆蓄之内庫,欲輦歸其國。於是内外怨憤,始患苦契丹,皆思逐之矣。又云:初晉置鄉兵,號天威軍,教習歲餘,村民不閑軍旅,竟不可用,悉罷之。但令士户輸錢十千。鎧仗悉輸官。而無賴子弟,不復肯復農業。山林之盜,自是而繁。及契丹入汴,縱胡騎打草穀,又多以其子弟及親信、左右爲節度使、刺史。不通政事,華人之狡獪者,多往依其麾下,教之妄作威福,掊斂貨財,民不堪命。於是所在相聚爲盜,多者數萬人,少者不減千百。皆見天福十二年。夫民族性之不易磨滅也舊矣。雖在野蠻之族猶不易自同於文明之民，況以腥膻之族而欲薦居上國邪？吾民之起而逐之也，固宜謂徒以身受其害，乃欲起而驅除，實厚誣之辭也。民心之憤激既深，藩鎮之政事較整飭，兵力較强盛者，乃乘之而起矣。

劉知遠，《舊史·本紀》云：其先沙陀部人，而其同產弟彥超爲慕容氏，蓋吐谷渾人，隸屬於沙陀者？知遠初事唐明宗，後隸晉高祖麾下，其助高祖戕廢帝侍從，及勸高祖叛末帝，已見前。天福六年，爲北京留守，河東節度使。少帝與契丹啓釁，以爲幽州道行營招討使。奉詔起兵至土門，見第十一章第三節。軍至樂平而還。旋以爲北面行營都統，督十三節度使，以備契丹。時少帝再命知遠會兵山東，皆後期不至。帝疑之，雖爲都統，而實無臨制之權，密謀大計，皆不得與。知遠亦自知見疏，但慎事自守而已。然知遠廣募士卒，陽城之戰，諸軍散卒歸之者數千人。白承福歸知遠，知遠收其精騎，以隸麾下。《通鑑》天福六年。參看第二節。吐渾多犯法，知遠無所縱舍，相與謀遁歸故地。有白可久者，位亞承福，率所部先亡歸契丹。契丹用爲雲州觀察使，以誘承福。承福家甚富，郭威勸知遠誅之，收其貨以贍軍。知遠乃密表吐谷渾反覆難保，請遷於內地。少帝遣使發其部落千九百人，分置河陽及諸州。知遠遣威誘承福等入居太原城中。因誣承福等五族謀叛，以兵圍而殺之，合四百口，籍沒其家貲。《通鑑》開運三年。參看第十五章第三節。由是河東富强冠諸鎮，步騎至五萬人。契丹入汴。知遠分兵守四境，以防侵軼，而遣客將王峻奉三表詣契丹：一賀入汴。二以太原夷夏雜居，戍兵所聚，未敢離鎮。三以應有貢物，值契丹將劉九一軍，自土門而入，屯於南川，民居必依川流，故古稱某地方居民所聚之處曰某川，如《三國志·諸葛亮傳》言秦川是也。此云南川，謂晉陽南民居之地。城中憂懼，俟召還此軍，道路始通，可以入貢。蓋不欲以兵力逐契丹，誑之以利，冀其自行召還也。契丹主賜詔褒美。及進畫，親加兒字於知遠姓名之上。仍賜以木梐，胡法優禮大臣則賜之，如漢賜几杖之比。《新史·本紀》云：王峻持梐歸，虜人望之皆辟道。然契丹主亦知其觀望，知遠又遣北都副留守白文珂獻奇繒、名馬，契丹主使謂知遠曰："汝不事南朝，又不事北朝，意欲何所俟邪？"則形勢稍迫急矣。然契丹是時，固無力進取河東。或勸知遠舉兵。知遠曰："用兵有緩有急，當隨時制宜。今契丹新降晉兵，虎踞京邑，未有他變，豈可輕動？且觀其所利，止於貨財，貨財既足，必將北去。況冰雪已消，勢難久留。宜待其去，然後取之，可以萬全。"蓋契丹之不能終據京邑，知遠固燭之明矣。然知遠亦自審未足以膺衆望。是歲二月十五日，乃稱皇帝而不建國號，仍稱天福十二年，爲游移之態，以覘衆志焉。

　　契丹主聞知遠自立，僞制削奪官爵。以通事耿崇美爲潞州節度使，高唐英爲相州節度使，崔廷勳爲河陽節度使，以扼要害之地。唐英未至，賊帥梁暉襲據之。潞州張從恩，以副使趙行遷權留後，左驍衛大將軍王守恩從恩親家。權巡檢使，而身往朝契丹。判官高防與守恩謀，誅行遷，推守恩權知畱後，降於河東。崔廷勳送耿崇美屯澤州，欲攻之。知遠使史弘肇救之。廷勳、崇美退保懷州。契丹主以船載武庫兵仗，自汴浮河，欲置之於北地，遣奉國都虞候武行德部送。至河陰，見第七章第六節。行德殺契丹監吏，與其屯駐軍士，合趨河陽，據之。安國留後方太降契丹，契丹以爲武定節度使，使赴洛陽巡檢。至鄭州，州有戍兵，共迫太爲鄭王。太逃奔洛陽。戍兵既失太，反譖太於契丹，云脅我爲亂。太遣子師朗訴於契丹，契丹將麻荅殺之。歐《史・四裔附録》云：麻荅者，德光之從弟也。德光滅晉，以爲邢州節度使。兀欲立，命守鎮州。《廿二史考異》云：宋白曰：麻荅，本名解里，阿保機之從子也。其父曰撒剌，歸梁，死於汴，予考《遼史》，無《麻荅傳》，而有《耶律解里傳》。然解里世爲小吏，則非德光從弟，且亦無鎮邢州、守鎮州事。惟《耶律拔里得傳》稱太祖弟剌葛之子。太宗入汴，以功授安國軍節度使，總領河北道事。師還，州郡往往叛以應劉知遠，拔里得不能守而歸。世宗即位，遷中京留守，卒。安國軍即邢州，中京即鎮州，則麻荅即《遼史》之拔里得，與解里初非一人矣。《遼史・皇子表》：剌葛，神册二年南奔，爲人所殺。薛《史》亦云：麻荅父薩剌，阿保機時自蕃中奔唐莊宗，尋奔梁，莊宗平梁，獲之，磔於市。與宋白説略同。但一云撒剌，一云薩剌，一云剌葛，其名小異耳。太無以自明。會羣盜攻洛陽，契丹留守劉晞奔許州，太乃入府行畱守事。與巡檢潘環擊羣盜，卻之。太欲自歸於晉陽，武行德誘而殺之。契丹將高謨翰援送劉晞還洛。晞疑潘環構其衆逐己，使謨翰殺環。晉州畱後劉在明朝於契丹，以節度副使駱從朗知州事。知遠遣使者張晏弘等諭以即位，從朗皆囚之。大將藥可儔殺從朗，推晏弘權留後。契丹以其將劉愿爲保義節度副使。奉國都頭王晏，與指揮使趙暉、都頭侯章殺之，奉暉爲留後。契丹主即以授之。暉斬其使，奉表晉陽。初，梁太祖以高萬興守延州，牛存節守鄜坊。劉知俊叛，徙存節於同州，以高萬金代之。貞明四年，萬金卒，萬興遂兼帥鄜延。唐時，改軍名曰彰武。莊宗入洛，萬興曾一來朝。仍遣歸鎮。同光三年，卒，子允韜襲。長興元年，乃移鎮。開運中，周密爲彰武節度使。契丹滅晉，軍人逐之，密守延州東城。西城之兵，奉萬金子允權爲留後，歸於晉陽。密乃棄東城去。折從阮者，本名從遠，避知遠諱改。蓋党項之族？折氏爲党項大族，見第十五章第三節。代家雲中。唐莊宗有河朔，使領府州刺史，今陜西府谷縣。晉高祖以雲中河西之地賂契丹，從阮以郡北屬。契丹欲徙河西之民實遼東，人心大擾，從阮乃保險拒之。少帝與契丹啓釁，命從阮出師。從阮深入邊界，拔十餘砦。少帝使兼領朔州刺史、安北都護、振武軍節度使、契丹西南面行營馬步都虞候。聞知遠起，亦來歸。於是河東之聲勢日盛，然尚未足脅契丹，使之即去也，而河北、山東，義師繼起。有王瓊者，率衆襲取澶州南城，圍契丹將耶律郎五。契丹主遣兵救之。瓊戰敗，見殺。然澶州不靖，則契丹歸路，有中斷之虞。東方羣盜，又陷宋、亳、密三州，契丹不得已，遣諸節度使歸鎮。王瓊起，遣李守貞歸天平，杜重威歸天雄。宋、亳、密陷，又遣安審琦歸泰寧，符彥卿歸武寧。至是，則中原之地，控制彌艱；契丹主又不習居中土；乃復以汴州爲宣武軍，以其后兄小漢爲節度使，使李崧爲製姓名曰蕭翰，翰爲述律后兄子，其妹又爲德光后，見新舊《史・本傳》、《新史・四裔附錄》、及《遼史・外戚表》。而身以三月十七日發東京。

契丹主既北行，四月四日，攻相州，陷之。城中男子，無少長皆屠之，婦女悉驅以北。《新史・四裔附錄》。胡人擲嬰孩於空中，舉刃接之以爲樂。《通鑑》。高唐英閱城中遺民，得男女七百人而已。乾祐中，王繼弘鎮相州，於城中得髑髏十餘萬，《舊史・漢高祖紀》。其屠戮亦可謂酷矣。契丹主至臨城，見第八章第四節。得疾。四月二十一日，死於欒城之殺胡林。今河北欒城縣。趙延壽引兵入恒州，自稱受契丹皇帝遺詔，權知南朝軍國事。旋爲其永康王兀欲所執。兀欲自立，是爲世宗。北歸。述律后使其第三子李胡拒之，爲所敗，與述律后皆見幽。契丹既有內憂，遂無暇更問南方之事矣。

契丹既北去，劉知遠集羣臣廷議進取，諸將咸請出師井陘，攻取鎮、魏。先定河北，則河南拱手自服。此實當日進取之正道。而知遠欲自石會趨上黨。郭威曰："虜主雖死，黨衆猶盛，各據堅城，我出河北，兵少路迂，旁無應援，若羣虜合勢，共擊我軍，進則遮前，退則邀後，糧餉路絕，此危道也。上黨山路險澀，粟少民殘，無以供億，亦不可由。近者陝、晉二鎮，相繼款附。引兵從之，萬無一失。不出兩旬，汴、洛定矣。"知遠曰："卿言是也。"乃以弟崇爲北京留守而東下，崇，歐云高祖母弟，《通鑑注》同，薛云從弟，恐誤。此實苟且之計。欲成大業者，必先勉爲其難。擊天下之至強，袪人心所同忿，則好我者勸，惡我者懼，而基業自固。當時契丹餘黨，已成五合六聚之勢，安能協以謀我？若能協以謀我，先定汴、洛，獨不慮其合從南犯邪？

知遠以五月十二日發太原，自陰地關出晉、絳。陰地關，在今山西靈石縣西南。先二日，劉晞棄洛陽奔大梁。十三日，史弘肇奏克澤州。崔廷勳、耿崇美方逼河陽，聞之，退保懷州。弘肇將至，廷勳等擁衆北遁。契丹在河南者，相繼北去。弘肇引兵與武行德合。初晉封唐許王從益爲郇國公，以奉唐祀。契丹犯京師，趙延壽所尚明宗公主已死，德光乃爲延壽娶從益妹，曰永安公主。不知其母，素亦養於王淑妃。而拜從益爲彰信節度使。從益辭不之官，與王淑妃俱還洛陽。

蕭翰聞劉知遠南，欲北歸，恐中國無主，必大亂，已不得從容而去，遣高模翰迎之。矯稱契丹主命，以從益知南朝軍國事，召已赴恒州。至大梁，立以爲帝，留燕兵千人爲宿衞而去。從益使召高行周、武行德，皆不至。王淑妃懼，召大臣謀之。或曰：“今集諸營，不減五千，與燕兵并力堅守，一月，北救必至。”據《通鑑》。《新史·家人傳》曰：與王松謀以燕兵閉城自守。松，蕭翰所置相也。妃曰：“吾母子亡國之餘，安敢與人爭天下？”乃用蕭翰所置相趙遠、樞密使翟光鄴策，稱梁王知軍國事，遣使奉表稱臣迎知遠。仍出居私第。六月三日，知遠至洛陽。聞從益嘗召高行周，遣鄭州防禦使郭從義先入京師殺之，及王淑妃。妃且死，曰：“吾兒爲契丹所立，何罪而死？何不留之，使每歲寒食，以一盂麥飯灑明宗陵乎？”史言聞者泣下。然則劉鄩嘗力抗沙陀，終以强死，又誰爲作墦間之祭也？然則聞之而泣者，中國之民乎？抑沙陀之僕妾也？十一日，知遠至大梁。復以汴州爲東京。晉之藩鎮，相繼來降。十五日，改國號曰漢。是爲漢高祖，年號仍稱天福，曰：“予未忍忘晉也。”蓋亦度德量力，未足以君臨中原，故爲是忸怩之態耳。

遼世宗之北歸也，以麻荅爲中京留守。漢祖既入大梁，杜重威、李守貞皆歸命。重威仍請移鎮。高行周亦入朝。時傳趙延壽死，《遼史·延壽傳》，延壽死於天祿二年，即乾祐元年，此時實尚未死。乃移重威於歸德，以行周守鄴都，起復趙匡贊，移之晉昌，而以守貞帥河中。重威不受命，使子弘璲質於麻荅以求救。時七月也。閏月，以行周爲招討使，慕容彦超副之，以討重威。趙延壽有幽州兵二千，在恒州，重威請以守魏。麻荅遣其將楊袞將之，并契丹兵千人赴之。麻荅貪殘，民間有珍貨美女，必奪取之。又捕村民，誣以爲盜，披面、抉目、斷腕、焚炙而殺之。左右懸人肝膽手足，飲食起居於其間，語笑自若。然恐漢人去之，故契丹或犯法，無所容貸。乃謂門者曰：“漢人有窺門者，即斷其首以來。”其狂悖如此。先是契丹主德光使奉國都指揮王繼弘、都虞候樊暉戍相州。高唐英聞漢祖南下，舉鎮請降。使者未返，繼弘、暉殺唐英。繼弘自稱留後，遣使告云：唐英反覆。詔以繼弘爲彰德留後，暉爲磁州刺史。安國節度使高奉明聞唐英死，心不自安，請於麻荅，署馬步都指揮使劉鐸爲節度副使，知軍州事，身歸恒州。及是，麻荅遣使督運於洺州，洺州防禦使薛懷讓殺其使，舉州降。帝遣郭從義會懷讓攻劉鐸，不克。鐸請兵於麻荅。麻荅遣其將楊安及前義武節度使李殷攻懷讓於洺州。契丹㽞恒州之兵，不滿二千，而麻荅令所司給萬四千人食，收其餘以自入。麻荅常疑漢兵，且以爲無用，稍稍廢省；又損其食以飼胡兵；衆心怨憤，聞漢祖入大梁，皆有南歸之志。前潁州防禦使何福進，控鶴指揮使李榮，《宋史》作李筠。潛結軍中壯士數十人，謀攻契丹。畏契丹尚強，猶豫未發。會楊袞、楊安等出，契丹留者纔八百人，福進等遂決計。奪契丹守門者兵，突入府中。榮先據甲庫，悉召漢兵及市人，以鎧仗授之，與契丹戰。八月朔，麻荅、劉晞、崔廷勳皆奔定州，與耶律忠合。忠即郎五也。是役也，漢兵無所統一，貪狡者乘亂剽掠，懦者竄匿，契丹幾復振。幸馮道、李崧、和凝，皆在恒州，前磁州刺史李穀，恐事不濟，請其至戰所撫慰士卒，士卒乃爭奮。然民死者幾三千人，實非盡軍人之力也。李榮召諸將并力，護聖左廂都指揮白再榮狐疑，匿於別室，軍吏以佩刀決幕引其臂，乃不得已而行。是役也，李榮功最多，然再榮位在上，乃以再榮權知留後，具以狀聞。再榮貪昧，猜忌諸將。奉國軍主王饒，恐爲所并，據東門樓，嚴兵自衞。司天監趙延義，善於二人，往來諭釋，始得解。再榮以李崧、和凝久爲相，家富，遣軍士圍其第求賞給，又欲殺崧、凝以滅口。又欲率民財以給軍。李穀爭之，乃止。然漢人嘗事麻荅者，再榮皆拘之以取其財。恒人以其貪虐，謂之白麻荅焉。楊袞至邢州，聞麻荅被逐，即日北還。楊安亦遁去。李殷以其衆來降。劉鐸亦舉邢州降。薛懷讓殺鐸，以克復聞。朝廷知而不問。復以恒州順國軍爲鎮州成德軍。十一月，杜重威以食盡降。初高行周與慕容彥超不協，城久不下。高祖親征，率諸軍攻其壘，亦不克，王師傷夷者萬餘人。先是契丹遣幽州指揮使張璉以二千餘人屯鄴。時亦有燕軍千五百人在京師。高祖至闕，有上變者，言燕軍謀亂，盡誅於繁臺之下。繁臺，在開封東南。咸稱其冤。有逃奔於鄴者，備言其事。故璉等與重威膠固守城。高祖累令宣諭，許以不死。璉等於城上揚言曰：“繁臺之誅，燕軍何罪？既無生理，以死爲期。”璉一軍在圍中，重威推食解衣，盡力姑息。燕軍驕悍，憑陵吏民，子女金帛，公行豪奪。及重威請命，璉等要朝廷信誓，詔許璉等卻歸本土。及出降，盡誅璉等將數十人，其什長已下，放歸幽州。將出漢境，剽略而去。鄴城士庶，殍踣者十之六七。録重威部下將吏，盡誅之。籍其財産，與重威私帑，分給將士，而仍授重威檢校太師、守太傅、兼中書令。其措置，可謂殊不可解矣。趙匡贊降蜀。蜀主以書招鳳翔節度使侯益。又使張虔釗、何重建攻鳳翔，奉鑾肅衞李廷珪出子午谷援長安。谷北口曰子，在長安南。南口曰午，在今洋縣東。侯益亦降蜀。明年，改元曰乾祐。正月，回鶻入貢，言爲党項所隔，乞兵應接。王景崇者，本唐明宗邢州衙將，許王從益居京師，監左藏庫。取庫金以奔漢祖。漢祖以爲右衞大將軍。及是，使將禁軍數千赴之，因使之經略關西。未行，趙匡贊用節度判官李恕之謀，使恕奉表請入朝，侯益亦請赴二月四日聖壽節。匡贊不俟恕返，已離長安。景崇等至，蜀兵已入秦川，發本道及匡贊衞兵千餘人拒之。侯益亦閉壁拒蜀。張虔釗遁去。西方復平。

高祖二弟：曰崇，曰信。崇罾守太原。信爲侍衞馬軍都指揮使，領忠武節度使。三子：長承訓，爲開封尹。次承祐、次承勳。承訓頗賢，天福十二年十二月，以疾卒，高祖痛之，亦不豫。乾祐元年正月二十七日，大漸。樞密使楊邠，迫遣劉信之鎮。是日，高祖殂。邠殺杜重威及其子弘璋、弘璉、弘璨。二月朔，承祐立，是爲隱帝。時年十八。

初定州西北二百里有狼山，土人築塢於山上，以避胡寇。塢中有佛舍，尼深意居之，遠近信奉之。深意俗姓孫氏，中山人孫方簡新舊《史》皆作方諫。《舊史》云：清苑人。本名方簡，廣順初，以犯廟諱改。案廟諱，謂周太祖父名簡也。《通鑑考異》云：周世宗實錄云清苑人，從《漢高祖實錄》作中山。及弟行友，自言爲深意之姪。深意卒，方簡嗣行其術。率鄉里豪健者，據寺爲寨以自保。契丹入寇，方簡率衆要擊，頗獲其甲兵、牛馬、軍資。人挈家往依之者日衆，久之，至千餘家。遂爲羣盜。懼爲吏所討，乃歸款朝廷。朝廷亦資其禦寇，署爲東北招討使。《通鑑》開運三年。定帥又表爲邊界游奕使。方簡求請多端。因少不得志，潛通於契丹。契丹入中原，以爲定州節度使。契丹主北歸，至定州，以耶律忠爲節度使，徙方簡大同。方簡不受命，率其黨三千人保狼山故寨，遣使請降。漢祖復其舊官。是歲，三月二十七日，據《舊史·隱帝紀》。耶律忠與麻荅等焚掠定州，悉驅其人，棄城北去。方簡還據定州。又奏弟行友爲易州、方遇爲泰州刺史。每契丹入寇，兄弟奔命。契丹頗畏之。於是晉末州縣陷契丹者，皆復爲漢有矣。而關西之變復起。

隱帝既立，侯益亦入朝，益富於財，厚賂執政及史弘肇等，遂以兼中書令行開封尹。益盛毀王景崇於朝。景崇聞之，不自安。趙思綰者，本隸趙在禮帳下。在禮死，趙延壽籍其部曲，以付其子匡贊，思綰其首領也。時詔徵匡贊衞兵詣闕，思綰等甚懼。景崇又以言激之。至長安，思綰遂作亂，襲據之。景崇亦諷鳳翔吏民表已知軍府事。李守貞聞杜重威死，不自安，亦反。自稱秦王。思綰、景崇，皆受其署置。景崇又使降於蜀。朝使郭崇義討思綰，白文珂討守貞，不克。八月，以郭威爲招慰安撫使，諸軍皆受節度。威合諸軍築長圍以困河中。蜀遣山南西道節度使安思謙救鳳翔，不克。明年六月，長安食盡。左驍衞上將軍致仕李肅，舊有恩於趙思綰，說之，思綰乃請降。詔以爲華州雷後。思綰以收斂財貨，三改行期。七月，郭從義疑而殺之。據《通鑑》，《新史》云：蜀使人招思綰，思綰將奔蜀。是月，李守貞自焚死。十二月，王景崇亦自焚。關西乃復平。

第十四章 五代十國始末下

第一節 郭威代漢

漢高祖即位之初，以蘇逢吉、蘇禹珪爲相，後又相竇貞固及李濤。逢吉者，高祖河東節度判官，禹珪則其觀察判官也。入汴後，思用舊臣，貞固舊爲河東節度推官，時爲刑部尚書。與高祖並事晉祖，雅相知重，故遂相之。濤則逢吉所薦。濤時爲翰林學士。然濤以劾張彥澤素爲高祖所知，又時攻杜重威不下，濤疏請親征，與帝意相會，因而見用。《舊五代史·逢吉傳》謂濤與逢吉論甥舅之契，相得甚歡，濤之入相，逢吉甚有力焉，亦未必盡然也。

漢高祖蓋頗重吏事者，其時河東政務，在諸藩鎮中，蓋較整飭，故能以富強聞，乘契丹之敝而逐之。此可見功業之成，雖小亦非偶然也。高祖所倚任者，史弘肇外，爲楊邠、郭威及王章。邠少爲吏，嘗事孔謙。高祖留守鄴都，用爲左都押衙。鎮太原，益加親委。及即位，用爲樞密使，以威副之。威，邢州堯山人。堯山，今河北唐山縣。或云：本常氏子，幼隨母適郭氏，故冒其姓。初應募隸李繼韜。後晉祖以其長於書計，召置麾下，令長軍籍。其妻柴氏，本後唐莊宗嬪御，資以金帛，令事漢祖。史載威勸漢祖出陝、晉等，非必實錄。漢祖所任之將爲史弘肇，入汴後，弘肇爲侍衛親軍都指揮使，威乃代之出征，前此威蓋僅掌軍政者也。王章者，少亦爲吏。高祖在河東，委以錢穀。及即位，以爲三司使。高祖之殂，蘇逢吉與楊邠、郭威、史弘肇同受顧命。四相中，蘇禹珪徒純厚長者，竇貞固亦但端莊自持，而李濤則鋒芒較露，逢吉尤久參謀議，入汴後，百司庶務，皆由其參決處置，故與邠等有隙。高祖后李氏，史傳高祖起太原時，賞軍士帑藏不足，欲斂於民，后諫止之，請但悉後宮所有以爲賞，蓋亦略知政理。其母弟業，時爲武德使，與邠、威、弘肇等爭權。見《宋史·李濤傳》。李濤疏請出邠、威爲方鎮。邠等泣訴於太后。乃罷濤政事，而加邠平章事。樞密使如故。威亦進爲樞密使。又加王章同平章事。於是事皆決於邠，三相斂手而已。《舊五代史‧邠傳》云：邠雖長於吏事，而不識大體。既專國政，觸事苛細，條理煩碎。然繕甲兵，實帑廩，俾國用不闕，邊鄙麤寧亦其功。《弘肇傳》云：弘肇嚴毅寡言。部轄軍衆，有過無舍。兵士所至，秋豪不犯。河中、永興、周改晉昌軍曰永興。鳳翔連橫謀叛，關輔大擾。朝廷日有徵發，羣情憂惴。亦有不逞之徒，妄稱虛語，流布京師。弘肇都轄禁軍，警衛都邑，專行刑殺，略無顧避。無賴之輩，望風匿迹。然不問罪之輕重，理之所在，但云有犯，便處極刑。枉濫之家，莫敢上訴。巡司軍吏，因緣爲姦，嫁禍脅人，不可勝紀。《章傳》云：罷不急之務，惜無用之費，收聚財賦，專事西征，軍旅所資，供餽無乏，及三叛平，賜與之外，國有餘積。然以專於權利，剥下過當，斂怨歸上，物論非之。三人者所行皆操切之政，此誠非正道，更非久計，然未嘗不藉以取濟於一時，其功罪未可以一言定也。致治之道，莫要於覈名實，破朋黨。《新史‧邠傳》，言其爲人頗儉静；四方之略，雖不卻，然往往以獻於帝；又居家能謝絕賓客；此即其能奉公之證。以視蘇逢吉之侈靡好賄者，迥不侔矣。《舊史‧逢吉傳》言：逢吉與蘇禹珪，俱在中書，有所除拜，多違舊制，物論紛然。逢吉尤貪財貨，無所顧避。及邠爲相，每懲二蘇之失，艱於除拜。即此一端，亦與其用二蘇，不如用邠等也。弘肇之嚴刑，誠爲大失，然此亦當時通病。《楊邠傳》言：弘肇恣行慘酷，都人士庶，相目於路，而邠但稱其善。《王章傳》亦言其峻於刑法。《逢吉傳》亦言其深文好殺。從高祖在太原時，高祖嘗因事命其静獄，以祈福佑，逢吉乃盡殺禁囚以報。及執朝政，尤愛刑戮。朝廷患諸處盜賊，遣使捕逐，逢吉自草詔意，云應有賊盜，其本家及四隣同保人，並仰所在全族處斬。或謂之曰：“爲盜族誅，猶非王法，隣保同罪，不亦甚乎？”逢吉堅以爲是，僅去全族二字。此亦豈減於弘肇哉？蓋自藩鎮擅土以來，將擁兵而賊民，兵怙勢而犯上，民迫於無可如何，亦挺而走險，則又專恃刑戮以威之，上下相賊，已成一互相殘殺之局，生於其間者，皆濡染焉而不知其非，所謂非一朝一夕之故，其所由來者漸矣。此誠深可痛傷，然不足爲一人咎也。然挾震主之威，爲衆怨之府，變故遂終不可免矣。

隱帝爲大臣所制，心不能平，乃與李業及內客省使閻晉卿、樞密承旨聶文進、飛龍使後匡贊、翰林茶酒使郭允明等謀之。乾祐三年十一月十三日，邠、弘肇、章入朝，帝伏甲殺之。并誅其親黨。去年十月，契丹寇河北，郭威禦之，以宣徽使王峻監其軍。是歲三月，又以威鎮鄴都，仍領樞密使。時蘇逢吉不可，曰：“以內制外則順，以外制內，豈得便邪？”而史弘肇欲之。卒從弘肇議。十月，又詔侍衛步軍都指揮使王殷屯澶州。殺邠等前一夕，遣供奉官孟業齎密詔詣澶州、鄴都，令澶州節度使太后弟李洪義殺王殷，鄴都行營馬軍都指揮使郭崇威，後避周祖諱，故或去威字。步軍都指揮使曹威殺郭威及王峻。劉銖者，梁邵王友誨衙將，與漢高祖有舊。高祖鎮太原，以爲左都押衙。授永興軍節度使。從定汴、洛，移鎮青州。因其暴虐，代以符晉卿。銖居長安，奉朝請而已，恨史弘肇、楊邠。至是，命誅郭威、王峻之家。又命太后母弟李洪建誅王殷之族。銖誅戮備極慘酷，殷但遣人監守而已。使者至澶州，李洪義不敢發，引孟業見王殷。殷囚業，遣副使陳光穗以密詔示郭威。威匿詔書，召樞密院吏魏仁浦謀於臥內。仁浦勸威反。倒用留守印，更爲詔書，詔威誅諸將校，以激怒之。於是留養子榮鎮鄴都，命郭崇威將騎兵先驅，自將大軍繼之。隱帝既誅楊邠等，以蘇逢吉權知開封府事，李洪建判侍衞司事，閻晉卿權侍衞馬軍都指揮使，而急召鄆州高行周、青州符彦卿、永興郭從義、兗州慕容彦超、同州薛懷讓、鄭州吳虔裕、陳州李轂等赴闕。及聞郭威兵起，李業等請帝傾府庫以給諸軍。蘇禹珪以爲未可。業拜禹珪於帝前曰：“相公且爲官家，莫惜府庫。”遂下令：侍衞軍人給二十緡，下軍各給十緡，北來將士亦準此。仍遣其在營子弟，各齎家問，向北諭之。慕容彦超得詔，方食，釋匕箸入朝。帝悉以軍事委之。侯益曰：“鄴都戍兵，家屬皆在京師，官軍不可輕出，閉城以挫其鋒，使其母妻登城招之，可不戰而下也。”慕容彦超以爲懦。帝乃遣益及閻晉卿、吳虔裕、前保大節度使張彦超將禁兵趨澶州。十六日，郭威至澶州。李洪義納之。王殷以所部兵從。十七日，至滑州。節度使宋延渥迎降。王峻諭軍曰：“我得公處分：俟平定京城，許爾等旬日剽掠。”衆皆踊躍。十九日，威兵至封丘。見第十二章第二節。慕容彦超以大軍駐於七里店。在開封北。二十日，車駕勞軍，即日還宮。二十一日，復出。彦超先擊北軍，不勝。諸軍稍稍奔於北軍。吳虔裕、張彦超等相繼而去。侯益亦夜至郭威營。慕容彦超以十數騎奔兗州。帝西北走趙村而死。新舊《史》皆云：爲郭允明所弑，説不足信，見《通鑑考異》。《通鑑》云爲亂兵所弑，亦無據也。蘇逢吉、閻晉卿、郭允明皆自殺，聶文進挺身走，軍士追斬之。郭威至玄化門，劉銖兩射城外。《舊五代史·周太祖紀》：《漢隱帝紀》云：帝策馬至玄化門，劉銖在城上，問帝左右、兵馬何在？乃射左右。帝迴與蘇逢吉、郭允明詣西北村舍。案劉銖若叛隱帝，何得更射周太祖？故知其射隱帝之説，必因其射周太祖而誤傳也。威自迎春門入。諸軍大掠，煙火四起。翼日，王殷、郭崇威言曰：“若不止剽掠，比夜化爲空城矣。”由是諸將部分，斬其剽者，至晡乃定。威殺劉銖、李洪建，而復竇貞固、蘇禹珪之位。李業奔陝州，其兄節度使洪信不敢納。將奔晉陽，爲盜所殺。後匿贊奔兗州，慕容彦超執送之，斬於市。隱帝之敗，全由軍人販弄天子，楊光遠語，見第十三章第二節。與後唐閔帝、末帝，如出一轍。慕容彦超沮侯益之計，人皆以爲失策，其實未必然也。當時之敗，全在彦超一軍獨戰，而諸軍不與協力，然亦未見大敗，可見兵力本非不敵。《舊史·隱帝紀》：彦超自鎮馳至，帝以軍旅之事委之。彦超謂帝曰：“陛下勿憂，臣當生致其魁首。”退見聶文進，詢北來兵數及將校名氏。文進告之。彦超懼曰：“大是劇賊，不宜輕耳。”蓋不意附威者如此其衆？然及隱帝勞軍還宮，彦超尚揚言曰：

"官家宮中無事,明日再出,觀臣破賊。"時太后遣中使謂聶文進曰:"賊軍在近,大須用意。"文進曰:"有臣在,必不失策。縱有一百個郭威,亦當生擒之。"可見當時諸臣,於威皆不之憚也。威之用兵,本非史弘肇之倫,觀其攻一李守貞,尚久而後克可知。使非諸軍叛離,何至一敗塗地?若人人皆以販弄天子爲事,城守何益?且當日遣北來將士在營子弟,各齎書問,向北諭之,不已行益之策乎?**史所傳之事迹,多周世諱飾之辭,不足信也**。史言隱帝之事,不可信者甚多。如歐《史·家人傳》言:隱帝數與小人郭允明、後贊、李業等遊戲宮中。太后數切責之,帝曰:"國家之事,外有朝廷,非太后所宜言也。"太常卿張昭聞之,上疏諫帝,請親近師傅,延問正人,以開聰明。帝益不省。其後卒與允明等謀議,遂至於亡。一似帝所與親狎,皆非后之所許者。然李業固后親弟,后所最憐。《宋史·李濤傳》言:周祖舉兵,太后倉皇涕泣曰:"不用李濤之言,宜其亡也。"則濤之請出楊邠、郭威,固業意,亦不必非太后意,濤之罷政,特見脅而然矣。郭允明本高祖厮養。後贊者,其母倡。贊幼善謳。初事張延朗,後乃更事高祖、聶文進,少爲軍卒,以善書算,給事高祖帳下。云小人可也,閻晉卿家世富豪,少仕并門,歷職至客將,猶可云其門第或本不高。李業既居元舅之尊,何得更以小人目之?允明等雖小人乎,然《舊史·傳》言:殺史弘肇等前夕,文進與同黨豫作宣詔,制置朝廷之事。凡關文字,並出文進之手。明日難作,文進點閱兵籍,徵發軍衆,指揮取含,以爲己任,內外容冤,前後填咽。太祖在鄴被搆,初謂文進不與其事,驗其字迹,方知文進亂階之首也,大詬詈之。《後贊傳》言:贊與同黨更侍帝側,剖判戎事。其人皆未易才也。乃又謂贊之爲此,兼所以防閒吉。《新史》遂云:與允明等休侍帝,不欲左右言己短。允明嘗奉使荆南,潛使人步度城壁之高卑,池隍之廣隘,此蓋有深意焉,《舊傳》則謂其以動荆人,冀得重賄。《新史》遂徑謂高保融厚賂而遣之。閻晉卿與侯益等共禦北師,度必早參機密。乃《舊史·傳》謂李業等謀殺楊、史,始詔晉卿謀之,晉卿且退詣弘肇,將告其事,而弘肇不見。如此捕風捉影,天下豈尚有忠貞不二之人?蘇逢吉,楊、史甫誅,即權密院,亦必早與密謀。《傳》云:李業輩惡弘肇、邠等,逢吉知之,每見業等,即微以言激怒之,亦隱見其與謀之迹。乃又謂弘肇等被害,逢吉不與其謀,亦見其說之不足信也。後贊,即後匡贊,作史者避宋諱,去匡字。

隱帝既死,乃誣郭允明弑逆,由太后下誥,言河東節度使崇、忠武節度使信皆高祖弟,武寧節度使贇、開封尹勳即承勳,避隱帝諱去承字。皆高祖子,其擇所宜。贇者,崇之子,高祖子之。郭威、王峻請立勳。太后告以勳羸病日久,不能自舉。乃議立贇,遣太師馮道詣徐州奉迎,而請太后臨朝。時契丹世宗自將入寇。十二月朔,郭威禦之。十六日,至澶州。二十日,將士擁威南行。王峻與王殷謀,遣郭崇威往宋州,前申州刺史馬鐸詣許州巡檢。太后誥廢贇爲湘陰公。馬鐸至許州,信皇惑自殺。明年正月,郭威立,是爲周太祖。勳卒。殺湘陰公於宋州。是日,劉崇稱帝於晉陽,是爲北漢。《通鑑》、《宋史》同,《新五代史》稱爲東漢。《新史·世家》云:周太祖與旻素有隙,崇更名旻,見下。旻頗不自安,謂判官鄭珙曰:"主上幼弱,政在權臣,而吾與郭公不協,時事如何?"珙曰:"漢政將亂矣。晉陽兵雄天下,而地形險固,十州征賦,足以自給。公爲宗室老,不以此時爲計,後必爲人所制。"旻曰:"子言吾意也。"乃罷上供征賦,收豪傑,籍丁民以益兵。隱帝遇弑,旻謀舉兵。周祖白立贇,人皆知非實意也,旻獨喜,罷兵,遣人至京師。太原少尹李驤勸旻以兵下太行,控孟津以俟變,庶幾贇得立。贇立而罷兵可也。旻大罵曰:"腐儒欲離間我父子。命左右牽出斬之。"驤臨刑,歎曰:"吾爲愚人畫計,死誠宜矣。然吾妻病,不可獨存,願與之俱死。"旻聞之,即并戮其妻於市。以其事白漢,以明無他。已而周太祖果代漢,降封贇湘陰公。旻遣衙將李鋂奉書求贇歸太原,而贇已死。旻即慟哭,爲李驤立祠,歲時祠之。早謀自固。繼乃信威欲立其子,崇之愚不至此。蓋正以子在其手,不敢不罷兵,猶恐未足以取信,乃更殺李驤以益之耳。威苟忌崇,不殺李驤何損? 若其不忌,殺十李驤何益? 乃崇竟以求媚於威而殺驤,并及其妻,此時之武人,豈尚有人理? 然驤久事崇,何以不知其不足與謀,而必爲之謀也? 豈知足以策郭威,而不足以策劉崇乎? 無他,亦欲取信以自媚耳。非知之難,所以用其知者實難,韓非早言之矣。所以用其知者,亦知也,何以明於彼而闇於此也? 則欲利使之然也。故曰:"利令知昏。"

北漢既自立,於是藉契丹以猾夏之勢復起。契丹世宗之南侵,蓋非有意於略地,特欲藉此求索耳,故復遣使請和。會漢亡,安國節度使劉詞送其使者詣大梁。周祖遣左千牛衛將軍朱憲報之,且叙革命之由。契丹亦遣使偕來賀即位。帝又使尚書左丞田敏與俱。而北漢主亦遣李鋂使於契丹。四月,契丹主遣使如北漢,告以田敏來,約歲輸錢十萬緡。北漢主使鄭珙以厚賂謝契丹。自稱姪皇帝致書於叔天授皇帝,請行册禮。《通鑑》、歐《史·世家》云:兀欲與旻約爲父子之國,旻遣珙致書兀欲,稱姪皇帝,以叔父事之而已。周復遣左金吾將軍姚漢英等往使,遂爲契丹所留。六月,契丹册崇爲大漢神武皇帝。崇更名旻。九月,旻遣李存瓌自團柏入寇。世宗欲引兵會之。其下不欲,見弒。穆宗立,旻復以叔父事之。請兵以擊晉州。十月,契丹遣彰國節度使蕭禹厥將奚、契丹五萬會之。北漢主自將兵二萬,自陰地關寇晉州。十一月,王峻救之。留陝州旬日。帝憂晉州不守,議自將由澤州路與峻會,遣使諭峻。十二月朔,下詔以三日西征。峻因使者言於帝曰:"晉州城堅,未易可拔。陛下新即位,不宜輕動。若車駕出汜水,則慕容彥超引兵入汴,大事去矣。"乃敕罷親征。北漢主攻晉州,久不克。會大雪,民相聚山寨,野無所掠,軍乏食,契丹思歸。聞王峻至蒙阬,在晉州南。燒營夜遁。北漢主始息意於進取。峻遣禁兵千餘人戍長安,李洪信懼,入朝。二年正月,所在奏慕容彥超反狀。以侍衛步軍都指揮使曹英爲都部署討之。久不克。四月,下詔親征。五月,至兗州,克之。彥超赴井死。沙陀餘孽盡矣。

第二節　南方諸國形勢上

自後唐至石晉，爲時約三十年，據中原之地者，無暇過問偏方之事，梁尚有意於經略吳、楚，特力不足耳。後唐莊宗，則初無意於此。其滅前蜀，特由好賄，說見第十二章第五節。不久亦復失之矣。而偏方諸國，亦未有能蹈涉中原，抗衡上國者，海內遂成豆剖瓜分之局。其時割據一隅者，非有深根固柢，足以自立之道也，特其地醜德齊，莫能相尚，益以沙陀、契丹，交爭互奪，遂至無暇及此耳。迄於周世，沙陀既力盡而斃，契丹亦運直中衰，世宗雖無遠猷，頗有銳氣，整軍經武，中原之勢斯張，更得宋祖以繼之，而一統之機熟矣。

南方之國吳爲大，故述南方之事者，當以吳爲綱維。楊行密之寢疾也，命其節度判官周隱召其子渥於宣州，隱言渥非保家之主，而行密餘子皆幼，請使廬州刺史劉威權領軍府，俟諸子長授之。行密不應。左右衙指揮使張顥、徐溫曰：「王出萬死立基業，安可使他人有之？」行密曰：「吾死瞑目矣。」他日，將佐問疾，行密目留幕僚嚴可求。可求曰：「王若不諱，如軍府何？」行密曰：「吾命周隱召渥，今忍死待之。」可求與徐溫詣隱，隱未出見，牒猶在案上，可求即與溫取牒遣使如宣州召渥。行密卒，渥襲，殺周隱。然旋爲張顥、徐溫所替。渥之鎮宣州，命指揮使朱思勍、范思從、陳璠將親兵三千，及即位，召歸廣陵，顥、溫使從秦裴擊鍾匡時，因戍洪州，誣以謀叛，誅之。又率衙兵殺渥親信十餘人。諸將不與同者，稍以法誅之。於是軍政悉歸二人，渥不能制。開平元年五月，顥、溫共弒渥。梁之篡，諸節鎮皆稱臣，惟河東、鳳翔及淮南，仍用天祐年號，西川則稱天復。是歲，七月，梁以錢鏐兼淮南節度使，馬殷兼武昌節度使，各充本道招討制置使，蓋意在於來討。故顥、溫初約分吳地以臣於梁。蓋既免大國之討，且可借梁力以定己位也。渥死，顥欲背約自立。溫患之。嚴可求爲說顥曰：「今外有劉威、陶雅、歙州。李簡、常州。李遇，宣州。皆先王一等人也，未知能降心以事公不？」乃立行密次子隆演，初名瀛，又名渭。顥又諷隆演出溫於潤州，可求說止之。而與溫謀，選壯士三十人，就衙堂斬顥。因以弒渥之罪歸之。《通鑑》曰：初將弒渥，溫謂顥曰：「參用左右衙兵，心必不一，不若獨用吾兵。」顥不可。溫曰：「然則獨用公兵。」顥從之。至是，窮治黨與，皆左衙兵，由是人以溫爲實不知謀也。按此說出《江南別錄》，見《考異》。隆演以溫爲左右衙都指揮使，可求爲揚州司馬。溫專政，隆演備位而已，三年三月，溫以金陵形勝，戰艦所聚，乃自以淮南行軍副使領昇州刺史，留廣陵，以假子知誥爲昇州防遏兼樓船副使，往治之。知誥，海州人。溫亦海州人。流寓濠、泗閒。行密攻濠得之，養爲子，以乞溫，冒其姓。乾化二年，溫使淮南節度副使王壇代李遇，都指揮使柴再用送之，而以知誥爲之副。遇不受代，攻之。踰月不克。遇有少子，爲淮南衙將，溫執至宣州城下。遇不忍戰，乃降。溫使再用斬之，夷其族。劉威、陶雅懼，皆詣廣陵。溫待之甚恭，並遣還鎮。威、雅等皆與行密起事，其徒號三十六英雄將。溫未嘗有戰功，徒以行密病時，舊將皆以戰守在外，而溫居帳下，遂獲盜竊政柄。溫於舊將，皆偶下之，諸將乃安。知誥以功遷昇州刺史。時諸州長吏多武夫，專以軍旅爲務，不恤民事，知誥獨選用廉吏，修明政教，招延四方士大夫，傾家貲無所愛惜。竊國之機，肇於此矣。是歲，溫與劉威、陶雅率將吏請於李儼，承制加隆演太師、吳王，以溫領鎮海節度使，同平章事。淮南行軍司馬如故。三年，梁使王景仁侵廬、壽，溫與朱瑾敗之霍丘。見第十一章第五節。四年，梁武寧節度使王殷來附。朱瑾救之，爲梁兵所敗。貞明元年四月，溫以子知訓爲淮南行軍副使，內外馬步諸軍副使。八月，溫爲管內水陸馬步諸軍都指揮使、兩浙都招討使、守侍中、齊國公，鎮潤州，以昇、潤、常、宣、池、歙六州爲巡屬，軍國庶務，參決如故，而留知訓居廣陵。二年二月，宿衛將馬謙、李球劫吳王登樓，發庫兵討知訓，不克而死。是歲，晉遣使如吳會兵以擊梁。十一月，吳使知訓及朱瑾應之，圍潁州。三年五月，徐溫徙鎮海軍於昇州，而以知誥爲潤州團練使。知誥求宣州，溫不許。知誥不樂。其幕僚宋齊丘曰："三郎驕縱，敗在旦夕，潤州去廣陵，隔一水耳，此天授也。"知誥悅，即之官。三郎，謂知訓也。知訓驕倨淫暴，狎侮吳王，無復君臣之禮。溫皆不之知。四年六月，置靜淮軍於泗州，出朱瑾爲節度使。知訓過別瑾，瑾伏壯士斬之。馳以其首示吳王，曰："僕已爲大王除害。"王懼，以衣障面，走入內。瑾挺劍將出，子城使翟虔等闔府門勒兵討之。瑾自後踰城，折足，自剄死。徐知誥用宋齊丘策，即日渡江，撫定軍府，時徐溫諸子皆弱，乃以知誥爲淮南行軍副使，內外馬步都軍副使，通判府事，兼江州團練使，而以幼子知諫權潤州團練使。溫還鎮金陵，總吳朝大綱，自餘庶政，皆決於知誥。初溫說吳王曰："今大王與諸將，皆爲節度使，雖有都統之名，不足以相臨制。唐授行密諸道行營都統，渥、隆演嗣位，皆李儼承制授之。請建吳國，稱帝而治。"王不許。嚴可求屢勸溫以次子知詢代知誥。知誥與駱知祥謀，出可求爲楚州刺史。溫專吳政，以軍旅委嚴可求，財賦委支計官駱知祥。是時知祥附知誥，而可求仍爲溫謀。可求既受命，至金陵見溫，說之曰："吾奉唐正朔，常以興復爲辭。今朱、李方爭，朱氏日衰，李氏日熾。一旦李氏有天下，吾能北面爲之臣乎？不若先建吳國，以繫民望。"溫大悅，復留可求，參總庶政，使草具禮儀。

慮晉之滅梁，而先謀建國，此乃飾說。朱邪氏豈足纘李唐之統？以此誑天下，其誰聽之？蓋溫久欲割據自尊，前此朱梁尚強，有所顧忌，此時梁已無足畏，篡奪之謀，因之益急，而欲謀自尊，不得不先隆隆演之位耳。五年四月，隆演即吳國王位。以溫為大丞相、都督中外諸軍事，諸道都統，鎮海、寧國節度使，守太尉，兼中書令，東海郡王。知誥為左僕射，參政事，兼知內外諸軍事，仍領江州團練使。初吳越常臣服中國，自虔州入貢，及吳取譚全播，道絕，乃自海道出登、萊抵大梁。是歲，梁詔錢鏐大舉討淮南。鏐使其子傳瓘率戰艦五百艘，自常州東洲出海，復泝江而入以擊吳。戰於狼山江，<small>謂狼山南之大江也。狼山見第十章第五節。</small>吳師敗績。傳瓘復以兵三萬攻常州。徐溫拒之。戰於無錫，<small>今江蘇無錫縣。</small>傳瓘大敗。知誥請率步卒二千，易吳越旗幟鎧仗，躡其敗卒，襲取蘇州。溫曰：“爾策固善，然吾且求息兵，未暇如汝言也。”諸將皆以為吳越所恃者舟楫，今大旱，水道涸，此天亡之時也。宜盡步騎之勢，一舉滅之。溫歎曰：“天下離亂久矣，民困已甚。錢公亦未易可輕。若連兵不解，方為諸君之憂。今戰勝以懼之，戢兵以懷之，使兩地之民，各安其業，君臣高枕，豈不樂哉？”遂引還。且使歸無錫之俘。鏐亦遣使請和。自是吳休兵息民，民樂業者二十餘年焉。徐溫息兵之論，亦非由衷之言，蓋志存篡奪，不暇徼利於外耳。隆演以權在徐氏，常怏怏，酣飲，希復進食，遂致疾。六年五月，卒。<small>年二十四。</small>溫舍行密第三子廬江公濛，而立其第四子丹陽公溥。明年，<small>後唐莊宗同光元年。</small>唐滅梁，使告吳、蜀。使者稱詔，吳人不受。易其書，用敵國禮，曰大唐皇帝致書於吳國主，乃受之。復書稱大吳國主上大唐皇帝，辭禮如牋表。吳是時不肯仍唐為上國，足見其云慮唐滅梁，因謀自立之誣。然溫篡奪之謀，實未嘗不因之而少緩。逮莊宗亡，明宗繼立，後唐之不足憚，亦勢已顯然，溫乃復謀篡立。天成二年，溫謀率諸藩鎮入朝，勸吳王稱帝。將行，有疾，乃遣知詢奉表勸進，因留代知誥執政。十月，溫卒。知詢乃歸金陵。十一月，吳王即皇帝位。以知詢為諸道副都統、鎮海、寧國節度使，而加知誥都督中外諸軍事。四年，武昌節度使李簡以疾求還江都，卒於採石。知詢，簡女夫也，擅留簡親兵二千人於金陵，而表簡子彥忠代其父。知誥以柴再用為之。知詢怒。十一月，知詢入朝，知誥留之為統軍，領鎮海節度使，徵金陵兵還江都。十二月，以知誥領寧國節度使。長興元年十月，知誥以其長子景通為兵部尚書，參政事。二年十一月，知誥以鎮海、寧國兩節度鎮金陵，總錄朝政，如溫故事，而景通以司徒同平章事，留江都輔政。清泰元年十一月，召景通還金陵，為鎮海、寧國節度副大使，諸道副都統，判中外諸軍事。以次子景遷為左右軍都軍使，左僕射，參政事,留江都輔政。天福元年六月,景遷以疾罷,以其弟景遂代爲門下侍郎,參政事。二年二月,吳册知誥爲齊王。知誥更名誥。先是誥忌廬江公濛,幽之和州。八月,濛殺守衛軍使,奔周本於廬州。本將迎之,其子弘祚禦之,而使人執濛送江都。誥使殺之採石。八月,吳主禪位於誥。誥立於金陵,國號齊。四年正月,誥自言唐憲宗子建王恪生超,超生志,爲徐州判司,志生誥父榮,改國號曰唐。復姓李,更名昇,而號徐温爲義祖。昇之代吳,奉吳主爲讓皇。改潤州衙城爲丹陽宮,使徙居之。及卒,天福三年十一月。遷其族於泰州。今江蘇泰縣。李景與周構兵,遣園苑使尹延範復遷其族於潤。延範以道路艱難,恐其爲變,殺其男子六十人。還報,景怒,要斬之。事在顯德三年。此據《通鑑》。薛《史·僭僞列傳》、歐《史·世家》皆在二年,云景遣人殺之。昇之立,江淮比年豐稔,兵食有餘,羣臣爭言出兵恢復舊疆,南漢遣使來謀共取楚分其地,皆不許。吳越府署火,宮室府庫幾盡,其王元瓘,驚懼成疾,唐人爭勸乘敝取之,亦不許。皆見《通鑑》天福六年。蓋以篡奪得國,不欲假將帥以兵權也。天福八年,昇卒,子景立,即景通也。以馮延己、常夢錫爲翰林學士,延己弟延魯爲中書舍人,陳覺爲樞密使,魏岑、查文徽爲副使,皆無實材,而思徼功於外,景不能制,而誥與昇之志荒矣。

第三節　南方諸國形勢中

王審知既襲兄位,梁開國,封爲閩王。開平三年,淮南遣使修好。使者倨慢,審知斬之,遂與淮南絶。而以女妻錢鏐子傳珦,貞明二年。又爲子延鈞娶劉巖之女,貞明三年。以是與近鄰皆相安。審知起隴畝,每以節儉自處。選任良吏,省刑惜費,輕徭薄斂,與民休息,三十年間,一境晏然。然身死而閩局遽變。初審知從子延彬,治泉州十七年,今福建晉江縣。民安之。遂密使浮海,入貢於梁,求爲泉州節度。事覺,爲審知所替。貞明六年。是爲王氏骨肉相争之始。同光三年十二月,審知卒。長子延翰,自稱威武留後。天成元年十月,自稱大閩國王。十二月,弟泉州刺史延鈞及審知養子建州刺史延稟襲之。建州,建安郡。延稟先至,殺延翰,誣稱審知爲其所弑。延鈞至,延稟納之,推爲威武留後。四年,延稟稱疾,以建州授其子繼雄,後唐明宗許之,則已不復稟命於福州矣。長興二年四月,延稟聞延鈞有疾,以次子繼昇知建州留後,率繼雄以水軍襲福州。延鈞從子仁達詐降,誘繼雄斬之,因追禽延稟。延鈞殺之,復其姓名曰周彦琛。繼昇及弟繼倫奔吳越。延鈞遣弟延政知建州。三年六月,延鈞表後唐云:錢鏐卒,事在是年三月。請以臣爲吳越王。馬殷卒,事在去年十一月。請以臣爲尚書令。明宗不報。自審知，歲自海道登、萊入貢，至此遂絕。四年，延鈞稱帝，國號閩，更名鏻。鏻目以國小地僻，常謹事四鄰，然其政事紊亂殊甚。好神仙之術。道士陳守元、巫者徐彥林與盛韜共誘之作寶皇宮。審知時府舍卑陋，鏻又大作宮殿，極土木之盛。忌王仁達，族誅之。而以薛文傑爲國計使。陰求富民之罪，籍沒其財。建州土豪吳光入朝，文傑求其罪，將治之，光率其衆且萬人叛奔於吳，且請兵焉。吳信州刺史蔣延徽，信州見第十章第四節。不俟朝命，引兵會光攻建州。鏻求救於吳越。清泰元年正月，延徽圍建州。鏻遣將張彥柔、王延宗救之。延宗軍及中途，士卒不進，曰："不得薛文傑，不能討賊。"延宗馳使以聞。鏻長子繼鵬，執文傑，檻車送軍前。士卒臠食之。蔣延徽攻建州，垂克，徐知誥以延徽行密壻，與臨川王濛素善，恐其克建州，奉濛以圖興復，遣使召之。延徽亦聞閩及吳越兵將至，引而歸。二年，鏻立淑妃陳氏爲皇后。后本審知侍婢也。以其族人守恩、匡勝爲殿使。鏻有幸臣歸守明，出入臥內。鏻晚年得風疾，陳后與守明及百工院使李可殷私通。可殷嘗譖皇城使李倣於鏻。陳匡勝無禮於繼鵬，倣亦惡之。鏻疾甚，倣以爲必不起，使壯士數人持梃擊殺可殷。鏻少間，力疾視朝，詰可殷死狀。倣出，引部兵入弒之。倣與繼鵬殺陳后、守恩、匡勝、守明，及繼鵬弟繼韜。繼韜，繼鵬所惡也。繼鵬即位，更名昶。既而自稱權知福建節度事，奉表於唐。以李倣判六軍諸衞。十一月，使拱宸指揮使林延皓殺之，暴其弒君及殺繼韜罪。以弟繼嚴判六軍諸衞。後又罷之，以弟繼鎔判六軍。去諸衞字。此據《通鑑》，事在天福四年。《五代史·世家》作季鏞。忌叔父前建州刺史延武，户部尚書延望，殺之。事亦在天福四年。仍信重陳守元。賜號天師。更易將相、刑罰、選舉，皆與之議。作紫微宮，飾以水晶，土木之盛，倍於寶皇宮。又以方士言白龍見，作白龍寺。事皆在天福二年。用守元言，作三清殿於禁中。以黃金數千斤鑄寶皇大帝、元始天尊、太上老君像。事在天福四年。政無大小，皆巫者林興傳寶皇命決之。百役繁興，用度不足，乃命其吏部侍郎蔡守蒙，除官但以貨多少爲差。又以空名堂牒，使醫工陳究賣官於外。詔民有隱年者杖背，隱口者死，逃亡者族。雞豚果菜，皆重征之。天福二年十月，命其弟威武使繼恭上表告嗣位於晉，且請置邸於都下。三年十一月，晉以爲閩國王。以左散騎常侍盧損爲冊禮使。昶聞之，遣進奏官林恩白執政，以既襲帝號，辭冊命及使者。四年七月，初鏻以審知元從爲控宸、控鶴都。昶立，更募壯士二千爲腹心，號宸衞都。祿賜皆厚於二都。或言二都怨望將作亂，昶欲分隸漳、泉二州，漳州見第九章第一節。二都益怨。昶又數侮其軍使朱光進、拱宸都將。連重遇。控鶴都將。屢以猜怒誅宗室。叔父延義，審

知少子。陽爲狂愚以避禍。昶賜以道士服，置武夷山中。山在今崇安縣南。尋復召
還，幽於私第。北宮火，求賊不獲。命連重遇將内外營兵，掃除餘燼，日役萬
人。又疑重遇知縱火之謀，欲誅之。重遇率二都兵，復召外營兵攻昶。宸衛
都戰敗，奉昶以出。延羲使兄子繼業追弑之。宸衛餘衆奔吳越。延羲自稱威
武留後、閩國王。更名曦。以宸衛弑昶赴於鄰國。遣商人間道奉表稱藩於
晉。初盧損至福州，昶稱疾不見，遣其禮部員外郎鄭元弼奉繼恭表隨損入貢。
昶遣執政書，求用敵國禮致書往來。晉高祖怒，下元弼於獄。明年正月釋之。曦
因商人奉表自理。乃復以爲威武節度使，封閩國王。事在天福五年十一月。連重
遇之攻昶也，陳守元在宮中，易服將逃，兵入殺之。重遇執蔡守蒙，數以賣官
之罪，斬之。林興先以詐覺流泉州，曦既立，遣使誅之。然此特鉏前王之心
腹，非能革其弊政也。而其驕淫苛虐，猜忌宗室，亦與昶無異，於是延政叛於
建州。五年二月，曦遣統軍使潘師逵、吳行真擊之。延政求救於吳越。吳越
王元瓘遣將仰仁詮救之。三月，延政募敢死士出擊，大敗師逵。師逵死，行真
走。仰仁詮至，延政犒之，請其班師。仁詮不從。延政懼，復乞師於曦。曦使
泉州刺史王繼業將兵二萬救之。五月，延政擊吳越兵，大破之。仁詮夜遁。
唐主使和曦及延政。六月，延政遣衙將及女奴持誓書及香燭至福州，與曦盟
於宣陵。審知墓。然相猜恨如故。六年正月，延政請於曦，願以建州爲威武軍，
自爲節度使。曦以威武軍福州也，乃以建州爲鎮安軍，以延政爲節度使，封富
沙王。延政改鎮安曰鎮武而稱之。四月，曦以其子亞澄判六軍諸衛。曦疑其
弟汀州刺史延喜與延政通謀，汀州，今福建長汀縣。遣將執之以歸。六月，聞延政
以書招泉州刺史繼業，召繼業還，賜死，殺其子於泉州。又惡泉州刺史繼嚴得
衆心，罷歸，酖殺之。後又於宴時殺其從子繼柔。淫侈無度，資用不給，謀於
國計使陳匡範，匡範請日進萬金。曦悦，加匡範禮部侍郎。匡範增算商賈數
倍。未幾，算不能足日進，貸諸省、務錢以足之。恐事覺，憂悸而卒。曦祭贈
甚厚。諸省、務以匡範貸帖聞。曦大怒。斲匡範棺，斷其尸棄水中。以黃紹
頗爲國計使。紹頗請令欲仕者自非蔭補，皆聽輸錢即授之。以資望高下及州
縣户口多寡定其直，自百緡至千緡，從之。六年七月，曦自稱大閩皇，領威武
節度使，與延政治兵相攻。福、建之間，暴骨如莽。是歲十月，曦稱皇帝，延政
自稱兵馬元帥。七年六月，延政圍汀州，曦發漳、泉兵救之，延政不能克。曦
發兵襲建州，亦不克。八月，曦使求和於延政，延政不受。八年二月，延政稱
帝於建州，國號大殷。楊思恭以善聚斂，爲僕射，領軍國事。增田畝山澤之
稅，魚鹽蔬果，無不倍征，國人謂之楊剥皮。開運元年正月，唐遺曦及延政書，

責以兄弟尋戈。延政覆書，斥唐主奪楊氏國。唐主怒，與殷絶。初朱文進、連重遇弒昶，懼國人之討，乃結婚以自固。曦心忌之。曦賢妃尚氏有寵，其妻李氏妬之，欲圖曦而立其子亞澄。使謂文進、重遇曰："上心不平於二公，奈何？"三月，文進、重遇弒曦。文進自稱閩王。悉收王氏宗族，自延喜已下少長五十餘人皆殺之。以重遇總六軍。延政遣統軍使吳成義討文進，不克。八月，文進自稱威武留後，權知閩國事，奉表於晉。晉以爲威武節度使，知閩國事。旋又封爲閩國王。文進以羽林統軍使黃紹頗爲泉州刺史，左軍使程文緯爲漳州刺史，汀州刺史許文稹舉郡降之。泉州散員指揮使留從效，與同列王忠順、董思安、張漢思殺紹頗，請王繼勳主軍府。延政即以爲泉州刺史。漳州將程謨，亦殺文緯，立王繼成權州事。繼勳、繼成，皆延政從子，朱文進滅王氏，以疏遠獲全者也。許文稹亦降殷。文進遣兵攻泉州，爲留從效所破。吳成義率戰艦千艘攻福州。文進遣子弟爲質於吳越以求救。初唐翰林待詔臧循，與樞密副使查文徽同鄉里。循嘗爲賈人，習福建山川，爲文徽畫取建州之策。文徽表請用兵擊王延政。國人多以爲不可。唐主以爲江西安撫使，循行境上，覘其可否。文徽至信州，奏言攻之必克。唐主以洪州營屯都虞候邊鎬將兵從文徽伐殷。文徽自建陽進屯蓋竹。建陽，今福建建陽縣，蓋竹在其南。聞漳、泉、汀三州皆降於殷，殷將張漢卿將至，退屯建陽。臧循屯邵武，今福建邵武縣。邵武民導殷軍襲破之。執循送建州，斬之。吳成義聞有唐兵，詐使人告福州吏民曰："唐助我討賊臣，大兵今至矣。"福人益懼。福州南廊承旨林仁翰刺殺連重遇，斬朱文進，迎成義入城。胡三省曰：南廊承旨，蓋亦武職。二年正月，閩故臣共迎延政，請歸福州，改國號曰閩。延政以有唐兵，未暇徙都，以從子繼昌鎮福州，使飛捷指揮使黃仁諷衛之。查文徽求益兵，唐主遣數千人會之。二月，延政使楊思恭拒之，敗績。乃嬰城自守。初光州人李仁達仕閩，爲元從指揮使，十五年不遷職。曦之世，叛奔建州。延政以爲將，及朱文進弒曦，復叛奔福州，陳取建州之策。文進惡其反覆，黜居福清。今福建福清縣。浦城人陳繼珣，浦城，今福建浦城縣。亦叛延政奔福州，爲曦畫策取建州，曦以爲著作郎。延政得福州，二人皆不自安。仁達潛入福州說黃仁諷，仁諷然之。三月，仁達引甲士突入府舍，殺繼昌及吳成義。仁達欲自立，恐衆心未服，以雪峯寺僧卓巖明，據《通鑑》。《新史》作儼明。素爲衆所重，迎之，立爲帝。延政命統軍使張漢真合漳、泉兵討之。爲黃仁諷所破。仁達又殺仁諷、繼珣。已又殺巖明。自稱威武留後。稱藩於唐，亦入貢於晉。唐以仁達爲威武節度使，賜名弘義，編之屬籍。弘義又使修好於吳越。八月，唐克建州，延政降。王忠順戰死。董思安整衆奔泉州。唐縱兵大掠，焚宮室廬舍殆盡。許文稹以汀州，王繼勳以泉州，王繼成以漳州，皆降於唐。唐置永安軍於建州。十月，以王崇文爲永安節度使。崇文治以寬簡，建人乃安。三年，王建勳致書修好於李弘義。弘義以泉州故隸威武軍，怒其抗禮。四月，遣弟弘通伐之。留從效廢繼勳，代領軍府。勒兵擊弘通，大破之。表聞於唐。唐以從效爲泉州刺史，召繼勳還金陵，遣將戍泉州。徙王繼成刺和州，許文稹刺蘄州。初唐人既克建州，欲乘勝取福州，唐主不許。樞密使陳覺請自往說李弘義，必令入朝。乃以爲福州宣諭使。弘義知其謀，見覺，辭色甚倨，覺不敢言而還。至劍州，<small>南唐所置，宋時改稱南劍，今福建南平縣。</small>擅發汀、建、撫、信州兵及戍卒，<small>撫州見第四章第六節。</small>使建州監軍使馮延魯將以攻之。爲所敗。唐主以覺專命，甚怒，羣臣多言兵已傅城下，不可中止，乃以王崇文爲都招討使，魏岑與延魯爲監軍攻之。李弘義自稱威武留後，更名弘達，奉表請命於晉，晉以爲威武節度使，知閩國事。又更名達，使奉表乞師於吳越。十月，唐漳州將林贊堯作亂，劍州刺史陳誨、泉州刺史留從效逐之。以泉州裨將董思安知漳州。唐主即以爲漳州刺史。以其父名章，爲改漳州曰南州。而命其與留從效會攻福州。吳越統軍張筠、趙承泰將兵三萬，水陸救福州。十一月，潛入州城。時唐主又遣信州刺史王建封助攻福州。王崇文雖爲元帥，陳覺、馮延魯、魏岑爭用事，留從效、王建封倔強不用命，攻城不克，將士皆解體。天福十二年三月，吳越復發水軍，遣其將余安自海道救福州。馮延魯縱其登岸，欲擊之，吳越兵既登岸，大呼奮擊，延魯不能禦，棄衆而走。諸軍皆潰。死者二萬餘人，棄軍資器械數十萬。余安入福州，李達舉所部授之。留從效引兵還泉州，逐唐戍將。吳越遣鮑修讓戍福州。李達入朝於吳越，吳越更其名曰孺贇。孺贇賂內衙統軍使胡進思，求歸福州。進思爲請，吳越主弘倧許之。孺贇與鮑修讓不協，謀襲殺修讓，復以福州降唐。修讓攻殺之。弘倧以其相吳程知威武節度事。是歲，唐以王延政爲安化節度使、鄱陽王，鎮饒州。<small>見第二章第六節。</small>廣順元年，更以爲山南西道節度使，賜爵光山王。乾祐二年，留從效兄南州副使從願酖殺刺史董思安而代之，唐主不能制。置清源軍於泉州，以從效爲節度使。三年，福州人或詣建州，告唐永安留後查文徽云：“吳越兵已棄城去，請文徽爲帥。”文徽信之。遣劍州刺史陳誨將水軍下閩江，自以步騎繼之。誨至城下，敗福州兵，執其將馬先進等。文徽至，吳程詐遣數百人出迎，而勒兵擊敗之，禽文徽。誨全軍歸。唐主後歸先進於吳越，以易文徽焉。

　　馬殷以梁開平元年，受封爲楚王。又請依唐太宗故事，開天策府，置官屬。太祖拜殷天策上將軍。末帝時，加殷武安、武昌、靜江、寧遠等軍節度使，洪、鄂四面行營都統。後唐莊宗滅梁，殷遣其子希範修貢，上梁所授都統印。蜀平，殷大懼，表求致仕。莊宗下璽書慰勞之。明宗即位，又遣使修貢。天成二年，請建行臺。明宗封爲楚國王。殷始建國。殷初兵力尚寡，與楊行密、成汭、劉龑等爲敵國，殷患之，問策於其將高郁。郁曰："成汭地狹兵寡，不足爲吾患。劉龑志在五管而已，楊行密孫儒之仇，雖以萬金交之，不能得其歡心。然尊王杖順，霸者之業也。今宜内奉朝廷，以求封爵而外誇鄰敵，然後退修兵農，蓄力而有待耳。"殷始修貢京師。然歲貢不過所産茶茗而已。乃由京師至襄、唐、郢、復等州，置邸務以賣茶，其利十倍。又諷殷鑄鉛鐵錢，以十當銅錢一。又令民自造茶，以通商旅，而收其算，歲入萬計。由是地大力完，數邀封爵。先是吳淮南節度副使陳璋等將水軍襲岳州，執刺史苑玫。乾化二年。後吳袁州刺史劉景崇威子。來附，許貞將萬人援之，又爲吳柴再用所破。乾化四年。及是，天成二年。吳苗璘、王彦章以水軍萬人攻鄂州，右丞相許德勳敗之，虜璘、彦章。吳遣使求和，以二人爲請，殷歸之。於是與吳亦和好矣。殷子十餘人，嫡子希振長而賢，而次子希聲，以母袁德妃有寵，爲節度副使。四年三月，殷命知政事，總録内外諸軍事。希振棄官爲道士。八月，希聲矯殷命，殺高郁，并誅其族黨。殷老不復省事，明日始知之，拊膺大哭，蓋已尸居餘氣矣！長興元年十月，殷寢疾。使請傳位於希聲。朝廷疑殷已死，以希聲爲起復武安節度使。十一月，殷卒。遺命諸子兄弟相繼。寘劍於祠堂，曰："違吾命者戮之。"此蓋希聲所爲，以平其兄弟之氣者也。希聲既襲位，又稱遺命，去建國之制，復藩鎮之舊。蓋自媚於上國，以求固其位也。三年七月，希聲卒。六軍使袁詮、潘約迎希範於朗州而立之。朗州見第六章第三節。希範與希聲同日生，怨其先立不讓，不禮於袁德妃。希聲母弟希旺，爲親從都指揮使，解其軍職，使居竹屋草門，不得與兄弟宴集，以憂憤卒。静江節度使希杲有善政。天福元年四月，漢侵蒙、桂二州，蒙州見第十章第五節。希範自將步騎五千如桂州，徙希杲知朗州。後因其稱疾求歸，遣醫往視，毒殺之。事在開運二年。希範妻彭氏，貌陋而治家有法，希範憚之。天福三年十月，彭氏卒，希範始縱聲色。爲長夜之飲，男女無別。作天策府，極棟宇之盛。又作九龍殿，刻沈香爲八龍，飾以金寶，長十餘丈，抱柱相向，希範居其中，自爲一龍。用度不足，重爲賦斂。聽人入財拜官。民有罪則富者輸財，强者爲兵，惟貧弱受刑。天福十二年五月，希範卒。諸弟中朗州刺史希萼最長，而武安節度副使、天策府都尉希廣，希範母弟也，希範使判内外諸司事長直都指揮使劉彦瑫，天策府學士李弘皋、鄧懿文，小門使楊滌等立之。庶弟天策左司馬希崇，搆之於希萼，且約爲内應。乾祐元年，希萼請與希廣各修職貢,求朝廷別加官爵。希廣厚賂執政,使拒其請。二年八月,希萼悉調朗州丁壯爲鄉兵,造號靜江軍,作戰艦七百艘,以攻潭州。岳州刺史王贇大破之。追希萼,將及,希廣遣使召之曰:"勿傷吾兄。"贇引兵還。三年,希萼復誘辰、溆州及梅山蠻,以攻希廣。辰州見第二章第七節。溆州,在今湖南黔陽縣境。梅山,在今湖南安化縣西南,接新化界。且使稱藩於唐以乞師,唐命楚州刺史何敬洙助之。希廣使劉彥瑫討之,敗績。十一月,希萼悉衆趨潭州。希廣水軍指揮使許可瓊德勳子。叛降之。潭州陷。馬軍指揮使李彥溫與劉彥瑫奉希範、希廣諸子奔唐。朗兵、蠻兵,大掠三日。殺吏民,焚廬舍,自殷已來所營宮室,皆爲灰燼。希萼自稱天策上將軍、武安、武平、靜江、寧遠節度使、楚王。以希崇爲節度副使、判軍府事。饗食李弘皐及其弟弘節、楊滌、都軍判官唐昭胤,斬鄧懿文於市,而賜希廣死。湖南要職,悉以朗人爲之。多思舊怨,殺戮無度。晝夜縱酒荒淫,悉以軍府事委希崇。希崇復多私曲,政刑紊亂。府庫盡於亂兵,籍民財以賞士卒,或封其門而取之,士卒猶以不均怨望,雖朗州舊將佐,亦皆不悅有離心。遣掌書記劉光輔入貢於唐,光輔密言其民疲主驕,可取。唐主乃以邊鎬爲信州刺史,將兵屯袁州,見第九章第一節。潛謀進取。希萼以府舍焚蕩,命靜江指揮使王逵、副使周行逢率所部兵千人治之。執役甚勞,又無犒賜,士卒皆怨。逵、行逢率之逃歸朗州,奉希振子光惠爲節度使。旋又迎辰州刺史劉言,廢光惠,送於唐,推言權武平留後。表求旄節於唐,亦稱藩於周。九月,希萼爲其馬步都指揮使徐威所執,立希崇爲武安留後。初溪州刺史彭士愁寇辰、澧,溪州,在今湖南龍山縣境。澧州見第六章第三節。希範遣兵討之。士愁遣子師暠請降,事在天福五年,參看第十五章第二節。楚人惡其獷直,希廣獨憐之,以爲强弩指揮使。希萼攻希廣,師暠爲之力戰。及敗,投槊於地,大呼請死。希萼歎曰:"鐵石人也。"不殺。然猶杖背,黜爲民。希崇幽希萼於衡山,以爲師暠必怨之,使送之,實欲其殺之也。師暠與衡山指揮使廖偃立之爲衡山王。劉言遣兵趨潭州,聲言討希崇之罪,軍於益陽之西。今湖南益陽縣。徐威等見希崇所爲,知必無成,又畏朗州、衡山之逼,欲殺希崇以自解。希崇微覺之,大懼,密遣客將請兵於唐。唐命邊鎬趨長沙。希崇迎降。鎬使率其族入朝。又遣兵如衡山,趣希萼入朝。馬氏遂亡。靜江節度副使知桂州事希隱,殷小子也。希廣、希萼爭國,南漢主以內侍吳懷恩爲西北招討使,將兵屯境上,伺間密謀進取。希廣遣指揮使彭彥暉將兵屯龍峒以備之。在桂州南。希萼自衡山遣使,以彥暉爲桂州都監,在城外內巡檢使,判軍府事。希隱惡之。潛遣人告蒙州刺史許可瓊。希萼克長沙,疑可瓊怨望,出之蒙州。可瓊方畏南漢之逼,即棄蒙州,引兵趨桂州。與彥暉戰於城中。彥暉敗，奔衡山，可瓊留屯桂州。吳懷恩據蒙州，遣兵侵掠，桂管大擾。兵奄至城下，希隱、可瓊奔全州。今廣西全縣。懷恩因以兵略定宜、見第十一章第五節。連、見第十章第五節。梧、見第六章第三節。嚴、見第十章第二節。富、見第十一章第五節。昭、見第四章第六節。柳、見第四章第二節。龔、見第十一章第五節。象等州。見第四章第一節。南漢始盡有嶺南之地。又遣兵取郴州。見第七章第六節。唐以廖偃爲道州刺史。道州見第七章第一節。以黑雲指揮使張巒知全州。廣順二年正月，初，唐遣皇甫暉出海、泗，事見第五節。蒙城鎮將咸師朗降於暉。事在乾祐二年。蒙城鎮在亳州。唐以其兵爲奉節都，從邊鎬平湖南。唐悉收湖南金帛、珍玩、倉粟，乃至舟艦、亭館、花果之美者，皆徙於金陵。遣都官郎中楊繼勳等收湖南租賦，以贍戍兵，繼勳等務爲苛刻，湖南人失望。行營糧料使王紹顏減士卒糧賜，奉節指揮使孫朗、曹進作亂，不克，奔朗州。唐遣其將李建期屯益陽以圖朗州，以張巒兼桂州招討使，以圖桂州。久未有功，唐主謂其相孫晟、馮延己：欲罷桂林之役，斂益陽之戍，以旌節授劉言。晟以爲宜然。延己請委邊將察其形勢。唐主乃遣統軍使侯訓將兵五千，自吉州路趨全州，吉州見第一章第四節。與張巒合兵攻桂州，大敗，訓死，巒奔歸全州。十月，劉言以王逵、周行逢及衙將何敬真、張倣、蒲公益、朱全琇、宇文瓊、彭萬和、潘叔嗣、張文表等十人皆爲指揮使，分道趨長沙。以孫朗、曹進爲先鋒。邊鎬棄城走。廖偃爲亂兵所殺。唐將守湖南者相繼遁去。劉言盡復馬氏故地，惟郴、連入於南漢。言使告於周。明年，周以言爲武平節度使，制置武安、靜江等軍，王逵爲武安節度使，何敬真爲靜江節度使，周行逢爲武安行軍司馬。

第四節　南方諸國形勢下

錢鏐以龍德三年，受梁册爲吳越國王，始建國。同光二年，唐因梁官爵命之。三年，鏐使告於吳，吳以其國名與己同，不受。戒境上：毋通使者商旅。四年，安重誨奏削鏐官爵，以太師致仕，進奏官、使者、綱吏，令所在繫治，事見第十一章第六節。長興元年十月，鏐因册閩使者還，附表引咎。其子傳瓘及將佐，屢爲鏐上表陳訴，乃敕聽兩浙綱使自便。二年三月，以鏐爲天下兵馬都元帥、尚父、吳越國王。遣使者往諭旨：以向日致仕，乃安重誨矯制也。三年三月，鏐卒。年八十一。第五子傳瓘立，更名元瓘。兄弟名傳者，皆更爲元。以遺命去國儀，用藩鎮法。至天福三年，乃復建國，如同光故事。初元瓘弟判明州元珣，驕縱不法，幽而廢之。小弟元球，據《通鑑》。《考異》曰：《晉高祖實錄》、《十國紀年》作元球,今從《吳越備史》、《九國志》。數有軍功,鏐賜之兵仗。元瓘立,元球爲土客馬步都指揮使,兼中書令,增置兵仗至數千,國人多附之。元瓘忌之。是歲,并元珦殺之。六年八月,元瓘疾。屬後事於内都監章德安。初内衙指揮使戴惲爲元瓘所親任,歐《史》云:元瓘質宣州,以胡進思、戴惲等自隨。軍事悉以委之。元瓘養子弘侑乳母,惲妻之親也。元瓘卒,或告惲謀立弘侑。德安祕不發喪,伏甲士殺惲,廢弘侑爲庶人,復姓孫,幽之明州。立元瓘子弘佐,時年十四。據《通鑑》。歐《史》云:年十三。内衙上統軍使闞璠强戾,弘佐不能制。德安數與之爭,貶處州。今浙江麗水縣。右都監使李文慶不附,貶睦州。見第八章第二節。璠與右統軍使胡進思益專橫。璠與内都監使杜昭達皆好貨。錢塘富人程昭悦,以貨結二人,得侍弘佐左右。昭悦説進思,與璠各除刺史,復以他故留進思。内外馬步都統軍使錢仁俊母,昭達之姑也。昭悦譖璠、昭達謀奉仁俊作亂,誅之。奪仁俊官,幽於東府。治闞、杜黨,誅放百餘人。時開運二年十一月也。天福十二年二月,弘佐使内牙指揮使諸温殺昭悦,時爲内都監。釋仁俊之囚。是歲六月,弘佐卒,子昱方五歲,以弟弘倧爲鎮海、鎮東節度使。弘倧性剛嚴,憤弘佐容養諸將,政非己出,與内衙指揮使何承訓謀逐胡進思。又謀於内都監使水丘昭券。胡三省曰:按薛《史》,鏐母水丘氏,昭券蓋外戚也?昭券以爲進思黨盛難制,不如容之。弘倧猶豫未決。承訓恐事洩,反以謀告進思。十二月,進思以親兵廢弘倧而立其弟弘俶。殺水丘昭券及弘倧舅進侍鹿光鉉。承訓復請誅進思,弘俶惡其反復,且懼召禍,斬之。進思屢請殺弘倧,未幾,疽發背卒,弘倧乃獲全。錢氏此時,子弟相爭,軍人跋扈,其勢頗危,幸徐温、李昇,皆志在篡國,不暇思啓封疆,閩則地更僻小,故其國亦賴安。然自錢鏐,已營造第舍,窮極壯麗。軒陛服飾,比於王者。兩浙里俗,咸曰海龍王。元瓘營造,又甚於其父。自鏐世常重斂其民。下至雞魚卵鷇,必家至而日取。每笞一人以責其負,則諸案吏各持其簿列於廷。凡一簿所負,唱其多少,量爲笞數,已則以次唱而笞之,少者猶積數十,多者至笞百餘,人尤不堪其苦焉。

　　劉隱以梁開平二年,兼靜海軍節度使、安南都護。三年,封南平王。乾化元年,進封南海王。是歲卒。表弟節度副使陟權知留後。乾化二年,除清海軍節度使,更名巖。《舊史·列傳》云:初名陟,僭位之明年,改名巖。《新史·世家》云:初名巖,更名陟。《通鑑考異》引《十國紀年》云:太祖授陟清海節度使,陟復名巖。胡賓王《劉氏興亡録》,謂其父葬其母段氏,得石版,有篆文曰隱臺巖,因名其三子。又引《梁太祖實録》,於乾化元年稱爲陟,二年稱爲巖,《吳越備史》於乾化四年,《吳録》於天佑十四年,即貞明三年,薛《史·本紀》於貞明五年,皆稱爲巖,則復名之説當不誤。惟《唐烈祖實録》謂陟僭位改名巖,與薛《史·列傳》合;《莊宗實録》於同光三年稱爲陟，《列傳》自嗣立至建號，皆云劉陟耳。推校衆説，初名巖，更名陟，復名巖當不誤。《通鑑》以其首尾名巖，但稱爲巖，亦未盡善也。末帝即位，悉以隱官爵授之。貞明元年，巖以錢鏐爲國王，而己爲南平王，南平郡王。表求封南越王，及加都統，不許。巖謂僚屬曰：“今中國紛紛，孰爲天子？安能梯航萬里，遠事僞庭乎？”自是貢使遂絶。三年八月，自稱皇帝，國號大越。四年十一月，改國號曰漢。五年九月，詔削巖官爵，命錢鏐討之。鏐雖受命，竟不行。同光三年，巖聞梁滅，遣宮苑使何詞入貢，且覘中國強弱。還言莊宗驕淫無政，不足畏也。巖大悦，自是不復通中國。南漢距中國遠，故於中國初無所畏，詞之來，書辭稱大漢國主致書，上大唐皇帝，亦與南唐同也。是歲十二月，有白龍見於漢宮，改元曰白龍，更名龔。至天福六年，龔寢疾，有胡僧謂名龔不利，乃自造龑字名之，義取飛龍在天，讀若儼。自唐末，天下亂，中朝人士，以嶺外最遠，可以避地，多遊焉。唐世名臣謫死南方者，往往有子孫，或當時仕宦遭亂不得還者，皆客嶺表，隱皆招禮之。或辟置幕府，待以賓客。巖亦多延中國士人，置於幕府，出爲刺史，刺史無武人。此在五代時，可謂差強人意。然嶺南珍異所聚，龑又西通黔、蜀，得其珍玩，窮奢極麗，宮殿悉以金玉珠翠爲飾。用刑慘酷，有灌鼻、割舌、支解、剮剔、炮炙、烹蒸之法，或聚毒蛇水中，以罪人投之，謂之水獄。末年尤猜忌，以士人多爲子孫計，故專任宦官，而自隱以來，招致士大夫之意亦衰矣。巖初立，破虔州兵，取韶州。見第十一章第五節。又取容管及高州於楚。開平四年，楚取容管、高州，至是棄之。然娶馬殷女，僭號後立爲后，故於楚亦無釁。長興初，嘗遣將攻拔交州，旋復失之。交州自此遂與中國分離矣。天福七年，龑卒。長子弘度立，更名玢。以弟弘熙輔政。明年，爲所弑。弘熙立，更名晟。以弟弘昌爲太尉、兼中書令、諸道兵馬都元帥，知政事。弘杲爲副元帥，參與政事。已而殺之。遂盡殺諸弟。作離宮千餘間，飾以珠寶。設鑊湯、鐵牀、剮剔等刑。任宦者林延遇。延遇死，又繼以龔澄樞。其無道，無一不與龑同也。晟嘗求婚於楚，楚王希廣不許。晟怒，攻之，取賀州、昭州。賀州見第十章第一節，昭州見第四章第六節。事在乾祐元年。楚亡，又取桂管。敗唐兵，取郴州。然皆乘亂攘奪，無與於強弱之數也。顯德五年，晟卒。長子繼興立，更名鋹。時年十七。龔澄樞仍用事，一切弊政，仍與晟世無異。

　　荆南地狹兵弱。高季興初之鎮，梁以兵五千爲其衛，衣食皆取給於梁。至後唐明宗時，尚歲給以鹽萬三千石。周世宗平淮南，又命泰州給之。在十國中，最無自負之意，故頗惟利是圖。自季興時，諸道入貢過其境者，多掠奪其貨幣，及諸道移書詰讓，或加以兵，不得已，復歸之，曾不爲愧。及從誨立，唐、晉、契丹、漢,更據中原,南漢、閩、吳、蜀皆稱帝,從誨利其賜與,所向稱臣。諸國賤之,謂之高賴子,俗語謂奪攘苟得無愧恥者爲賴子,猶言無賴也。從誨爲人明敏,多權詐。安從進反,結從誨爲援,從誨外爲拒絕,陰與之通。晉師致討,從誨遣將李端以舟師爲應。從進誅,從誨求郢州爲屬。高祖不許。漢高祖起太原,從誨遣人間道奉表勸進,且言漢得天下,願乞郢州爲屬。高祖陽諾之。高祖入汴,從誨遣使朝貢,因求郢州。高祖不與。從誨怒,及加恩使至,拒而不受。聞杜重威叛,發水軍數千襲襄州,又寇郢州。遂絕漢附於唐、蜀。既而北方商旅不至,境内貧乏,乃又上表謝罪,乞修職貢。乾祐元年。蓋真惟利是視矣。然從誨性明達,能親賢禮士,省刑薄賦,境内以安,《通鑑》清泰二年。實五代時之賢主也。乾祐元年卒。子保融知留後。荆南自後唐已來,數歲一貢,中間兩絕,及周世宗時,無歲不貢矣。

　　孟知祥以清泰元年卒,子仁贊立,更名昶。時年十六。《新史·世家》云:昶好打毬走馬。又爲方士房中之術。多採良家子,以充後宮。樞密副使韓保貞切諫。昶大悟,即日出之,賜保貞金數斤。有上書言臺省官當擇清流。昶歎曰:“何不言擇其人而任之?”左右請以其言詰上書者。昶曰:“吾見唐太宗初即位,獄吏孫伏伽上書言事,皆見嘉納,奈何勸我拒諫邪?”然昶年少,不親政事,而將相大臣,皆知祥故人,知祥寬厚多縱之,及其事昶,益驕蹇。多踰法度,務廣第宅,奪人良田,發其墳墓,而李仁罕、張業尤甚。昶即位數月,執仁罕殺之,并族其家。業,仁罕甥也,時方掌禁兵,昶懼其反仄,乃用爲相。業兼判度支,置獄於家,務以酷法,厚斂蜀人,蜀人大怨。乾祐五年,昶與匡聖指揮使安思謙謀,執而殺之。王處回、知祥中門使及稱號以爲樞密使。趙廷隱相次致仕。故將舊臣殆盡,昶始親政事。於朝堂置匭,以通下情。何建以秦、成、階三州來附,昶因遣孫漢韶攻下鳳州,於是悉有王衍故地。趙思綰、王景崇送款,昶遣張虔釗出大散關,何建出隴右,李廷珪出子午谷,以應思綰。昶相毋昭裔切諫,以爲不可。然昶志欲窺關中甚銳,乃遣安思謙益兵以東。已而漢誅思綰、景崇,虔釗等皆罷歸,而思謙恥於無功,多殺士卒以威衆。昶與翰林使王藻謀殺思謙,而邊吏有急奏,藻不以時聞,輒啓其封,昶怒之。其殺思謙也,藻方侍側,因并擒藻斬之。自清泰至乾祐,凡十五年,乃克盡除其逼,其事亦非易易,昶實非全無能爲,然知祥在蜀,全恃客兵,客將盡而蜀人不與同心,所恃以自立者先撥,況復荒淫爲武家積習,昶亦漸染之而不能自拔,區區小慧,又何益邪?

第五節　周世宗征伐

　　周太祖二子：曰青哥，曰意哥。與其姪守筠、奉超、定哥，皆爲漢人所殺。后柴氏兄子榮，幼從其姑長太祖家，太祖以爲子。太祖犯京師，留榮守魏。太祖之立，以王峻爲樞密使，王殷留守鄴都。峻忌榮，榮屢求入朝，皆不許。廣順三年閏正月，帝以河決爲憂，峻自往行視，榮復求入朝，帝許之。二月，幽峻，貶爲商州司馬。至州未幾而卒。榮爲開封尹，封晉王。殷旋入朝。時帝已得風痹疾。十一月，力疾御殿，殷入見，執之，流登州，出城即賜死。明年，顯德元年。正月，帝殂。榮立，是爲世宗。

　　劉旻聞喪，使請兵於契丹。契丹遣楊袞率萬騎會之。旻自將眾三萬趨潞州。三月，至高平南。高平見第九章第三節。世宗自將禦之。馬軍都指揮樊愛能臨陳先退。步軍指揮使何徽，陳於其後，即時潰亂。局勢危急。世宗督親兵搏戰，乃克之。誅愛能及徽。因命符彥卿伐北漢。帝又自潞州趨晉陽。五月三日，至城下。攻之，不能克。契丹來救，出忻、代，帝遣符彥卿拒之，以龍捷右廂都指揮使史彥超爲先鋒。戰於忻口，彥超敗死。六月朔，乃班師。是役也，本以餽運不繼，但命彥卿觀兵城下，及師入境，汾、晉吏民，皆以久罹虐政，願輸軍需，以資兵力，世宗乃變計親征。下數州之後，彥卿等仍以芻糧未備，欲還軍，世宗不之省，乃調山東近郡，輓軍食以濟之。《宋史·符彥卿傳》。及是，糧草數十萬，悉皆焚棄，軍資亦喪失甚多，皆帝之輕躁爲之也。

　　然帝究有英氣，故於軍政頗能整飭。初宿衛之士，累朝相承，不欲簡閱，由是羸老者居多，驕蹇不用命，每遇大敵，不走即降。帝因高平之戰，始知其弊。乃命大簡諸軍。精銳者升之上軍，羸者斥去之。又以驍勇之士，多爲藩鎮所畜，詔募天下壯士，咸遣詣闕。時趙匡胤以戰有功，爲殿前都虞候，使選其尤者，爲殿前諸班。其騎步諸軍，亦各命將帥選之。於是士卒精強，戰勝之基立矣。

　　時南之唐，西之蜀，咸有窺伺中原之意，而唐尤甚。初後唐滅梁，吳與中原，往來不絕。天成三年二月，安重誨謂楊溥欲與朝廷抗禮，遣使窺覘，拒而不受，乃絕。天福二年五月，徐知誥用宋齊丘策，使以美女、珍玩，汎海修好於契丹。契丹主亦遣使報之。案知誥一意謀篡，且不肯用兵兩浙，安敢啓釁於中原？蓋亦慮中原或以其竊國爲討，則籍契丹之力，以圖牽制，爲萬一之備耳。是歲十月，知誥受吳禪。三年七月，契丹遣使詣唐。宋齊丘勸唐主厚賂之,俟其還至淮北,遣人殺之,欲以間晉。四年十一月,契丹遣其臣遙折使晉,遂如吳、越。六年四月,唐主遣通事舍人歐陽遇假道於晉,以通契丹,晉人不許。八年李昇殂,子景立。契丹滅晉,唐主使賀,且請詣長安修復諸陵。契丹不許,而遣使報之。是時中原無主,晉密州刺史皇甫暉,棣州刺史王建,皆避契丹,率衆奔唐。淮北羣雄,多請命於唐。唐虞部員外郎韓熙載上疏,以爲恢復祖業,今也其時。若虜主北歸,中原有主,則未易圖也。時方連兵福州,未暇北顧,唐人皆以爲恨,唐主亦悔之。《通鑑》。及聞耶律德光卒,蕭翰北去,乃下詔曰:乃眷中原,本朝故地。以李金全爲北面行營招討使,議經略北方。聞劉知遠已入大梁,遂不敢出兵。乾祐元年十一月,初沈丘人舒元、沈丘,今河南沈邱縣。嵩山道士楊訥,俱以游客干李守貞。守貞爲漢所攻,遣元更姓朱,訥更姓李,名平,間道求救於唐。唐主命李金全救之,軍於沂州之境。時唐士卒莫有鬥志,又河中道遠,勢不相及,退保海州。二年二月,淮北羣雄,多請命於唐。唐主遣皇甫暉等出海、泗以招納之。三年,正月,聞漢盡平三叛,乃罷李金全招討使。此時唐之兵力,絕不足恃,徒欲驅北來降將,爲之經營,與梁武帝乘侯景之亂而欲恢復北方絕相似,即能收無備之地,北兵一來,亦必無以善其後也。周太祖廣順元年三月,敕朝廷與唐,本無仇怨。緣淮軍鎮,各守疆域,無得縱兵,擅入唐境。商旅往來,無得禁止。二年正月,唐發兵五千,軍於下邳,下邳故城,在今邳縣東。以援慕容彥超。聞周兵將至,退屯沭陽。見第十章第三節。周徐州巡檢使張令彬敗之,獲其將燕敬權。周仍釋使歸唐。周是時絕無意與唐啓釁,唐之力,亦絕不足以言進取,然唐滅閩、楚,雖絕無所得,唐主頗因之而驕,馮延己尤狂妄。常笑李昇戢兵爲齷齪,曰:"安陸所喪,才數千兵,爲之輟食咨嗟者旬日,此田舍翁識量耳,安足與成大事?"翰林學士常夢錫屢言延己等浮誕不可信,唐主不聽。不度德,不量力,既不能令,又不受命,是爲絕物矣。

　　蜀小而唐大,故世宗用兵,先其易者。顯德二年五月,命宣徽南院使向訓、鳳翔節度使王景西征。蜀使李廷珪拒之。周兵戰不利,餉運不繼,宰相請罷兵,世宗使趙匡胤往視之,還言秦、鳳可取,乃止。閏九月,景敗蜀兵,取秦州。成、階二州亦降。惟鳳州王環,守禦甚固,至十一月乃克。蜀主遣書請和,自稱大蜀皇帝。世宗怒其抗禮,不答。然世宗大欲,實在淮南,其於蜀,特一懲創之,使不敢侵擾耳。故克鳳州之月,南伐之師遂出。

　　世宗以宰相李穀爲行營都部署,督韓令坤等十二將以伐唐。初宋齊丘爲李昇謀篡最力,及事成,忽不肯署勸進表,請歸隱九華山。在安徽青陽縣西南。此時之士風,無所謂名節,齊丘亦非講名節之人,蓋昇愛其衆子景達,欲以爲嗣,而齊丘亦亟稱其才，而昇以景長未果，齊丘知其不能無芥蒂，乃陽爲退讓以求全也。然齊丘究非澹泊之士，故昇招之即復出。未幾，復以病罷。出爲洪州節度使。景既立，復召爲相。已復出帥浙西。齊丘願復歸九華山。乃賜號九華先生，封青陽公，食青陽一縣。今安徽青陽縣。時則馮延己、延魯、陳覺、魏岑、查文徽等用事。福州之敗，鎖覺、延魯至金陵。流覺蘄州、延魯舒州，延己亦罷相，岑罷諫議大夫。然岑及延己，旋復進用。廣順二年，延己復同平章事，失潭州罷。三年三月復相。廣順三年，金陵大火，踰月。顯德元年，大飢。民多疫死。踰年而周師至。景復召宋齊丘還金陵，使劉彥貞將兵二萬趨壽州，皇甫暉、姚鳳以兵三萬屯定遠。今安徽定遠縣。李穀爲浮梁。自正陽渡淮，正陽鎮，在壽州西。攻壽州。唐將劉仁贍固守。三年正月，世宗下詔親征。使李重進先赴正陽。重進，周太祖甥。時爲侍衛馬步軍都指揮使。劉彥貞向壽州，又以戰艦趨正陽。李穀懼浮梁斷，亟退兵。彥貞追之。至正陽，重進先至，軍未及食而戰，彥貞敗死。皇甫暉、姚鳳退屯清流關。在安徽滁縣西北。世宗至正陽，以重進代李穀，徙浮梁於下蔡，今安徽鳳臺縣。進圍壽州。二月，命趙匡胤襲清流關，擒皇甫暉、姚鳳。唐主遣泗州衙將王知朗齎書抵徐州，稱唐皇帝奉書大周皇帝，請息兵修好，願以兄事，歲輸貨財，以助軍費。又改名璟，以避周廟諱。遣翰林學士鍾謨、文理院學士李德明奉表稱臣以請平。世宗皆不許。韓令坤襲取揚州，馮延魯爲副留守，見執。又攻泰州，拔之。三月，唐主又使右僕射孫晟、吏部尚書王崇質使周。願去帝號，割壽、濠、泗、楚、光、海六州，歲輸金帛百萬。時周將何超已陷光州，郭令圖陷舒州，降蘄州，又進攻黃州矣。世宗欲盡得江北，而許其存帝號。李德明請歸白唐主，許之。孫晟請使王崇質與之偕歸。宋齊丘、陳覺 等以割地爲無益，謂德明賣國圖利。唐主怒，殺之。唐主之立，以弟燕王景遂爲諸道兵馬元帥，徙封齊，居東宮。鄂王景達爲副元帥，徙封燕，宣告中外，約以傳位。而立長子弘冀爲南昌王。後又立景遂爲皇太弟，徙景達爲齊王，領諸道兵馬元帥，而徙弘冀爲燕王，爲之副。事在天福十二年。及是，使景達拒周。以陳覺爲監軍使，邊鎬及許文稹等爲應援使。四月，唐將陸孟俊復泰州，進攻揚州，韓令坤走。世宗使張永德救之。孟俊復爲令坤所擒。然世宗攻壽州迄不克。會大雨，營中水深數尺，攻具及士卒，亡失頗多，又糧運不繼，乃議班師。或勸世宗詐稱壽州已破，東如濠州，從之。又自濠州至渦口。以渦口爲鎮淮軍，於其地作浮梁。世宗欲自至揚州，宰相范質等以兵疲食少，泣諫，乃自渦口北歸，而留李重進圍壽州。六月，劉仁贍攻城南砦，周師不利。李重進營城東，不能救。軍無固志，諸將議欲退軍。適趙匡胤自六合還師，六合見第十一章第五節。留駐旬日，周兵乃復振。初朱元、李平爲李守貞求救，遂留於唐。及是，唐使復江北。七月，元取舒、和州，平取蘄州。唐初以茶鹽强賦民，徵其粟帛，謂之博徵，又興營田於淮南，民甚苦之。周師至，爭奉牛酒迎勞。而周將帥不之恤，專事俘掠，視民如土芥。民皆失望，相聚山澤，立堢壁自固。操農器爲兵，積紙爲甲，時人謂之白甲軍。周兵討之，屢爲所敗。先所得唐諸州，多復爲唐有。唐之援兵，營於紫金山，在壽州南，或云即八公山。與壽春城中，烽火相應。淮南節度使向訓，請以廣陵之兵并力攻壽春，俟克城更圖進取，世宗許之。滁州守將亦棄城去，皆趨壽春。唐諸將請據險以邀之。宋齊丘曰：“如此則怨益深。”乃命諸將各自保守，無得擅出擊。由是壽春之圍益急。四年正月，景達遣許文稹、邊鎬、朱元等將數萬衆泝淮而上。李重進逆擊，破之。二月，世宗復親征。三月，至壽春，陳覺表朱元反覆，不可使將。唐主遣人代之，元降於周。世宗破唐紫金山兵，擒許文稹、邊鎬。景達、覺奔歸金陵。劉仁贍疾甚，監軍使周廷構、營田副使孫羽等詐爲仁贍表請降。是月，仁贍卒。初淮南於壽州置忠正軍，後更其名曰清淮，及是，世宗復其名，以旌仁贍之節焉。是冬，世宗再自將下濠、泗，浮淮至楚州。復取揚州。初周師無水戰之具，及屢敗唐兵，獲水戰卒，乃造戰艦數百艘，使降卒教水戰，命王環將以下淮。唐水軍多敗，長淮之舟，皆爲周師所得。又造齊雲船數百艘。世宗至楚州北神堰，齊雲舟大不能過，乃開老鸛河以通之。在楚州西北。五年正月，巨艦數百，皆入於江，唐人知不能敵。時景遂前後十表辭太弟之位，景達亦以敗軍辭元帥。三月，乃立景遂爲晉王，加天策上將軍、江南西道兵馬元帥、洪州大都督、大尉、尚書令，以景達爲浙西道元帥、潤州大都督。景達以浙西方用兵，與吳越戰，見下。固辭，改撫州大都督。而立弘冀爲太子，使參決庶政。遣陳覺表請傳位於弘冀。時淮南惟廬、舒、蘄、黃未下，覺白世宗，請遣人渡江取表獻四州之地，周乃許平，而諭景不必傳位。景乃去帝號，稱國主，而用周年號焉。周與南唐之勝負，實全係南唐之弱，而非周之强，周軍且屢爲白甲軍所敗，而安足以遇大敵？劉仁贍固善守，然以區區一城，攻圍踰年而不能克，且幾至潰敗，其所謂攻者，亦可知矣。唐防禦使張彥卿守楚州，周兵攻之，亦踰四旬而後下，彥卿巷戰死，所部千餘人，無一降者。然則唐封疆之臣，亦非不能效死，特專閫以出者，無一非輿尸之徒耳。劉彥貞所居藩鎮，專爲貪暴，積財巨億，以賂權要，魏岑等爭譽之，故唐主首用之。邊鎬、陳覺等，亦償軍之將也。以此遇敵，豈有幸哉？而又何敵强之足云？

　　是役也，湖南、吳越、荊南，皆嘗出兵以助周，然或無功，或鋒刃未交而退，無與於勝負之數也。初王逵既得潭州，以何敬真爲靜江節度副使，朱全琇爲武安節度副使，張文表爲武平節度副使，周行逢爲武安行軍司馬。敬真、全琇，各置衙兵，與逵分廳視事，吏民莫知所從。行逢、文表，事逵盡禮，逵親愛之。敬真與逵不協，辭歸朗州。又不能事劉言，與全琇謀作亂。言素忌逵之強，疑逵使敬真伺己，將討之。會南漢寇全、道、永州，行逢請身至朗州説言，遣敬真、全琇南討，至長沙，以計殺之。時廣順三年二月也。張倣爲武平節度副使，行逢又惡之，言於逵曰："何敬真倣之親戚，臨刑以後事屬倣。"四月，逵召倣飲，醉而殺之。六月，逵以行逢知潭州，自將襲朗州。克之，幽劉言。遣使上表，誣言謀以朗州降唐，又欲攻潭州，其衆不從，廢而囚之。請復移使府治潭州。八月，周祖從其請。逵還長沙，以周行逢知朗州事。又遣潘叔嗣殺劉言於朗州。顯德元年五月，逵自潭遷朗，以周行逢知潭州，潘叔嗣爲岳州團練使。三年，周以逵爲南面行營都統，使攻鄂州。逵過岳州，叔嗣西襲朗州。逵還軍追之，及於武陵城外。戰，逵敗死。叔嗣歸岳州，使其團練判官李簡率朗州將吏迎周行逢，謂行逢必以潭州相授，而行逢以衡州刺史莫弘萬權知潭州而西，以叔嗣爲行軍司馬。叔嗣怒，不至。或説行逢，授之武安，令至都府受命。從之。叔嗣至，斬之。七月，世宗以行逢爲武平節度使，制置武安、靜江等軍事。行逢留心民事，悉除馬氏橫賦，去貪吏猾民爲民害者。擇廉平吏爲刺史、縣令。劉言、王逵舊將驕橫，壹以法治之。史雖議其用法太嚴，然除暴正所以安良，湖湘蓋未嘗不藉是而小安也？然經此擾攘，助周攻唐之事，遂成畫餅矣。吳越以是年二月，出兵攻常州，爲唐將柴克宏所敗。攻宣州，亦不克。南平至顯德五年正月，乃以水師東下，至鄂州，亦未嘗有功也。

秦、鳳之下也，世宗以蜀兵數千人爲懷恩軍。顯德四年，遣其八百餘人西還。蜀亦遣所擒梓州別駕胡立等八十人東還。因致書請通好。世宗以其抗禮，仍不之答。五年六月，高保融遺蜀主書，勸其稱藩於周。蜀主報以嘗遣胡立致書而不答。十月，世宗以户部侍郎高防爲西南面水陸制置使，謀伐之。保融再遺書勸以稱藩，蜀主覆書拒之，而屯兵以備。周師亦未出，而北攻契丹。

顯德六年三月，世宗詔以北鄙未復，將幸滄州。命義武節度使孫行友扞西山路。侍衛親軍都虞候韓通等將水陸軍先發。四月庚寅，韓通奏自滄州治水道，入契丹境通瀛、莫。辛卯，上至滄州，即日率步騎數萬，直趨契丹境。壬辰，至乾寧軍。契丹寧州刺史王洪舉城降。<small>乾寧軍，在今河北青縣境。胡三省曰：契丹蓋置寧州於乾寧軍？</small>乙未，大治水軍。分命諸將，水陸俱下。以韓通爲陸路都部署，趙匡胤爲水路都部署。丁酉，上御龍舟，沿流而北。辛丑，至益津關。<small>今河</small>

北霸縣。水路漸隘，乃登陸而西。癸卯，趙匡胤至瓦橋關，契丹守將舉城降。上入瓦橋關。甲辰，莫州降。五月乙巳朔，侍衛親軍都指揮使李重進等始至。瀛州降。關南悉平。丙午，宴諸將於行宮，議取幽州。諸將以爲陛下離京四十二日，兵不血刃，取燕南之地，此不世之功也。今虜騎皆聚幽州之北，未宜深入。上不悦。趣先鋒都指揮使劉重進先發據固安。今河北固安縣。上自至安陽水，命作橋，不豫而止。戊申，孫行友奏拔易州。己酉，以瓦橋關爲雄州，益津關爲霸州。庚戌，李重進出土門擊北漢。壬子，自雄州南還。六月癸巳，殂，年三十九。

世宗之用兵，頗爲論史者所稱道，尤惜其伐遼之未成，殆非也。彼其用兵，以所遇皆非大敵，遂成豎子之名，若遂行其意，則兵法所謂必蹶上將軍者也。伐漢之役，已見周章；伐唐之役，設自渦口逕趨揚州，亦安知不以氣衰力竭，而爲敵所乘哉？戰事必度其始終，非可徼幸於一勝。遼之大軍，皆在燕北，故初攻之若甚易，及其舉兵南下則甚難。宋太宗高梁河之敗以此，世宗取關南之後，設使貿然進兵，亦未必不蹈此轍。即謂不然，而不能禁契丹之不再至，再至而再獲勝，亦不能禁其不三至，契丹之兵力未盡，即中國未可燕然，石晉之行事，正所謂殷鑒不遠者也。即謂幽州可以坐收，亦必計其能守。兵有利鈍，戰無百勝，非有雁門内險與居庸相翼衞不可。然當日者，太原且在北漢之手矣，而可以輕心掉之乎？《五代史・王朴傳》云：世宗有平一天下之志，數顧大臣問治道。選文學之士二十八，使作《爲君難爲臣不易論》及《平邊策》，朴在選中。當時文士，皆不欲上急於用武，惟翰林學士陶穀、竇儀，御史中丞楊昭儉與朴，皆言用兵之策。朴之策曰："攻取之道，從易者始。當今惟吴易圖。東至海，南至江，可撓之地二千里，從少備處先撓之，備東則撓西，備西則撓東，彼必奔走以救其弊，奔走之間，可以知彼之虚實，衆之强弱，攻虚擊弱，則所向無前矣。勿大舉，但以輕兵撓之。彼人怯弱，知我師入其地，必大發以來應。數大發，則民困而國竭；一不大發，則我獲其利。彼竭我利，則江北諸州，乃國家之所有也。既得江北，則用彼之民，揚我之兵，江之南亦不難平之也。如此，則用力少而收功多。得吴則桂、廣皆爲内臣，閩、蜀可飛書而召之，如不至，則四面並進，席捲而蜀平矣。吴、蜀平，幽可望風而至。惟并必死之寇，不可以恩信誘，必須以强兵攻之，然其力已喪，不足以爲邊患，可爲後圖，候其便則一削以平之。"朴此言攻取自吴始，世宗從之。然朴之策極自惜其力，而世宗所行，則適與之反。至其論取燕、晉之難易，亦適倒置。何者？漢依遼而存，非遼恃漢而盛；且遼有足之寇，歷代以爲深患，非一蹴可平，而北漢則如坐谷中,終不能以一隅之地,抗舉國之師也。歐陽氏言:朴所陳用兵之略,非特一時之策。至言諸國興滅次第,云淮南可最先取,并必死之寇,最後亡,其後宋興,平定四方,惟并獨後服,皆如朴言。其實太宗高梁河之敗,亦未嘗不由視遼太輕,即躡世宗及朴之失策也。梁襄王問曰:"天下惡乎定?"孟子曰:"定於一。""孰能一之?"曰:"不嗜殺人者能一之。"其言似迂,而實至徑。何則? 不嗜殺人,則天下順之,嗜殺人,則人莫不與之為敵也。秦鳳之平也,世宗以所俘蜀兵隸軍籍。從征淮南。亡降唐,唐主表獻百五十人,世宗悉斬之。張永德與李重進不相悅。唐主聞之,以蠟丸書遺重進,誘以厚利。其書皆謗毀及反間之語。重進奏之。世宗一怒,遂殺孫晟,已云甚矣,又及其從者百餘人,其嗜殺如此,安怪將率之恣俘掠以激白甲軍之變? 初入并州,民願輸軍需,以資兵力,及後,河東之守甚固,亦安知不由於此? 此豈有紀律如此,而可稱為強兵? 而其將可稱為良將? 而其主可稱為善將將者哉? 或曰:樊愛能、何徽之誅,軍紀固已立矣。然則黃袍又何以被宋祖之身乎?

第六節　宋平定海內

　　周世宗七子:長曰宜哥,第二、三子未名,皆為漢人所殺。世宗卒,第四子梁王宗訓立,是為恭帝。時年七歲。明年,宋太祖建隆元年。正月,辛丑朔,鎮、定二州奏契丹入寇,河東賊軍,自土門東下。詔殿前都點檢趙匡胤北征。癸卯,發京師。是夕,宿於陳橋驛。未曙,軍變,擁匡胤南還立之,是為宋太祖。廢周恭帝為鄭王。開寶六年,殁於房陵。韓通欲拒之,為散員指揮使王彥昇所殺。在外則李筠叛於昭義,四月。李重進叛於淮南,九月。太祖皆親征平之。是年之入寇,《遼史》不記其事。《東都事略》謂契丹與河東連兵寇鎮、定,聞太祖即位,驚曰:"中國有英主矣。"於是遁去,此史家緣飾之辭。《十國春秋·北漢紀》云:遼師謀會兵攻鎮、定,則雖有其謀,未嘗出師也。畢沅《續資治通鑑考異》。然則邊警之言,特為擁戴造作而已。毋教猱升木,如塗塗附,君子所以作事謀始也。

　　宋室既興,不久遂成統一之業。以其時割據諸國,皆無深根固柢,可以自立之道也。建隆元年八月,荊南高保融卒。子繼沖幼,命弟行軍司馬保勗總判內外軍馬事。二年九月,宋以為荊南節度使。三年九月,周行逢病。召其將吏,以子保權屬之,曰:"吾起隴畝為圉兵,同時十人,皆以誅死,惟衡州刺史張文表獨存。然常怏怏不得行軍司馬,吾死,文表必叛。當以楊師璠討之。如其不能,則嬰城勿戰,自歸於朝廷。"行逢卒,保權立。文表果叛。攻下潭州。保權乞師於朝廷,亦命師璠討之。十一月,高保勗卒。以位授繼沖。明年爲乾德元年正月,宋以山南東道節度使慕容延釗爲都部署,樞密副使李處耘爲都監,以討張文表。未至,楊師璠破文表,擒斬之。李處耘假道於繼沖,乘其出迎,襲據其城,遂趨朗州。周保權懼,召觀察判官李觀象謀之。觀象勸其幅巾歸朝。指揮使張崇富等不可。乃出兵以拒。慕容延釗取岳州,崇富等未戰而潰。三月,宋師入朗州。斬崇富,獲保權。荊南之下也,太祖仍以高繼沖爲節度使。是歲,有事於南郊,繼沖上書願陪侍。九月,遂率其將吏、宗族入朝焉。

孟昶君臣,務爲奢侈,而信任王昭遠及伊審徵,委以機務。昭遠,成都人,幼以僧童從其師入府,孟知祥愛其敏慧,令給事昶左右、審徵,知祥妹褒國公主子,少與昶相親狎。二人皆以經濟爲己任,然未更憂患,不知世務之艱,志大才疏,夸侈無實,正與昶如出一轍,宜其敗也。乾德二年,昶遣孫遇、楊蠲、趙彥韜爲諜,至京師。彥韜潛取昶與劉鈞蠟丸帛書以告,書言已於襃、漢,添駐師徒,衹待靈旗濟河,便遣前鋒出境。十月,乃遣王全斌、崔彥遠自鳳州,劉光義、後避宋太宗諱,改名廷讓。《五代史》作光乂,亦避諱改字也。曹彬自歸州伐之。蜀山南節度使韓保正棄興元保西縣。宋師圍之,又棄西縣走。宋師追擒之。昶遣王昭遠、趙崇韜廷隱子。拒戰。又遣其太子玄喆率精兵數萬守劍門。玄喆輦其愛姬,攜樂器伶人數十以從,蜀人見者皆竊笑。全斌至三泉,遇昭遠,擊敗之。昭遠焚吉柏江浮橋,退守劍門。三年正月,宋師得降卒之敎,由小路分出劍門南夾攻之,昭遠、崇韜敗走,皆見擒。玄喆亦逃歸。劉光義亦克夔州。蜀兵所在奔潰。昶問計於左右,老將石頵謂東兵遠來,勢不能久,宜聚兵堅守以敝之。昶歎曰:“吾與先君,以溫衣美食養士四十年,一旦臨敵,不能爲吾東向放一箭。雖欲堅壁,誰與吾守者邪?”乃命宰相李昊草表以降。自興師至此,六十六日而已。至京師,封爲秦國公。七日而卒。全斌等駐軍成都,日夜宴飲,不恤軍務,縱部下虜掠,蜀人莫不患苦。蜀舊將全師雄等遂叛。至四年十二月乃平之。觀此而知宋初軍紀之壞,凡軍紀壞者,必不足以遇大敵,此燕雲之所由不可復歟?惟峽路之師,以曹彬之靜,秋豪不犯。太祖嘉之,異日乃專任之以平江南焉。

南漢劉鋹,委政於宦者龔澄樞及才人盧瓊仙。日與宮人波斯女等淫戲後宮,不復出省政事。内官陳延受,據《通鑑》。歐《史》作延壽。引女巫樊胡入宮,言玉皇遣樊胡命鋹爲太子皇帝,乃於宮中設玉皇坐,樊胡坐宣禍福,令鋹再拜聽命。宮中婦人,皆具冠帶領外事。龔雖寵任中官,數裁三百餘,位不過掖庭諸局令、丞。晟時千餘人,稍增内常侍、諸謁者之稱。至鋹,漸至七千餘。有爲

三師、三公，但其上加内字，諸使名不啻二百，女官亦有師、傅、令、僕之號。目
百官爲門外人。羣臣小過，及士人、釋、道有才略可備問者，皆下蠶室，令得出
入宫闈。作燒炙、剝剔、刀山、劍樹之刑。或令罪人鬥虎，抵象。又賦斂煩重。
置媚川都，定其課。令入海五百尺採珠。所居宫殿，以珠、瑇瑁飾之。陳延受
作諸淫巧，日費數萬金。宫城左右，離宫數十，鋹游幸常至月餘或旬日，以豪
民爲課户，供宴犒之費。在割據諸國中，無道爲最甚矣。開寶元年，鋹舉兵侵
道州。太祖使李煜諭令稱臣，歸湖南舊地。鋹不從。三年，煜又使給事中龔
慎儀遺之書，鋹囚之。九月，命潭州防禦使潘美討之。取賀州。十月，取昭
州、桂州。十一月，取連州。鋹喜曰：“昭、桂、連、賀，本屬湖南，今北師取之，
其不復南也。”十二月，平韶州。四年正月，平英、雄二州。英州，今廣東英德縣。雄
州，今廣東南雄縣。鋹將潘崇徹，嘗代吳懷恩守桂州，爲内中尉薛崇遇所讒，奪兵
柄，怏怏，遂來降。二月，師度馬逕，去廣州十餘里。鋹遣其右僕射蕭漼等奉
表乞降。潘美令部送赴闕。鋹懼，遣其弟保興等拒戰，不勝。李托者，亦宦
人，鋹以其養女爲貴妃，專寵，托爲内太師，居中專政。與龔澄樞謀曰：“北師
之來，利吾國寶貨耳。焚爲空城，師不能駐，當自還也。”乃盡焚其府庫宫殿。
鋹以海舶十餘，悉載珍寶嬪御將入海。宦者樂範竊其舟逃歸。師次白田，鋹
素衣白馬以降。至京師，赦爲恩赦侯。而誅龔澄樞、李托、薛崇遇。

　　李景既失淮南，頗躁忿，大臣宋齊丘、陳覺等皆見殺。歐《史·世家》云：鍾謨素
善李德明，既歸，聞德明由宋齊丘等見殺，欲報其冤，未能發。陳覺，齊丘黨也，與景相嚴續素有隙。覺
嘗奉使周，還言世宗以江南不即聽命者，嚴續之謀，勸景誅續以謝罪。景疑之。謨因請使於周驗其事。
景已割地稱臣，乃遣謨入朝謝罪，言不即割地者非續謀，願赦之。世宗大驚曰：“續爲是謀，忠其主也，
朕豈殺忠臣乎？”謨還，言覺奸詐。景怒，流覺饒州，殺之。宋齊丘坐覺黨與，放還青陽，賜死，案當時南
方諸國，吳爲大，自後唐至晉三十年中，沙陀、契丹，交爭互奪，無一日之安，而江南頗平静。使其君臣
能發憤自强，問鼎北方，初非難事，然而終不能然者？藩鎮之邦，本無天澤之分，君臣上下，積相猜忌，
使自任以天下之重者，末由自進，所用者皆小知之士，嚴可求、宋齊丘等，則其人也。此等人而可與之
安天下乎？又其君臣皆溺於晏安，不能自振。景與煜既仍世如此矣。孫晟，志節之士也。其北使也，
謂王崇質曰：“吾行必不免。然吾終不負永陵一抔土也。”永陵，昪墓也。及晟遣崇質先歸，周兵數敗，
盡失所得諸州，世宗憂之，召晟間江南事，晟不對。世宗怒，未有以發。會景以蠟丸書遺李重進，勸其
反。重進以書來上，乃收晟下獄，及其從者二百餘人皆殺之。晟臨死，世宗猶遣近臣間之。晟終不對，
神色怡然，正其衣冠，南望而拜，曰：“臣惟以死報國耳。”乃就刑。此於從容就義何媿焉？然史言其事
昪父子二十餘年，官至司空，家益富驕，每食，不設几案，使衆妓各執一器。環立而侍，號肉臺盤。韓熙
載，煜時爲中書侍郎、勤政殿學士。史言煜以其盡忠能直言，欲用爲相，而熙載後房妓妾數十人，多出
外舍，私侍賓客，以此難之。乃左授右庶子，分司南都。熙載盡斥諸妓，單車上道。煜喜，留之，復其
位。已而諸妓稍稍復還。煜曰：“吾無如之何矣。”此等人而可與之安天下乎？歷代南北分立之時，北

多獷悍而南常較文明。東晉之於十六國，宋、齊、梁之於魏、齊、周，南宋之於金元，南明之於清，皆然。而南終併於北者。仁，固可以勝暴，而驕奢淫佚則非仁也。豈非百世之殷鑑哉？**景遂既去儲位，弘冀毒殺之。**事在顯德五年。《通鑑》云：景遂之赴洪州，以時方用兵，啓求大臣以自副。唐主以樞密副使工部侍郎李徵古爲鎮南節度副使。徵古敖狠專恣，景遂雖寬厚，久而不能堪。嘗欲斬徵古，自拘於有司，左右諫而止。景遂忽忽不樂。弘冀在東宮，多不法。唐主怒，嘗以毬杖擊之，曰："吾當復召景遂。"昭慶宮使袁從範，從景遂爲洪州都押衙。或譖從範之子於景遂，景遂欲殺之，從範由是怨望。弘冀聞之，密遣從範毒之。顯德六年九月，弘冀卒。封第六子從嘉爲吳王，居東宮。建隆二年二月，景遷於南昌。立從嘉爲太子，留金陵監國。六月，《宋史》作八月，此從《南唐書》。卒。從嘉復立於金陵，更名煜。煜性仁孝，善屬文，工書畫。然驕侈，好聲色。又喜浮圖，高談不恤國事。雖怏怏以國蹙爲憂，亦徒日酣燕，悲歌愁思而已。周世宗時，中國詒江南者尚稱書，煜之立，始改書爲詔而不名。開寶四年，煜去唐號，改印文曰江南國主，賜詔呼名。煜事中國恭甚，太祖欲伐之而無名。七年秋，乃詔其入朝。煜不聽。十月，乃命曹彬自荊南伐之。十一月，自採石濟。八年正月，傅金陵。吳越亦發兵取常州。九月，又會宋師降潤州。十月，唐神衛軍都虞候朱全贇集上流之兵入援，敗死皖口。金陵外援遂絕。十一月，城破。俘煜至京師，封爲違命侯。煜之降，曹彬令作書諭江南諸城守，皆相繼下。獨江州軍校胡則與衙將宋德明不聽。詔先鋒都指揮使曹翰攻之。九年夏乃克。帝懲王全斌之失，是役也，簡用曹彬，江南平，無大殺戮。及江州下，胡則病臥牀上，曹翰要斬之。并殺宋德明。遂屠其城，死者數萬人。所略金帛以億萬計。彌可見宋初軍紀之壞矣。此燕、雲之所以不復歟？

泉州留從效，初頗忠於李景。景以兵十萬保紫金山。從效累表，言其頓兵老師，形勢非便。及景敗，乃思自樹於上國。顯德五年，遣衙將蔡仲贇等爲商人，以帛書表，置革帶中，自鄂路送款內附。六年，又遣別駕黃禹錫間道奉表，乞置邸京師。周世宗以江南既服，不許。宋初，從效遂上表稱藩，貢獻不絕。李景遷洪州，從效疑其討己，頗懼。遣其從子紹�齎厚幣獻景。建隆三年三月，從效疽發背卒。從效無嗣，以兄從願之子紹鏻、紹鎡爲子。從效寢疾，從願守漳州，紹鏻在金陵，紹鎡尚幼。衙校張漢思、陳洪進劫遷從效於東亭。從效卒，紹鎡典留務。月餘，洪進誣其將召越人以叛，執送江南。推漢思爲留後，自爲副使。漢思年老醇謹，不能治軍務，事皆決於洪進。漢思諸子，並爲衙將，頗不平。乾德元年四月，洪進脅奪漢思印，遷諸別墅。遣使請命於李煜。煜以洪進爲清源軍節度。洪進遣衙將間道奉表。二年六月，制改清源軍爲平海軍，授洪進節度使。以其子文顯爲節度副使，文顯爲漳州刺史。江南平，吳越王來朝，洪進不自安，遣文顯入貢。太祖因下詔召之。至南劍州，聞太祖崩，乃歸鎮。太宗太平興國三年四月，洪進來朝。獻所管漳、泉二州。詔以爲武寧節度使，留京師奉朝請。文顯爲通州團練使，仍知泉州。第三子文顗爲滁州刺史，仍知漳州。至四年三月，乃詔泉州發兵，護送洪進親屬至闕焉。從效出自寒微，知人疾苦，在郡，專以勤儉養民爲務，民甚愛之。洪進多斂於民。第民貲，百萬已上者，令差入錢補協律、奉禮郎，而蠲其丁役。子弟親戚，交通賄賂。民甚苦之。

　吳越錢俶，即弘俶，避宋太祖父偏諱，去弘字。開寶九年，及其子鎮海、鎮東節度使惟濬來朝。太祖留惟濬，遣俶歸國。太平興國三年三月，俶又入朝。四月，陳洪進納土，俶亦上表，獻其所管十三州、一軍。宋以范旻知杭州，發其緦麻以上親及所管官吏悉赴闕。

　宋平諸國，皆如摧枯拉朽，獨河東久而後下。劉旻之敗於高平也，其年十一月卒。《舊五代史・周世宗紀》及《僭僞列傳》皆誤後一年。《遼史》在應曆五年，同誤。子承鈞立。更名鈞。建隆元年，鈞始用郭無爲。無爲者，棣州人。少博學，有辭辯。爲道士，隱武當山。在今湖北均縣南。周太祖討李守貞，無爲詣軍門上謁，太祖不納，乃去隱太原抱腹山，鈞樞密使段恒從《通鑑》。《新五代史》作段常，乃避宋真宗諱改字。薦之。鈞使爲諫議大夫，參議中書事。鈞又用五臺山僧繼顒爲鴻臚卿。繼顒者，劉守光之子。守光之死，以孼子得不殺。削髮爲浮圖。爲人多智，善商財利。自旻世頗已賴之。四方供施，繼顒多積蓄以佐國用。五臺當契丹界上，繼顒常得其馬以獻。號添都馬，歲率數百匹。又於柏谷置銀冶，在今山西長治縣北。募民鑿山取礦，劉氏賴以足用。此二人，蓋甚有裨於北漢者也。乾德元年七月，宿衛殿直行首王隱等謀叛，辭連段恒，出恒爲汾州刺史，尋縊殺之。以趙弘爲樞密使。宏降宋後，以犯太祖父諱，賜名文度。郭無爲爲左僕射，兼中書侍郎、平章事。旋又出弘汾州，以無爲爲樞密使。自此軍國之務，皆聽於無爲矣。是歲八月，宋王全斌取樂平，建爲平晉軍。開寶元年七月，鈞卒。無子。初旻以女妻晉護聖營卒薛釗。漢祖典禁兵，釋釗籍，館門下。漢祖後領方鎮，爵位通顯，釗罕得見其妻，怏怏。一日，乘醉求見，即引佩刀刺妻，妻奮衣得脫，釗乃自剄。釗子繼恩，時尚幼，漢祖令鈞養爲子。女再妻何氏，生子繼元。何死，鈞亦養爲子。鈞立，繼恩爲太原尹。鈞疾，繼恩監國。出侍衛親軍使蔚進守代州，鈞養子繼忠守忻州。繼忠觀望，出怨語，縊殺之。鈞卒，繼恩立。服衰裳，視事寢處，皆居勤政閣。八月，供奉官侯霸榮入，反扃其門，弒之。郭無

爲遣兵以梯登屋入。殺霸榮并其黨。而立繼元。霸榮者，邢州人。多力善
射，走及奔馬。嘗爲盜并、汾間。鈞用爲散指揮使，戍樂平。降於王全斌，補
内殿直。未幾，復奔北漢，爲供奉官。其弑繼恩也，或謂其謀持其首以獻宋
祖，其説蓋確？而并人謂鈞病，與無爲語及後事，謂繼恩不才，無爲亦言其然，
繼恩欲誅無爲，無爲授意霸榮弑之，又殺霸榮以滅口，蓋不快於無爲者造作之
辭也。宋使潞州節度使李繼勳伐北漢。明年二月，宋祖又親征。三月，至太
原。壅汾、晉二水，以灌其城。先使彰德節度使韓重贇守鎮、定，又以棣州防
禦使何繼筠爲石嶺關部署以防遼。石嶺關見第十章第五節。時遼穆宗見弑，景宗
立。二月。四月，遼兵兩道入，重贇、繼筠皆敗之。然圍太原至閏五月，仍不能
克。暑雨，士卒多患腹疾，遼北院大王屋質又自間道入，駐太原西，乃議班師。
絳人薛光化言：伐木先去枝葉。今河東外有契丹之助，内有人户賦輸，恐歲月
間未能下。宜於太原北及河北界，各建城寨，扼契丹援兵，而起其部内人户，
於西京、襄、鄧、唐、汝州給間田，使自耕種，絕其供餽。如此，不數年間，自可
平定。帝嘉納之。徙太原民萬餘家於山東、河南，分命使者十七人，發禁軍護
送之。因屯於鎮、潞等州，此可見太原之能用其眾矣。周世宗之入漢境，漢人
至願輸軍資，以求戡定，而是時，乃爲其主效死如此，可見劉鈞、郭無爲之綏撫
有方，抑繼顒之籌款，取之佈施，市易及銀冶，凡民之賦税，蓋以此而獲寬？此
又見桑弘羊行均輸，民不益賦而國用饒，實爲理財之上策也。然使周軍當日，
不凌虐漢民，太原或數年可下，此則爲淵毆魚，爲叢驅爵，數世之患，非縱敵爲
之，而虐民者自樹之矣。孟子所以謂不嗜殺人，然後能一天下歟？自宋徙太
原之民，則北漢益形寡弱，終至不支，此所謂小敵之堅，大敵之禽也，然其亡非
其罪矣。是月也，繼元殺無爲於圍城之中。史謂無爲有出降之心，此乃誣辭。
《宋史·世家》云：繼元立，太祖遣李繼勳等討之，仍詔許繼元以青州節度，無爲邢州節度。無爲得詔色
動。一日，繼元燕羣臣。契丹使亦在，無爲慟哭於庭，曰："今日以空城抗大軍，計將安出？"引佩刀欲自
刺。繼元遽降階，持其手，引升坐，無爲蓋欲以動衆心也？及太祖親征，長圍既合，無爲請自將兵夜出
擊圍，欲自拔來歸，直天陰晦而止。閹人衛德貴告其事。會太祖壅汾水浸城，城中人情大懼，繼元乃殺
無爲以徇。此説之誣，顯而易見，不待辯也。無爲果有哭庭之擧，或欲以固衆心而致遼援歟？求出擊
圍，安知其意圖自拔？亦豈易於自拔？抑可謂忠勇矣。繼元之立，嘗盡殺旻諸子，又殺鈞妻
郭氏，其殺無爲，蓋仍爲爭位也。然無爲死而城中即能出兵，圖焚攻具，其夜，
又爲詐降，欲襲宋師，則可見其守禦之志甚堅，亦非專恃無爲。然無爲之死，
要爲北漢自壞其長城也。初鈞之立，所以事遼者多略，不如舊時。遼主遣使
責之。鈞恐懼，遣從子繼文往謝。遼執之。有諫遼主者。又明年，遼乃索北
漢使者十六人，盡遣之。仍命繼文爲保義節度使，李弼爲樞密使，俾輔繼元。

繼元出繼文代州，弼憲州。見第十二章第三節。遼主又下詔責之。繼元皇恐謝過。然卒不召繼文還。而以奄人衛德貴爲大内都點檢，嬖人范超爲侍衛親軍都虞候，分掌機務。據畢氏《續通鑑》。歐《史·世家》：殺鈞妻者即超。《宋史·世家》：太宗圍太原時，繼元宣徽使范超來降。攻城者以超爲出戰，擒而戮之。繼元遂斬超妻子，投其首城外。開寶九年八月，太祖又使党進等五道伐之。十月，太祖崩。十二月，太宗乃詔罷兵。太平興國四年正月，太宗命諸將大舉。以郭進爲太原、石嶺關都部署，以絶遼援。車駕并先出鎮州，以事牽制。四月，乃至太原。遼相耶律沙來援，大爲郭進所破。遼人不能再舉。五月，繼元乃降。封爲彭城公。淳化二年卒。太原之下，太宗遂攻幽州，大敗。固由遼兵之强，然亦宋兵先爲北漢所敝，有以致之也。蠆䗪有毒，信夫。